FREUD-STUDIENAUSGABE

BAND VIII

Herausgegeben von
Alexander Mitscherlich · Angela Richards · James Strachey
Mitherausgeber des Ergänzungsbandes
Ilse Grubrich-Simitis

Band VIII: Analyse der Phobie eines fünfjährigen Knaben [»Der kleine Hans«], (1909) · Aus der Geschichte einer infantilen Neurose [»Der Wolfsmann«], (1918 [1914])

SIGMUND FREUD

Studienausgabe

BAND VIII

Zwei Kinderneurosen

S. FISCHER VERLAG

Die Freud-Studienausgabe erschien ursprünglich (1969–1975)
im Rahmen der S. Fischer-Reihe
CONDITIO HUMANA
ERGEBNISSE AUS DEN WISSENSCHAFTEN VOM MENSCHEN
(Herausgeber: Thure von Uexküll und Ilse Grubrich-Simitis;
Berater: Johannes Cremerius, Hans J. Eggers, Thomas Luckmann).

1. Auflage 1969

Zwischen 1969 und 1982 erschien die *Studienausgabe*
in kartonierter Ausstattung. In diesem Zeitraum erreichte Band VIII
insgesamt sieben, teils korrigierte Auflagen.
Von 1982 bis 1989 wurde die *Studienausgabe* in einer
Taschenbuchversion vorgelegt.
Sie ist in die Auflagenzählung einbezogen.
1989 präsentierte der S. Fischer Verlag die *Studienausgabe* erneut
kartoniert, und zwar als revidierte Neuausgabe mit editorischen
Ergänzungen, die in Band I, S. 32, erläutert sind.
Seither weitere, teils korrigierte Auflagen von Band VIII.

Zuletzt 11., korrigierte Auflage 1996

Zwölfte, korrigierte Auflage
Für sämtliche Freud-Texte:
© S. Fischer Verlag GmbH, Frankfurt am Main, 1969
Für das aus der *Standard Edition of the Complete Psychological Works of
Sigmund Freud* entnommene editorische Material:
© The Institute of Psycho-Analysis, London, und
The Estate of Angela Richards, Eynsham, 1969
Für zusätzliches editorisches Material:
© The Estate of Angela Richards, Eynsham, 1969
Alle Rechte, auch die des Abdrucks im Auszug
und der photomechanischen Wiedergabe, vorbehalten.
Satz: Buchdruckerei Eugen Göbel, Tübingen
Druck und Bindung: Clausen & Bosse, Leck
Printed in Germany 2007
ISBN 978 3 10 822728 9

INHALT

Zu diesem Band 7

ANALYSE DER PHOBIE EINES FÜNFJÄHRIGEN KNABEN
[»DER KLEINE HANS«] (1909) 9
Editorische Vorbemerkung 11
I. Einleitung 13
II. Krankengeschichte und Analyse 26
III. Epikrise 89
Nachschrift zur Analyse des kleinen Hans (1922) 123

AUS DER GESCHICHTE EINER INFANTILEN NEUROSE
[»DER WOLFSMANN«] (1918 [1914]) 125
Editorische Vorbemerkung 127
I. Vorbemerkungen 129
II. Übersicht des Milieus und der Krankengeschichte 134
III. Die Verführung und ihre nächsten Folgen 139
IV. Der Traum und die Urszene.. 149
V. Einige Diskussionen 166
VI. Die Zwangsneurose 178
VII. Analerotik und Kastrationskomplex 188
VIII. Nachträge aus der Urzeit – Lösung 203
IX. Zusammenfassungen und Probleme 216

ANHANG

Bibliographie 235
Liste der Abkürzungen 240
Namen- und Sachregister 241
Studienausgabe (Inhaltsübersicht) 255

ZU DIESEM BAND

Eine genauere Darstellung der Gliederung und der Ziele der vorliegenden Ausgabe sowie der editorischen Methode findet sich in den Erläuterungen zur Edition, die dem Band I vorangestellt sind. Diese Gesichtspunkte sollen daher hier nur noch einmal kurz zusammengefaßt werden; zugleich möchten wir dem Leser mit einigen Erklärungen einen Wegweiser zum vorliegenden Band geben.
Ziel dieser nach Themen gegliederten Ausgabe ist es, vor allem den Studenten aus den an die Psychoanalyse angrenzenden Wissensgebieten – Soziologie, Politische Wissenschaften, Sozialpsychologie, Pädagogik usw. –, aber auch interessierten Laien die Hauptwerke Sigmund Freuds in preiswerter Ausstattung mit einem detaillierten neuen Anmerkungsapparat systematischer und in größerem Umfang zugänglich zu machen, als dies in den Taschenbuchausgaben einiger Einzelwerke möglich ist. Zunächst bestand die Absicht, die Schriften zur Behandlungstechnik und zur Theorie der Therapie nicht in die Edition aufzunehmen. Auf vielfachen Wunsch wird dieser Teil von Freuds Werk in einem nichtnumerierten Ergänzungsband nachgereicht.
Die Veröffentlichung der *Studienausgabe* erfolgt nach dem Tode von James Strachey, des Seniors des Herausgebergremiums, der jedoch bis zu seinem Tode im April 1967 an den Vorbereitungen, vor allem am Inhaltsplan und an den Richtlinien für die Kommentierung, mitgearbeitet hat.
Die für diese Ausgabe benutzten Texte sind im allgemeinen die der letzten deutschen Ausgaben, die noch zu Freuds Lebzeiten veröffentlicht wurden, in den meisten Fällen also die der zuerst in London erschienenen *Gesammelten Werke* (die ihrerseits großenteils Photokopien der noch in Wien publizierten *Gesammelten Schriften* sind). Wo dies nicht zutrifft, wird die genaue Quelle in der das betreffende Werk einführenden ›Editorischen Vorbemerkung‹ genannt. Ein paar Seitenhinweise Freuds auf frühere, heute kaum noch erreichbare Ausgaben sind von den Herausgebern weggelassen worden, statt dessen wurden deskriptive Fußnoten hinzugefügt, welche es dem Leser ermöglichen, die entsprechenden Stellen in heute greifbaren Editionen aufzufinden; dies betrifft vor allem

die *Traumdeutung*. Um unnötige Wiederholungen zu vermeiden, sind auch ausführliche bibliographische Angaben Freuds über eigene Werke sowie über Schriften anderer Autoren, die in den älteren Editionen im Text enthalten sind, in der Regel in die Bibliographie am Schluß der Bände der *Studienausgabe* verwiesen worden. Außer diesen unwesentlichen Änderungen und dem einheitlichen Gebrauch der Abkürzung »S.« für Seitenverweise (auch dort, wo Freud, wie vor allem in den frühen Arbeiten, »p.« schrieb) sowie schließlich einigen wenigen Modernisierungen der Orthographie, Interpunktion und Typographie wird jede Änderung, die am Quellentext vorgenommen wurde, in einer Fußnote erklärt.

Das in die *Studienausgabe* aufgenommene editorische Material entstammt der *Standard Edition of the Complete Psychological Works of Sigmund Freud*, der englischen Ausgabe also, die unter der Leitung James Stracheys hergestellt wurde; es wird hier mit Erlaubnis des Institute of Psycho-Analysis (London) und des Verlages Hogarth Press (London) in der Übersetzung wiedergegeben. Wo es das Ziel der vorliegenden Ausgabe erforderte, wurde dieses Material gekürzt und adaptiert; zugleich wurden einige wenige Korrekturen vorgenommen und ergänzende Anmerkungen hinzugefügt. Abgesehen von den ›Editorischen Vorbemerkungen‹, stehen sämtliche von den Herausgebern stammenden Zusätze in eckigen Klammern.

Die Herausgeber sind Ilse Grubrich-Simitis vom S. Fischer Verlag zu großem Dank verbunden. Ohne ihre Initiative wäre diese Studienausgabe nicht begonnen worden; in allen Stadien der Vorbereitung hat sie unschätzbare Hilfen und kenntnisreiche Anregungen gegeben. Großer Dank gebührt auch Käte Hügel für die Übertragung des editorischen Materials ins Deutsche sowie Ingeborg Meyer-Palmedo für ihre sorgfältige Hilfe beim Korrekturlesen und beim Bearbeiten des Registers.

Die in diesem Band verwendeten speziellen Abkürzungen sind in der Liste der Abkürzungen auf S. 240 erklärt. Im Text oder in den Fußnoten sind gelegentlich Werke von Freud erwähnt, die nicht in die *Studienausgabe* aufgenommen wurden. Die Bibliographie am Ende jedes Bandes (in welcher die Daten aller erwähnten technischen Arbeiten Freuds und anderer Autoren enthalten sind) informiert den Leser darüber, ob die betreffende Arbeit in die *Studienausgabe* aufgenommen wurde oder nicht. Auf S. 255 ff. findet sich außerdem ein Gesamtinhaltsverzeichnis der *Studienausgabe*.

Die Herausgeber

Analyse der Phobie
eines fünfjährigen Knaben

[»Der kleine Hans«]

(1909)

EDITORISCHE VORBEMERKUNG

Deutsche Ausgaben:
1909 *Jb. psychoanalyt. psychopath. Forsch.*, Bd. 1 (1), 1-109.
1913 *S. K. S. N.*, Bd. 3, 1–122 (1921, 2. Auflage).
1924 *G. S.*, Bd. 8, 127–263.
1932 *Vier Krankengeschichten*, 142–281.
1941 *G. W.*, Bd. 7, 241–377.

›Nachschrift zur Analyse des kleinen Hans‹:

1922 *Int. Z. Psychoanal.*, Bd. 8 (3), 321.
1924 *G. S.*, Bd. 8, 264–265.
1932 *Vier Krankengeschichten*, 282–283.
1940 *G. W.*, Bd. 13, 431–432.

Einige Aufzeichnungen über die frühe Lebensgeschichte des kleinen Hans hatte Freud schon zwei Jahre zuvor in seinem ›Offenen Brief an Dr. M. Fürst: Zur sexuellen Aufklärung der Kinder‹ (1907 c) veröffentlicht. In den ersten Ausgaben jenes Artikels wurde der Knabe noch »der kleine Herbert« genannt; nach der Veröffentlichung der vorliegenden Arbeit wurde er jedoch in »der kleine Hans« umgetauft. Dieselbe Krankengeschichte wird kurz in einer weiteren frühen Arbeit Freuds, deren Ausgangsbasis sie eigentlich bildet, erwähnt, nämlich in der Arbeit ›Über infantile Sexualtheorien‹ (1908 c); dort finden sich schon viele der wichtigsten, in der vorliegenden Krankengeschichte erörterten Theorien. Zu erwähnen ist ferner, daß die Krankengeschichte des kleinen Hans bei der Erstveröffentlichung im *Jahrbuch* nicht als »von« Freud, sondern »mitgeteilt von« Freud bezeichnet wurde. Für den achten Band der *Gesammelten Schriften* (1924), der diese und vier weitere lange Krankengeschichten enthält, fügte Freud in einer Fußnote hinzu, daß der Fallbericht »mit ausdrücklicher Zustimmung« des Vaters des kleinen Hans veröffentlicht werde.
Später benutzte Freud die Krankengeschichte des kleinen Hans als Grundlage für seine Betrachtung über das Wesen der Angst in den Kapiteln IV und VII der Arbeit *Hemmung, Symptom und Angst* (1926 d). Auch im Zusammenhang von Totemismus und Tierphobien wird sie in *Totem und Tabu* (1912–1913), Aufsatz IV, Abschnitt 3, erwähnt. Weiteres über Angst und Phobien bei Kindern findet sich in der 25. der *Vorlesungen zur Einführung in die Psychoanalyse* (1916–1917) und in Kapitel VIII von *Hemmung, Symptom und Angst*

Analyse der Phobie eines fünfjährigen Knaben

sowie schließlich auch in der Krankengeschichte des »Wolfsmannes«, im vorliegenden Band, S. 129 ff.
Die folgende Zeittafel mit einigen dem Fallbericht entnommenen Daten soll dem Leser helfen, den Verlauf der Krankheit des kleinen Hans zu verfolgen:

1903 (April) Geburt des kleinen Hans.
1906 (Lebensalter 3–3³/₄ J.) Erste Berichte.
    (3¹/₄–3¹/₂ J.) (Sommer) Erster Aufenthalt in Gmunden.
    (3¹/₂ J.) Kastrationsdrohung.
    (3¹/₂ J.) (Oktober) Geburt von Hanna.
1907 (3³/₄ J.) Erster Traum.
    (4 J.) Umzug in eine neue Wohnung.
    (4¹/₄–4¹/₂ J.) (Sommer) Zweiter Aufenthalt in Gmunden, Episode mit dem beißenden Pferd.
1908 (4³/₄ J.) (Januar) Episode mit dem umfallenden Pferd. Ausbruch der Phobie.
    (5 J.) (Mai) Ende der Analyse.

I

EINLEITUNG

Die auf den folgenden Blättern darzustellende Kranken- und Heilungsgeschichte eines sehr jugendlichen Patienten entstammt, streng genommen, nicht meiner Beobachtung. Ich habe zwar den Plan der Behandlung im ganzen geleitet und auch ein einziges Mal in einem Gespräche mit dem Knaben persönlich eingegriffen; die Behandlung selbst hat aber der Vater des Kleinen durchgeführt, dem ich für die Überlassung seiner Notizen zum Zwecke der Veröffentlichung zu ernstem Danke verpflichtet bin. Das Verdienst des Vaters reicht aber weiter; ich meine, es wäre einer anderen Person überhaupt nicht gelungen, das Kind zu solchen Bekenntnissen zu bewegen; die Sachkenntnis, vermöge welcher der Vater die Äußerungen seines 5jährigen Sohnes zu deuten verstand, hätte sich nicht ersetzen lassen, die technischen Schwierigkeiten einer Psychoanalyse in so zartem Alter wären unüberwindbar geblieben. Nur die Vereinigung der väterlichen und der ärztlichen Autorität in einer Person, das Zusammentreffen des zärtlichen Interesses mit dem wissenschaftlichen bei derselben, haben es in diesem einen Falle ermöglicht, von der Methode eine Anwendung zu machen, zu welcher sie sonst ungeeignet gewesen wäre[1].

Der besondere Wert dieser Beobachtung ruht aber in Folgendem: Der Arzt, der einen erwachsenen Nervösen psychoanalytisch behandelt, gelangt durch seine Arbeit des schichtweisen Aufdeckens psychischer Bildungen schließlich zu gewissen Annahmen über die infantile Sexualität, in deren Komponenten er die Triebkräfte aller neurotischen Symptome des späteren Lebens gefunden zu haben glaubt. Ich habe diese Annahmen in meinen 1905 veröffentlichen *Drei Abhandlungen zur Sexualtheorie* [1905 *d*] dargelegt; ich weiß, daß sie dem Fernerstehenden ebenso befremdend erscheinen wie dem Psychoanalytiker unabweisbar. Aber auch der Psychoanalytiker darf sich den Wunsch nach einem direkteren,

---

[1] [Spätere Erfahrungen zeigten Freud, daß eine solche Einschränkung nicht notwendig war. (Vgl. die auf S. 122 in der Anmerkung angeführten Arbeiten.) Einige weitere Bemerkungen über den Nutzen der Kinderanalyse für die Theorie finden sich am Anfang des Fallberichts über den »Wolfsmann«, S. 130 f. des vorliegenden Bandes.]

auf kürzerem Wege gewonnenen Beweise jener fundamentalen Sätze eingestehen. Sollte es denn unmöglich sein, unmittelbar am Kinde in aller Lebensfrische jene sexuellen Regungen und Wunschbildungen zu erfahren, die wir beim Gealterten mit soviel Mühe aus ihren Verschüttungen ausgraben, von denen wir noch überdies behaupten, daß sie konstitutionelles Gemeingut aller Menschen sind und sich beim Neurotiker nur verstärkt oder verzerrt zeigen?
In solcher Absicht pflege ich meine Schüler und Freunde seit Jahren anzueifern, daß sie Beobachtungen über das zumeist geschickt übersehene oder absichtlich verleugnete Sexualleben der Kinder sammeln mögen. Unter dem Material, welches infolge dieser Aufforderung in meine Hände gelangte, nahmen die fortlaufenden Nachrichten über den kleinen Hans bald eine hervorragende Stelle ein. Seine Eltern, die beide zu meinen nächsten Anhängern gehörten, waren übereingekommen, ihr erstes Kind mit nicht mehr Zwang zu erziehen, als zur Erhaltung guter Sitte unbedingt erforderlich werden sollte, und da das Kind sich zu einem heiteren, gutartigen und aufgeweckten Buben entwickelte, nahm der Versuch, ihn ohne Einschüchterung aufwachsen und sich äußern zu lassen, seinen guten Fortgang. Ich gebe nun die Aufzeichnungen des Vaters über den kleinen Hans wieder, wie sie mir zugetragen wurden, und werde mich selbstverständlich jedes Versuches enthalten, Naivität und Aufrichtigkeit der Kinderstube durch konventionelle Entstellungen zu stören.
Die ersten Mitteilungen über Hans datieren aus der Zeit, da er noch nicht ganz drei Jahre alt war. Er äußerte damals durch verschiedene Reden und Fragen ein ganz besonders lebhaftes Interesse für den Teil seines Körpers, den er als »Wiwimacher« zu bezeichnen gewohnt war. So richtete er einmal an seine Mutter die Frage:
Hans: »Mama hast du auch einen Wiwimacher?«
Mama: »Selbstverständlich. Weshalb?«
Hans: »Ich hab' nur gedacht.«
Im gleichen Alter kommt er einmal in einen Stall und sieht, wie eine Kuh gemolken wird. »Schau, aus dem Wiwimacher kommt Milch.«
Schon diese ersten Beobachtungen machen die Erwartung rege, daß vieles, wenn nicht das meiste, was uns der kleine Hans zeigt, sich als typisch für die Sexualentwicklung des Kindes herausstellen wird. Ich habe einmal ausgeführt[1], daß man nicht zu sehr entsetzt zu sein braucht, wenn

---

[1] Bruchstück einer Hysterie-Analyse‹ (1905 e) [*Studienausgabe*, Bd. 6, S. 126 f.].

Einleitung

man bei einem weiblichen Wesen die Vorstellung vom Saugen am männlichen Gliede findet. Diese anstößige Regung habe eine sehr harmlose Abkunft, da sie sich vom Saugen an der Mutterbrust ableitet, wobei das Euter der Kuh – seiner Natur nach eine Mamma, seiner Gestalt und Lage nach ein Penis – eine passende Vermittlung übernimmt. Die Entdeckung des kleinen Hans bestätigt den letzten Teil meiner Aufstellung. Sein Interesse für den Wiwimacher ist indes kein bloß theoretisches; wie zu vermuten stand, reizt es ihn auch zu Berührungen des Gliedes. Im Alter von 3½ Jahren wird er von der Mutter, die Hand am Penis, betroffen. Diese droht :»Wenn du das machst, lass' ich den Dr. A. kommen, der schneidet dir den Wiwimacher ab. Womit wirst du dann Wiwi machen?«

Hans: »Mit dem Popo.«

Er antwortet noch ohne Schuldbewußtsein, aber er erwirbt bei diesem Anlasse den »Kastrationskomplex«, den man in den Analysen der Neurotiker so oft erschließen muß, während sie sich sämtlich gegen die Anerkennung desselben heftig sträuben. Über die Bedeutung dieses Elements der Kindergeschichte wäre viel Wichtiges zu sagen. Der »Kastrationskomplex« hat im Mythus (und zwar nicht nur im griechischen) auffällige Spuren hinterlassen; ich habe seine Rolle in einer Stelle der *Traumdeutung* [1900 a] (S. 385 der zweiten Auflage, 7. Aufl. S. 456)[1] und noch anderwärts gestreift[2].

---

[1] [*Studienausgabe*, Bd. 2, S. 586. Der Terminus »Kastrationskomplex« wurde von Freud zum erstenmal in seiner Arbeit ›Über infantile Sexualtheorien‹ (1908 c), die er kurze Zeit vor der hier vorliegenden Krankengeschichte veröffentlichte, verwendet (s. Editorische Vorbemerkung, oben S. 11).]
[2] (*Zusatz 1923*:) Die Lehre vom Kastrationskomplex hat seither durch die Beiträge von Lou Andreas[-Salomé, 1916], A. Stärcke [1921], F. Alexander [1922] u. a. einen weiteren Ausbau erfahren. Man hat geltend gemacht, daß der Säugling schon das jedesmalige Zurückziehen der Mutterbrust als Kastration, d. h. als Verlust eines bedeutsamen, zu seinem Besitz gerechneten Körperteils empfinden mußte, daß er die regelmäßige Abgabe des Stuhlgangs nicht anders werten kann, ja daß der Geburtsakt als Trennung von der Mutter, mit der man bis dahin eins war, das Urbild jeder Kastration ist. Unter Anerkennung all dieser Wurzeln des Komplexes habe ich doch die Forderung aufgestellt, daß der Name Kastrationskomplex auf die Erregungen und Wirkungen zu beschränken sei, die mit dem Verlust des Penis verknüpft sind. Wer sich in den Analysen Erwachsener von der Unausbleiblichkeit des Kastrationskomplexes überzeugt hat, wird es natürlich schwierig finden, ihn auf eine zufällige und doch nicht so allgemein vorkommende Androhung zurückzuführen, und wird annehmen müssen, daß das Kind sich diese Gefahr auf die leisesten Andeutungen hin, an denen es ja niemals fehlt, konstruiert. [Vgl. Freuds Diskussion über »Urphantasien« in der 23. seiner *Vorlesungen zur Einführung in die Psychoanalyse* (1916–17) und in den Abschnitten V und VIII der Krankengeschichte des »Wolfsmannes«, im vorliegenden Band S. 167 ff., 208 ff.] Dies ist ja auch das Motiv, das den Anstoß gegeben hat, nach den allgemein vorfindlichen tieferen Wurzeln des Komplexes zu

Etwa im gleichen Alter (3½ Jahre) ruft er in Schönbrunn vor dem Löwenkäfige freudig erregt aus: »Ich hab' den Wiwimacher vom Löwen gesehen.«

Die Tiere verdanken ein gutes Stück der Bedeutung, die sie im Mythus und im Märchen haben, der Offenheit, mit der sie dem kleinen, wißbegierigen Menschenkinde ihre Genitalien und ihre sexuellen Funktionen zeigen. Die sexuelle Neugierde unseres Hans leidet wohl keinen Zweifel, aber sie macht ihn auch zum Forscher, gestattet ihm richtige begriffliche Erkenntnisse.

Er sieht auf dem Bahnhofe, 3¾ Jahre alt, wie aus einer Lokomotive Wasser ausgelassen wird. »Schau, die Lokomotive macht Wiwi. Wo hat sie denn den Wiwimacher?«

Nach einer Weile setzt er nachdenklich hinzu: »Ein Hund und ein Pferd hat einen Wiwimacher; ein Tisch und ein Sessel nicht.« So hat er ein wesentliches Kennzeichen für die Unterscheidung des Lebenden vom Leblosen gewonnen.

Wißbegierde und sexuelle Neugierde scheinen untrennbar voneinander zu sein. Hans' Neugierde erstreckt sich ganz besonders auf die Eltern.

Hans, 3¾ Jahre: »Papa, hast du auch einen Wiwimacher?«
Vater: »Ja, natürlich.«
Hans: »Aber ich hab' ihn nie gesehen, wenn du dich ausgezogen hast.«
Ein andermal sieht er gespannt zu, wie sich die Mama vor dem Schlafengehen entkleidet. Diese fragt: »Was schaust du denn so?«
Hans: »Ich schau' nur, ob du auch einen Wiwimacher hast?«
Mama: »Natürlich. Hast du denn das nicht gewußt?«
Hans: »Nein, ich hab' gedacht, weil du so groß bist, hast du einen Wiwimacher wie ein Pferd.«

Wir wollen uns diese Erwartung des kleinen Hans merken; sie wird später zu Bedeutung kommen.

Das große Ereignis in Hansens Leben ist aber die Geburt seiner kleinen Schwester Hanna, als er genau 3½ Jahre alt war (April 1903 bis Oktober 1906). Sein Benehmen bei diesem Anlasse wurde vom Vater unmittelbar notiert:

> Früh um 5 Uhr, mit dem Beginne der Wehen, wird Hans' Bett ins Nebenzimmer gebracht; hier erwacht er um 7 Uhr und hört das

---

suchen. Um so wertvoller wird es aber, daß im Falle des kleinen Hans die Kastrationsandrohung von den Eltern berichtet wird, und zwar aus einer Zeit, da seine Phobie noch nicht in Frage kam. [Vgl. Freud (1924 d; *Studienausgabe*, Bd. 5, S. 247).]

Einleitung

Stöhnen der Gebärenden, worauf er fragt: »Was hustet denn die Mama?« – Nach einer Pause: »Heut' kommt gewiß der Storch.« Man hat ihm natürlich in den letzten Tagen oft gesagt, der Storch wird ein Mäderl oder Buberl bringen, und er verbindet das ungewohnte Stöhnen ganz richtig mit der Ankunft des Storches. Später wird er in die Küche gebracht; im Vorzimmer sieht er die Tasche des Arztes und fragt: »Was ist das?«, worauf man ihm sagt: »Eine Tasche.« Er dann überzeugt: »Heut' kommt der Storch.« Nach der Entbindung kommt die Hebamme in die Küche und Hans hört, wie sie anordnet, man möge einen Tee kochen, worauf er sagt: »Aha, weil die Mammi hustet, bekommt sie einen Tee.« Er wird dann ins Zimmer gerufen, schaut aber nicht auf die Mama, sondern auf die Gefäße mit blutigem Wasser, die noch im Zimmer stehen, und bemerkt, auf die blutige Leibschüssel deutend, befremdet: »Aber aus meinem Wiwimacher kommt kein Blut.«

Alle seine Aussprüche zeigen, daß er das Ungewöhnliche der Situation mit der Ankunft des Storches in Zusammenhang bringt. Er macht zu allem, was er sieht, eine sehr mißtrauische, gespannte Miene, und *zweifellos hat sich das erste Mißtrauen gegen den Storch bei ihm festgesetzt.*

Hans ist auf den neuen Ankömmling sehr eifersüchtig und sagt, wenn irgendwer sie lobt, schön findet usw., sofort höhnisch: »Aber sie hat noch keine Zähne[1].« Als er sie nämlich zum erstenmal sah, war er sehr überrascht, daß sie nicht sprechen kann, und meinte, sie könne nicht sprechen, weil sie keine Zähne habe. Er wird in den ersten Tagen selbstverständlich sehr zurückgesetzt und erkrankt plötzlich an Angina. Im Fieber hört man ihn sagen: »Aber ich will kein Schwesterl haben!«

Nach etwa einem halben Jahre ist die Eifersucht überwunden, und er wird ein ebenso zärtlicher wie seiner Überlegenheit bewußter Bruder[2].

Ein wenig später sieht Hans zu, wie man seine einwöchentliche Schwester badet. Er bemerkt: »Aber ihr Wiwimacher ist noch klein«, und

---

[1] Wiederum ein typisches Verhalten. Ein anderer, nur um zwei Jahre älterer Bruder pflegte unter den gleichen Verhältnissen ärgerlich mit dem Ausrufe »zu k(l)ein, zu k(l)ein« abzuwehren.
[2] »Der Storch soll ihn wieder mitnehmen«, äußerte ein anderes, etwas älteres Kind zum Willkomm des Brüderchens. Vergleiche hiezu, was ich in der *Traumdeutung* über die Träume vom Tode teurer Verwandter bemerkt habe (S. 173 ff., 8. Aufl. [1900 a, Kap. V, Abschnitt D (β); *Studienausgabe*, Bd. 2, S. 253 ff.]).

setzt wie tröstend hinzu: »Wenn sie wachst, wird er schon größer werden[1].«

Im gleichen Alter, zu 3³/₄ Jahren, liefert Hans die erste Erzählung eines Traumes. »Heute, wie ich geschlafen habe, habe ich geglaubt, ich bin in Gmunden[2] mit der Mariedl.«

Mariedl ist die 13jährige Tochter des Hausherrn, die oft mit ihm gespielt hat.

Wie nun der Vater den Traum der Mutter in seiner Gegenwart erzählt, bemerkt Hans richtigstellend: »Nicht mit der Mariedl, ganz allein mit der Mariedl.«

Hiezu ist zu bemerken:

Hans war im Sommer 1906 in Gmunden, wo er sich den Tag über mit den Hausherrnkindern herumtrieb. Als wir von Gmunden abreisten, glaubten wir, daß ihm der Abschied und die Übersiedlung in die Stadt schwerfallen würden. Dies war überraschenderweise nicht der Fall. Er freute sich offenbar über die Abwechslung und erzählte durch

---

[1] Das nämliche Urteil, in den identischen Worten ausgedrückt und von der gleichen Erwartung gefolgt, wurde mir von zwei anderen Knaben berichtet, als sie den Leib eines kleinen Schwesterchens zuerst neugierig beschauen konnten. Man könnte über diese frühzeitige Verderbnis des kindlichen Intellekts erschrecken. Warum konstatieren diese jugendlichen Forscher nicht, was sie wirklich sehen, nämlich daß kein Wiwimacher vorhanden ist? Für unseren kleinen Hans können wir allerdings die volle Aufklärung seiner fehlerhaften Wahrnehmung geben. Wir wissen, er hat sich durch sorgfältige Induktion den allgemeinen Satz erworben, daß jedes belebte Wesen im Gegensatze zum Unbelebten einen Wiwimacher besitzt; die Mutter hat ihn in dieser Überzeugung bestärkt, indem sie ihm bejahende Auskünfte über solche Personen gab, die sich seiner eigenen Beobachtung entzogen. Er ist nun ganz und gar unfähig, seine Errungenschaft wegen der einen Beobachtung an der kleinen Schwester wieder aufzugeben. Er urteilt also, der Wiwimacher ist auch hier vorhanden, er ist nur noch sehr klein, aber er wird wachsen, bis er so groß geworden ist wie der eines Pferdes.
Wir wollen zur Ehrenrettung unseres kleinen Hans ein Weiteres tun. Er benimmt sich eigentlich nicht schlechter als ein Philosoph der Wundtschen Schule. Für einen solchen ist das Bewußtsein der nie fehlende Charakter des Seelischen, wie für Hans der Wiwimacher das unentbehrliche Kennzeichen alles Lebenden. Stößt der Philosoph nun auf seelische Vorgänge, die man erschließen muß, an denen aber wirklich nichts von Bewußtsein wahrzunehmen ist – man weiß nämlich nichts von ihnen und kann doch nicht umhin, sie zu erschließen –, so sagt er nicht etwa, dies seien *un*bewußte seelische Vorgänge, sondern er heißt sie *dunkelbewußte*. Der Wiwimacher ist noch sehr klein! Und bei diesem Vergleiche ist der Vorteil noch auf seiten unseres kleinen Hans. Denn, wie so häufig bei den Sexualforschungen der Kinder, ist auch hier hinter dem Irrtume ein Stück richtiger Erkenntnis verborgen. Das kleine Mädchen besitzt allerdings auch einen kleinen Wiwimacher, den wir Klitoris heißen, wenn er auch nicht wächst, sondern verkümmert bleibt. (Vgl. meine kleine Arbeit ›Über infantile Sexualtheorien‹ (1908 c) [und den Abschnitt über ›Die infantile Sexualforschung‹ in der zweiten der *Drei Abhandlungen zur Sexualtheorie* (1905 d); *Studienausgabe*, Bd. 5, S. 100–02].)

[2] [Ferienort im Salzkammergut.]

Einleitung

mehrere Wochen sehr wenig von Gmunden. Erst nach Ablauf von Wochen stiegen öfter lebhaft gefärbte Erinnerungen an die in Gmunden verbrachte Zeit in ihm auf. Seit etwa 4 Wochen verarbeitet er diese Erinnerungen zu Phantasien. Er phantasiert, daß er mit den Kindern Berta, Olga und Fritzl spielt, spricht mit ihnen, als ob sie gegenwärtig wären, und ist imstande, sich stundenlang so zu unterhalten. Jetzt, wo er eine Schwester bekommen hat und ihn offenbar das Problem des Kinderkriegens beschäftigt, nennt er Berta und Olga nur mehr »seine Kinder« und fügt einmal hinzu: »Auch meine Kinder, Berta und Olga, hat der Storch gebracht.« Der Traum, jetzt nach 6monatlicher Abwesenheit von Gmunden, ist offenbar als Ausdruck seiner Sehnsucht, nach Gmunden zu fahren, zu verstehen.

So weit der Vater; ich bemerke vorgreifend, daß Hans mit der letzten Äußerung über seine Kinder, die der Storch gebracht haben soll, einem in ihm steckenden Zweifel laut widerspricht.

Der Vater hat zum Glück mancherlei notiert, was später zu ungeahntem Werte kommen sollte. [Vgl. S. 37 ff.]
Ich zeichne Hans, der in letzter Zeit öfter in Schönbrunn war, eine Giraffe. Er sagt mir: »Zeichne doch auch den Wiwimacher.« Ich darauf: »Zeichne du ihn selbst dazu.« Hierauf fügt er an das Bild der Giraffe folgenden Strich (die Zeichnung liegt bei)¹, den er zuerst kurz zieht und dem er dann ein Stück hinzufügt, indem er bemerkt: »Der Wiwimacher ist länger.«

Fig. 1

Ich gehe mit Hans an einem Pferde vorbei, das uriniert. Er sagt: »Das Pferd hat den Wiwimacher unten so wie ich.«

Er sieht zu, wie man seine 3monatliche Schwester badet, und sagt bedauernd: »Sie hat einen ganz, ganz kleinen Wiwimacher.«

Er erhält eine Puppe zum Spielen, die er auskleidet. Er schaut sie sorgfältig an und sagt: »Die hat aber einen ganz kleinen Wiwimacher.«

---

¹ [Auf allen späteren Wiedergaben dieser Abbildung ist eine unerklärte horizontale Linie zu sehen. Bei der Nachprüfung der Erstveröffentlichung im *Jahrbuch* fand sich am Ende dieser horizontalen Linie das Wort »Wiwimacher«. Linie und Wort waren also, vermutlich ursprünglich von Hansens Vater, zur Erklärung hinzugefügt. Dieses erklärende Wort ist hier wieder eingesetzt worden.]

Wir wissen bereits, daß es ihm mit dieser Formel möglich gemacht ist, seine Entdeckung [der Unterscheidung des Lebenden vom Leblosen] (vgl. S. 16 [und 18, Anm. 1]) aufrechtzuhalten.
Jeder Forscher ist in Gefahr, gelegentlich dem Irrtume zu verfallen. Ein Trost bleibt es, wenn er, wie unser Hans im nächsten Beispiele, nicht allein irrt, sondern sich zur Entschuldigung auf den Sprachgebrauch berufen kann. Er sieht nämlich in seinem Bilderbuche einen Affen und zeigt auf dessen aufwärts geringelten Schwanz: »Schau, Vatti, der Wiwimacher.«
In seinem Interesse für den Wiwimacher hat er sich ein ganz besonderes Spiel ausgedacht.

Im Vorzimmer ist der Abort und eine dunkle Holzkammer. Seit einiger Zeit geht Hans in die Holzkammer und sagt: »Ich geh' in mein Klosett.« Einmal schaue ich hinein, um zu sehen, was er in der dunklen Kammer macht. Er exhibiert und sagt: »Ich mache Wiwi.« Das heißt also: er »spielt« Klosett. Der Spielcharakter erhellt nicht nur daraus, daß er das Wiwimachen bloß fingiert und nicht etwa wirklich ausführt, sondern auch daraus, daß er nicht ins Klosett geht, was eigentlich viel einfacher wäre, vielmehr die Holzkammer vorzieht, die er »sein Klosett« heißt.

Wir würden Hans unrecht tun, wenn wir nur die autoerotischen Züge seines Sexuallebens verfolgten. Sein Vater hat uns ausführliche Beobachtungen über seine Liebesbeziehungen zu anderen Kindern mitzuteilen, aus denen sich eine »Objektwahl« wie beim Erwachsenen ergibt. Freilich auch eine ganz bemerkenswerte Beweglichkeit und polygamische Veranlagung.

Im Winter (3³/4 Jahre) nehme ich Hans auf den Eislaufplatz mit und mache ihn mit den beiden etwa 10 Jahre alten Töchterchen meines Kollegen N. bekannt. Hans setzt sich neben sie, die im Gefühle ihres reifen Alters ziemlich verächtlich auf den Knirps herabblicken, und schaut sie verehrungsvoll an, was ihnen keinen großen Eindruck macht. Hans spricht trotzdem von ihnen nur als »meine Mäderln«. »Wo sind denn meine Mäderln? Wann kommen denn meine Mäderln?« und quält mich zu Hause einige Wochen lang mit der Frage: »Wann geh' ich wieder auf den Eisplatz zu meinen Mäderln?«

Ein 5jähriger Cousin von Hans ist bei dem nun 4jährigen zu Besuch. Hans umarmt ihn fortwährend und sagt einmal bei einer solchen zärtlichen Umarmung: »Ich hab' dich aber lieb.«

Es ist dies der erste, aber nicht der letzte Zug von Homosexualität, dem

Einleitung

wir bei Hans begegnen werden. Unser kleiner Hans scheint wirklich ein Ausbund aller Schlechtigkeiten zu sein!
Wir sind in eine neue Wohnung eingezogen. (Hans ist 4 Jahre alt.) Von der Küche führt die Tür auf einen Klopfbalkon, von wo aus man in eine vis-à-vis gelegene Hofwohnung sieht. Hier hat Hans ein etwa 7–8jähriges Mäderl entdeckt. Er setzt sich nun, um sie zu bewundern, auf die Stufe, die zum Klopfbalkon führt, und bleibt dort stundenlang sitzen. Speziell um 4 Uhr p. m., wenn das Mäderl aus der Schule kommt, ist er nicht im Zimmer zu halten und läßt sich nicht abbringen, seinen Beobachtungsposten zu beziehen. Einmal, als das Mäderl sich nicht zur gewohnten Stunde beim Fenster zeigt, wird Hans ganz unruhig und belästigt die Hausleute mit Fragen: »Wann kommt das Mäderl? Wo ist das Mäderl?« usw. Wenn sie dann erscheint, ist er ganz selig und wendet den Blick von der Wohnung gegenüber nicht mehr ab. Die Heftigkeit, mit der diese »Liebe per Distanz«[1] auftrat, findet ihre Erklärung darin, daß Hans keinen Kameraden und keine Gespielin hat. Zur normalen Entwicklung des Kindes gehört offenbar reichlicher Verkehr mit anderen Kindern. Dieser wird dann Hans zuteil, als wir kurz darauf (4½ Jahre[2]) zum Sommeraufenthalte nach Gmunden übersiedeln. In unserem Hause sind seine Spielgefährten die Kinder des Hausherrn: Franzl (etwa 12 Jahre), Fritzl (8 Jahre), Olga (7 Jahre), Berta (5 Jahre) und überdies die Nachbarkinder: Anna (10 Jahre) und noch zwei Mäderl im Alter von 9 und 7 Jahren, deren Namen ich nicht mehr weiß. Sein Liebling ist Fritzl, den er oft umarmt und seiner Liebe versichert. Er wird einmal gefragt: »Welches von den Mäderln hast du denn am liebsten?« Er antwortet: »Den Fritzl.« Gleichzeitig ist er gegen die Mädchen sehr aggressiv, männlich, erobernd, umarmt sie und küßt sie ab, was sich namentlich Berta ganz gerne gefallen läßt. Als Berta eines Abends aus dem Zimmer kommt, umhalst er sie und sagt im zärtlichsten Tone: »Berta, du bist aber lieb«, was ihn übrigens nicht hindert, auch die anderen zu küssen und seiner Liebe zu versichern. Auch die etwa 14 Jahre alte Mariedl, ebenfalls eine Tochter des Hausherrn, die mit ihm spielt, hat er gerne und sagt eines Abends, als er zu Bette gebracht wird: »Die Mariedl soll bei mir schlafen.« Auf die Antwort: »Das geht nicht«, sagt er: »So soll sie bei der Mammi oder

---

[1] W. Busch: Und die Liebe per Distanz,
    Kurzgesagt, mißfällt mir ganz.
[2] [Irrtümlich für 4¼.]

dem Vatti schlafen.« Man erwidert ihm: »Auch das geht nicht, die Mariedl muß bei ihren Eltern schlafen«, und nun entwickelt sich folgender Dialog:
Hans: »So geh' ich halt hinunter zur Mariedl schlafen.«
Mama: »Du willst wirklich von der Mammi weggehen, um unten zu schlafen?«
Hans: »No, früh komm' ich doch wieder herauf zum Kaffeetrinken und Aufdieseitegehen.«
Mama: »Wenn du wirklich von Vatti und Mammi gehen willst, so nimm dir deinen Rock und deine Hose und – adieu!«
Hans nimmt wirklich seine Kleider und geht zur Treppe, um zur Mariedl schlafen zu gehen, wird natürlich zurückgeholt.
(Hinter dem Wunsche: »Die Mariedl soll bei uns schlafen«, steckt natürlich[1] der andere: Die Mariedl, mit der er so gerne beisammen ist, soll in unsere Hausgemeinschaft aufgenommen werden. Zweifellos sind aber dadurch, daß Vater und Mutter Hans, wenn auch nicht allzu häufig, in ihr Bett nahmen, bei diesem Beieinanderliegen erotische Gefühle in ihm erweckt worden, und der Wunsch, bei der Mariedl zu schlafen, hat auch seinen erotischen Sinn. Bei Vater oder Mutter im Bette liegen, ist für Hans wie für alle Kinder eine Quelle erotischer Regungen.)
Unser kleiner Hans hat sich bei der Herausforderung der Mutter benommen wie ein rechter Mann, trotz seiner homosexuellen Anwandlungen.

Auch in dem folgenden Falle sagte Hans zur Mammi: »Du, ich möcht einmal so gerne mit dem Mäderl schlafen.« Dieser Fall gibt uns reichlich Gelegenheit zur Unterhaltung, denn Hans benimmt sich hier wirklich wie ein Großer, der verliebt ist. In das Gasthaus, wo wir zu Mittag essen, kommt seit einigen Tagen ein etwa 8jähriges hübsches Mädchen, in das sich Hans natürlich sofort verliebt. Er dreht sich auf seinem Sessel fortwährend um, um nach ihr zu schielen, stellt sich, nachdem er gegessen hat, in ihrer Nähe auf, um mit ihr zu kokettieren, wird aber feuerrot, wenn man ihn dabei beobachtet. Wird sein Blick von dem Mäderl erwidert, so schaut er sofort verschämt auf die ent-

---

[1] [Das Wort »natürlich« ist (vielleicht versehentlich) in allen der Erstausgabe folgenden Editionen fortgelassen worden. – In den Ausgaben vor 1924 war dieser ganze Absatz in eckige Klammern gesetzt. James und Alix Strachey, die diese Arbeit ins Englische übersetzten, schlossen 1923 daraus, sowie aus der Tatsache, daß von Hansens Eltern in der dritten Person gesprochen wird, daß es sich um einen Kommentar von Freud handelte. Sie fragten Freud danach; er erklärte jedoch ausdrücklich, daß der Absatz von Hansens Vater stamme. Ab 1924 sind dann die eckigen Klammern durch runde ersetzt.]

Einleitung

gegengesetzte Seite. Sein Benehmen ist natürlich ein großes Gaudium für alle Gasthausgäste. Jeden Tag, wenn er ins Gasthaus geführt wird, fragt er: »Glaubst du, wird das Mäderl heute dort sein?« Wenn sie endlich kommt, wird er ganz rot wie ein Erwachsener im gleichen Falle. Einmal kommt er glückselig zu mir und flüstert mir ins Ohr: »Du, ich weiß schon, wo das Mäderl wohnt. Dort und dort habe ich gesehen, wie sie die Stiege hinaufgegangen ist.« Während er sich gegen die Mäderl im Hause aggressiv benimmt, ist er hier ein platonisch schmachtender Verehrer. Dies hängt vielleicht damit zusammen, daß die Mäderl im Hause Dorfkinder sind, diese aber eine kultivierte Dame. Daß er einmal sagt, er möchte mit ihr schlafen, ist schon erwähnt worden.

Da ich Hans nicht in der bisherigen seelischen Spannung lassen will, in die ihn seine Liebe zu dem Mäderl versetzt hat, habe ich seine Bekanntschaft mit ihr vermittelt und das Mäderl eingeladen, nachmittags zu ihm in den Garten zu kommen, wenn er seinen Nachmittagsschlaf absolviert hat. Hans ist durch die Erwartung, daß das Mäderl zu ihm kommen wird, so aufgeregt, daß er zum erstenmal am Nachmittage nicht schläft, sondern sich unruhig im Bette hin und her wälzt. Die Mama fragt ihn: »Warum schläfst du nicht? Denkst du vielleicht an das Mäderl?«, worauf er beglückt »ja« sagt. Er hat auch, als er aus dem Gasthofe nach Hause kam, allen Leuten im Hause erzählt: »Du, heute kommt mein Mäderl zu mir«, und die 14jährige Mariedl berichtet, daß er sie fortwährend gefragt hat: »Du, glaubst du, daß sie mit mir lieb sein wird? Glaubst du, daß sie mir einen Kuß geben wird, wenn ich sie küß?« u. dgl.

Nachmittags regnete es aber, und so unterblieb der Besuch, worauf sich Hans mit Berta und Olga tröstete.

Weitere Beobachtungen noch aus der Zeit des Sommeraufenthaltes lassen vermuten, daß sich bei dem Kleinen allerlei Neues vorbereitet.

Hans, 4¼ Jahre. Heute früh wird Hans von seiner Mama wie täglich gebadet und nach dem Bade abgetrocknet und eingepudert. Wie die Mama bei seinem Penis, und zwar vorsichtig, um ihn nicht zu berühren, pudert, sagt Hans: »Warum gibst du denn nicht den Finger hin?«
Mama: »Weil das eine Schweinerei ist.«
Hans: »Was ist das? Eine Schweinerei? Warum denn?«
Mama: »Weil es unanständig ist.«
Hans (lachend): »Aber lustig!«[1]

---
[1] Einen ähnlichen Verführungsversuch berichtete mir eine selbst neurotische Mutter,

Analyse der Phobie eines fünfjährigen Knaben

Ein etwa gleichzeitiger Traum unseres Hans kontrastiert recht auffällig mit der Dreistigkeit, die er gegen die Mutter gezeigt hat. Es ist der erste durch Entstellung unkenntliche Traum des Kindes. Dem Scharfsinne des Vaters ist es aber gelungen, ihm die Lösung abzugewinnen.

Hans, 4¼ Jahre. *Traum.* Heute früh kommt Hans auf und erzählt: »Du, heute nachts habe ich gedacht: *Einer sagt: Wer will zu mir kommen? Dann sagt jemand: Ich. Dann muß er ihn Wiwi machen lassen.*«

Weitere Fragen stellten klar, daß diesem Traume alles Visuelle fehlt, daß er dem reinen *type auditif* angehört. Hans spielt seit einigen Tagen mit den Kindern des Hausherrn, darunter seine Freundinnen Olga (7 Jahre) und Berta (5 Jahre)[1], Gesellschaftsspiele, auch Pfänderauslösen. (A.: Wem gehört das Pfand in meiner Hand? B.: Mir. Dann wird bestimmt, was B. zu tun hat.) Diesem Pfänderspiele ist der Traum nachgebildet, nur wünscht Hans, daß derjenige, der das Pfand gezogen hat, nicht zu den usuellen Küssen oder Ohrfeigen verurteilt werde, sondern zum Wiwimachen, oder genauer: jemand muß ihn Wiwi machen lassen[2].

Ich lasse mir den Traum noch einmal erzählen; er erzählt ihn mit denselben Worten, nur setzt er anstatt: »dann sagt jemand« – »dann sagt sie«. Diese »sie« ist offenbar Berta oder Olga, mit denen er gespielt hat. Der Traum lautet also übersetzt: Ich spiele mit den Mäderln Pfänderauslösen. Ich frage: Wer will zu mir kommen? Sie (Berta oder Olga) antwortet: Ich. Dann muß sie mich Wiwi machen lassen. (Beim Urinieren behilflich sein, was Hans offenbar angenehm ist.)

Es ist klar, daß das Wiwimachenlassen, wobei dem Kinde die Hose geöffnet und der Penis herausgenommen wird, für Hans lustbetont ist. Auf Spaziergängen ist es ja zumeist der Vater, der dem Kinde diese Hilfe leistet, was Anlaß zur Fixierung homosexueller Neigung auf den Vater gibt.

---

die an die infantile Masturbation nicht glauben wollte, von ihrem 3½ Jahre alten Töchterchen. Sie hatte der Kleinen Unterhöschen anfertigen lassen und probierte nun, ob sie nicht im Schritt zu eng seien, indem sie mit ihrer Hand an der Innenfläche des Oberschenkels nach aufwärts strich. Die Kleine schloß plötzlich die Beine über die Hand zusammen und bat: »Mama, laß die Hand doch da. Das tut so gut.«

[1] [In den Ausgaben vor 1924 ist das Alter der beiden Mädchen irrtümlicherweise vertauscht angegeben. Vgl. S. 21.]

[2] [Man wird jedoch gleich sehen, daß es dem Sinne nach heißen muß: »oder genauer, er muß jemanden Wiwi machen lassen«.]

Einleitung

Zwei Tage vorher hat er, wie berichtet, die Mama beim Waschen und Einpudern der Genitalgegend gefragt: »Warum gibst du nicht den Finger hin?« Gestern, als ich Hans auf die Seite gehen ließ, sagte er mir zum erstenmal, ich solle ihn hinters Haus führen, damit niemand zuschauen könne, und fügte hinzu: »Voriges Jahr, wie ich Wiwi gemacht habe, haben mir die Berta und die Olga zugesehen.« Ich meine, das heißt, voriges Jahr war ihm dieses Zuschauen der Mädchen angenehm, jetzt aber nicht mehr. Die Exhibitionslust unterliegt jetzt der Verdrängung. Daß der Wunsch, Berta und Olga mögen ihm beim Wiwimachen zuschauen (oder ihn Wiwi machen lassen), jetzt im Leben verdrängt wird, ist die Erklärung für dessen Auftreten im Traume, in dem er sich die hübsche Einkleidung durch das Pfänderspiel geschaffen hat. – Ich beobachtete seither wiederholt, daß er beim Wiwimachen nicht gesehen werden will.

Ich bemerke hiezu nur, daß auch dieser Traum sich der Regel fügt, die ich in der *Traumdeutung* (S. 283 f., 7. Aufl.[1]) gegeben habe: Reden, die im Traume vorkommen, stammen von gehörten oder selbst gehaltenen Reden der nächstvorigen Tage ab.

Aus der Zeit bald nach der Rückkehr nach Wien hat der Vater noch eine Beobachtung fixiert:

Hans (4½ Jahre) sieht wieder zu, wie seine kleine Schwester gebadet wird, und fängt an zu lachen. Man fragt ihn: »Warum lachst du?«
Hans: »Ich lache über den Wiwimacher der Hanna.« –
»Warum?« – »Weil der Wiwimacher so schön ist.«
Die Antwort ist natürlich eine falsche. Der Wiwimacher kam ihm eben komisch vor. Es ist übrigens das erstemal, daß er den Unterschied zwischen männlichem und weiblichem Genitale in solcher Weise anerkennt, anstatt ihn zu verleugnen.

---

[1] [1900 a, Kap. VI (F); *Studienausgabe*, Bd. 2, S. 406 f.]

II
KRANKENGESCHICHTE UND ANALYSE

Geehrter Herr Professor! Ich sende Ihnen wieder ein Stückchen Hans, diesmal leider Beiträge zu einer Krankengeschichte. Wie Sie daraus lesen, hat sich bei ihm in den letzten Tagen eine nervöse Störung entwickelt, die mich und meine Frau sehr beunruhigt, weil wir kein Mittel zu ihrer Beseitigung finden konnten. Ich erbitte mir die Erlaubnis, Sie morgen ... zu besuchen, habe Ihnen aber ... das verfügbare Material schriftlich aufgezeichnet.
Sexuelle Übererregung durch Zärtlichkeit der Mutter hat wohl den Grund gelegt, aber den Erreger der Störung weiß ich nicht anzugeben. Die Furcht, *daß ihn auf der Gasse ein Pferd beißen werde*, scheint irgendwie damit zusammenzuhängen, daß er durch einen großen Penis geschreckt ist – den großen Penis des Pferdes hat er, wie Sie aus einer früheren Aufzeichnung wissen, schon zeitig bemerkt, und er hat damals den Schluß gezogen, daß die Mama, weil sie so groß ist, einen Wiwimacher haben müsse wie ein Pferd. [Vgl. S. 16.] Brauchbares weiß ich damit nicht anzufangen. Hat er irgendwo einen Exhibitionisten gesehen? Oder knüpft das Ganze nur an die Mutter an? Es ist uns nicht angenehm, daß er schon jetzt anfängt, Rätsel aufzugeben. Abgesehen von der Furcht, auf die Gasse zu gehen, und der abendlichen Verstimmung ist er übrigens ganz der Alte, lustig, heiter.
Wir wollen uns weder die begreiflichen Sorgen noch die ersten Erklärungsversuche des Vaters zu eigen machen, sondern uns zunächst das mitgeteilte Material beschauen. Es ist gar nicht unsere Aufgabe, einen Krankheitsfall gleich zu »verstehen«, dies kann erst später gelingen, wenn wir uns genug Eindrücke von ihm geholt haben. Vorläufig lassen wir unser Urteil in Schwebe und nehmen alles zu Beobachtende mit gleicher Aufmerksamkeit hin.
Die ersten Mitteilungen aber, die aus den ersten Jännertagen dieses Jahres, 1908, stammen, lauten:
Hans (4³/₄ Jahre) kommt morgens weinend auf und sagt der Mama auf die Frage, warum er weine: »Wie ich geschlafen hab', hab' ich gedacht, du bist fort und ich hab' keine Mammi zum Schmeicheln« (= liebkosen).

Krankengeschichte und Analyse

Also ein Angsttraum.

Etwas Ähnliches habe ich schon im Sommer in Gmunden bemerkt. Er wurde abends im Bette meist sehr weich gestimmt und machte einmal die Bemerkung (ungefähr): wenn ich aber keine Mammi hab', wenn du fortgehst, oder ähnlich; ich habe den Wortlaut nicht in Erinnerung. Wenn er in einer solchen elegischen Stimmung war, wurde er leider immer von der Mama ins Bett genommen.

Etwa am 5. Jänner kam er früh zur Mama ins Bett und sagte bei diesem Anlasse: »Weißt du, was Tante M. gesagt hat: ›Er hat aber ein liebes Pischl[1].‹« (Tante M. hatte vor 4 Wochen bei uns gewohnt; sie sah einmal zu, wie meine Frau den Knaben badete, und sagte Obiges tatsächlich leise zu meiner Frau. Hans hat es gehört und suchte es zu verwerten.)

Am 7. Jänner geht er mit dem Kindermädchen wie gewöhnlich in den Stadtpark, fängt auf der Straße an zu weinen und verlangt, daß man mit ihm nach Hause gehe, er wolle mit der Mammi »schmeicheln«. Zu Hause befragt, weshalb er nicht weiter gehen wollte und geweint hat, will er es nicht sagen. Bis zum Abend ist er heiter wie gewöhnlich; abends bekommt er sichtlich Angst, weint und ist von der Mama nicht fortzubringen; er will wieder schmeicheln. Dann wird er wieder heiter und schläft gut.

Am 8. Jänner will die Frau selbst mit ihm spazierengehen, um zu sehen, was mit ihm los ist, und zwar nach Schönbrunn, wohin er sehr gerne geht. Er fängt wieder an zu weinen, will nicht weggehen, fürchtet sich. Schließlich geht er doch, hat aber auf der Straße sichtlich Angst. Auf der Rückfahrt von Schönbrunn sagt er nach vielem Sträuben zur Mutter: *Ich hab' mich gefürchtet, daß mich ein Pferd beißen wird.* (Tatsächlich wurde er in Schönbrunn unruhig, als er ein Pferd sah.) Abends soll er wieder einen ähnlichen Anfall bekommen haben wie tags vorher, mit Verlangen zu schmeicheln. Man beruhigt ihn. Er sagt weinend: »Ich weiß, ich werde morgen wieder spazierengehen müssen«, und später: »Das Pferd wird ins Zimmer kommen.«

Am selben Tage fragt ihn die Mama: »Gibst du vielleicht die Hand zum Wiwimacher?« Darauf sagt er: »Ja jeden Abend, wenn ich im Bett bin.« Am nächsten Tage, 9. Jänner, wird er vor dem Nachmittagsschlaf gewarnt, die Hand zum Wiwimacher zu geben. Nach dem

---

[1] Pischl = Genitale. Liebkosungen der Kindergenitalien in Worten oder auch Tätlichkeiten von seiten zärtlicher Verwandter, mitunter auch der Eltern selbst, gehören zu den gewöhnlichsten Vorkommnissen, von denen die Psychoanalysen voll sind.

Aufwachen befragt, sagt er, er hat sie doch für kurze Zeit hingegeben.
Dies wäre also der Anfang der Angst wie der Phobie. Wir merken ja, daß wir guten Grund haben, die beiden voneinander zu sondern. Das Material erscheint uns übrigens zur Orientierung vollkommen ausreichend, und kein anderer Zeitpunkt ist dem Verständnisse so günstig wie ein solches, leider meist vernachlässigtes oder verschwiegenes Anfangsstadium. Die Störung setzt mit ängstlich-zärtlichen Gedanken und dann mit einem Angsttraum ein. Inhalt des letzteren: Die Mutter zu verlieren, so daß er mit ihr nicht schmeicheln kann. Die Zärtlichkeit für die Mutter muß sich also enorm gesteigert haben. Dies das Grundphänomen des Zustandes. Erinnern wir uns noch zur Bestätigung der beiden Verführungsversuche, die er gegen die Mutter unternimmt, von denen der erste noch in den Sommer fällt [S. 23], der zweite, knapp vor dem Ausbruche der Straßenangst, einfach eine Empfehlung seines Genitales enthält. Diese gesteigerte Zärtlichkeit für die Mutter ist es, die in Angst umschlägt, die, wie wir sagen, der Verdrängung unterliegt. Wir wissen noch nicht, woher der Anstoß zur Verdrängung stammt; vielleicht erfolgt sie bloß aus der für das Kind nicht zu bewältigenden Intensität der Regung, vielleicht wirken andere Mächte, die wir noch nicht erkennen, dabei mit. Wir werden es weiterhin erfahren. Diese, verdrängter erotischer Sehnsucht entsprechende, Angst ist zunächst wie jede Kinderangst objektlos, noch Angst und nicht Furcht. Das Kind kann nicht [anfänglich] wissen, wovor es sich fürchtet, und wenn Hans auf dem ersten Spaziergange mit dem Mädchen nicht sagen will, wovor er sich fürchtet, so weiß er es eben noch nicht. Er sagt, was er weiß, daß ihm die Mama auf der Straße fehlt, mit der er schmeicheln kann, und daß er nicht von der Mama weg will. Er verrät da in aller Aufrichtigkeit den ersten Sinn seiner Abneigung gegen die Straße.
Auch seine, an zwei Abenden hintereinander vor dem Schlafengehen wiederholten, ängstlichen und noch deutlich zärtlich getönten Zustände beweisen, daß zu Beginn der Erkrankung eine Phobie vor der Straße oder dem Spaziergange oder gar vor den Pferden noch gar nicht vorhanden ist. Der abendliche Zustand würde dann unerklärlich; wer denkt vor dem Zubettgehen an Straße und Spaziergang? Hingegen ist es vollkommen durchsichtig, daß er abends so ängstlich wird, wenn ihn vor dem Zubettgehen die Libido, deren Objekt die Mutter ist, und deren Ziel etwa sein könnte, bei der Mutter zu schlafen, verstärkt überfällt. Er hat doch die Erfahrung gemacht, daß die Mutter sich durch

solche Stimmungen *in Gmunden* bewegen ließ, ihn in ihr Bett zu nehmen, und er möchte dasselbe hier in Wien erreichen. Nebenbei vergessen wir nicht daran, daß er in Gmunden zeitweise mit der Mutter allein war, da der Vater nicht die ganzen Ferien dort verbringen konnte; ferner daß sich dort seine Zärtlichkeit auf eine Reihe von Gespielen, Freunde, Freundinnen, verteilt hatte, die ihm hier abgingen, so daß die Libido wieder ungeteilt zur Mutter zurückkehren konnte. Die Angst entspricht also verdrängter Sehnsucht, aber sie ist nicht dasselbe wie die Sehnsucht; die Verdrängung steht auch für etwas. Die Sehnsucht läßt sich voll in Befriedigung verwandeln, wenn man ihr das ersehnte Objekt zuführt; bei der Angst nützt diese Therapie nichts mehr, sie bleibt, auch wenn die Sehnsucht befriedigt sein könnte, sie ist nicht mehr voll in Libido zurückzuverwandeln; die Libido wird durch irgend etwas in der Verdrängung zurückgehalten[1]. Dies zeigt sich bei Hans auf dem nächsten Spaziergange, den die Mutter mit ihm macht. Er ist jetzt mit der Mutter und hat doch Angst, d. h. ungestillte Sehnsucht nach ihr. Freilich, die Angst ist geringer, er läßt sich ja doch zum Spaziergange bewegen, während er das Dienstmädchen zum Umkehren gezwungen hat; auch ist die Straße nicht der richtige Ort fürs »Schmeicheln«, oder was der kleine Verliebte sonst möchte. Aber die Angst hat die Probe bestanden und muß jetzt ein Objekt finden. Auf diesem Spaziergange äußert er zunächst die Furcht, daß ihn ein Pferd beißen werde. Woher das Material dieser Phobie stammt? Wahrscheinlich aus jenen noch unbekannten Komplexen, die zur Verdrängung beigetragen haben und die Libido zur Mutter im verdrängten Zustand erhalten. Das ist noch ein Rätsel des Falles, dessen weitere Entwicklung wir nun verfolgen müssen, um die Lösung zu finden. Gewisse Anhaltspunkte, die wahrscheinlich verläßlich sind, hat uns der Vater schon gegeben, daß er die Pferde wegen ihrer großen Wiwimacher immer mit Interesse beobachtet, daß er angenommen, die Mama müsse einen Wiwimacher haben wie ein Pferd u. dgl. So könnte man meinen, das Pferd sei nur ein Ersatz für die Mama. Aber was soll es heißen, daß Hans am Abend die Furcht äußert, das Pferd werde ins Zimmer kommen? Eine dumme Angstidee eines kleinen Kindes, wird man sagen. Aber die Neurose sagt nichts Dummes, so wenig wie der Traum. Wir schimpfen immer dann, wenn wir nichts verstehen. Das heißt, sich die Aufgabe leicht machen.

---

[1] Ehrlich gesagt, wir heißen eben eine ängstlich-sehnsüchtige Empfindung von dem Momente an eine pathologische Angst, wenn sie nicht mehr durch die Zuführung des ersehnten Objektes aufzuheben ist.

Vor dieser Versuchung müssen wir uns noch in einem andern Punkte hüten. Hans hat gestanden, daß er sich jede Nacht vor dem Einschlafen zu Lustzwecken mit seinem Penis beschäftigt. Nun, wird der Praktiker gerne sagen, nun ist alles klar. Das Kind masturbiert, daher also die Angst. Gemach! Daß das Kind sich masturbatorisch Lustgefühle erzeugt, erklärt uns seine Angst keineswegs, macht sie vielmehr erst recht rätselhaft. Angstzustände werden nicht durch Masturbation, überhaupt nicht durch Befriedigung hervorgerufen. Nebenbei dürfen wir annehmen, daß unser Hans, der jetzt $4^{3}/_{4}$ Jahre alt ist, sich dieses Vergnügen gewiß schon seit einem Jahre (vgl. S. 15) allabendlich gönnt, und werden erfahren [S. 31–2], daß er sich gerade jetzt im Abgewöhnungskampfe befindet, was zur Verdrängung und Angstbildung besser paßt.

Auch für die gute und gewiß sehr besorgte Mutter müssen wir Partei nehmen. Der Vater beschuldigt sie, nicht ohne einen Schein von Recht, daß sie durch übergroße Zärtlichkeit und allzu häufige Bereitwilligkeit, das Kind ins Bett zu nehmen, den Ausbruch der Neurose herbeigeführt; wir könnten ihr ebensowohl den Vorwurf machen, daß sie durch ihre energische Abweisung seiner Werbungen (»das ist eine Schweinerei« [S. 23]) den Eintritt der Verdrängung beschleunigt habe. Aber sie spielt eine Schicksalsrolle und hat einen schweren Stand.

Ich verabrede mit dem Vater, daß er dem Knaben sagen solle, das mit den Pferden sei eine Dummheit, weiter nichts. Die Wahrheit sei, daß er die Mama so gern habe und von ihr ins Bett genommen werden wolle. Weil ihn der Wiwimacher der Pferde so sehr interessiert habe, darum fürchte er sich jetzt vor den Pferden. Er habe gemerkt, es sei unrecht, sich mit dem Wiwimacher, auch mit dem eigenen, so intensiv zu beschäftigen, und das sei eine ganz richtige Einsicht. Ferner schlug ich dem Vater vor, den Weg der sexuellen Aufklärung zu betreten. Da wir nach der Vorgeschichte des Kleinen annehmen durften, seine Libido hafte am Wunsche, den Wiwimacher der Mama zu sehen, so solle er ihm dieses Ziel durch die Mitteilung entziehen, daß die Mama und alle anderen weiblichen Wesen, wie er ja von der Hanna wissen könne – einen Wiwimacher überhaupt nicht besitzen. Letztere Aufklärung sei bei passender Gelegenheit im Anschlusse an irgendeine Frage oder Äußerung von Hans zu erteilen.

Die nächsten Nachrichten über unsern Hans umfassen die Zeit vom 1. bis zum 17. März. Die monatlange Pause wird bald ihre Erklärung finden.

Krankengeschichte und Analyse

Der Aufklärung[1] folgt eine ruhigere Zeit, in der Hans ohne besondere Schwierigkeit zu bewegen ist, täglich in den Stadtpark spazierenzugehen. [Vgl. S. 87.] Seine Furcht vor Pferden verwandelt sich mehr und mehr in den Zwang, auf Pferde hinzusehen. Er sagt: »Ich muß auf die Pferde sehen und dann fürchte ich mich.«
Nach einer Influenza, die ihn für zwei Wochen ans Bett fesselt, verstärkt sich die Phobie wieder so sehr, daß er nicht zu bewegen ist, auszugehen; höchstens geht er auf den Balkon. Sonntags fährt er jede Woche mit mir nach Lainz[2], weil an diesem Tage wenig Wagen auf der Straße zu sehen sind und er zur Bahnstation nur einen kurzen Weg hat. In Lainz weigert er sich einmal, aus dem Garten heraus spazierenzugehen, weil ein Wagen vor dem Garten steht. Nach einer weiteren Woche, die er zu Hause bleiben muß, weil ihm die Mandeln geschnitten wurden, verstärkt sich die Phobie wieder sehr. Er geht zwar auf den Balkon, aber nicht spazieren, d. h. er kehrt, wenn er zum Haustor kommt, rasch wieder um.
Sonntag, den 1. März entwickelt sich auf dem Wege zum Bahnhofe folgendes Gespräch: Ich suche ihm wieder zu erklären, daß Pferde nicht beißen. Er: »Aber weiße Pferde beißen; in Gmunden ist ein weißes Pferd, das beißt. Wenn man die Finger hinhält, beißt es.« (Es fällt mir auf, daß er sagt: die Finger anstatt: die Hand.) Er erzählt dann folgende Geschichte, die ich hier zusammenhängend wiedergebe: »Wie die Lizzi hat wegfahren müssen, ist ein Wagen mit einem weißen Pferde vor ihrem Hause gestanden, das das Gepäck auf die Bahn bringen sollte. (Lizzi ist, wie er mir erzählt, ein Mäderl, das in einem Nachbarhause wohnte.) Ihr Vater ist nahe beim Pferde gestanden und das Pferd hat den Kopf hingewendet (um ihn zu berühren), und er hat zur Lizzi gesagt: *Gib nicht die Finger zum weißen Pferd, sonst beißt es dich.*« Ich sage darauf: »Du, mir scheint, das ist kein Pferd, was du meinst, sondern ein Wiwimacher, zu dem man nicht die Hand geben soll.«
Er: »Aber ein Wiwimacher beißt doch nicht.«
Ich: »Vielleicht doch«, worauf er mir lebhaft beweisen will, daß es wirklich ein weißes Pferd war[3].
Am 2. März sage ich ihm, wie er sich wieder fürchtet: »Weißt du was?

---
[1] Was seine Angst bedeute; noch nichts über den Wiwimacher der Frauen.
[2] Vorort von Wien [gleich hinter Schönbrunn], wo die Großeltern wohnen.
[3] Der Vater hat keinen Grund zu bezweifeln, daß Hans hier eine wirkliche Begebenheit erzählt hat. – Die Juckempfindungen an der Eichel, welche die Kinder zur Berührung veranlassen, werden übrigens in der Regel so beschrieben: Es *beißt* mich.

Die Dummheit« – so nennt er seine Phobie – »wird schwächer werden, wenn du öfter spazierengehst. Jetzt ist sie so stark, weil du nicht aus dem Hause herausgekommen bist, weil du krank warst.«
Er: »O nein, sie ist so stark, weil ich immer wieder die Hand zum Wiwimacher gebe jede Nacht.«
Arzt und Patient, Vater und Sohn, treffen sich also darin, der Onanieangewöhnung[1] die Hauptrolle in der Pathogenese des gegenwärtigen Zustandes zuzuschieben. Es fehlt aber auch nicht an Anzeichen für die Bedeutung anderer Momente.
Am 3. März ist bei uns ein neues Mädchen eingetreten, das sein besonderes Wohlgefallen erregt. Da sie ihn beim Zimmerreinigen aufsitzen läßt, nennt er sie nur »mein Pferd« und hält sie immer am Rock, »Hüoh« rufend. Am 10. März etwa sagt er zu diesem Kindermädchen: »Wenn Sie das oder das tun, müssen Sie sich ganz ausziehen, auch das Hemd.« (Er meint, zur Strafe, aber es ist leicht, dahinter den Wunsch zu erkennen.)
Sie: »No, was ist da dran? So werd' ich mir denken, ich hab' kein Geld auf Kleider.«
Er: »Aber das ist doch eine Schande, da sieht man doch den Wiwimacher.«
Die alte Neugierde, auf ein neues Objekt geworfen, und wie es den Zeiten der Verdrängung zukommt, mit einer moralisierenden Tendenz verdeckt!
Am 13. März früh sage ich zu Hans: »Weißt du, wenn du nicht mehr die Hand zum Wiwimacher gibst, wird die Dummheit schon schwächer werden.«
Hans: »Aber ich geb' die Hand nicht mehr zum Wiwimacher.«
Ich: »Aber du möchtest sie immer gern geben.«
Hans: »Ja, das schon, aber ›möchten‹ ist nicht ›tun‹, und ›tun‹ ist nicht ›möchten‹.« (!!)
Ich: »Damit du aber nicht möchtest, bekommst du heute einen Sack zum Schlafen.«
Darauf gehen wir vors Haus. Er fürchtet sich zwar, sagt aber, durch die Aussicht auf die Erleichterung des Kampfes sichtlich gehoben: »No morgen, wenn ich den Sack haben werde, wird die Dummheit weg sein.« Er fürchtet sich tatsächlich vor Pferden *viel* weniger und läßt Wagen ziemlich ruhig vorüberfahren.

---

[1] [In den vor 1924 veröffentlichten Ausgaben heißt es an dieser Stelle: »Onanieabgewöhnung«.]

Krankengeschichte und Analyse

Am nächsten Sonntag, 15. März, hatte Hans versprochen, mit mir nach Lainz zu fahren. Er sträubt sich erst, endlich geht er doch mit mir. Auf der Gasse fühlt er sich, da wenige Wagen fahren, sichtlich wohl und sagte: »Das ist gescheit, daß der liebe Gott das Pferd schon ausgelassen hat.« Auf dem Wege erkläre ich ihm, daß seine Schwester keinen Wiwimacher hat wie er. Mäderl und Frauen haben keinen Wiwimacher. Die Mammi hat keinen, die Anna nicht usw.
Hans: »Hast du einen Wiwimacher?«
Ich: »Natürlich, was hast du denn geglaubt?«
Hans: (Nach einer Pause) »Wie machen aber Mäderl Wiwi, wenn sie keinen Wiwimacher haben?«
Ich: »Sie haben keinen solchen Wiwimacher wie du. Hast du noch nicht gesehen, wenn die Hanna gebadet worden ist?«
Den ganzen Tag über ist er sehr lustig, fährt Schlitten usw. Erst gegen Abend wird er wieder verstimmt und scheint sich vor Pferden zu fürchten.
Abends ist der nervöse Anfall und das Bedürfnis nach Schmeicheln schwächer als an früheren Tagen. Am nächsten Tage wird er von der Mama in die Stadt mitgenommen, hat auf der Gasse große Furcht. Tags darauf bleibt er zu Hause und ist sehr lustig. Am nächsten Morgen kommt er gegen 6 Uhr ängstlich auf. Auf die Frage, was er habe, erzählt er: »Ich habe den Finger ganz wenig zum Wiwimacher gegeben. Da hab' ich die Mammi ganz nackt im Hemde gesehen und sie hat den Wiwimacher sehen lassen. Ich hab' der Grete[1], meiner Grete, gezeigt, was die Mama macht, und hab' ihr meinen Wiwimacher gezeigt. Dann hab' ich die Hand schnell vom Wiwimacher weggegeben.« Auf meinen Einwand, es kann nur heißen: im Hemd *oder* ganz nackt, sagt Hans: »Sie war im Hemd, aber das Hemd war so kurz, daß ich den Wiwimacher gesehen hab'.«
Das ganze ist kein Traum, sondern eine, übrigens einem Traume äquivalente Onanierphantasie. Was er die Mama tun läßt, dient offenbar zu seiner Rechtfertigung: »Wenn die Mammi den Wiwimacher zeigt, darf ich es auch.«
Wir können aus dieser Phantasie zweierlei ersehen, erstens, daß der Verweis der Mutter seinerzeit eine starke Wirkung auf ihn geübt hat[2],

---
[1] Grete ist eines der Gmundner Mäderl, von der Hans gerade jetzt phantasiert; er spricht und spielt mit ihr. [Anmerkung des Vaters.]
[2] [Das bezieht sich vermutlich auf ihre Drohung (S. 15). S. aber die nähere Darstellung der Szene auf S. 36.]

Analyse der Phobie eines fünfjährigen Knaben

zweitens, daß die Aufklärung, Frauen hätten keinen Wiwimacher, von ihm zunächst nicht akzeptiert wird. Er bedauert es, daß es so sein soll, und hält in der Phantasie an ihm fest. Vielleicht hat er auch seine Gründe, dem Vater fürs erste den Glauben zu versagen.

Wochenbericht des Vaters:
Geehrter Herr Professor! Anbei folgt die Fortsetzung der Geschichte unseres Hans, ein ganz interessantes Stück. Vielleicht werde ich mir erlauben, Sie Montag in der Ordination aufzusuchen und womöglich Hans mitbringen – vorausgesetzt, daß er geht. Ich hab' ihn heute gefragt: »Willst du Montag mit mir zu dem Professor gehen, der dir die Dummheit wegnehmen kann?«
Er: »Nein.«
Ich: »Aber er hat ein sehr schönes Mäderl.« – Darauf hat er bereitwillig und freudig zugestimmt.
Sonntag, 22. März. Um das Sonntagsprogramm zu erweitern, schlage ich Hans vor, zuerst nach Schönbrunn zu fahren und erst mittags von dort nach Lainz. Er hat also nicht bloß den Weg von der Wohnung zur Stadtbahnstation Hauptzollamt zu Fuß zurückzulegen, sondern auch von der Station Hietzing nach Schönbrunn und von dort wieder zur Dampftramwaystation Hietzing, was er auch absolviert, indem er, wenn Pferde kommen, eiligst wegschaut, da ihm offenbar ängstlich zumute ist. Mit dem Wegschauen befolgt er einen Rat der Mama.
In Schönbrunn zeigt er Furcht vor Tieren, die er sonst furchtlos angesehen hat. So will er in das Haus, in dem sich die *Giraffe* befindet, absolut nicht hinein, will auch zum Elefanten nicht, der ihm sonst viel Spaß gemacht hat. Er fürchtet sich vor allen großen Tieren, während er sich bei den kleinen sehr unterhält. Unter den Vögeln fürchtet er diesmal auch den Pelikan, was er früher nie getan hat, offenbar auch wegen seiner Größe.
Ich sage ihm daraufhin: »Weißt du, warum du dich vor den großen Tieren fürchtest? Große Tiere haben einen großen Wiwimacher, und du fürchtest dich eigentlich vor dem großen Wiwimacher.«
Hans: »Aber ich habe noch nie von den großen Tieren den Wiwimacher gesehen.«[1]
Ich: »Aber vom Pferde doch, und das Pferd ist auch ein großes Tier.«

---
[1] Das ist falsch. Vergleiche seinen Ausruf beim Löwenkäfig, S. 16. Wahrscheinlich beginnendes Vergessen infolge der Verdrängung.

Hans: »Oh, vom Pferd oft. Einmal in Gmunden, wie der Wagen vor dem Hause gestanden ist, einmal vor dem Hauptzollamt.«
Ich: »Wie du klein warst, bist du wahrscheinlich in Gmunden in einen Stall gegangen ...«
Hans (unterbrechend): »Ja, jeden Tag, wenn in Gmunden die Pferde nach Haus gekommen sind, bin ich in den Stall gegangen.«
Ich: »– und hast dich wahrscheinlich gefürchtet, wie du einmal den großen Wiwimacher vom Pferde gesehen hast, aber davor brauchst du dich nicht zu fürchten. Große Tiere haben große Wiwimacher, kleine Tiere kleine Wiwimacher.«
Hans: »Und alle Menschen haben Wiwimacher, und der Wiwimacher wächst mit mir, wenn ich größer werde; er ist ja angewachsen.«
Damit schloß das Gespräch. In den folgenden Tagen scheint die Furcht wieder etwas größer; er traut sich kaum vors Haustor, wohin man ihn nach dem Essen führt.

Hansens letzte Trostrede wirft ein Licht auf die Situation und gestattet uns, die Behauptungen des Vaters ein wenig zu korrigieren. Es ist wahr, daß er bei den großen Tieren Angst hat, weil er an deren großen Wiwimacher denken muß, aber man kann eigentlich nicht sagen, daß er sich vor dem großen Wiwimacher selbst fürchtet. Die Vorstellung eines solchen war ihm früher entschieden lustbetont, und er versuchte mit allem Eifer, sich dessen Anblick zu verschaffen. Dies Vergnügen ist ihm seither verleidet worden durch die allgemeine Verkehrung von Lust in Unlust, die – auf noch nicht aufgeklärte Weise – seine ganze Sexualforschung betroffen hat, und was uns deutlicher ist, durch gewisse Erfahrungen und Erwägungen, die zu peinlichen Ergebnissen führten. Aus seiner Tröstung: Der Wiwimacher wächst mit mir, wenn ich größer werde, läßt sich schließen, daß er bei seinen Beobachtungen beständig verglichen hat und von der Größe seines eigenen Wiwimachers sehr unbefriedigt geblieben ist. An diesen Defekt erinnern ihn die großen Tiere, die ihm aus diesem Grunde unangenehm sind. Weil aber der ganze Gedankengang wahrscheinlich nicht klar bewußt werden kann, wandelt sich auch diese peinliche Empfindung in Angst, so daß seine gegenwärtige Angst sich auf der ehemaligen Lust wie auf der aktuellen Unlust aufbaut. Wenn einmal der Angstzustand hergestellt ist, so zehrt die Angst alle anderen Empfindungen auf; mit fortschreitender Verdrängung, je mehr die schon bewußt gewesenen affekttragenden Vorstellungen ins Unbewußte rücken, können sich alle Affekte in Angst verwandeln.
Die sonderbare Bemerkung Hansens: »er ist ja angewachsen«, läßt im

Zusammenhange der Tröstung vieles erraten, was er nicht aussprechen kann, auch in dieser Analyse nicht ausgesprochen hat. Ich ergänze da ein Stück nach meinen Erfahrungen aus den Analysen Erwachsener, aber ich hoffe, die Einschaltung wird nicht als eine gewaltsame und willkürliche beurteilt werden. »Er ist ja angewachsen«: wenn das zum Trutze und Troste gedacht ist, so läßt es an die alte Drohung der Mutter denken, sie werde ihm den Wiwimacher abschneiden lassen, wenn er fortfahre, sich mit ihm zu beschäftigen. [Vgl. S. 15.] Diese Drohung blieb damals, als er 3½ Jahre alt war, wirkungslos. Er antwortete ungerührt, dann werde er aber mit dem Popo Wiwi machen. Es wäre durchaus das typische Verhalten, wenn die Drohung mit der Kastration jetzt *nachträglich* zur Wirkung käme und er jetzt, 1¼ Jahre später, unter der Angst stünde, das teure Stück seines Ichs einzubüßen. Man kann solche nachträgliche Wirkungen von Geboten und Drohungen in der Kindheit bei anderen Erkrankungsfällen beobachten, wo das Intervall ebensoviel Dezennien und mehr umfaßt. Ja, ich kenne Fälle, in denen der *»nachträgliche Gehorsam«* der Verdrängung den wesentlichen Anteil an der Determinierung der Krankheitssymptome hat[1].

Die Aufklärung, die Hans vor kurzem erhalten hat, daß Frauen wirklich keinen Wiwimacher haben, kann nur erschütternd auf sein Selbstvertrauen und erweckend auf den Kastrationskomplex gewirkt haben. Darum sträubte er sich auch gegen sie, und darum blieb ein therapeutischer Erfolg dieser Mitteilung aus: Soll es also wirklich lebende Wesen geben, die keinen Wiwimacher besitzen? Dann wäre es ja nicht mehr so unglaublich, daß man ihm den Wiwimacher wegnehmen, ihn gleichsam zum Weibe machen könnte![2]

---

[1] [Eine soziologische Verwendung des Begriffs »nachträglicher Gehorsam« findet sich im letzten Aufsatz von *Totem und Tabu* (1912–13), *Studienausgabe*, Bd. 9, S. 427.]

[2] Ich kann den Zusammenhang nicht so weit unterbrechen, um darzutun, wieviel Typisches an diesen unbewußten Gedankengängen ist, die ich hier dem kleinen Hans zumute. Der Kastrationskomplex ist die tiefste unbewußte Wurzel des Antisemitismus, denn schon in der Kinderstube hört der Knabe, daß dem Juden etwas am Penis – er meint, ein Stück des Penis – abgeschnitten werde, und dies gibt ihm das Recht, den Juden zu verachten. Auch die Überhebung über das Weib hat keine stärkere unbewußte Wurzel. Weininger, jener hochbegabte und sexuell gestörte junge Philosoph, der nach seinem merkwürdigen Buche *Geschlecht und Charakter* [1903] sein Leben durch Selbstmord beendigte, hat in einem vielbemerkten Kapitel den Juden und das Weib mit der gleichen Feindschaft bedacht und mit den nämlichen Schmähungen überhäuft. Weininger stand als Neurotiker völlig unter der Herrschaft infantiler Komplexe; die Beziehung zum Kastrationskomplex ist das dem Juden und dem Weibe dort Gemeinsame. [Eine ausführlichere Analyse des Antisemitismus hat Freud in einem seiner letzten Werke vorgenommen: *Der Mann Moses und die monotheistische Religion* (1939 a, Aufsatz III, Erster Teil, Abschnitt D), *Studienausgabe*, Bd. 9, S. 538 f.]

Krankengeschichte *und Analyse*

In der Nacht vom 27. zum 28. überrascht uns Hans dadurch, daß er mitten im Dunkel aus seinem Bette aufsteht und zu uns ins Bett kommt. Sein Zimmer ist durch ein Kabinett von unserem Schlafzimmer getrennt. Wir fragen ihn, weshalb; ob er sich vielleicht gefürchtet habe. Er sagt: »Nein, ich werde es morgen sagen«, schläft in unserem Bette ein und wird dann in seines zurückgetragen.

Am nächsten Tage nehme ich ihn ins Gebet, um zu erfahren, weshalb er in der Nacht zu uns gekommen ist, und es entwickelt sich nach einigem Sträuben folgender Dialog, den ich sofort stenographisch festlege:

Er: *»In der Nacht war eine große und eine zerwutzelte Giraffe im Zimmer, und die große hat geschrien, weil ich ihr die zerwutzelte weggenommen hab'. Dann hat sie aufgehört zu schreien, und dann hab' ich mich auf die zerwutzelte Giraffe draufgesetzt.«*

Ich, befremdet: »Was? Eine zerwutzelte Giraffe? Wie war das?«

Er: »Ja.« (Holt schnell ein Papier, wutzelt es zusammen und sagt mir:) »So war sie zerwutzelt.«

Ich: »Und du hast dich auf die zerwutzelte Giraffe draufgesetzt? Wie?«

Er zeigt mir's wieder, setzt sich auf die Erde.

Ich: »Weshalb bist du ins Zimmer gekommen?«

Er: »Das weiß ich selber nicht.«

Ich: »Hast du dich gefürchtet?«

Er: »Nein, bestimmt nicht.«

Ich: »Hast du von den Giraffen geträumt?«

Er: »Nein, nicht geträumt; ich hab' mir's gedacht – das Ganze hab' ich mir gedacht – aufgekommen war ich schon früher.«

Ich: »Was soll das heißen: eine zerwutzelte Giraffe? Du weißt ja, daß man eine Giraffe nicht zusammendrücken kann wie ein Stück Papier.«

Er: »Ich weiß' ja. Ich hab's halt geglaubt. Es gibt's ja eh net auf der Welt[1]. Die zerwutzelte ist ganz gelegen auf dem Fußboden, und ich hab' sie weggenommen, mit den Händen genommen.«

Ich: »Was, so eine große Giraffe kann man mit den Händen nehmen?«

Er: »Die zerwutzelte hab' ich mit der Hand genommen.«

Ich: »Wo war die große unterdessen?«

Er: »Die große ist halt weiter weg gestanden.«

---

[1] Hans sagt es ganz bestimmt in seiner Sprache, es war eine Phantasie.

Ich: »Was hast du mit der zerwutzelten gemacht?«
Er: »Ich hab' sie ein bißchen in der Hand gehalten, bis die große zu schreien aufgehört hat, und wie die große zum schreien aufgehört hat, hab' ich mich draufgesetzt.«
Ich: »Weshalb hat die große geschrien?«
Er: »Weil ich ihr die kleine weggenommen hab'.« (Bemerkt, daß ich alles notiere, und fragt: »Weshalb schreibst du das auf?«)
Ich: »Weil ich es einem Professor schicke, der dir die ›Dummheit‹ wegnehmen kann.«
Er: »Aha, da hast du's doch auch aufgeschrieben, daß sich die Mammi das Hemd ausgezogen hat, und gibst das auch dem Professor.«
Ich: »Ja, der wird aber nicht verstehen, wie du glaubst, daß man eine Giraffe zerwutzeln kann.«
Er: »Sag' ihm halt, ich weiß es selber nicht, und da wird er nicht fragen; wenn er aber fragt, was die verwutzelte Giraffe ist, kann er uns ja schreiben, und wir schreiben hin oder schreiben wir gleich, ich weiß es selber nicht.«
Ich: »Weshalb bist du aber in der Nacht gekommen?«
Er: »Das weiß ich nicht.«
Ich: »Sag' mir halt schnell, woran du jetzt denkst.«
Er (humoristisch): »An einen Himbeersaft.« ⎫
Ich: »Was noch?« ⎬ Seine Wünsche
Er: »Ein Gewehr zum Totschießen.« [1] ⎭
Ich: »Du hast es gewiß nicht geträumt?«
Er: »Sicher nicht; nein, ich weiß es ganz bestimmt.«
Er erzählt weiter: »Die Mammi hat mich so lange gebeten, ich soll ihr sagen, weshalb ich in der Nacht gekommen bin. Ich hab's aber nicht sagen wollen, weil ich mich zuerst vor der Mammi geschämt hab'.«
Ich: »Weshalb?«
Er: »Das weiß ich nicht.«
Tatsächlich hat ihn meine Frau den ganzen Vormittag inquiriert, bis er die Giraffengeschichte erzählt hat.

Am selben Tage noch findet der Vater die Auflösung der Giraffenphantasie.

Die große Giraffe bin ich, respektive der große Penis (der lange

---

[1] Der Vater versucht hier in seiner Ratlosigkeit, die klassische Technik der Psychoanalyse zu üben. Diese führt nicht weit, aber was sie ergibt, kann doch im Lichte späterer Eröffnungen sinnvoll werden. [Vgl. S. 87 und S. 97, Anm. 1.]

Krankengeschichte und Analyse

Hals), die zerwutzelte Giraffe meine Frau, respektive ihr Glied, was also der Erfolg der Aufklärung ist [S. 33].

Giraffe: vide Ausflug nach Schönbrunn. [Vgl. S. 19 und S. 34.] Übrigens hat er ein Bild einer Giraffe und eines Elefanten über seinem Bette hängen.

Das Ganze ist die Reproduktion einer Szene, die sich fast jeden Morgen in den letzten Tagen abgespielt hat. Hans kommt in der Früh immer zu uns, und meine Frau kann es dann nicht unterlassen, ihn für einige Minuten zu sich ins Bett zu nehmen. Daraufhin fange ich immer an, sie zu warnen, sie möge ihn nicht zu sich nehmen (»die große hat geschrien, weil ich ihr die zerwutzelte weggenommen hab'«), und sie erwidert hie und da, wohl gereizt, das sei doch ein Unsinn, die eine Minute sei doch irrelevant usw. Hans bleibt dann eine kurze Zeit bei ihr. (»Dann hat die große Giraffe aufgehört zu schreien und dann hab' ich mich auf die zerwutzelte Giraffe draufgesetzt.«)

Die Lösung dieser ins Giraffenleben transponierten Eheszene ist also: er hat in der Nacht Sehnsucht nach der Mama bekommen, nach ihren Liebkosungen, ihrem Gliede, und ist deshalb ins Schlafzimmer gekommen. Das Ganze ist die Fortsetzung der Pferdefurcht.

Ich weiß der scharfsinnigen Deutung des Vaters nur hinzuzufügen: »Das Draufsetzen« ist wahrscheinlich Hansens Darstellung des Besitzergreifens. Das Ganze aber ist eine Trutzphantasie, die mit Befriedigung an den Sieg über den väterlichen Widerstand anknüpft. »Schrei, soviel du willst, die Mammi nimmt mich doch ins Bett und die Mammi gehört mir.« Es läßt sich also mit Recht hinter ihr erraten, was der Vater vermutet: die Angst, daß ihn die Mama nicht mag, weil sich sein Wiwimacher mit dem des Vaters nicht messen kann.

Am nächsten Morgen holt sich der Vater die Bestätigung seiner Deutung. Sonntag, 29. März, fahre ich mit Hans nach Lainz. In der Tür verabschiede ich mich von meiner Frau scherzhaft: »Adieu, große Giraffe.« Hans fragt: »Warum Giraffe?« Darauf ich: »Die Mammi ist die große Giraffe«, worauf Hans sagt: »Nicht wahr, und die Hanna ist die zerwutzelte Giraffe?«

Auf der Bahn erkläre ich ihm die Giraffenphantasie, worauf er sagt: Ja, das ist richtig, und wie ich ihm sage, ich sei die große Giraffe, der lange Hals habe ihn an einen Wiwimacher erinnert, sagt er: »Die Mammi hat auch einen Hals wie eine Giraffe, das hab' ich gesehen, wie sie sich den weißen Hals gewaschen hat.«[1]

---
[1] Hans bestätigt nur die Deutung der beiden Giraffen auf Vater und Mutter, nicht die

Analyse der Phobie eines fünfjährigen Knaben

Am Montag, 30. März, früh, kommt Hans zu mir und sagt: »Du, heut hab' ich mir zwei Sachen gedacht. Die erste? Ich bin mit dir in Schönbrunn gewesen bei den Schafen, und dann sind wir unter den Stricken durchgekrochen, und das haben wir dann dem Wachmanne beim Eingang des Gartens gesagt, und der hat uns zusammengepackt.« Das zweite hat er vergessen.

Ich bemerke dazu: Als wir am Sonntag zu den Schafen gehen wollten, war dieser Raum durch einen Strick abgesperrt, so daß wir nicht hingehen konnten. Hans war sehr verwundert, daß man einen Raum nur mit einem Stricke absperrt, unter dem man doch leicht durchschlüpfen kann. Ich sagte ihm, anständige Menschen kriechen nicht unter den Strick. Er meinte, es ist ja ganz leicht, worauf ich erwiderte, es kann dann ein Wachmann kommen, der einen fortführt. Am Eingange von Schönbrunn steht ein Leibgardist, von dem ich Hans einmal gesagt habe, der arretiert schlimme Kinder.

Nach der Rückkehr von dem Besuche bei Ihnen, der am selben Tage vorfiel, beichtete Hans noch ein Stückchen Gelüste, Verbotenes zu tun. »Du, heut früh hab' ich mir wieder etwas gedacht.« »Was?« »Ich bin mit dir in der Eisenbahn gefahren und wir haben ein Fenster zerschlagen und der Wachmann hat uns mitgenommen.«

Die richtige Fortsetzung der Giraffenphantasie. Er ahnt, daß es verboten ist, sich in den Besitz der Mutter zu setzen; er ist auf die Inzestschranke gestoßen[1]. Aber er hält es für verboten an sich. Bei den verbotenen Streichen, die er in der Phantasie ausführt, ist jedesmal der Vater dabei und wird mit ihm eingesperrt. Der Vater, meint er, tut doch auch jenes rätselhafte Verbotene mit der Mutter, das er sich durch etwas Gewalttätiges wie das Zerschlagen einer Fensterscheibe, durch das Eindringen in einen abgeschlossenen Raum, ersetzt.

An diesem Nachmittage besuchten mich Vater und Sohn in meiner ärztlichen Ordination. Ich kannte den drolligen Knirps schon und hatte ihn, der in seiner Selbstsicherheit doch so liebenswürdig war, jedesmal gern gesehen. Ob er sich meiner erinnerte, weiß ich nicht, aber er benahm sich tadellos, wie ein ganz vernünftiges Mitglied der menschlichen Gesellschaft. Die Konsultation war kurz. Der Vater knüpfte daran an, daß

---

sexuelle Symbolik, die in der Giraffe selbst eine Vertretung des Penis erblicken will. Wahrscheinlich hat diese Symbolik recht, aber von Hans kann man wahrlich nicht mehr verlangen.
[1] [S. den letzten Abschnitt der dritten von Freuds *Drei Abhandlungen zur Sexualtheorie* (1905d), *Studienausgabe*, Bd. 5, S. 128 f.]

trotz aller Aufklärung die Angst vor den Pferden sich noch nicht gemindert habe. Wir mußten uns auch eingestehen, daß die Beziehungen zwischen den Pferden, vor denen er sich ängstigte, und den aufgedeckten Regungen von Zärtlichkeit für die Mutter wenig ausgiebige waren. Details, wie ich sie jetzt erfuhr, daß ihn besonders geniere, was die Pferde vor den Augen haben, und das Schwarze um deren Mund, ließen sich von dem aus, was wir wußten, gewiß nicht erklären. Aber als ich die beiden so vor mir sitzen sah und dabei die Schilderung seiner Angstpferde hörte, schoß mir ein weiteres Stück der Auflösung durch den Sinn, von dem ich verstand, daß es gerade dem Vater entgehen konnte. Ich fragte Hans scherzend, ob seine Pferde Augengläser tragen, was er verneinte, dann ob sein Vater Augengläser trage, was er gegen alle Evidenz wiederum verneinte, ob er mit dem Schwarzen um den »Mund« den Schnurrbart meine, und eröffnete ihm dann, er fürchte sich vor seinem Vater, eben weil er die Mutter so lieb habe. Er müsse ja glauben, daß ihm der Vater darob böse sei, aber das sei nicht wahr, der Vater habe ihn doch gern, er könne ihm furchtlos alles bekennen. Lange, ehe er auf der Welt war, hätte ich schon gewußt, daß ein kleiner Hans kommen werde, der seine Mutter so lieb hätte, daß er sich darum vor dem Vater fürchten müßte, und hätte es seinem Vater erzählt. »Warum glaubst du denn, daß ich böse auf dich bin«, unterbrach mich hier der Vater, »habe ich dich denn je geschimpft oder geschlagen?« »O ja, du hast mich geschlagen«, verbesserte Hans. »Das ist nicht wahr. Wann denn?« »Heute vormittag«, mahnte der Kleine, und der Vater erinnerte sich, daß Hans ihn ganz unerwartet mit dem Kopfe in den Bauch gestoßen, worauf er ihm wie reflektorisch einen Schlag mit der Hand gegeben. Es war bemerkenswert, daß er dieses Detail nicht in den Zusammenhang der Neurose aufgenommen hatte; er verstand es aber jetzt als Ausdruck der feindseligen Disposition des Kleinen gegen ihn, vielleicht auch als Äußerung des Bedürfnisses, sich dafür eine Bestrafung zu holen[1].

Auf dem Heimgange fragte Hans den Vater: »Spricht denn der Professor mit dem lieben Gott, daß er das alles vorher wissen kann?« Ich wäre auf diese Anerkennung aus Kindermund außerordentlich stolz,

---

[1] Der Knabe wiederholte diese Reaktion gegen den Vater später in deutlicherer und vollständigerer Weise, indem er dem Vater zuerst einen Schlag auf die Hand gab und dann dieselbe Hand zärtlich küßte. – [Vgl. in diesem Zusammenhang den dritten Teil des Aufsatzes von Freuds ›Einige Charaktertypen aus der psychoanalytischen Arbeit‹ (1916 d), Studienausgabe, Bd. 10, S. 252 f.]

wenn ich sie nicht durch meine scherzhaften Prahlereien selbst provoziert hätte. Ich erhielt von dieser Konsultation an fast täglich Berichte über die Veränderungen im Befinden des kleinen Patienten. Es stand nicht zu erwarten, daß er durch meine Mitteilung mit einem Schlage angstfrei werden könnte, aber es zeigte sich, daß ihm nun die Möglichkeit gegeben war, seine unbewußten Produktionen vorzubringen und seine Phobie abzuwickeln. Er führte von da an ein Programm aus, das ich seinem Vater im vorhinein mitteilen konnte.

Am 2. April ist die *erste wesentliche Besserung* festzustellen. Während er bisher nie zu bewegen war, für längere Zeit vors Haustor zu gehen, und immer, wenn Pferde kamen, mit allen Zeichen des Schreckens zurück ins Haus rannte, bleibt er diesmal eine Stunde vor dem Haustore, auch wenn Wagen vorüberfahren, was bei uns ziemlich häufig vorkommt. Hie und da läuft er, wenn er von ferne einen Wagen kommen sieht, ins Haus, kehrt jedoch sofort um, als ob er sich anders besinnen würde. Es ist jedenfalls nur ein Rest von Angst vorhanden und der Fortschritt seit der Aufklärung nicht zu verkennen. Abends sagt er: »Wenn wir schon vors Haustor gehen, werden wir auch in den Stadtpark gehen.«

Am 3. April kommt er früh zu mir ins Bett, während er die letzten Tage nicht mehr gekommen war und sogar stolz auf diese Enthaltung schien. Ich frage: »Weshalb bist du denn heute gekommen?«

Hans: »Bis ich mich nicht fürchten werde, werde ich nicht mehr kommen.«

Ich: »Du kommst also zu mir, weil du dich fürchtest?«

Hans: »Wenn ich nicht bei dir bin, fürchte ich mich; wenn ich nicht bei dir im Bette bin, da fürcht' ich mich. Bis ich mich nicht mehr fürchten werde, komme ich nicht mehr.«

Ich: »Du hast mich also gern und dir ist bange, wenn du früh in deinem Bette bist, deshalb kommst du zu mir?«

Hans: »Ja. Warum hast du mir gesagt, ich hab' die *Mammi* gern, und ich fürcht' mich deshalb, wenn ich *dich* gern hab'?«

Der Kleine zeigt hier eine wirklich überlegene Klarheit. Er gibt zu erkennen, daß in ihm die Liebe zum Vater mit der Feindseligkeit gegen den Vater infolge seiner Nebenbuhlerrolle bei der Mutter ringt, und macht dem Vater den Vorwurf, daß er ihn bisher auf dieses Kräftespiel, das in Angst auslaufen mußte, nicht aufmerksam gemacht hat. Der Vater versteht ihn noch nicht ganz, denn er holt sich erst während dieser Unterhaltung die Überzeugung von der Feindseligkeit des Kleinen gegen

Krankengeschichte und Analyse

ihn, die ich bei unserer Konsultation behauptet hatte. Das Folgende, das ich doch unverändert mitteile, ist eigentlich bedeutsamer für die Aufklärung des Vaters als für den kleinen Patienten.

Diesen Einwand habe ich leider nicht sofort nach seiner Bedeutung aufgefaßt. Weil Hans die Mutter gerne hat, will er mich offenbar weghaben, dann ist er an Vaters Stelle. Dieser unterdrückte feindliche Wunsch wird zur Angst um den Vater, und er kommt früh zu mir, um zu sehen, ob ich fort bin. Ich habe das leider in diesem Momente noch nicht verstanden und sage ihm:

»Wenn du allein bist, ist dir halt bange nach mir und du kommst zu mir.«

Hans: »Wenn du weg bist, fürcht' ich mich, daß du nicht nach Hause kommst.«

Ich: »Hab' ich dir denn einmal gedroht, daß ich nicht nach Hause komme?«

Hans: »Du nicht, aber die Mammi. Die Mammi hat mir gesagt, daß sie nicht mehr kommt.« (Wahrscheinlich war er schlimm, und sie hat ihm mit dem Weggehen gedroht.)

Ich: »Das hat sie gesagt, weil du schlimm warst.«

Hans: »Ja.«

Ich: »Du fürchtest dich also, ich geh' weg, weil du schlimm warst, deshalb kommst du zu mir.«

Beim Frühstücke stehe ich vom Tische auf, worauf Hans sagt: Vatti, *renn* mir nicht davon! Daß er »renn« anstatt »lauf« sagt, fällt mir auf, und ich repliziere: »Oha, du fürchtest dich, das Pferd rennt dir davon.« Wozu er lacht.

Wir wissen, daß dieses Stück der Angst Hansens doppelt gefügt ist: Angst *vor* dem Vater und Angst *um* den Vater. Die erstere stammt von der Feindseligkeit gegen den Vater, die andere von dem Konflikte der Zärtlichkeit, die hier reaktionsweise übertrieben wird, mit der Feindseligkeit.

Der Vater setzt fort:

Das ist zweifellos der Anfang eines wichtigen Stückes. Daß er sich höchstens vors Haus traut, vom Hause aber nicht weggeht, daß er beim ersten Anfalle der Angst auf der Hälfte des Weges umkehrt, ist motiviert durch die Furcht, die Eltern nicht zu Hause zu treffen, weil sie weggegangen sind. Er klebt am Hause aus Liebe zur Mutter, er fürchtet sich, daß ich weggehe, aus feindlichen Wünschen gegen mich, dann wäre er der Vater.

Im Sommer bin ich wiederholt von Gmunden nach Wien weggefahren, weil es der Beruf erforderte, dann war er der Vater. Ich erinnere daran, daß die Pferdeangst an das Erlebnis in Gmunden anknüpft, als ein Pferd das Gepäck der Lizzi auf den Bahnhof bringen sollte [S. 31]. Der verdrängte Wunsch, ich solle auf den Bahnhof fahren, dann ist er mit der Mutter allein (»das Pferd soll wegfahren«), wird dann zur Angst vor dem Wegfahren der Pferde, und tatsächlich versetzt ihn nichts in größere Angst, als wenn aus dem unserer Wohnung gegenüberliegenden Hofe des Hauptzollamtes ein Wagen wegfährt, Pferde sich in Bewegung setzen.

Dieses neue Stück (feindselige Gesinnung gegen den Vater) konnte erst herauskommen, nachdem er weiß, daß ich nicht böse bin, weil er die Mama so gerne hat.

Nachmittags gehe ich wieder mit ihm vors Haustor; er geht wieder vors Haus und bleibt auch daselbst, wenn Wagen fahren, nur bei einzelnen Wagen hat er Angst und läuft in den Hausflur. Er erklärt mir auch: »Nicht alle weißen Pferde beißen«; d. h.: durch die Analyse sind bereits einige weiße Pferde als »Vatti« erkannt worden, die beißen nicht mehr, allein es bleiben noch andere zum Beißen.

Die Situation vor unserem Haustore ist folgende: Gegenüber ist das Lagerhaus des Verzehrungssteueramtes mit einer Verladungsrampe, wo den ganzen Tag über Wagen vorfahren, um Kisten u. dgl. abzuholen. Gegen die Straße sperrt ein Gitter diesen Hofraum. Vis-à-vis von unserer Wohnung ist das Einfahrtstor des Hofraumes (Fig. 2).

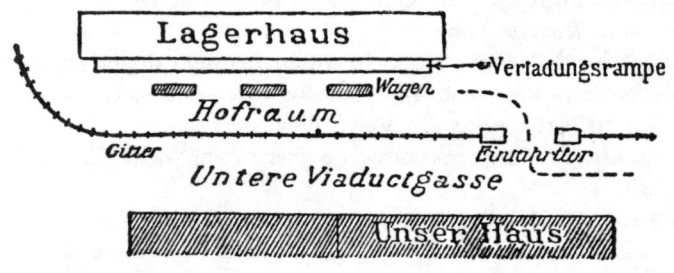

Fig. 2

Ich bemerke schon seit einigen Tagen, daß Hans sich besonders fürchtet, wenn Wagen aus dem Hofe heraus- oder hineinfahren, wobei sie eine Schwenkung machen müssen. Ich habe seinerzeit gefragt, warum er sich so fürchtet, worauf er sagt: »*Ich fürcht' mich, daß die Pferde umfallen, wenn der Wagen umwendet* (A).« Ebensosehr fürchtet er sich, wenn Wagen, die bei der Verladungsrampe stehen, sich plötzlich in Bewegung setzen, um fortzufahren (B). Er fürchtet sich ferner (C) vor großen Lastpferden mehr als vor kleinen Pferden, vor bäuerischen Pferden mehr als vor eleganten (wie z. B. Fiaker-)Pferden. Auch fürchtet er sich mehr, wenn ein Wagen schnell vorüberfährt (D), als wenn die Pferde langsam dahertrotten. Diese Differenzierungen sind natürlich erst in den letzten Tagen deutlich hervorgetreten.

Ich möchte sagen, infolge der Analyse hat nicht nur der Patient, sondern auch seine Phobie mehr Courage bekommen und wagt es, sich zu zeigen. [Vgl. S. 105.]

Am 5. April kommt Hans wieder ins Schlafzimmer und wird in sein Bett zurückgeschickt. Ich sage ihm: »Solange du früh ins Zimmer kommst, wird die Pferdeangst nicht besser werden.« Er trotzt aber und antwortet: »Ich werde doch kommen, auch wenn ich mich fürchte.« Er will sich also den Besuch bei der Mama nicht verbieten lassen.

Nach dem Frühstück sollen wir hinuntergehen. Hans freut sich sehr darauf und plant, anstatt wie gewöhnlich vor dem Haustore zu bleiben, über die Gasse in den Hofraum zu gehen, wo er oft genug Gassenbuben spielen sah. Ich sage ihm, es werde mich freuen, wenn er hinübergehen werde, und benütze die Gelegenheit, um zu fragen, weshalb er sich so fürchte, wenn die beladenen Wagen sich an der Verladungsrampe in Bewegung setzen (B).

Hans: »Ich fürcht' mich, wenn ich am Wagen steh' und der Wagen geschwind wegfährt, und ich steh' drauf und ich will dort auf das Brett gehen (die Verladungsrampe) und ich fahre mit dem Wagen weg.«

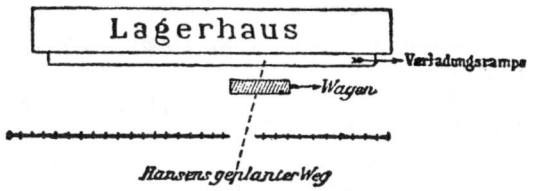

Fig. 3

Ich: »Und wenn der Wagen steht? Dann fürchtest du dich nicht? Weshalb nicht?«

Hans: »Wenn der Wagen steht, geh' ich geschwind auf den Wagen und geh' auf das Brett.« [Fig. 3.]

(Hans plant also, über einen Wagen auf die Verladungsrampe zu klettern und fürchtet sich, daß der Wagen davonfährt, wenn er auf dem Wagen oben ist.)
Ich: »Fürchtest du dich vielleicht, daß du nicht mehr nach Hause kommst, wenn du mit dem Wagen davonfährst?«
Hans: »O nein; ich kann ja immer noch zur Mama kommen, mit dem Wagen oder mit einem Fiaker. Ich kann ihm ja auch die Hausnummer sagen.«
Ich: »Also weshalb fürchtest du dich eigentlich?«
Hans: »Das weiß ich nicht, der Professor wird's aber wissen. Glaubst du, daß er es wissen wird?«
Ich: »Warum willst du eigentlich hinüber aufs Brett?«
Hans: »Weil ich noch nie drüben war, und da hab' ich so gern wollen dort sein, und weißt du, warum ich hab' wollen hingehen? Weil ich hab' wollen Gepäck aufladen und einladen und auf dem Gepäcke dort hab' ich wollen herumklettern. Da mag ich so gerne herumklettern. Weißt du, von wem ich das Herumklettern gelernt habe? Buben haben auf dem Gepäcke geklettert und das hab' ich auch gesehen und das will ich auch machen.«

Sein Wunsch ging nicht in Erfüllung, denn wenn Hans sich auch wieder vors Haustor getraute, die wenigen Schritte über die Gasse in den Hofraum wecken in ihm zu große Widerstände, weil im Hofe fortwährend Wagen fahren.

Der Professor weiß auch nur, daß dieses beabsichtigte Spiel Hansens mit den beladenen Wagen in eine symbolische, ersetzende Beziehung zu einem andern Wunsche geraten sein muß, von dem er noch nichts geäußert hat. Aber dieser Wunsch ließe sich, wenn es nicht zu kühn schiene, schon jetzt konstruieren.

Nachmittags gehen wir wieder vors Haustor, und zurückgekehrt frage ich Hans:
»Vor welchen Pferden fürchtest du dich eigentlich am meisten?«
Hans: »Vor allen.«
Ich: »Das ist nicht wahr.«
Hans: »Am meisten fürcht' ich mich vor den Pferden, die am Munde so etwas haben.«
Ich: »Was meinst du? Das Eisen, das sie im Munde haben?«
Hans: »Nein, sie haben etwas Schwarzes am Munde (deckt seinen Mund mit der Hand zu).«
Ich: »Was, vielleicht einen Schnurrbart?«

Krankengeschichte und Analyse

Hans (lacht): »O nein.«
Ich: »Haben das alle?«
Hans: »Nein, nur einige.«
Ich: »Was ist das, was sie am Munde haben?«
Hans: »So etwas Schwarzes.« – Ich glaube, es ist in der Realität das dicke Riemenzeug der Lastpferde über der Schnauze [Fig. 4].
»Auch vor einem Möbelwagen fürcht' ich mich am meisten.«
Ich: »Warum?«
Hans: »Ich glaub', wenn die Möbelpferde einen schweren Wagen ziehen, fallen sie um.«
Ich: »Bei einem kleinen Wagen fürchtest du dich also nicht?«

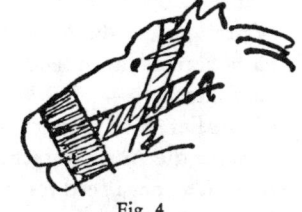
Fig. 4

Hans: »Nein, bei einem kleinen Wagen und einem Postwagen fürcht' ich mich nicht. Auch wenn ein Stellwagen kommt, fürcht' ich mich am meisten.«
Ich: »Warum, weil er so groß ist?«
Hans: »Nein, weil einmal bei so einem Wagen ein Pferd umgefallen ist.«
Ich: »Wann?«
Hans: »Einmal, wie ich mit der Mammi gegangen bin trotz der ›Dummheit‹, wie ich die Weste gekauft hab'.«
(Dies wird nachträglich von der Mutter bestätigt.)
Ich: »Was hast du dir gedacht, wie das Pferd umgefallen ist?«
Hans: »Das wird jetzt immer sein. Alle Pferde werden beim Stellwagen umfallen.«
Ich: »Bei jedem Stellwagen?«
Hans: »Ja! Und auch beim Möbelwagen. Beim Möbelwagen nicht so oft.«
Ich: »Du hast damals die Dummheit schon gehabt?«
Hans: »Nein, ich hab' sie erst gekriegt. Wie das Pferd vom Stellwagen[1] umgefallen ist, hab' ich mich so sehr erschrocken, wirklich! Wie ich gegangen bin, hab' ich sie gekriegt.«
Ich: »Die Dummheit war doch, daß du dir gedacht hast, ein Pferd wird dich beißen, und jetzt sagst du, du hast dich gefürchtet, daß ein Pferd umfallen wird.«

---

[1] [In den Ausgaben vor 1924 hieß es statt dessen fälschlicherweise »Möbelwagen«.]

Hans: »Umfallen und beißen wird.«[1]
Ich: »Weshalb bist du so erschrocken?«
Hans: »Weil das Pferd mit den Füßen so gemacht hat (legt sich auf die Erde hin und macht mir das Zappeln vor). Ich hab' mich erschrocken, *weil es einen ›Krawall‹ gemacht hat mit den Füßen.*«
Ich: »Wo warst du damals mit der Mammi?«
Hans: »Zuerst am Eislaufplatze, dann im Kaffeehause, dann eine Weste kaufen, dann beim Zuckerbäcker mit der Mammi und dann nach Hause am Abend; da sind wir durch den Stadtpark durchgegangen.«
(Das alles wird von meiner Frau bestätigt, auch daß unmittelbar nachher die Angst ausgebrochen ist.)
Ich: »War das Pferd tot, wie es umgefallen ist?«
Hans: »Ja!«
Ich: »Woher weißt du das?«
Hans: »Weil ich's gesehen hab' (lacht). Nein, es war gar nicht tot.«
Ich: »Vielleicht hast du dir gedacht, daß es tot ist.«
Hans: »Nein, gewiß nicht. Ich hab's nur im Spaße gesagt.« (Seine Miene war aber damals ernst.)
Da er müde ist, lasse ich ihn laufen. Er erzählt mir nur noch, daß er sich zuerst vor Stellwagenpferden, dann vor allen anderen und zuletzt erst vor Möbelwagenpferden gefürchtet habe.
Auf dem Rückwege nach Lainz noch einige Fragen:
Ich: »Wie das Stellwagenpferd gefallen ist, was für Farbe hat es gehabt? Weiß, rot, braun, grau?«
Hans: »Schwarz, beide Pferde waren schwarz.«
Ich: »War es groß oder klein?«
Hans: »Groß.«
Ich: »Dick oder dünn?«
Hans: »Dick, sehr groß und dick.«
Ich: »Hast du, wie das Pferd gefallen ist, an den Vatti gedacht?«
Hans: »Vielleicht. Ja. Es ist möglich.«
Der Vater mag an manchen Stellen ohne Erfolg geforscht haben; aber es schadet nichts, eine solche Phobie, die man gerne nach ihrem neuen Objekte benennen möchte, aus der Nähe kennenzulernen. [Vgl. S. 106.] Wir erfahren so, wie diffus sie eigentlich ist. Sie geht auf Pferde und auf

---

[1] Hans hat recht, so unwahrscheinlich diese Vereinigung auch klingt. Der Zusammenhang ist nämlich, wie sich zeigen wird, daß das Pferd (der Vater) ihn beißen werde wegen seines Wunsches, daß es (der Vater) umfallen möge.

Wagen, darauf, daß Pferde fallen, und daß sie beißen, auf Pferde besonderer Beschaffenheit, auf Wagen, die schwer beladen sind. Verraten wir gleich, daß alle diese Eigentümlichkeiten daher rühren, daß die Angst ursprünglich gar nicht den Pferden galt, sondern sekundär auf sie transponiert wurde und sich nun an den Stellen des Pferdekomplexes fixierte, die sich zu gewissen Übertragungen[1] geeignet zeigten. Ein wesentliches Ergebnis der Inquisition des Vaters müssen wir besonders anerkennen. Wir haben den aktuellen Anlaß erfahren, nach welchem die Phobie ausbrach. Dies war, als der Knabe ein großes schweres Pferd fallen sah, und wenigstens eine der Deutungen dieses Eindruckes scheint die vom Vater betonte zu sein, daß Hans damals den Wunsch verspürte, der Vater möge so fallen – und tot sein. Die ernste Miene bei der Erzählung galt wohl diesem unbewußten Sinne. Ob nicht noch anderer Sinn sich dahinter verbirgt? Und was soll das Krawallmachen mit den Beinen bedeuten?

Hans spielt seit einiger Zeit im Zimmer Pferd, rennt herum, fällt nieder, zappelt mit den Füßen, wiehert. Einmal bindet er sich ein Sackerl wie einen Futtersack um. Wiederholt läuft er auf mich zu und beißt mich.

Er akzeptiert so die letzten Deutungen entschiedener, als er es mit Worten kann, natürlich aber mit Rollenvertauschung, da das Spiel im Dienste einer Wunschphantasie steht. Also er ist das Pferd, er beißt den Vater, übrigens identifiziert er sich dabei mit dem Vater.

Seit zwei Tagen bemerke ich, daß Hans sich in entschiedenster Weise gegen mich auflehnt, nicht frech, sondern ganz lustig. Ist es, weil er sich vor mir, dem Pferde, nicht mehr fürchtet?

6. April. Am Nachmittage mit Hans vor dem Hause. Ich frage ihn bei allen Pferden, ob er bei ihnen das »Schwarze am Munde« sieht; er verneint es bei allen. Ich frage ihn, wie das Schwarze eigentlich ausschaut; er sagt, es ist schwarzes Eisen. Meine erste Vermutung, er meine die dicken Lederriemen des Geschirres bei den Lastpferden, bestätigt sich also nicht. Ich frage, ob das »Schwarze« an einen Schnurrbart erinnert; er sagt: nur durch die Farbe. Was es in Wirklichkeit ist, weiß ich bis jetzt also nicht.

Die Furcht ist geringer; er wagt sich diesmal schon bis zum Nachbarhause, kehrt aber schnell um, wenn er in der Ferne Pferdetraben hört. Als ein Wagen bei unserem Haustore vorfährt und hält, gerät er in

---

[1] [»Übertragung« hat hier eine weitere Bedeutung als in Freuds späteren Arbeiten.]

Angst und läuft ins Haus, da das Pferd mit dem Fuße scharrt. Ich frage ihn, weshalb er sich fürchte, ob er sich vielleicht ängstige, weil es so gemacht habe (stampfe mit dem Fuße auf). Er sagt: »Mach' doch keinen solchen Krawall mit den Füßen!« Vergleiche dazu die Äußerung über das gefallene Stellwagenpferd.
Besonders schreckt ihn das Vorüberfahren eines Möbelwagens. Er läuft dann ins Hausinnere. Ich frage ihn gleichgültig: »Sieht so ein Möbelwagen eigentlich nicht wie ein Stellwagen aus?« Er sagt nichts. Ich wiederhole die Frage. Er sagt dann: »Na natürlich, sonst würde ich mich nicht so vor einem Möbelwagen fürchten.«
7. April. Heute frage ich wieder, wie das »Schwarze am Munde« der Pferde aussieht. Hans sagt: wie ein Maulkorb. Das Merkwürdigste ist, daß seit 3 Tagen kein Pferd vorüberkommt, an dem er diesen »Maulkorb« konstatieren kann; ich selbst habe bei keinem Spaziergange ein solches Pferd gesehen, obzwar Hans beteuert, daß es solche gebe. Ich vermute, daß ihn wirklich eine Art von Kopfzäumung der Pferde – das dicke Riemenzeug um den Mund etwa – an einen Schnurrbart erinnert hat und daß mit meiner Andeutung *auch* diese Furcht verschwunden ist.
Die Besserung Hansens ist konstant, der Radius seines Aktionskreises mit dem Haustore als Zentrum größer; er unternimmt sogar das für ihn bisher unmögliche Kunststück, aufs Trottoir vis-à-vis hinüberzulaufen. Alle Furcht, die übrig ist, hängt mit der Stellwagenszene zusammen, deren Sinn mir allerdings noch nicht klar ist.
9. April. Heute früh kommt Hans dazu, wie ich mich mit entblößtem Oberkörper wasche.
Hans: »Vatti, du bist aber schön, so weiß!«
Ich: »Nicht wahr, wie ein weißes Pferd.«
Hans: »Nur der Schnurrbart ist schwarz (fortfahrend). Oder ist es vielleicht der schwarze Maulkorb?«
Ich erzähle ihm dann, daß ich am Abende vorher beim Professor war, und sage: »Der will einiges wissen«, worauf Hans: »Da bin ich aber neugierig.«
Ich sage ihm, ich weiß, bei welcher Gelegenheit er mit den Füßen Krawall macht. Er unterbricht mich: »Nicht wahr, wenn ich einen ›Zurn‹ habe oder wenn ich *Lumpf* machen soll und lieber spielen will.« (Im Zorne hat er allerdings die Gewohnheit, mit den Füßen Krawall zu machen, d. h.: aufzustampfen. – »Lumpf machen« bedeutet auf die große Seite gehen. Als Hans klein war, sagte er eines Tages, vom

Topfe aufstehend: »Schau den Lumpf«. [Er meinte: Strumpf wegen der Form und der Farbe.]¹ Diese Bezeichnung ist geblieben bis heute. – In ganz frühen Zeiten, wenn er auf den Topf gesetzt werden sollte und sich weigerte, das Spiel stehenzulassen, stampfte er wütend mit den Füßen auf, zappelte und warf sich eventuell auch auf den Boden.)

»Du zappelst auch mit den Füßen, wenn du Wiwi machen sollst und nicht gehen willst, weil du lieber spielen möchtest.«

Er: »Du, ich muß Wiwi machen« – und geht hinaus, wohl als Bestätigung.

Der Vater hatte bei seinem Besuche die Frage an mich gerichtet, woran wohl das Zappeln mit den Füßen beim gefallenen Pferde Hans erinnert haben möchte, und ich hatte vorgebracht, daß dies wohl seine eigene Reaktion bei zurückgehaltenem Harndrange gewesen sein könnte. Das bestätigt nun Hans durch das Wiederauftreten des Harndranges im Gespräche und fügt noch andere Bedeutungen des Krawallmachens mit den Füßen hinzu.

Dann gehen wir vors Haustor. Er sagt mir, als ein Kohlenwagen kommt: »Du, vor einem Kohlenwagen fürchte ich mich auch stark.« Ich: »Vielleicht, weil er auch so groß ist wie ein Stellwagen.« Hans: »Ja, und weil er so schwer beladen ist und die Pferde haben soviel zu ziehen und können leicht fallen. Wenn ein Wagen leer ist, fürcht' ich mich nicht.« Tatsächlich versetzt ihn, wie schon früher konstatiert, nur Schwerfuhrwerk in Angst.

Bei alledem ist die Situation recht undurchsichtig. Die Analyse macht wenig Fortschritte; ihre Darstellung, fürchte ich, wird dem Leser bald langweilig werden. Indes, es gibt in jeder Psychoanalyse solche dunklen Zeiten. Hans begibt sich jetzt bald auf ein von uns nicht in Erwartung gezogenes Gebiet.

Ich komme nach Hause und spreche mit meiner Frau, die verschiedene Einkäufe gemacht hat und sie mir zeigt. Darunter ist eine gelbe Unterhose. Hans sagt einige Male: »Pfui!«, wirft sich auf die Erde und spuckt aus. Meine Frau sagt, er habe das schon einige Male getan, sowie er die Hose gesehen habe.

Ich frage: »Warum sagst du Pfui?«

---

¹ [Hier handelt es sich nicht um eine Erläuterung der Herausgeber. Freud selbst hat hier eckige Klammern benutzt, um die Parenthese innerhalb der Parenthese zu markieren.]

Hans: »Wegen der Hose.«
Ich: »Warum, wegen der Farbe, weil sie gelb ist und an Wiwi oder an Lumpf erinnert?«
Hans: »Lumpf ist ja nicht gelb, er ist weiß oder schwarz.« – Unmittelbar darauf: »Du, macht man leicht Lumpf, wenn man Käse ißt?« (Das hatte ich einmal gesagt, als er mich fragte, wozu ich Käse esse.)
Ich: »Ja.«
Hans: »Deshalb gehst du immer früh gleich Lumpf machen? Ich möchte so gerne Käse auf Butterbrot essen.«
Gestern schon fragte er mich, als er auf der Gasse herumsprang: »Du, nicht wahr, wenn man soviel herumspringt, macht man leicht Lumpf?« – Seit jeher macht sein Stuhlgang Schwierigkeiten, Kindermeth und Klystiere werden häufig gebraucht. Einmal war seine habituelle Verstopfung so stark, daß meine Frau Dr. L. um Rat fragte. Dieser meinte, Hans werde überfüttert, was ja auch stimmte, und empfahl mäßigere Kost, was den Zustand auch sofort behob. In der letzten Zeit trat Verstopfung wieder häufiger auf.
Nach dem Essen sage ich: »Wir werden dem Professor wieder schreiben«, und er diktierte mir: »Wie ich die gelbe Hose gesehen habe, habe ich gesagt: Pfui, da spei' ich, hab' mich niedergeworfen, hab' die Augen zugemacht und hab' nicht geschaut.«
Ich: »Warum?«
Hans: »Weil ich die gelbe Hose gesehen habe, und bei der schwarzen Hose[1] habe ich auch so etwas gemacht. Die schwarze ist auch so eine Hose, nur schwarz war sie.« (Sich unterbrechend.) »Du, ich bin froh; wenn ich dem Professor schreiben kann, bin ich immer so froh.«
Ich: »Weshalb hast du Pfui gesagt? Hast du dich geekelt?«
Hans: »Ja, weil ich das gesehen hab'. Ich hab' geglaubt, ich muß Lumpf machen.«
Ich: »Warum?«
Hans: »Ich weiß nicht.«
Ich: »Wann hast du die schwarze Hose gesehen?«
Hans: »Einmal, wie die Anna (unser Mädchen) längst da war – bei der Mama – sie hat sie erst vom Kaufen nach Hause gebracht.« (Diese Angabe wird von meiner Frau bestätigt.)
Ich: »Hast du dich auch geekelt?«
Hans: »Ja.«

---

[1] Meine Frau ist seit einigen Wochen im Besitze einer schwarzen Reformhose für Radfahrpartien. [Anmerkung des Vaters.]

Ich: »Hast du die *Mammi* in einer solchen Hose gesehen?«
Hans: »Nein.«
Ich: »Wenn sie sich angezogen hat?«
Hans: »Die gelbe hab' ich schon einmal gesehen, wie sie sie gekauft hat. (Widerspruch! Wie die Mama die gelbe gekauft hat, hat er sie zum erstenmal gesehen.) Die schwarze hat sie heute auch an (richtig!), weil ich gesehen hab', wie sie in der Früh' sie sich ausgezogen hat.«
Ich: »Was? In der Früh' hat sie sich die schwarze Hose ausgezogen?«
Hans: »In der Früh', wie sie weggegangen ist, hat sie sich die schwarze Hose ausgezogen, und wie sie gekommen ist, hat sie sich noch einmal die schwarze angezogen.«
Ich frage meine Frau, weil mir dies unsinnig vorkommt. Sie sagt auch, das ist gar nicht wahr; sie hat beim Weggehen natürlich nicht die Hose gewechselt.
Ich frage Hans sofort: »Du hast doch erzählt, die Mammi hat sich eine schwarze Hose angezogen, und wie sie weggegangen ist, hat sie sie ausgezogen, und wie sie gekommen ist, hat sie sie noch einmal angezogen. Die Mammi sagt aber, das ist nicht wahr.«
Hans: »Mir scheint, ich hab' vielleicht vergessen, daß sie sie nicht ausgezogen hat. (Unwillig.) Laß' mich endlich in Ruh'.«
Zur Erläuterung dieser Hosengeschichte bemerke ich nun: Hans heuchelt offenbar, wenn er sich so froh stellt, daß er nun über diese Angelegenheit Rede stehen darf. Am Ende wirft er die Maske ab und wird grob gegen seinen Vater. Es handelt sich um Dinge, die ihm früher *viel Lust* bereitet haben und deren er sich jetzt nach eingetretener Verdrängung sehr schämt, zu ekeln vorgibt. Er lügt geradezu, um dem beobachteten Hosenwechsel der Mama andere Veranlassungen unterzuschieben; in Wirklichkeit gehört das An- und Ausziehen der Hose in den »Lumpf«-Zusammenhang. Der Vater weiß genau, worauf es hier ankommt und was Hans verbergen will.
Ich frage meine Frau, ob Hans öfter dabei war, wenn sie sich aufs Klosett begab. Sie sagt: Ja, oft, er »penzt« so lange, bis sie es ihm erlaubt; das täten alle Kinder.
Wir wollen uns aber die heute bereits verdrängte Lust, die Mama beim Lumpfmachen zu sehen, gut merken.
Wir gehen vors Haus. Er ist sehr lustig, und wie er fortwährend gleichsam als Pferd herumhopst, frage ich: »Du, wer ist eigentlich ein Stellwagenpferd? Ich, du oder die Mammi?«
Hans (sofort): »Ich, ich bin ein junges Pferd.«

Analyse der Phobie eines fünfjährigen Knaben

Als er in der stärksten Angstzeit Pferde springen sah, Angst hatte und mich fragte, warum sie das täten, sagte ich, um ihn zu beruhigen: »Weißt du, das sind junge Pferde, die springen halt wie die jungen Buben. Du springst ja auch und bist ein Bub.« Seither, wenn er Pferde springen sieht, sagt er: »Das ist wahr, das sind junge Pferde!«
Auf der Treppe frage ich beim Heraufgehen fast gedankenlos: »Hast du in Gmunden mit den Kindern Pferdl gespielt?«
Er: »Ja! (Nachdenklich.) Mir scheint, da hab' ich die Dummheit gekriegt.«
Ich: »Wer war das Pferdl?«
Er: »Ich, und die Berta war der Kutscher.«
Ich: »Bist du vielleicht gefallen, wie du Pferdl warst?«
Hans: »Nein! Wenn die Berta gesagt hat: Hüh, bin ich schnell gelaufen, sogar gerannt.« [1]
Ich: »Stellwagen habt ihr nie gespielt?«
Hans: »Nein, gewöhnlichen Wagen und Pferd ohne Wagen. Wenn das Pferd einen Wagen hat, kann es ja auch ohne Wagen gehen und der Wagen kann ja zu Hause sein.«
Ich: »Habt ihr oft Pferdl gespielt?«
Hans: »Sehr oft. Der Fritzl (wie bekannt auch ein Hausherrnkind [s. S. 21]) ist auch einmal Pferdl gewesen und der Franzl Kutscher und der Fritzl ist so stark gelaufen und auf einmal ist er auf einen Stein getreten und hat geblutet.«
Ich: »Ist er vielleicht gefallen?«
Hans: »Nein, er hat den Fuß in ein Wasser hineingegeben und dann hat er sich ein Tuch daraufgegeben.« [2]
Ich: »Warst du oft Pferd?«
Hans: »O ja.«
Ich: »Und da hast du die Dummheit gekriegt.«
Hans: »Weil sie immer gesagt haben: ›wegen dem Pferd‹ und ›wegen dem Pferd‹ (er betont das »wegen«), und so hab' ich vielleicht, weil sie so geredet haben ›wegen dem Pferd‹, hab ich vielleicht die Dummheit gekriegt.« [3]

---

[1] Er hatte auch ein Pferdchenspiel mit Glöckchen. [Anmerkung des Vaters.]
[2] Siehe darüber später [S. 74]. Der Vater vermutet ganz richtig, daß Fritzl damals gefallen ist.
[3] Ich erläutere, Hans will nicht behaupten, daß er *damals* die Dummheit gekriegt hat, sondern im *Zusammenhange* damit. Es muß ja wohl so zugehen, die Theorie fordert es, daß dasselbe einmal Gegenstand einer hohen Lust war, was heute das Objekt der Phobie ist. Und dann ergänze ich für ihn, was das Kind ja nicht zu sagen weiß, daß

Krankengeschichte und Analyse

Der Vater forscht eine Weile fruchtlos auf anderen Pfaden.
Ich: »Haben sie was erzählt vom Pferde?«
Hans: »Ja!«
Ich: »Was?«
Hans: »Ich hab's vergessen.«
Ich: »Haben sie vielleicht erzählt vom Wiwimacher?«
Hans: »O nein!«
Ich: »Hast du dich dort schon vor dem Pferde gefürchtet?«
Hans: »O nein, ich hab' mich gar nicht gefürchtet.«
Ich: »Hat vielleicht die Berta davon gesprochen, daß ein Pferd ...«
Hans: (unterbrechend) »Wiwi macht? Nein!«
Am 10. April knüpfe ich an das gestrige Gespräch an und will wissen, was das »wegen dem Pferde« bedeutet habe. Hans weiß sich nicht zu erinnern, er weiß nur, daß früh mehrere Kinder vor dem Haustore gestanden sind und »wegen dem Pferde, wegen dem Pferde« gesagt haben. Er selbst war dabei. Wie ich dringender werde, erklärt er, sie hätten gar nicht »wegen dem Pferde« gesagt, er habe sich falsch erinnert.
Ich: »Ihr waret doch auch oft im Stalle, da habt ihr gewiß vom Pferde gesprochen.« – »Wir haben nicht gesprochen.« – »Wovon habt ihr gesprochen?« – »Von nichts.« – »Soviel Kinder waret ihr und ihr habt von nichts gesprochen?« – »Etwas haben wir schon gesprochen, aber nicht vom Pferde.« – »Was denn?« – »Das weiß ich jetzt nicht mehr.«
Ich lasse das fallen, weil die Widerstände offenbar zu groß sind[1], und frage: »Mit der Berta hast du gern gespielt?«
Er: »Ja, sehr gern, mit der Olga nicht; weißt, was die Olga getan hat? Die Grete droben hat mir einmal einen Papierball geschenkt und die Olga hat ihn ganz zerrissen. Die Berta hätt' mir den Ball nie zerrissen. Mit der Berta hab' ich sehr gern gespielt.«

---

das Wörtchen »wegen« der Ausbreitung der Phobie vom Pferde auf die Wagen (oder wie Hans zu hören und zu sprechen gewohnt ist: Wägen) den Weg eröffnet hat. Man darf nie daran vergessen, um wieviel dinglicher das Kind die Worte behandelt als der Erwachsene, wie bedeutungsvoll ihm darum Wortgleichklänge sind. [Zu diesem Punkt findet sich eine Bemerkung in Freuds Traumdeutung (1900a), Kapitel VI, gegen Ende des Abschnitts A, Studienausgabe, Bd. 2, S. 303, und auch in Kapitel IV seines Buches Der Witz und seine Beziehung zum Unbewußten (1905c).]

[1] Es ist da nämlich nichts anderes zu holen als die Wortanknüpfung, die dem Vater entgeht. Ein gutes Beispiel von den Bedingungen, unter denen die analytische Bemühung fehlschlägt.

Ich: »Hast du gesehen, wie der Wiwimacher von der Berta aussieht?«
Er: »Nein, vom Pferde aber, weil ich immer im Stalle war, und da hab' ich vom Pferde den Wiwimacher gesehen.«
Ich: »Und da warst du neugierig, wie sieht der Wiwimacher von der Berta und von der Mammi aus?«
Er: »Ja!«
Ich erinnere ihn daran, daß er mir einmal geklagt hat, die Mäderl wollen immer zuschauen, wenn er Wiwi macht [S. 25].
Er: »Die Berta hat mir auch immer zugeschaut (durchaus nicht gekränkt, sondern sehr befriedigt), öfters. Wo der kleine Garten ist, wo die Rettige sind, hab' ich Wiwi gemacht, und sie ist vor dem Haustore gestanden und hat hergeschaut.«
Ich: »Und wenn sie Wiwi gemacht hat, hast du zugeschaut?«
Er: »Sie ist ja aufs Klosett gegangen.«
Ich: »Und du warst neugierig?«
Er: »Ich war ja im Klosett drinnen, wenn sie drin war.«
(Das stimmt; die Hausleute haben es uns einmal erzählt, und ich erinnere mich, wir haben es Hans verboten.)
Ich: »Hast du ihr gesagt, du willst hineingehen?«
Er: »Ich bin allein hineingegangen und weil die Berta erlaubt hat. Es ist ja keine Schande.«
Ich: »Und du hättest gerne den Wiwimacher gesehen.«
Er: »Ja, ich hab' ihn aber nicht gesehen.«
Ich erinnere ihn an den Gmundner Traum: Was soll das Pfand in meiner Hand usw. [S. 24], und frage: Hast du in Gmunden gewünscht, daß dich die Berta Wiwi machen lassen soll?«
Er: »Gesagt hab' ich ihr nie.«
Ich: »Warum hast du's ihr nie gesagt?«
Er: »Weil ich nicht daran gedenkt hab'. (Sich unterbrechend.) Wenn ich alles dem Professor schreib', wird die Dummheit sehr bald vorüber sein, nicht wahr?«
Ich: »Warum hast du gewünscht, daß die Berta dich Wiwi machen lassen soll?«
Er: »Ich weiß nicht. Weil sie zugeschaut hat.«
Ich: »Hast du dir gedacht, sie soll die Hand zum Wiwimacher geben?«
Er: »Ja. (Ablenkend.) In Gmunden war's sehr lustig. In dem kleinen Garten, wo die Rettige drin sind, ist ein kleiner Sandhaufen, dort spiel' ich mit der Schaufel.«
(Das ist der Garten, wo er immer Wiwi gemacht hat.)

Krankengeschichte und Analyse

Ich: »Hast du in Gmunden, wenn du im Bette gelegen bist, die Hand zum Wiwimacher gegeben?«
Er: »Nein, noch nicht. In Gmunden hab' ich so gut geschlafen, daß ich gar nicht daran gedenkt hab'. Nur in der —gasse[1] und jetzt hab ich's getan.«
Ich: »Die Berta hat aber nie die Hand zu deinem Wiwimacher gegeben?«
Er: »Sie hat es nie getan, nein, weil ich ihr's nie gesagt hab'.«
Ich: »Wann hast du dir's denn gewünscht?«
Er: »Einen Tag halt in Gmunden.«
Ich: »Nur einmal?«
Er: »Ja, öfters.«
Ich: »Immer wenn du Wiwi gemacht hast, hat sie hergeschaut; sie war vielleicht neugierig, wie du Wiwi machen tust.«
Er: »Vielleicht war sie neugierig, wie mein Wiwimacher aussieht.«
Ich: »Du warst aber auch neugierig; nur auf die Berta?«
Er: »Auf die Berta, auf die Olga.«
Ich: »Auf wen noch?«
Er: »Auf niemand andern.«
Ich: »Das ist ja nicht wahr. Auf die Mammi auch.«
Er: »Auf die Mammi schon.«
Ich: »Jetzt bist du doch nicht mehr neugierig. Du weißt doch, wie der Wiwimacher der Hanna ausschaut?«
Er: »Er wird aber wachsen, nicht?«[2]
Ich: »Ja gewiß, aber wann er wächst, wird er nicht ausschaun wie deiner.«
Er: »Das weiß ich. Er wird so sein« (sc. wie er jetzt ist), »nur größer.«
Ich: »Warst du neugierig in Gmunden, wenn die Mama sich ausgezogen hat?«
Er: »Ja, auch bei der Hanna beim Baden hab ich den Wiwimacher gesehen.«
Ich: »Bei der Mammi auch?«
Er: »Nein!«
Ich: »Du hast dich geekelt, wenn du die Hose von der Mammi gesehen hast.«
Er: »Nur wenn ich die schwarze gesehen hab', wenn sie sie gekauft

---
[1] In der früheren Wohnung vor dem Umzuge [S. 21].
[2] Er will die Sicherheit haben, daß sein eigener Wiwimacher wachsen wird.

hat, dann spei ich, aber wenn sie sich die Hose anzieht oder auszieht, dann spei ich nicht. *Dann spei ich, weil die schwarze Hose doch schwarz ist wie ein Lumpf und die gelbe wie ein Wiwi, und da glaub' ich, ich muß Wiwi machen.* Wenn die Mammi die Hose trägt, dann seh' ich sie nicht, dann hat sie doch die Kleider vor.«
Ich: »Und wenn sie sich die Kleider auszieht?«
Er: »Dann spei ich nicht. Wenn sie aber neu ist, dann sieht sie aus wie ein Lumpf. Wenn sie alt ist, geht die Farbe herunter und sie wird schmutzig. Wenn man sie gekauft hat, ist sie ganz rein, zu Hause hat man sie schon schmutzig gemacht. Wenn sie gekauft ist, ist sie neu, und wenn sie nicht gekauft ist, ist sie alt.«
Ich: »Vor der alten ekelt dich also nicht?«
Er: »Wenn sie alt ist, ist sie ja viel schwärzer als ein Lumpf, nicht wahr? Ein bissel schwärzer ist sie.«[1]
Ich: »Mit der Mammi warst du oft im Klosett?«
Er: »Sehr oft.«
Ich: »Da hast du dich geekelt?«
Er: »Ja ... Nein!«
Ich: »Du bist gerne dabei, wenn die Mammi Wiwi oder Lumpf macht?«
Er: »Sehr gerne.«
Ich: »Warum so gerne?«
Er: »Das weiß ich nicht.«
Ich: »Weil du glaubst, daß du den Wiwimacher sehen wirst.«
Er: »Ja, das glaub' ich auch.«
Ich: »Warum willst du aber in Lainz nie ins Klosett gehen?«
(Er bittet in Lainz immer, ich soll ihn nicht ins Klosett führen; er fürchtete sich einmal vor dem Lärme, den das herabstürzende Spülwasser macht.)
Er: »Vielleicht, weil es einen Krawall macht, wenn man herunterzieht.«
Ich: »Da fürchtest du dich.«
Er: »Ja!«
Ich: »Und in unserem Klosett hier?«

---

[1] Unser Hans ringt da mit einem Thema, das er nicht darzustellen weiß, und wir haben es schwer, ihn zu verstehen. Vielleicht meint er, daß die Hosen die Ekelerinnerung nur dann erwecken, wenn er sie für sich sieht; sobald sie am Leibe der Mutter sind, bringt er sie nicht mehr mit Lumpf oder Wiwi in Zusammenhang, dann interessieren sie ihn in anderer Weise.

Krankengeschichte und Analyse

Er: »Hier nicht. In Lainz erschreck ich, wenn du herunterläßt. Wenn ich drin bin und es geht herunter, dann erschrecke ich auch.«
Um mir zu zeigen, daß er sich in unserer Wohnung nicht fürchte, fordert er mich auf, ins Klosett zu gehen und die Wasserspülung in Bewegung zu setzen. Dann erklärt er mir:
»Zuerst ist ein starker, dann ein lockerer Krawall (wenn das Wasser herabstürzt). Wenn es einen starken Krawall macht, bleib' ich lieber drin, wenn es einen schwachen macht, geh' ich lieber hinaus.«
Ich: »Weil du dich fürchtest?«
Er: »Weil ich immer so gerne mag einen starken Krawall sehen (korrigiert sich), hören, und da bleib' ich lieber drin, daß ich ihn fest hör'.«
Ich: »Woran erinnert dich ein starker Krawall?«
Er: »Daß ich im Klosett Lumpf machen muß.« (Also dasselbe wie die schwarze Hose.)
Ich: »Warum?«
Er: »Ich weiß nicht. Ich weiß es, ein starker Krawall hört sich so an, wie wenn man Lumpf macht. Ein großer Krawall erinnert an Lumpf, ein kleiner an Wiwi (vgl. die schwarze und die gelbe Hose).«
Ich: »Du, hat das Stellwagenpferd nicht dieselbe Farbe gehabt wie ein Lumpf?« (Es war nach seiner Angabe schwarz [S. 48].)
Er (sehr betroffen): »Ja!«

Ich muß da einige Worte einschalten. Der Vater fragt zu viel und forscht nach eigenen Vorsätzen, anstatt den Kleinen sich äußern zu lassen. Dadurch wird die Analyse undurchsichtig und unsicher. Hans geht seinen eigenen Weg und leistet nichts, wenn man ihn von diesem ablocken will. Sein Interesse ist jetzt offenbar bei Lumpf und Wiwi, wir wissen nicht, weshalb. Die Krawallgeschichte ist so wenig befriedigend aufgeklärt wie die mit der gelben und schwarzen Hose. Ich vermute, sein scharfes Ohr hat die Verschiedenheit der Geräusche, wenn ein Mann oder ein Weib uriniert, sehr wohl bemerkt. Die Analyse hat das Material aber etwas künstlich in den Gegensatz der beiden Bedürfnisse gepreßt. Dem Leser, der noch selbst keine Analyse gemacht hat, kann ich nur den Rat geben, nicht alles sogleich verstehen zu wollen, sondern allem, was kommt, eine gewisse unparteiische Aufmerksamkeit zu schenken und das Weitere abzuwarten.

11. April. Heute früh kommt Hans wieder ins Zimmer und wird, wie in allen den letzten Tagen, hinausgewiesen.
Später erzählt er: »Du, ich hab mir was gedacht:

Analyse der Phobie eines fünfjährigen Knaben

»*Ich bin in der Badewanne*[1], *da kommt der Schlosser und schraubt sie los*[2]. *Da nimmt er einen großen Bohrer und stößt mich in den Bauch.*«
Der Vater übersetzt sich diese Phantasie.
»Ich bin im Bette bei der Mama. Da kommt der Papa und treibt mich weg. Mit seinem großen Penis verdrängt er mich von der Mama.«
Wir wollen unser Urteil noch aufgeschoben halten.
Ferner erzählt er etwas zweites, was er sich ausgedacht: »Wir fahren im Zuge nach Gmunden. In der Station ziehen wir die Kleider an, werden damit aber nicht fertig und der Zug fährt mit uns davon.«
Später frage ich: »Hast du schon einmal ein Pferd Lumpf machen gesehen?«
Hans: »Ja, sehr oft.«
Ich: »Macht es einen starken Krawall beim Lumpfmachen?«
Hans: »Ja!«
Ich: »An was erinnert dich der Krawall?«
Hans: »Wie wenn der Lumpf in den Topf fällt.«
Das Stellwagenpferd, das umfällt und Krawall mit den Füßen macht, ist wohl – ein Lumpf, der herabfällt und dabei Geräusch macht. Die Furcht vor der Defäkation, die Furcht vor schwer beladenen Wagen ist überhaupt gleich der Furcht vor schwerbeladenem Bauche.
Auf diesen Umwegen dämmert dem Vater der richtige Sachverhalt.

11. April. Hans sagt beim Mittagessen: »Wenn wir nur in Gmunden eine Badewanne hätten, damit ich nicht in die Badeanstalt gehen muß.« Er wurde in Gmunden nämlich, um ihn warm zu baden, immer in die nahe gelegene Badeanstalt geführt, wogegen er mit heftigem Weinen zu protestieren pflegte. Auch in Wien schreit er immer, wenn er zum Baden in die große Wanne gesetzt oder gelegt wird. Er muß knieend oder stehend gebadet werden.
Diese Rede Hansens, der nun anfängt, der Analyse durch selbständige Äußerungen Nahrung zu geben, stellt die Verbindung zwischen seinen beiden letzten Phantasien (vom Schlosser, der die Badewanne abschraubt, und von der mißglückten Reise nach Gmunden) her. Der Vater hatte mit Recht aus letzterer eine Abneigung gegen Gmunden erschlossen. Übrigens wieder eine gute Mahnung daran, daß man das aus dem Unbewußten Auftauchende nicht mit Hilfe des Vorhergegangenen, sondern des Nachkommenden zu verstehen hat.
Ich frage ihn, ob und wovor er sich fürchtet.

[1] Hans wird von der Mama gebadet. [Anmerkung des Vaters.]
[2] Um sie in Reparatur zu nehmen. [Anmerkung des Vaters.]

Krankengeschichte und Analyse

Hans: »Weil ich hineinfall'.«
Ich: »Warum hast du dich aber nie gefürchtet, wenn du in der kleinen Badewanne gebadet worden bist?«
Hans: »Da bin ich ja gesessen, da hab' ich mich nicht legen können, die war ja zu klein.«
Ich: »Wenn du in Gmunden Schinakel gefahren bist, hast du dich nicht gefürchtet, daß du ins Wasser fällst?«
Hans: »Nein, weil ich mich angehalten hab', und da kann ich nicht hineinfallen. Ich fürcht' mich nur in der großen Badewanne, daß ich hineinfall.«
Ich: »Da badet dich doch die Mama. Fürchtest du dich, daß dich die Mammi ins Wasser werfen wird?«
Hans: »Daß sie die Hände weggeben wird und ich falle ins Wasser mit dem Kopf.«
Ich: »Du weißt doch, die Mammi hat dich lieb, sie wird doch nicht die Hände weggeben.«
Hans: »Ich hab's halt geglaubt.«
Ich: »Warum?«
Hans: »Das weiß ich bestimmt nicht.«
Ich: »Vielleicht weil du schlimm warst und du geglaubt hast, daß sie dich nicht mehr gerne hat?«
Hans: »Ja!«
Ich: »Wenn du dabei warst, wie die Mammi die Hanna gebadet hat, hast du vielleicht gewünscht, sie soll die Hand loslassen, damit die Hanna hineinfällt?«
Hans: »Ja.«
Wir glauben, dies hat der Vater sehr richtig erraten.

12. April. Auf der Rückfahrt von Lainz in der zweiten Klasse sagt Hans, wie er die schwarzen Lederpölster sieht: »Pfui, da spei ich, bei den schwarzen Hosen und den schwarzen Pferden spei ich auch, weil ich muß Lumpf machen.«
Ich: »Hast du vielleicht bei der Mammi etwas Schwarzes gesehen, was dich erschreckt hat?«
Hans: »Ja!«
Ich: »Was denn?«
Hans: »Ich weiß nicht. Eine schwarze Bluse oder schwarze Strümpfe.«
Ich: »Vielleicht beim Wiwimacher schwarze Haare, wenn du neugierig warst und hingeschaut hast.«

Hans (entschuldigend): »Aber den Wiwimacher hab' ich nicht gesehen.«
Als er sich wieder einmal fürchtete, wie aus dem Hoftor vis-à-vis ein Wagen fuhr, fragte ich: »Sieht dieses Tor nicht aus wie ein Podl?«
Er: »Und die Pferde sind die Lumpfe!« Seitdem sagt er immer, wenn er einen Wagen herausfahren sieht: »Schau, ein ›Lumpfi‹ kommt.« Die Form Lumpfi ist ihm sonst ganz fremd, sie klingt wie ein Kosewort. Meine Schwägerin heißt ihr Kind immer »Wumpfi«.
Am 13. April sieht er in der Suppe ein Stück Leber und sagt: »Pfui, ein Lumpf.« Auch faschiertes Fleisch ißt er sichtlich ungern wegen der Form und Farbe, die ihn an einen Lumpf erinnern.
Abends erzählt meine Frau, Hans sei auf dem Balkon gewesen und habe dann gesagt: »Ich hab' gedacht, die Hanna ist am Balkon gewesen und ist hinuntergefallen.« Ich hatte ihm öfter gesagt, er soll, wenn die Hanna auf dem Balkon ist, achtgeben, daß sie nicht zu nah ans Geländer kommt, das von einem sezessionistischen Schlosser höchst ungeschickt – mit großen Öffnungen, die ich erst mit einem Drahtnetz verkleinern lassen mußte – konstruiert worden ist. Der verdrängte Wunsch Hansens ist sehr durchsichtig. Die Mama fragt ihn, ob es ihm lieber wäre, wenn die Hanna nicht da wäre, was er bejaht.
14. April. Das Thema Hanna steht im Vordergrund. Er hatte, wie aus früheren Aufzeichnungen erinnerlich, gegen das neugeborene Kind, das ihm einen Teil der Liebe der Eltern raubte, eine große Aversion, die auch jetzt noch nicht ganz geschwunden und durch übergroße Zärtlichkeit nur zum Teil überkompensiert ist[1]. Er äußerte sich öfter schon, der Storch solle kein Kind mehr bringen, wir sollen ihm Geld geben, daß er keines mehr *aus der großen Kiste*, worin die Kinder sind, bringe. (Vgl. die Furcht vor dem Möbelwagen. Sieht nicht ein Stellwagen wie eine große Kiste aus?) Die Hanna mache soviel Geschrei, das sei ihm lästig.
Einmal sagt er plötzlich: »Kannst du dich erinnern, wie die Hanna gekommen ist? Sie ist bei der Mammi im Bette gelegen, so lieb und brav.« (Dieses Lob hat verdächtig falsch geklungen!)
Dann unten vor dem Hause. Es ist abermals ein großer Fortschritt zu bemerken. Selbst Lastwagen flößen ihm geringere Furcht ein. Einmal ruft er fast freudig: »Da kommt ein Pferd mit was Schwarzem am

---

[1] Wenn das Thema »Hanna« das Thema »Lumpf« direkt ablöst, so leuchtet uns der Grund dafür endlich ein. Die Hanna ist selbst ein »Lumpf«, Kinder sind Lumpfe!

Krankengeschichte und Analyse

Munde«, und ich kann endlich konstatieren, daß es ein Pferd mit einem Maulkorbe aus Leder ist. Hans hat aber gar keine Angst vor diesem Pferde.

Einmal schlägt er mit seinem Stocke auf das Pflaster und fragt: »Du, ist da ein Mann unten ... einer, der begraben ist ..., oder gibt's das nur am Friedhofe?« Ihn beschäftigt also nicht nur das Rätsel des Lebens, sondern auch das des Todes.

Zurückgekehrt sehe ich eine Kiste im Vorzimmer stehen und Hans sagt: »Hanna ist in so einer Kiste nach Gmunden mitgefahren. Immer wenn wir nach Gmunden gefahren sind, ist sie mitgefahren in der Kiste. Du glaubst mir schon wieder nicht? Wirklich, Vatti. Glaub' mir. Wir haben eine große Kiste gekriegt und da sind lauter Kinder drin, in der Badewanne sitzen sie drin. (In der Kiste ist eine kleine Badewanne eingepackt worden.) Ich hab' sie hineingesetzt, wirklich. Ich kann mich gut erinnern.«[1]

Ich: »Was kannst du dich erinnern?«

Hans: »Daß die Hanna in der Kiste gefahren ist, weil ich's nicht vergessen hab'. Mein Ehrenwort!«

Ich: »Aber voriges Jahr ist doch die Hanna im Coupé mitgefahren.«

Hans: »*Aber immer früher ist sie in der Kiste mitgefahren.*«

Ich: »Hat die Mammi nicht die Kiste gehabt?«

Hans: »Ja, die Mammi hat sie gehabt!«

Ich: »Wo denn?«

Hans: »Zu Hause am Boden.«

Ich: »Hat sie sie vielleicht mit sich herumgetragen?«[2]

Hans: »Nein! Wenn wir jetzt nach Gmunden fahren, wird die Hanna auch in der Kiste fahren.«

Ich: »Wie ist sie denn aus der Kiste herausgekommen?«

Hans: »Man hat sie herausgenommen.«

Ich: »Die Mammi?«

Hans: »Ich und die Mammi, dann sind wir in den Wagen eingestiegen und die Hanna ist am Pferde geritten und der Kutscher hat ›Hüöh‹ gesagt. Der Kutscher war am Bocke. Warst du mit? Die Mammi weiß

---

[1] Er beginnt nun zu phantasieren. Wir erfahren, daß Kiste und Badewanne ihm das gleiche bedeuten, Vertretungen des Raumes, in dem sich die Kinder befinden. Beachten wir seine wiederholten Beteuerungen!

[2] Die Kiste ist natürlich der Mutterleib. Der Vater will Hans andeuten, daß er dies versteht. Auch das Kästchen, in dem die Helden des Mythus ausgesetzt werden, von König Sargon von Agade an, ist nichts anderes. – *(Zusatz 1923:)* Vgl. Ranks Studie: *Der Mythus von der Geburt des Helden* 1909 (zweite Auflage 1922).

es sogar. Die Mammi weiß es nicht, sie hat es schon wieder vergessen, aber nichts ihr sagen!«

Ich lasse mir alles wiederholen.

Hans: »Dann ist die Hanna ausgestiegen.«

Ich: »Sie hat noch gar nicht gehen können.«

Hans: »Wir haben sie dann heruntergehoben.«

Ich: »Wie hat sie denn am Pferde sitzen können, sie hat ja voriges Jahr noch gar nicht sitzen können.«

Hans: »O ja, sie hat schon gesessen und hat gerufen ›Hüöh‹ und gepeitscht ›Hüöh, hüöh‹ mit der Peitsche, die ich früher gehabt hab'. Das Pferd hat gar keinen Steigbügel gehabt und die Hanna hat geritten; Vatti, aber nicht im Spaße vielleicht.«

Was soll dieser hartnäckig festgehaltene Unsinn? Oh, es ist kein Unsinn, es ist Parodie und Hansens Rache an seinem Vater. Es heißt soviel als: *Kannst du mir zumuten, daß ich glauben soll, der Storch habe die Hanna im Oktober gebracht, wo ich doch den großen Leib der Mutter schon im Sommer, wie wir nach Gmunden gefahren sind, bemerkt hab', so kann ich verlangen, daß du mir meine Lügen glaubst.* Was kann die Behauptung, daß die Hanna schon im vorigen Sommer »in der Kiste« nach Gmunden mitgefahren ist, anderes bedeuten als sein Wissen um die Gravidität der Mutter? Daß er die Wiederholung dieser Fahrt in der Kiste für jedes folgende Jahr in Aussicht stellt, entspricht einer häufigen Form des Auftauchens eines unbewußten Gedankens aus der Vergangenheit, oder es hat spezielle Gründe und drückt seine Angst aus, eine solche Gravidität zur nächsten Sommerreise wiederholt zu sehen. Wir haben jetzt auch erfahren, durch welchen Zusammenhang ihm die Reise nach Gmunden verleidet war, was seine zweite Phantasie andeutete [S. 60].

Später frage ich ihn, wie die Hanna nach ihrer Geburt eigentlich ins Bett der Mama gekommen ist.

Da kann er nun loslegen und den Vater »frotzeln«.

Hans: »Die Hanna ist halt gekommen. Die Frau Kraus (die Hebamme) hat sie ins Bett gelegt. Sie hat ja nicht gehen können. Aber der Storch hat sie im Schnabel getragen. Gehen hat sie ja nicht können. (In einem Zuge fortfahrend.) Der Storch ist bis im Gang gegangen auf der Stiegen und dann hat er geklopft und da haben alle geschlafen und er hat den richtigen Schlüssel gehabt und hat aufgesperrt und hat die Hanna in *dein*[1] Bett gelegt und die Mammi hat

---

[1] Hohn natürlich! Sowie die spätere Bitte, der Mama nichts von dem Geheimnis zu verraten.

geschlafen – nein, der Storch hat sie in *ihr Bett* gelegt. Es war schon ganz Nacht, und dann hat sie der Storch ganz ruhig ins Bett gelegt, hat gar nicht gestrampelt, und dann hat er sich den Hut genommen, und dann ist er wieder weggegangen. Nein, Hut hat er nicht gehabt.«
Ich: »Wer hat sich den Hut genommen? Der Doktor vielleicht?«
Hans: »Dann ist der Storch weggegangen, nach Hause gegangen und dann hat er angeläutet und alle Leute im Hause haben nicht mehr geschlafen. Aber erzähl' das nicht der Mammi und der Tinni (der Köchin). Das ist Geheimnis!«
Ich: »Hast du die Hanna gerne?«
Hans: »O ja, sehr gerne.«
Ich: »Wäre es dir lieber, wenn die Hanna nicht auf die Welt gekommen wäre, oder ist es dir lieber, daß sie auf der Welt ist?«
Hans: »Mir wär' lieber, daß sie nicht auf die Welt gekommen wär'.«
Ich: »Warum?«
Hans: »Wenigstens schreit sie nicht so und ich kann das Schreien nicht aushalten.«
Ich: »Du schreist ja selbst.«
Hans: »Die Hanna schreit ja auch.«
Ich: »Warum kannst du es nicht aushalten?«
Hans: »Weil sie so stark schreit.«
Ich: »Aber sie schreit ja gar nicht.«
Hans: »Wenn man sie am nackten Popo haut, dann schreit sie.«
Ich: »Hast du sie einmal gehaut?«
Hans: »Wenn die Mammi sie auf den Popo haut, dann schreit sie.«
Ich: »Das hast du nicht gerne?«
Hans: »Nein ... Warum? Weil sie so einen Krawall macht mit dem Schreien.«
Ich: »Wenn du lieber hättest, daß sie nicht auf der Welt wär', hast du sie ja gar nicht gern.«
Hans: »Hm, hm« (zustimmend).
Ich: »Deshalb hast du gedacht, wenn die Mammi sie badet, wenn sie die Hände weggeben möcht', dann möchte sie ins Wasser fallen...«
Hans (ergänzt): – »und sterben.«
Ich: »Und du wärst dann allein mit der Mammi. Und ein braver Bub' wünscht das doch nicht.«
Hans: *»Aber denken darf er's.«*
Ich: »Das ist aber nicht gut.«

Hans: »*Wenn er's denken tut, ist es doch gut, damit man's dem Professor schreibt.*«¹
Später sag' ich ihm: »Weißt du, wenn die Hanna größer sein wird und wird sprechen können, wirst du sie schon lieber haben.«
Hans: »O nein. Ich hab' sie ja lieb. Wenn sie im Herbst groß sein wird, werd' ich mit ihr ganz allein in den Stadtpark gehen und werd' ihr alles erklären.«
Wie ich mit einer weiteren Aufklärung anfangen will, unterbricht er mich, wahrscheinlich, um mir zu erklären, daß es nicht so schlimm ist, wenn er der Hanna den Tod wünscht.
Hans: »Du, sie war doch schon längst auf der Welt, auch wie sie noch nicht da war. Beim Storche war sie doch auch auf der Welt.«
Ich: »Nein, beim Storche war sie vielleicht doch nicht.«
Hans: »Wer hat sie denn gebracht? Der Storch hat sie gehabt.«
Ich: »Woher hat er sie denn gebracht?«
Hans: »Na, von ihm.«
Ich: »Wo hat er sie denn gehabt?«
Hans: »In der Kiste, in der *Storchenkiste.*«
Ich: »Wie sieht denn die Kiste aus?«
Hans: »Rot. Rot angestrichen.« (Blut?)
Ich: »Wer hat dir's denn gesagt?«
Hans: »Die Mammi – ich hab' mir's gedacht – im Buche steht's.«
Ich: »In welchem Buche?«
Hans: »Im Bilderbuche.« (Ich lasse mir sein erstes Bilderbuch bringen. Dort ist ein Storchennest mit Störchen abgebildet auf einem roten Kamin. Das ist die Kiste; sonderbarerweise ist auf demselben Blatt ein Pferd zu sehen, das beschlagen wird. In die Kiste verlegt Hans die Kinder, da er sie im Neste nicht findet.)
Ich: »Was hat denn der Storch mit ihr gemacht?«
Hans: »Dann hat er die Hanna hergebracht. Im Schnabel. Weißt, der Storch, der in Schönbrunn ist, der in den Schirm beißt.« (Reminiszenz an einen kleinen Vorfall in Schönbrunn.)
Ich: »Hast du gesehen, wie der Storch die Hanna gebracht hat?«
Hans: »Du, da hab' ich doch noch geschlafen. In der Früh kann kein Storch ein Mäderl oder einen Buben bringen.«
Ich: »Warum?«
Hans: »Das kann er nicht. Das kann ein Storch nicht. Weißt warum?

---
¹ Wacker, kleiner Hans! Ich wünschte mir bei keinem Erwachsenen ein besseres Verständnis der Psychoanalyse.

Daß die Leute nicht sehen, und auf einmal, wenn Früh ist, ist ein Mädel da.«[1]

Ich: »Du warst aber damals doch neugierig, wie das der Storch gemacht hat?«

Hans: »O ja!«

Ich: »Wie hat die Hanna ausgesehen, wie sie gekommen ist?«

Hans (falsch): »Ganz weiß und lieb. Wie goldig.«

Ich: »Wie du sie aber das erstemal gesehen hast, hat sie dir aber nicht gefallen.«

Hans: »O sehr!«

Ich: »Du warst doch überrascht, daß sie so klein ist?«

Hans: »Ja!«

Ich: »Wie klein war sie?«

Hans: »Wie ein junger Storch.«

Ich: »Wie war's noch? Wie ein Lumpf vielleicht?«

Hans: »O nein, ein Lumpf ist viel größer ... bissel kleiner, wie die Hanna wirklich.«

Ich hatte dem Vater vorhergesagt, daß die Phobie des Kleinen sich auf die Gedanken und Wünsche aus Anlaß der Geburt des Schwesterchens werde zurückführen lassen, aber ich hatte versäumt, ihn aufmerksam zu machen, daß ein Kind ein »Lumpf« für die infantile Sexualtheorie sei, so daß Hans den Exkrementalkomplex passieren werde. Aus dieser meiner Nachlässigkeit entsprang die zeitweise Verdunkelung der Kur. Jetzt nach erfolgter Klärung versucht der Vater, Hans über diesen wichtigen Punkt ein zweites Mal zu vernehmen.

Am nächsten Tage lasse ich mir die gestern erzählte Geschichte nochmals wiederholen. Hans erzählt: »Die Hanna ist in der großen Kiste nach Gmunden gefahren, und die Mammi im Coupé und die Hanna ist im Lastzuge mit der Kiste gefahren, und dann, wie wir in Gmunden waren, haben ich und die Mammi die Hanna herausgehoben, haben sie aufs Pferd gesetzt. Der Kutscher war am Bocke und die Hanna hat die vorige (vorjährige) Peitsche gehabt und hat das Pferd gepeitscht und hat immer gesagt: ›Hüoh‹, und das war immer lustig, und der Kutscher hat auch gepeitscht. – Der Kutscher hat gar nicht

---

[1] Man halte sich über Hansens Inkonsequenz nicht auf. Im vorigen Gespräch ist der Unglaube an den Storch aus seinem Unbewußten zum Vorschein gekommen, der mit seiner Erbitterung gegen den geheimtuerischen Vater verknüpft war. Jetzt ist er ruhiger geworden und antwortet mit offiziellen Gedanken, in denen er sich für die vielen mit der Storchhypothese verbundenen Schwierigkeiten Erklärungen zurecht gemacht hat.

gepeitscht, weil die Hanna die Peitsche gehabt hat. – Der Kutscher hat die Zügel gehabt – auch die Zügel hat die Hanna gehabt (wir sind jedesmal mit einem Wagen von der Bahn zum Hause gefahren; Hans sucht hier Wirklichkeit und Phantasie in Übereinstimmung zu bringen). In Gmunden haben wir die Hanna vom Pferde heruntergehoben, und sie ist allein über die Stiege gegangen.« (Als Hanna voriges Jahr in Gmunden war, war sie 8 Monate alt. Ein Jahr früher, worauf sich offenbar Hans' Phantasie bezieht, waren bei der Ankunft in Gmunden 5 Monate der Gravidität verstrichen.)

Ich: »Das vorige Jahr war die Hanna schon da.«

Hans: »Voriges Jahr ist sie im Wagen gefahren, aber ein Jahr vorher, wie sie bei uns auf der Welt war...«

Ich: »Bei uns war sie schon?«

Hans: »Ja, du bist doch schon immer gekommen, mit mir Schinakel zu fahren, und die Anna hat dich bedient.«

Ich: »Das war aber nicht voriges Jahr, da war die Hanna noch gar nicht auf der Welt.«

Hans: »*Ja, da war sie auf der Welt.* Wie sie erst in der Kiste gefahren ist, hat sie schon laufen können, schon ›Anna‹ sagen.« (Das kann sie erst seit 4 Monaten.)

Ich: »Aber da war sie doch noch gar nicht bei uns.«

Hans: »O ja, da war sie doch beim Storche.«

Ich: »Wie alt ist denn die Hanna?«

Hans: »Sie wird im Herbste 2 Jahre. Die Hanna war doch da, du weißt es doch.«

Ich: »Und wann war sie beim Storche in der Storchenkiste?«

Hans: »Schon lange, bevor sie in der Kiste gefahren ist. Schon sehr lange.«

Ich: »Wie lange kann denn die Hanna gehen? Wie sie in Gmunden war, hat sie noch nicht gehen können.«

Hans: »Voriges Jahr nicht, sonst schon.«

Ich: »Die Hanna war doch nur einmal in Gmunden.«

Hans: »Nein! Sie war zweimal; ja, das ist richtig. Ich kann mich sehr gut erinnern. Frag' nur die Mammi, die wird dir's schon sagen.«

Ich: »Das ist doch nicht wahr.«

Hans: »Ja, das ist wahr. *Wie sie in Gmunden das erstemal war, hat sie gehen und reiten können und später hat man sie tragen müssen.* – Nein, später ist sie erst geritten und voriges Jahr hat man sie tragen müssen.«

Ich: »Sie geht aber doch erst ganz kurze Zeit. In Gmunden hat sie nicht gehen können.«
Hans: »Ja, schreib's nur auf. Ich kann mich ganz gut erinnern. – Warum lachst du?«
Ich: »Weil du ein Schwindler bist, weil du ganz gut weißt, daß die Hanna nur einmal in Gmunden war.«
Hans: »Nein, das ist nicht wahr. Das erstemal ist sie auf dem Pferde geritten ... und das zweitemal (wird offenbar unsicher).«
Ich: »War das Pferd vielleicht die Mammi?«
Hans: »Nein, ein wirkliches Pferd, beim Einspänner.«
Ich: »Wir sind doch immer mit einem Zweispänner gefahren.«
Hans: »So war's halt ein Fiaker.«
Ich: »Was hat die Hanna in der Kiste gegessen?«
Hans: »Man hat ihr ein Butterbrot und Hering und Rettig (ein Gmundner Nachtmahl) hineingegeben, und daweil die Hanna gefahren ist, hat sie sich das Butterbrot aufgeschmiert und hat 50mal gegessen.«
Ich: »Hat die Hanna nicht geschrien?«
Hans: »Nein!«
Ich: »Was hat sie denn gemacht?«
Hans: »Ganz ruhig d'rin gesessen.«
Ich: »Hat sie nicht gestoßen?«
Hans: »Nein, sie hat fortwährend gegessen und hat sich nicht einmal gerührt. Zwei große Häfen Kaffee hat sie ausgetrunken – bis in der Früh war alles weg und den Mist hat sie in der Kiste gelassen, die Blätter von den zwei Rettigen und ein Messer zum Rettigschneiden; sie hat alles zusammengeputzt wie ein Has', in einer Minute und sie war fertig. Das war eine Hetz'. Ich und die Hanna bin sogar mitgefahren in der Kiste, ich hab' in der Kiste geschlafen die ganze Nacht (wir sind vor 2 Jahren tatsächlich in der Nacht nach Gmunden gefahren) und die Mammi ist im Coupé gefahren. Immer haben wir gegessen auch im Wagen, das war eine Gaude. – Sie ist gar nicht am Pferde geritten (er ist jetzt unsicher geworden, weil er weiß, daß wir im Zweispänner gefahren sind) ... sie ist im Wagen gesessen. Das ist das Richtige, aber ganz allein bin ich und die Hanna gefahren ... die Mammi ist auf dem Pferde geritten, die Karolin' (unser Mädchen vom vorigen Jahre) auf dem andern ... Du, was ich dir da erzähl', ist nicht einmal wahr.«
Ich: »Was ist nicht wahr?«

Analyse der Phobie eines fünfjährigen Knaben

Hans: »Alles nicht. Du, wir setzen sie und mich in die Kiste[1] und ich werde in die Kiste Wiwi machen. Ich werd' halt in die Hosen Wiwi machen, liegt mir gar nichts d'ran, ist gar keine Schand'. Du, das ist aber kein Spaß, aber lustig ist es schon!«
Er erzählt dann die Geschichte, wie der Storch gekomken ist, wie gestern, nur nicht, daß er beim Weggehen den Hut genommen hat.
Ich: »Wo hat der Storch den Türschlüssel gehabt?«
Hans: »In der Tasche.«
Ich: »Wo hat denn der Storch eine Tasche?«
Hans: »Im Schnabel.«
Ich: »Im Schnabel hat er ihn gehabt! Ich hab' noch keinen Storch gesehen, der einen Schlüssel im Schnabel gehabt hat.«
Hans: »Wie hat er denn hineinkommen können? Wie kommt denn der Storch von der Tür hinein? Das ist ja nicht wahr, ich hab' mich nur geirrt; der Storch läutet an und jemand macht auf.«
Ich: »Wie läutet er denn?«
Hans: »Auf der Glocke.«
Ich: »Wie macht er das?«
Hans: »Er nimmt den Schnabel und drückt mit dem Schnabel an.«
Ich: »Und er hat die Tür wieder zugemacht?«
Hans: »Nein, ein Dienstmädchen hat sie zugemacht. Die war ja schon auf, die hat ihm aufgemacht und zugemacht.«
Ich: »Wo ist der Storch zu Hause?«
Hans: »Wo? In der Kiste, wo er die Mäderl hat. In Schönbrunn vielleicht.«
Ich: »Ich hab' in Schönbrunn keine Kiste gesehen.«
Hans: »Die wird halt weiter weg sein. – Weißt, wie der Storch die Kiste aufmacht? Er nimmt den Schnabel – die Kiste hat auch einen Schlüssel – er nimmt den Schnabel und eins (eine Schnabelhälfte) läßt er auf und sperrt so auf (demonstriert es mir am Schreibtischschlosse). Das ist ja auch ein Henkel.«
Ich: »Ist so ein Mäderl nicht zu schwer für ihn?«
Hans: »O nein!«
Ich: »Du, sieht ein Stellwagen nicht wie eine Storchenkiste aus?«
Hans: »Ja!«
Ich: »Und ein Möbelwagen?«

---

[1] Die Kiste für das Gmundner Gepäck, die im Vorzimmer steht. [Anmerkung des Vaters.]

Hans: »Ein Gsindelwerkwagen (Gsindelwerk: Schimpfwort für unartige Kinder) auch.«

17. April. Gestern hat Hans seinen lange geplanten Vorsatz ausgeführt und ist in den Hof vis-à-vis hinübergegangen. Heute wollte er es nicht tun, weil gerade gegenüber dem Einfahrtstore ein Wagen an der Ausladerampe stand. Er sagte mir: »Wenn dort ein Wagen steht, so fürcht' ich mich, daß *ich die Pferde necken werde* und sie fallen um und machen mit den Füßen Krawall.«
Ich: »Wie neckt man denn Pferde?«
Hans: »Wenn man mit ihnen schimpft, dann neckt man sie, wenn man Hühü schreit.«[1]
Ich: »Hast du Pferde schon geneckt?«
Hans: »Ja, schon öfter. Fürchten tu ich mich, daß ich's tu, aber wahr ist es nicht.«
Ich: »Hast du schon in Gmunden Pferde geneckt?«
Hans: »Nein!«
Ich: »Du neckst aber gerne Pferde?«
Hans: »O ja, sehr gerne!«
Ich: »Möchtest du sie gerne peitschen?«
Hans: »Ja!«
Ich: »Möchtest du die Pferde so schlagen, wie die Mammi die Hanna? Das hast du ja auch gerne.«
Hans: »Den Pferden schadet es ja nichts, wenn man sie schlägt. (So hab' ich ihm seinerzeit gesagt, um seine Furcht vor dem Peitschen der Pferde zu mäßigen.) Ich hab's einmal wirklich getan. Ich hab' einmal die Peitsche gehabt und hab' das Pferd gepeitscht und es ist umgefallen und hat mit den Füßen Krawall gemacht.«
Ich: »Wann?«
Hans: »In Gmunden.«
Ich: »Ein wirkliches Pferd? Das am Wagen angespannt war?«
Hans: »Es war außer'm Wagen.«
Ich: »Wo war's denn?«
Hans: »Ich hab's halt gehalten, daß es nicht davonrennen soll.« (Das klang natürlich alles unwahrscheinlich.)
Ich: »Wo war das?«

---

[1] Es hat ihm oft große Furcht eingejagt, wenn Kutscher die Pferde schlugen und Hü schrien. [Anmerkung des Vaters.]

Hans: »Beim Brunnen.«
Ich: »Wer hat's dir erlaubt? Hat's der Kutscher dort stehen lassen?«
Hans: »Halt ein Pferd vom Stalle.«
Ich: »Wie ist es zum Brunnen gekommen?«
Hans: »Ich hab's hingeführt.«
Ich: »Woher? Aus dem Stalle?«
Hans: »Ich hab's herausgeführt, weil ich es hab' wollen peitschen.«
Ich: »War im Stalle niemand?«
Hans: »O ja, der Loisl (der Kutscher in Gmunden).«
Ich: »Hat er dir's erlaubt?«
Hans: »Ich hab' mit ihm lieb geredet, und er hat gesagt, ich darf es tun.«
Ich: »Was hast du ihm gesagt?«
Hans: »Ob ich das Pferd nehmen darf und peitschen und schreien. Er hat gesagt, ja.«
Ich: »Hast du's viel gepeitscht?«
Hans: »*Was ich dir da erzähl', ist gar nicht wahr.*«
Ich: »Was ist davon wahr?«
Hans: »Nix ist davon wahr, das hab' ich dir nur im Spaße erzählt.«
Ich: »Du hast nie ein Pferd aus dem Stalle geführt?«
Hans: »O nein!«
Ich: »Gewünscht hast du dir's.«
Hans: »O, gewünscht schon, gedacht hab' ich mir's.«
Ich: »In Gmunden?«
Hans: »Nein, erst hier. In der Früh' hab' ich mir's schon gedacht, wie ich ganz angezogen war; nein, in der Früh' im Bette.«
Ich: »Warum hast du mir's nie erzählt?«
Hans: »Ich hab' nicht d'ran gedacht.«
Ich: »Du hast dir's gedacht, weil du auf die Straßen gesehen hast.«
Hans: »Ja!«
Ich: »Wen möchtest du eigentlich gerne schlagen, die Mammi, die Hanna oder mich?«
Hans: »Die Mammi.«
Ich: »Warum?«
Hans: »Ich möcht' sie halt schlagen.«
Ich: »Wann hast du gesehen, daß jemand eine Mammi schlägt?«
Hans: »Ich hab's noch nie gesehen, in meinem Leben nie.«
Ich: »Und du möchtest es halt doch machen. Wie möchtest du das tun?«

Krankengeschichte und Analyse

Hans: »Mit dem Pracker.« (Mit dem Pracker droht die Mama öfter ihn zu schlagen.)
Für heute mußte ich das Gespräch abbrechen.
Auf der Gasse erklärte mir Hans: Stellwagen, Möbelwagen, Kohlenwagen seien Storchkistenwagen.
Das heißt also: gravide Frauen. Die sadistische Anwandlung unmittelbar vorher kann nicht außer Zusammenhang mit unserem Thema sein.

21. April. Heute früh erzählt Hans, er habe sich gedacht: »Ein Zug war in Lainz und ich bin mit der Lainzer Großmama nach Hauptzollamt gefahren. Du warst noch nicht herunter von der Brücke und der zweite Zug war schon in St. Veit[1]. Wie du heruntergekommen bist, war der Zug schon da und da sind wir eingestiegen.«
(Gestern war Hans in Lainz. Um auf den Einsteigeperron zu kommen, muß man über eine Brücke gehen. Von dem Perron sieht man die Schienen entlang bis zur Station St. Veit. Die Sache ist etwas undeutlich. Ursprünglich hat sich Hans wohl gedacht: er ist mit dem ersten Zuge, den ich versäumt habe, davongefahren, dann ist aus Unter-St. Veit ein zweiter Zug gekommen, mit dem ich nachgefahren bin. Ein Stück dieser Ausreißerphantasie hat er entstellt, so daß er schließlich sagt: »Wir sind beide erst mit dem zweiten Zuge weggefahren.«
Diese Phantasie steht in Beziehung zu der letzten ungedeuteten [S. 60], die davon handelt, wir hätten in Gmunden zuviel Zeit verbraucht, um die Kleider in der Bahn anzuziehen, und der Zug wäre davongefahren.)
Nachmittag vor dem Haus. Hans läuft plötzlich ins Haus, als ein Wagen mit zwei Pferden kommt, an dem ich nichts Außergewöhnliches bemerken kann. Ich frage ihn, was er hat. Er sagt: »Ich fürchte mich, weil die Pferde so stolz sind, daß sie umfallen.« (Die Pferde wurden vom Kutscher scharf am Zügel gehalten, so daß sie in kurzem Schritte gingen, die Köpfe hochhaltend – sie hatten wirklich einen stolzen Gang.)
Ich frage ihn, wer denn eigentlich so stolz sei.
Er: »Du, wenn ich ins Bett zur Mammi komm'.«

---

[1] [Unter-St. Veit — von Wien aus betrachtet, eine Station über Lainz hinaus. Wenn man auf dem Bahnsteig von Lainz auf den Zug nach Wien wartet, kann man auf der dort schnurgeraden Strecke den Zug von Unter-St. Veit und selbst aus noch größerer Entfernung herannahen sehen.]

Ich: »Du wünschest also, ich soll umfallen?«
Er: »Ja, du sollst als Nackter (er meint: barfüßig wie seinerzeit Fritzl) auf einen Stein anstoßen und da soll Blut fließen und wenigstens kann ich mit der Mammi ein bißchen allein sein. Wenn du in die Wohnung heraufkommst, kann ich geschwind weglaufen von der Mammi, daß du's nicht siehst.«
Ich: »Kannst du dich erinnern, wer sich am Steine angestoßen hat?«
Er: »Ja, der Fritzl.«
Ich: »Wie der Fritzl hingefallen ist, was hast du dir gedacht?«[1]
Er: »Daß du am Steine hinfliegen sollst.«
Ich: »Du möchtest also gerne zur Mammi?«
Er: »Ja!«
Ich: »Weshalb schimpf' ich denn eigentlich?«
Er: »Das weiß ich nicht.« (!!)
Ich: »Warum?«
Er: »Weil du eifern tust.«
Ich: »Das ist doch nicht wahr!«
Er: »Ja, das ist wahr, du tust eifern, das weiß ich. Das muß wahr sein.«

Meine Erklärung, daß nur kleine Buben zur Mammi ins Bett kommen, große in ihrem eigenen Bett schlafen, hat ihm also nicht sehr imponiert.

Ich vermute, daß der Wunsch, das Pferd zu »necken« i. e. schlagen, anschreien, nicht, wie er angab, auf die Mama, sondern auf mich geht. Er hat die Mama wohl nur vorgeschoben, weil er mir das andere nicht eingestehen wollte. In den letzten Tagen ist er von besonderer Zärtlichkeit gegen mich.

Mit der Überlegenheit, die man »nachträglich« so leicht erwirbt, wollen wir den Vater korrigieren, daß der Wunsch Hansens, das Pferd zu »necken«, doppelt gefügt ist, zusammengesetzt aus einem dunkeln, sadistischen Gelüste auf die Mutter und einem klaren Rachedrange gegen den Vater. Der letztere konnte nicht eher reproduziert werden, als bis im Zusammenhange des Gravitätskomplexes das erstere an die Reihe gekommen war. Bei der Bildung der Phobie aus den unbewußten Gedanken findet ja eine Verdichtung statt; darum kann der Weg der Analyse niemals den Entwicklungsgang der Neurose wiederholen.

22. April. Heute früh hat sich Hans wieder etwas gedacht: »Ein

---

[1] Fritzl ist also tatsächlich gefallen, was er seinerzeit geleugnet hat [s. S. 54].

Krankengeschichte und Analyse

Gassenbube ist auf dem Wagerl gefahren und der Kondukteur ist gekommen und hat den Buben ganz nackt ausgezogen und bis in der Früh dort stehenlassen, und in der Früh hat der Bub dem Kondukteur 50 000 Gulden gegeben, damit er mit dem Wagerl fahren darf.« (Vis-à-vis von uns fährt die Nordbahn. Auf einem Stockgeleise steht eine Draisine, auf der Hans einmal einen Gassenbuben fahren sah, was er auch tun wollte. Ich habe ihm gesagt, das dürfe man nicht, sonst käme der Kondukteur. Ein zweites Element der Phantasie ist der verdrängte Nacktheitswunsch.)

Wir merken schon seit einiger Zeit, daß Hansens Phantasie »im Zeichen des Verkehres« schafft und konsequenterweise vom Pferde, das den Wagen zieht, zur Eisenbahn fortschreitet. So gesellt sich ja auch zu jeder Straßenphobie mit der Zeit die Eisenbahnangst hinzu[1].

Mittags höre ich, daß Hans *den ganzen Vormittag mit einer Gummipuppe gespielt habe, die er Grete nannte.* [Vgl. S. 33.] *Er hat durch die Öffnung, in der einmal das kleine Blechpfeifchen befestigt war, ein kleines Taschenmesser hineingesteckt und ihr dann die Füße voneinandergerissen, um das Messer herausfallen zu lassen. Dem Kindermädchen sagte er, zwischen die Füße der Puppe zeigend:* »*Schau, hier ist der Wiwimacher!*«

Ich: »Was hast du denn heute eigentlich mit der Puppe gespielt?«

Er: »Ich hab' die Füße auseinandergerissen, weißt warum? Weil ein Messerl drin war, was die Mammi gehabt hat. Das hab' ich hineingegeben, wo der Knopf[2] quietscht, und dann hab' ich die Füß' auseinandergerissen und dort ist es hinausgegangen.«

Ich: »Weshalb hast du die Füße auseinandergerissen? Damit du den Wiwimacher sehen kannst?«

Er: »Er war ja auch zuerst da, da hab' ich ihn auch sehen können.«

Ich: »Weshalb hast du das Messer hineingegeben?«

Er: »Ich weiß es nicht.«

Ich: »Wie sieht denn das Messerl aus?«

Er bringt es mir.

Ich: »Hast du dir gedacht, es ist vielleicht ein kleines Kind?«

Er: »Nein, ich hab' mir gar nichts gedacht, aber der Storch hat, mir scheint, einmal ein kleines Kind gekriegt – oder wer.«

---

[1] [Dieser charakteristische Zug der Phobie wird weiter unten auf S. 106 erörtert.]
[2] [So in der ersten Ausgabe. In allen folgenden heißt es »der Kopf«, was fast mit Sicherheit falsch ist; s. unten, S. 110, wo beschrieben wird, daß »die Lücke« sich »im Gummileibe einer Puppe« befand.]

Ich: »Wann?«
Er: »Einmal. Ich hab's gehört, oder hab' ichs gar nicht gehört, oder hab' ich mich verredet?«
Ich: »Was heißt verredet?«
Er: »Es ist nicht wahr.«
Ich: »Alles, was man sagt, ist ein bissel wahr.«
Er: »No ja, ein bißchen.«
Ich (nach einem Übergange): »Wie hast du dir gedacht, kommen die Hendl auf die Welt?«
Er: »Der Storch laßt sie halt wachsen, der Storch laßt die Hendl wachsen – nein, der liebe Gott.«
Ich erkläre ihm, daß die Hendl Eier legen und aus den Eiern wieder Hendl kommen.
Hans lacht.
Ich: »Warum lachst du?«
Er: »Weil mir's gefällt, was du mir da erzählst.«
Er sagt, er habe das bereits gesehen.
Ich: »Wo denn?«
Hans: »Bei dir!«
Ich: »Wo hab' ich ein Ei gelegt?«
Hans: »In Gmunden, ins Gras hast du ein Ei gelegt und auf einmal ist ein Hendl außigsprungen. Du hast einmal ein Ei gelegt, das weiß ich, das weiß ich ganz bestimmt. Weil mir's die Mammi gesagt hat.«
Ich: »Ich werde die Mammi fragen, ob das wahr ist.«
Hans: »Das ist gar nicht wahr, aber *ich* hab' schon einmal ein Ei gelegt, da ist ein Hendl außigsprungen.«
Ich: »Wo?«
Hans: »In Gmunden habe ich mich ins Gras gelegt, nein gekniet und da haben die Kinder gar nicht hergeschaut und auf einmal in der Früh hab' ich gesagt: Suchts, Kinder, gestern hab' ich ein Ei gelegt! Und auf einmal haben sie geschaut und auf einmal haben sie ein Ei gesehen und aus dem ist ein kleiner Hans gekommen. Was lachst du denn? Die Mammi weiß es nicht und die Karolin' weiß es nicht, weil niemand zugeschaut hat und auf einmal hab' ich ein Ei gelegt und auf einmal war's da. Wirklich. Vatti, wann wächst ein Hendl aus dem Ei? Wenn man es stehenläßt? Muß man das essen?«
Ich erkläre ihm das.
Hans: »No ja, lassen's wir bei der Henne, dann wächst ein Hendl. Packen wir's in die Kiste und lassen wir's nach Gmunden fahren.«

Hans hat die Leitung der Analyse mit einem kühnen Griffe an sich gerissen, da die Eltern mit den längst berechtigten Aufklärungen zögerten, und in einer glänzenden Symptomhandlung mitgeteilt: »*Seht ihr, so stelle ich mir eine Geburt vor.*« Was er dem Dienstmädchen über den Sinn seines Spieles mit der Puppe gesagt, war nicht aufrichtig; dem Vater gegenüber weist er es direkt ab, daß er nur den Wiwimacher sehen wollte. Nachdem ihm der Vater gleichsam als Abschlagszahlung die Entstehung der Hühnchen aus dem Ei erzählt hat, vereinigen sich seine Unbefriedigung, sein Mißtrauen und sein Besserwissen zu einer herrlichen Persiflage, die sich in seinen letzten Worten zu einer deutlichen Anspielung auf die Geburt der Schwester steigert.

Ich: »Was hast du mit der Puppe gespielt?«
Hans: »Ich hab' ihr Grete gesagt.«
Ich: »Warum?«
Hans: »Weil ich ihr Grete gesagt hab'.«
Ich: »Wie hast du dich gespielt?«
Hans: »Ich hab' sie halt so gepflegt wie ein wirkliches Kind.«
Ich: »Möchtest du gerne ein kleines Mäderl haben?«
Hans: »O ja. Warum nicht? Ich mag eins kriegen, aber die Mammi darf keines kriegen, ich mag's nicht.«
(Er hat sich schon oft so ausgesprochen. Er fürchtet durch ein drittes Kind noch weiter verkürzt zu werden.)
Ich: »Es bekommt doch nur eine Frau ein Kind.«
Hans: »Ich krieg ein Mäderl.«
Ich: »Wo kriegst du es denn her?«
Hans: »No, vom Storch. *Er nimmt das Mäderl heraus*, und das Mäderl legt auf einmal ein Ei und aus dem Ei kommt dann noch eine Hanna heraus, noch eine Hanna. Aus der Hanna kommt noch eine Hanna. Nein, es kommt *eine* Hanna heraus.«
Ich: »Du möchtest gerne ein Mäderl haben.«
Hans: »*Ja, nächstes Jahr krieg' ich eins,* das wird auch Hanna heißen.«
Ich: »Warum soll denn die Mammi kein Mäderl bekommen?«
Hans: »Weil ich einmal ein Mäderl mag.«
Ich: »Du kannst aber kein Mäderl bekommen.«
Hans: »O ja, ein Bub kriegt ein Mäderl und ein Mäderl kriegt einen Buben.«[1]
Ich: »Ein Bub bekommt keine Kinder. Kinder bekommen nur Frauen, Mammis.«

---
[1] Wiederum ein Stück infantiler Sexualtheorie mit ungeahntem Sinne.

Analyse der Phobie eines fünfjährigen Knaben

Hans: »Warum denn ich nicht?«
Ich: »Weil der liebe Gott es so eingerichtet hat.«
Hans: »Warum kriegst denn du keines? O ja, du wirst schon eins kriegen, nur warten.«
Ich: »Da kann ich lang warten.«
Hans: »Ich gehör' doch dir.«
Ich: »Aber die Mammi hat dich auf die Welt gebracht. Du gehörst dann der Mammi und mir.«
Hans: »Gehört die Hanna mir oder der Mammi?«
Ich: »Der Mammi.«
Hans: »Nein, mir. *Warum denn nicht mir und der Mammi?*«
Ich: »Die Hanna gehört mir, der Mammi und dir.«
Hans: »Na also!«
Ein wesentliches Stück fehlt natürlich dem Kinde im Verständnisse der Sexualbeziehungen, solange das weibliche Genitale unentdeckt ist.

Am 24. April wird Hans von mir und meiner Frau soweit aufgeklärt, daß Kinder in der Mammi wachsen und dann, was große Schmerzen bereite, mittels Drückens wie ein »Lumpf« in die Welt gesetzt werden. Nachmittags sind wir vor dem Haus. Es ist bei ihm eine sichtliche Erleichterung eingetreten, er läuft Wagen nach, und nur der Umstand, daß er sich aus der Nähe des Haupttores nicht wegtraut, respektive zu keinem größeren Spaziergange zu bewegen ist, verrät den Rest von Angst.
Am 25. April rennt mir Hans mit dem Kopfe in den Bauch, was er schon früher einmal getan hat [S. 41]. Ich frage ihn, ob er eine Ziege ist.
Er sagt: »Ja ein Wieder« (Widder). – »Wo er einen Widder gesehen hat?«
Er: »In Gmunden, der Fritzl hat einen gehabt.« (Der Fritzl hat ein kleines, lebendes Schaf zum Spielen gehabt.)
Ich: »Von dem Lamperl mußt du mir erzählen, was hat es gemacht?«
Hans: »Du weißt, das Fräulein Mizzi (eine Lehrerin, die im Hause wohnte) hat immer die Hanna auf das Lamperl gesetzt, da hat es aber nicht aufstehen können, da hat es nicht stoßen können. Wenn man hingeht, stößt es schon, weil es Hörner hat. Der Fritzl tut's halt an der Schnur führen und an einen Baum anbinden. Er bindet's immer an einen Baum an.«
Ich: »Hat das Lamperl dich gestoßen?«

Hans: »Hinaufgesprungen ist es auf mich, der Fritzl hat mich einmal hingegeben ... ich bin einmal hingegangen und hab's nicht gewußt, und auf einmal ist es auf mich hinaufgesprungen. Das war so lustig – erschrocken bin ich nicht.«
Das ist gewiß unwahr.
Ich: »Hast du den Vatti gern?«
Hans: »O ja.«
Ich: »Vielleicht auch nicht?«
Hans (spielt mit einem kleinen Pferderl. In diesem Moment fällt das Pferdl um. Er schreit:) »Das Pferdl ist umgefallen! Siehst du, wie's Krawall macht!«
Ich: »Etwas ärgert dich am Vatti, daß ihn die Mammi gern hat.«
Hans: »Nein.«
Ich: »Weshalb weinst du also immer, wenn die Mammi mir einen Kuß gibt? Weil du eifersüchtig bist.«
Hans: »Das schon.«
Ich: »Was möchtest du denn machen, wenn du der Vatti wärst?«
Hans: »Und du der Hans? – Da möcht ich dich jeden Sonntag nach Lainz fahren, nein, auch jeden Wochentag. Wenn ich der Vatti wär', wär' ich gar brav.«
Ich: »Was möchtest du mit der Mammi machen?«
Hans: »Auch nach Lainz mitnehmen.«
Ich: »Was sonst noch?«
Hans: »Nix.«
Ich: »Weshalb bist du denn eifersüchtig?«
Hans: »Das weiß ich nicht.«
Ich: »In Gmunden warst du auch eifersüchtig?«
Hans: »In Gmunden nicht (das ist nicht wahr). In Gmunden hab' ich meine Sachen gehabt, einen Garten hab' ich in Gmunden gehabt und auch Kinder.«
Ich: »Kannst du dich erinnern, wie die Kuh das Kalberl bekommen hat?«
Hans: »O ja. Es ist mit einem Wagen dahergekommen (– das hat man ihm wohl damals in Gmunden gesagt; auch ein Stoß gegen die Storchtheorie –) und eine andere Kuh hat es aus dem Podl herausgedrückt.« (Das ist bereits die Frucht der Aufklärung, die er mit der »Wagerltheorie« in Einklang bringen will.)
Ich: »Das ist ja nicht wahr, daß es mit einem Wagerl gekommen ist; es ist aus der Kuh gekommen, die im Stalle war.«

Hans bestreitet es, sagt, er habe den Wagen in der Früh gesehen. Ich mache ihn aufmerksam, daß man ihm das wahrscheinlich erzählt hat, daß das Kalberl im Wagen gekommen sei. Er gibt es schließlich zu: »Es hat mir's wahrscheinlich die Berta gesagt oder nein – oder vielleicht der Hausherr. Er war dabei und es war doch Nacht, deshalb ist es doch wahr, wie ich's dir sage, oder mir scheint, es hat mir's niemand gesagt, ich hab' mir's in der Nacht gedacht.«

Das Kalberl wurde, wenn ich nicht irre, im Wagen weggeführt; daher die Verwechslung.

Ich: »Warum hast du dir nicht gedacht, der Storch hat's gebracht?«
Hans: »Das hab' ich mir nicht denken wollen.«
Ich: »Aber, daß die Hanna der Storch gebracht hat, hast du dir gedacht?«
Hans: »In der Früh (der Entbindung) hab' ich mir's gedacht. – Du Vatti, war der Herr Reisenbichler (der Hausherr) dabei, wie das Kalberl von der Kuh gekommen ist?«[1]
Ich: »Ich weiß nicht. Glaubst du?«
Hans: »Ich glaub schon ... Vatti, hast du schon öfter gesehen, wie ein Pferd etwas Schwarzes am Mund hat?«
Ich: »Ich hab's schon öfter gesehen auf der Straße in Gmunden.«[2]
Ich: »In Gmunden warst du oft im Bett bei der Mammi?«
Hans: »Ja.«
Ich: »Und dann hast dir gedacht, du bist der Vatti?«
Hans: »Ja.«
Ich: »Und dann hast du dich vor dem Vatti gefürchtet?«
Hans: »*Du weißt ja alles, ich hab' nichts gewußt.*«
Ich: »Wie der Fritzl gefallen ist, hast du dir gedacht, wenn der Vatti so fallen möchte, und wie dich das Lamperl gestoßen hat, wenn es den Vatti stoßen möcht'. Kannst du dich an das Begräbnis in Gmunden erinnern?« (Das erste Begräbnis, das Hans sah. Er erinnert sich öfter daran, eine zweifellose Deckerinnerung.)
Hans: »Ja, was war da?«
Ich: »Da hast du gedacht, wenn der Vatti sterben möcht', wärst du der Vatti.«
Hans: »Ja.«

---

[1] Hans, der Grund hat, gegen die Mitteilungen der Erwachsenen mißtrauisch zu sein, erwägt hier, ob der Hausherr glaubwürdiger sei als der Vater.
[2] Der Zusammenhang ist der: Das mit dem Schwarzen am Munde der Pferde hat ihm der Vater lange nicht glauben wollen, bis es sich endlich hat verifizieren lassen [S. 62–3].

Krankengeschichte und Analyse

Ich: »Vor welchen Wagen fürchtest du dich eigentlich noch?«
Hans: »Vor allen.«
Ich: »Das ist doch nicht wahr.«
Hans: »Vor Fiakern, Einspännern nicht. Vor Stellwagen, vor Gepäckwagen, aber nur, wenn sie aufgeladen haben, wenn sie aber leer sind, nicht. Wenn es ein Pferd ist und voll aufgeladen hat, da fürcht' ich mich, und wenn's zwei Pferde sind und voll aufgeladen haben, da fürcht' ich mich nicht.«
Ich: »Vor den Stellwagen fürchtest du dich, weil drin soviel Leute sind?«
Hans: »Weil am Dach soviel Gepäck ist.«
Ich: »Hat die Mammi, wie sie die Hanna bekommen hat, nicht auch voll aufgeladen?«
Hans: »Die Mammi wird wieder voll aufgeladen sein, wenn sie wieder einmal eins haben wird, bis wieder eins wachsen wird, bis wieder eins drin sein wird.«
Ich: »Das möchtest du halt gern.«
Hans: »Ja.«
Ich: »Du hast gesagt, du willst nicht, daß die Mammi noch ein Kind bekommen soll.«
Hans: »So wird sie halt nicht mehr aufgeladen sein. Die Mammi hat gesagt, wenn die Mammi keins will, will's der liebe Gott auch nicht. Wird die Mammi auch keins wollen, so wird sie keins bekommen.«
(Hans hat natürlich gestern auch gefragt, ob in der Mammi noch Kinder sind. Ich habe ihm gesagt, nein, wenn der liebe Gott nicht will, wird's in ihr auch nicht wachsen.)
Hans: »Aber die Mammi hat mir gesagt, wenn sie nicht will, wird keins mehr wachsen, und du sagst, wenn der liebe Gott nicht will.«
Ich sagte ihm also, daß es so ist, wie ich gesagt habe, worauf er bemerkt: »Du warst doch dabei? Du weißt es gewiß besser.« – Er stellte also die Mama zur Rede, und die stellte die Konkordanz her, indem sie erklärte, wenn sie nicht wolle, wolle auch der liebe Gott nicht[1].

---
[1] *Ce que femme veut Dieu veut*. Hans hat hier in seinem Scharfsinne wieder ein sehr ernsthaftes Problem entdeckt. [Möglicherweise müßte das ganze Stück des Dialogs von den Worten »Hans hat natürlich gestern...« bis »wolle auch der liebe Gott nicht« in Klammern gesetzt werden, da alles sich am Tage vorher abgespielt hatte und nun erst berichtet wird. Als Freud von seinen englischen Übersetzern (im Jahre 1923) darauf aufmerksam gemacht wurde, gab er zu, daß es wahrscheinlich so gewesen sei, meinte aber, man sollte den Text doch unverändert lassen, da es sich um die Nachschrift der Aufzeichnungen von Hansens Vater handele.]

Analyse der Phobie eines fünfjährigen Knaben

Ich: »Mir scheint, du wünschest doch, die Mammi soll ein Kind bekommen?«
Hans: »Aber haben will ich's nicht.«
Ich: »Aber du wünschest es?«
Hans: »Wünschen schon.«
Ich: »Weißt du, warum du es wünschest? Weil du gern der Vatti sein möchst.«
Hans: »Ja ... Wie ist die Geschicht'?«
Ich: »Welche Geschicht'?«
Hans: »Ein Vatti kriegt doch kein Kind, wie ist die Geschicht' dann, wenn ich gern der Vatti sein möcht'?«
Ich: »Du möchtest der Vatti sein und mit der Mammi verheiratet sein, möchtest so groß sein wie ich und einen Schnurrbart haben und möchtest, daß die Mammi ein Kind bekommen soll.«
Hans: »Vatti, und bis ich verheiratet sein werde, werde ich nur eines kriegen, wenn ich will, wenn ich mit der Mammi verheiratet sein werde, und wenn ich kein Kind will, will der liebe Gott auch nicht, wenn ich geheiratet hab'.«
Ich: »Möchtest du gern mit der Mammi verheiratet sein?«
Hans: »O ja.«

Man merkt es deutlich, wie das Glück in der Phantasie noch durch die Unsicherheit über die Rolle des Vaters und die Zweifel an der Beherrschung des Kinderkriegens gestört wird.

Am Abend desselben Tages sagt Hans, wie er ins Bett gelegt wird, zu mir: »Du, weißt du, was ich jetzt mach'? Jetzt sprech' ich noch bis 10 Uhr mit der Grete, die ist bei mir im Bett. Immer sind meine Kinder bei mir im Bett. Kannst du mir sagen, wie das ist?« – Da er schon sehr schläfrig ist, verspreche ich ihm, wir würden das morgen aufschreiben, und er schläft ein.

Aus den früheren Aufzeichnungen ergibt sich, daß Hans seit seiner Rückkehr von Gmunden immer von seinen »Kindern« phantasiert [z. B. S. 19], er führt mit ihnen Gespräche usw.[1]

Am 26. April frage ich ihn also, warum er denn immer von seinen Kindern spricht.

---

[1] Es ist keine Nötigung, hier bei Hans einen femininen Zug von Sehnsucht nach Kinderhaben anzunehmen. Da er seine beseligenden Erlebnisse als Kind bei der Mutter gehabt hat, wiederholt er diese nun in aktiver Rolle, wobei er selbst die Mutter spielen muß.

Hans: »Warum? *Weil ich so gerne Kinder haben mag, aber ich wünsch' mir's nie, haben mag ich sie nicht.*« [1]
Ich: »Hast du dir immer vorgestellt, die Berta, die Olga usw. sind deine Kinder?«
Hans: »Ja, der Franzl, der Fritzl und der Paul (sein Gespiele in Lainz) auch und die Lodi.« Ein fingierter Name. Sein Lieblingskind, von dem er am öftesten spricht. – Ich betone hier, daß die Persönlichkeit der Lodi nicht erst seit einigen Tagen, seit dem Datum der letzten Aufklärung (24. April), besteht.
Ich: »Wer ist die Lodi? Ist sie in Gmunden?«
Hans: »Nein.«
Ich: »Gibts eine Lodi?«
Hans: »Ja, ich kenn' sie schon.«
Ich: »Welche denn?«
Hans: »Die da, die ich hab'.«
Ich: »Wie sieht sie denn aus?«
Hans: »Wie? Schwarze Augen, schwarze Haare ... ich hab' sie einmal mit der Mariedl (in Gmunden) getroffen, wie ich in die Stadt gegangen bin.«
Wie ich Näheres wissen will, stellt sich heraus, daß dies erfunden ist [2].
Ich: »Du hast also gedacht, du bist die Mammi?«
Hans: »Ich war auch wirklich die Mammi.«
Ich: »Was hast du denn mit den Kindern gemacht?«
Hans: »Bei mir hab' ich sie schlafen lassen, Mädeln und Buben.«
Ich: »Jeden Tag?«
Hans: »Na freilich.«
Ich: »Hast du mit ihnen gesprochen?«
Hans: »Wenn alle Kinder nicht ins Bett hineingegangen sind, habe ich welche Kinder aufs Sofa gelegt und welche in den Kinderwagen gesetzt, wenn noch übrig geblieben sind, hab' ich sie am Boden getragen und in die Kiste gelegt, da waren noch Kinder und ich hab' sie in die andere Kiste gelegt.«
Ich: »Also die Storchenkinderkisten sind am Boden gestanden?«

---

[1] Der so auffällige Widerspruch ist der zwischen Phantasie und Wirklichkeit – wünschen und haben. Er weiß, daß er in Wirklichkeit Kind ist, da würden ihn andere Kinder nur stören, in der Phantasie ist er Mutter und braucht Kinder, mit denen er die selbst erlebten Zärtlichkeiten wiederholen kann.
[2] Es könnte doch sein, daß Hans eine zufällige Begegnung in Gmunden zum Ideal erhoben hat, das übrigens in der Farbe von Augen und Haaren der Mutter nachgebildet ist.

Hans: »Ja.«
Ich: »Wann hast du die Kinder bekommen? War die Hanna schon auf der Welt?«
Hans: »Ja, schon lange.«
Ich: »Aber von wem hast du dir gedacht, daß du die Kinder bekommen hast?«
Hans: »*No, von mir.*« [1]
Ich: »Damals hast du aber noch gar nicht gewußt, daß die Kinder von einem kommen.«
Hans: »Ich hab' mir gedacht, der Storch hat sie gebracht.« (Offenbar Lüge und Ausflucht) [2].
Ich: »Gestern war die Grete bei dir, aber du weißt doch schon, daß ein Bub keine Kinder haben kann.«
Hans: »No ja, ich glaub's aber doch.«
Ich: »Wie bist du auf den Namen Lodi gekommen? So heißt doch kein Mäderl. Vielleicht Lotti?«
Hans: »O nein, Lodi. Ich weiß nicht, aber ein schöner Name ist es doch.«
Ich (scherzend): »Meinst du vielleicht eine Schokolodi?«
Hans (sofort): »Nein, eine Saffalodi [3] ... weil ich so gern Wurst essen tu, Salami auch.«
Ich: »Du, sieht eine Saffalodi nicht wie ein Lumpf aus?«
Hans: »Ja!«
Ich: »Wie sieht denn ein Lumpf aus?«
Hans: »Schwarz. Weißt (zeigt auf meine Augenbrauen und Schnurrbart) wie das und das.«
Ich: »Wie noch? Rund wie eine Saffaladi?«
Hans: »Ja.«
Ich: »Wenn du am Topf gesessen bist und ein Lumpf gekommen ist, hast du dir gedacht, daß du ein Kind bekommst?«
Hans (lachend): »Ja, in der —gasse schon und auch hier.«
Ich: »Weißt du, wie die Stellwagenpferde umgefallen sind? [Vgl. S. 47 ff.] Der Wagen sieht doch wie eine Kinderkiste aus, und wenn das schwarze Pferd umgefallen ist, war es so ...«
Hans (ergänzend): »Wie wenn man ein Kind bekommt.«

---

[1] Hans kann nicht anders als vom Standpunkte des Autoerotismus antworten.
[2] Es sind Phantasie-, d. h. Onaniekinder.
[3] Saffaladi = Zervelatwurst. Meine Frau erzählt gern, daß ihre Tante immer Soffilodi sagt, das mag er gehört haben. [Anmerkung des Vaters.]

Ich: »Und was hast du dir gedacht, wie es mit den Füßen Krawall gemacht hat?«
Hans: »Na, wenn ich mich nicht will am Topf setzen und lieber spielen, dann mach' ich so mit den Füßen Krawall.« [Vgl. S. 50.] (Er stampft mit den Füßen auf.)
Daher interessierte es ihn so sehr, ob man *gern* oder *ungern* Kinder bekommt.
Hans spielt heute fortwährend Gepäckkisten auf- und abladen, wünscht sich auch einen Leiterwagen mit solchen Kisten als Spielzeug. Im Hofe des Hauptzollamtes gegenüber interessierte ihn am meisten das Auf- und Abladen der Wagen. Er erschrak auch am heftigsten, wenn ein Wagen aufgeladen hatte und fortfahren sollte. »Die Pferde werden fallen [S. 44–5].«[1] Die Türen des Hauptzollamtsschuppens nannte er »Loch« (das erste, zweite, dritte ... Loch). Jetzt sagt er »Podlloch«.
Die Angst ist fast gänzlich geschwunden, nur will er in der Nähe des Hauses bleiben, um einen Rückzug zu haben, wenn er sich fürchten sollte. Er flüchtet aber nie mehr ins Haus hinein, bleibt immer auf der Straße. Bekanntlich hat das Kranksein damit begonnen, daß er auf dem Spaziergange weinend umkehrte, und als man ihn ein zweites Mal zwang, spazierenzugehen, nur bis zur Stadtbahnstation »Hauptzollamt« ging, von der aus man unsere Wohnung noch sieht. Bei der Entbindung der Frau war er natürlich von ihr getrennt, und die jetzige Angst, die ihn hindert, die Nähe des Hauses aufzugeben, ist noch die damalige Sehnsucht.

30. April. Da Hans wieder mit seinen imaginären Kindern spielt, sage ich ihm: »Wieso leben denn deine Kinder noch? Du weißt ja, daß ein Bub keine Kinder bekommen kann.«
Hans: »Das weiß ich. Früher war ich die Mammi, *jetzt bin ich der Vatti.*«
Ich: »Und wer ist die Mammi zu den Kindern?«
Hans: »No, die Mammi, und du bist der *Großvatti.*«
Ich: »Also du möchtest so groß sein wie ich, mit der Mammi verheiratet sein, und sie soll dann Kinder bekommen.«
Hans: »Ja, das möcht' ich und die Lainzerin (meine Mutter) ist dann die Großmammi.«

---
[1] Heißt man es nicht »niederkommen«, wenn eine Frau gebärt?

Es geht alles gut aus. Der kleine Ödipus hat eine glücklichere Lösung gefunden, als vom Schicksal vorgeschrieben ist. Er gönnt seinem Vater, anstatt ihn zu beseitigen, dasselbe Glück, das er für sich verlangt; er ernennt ihn zum Großvater und verheiratet auch ihn mit der eigenen Mutter.

Am 1. Mai kommt Hans mittags zu mir und sagt: »Weißt was? Schreiben wir was für den Professor auf.«
Ich: »Was denn?«
Hans: »Vormittag war ich mit allen meinen Kindern auf dem Klosett. Zuerst hab' ich Lumpf gemacht und Wiwi und sie haben zugeschaut. Dann hab' ich sie aufs Klosett gesetzt und sie haben Wiwi und Lumpf gemacht und ich hab' ihnen den Podl mit Papier ausgewischt. Weißt warum? Weil ich so gerne Kinder haben möcht', dann möcht' ich ihnen alles tun, sie aufs Klosett führen, ihnen den Podl abputzen, halt alles, was man mit Kindern tut.«
Es wird nach dem Geständnisse dieser Phantasie wohl kaum angehen, die an die exkrementellen Funktionen geknüpfte Lust bei Hans in Abrede zu stellen.

Nachmittags wagt er sich zum erstenmal in den Stadtpark. Da es 1. Mai ist, fahren wohl weniger Wagen als sonst, immerhin genug, die ihn bisher abgeschreckt haben. Er ist sehr stolz auf seine Leistung, und ich muß mit ihm nach der Jause noch einmal in den Stadtpark gehen. Auf dem Wege treffen wir einen Stellwagen, den er mir zeigt: »Schau, einen Storchenkistenwagen!« Wenn er, wie geplant ist, morgen mit mir wieder in den Stadtpark geht, kann man die Krankheit wohl als geheilt ansehen.
Am 2. Mai früh kommt Hans: »Du, ich hab' mir heute was gedacht.« Zuerst hat er's vergessen, später erzählt er unter beträchtlichen Widerständen: *»Es ist der Installateur gekommen und hat mir mit einer Zange zuerst den Podl weggenommen und hat mir dann einen andern gegeben und dann den Wiwimacher. Er hat gesagt: Laß den Podl sehen und ich hab' mich umdrehen müssen, und er hat ihn weggenommen und dann hat er gesagt: Laß den Wiwimacher sehen.«*
Der Vater erfaßt den Charakter der Wunschphantasie und zweifelt keinen Moment an der einzig gestatteten Deutung.

Ich: »Er hat dir einen *größeren* Wiwimacher und einen *größeren* Podl gegeben.«
Hans: »Ja.«

Krankengeschichte und Analyse

Ich: »Wie der Vatti sie hat, weil du gerne der Vatti sein möchtest?«
Hans: »Ja, und so einen Schnurrbart wie du möcht' ich auch haben und solche Haare.« (Deutet auf die Haare an meiner Brust.)
Die Deutung der vor einiger Zeit erzählten Phantasie: Der Installateur ist gekommen und hat die Badewanne abgeschraubt und hat mir dann einen Bohrer in den Bauch eingesetzt [S. 60], rektifiziert sich demnach: Die große Badewanne bedeutet den »Podl«, der Bohrer oder Schraubenzieher, wie damals schon gedeutet, den Wiwimacher[1]. Es sind identische Phantasien. Es eröffnet sich auch ein neuer Zugang zu Hansens Furcht vor der großen Badewanne, die übrigens auch bereits abgenommen hat. Es ist ihm unlieb, daß sein »Podl« zu klein ist für die große Wanne.
In den nächsten Tagen nimmt die Mutter wiederholt das Wort, um ihrer Freude über die Herstellung des Kleinen Ausdruck zu geben.

Nachtrag des Vaters eine Woche später:
Geehrter Herr Professor! Ich möchte die Krankengeschichte Hansens noch durch folgendes ergänzen:
1. Die Remission nach der ersten Aufklärung war nicht so vollständig, wie ich sie vielleicht dargestellt habe [S. 30–1]. Hans ging allerdings spazieren, aber nur gezwungen und mit großer Angst. Einmal ging er mit mir bis zur Station »Hauptzollamt«, von wo man noch die Wohnung sieht, und war nicht weiter zu bringen.
2. Ad: Himbeersaft, Schießgewehr [S. 38]. Himbeersaft bekommt Hans bei der Verstopfung. Schießen und Scheißen ist eine auch ihm geläufige Wortvertauschung.
3. Als Hans aus unserem Schlafzimmer in ein eigenes Zimmer separiert wurde, war er ungefähr 4 Jahre alt.
4. Ein Rest ist noch jetzt da, der sich nicht mehr in Furcht, sondern in normalem Fragetrieb äußert. Die Fragen beziehen sich meist darauf, woraus die Dinge verfertigt sind (Tramways, Maschinen usw.), wer die Dinge macht usw. Charakteristisch für die meisten Fragen ist,

---

[1] Vielleicht darf man hinzusetzen, daß der »Bohrer« nicht ohne Beziehung auf das Wort »geboren«, »Geburt« gewählt worden ist. Das Kind würde so zwischen »gebohrt« und »geboren« keinen Unterschied machen. Ich akzeptiere diese mir von einem kundigen Kollegen mitgeteilte Vermutung, weiß aber nicht zu sagen, ob hier ein tieferer allgemeiner Zusammenhang oder die Ausnützung eines dem Deutschen [und Englischen] eigentümlichen Sprachzufalles vorliegt. Auch Prometheus (Pramantha), der Menschenschöpfer, ist etymologisch der »Bohrer«. Vgl. Abraham, *Traum und Mythus*. 4. Heft der *Schriften zur angewandten Seelenkunde*, 1909.

daß Hans fragt, obzwar er sich die Antwort bereits selbst gegeben hat. Er will sich nur vergewissern. Als er mich einmal mit Fragen sehr ermüdet hatte und ich ihm sagte: »Glaubst du denn, daß ich dir auf alles antworten kann, was du fragst?«, meinte er: »No, ich hab' geglaubt, weil du das vom Pferd gewußt hast, daß du das auch weißt.«
5. Von der Krankheit spricht Hans nur mehr historisch: »Damals, wie ich die Dummheit gehabt hab'.«
6. Der ungelöste Rest ist der, daß Hans sich den Kopf zerbricht, was der Vater mit dem Kinde zu tun hat, da doch die Mutter das Kind zur Welt bringt. Man kann das aus den Fragen schließen, wie: »Nicht wahr, ich gehör' auch *dir*.« (Er meint, nicht nur der Mutter.) Das: wieso er mir gehört, ist ihm nicht klar. Dagegen habe ich keinen direkten Beweis, daß er, wie Sie meinen, einen Koitus der Eltern belauscht hätte.
7. Bei einer Darstellung müßte vielleicht doch auf die Heftigkeit der Angst aufmerksam gemacht werden, da man sonst sagen würde: »Hätte man ihn nur ordentlich durchgeprügelt, so wäre er schon spazierengegangen.«

Ich setze abschließend hinzu: Mit der letzten Phantasie Hansens war auch die vom Kastrationskomplex stammende Angst überwunden, die peinliche Erwartung ins Beglückende gewendet. Ja, der Arzt [s. oben, S. 15], Installateur usw. kommt, er nimmt den Penis ab, aber nur um einen größeren dafür zu geben. Im übrigen mag unser kleiner Forscher nur frühzeitig die Erfahrung machen, daß alles Wissen Stückwerk ist und daß auf jeder Stufe ein ungelöster Rest bleibt.

III
EPIKRISE

Nach drei Richtungen werde ich nun diese Beobachtung von der Entwicklung und Lösung einer Phobie bei einem noch nicht fünfjährigen Knaben zu prüfen haben: erstens, inwieweit sie die Behauptungen unterstützt, die ich in den *Drei Abhandlungen zur Sexualtheorie,* (1905 d), aufgestellt habe; zweitens, was sie zum Verständnis der so häufigen Krankheitsform zu leisten vermag; drittens, was sich ihr etwa zur Aufklärung des kindlichen Seelenlebens und zur Kritik unserer Erziehungsabsichten abgewinnen läßt.

1

Mein Eindruck geht dahin, daß das Bild des kindlichen Sexuallebens, wie es aus der Beobachtung des kleinen Hans hervortritt, in sehr guter Übereinstimmung mit der Schilderung steht, die ich in meiner *Sexualtheorie* nach psychoanalytischen Untersuchungen an Erwachsenen entworfen habe. Aber ehe ich daran gehe, die Einzelheiten dieser Übereinstimmung zu verfolgen, werde ich zwei Einwendungen erledigen müssen, welche sich gegen die Verwertung dieser Analyse erheben. Die erste lautet: Der kleine Hans sei kein normales Kind, sondern, wie die Folge, eben die Erkrankung, lehrt, ein zur Neurose disponiertes, ein kleiner »Hereditarier«, und es sei darum unstatthaft, Schlüsse, die vielleicht für ihn Geltung haben, auf andere, normale Kinder zu übertragen. Ich werde diesen Einwand, da er den Wert der Beobachtung bloß einschränkt, nicht völlig aufhebt, später berücksichtigen. Der zweite und strengere Einspruch wird behaupten, daß die Analyse eines Kindes durch seinen Vater, der, in *meinen* theoretischen Anschauungen befangen, mit *meinen* Vorurteilen behaftet, an die Arbeit geht, überhaupt eines objektiven Wertes entbehre. Ein Kind sei selbstverständlich in hohem Grade suggerierbar, vielleicht gegen keine Person mehr als gegen seinen Vater; es lasse sich alles dem Vater zuliebe aufdrängen zum Dank dafür, daß er sich soviel mit ihm beschäftige, seine Aussagen hätten keine Beweiskraft und seine Produktionen in Einfällen, Phantasien und Träumen erfolgten natürlich in der Richtung, nach welcher man es mit allen Mitteln gedrängt habe. Kurz, es sei wieder einmal alles »Suggestion« und deren Entlarvung beim Kinde nur sehr erleichtert im Vergleiche mit dem Erwachsenen.

Sonderbar; ich weiß mich zu erinnern, als ich mich vor 22 Jahren in den Streit der wissenschaftlichen Meinungen einzumengen begann, mit welchem Spotte damals von der älteren Generation der Neurologen und Psychiater die Aufstellung der Suggestion und ihrer Wirkungen empfangen wurde[1]. Seither hat sich die Situation gründlich geändert; der Widerwille ist in allzu entgegenkommende Bereitwilligkeit umgeschlagen, und dies nicht allein infolge der Wirkung, welche die Arbeiten Liébeaults, Bernheims und ihrer Schüler im Laufe dieser Dezennien entfalten mußten, sondern auch, weil unterdes die Entdeckung gemacht wurde, welche Denkersparnis mit der Anwendung des Schlagwortes »Suggestion« verbunden werden kann. Weiß doch niemand und bekümmert sich auch niemand zu wissen, was die Suggestion ist, woher sie rührt und wann sie sich einstellt; genug, daß man alles im Psychischen Unbequeme »Suggestion« heißen darf.

Ich teile nicht die gegenwärtig beliebte Ansicht, daß Kinderaussagen durchwegs willkürlich und unverläßlich seien. Willkür gibt es im Psychischen überhaupt nicht; die Unverläßlichkeit in den Aussagen der Kinder rührt her von der Übermacht ihrer Phantasie, wie die Unverläßlichkeit der Aussagen Erwachsener von der Übermacht ihrer Vorurteile. Sonst lügt auch das Kind nicht ohne Grund und hat im ganzen mehr Neigung zur Wahrheitsliebe als die Großen. Mit einer Verwerfung der Angaben unseres kleinen Hans in Bausch und Bogen täte man ihm gewiß schweres Unrecht; man kann vielmehr ganz deutlich unterscheiden, wo er unter dem Zwange eines Widerstandes fälscht oder zurückhält, wo er, selbst unentschieden, dem Vater beipflichtet, was man nicht als beweisend gelten lassen muß, und wo er, vom Drucke befreit, übersprudelnd mitteilt, was seine innere Wahrheit ist, und was er bisher allein gewußt hat. Größere Sicherheiten bieten auch die Angaben der Erwachsenen nicht. Bedauerlich bleibt, daß keine Darstellung einer Psychoanalyse die Eindrücke wiedergeben kann, die man während ihrer Ausführung empfängt, daß die endgültige Überzeugung nie durchs Lesen, sondern nur durchs Erleben vermittelt werden kann. Aber dieser Mangel haftet den Analysen mit Erwachsenen in gleichem Maße an.

Den kleinen Hans schildern seine Eltern als ein heiteres, aufrichtiges Kind, und so dürfte er auch durch die Erziehung geworden sein, die

---

[1] [Vgl. die ähnlichen Bemerkungen im vorletzten Absatz der *Vorlesungen zur Einführung in die Psychoanalyse* (1916–17), Studienausgabe, Bd. 1, S. 444.]

Epikrise

ihm die Eltern schenkten, die wesentlich in der Unterlassung unserer gebräuchlichen Erziehungssünden bestand. Solange er in fröhlicher Naivität seine Forschungen pflegen konnte, ohne Ahnung der aus ihnen bald erwachsenden Konflikte, teilte er sich auch rückhaltlos mit, und die Beobachtungen aus der Zeit vor seiner Phobie unterliegen auch keinem Zweifel und keiner Beanstandung. In der Zeit der Krankheit und während der Analyse beginnen für ihn die Inkongruenzen zwischen dem, was er sagt, und dem, was er denkt, zum Teil darin begründet, daß sich ihm unbewußtes Material aufdrängt, das er nicht mit einem Male zu bewältigen weiß, zum andern Teil infolge der inhaltlichen Abhaltungen, die aus seinem Verhältnisse zu den Eltern stammen. Ich behaupte, daß ich unparteiisch bleibe, wenn ich das Urteil ausspreche, daß auch diese Schwierigkeiten nicht größer ausgefallen sind als in soviel anderen Analysen mit Erwachsenen.

Während der Analyse allerdings muß ihm vieles gesagt werden, was er selbst nicht zu sagen weiß, müssen ihm Gedanken eingegeben werden, von denen sich noch nichts bei ihm gezeigt hat, muß seine Aufmerksamkeit die Einstellung nach jenen Richtungen erfahren, von denen her der Vater das Kommende erwartet. Das schwächt die Beweiskraft der Analyse; aber in jeder verfährt man so. Eine Psychoanalyse ist eben keine tendenzlose, wissenschaftliche Untersuchung, sondern ein therapeutischer Eingriff; sie will an sich nichts beweisen, sondern nur etwas ändern. Jedesmal gibt der Arzt in der Psychoanalyse dem Patienten die bewußten Erwartungsvorstellungen, mit deren Hilfe er imstande sein soll, das Unbewußte zu erkennen und zu erfassen, das eine Mal in reichlicherem, das andere in bescheidenerem Ausmaße. Es gibt eben Fälle, die mehr, und andere, die weniger Nachhilfe brauchen. Ohne solche Hilfe kommt niemand aus. Was man etwa bei sich allein zu Ende bringen kann, sind leichte Störungen, niemals eine Neurose, die sich dem Ich wie etwas Fremdes entgegengestellt hat; zur Bewältigung einer solchen braucht es den andern, und soweit der andere helfen kann, soweit ist die Neurose heilbar. Wenn es im Wesen einer Neurose liegt, sich vom »andern« abzuwenden, wie es die Charakteristik der als Dementia praecox zusammengefaßten Zustände zu enthalten scheint, so sind eben darum diese Zustände für unsere Bemühung unheilbar. Es ist nun zugegeben, daß das Kind wegen der geringen Entwicklung seiner intellektuellen Systeme einer besonders intensiven Nachhilfe bedarf. Aber was der Arzt dem Patienten mitteilt, stammt doch selbst wieder aus analytischen Erfahrungen, und es ist wirklich beweisend genug, wenn mit dem

Aufwande dieser ärztlichen Einmengung der Zusammenhang und die Lösung des pathogenen Materials erreicht wird.
Und doch hat unser kleiner Patient auch während der Analyse Selbständigkeit genug bewiesen, um ihn von dem Verdikte der »Suggestion« freisprechen zu können. Seine kindlichen Sexualtheorien wendet er auf sein Material an wie alle Kinder, ohne dazu eine Anregung zu erhalten. Dieselben sind dem Erwachsenen so überaus ferne gerückt; ja, in diesem Falle hatte ich es geradezu versäumt, den Vater darauf vorzubereiten, daß der Weg zum Thema der Geburt für Hans über den Exkretionskomplex führen müsse. Was infolge meiner Flüchtigkeit zu einer dunkeln Partie der Analyse wurde, ergab dann wenigstens ein gutes Zeugnis für die Echtheit und Selbständigkeit in Hansens Gedankenarbeit. Er war auf einmal mit dem »Lumpf« beschäftigt [S. 50 ff.], ohne daß der angeblich suggerierende Vater verstehen konnte, wie er dazu kam und was daraus werden sollte. Ebensowenig Anteil kann man dem Vater an der Entwicklung der beiden Phantasien vom Installateur zuschreiben [S. 60 und S. 86], die von dem frühzeitig erworbenen »Kastrationskomplexe« ausgehen. Ich muß hier das Geständnis ablegen, daß ich dem Vater die Erwartung dieses Zusammenhanges völlig verschwiegen habe, aus theoretischem Interesse, um nur die Beweiskraft eines sonst schwer erreichbaren Beleges nicht verkümmern zu lassen.
Bei weiterer Vertiefung in das Detail der Analyse würden sich noch reichlich neue Beweise für die Unabhängigkeit unseres Hans von der »Suggestion« ergeben, aber ich breche hier die Behandlung des ersten Einwandes ab. Ich weiß, daß ich auch durch diese Analyse keinen überzeugen werde, der sich nicht überzeugen lassen will, und ich setze die Bearbeitung dieser Beobachtung für jene Leser fort, die sich eine Überzeugung von der Objektivität des unbewußten pathogenen Materials bereits erworben haben, nicht ohne die angenehme Gewißheit zu betonen, daß die Anzahl der letzteren in beständiger Zunahme begriffen ist.

Der erste dem Sexualleben zuzurechnende Zug bei dem kleinen Hans ist ein ganz besonders lebhaftes Interesse für seinen »Wiwimacher«, wie dies Organ nach der kaum minder wichtigen seiner beiden Funktionen und nach jener, die in der Kinderstube nicht zu umgehen ist, genannt wird. Dieses Interesse macht ihn zum Forscher; er entdeckt so, daß man auf Grund des Vorhandenseins oder Fehlens des Wiwimachers Lebendes und Lebloses unterscheiden könne [S. 16]. Bei allen Lebewesen, die er als sich ähnlich beurteilt, setzt er diesen bedeutsamen Körperteil voraus, studiert ihn an den großen Tieren, vermutet ihn bei beiden Eltern und läßt sich auch durch den Augenschein nicht abhalten, ihn bei seiner neugeborenen Schwester zu statuieren [S. 17 f.]. Es wäre eine zu gewaltige Erschütterung seiner »Weltanschauung«, könnte man sagen, wenn er sich entschließen sollte, bei einem ihm ähnlichen Wesen auf ihn zu verzichten; es wäre so, als würde er ihm selbst entrissen. Eine Drohung der Mutter [S. 15, oben], die nichts geringeres als den Verlust des Wiwimachers zum Inhalte hat, wird darum wahrscheinlich eiligst zurückgedrängt und darf erst in späteren Zeiten ihre Wirkung äußern. Die Einmengung der Mutter war erfolgt, weil er sich durch Berührung dieses Gliedes Lustgefühle zu verschaffen liebte; der Kleine hat die gewöhnlichste und – normalste Art der autoerotischen Sexualität begonnen.

In einer Weise, die Alf. Adler sehr passend als »*Triebverschränkung*« bezeichnet hat[1], verknüpft sich die Lust am eigenen Geschlechtsgliede mit der Schaulust in ihrer aktiven und ihrer passiven Ausbildung. Der Kleine sucht den Wiwimacher anderer Personen zu Gesicht zu bekommen, er entwickelt sexuelle Neugierde und liebt es, seinen eigenen zu zeigen. Einer seiner Träume aus der ersten Zeit der Verdrängung hat den Wunsch zum Inhalte, daß eine seiner kleinen Freundinnen ihm beim Wiwimachen behilflich sein, also dieses Anblickes teilhaftig werden solle [S. 24]. Der Traum bezeugt so, daß der Wunsch bis dahin unverdrängt bestanden hat, so wie spätere Mitteilungen bestätigen, daß er seine Befriedigung zu finden pflegte. Die aktive Richtung der sexuellen Schaulust verbindet sich bei ihm bald mit einem bestimmten Motiv. Wenn er sowohl dem Vater wie der Mutter wiederholt sein Bedauern zu erkennen gibt, daß er deren Wiwimacher noch nie gesehen habe, so drängt ihn dazu wahrscheinlich das Bedürfnis, zu *vergleichen*. Das Ich bleibt der Maßstab, mit dem man die Welt ausmißt; durch beständiges Vergleichen mit der eigenen Person lernt man sie verstehen. Hans hat beobachtet, daß die großen Tiere soviel größere Wiwimacher haben als er; darum vermutet er das gleiche Verhältnis auch bei seinen Eltern und möchte sich davon überzeugen. Die Mama, meint er, hat gewiß einen Wiwimacher »wie ein Pferd«. Er hat dann den Trost bereit, daß der Wiwimacher mit ihm wachsen werde; es ist, als ob der Größenwunsch des Kindes sich aufs Genitale geworfen hätte.

In der Sexualkonstitution des kleinen Hans ist also die Genitalzone von vornherein die am intensivsten lustbetonte unter den erogenen Zonen.

---

[1] ›Der Aggressionstrieb im Leben und in der Neurose‹ (1908).

Neben ihr ist nur noch die exkrementelle, an die Orifizien der Harn- und Stuhlentleerung geknüpfte Lust bei ihm bezeugt. Wenn er in seiner letzten Glücksphantasie, mit der sein Kranksein überwunden ist, Kinder hat, die er aufs Klosett führt, sie Wiwi machen läßt und ihnen den Podl auswischt, kurz »alles mit ihnen tut, was man mit Kindern tun kann« [S. 86], so scheint es unabweisbar anzunehmen, daß diese selben Verrichtungen während seiner Kinderpflege eine Quelle der Lustempfindung für ihn waren. Diese Lust von erogenen Zonen wurde für ihn mit Hilfe der ihn pflegenden Person, der Mutter, gewonnen, führt also bereits zur Objektwahl; es bleibt aber möglich, daß er in noch früheren Zeiten gewohnt war, sich dieselbe autoerotisch zu verschaffen, daß er zu jenen Kindern gehört hat, die die Exkrete zurückzuhalten lieben, bis ihnen deren Entleerung einen Wollustreiz bereiten kann. Ich sage nur, es ist möglich, denn es ist in der Analyse nicht klargestellt worden; das »Krawallmachen mit den Beinen« (Zappeln), vor dem er sich später so sehr fürchtet, deutet nach dieser Richtung. Eine auffällige Betonung, wie bei anderen Kindern so häufig, haben diese Lustquellen bei ihm übrigens nicht. Er ist bald rein geworden, Bettnässen und tägliche Inkontinenz haben keine Rolle in seinen ersten Jahren gespielt; von der am Erwachsenen so häßlichen Neigung, mit den Exkrementen zu spielen, die am Ausgange der psychischen Rückbildungsprozesse wieder aufzutreten pflegt, ist an ihm nichts beobachtet worden.

Heben wir gleich an dieser Stelle hervor, daß während seiner Phobie die Verdrängung dieser beiden bei ihm gut ausgebildeten Komponenten der Sexualtätigkeit unverkennbar ist. Er schämt sich, vor anderen zu urinieren, klagt sich an, daß er den Finger zum Wiwimacher gebe, bemüht sich, auch die Onanie aufzugeben, und ekelt sich vor »Lumpf«, »Wiwi« und allem, was daran erinnert. In der Phantasie von der Kinderpflege nimmt er diese letztere Verdrängung wieder zurück.

Eine Sexualkonstitution wie die unseres kleinen Hans scheint die Disposition zur Entwicklung von Perversionen oder ihrem Negativ (beschränken wir uns hier auf die Hysterie) nicht zu enthalten[1]. Soviel ich erfahren habe (es ist hier wirklich noch Zurückhaltung geboten), zeichnet sich die angeborene Konstitution der Hysteriker – bei den Perversen versteht es sich beinahe von selbst – durch das Zurücktreten der Genitalzonen gegen andere erogene Zonen aus. Eine einzige »Abirrung« des Sexuallebens muß von dieser Regel ausdrücklich ausgenommen werden.

---

[1] [S. die Absätze über ›Neurose und Perversion‹ am Schluß von Abschnitt 4 der ersten der *Drei Abhandlungen zur Sexualtheorie* (1905 d), *Studienausgabe*, Bd. 5, S. 74–6.]

Epikrise

Bei den später Homosexuellen, die nach meiner Erwartung und nach den Beobachtungen von J. Sadger [z. B. 1908 und 1909] alle in der Kindheit eine amphigene Phase durchmachen, trifft man auf die nämliche infantile Präponderanz der Genitalzone, speziell des Penis. Ja, diese Hochschätzung des männlichen Gliedes wird zum Schicksal für die Homosexuellen. Sie wählen das Weib zum Sexualobjekt in ihrer Kindheit, solange sie auch beim Weibe die Existenz dieses ihnen unentbehrlich dünkenden Körperteiles voraussetzen; mit der Überzeugung, daß das Weib sie in diesem Punkte getäuscht hat, wird das Weib für sie als Sexualobjekt unannehmbar. Sie können den Penis bei der Person, die sie zum Sexualverkehre reizen soll, nicht entbehren und fixieren ihre Libido im günstigen Falle auf »das Weib mit dem Penis«, den feminin erscheinenden Jüngling. Die Homosexuellen sind also Personen, welche durch die erogene Bedeutung des eigenen Genitales gehindert worden sind, bei ihrem Sexualobjekt auf diese Übereinstimmung mit der eigenen Person zu verzichten. Sie sind in der Entwicklung vom Autoerotismus zur Objektliebe an einer Stelle, dem Autoerotismus näher, fixiert geblieben[1].

Es ist ganz und gar unzulässig, einen besonderen homosexuellen Trieb zu unterscheiden; es ist nicht eine Besonderheit des Trieblebens, sondern der Objektwahl, die den Homosexuellen ausmacht. Ich verweise darauf, was ich in der *Sexualtheorie* ausgeführt habe, daß wir uns irrigerweise die Vereinigung von Trieb und Objekt im Sexualleben als eine zu innige vorgestellt haben[2]. Der Homosexuelle kommt mit seinen – vielleicht normalen – Trieben von einem, durch eine bestimmte Bedingung ausgezeichneten Objekt nicht mehr los; in seiner Kindheit kann er sich, weil diese Bedingung überall als selbstverständlich erfüllt gilt, benehmen wie unser kleiner Hans, der unterschiedslos zärtlich ist mit Buben wie mit Mädchen und gelegentlich seinen Freund Fritzl für »sein liebstes Mäderl« erklärt [S. 21]. Hans ist homosexuell, wie es alle Kinder sein können, ganz im Einklange mit der nicht zu übersehenden Tatsache, daß er nur *eine Art von Genitale kennt*, ein Genitale wie das seinige[3].

---

[1] [»Das Weib mit dem Penis« wurde von Freud schon vorher in dem Artikel ›Über infantile Sexualtheorien‹ (1908 c) erwähnt. Bezüglich einer Zusammenfassung seiner Ansichten über die Homosexualität des Mannes s. den Absatz über das ›Sexualobjekt der Invertierten‹ im Abschnitt I (A) der ersten der *Drei Abhandlungen zur Sexualtheorie* (1905 d) und besonders die in späteren Ausgaben mehrmals ergänzte und veränderte lange Fußnote; s. *Studienausgabe*, Bd. 5, S. 56–8, Anm. 1.]

[2] [Freud, 1905 d, Erste Abhandlung, Abschnitt I (A), ›Schlußfolgerung‹; ibid., S. 58.]

[3] (*Zusatz 1923:*) Ich habe später (1923 e) hervorgehoben, daß die Periode der Sexualentwick-

Die weitere Entwickelung unseres kleinen Erotikers geht aber nicht zur Homosexualität, sondern zu einer energischen, sich polygam gebärdenden Männlichkeit, die sich je nach ihren wechselnden weiblichen Objekten anders zu benehmen weiß, hier dreist zugreift und dort sehnsüchtig und verschämt schmachtet. In einer Zeit der Armut an anderen Objekten zur Liebe geht diese Neigung auf die Mutter zurück, von der her sie sich zu anderen gewendet hatte, um bei der Mutter in der Neurose zu scheitern. Erst dann erfahren wir, zu welcher Intensität die Liebe zur Mutter sich entwickelt und welche Schicksale sie durchgemacht hatte. Das Sexualziel, das er bei seinen Gespielinnen verfolgte, bei ihnen zu *schlafen,* rührte bereits von der Mutter her; es ist in die Worte gefaßt, die es auch im reifen Leben beibehalten kann, wenngleich der Inhalt dieser Worte eine Bereicherung erfahren wird. Der Knabe hatte auf dem gewöhnlichen Wege, von der Kinderpflege aus, den Weg zur Objektliebe gefunden, und ein neues Lusterlebnis war für ihn bestimmend geworden, das Schlafen neben der Mutter, aus dessen Zusammensetzung wir die Berührungslust der Haut, die uns allen konstitutionell eignet, herausheben würden, während es nach der uns artifiziell erscheinenden Nomenklatur von Moll als Befriedigung des Kontrektationstriebes zu bezeichnen wäre[1].

In seinem Verhältnisse zu Vater und Mutter bestätigt Hans aufs grellste und greifbarste alles, was ich in der *Traumdeutung* und in der *Sexualtheorie* über die Sexualbeziehungen der Kinder zu den Eltern behauptet habe[2]. Er ist wirklich ein kleiner Ödipus, der den Vater »weg«, beseitigt haben möchte, um mit der schönen Mutter allein zu sein, bei ihr zu schlafen. Dieser Wunsch entstand im Sommeraufenthalte, als die Abwechslungen von Anwesenheit und Abwesenheit des Vaters ihn auf die Bedingung hinwiesen, an welche die ersehnte Intimität mit der Mutter gebunden war. Er begnügte sich damals mit der Fassung, der Vater solle »wegfahren«, an welche später die Angst, von einem weißen Pferde gebissen zu werden, unmittelbar anknüpfen konnte, dank einem akzidentellen Eindrucke bei einer anderen Abreise[3]. Er erhob sich später,

---

lung, in der sich auch unser kleiner Patient befindet, ganz allgemein dadurch ausgezeichnet ist, daß sie nur *ein* Genitale, das männliche, kennt; zum Unterschied von der späteren Periode der Reife besteht in ihr nicht ein Genitalprimat, sondern das Primat des Phallus.
[1] [Vgl. Moll, 1898.]
[2] [1900 *a*, in Kapitel V, Abschnitt D (β), *Studienausgabe*, Bd. 2, S. 253 ff.; 1905 *d*, Dritte Abhandlung, in der Passage über das ›Sexualobjekt der Säuglingszeit‹ innerhalb des Abschnitts ›Die Objektfindung‹, *Studienausgabe*, Bd. 5, S. 126 f.]
[3] [In den Ausgaben vor 1924 heißt es »beim Wegfahren eines andern Vaters«. Die

Epikrise

wahrscheinlich erst in Wien, wo auf Verreisen des Vaters nicht mehr zu rechnen war, zum Inhalte, der Vater solle dauernd weg, solle »tot« sein. Die aus diesem Todeswunsche gegen den Vater entspringende, also normal zu motivierende Angst vor dem Vater bildete das größte Hindernis der Analyse, bis sie in der Aussprache in meiner Ordination beseitigt wurde [S. 41][1].

Unser Hans ist aber wahrlich kein Bösewicht, nicht einmal ein Kind, bei welchem die grausamen und gewalttätigen Neigungen der menschlichen Natur um diese Zeit des Lebens noch ungehemmt entfaltet sind. Er ist im Gegenteil von ungewöhnlich gutmütigem und zärtlichem Wesen; der Vater hat notiert, daß sich die Verwandlung der Aggressionsneigung in Mitleiden bei ihm sehr frühzeitig vollzogen hat. Lange vor der Phobie wurde er unruhig, wenn er im Ringelspiele die Pferde schlagen sah, und er blieb nie ungerührt, wenn jemand in seiner Gegenwart weinte. An einer Stelle der Analyse kommt in einem gewissen Zusammenhange ein unterdrücktes Stück Sadismus bei ihm zum Vorschein[2]; aber es war unterdrückt, und wir werden später aus dem Zusammenhange zu erraten haben, wofür es steht und was es ersetzen soll. Hans liebt auch den Vater innig, gegen den er diese Todeswünsche hegt, und während seine Intelligenz den Widerspruch beanständet[3], muß er dessen tatsächliches Vorhandensein demonstrieren, indem er den Vater schlägt und sofort darauf die geschlagene Stelle küßt [S. 41, Anm.]. Auch wir wollen uns hüten, diesen Widerspruch anstößig zu finden; aus solchen Gegensatzpaaren ist das Gefühlsleben der Menschen überhaupt zusammengesetzt[4]; ja, es käme vielleicht nicht zur Verdrängung und zur Neurose, wenn es anders wäre. Diese Gefühlsgegensätze, die dem Erwachsenen gewöhnlich nur in der höchsten Liebesleidenschaft gleichzeitig bewußt werden, sonst einander zu unterdrücken pflegen, bis es dem einen gelingt, das

---

ursprüngliche Darstellung dieser Episode auf S. 31 (wie auch die Bezugnahme darauf, S. 44), scheint indessen zu besagen, daß doch nur Lizzi fortging. Daher die Richtigstellung hier und entsprechend auf S. 102.]

[1] Die beiden Einfälle Hansens: Himbeersaft und Gewehr zum Totschießen [S. 38] werden gewiß nicht nur einseitig determiniert gewesen sein. Sie haben wahrscheinlich mit dem Hasse gegen den Vater ebensoviel zu tun wie mit dem Verstopfungskomplex. Der Vater, der die letzte Zurückführung selbst errät [S. 87], denkt bei »Himbeersaft« auch an »Blut«.

[2] Die Pferde schlagen und necken wollen [S. 71].

[3] Vgl. die kritischen Fragen an den Vater (oben S. 42).

[4] »Das macht, ich bin kein ausgeklügelt Buch.
Ich bin ein Mensch mit seinem Widerspruch.«
C. F. Meyer, *Huttens letzte Tage*, [XXVI, ›Homo Sum‹].

andere verdeckt zu halten, finden im Seelenleben des Kindes eine ganze Weile über friedlich nebeneinander Raum.
Die größte Bedeutung für die psychosexuelle Entwicklung unseres Knaben hat die Geburt einer kleinen Schwester gehabt, als er 3½ Jahre alt war. Dieses Ereignis hat seine Beziehungen zu den Eltern verschärft, seinem Denken unlösliche Aufgaben gestellt, und das Zuschauen bei der Kinderpflege hat dann die Erinnerungsspuren seiner eigenen frühesten Lusterlebnisse wiederbelebt. Auch dieser Einfluß ist ein typischer; in einer unerwartet großen Anzahl von Lebens- und Krankengeschichten muß man dieses Aufflammen der sexuellen Lust und der sexuellen Wißbegierde, das an die Geburt des nächsten Kindes anknüpft, zum Ausgangspunkte nehmen. Hansens Benehmen gegen den Ankömmling ist das in der *Traumdeutung*[1] geschilderte. Im Fieber wenige Tage nachher verrät er, wie wenig er mit diesem Zuwachs einverstanden ist [S. 17]. Hier ist die Feindseligkeit das zeitlich Vorangehende, die Zärtlichkeit mag nachfolgen[2]. Die Angst, daß noch ein neues Kind nachkommen könne, hat seither eine Stelle in seinem bewußten Denken. In der Neurose ist die bereits unterdrückte Feindseligkeit durch eine besondere Angst, die vor der Badewanne, vertreten [S. 60]; in der Analyse bringt er den Todeswunsch gegen die Schwester unverhohlen zum Ausdrucke, nicht bloß in Anspielungen, die der Vater vervollständigen muß. Seine Selbstkritik läßt ihm diesen Wunsch nicht so arg erscheinen wie den analogen gegen den Vater; aber er hat offenbar beide Personen in gleicher Weise im Unbewußten behandelt, weil sie beide ihm die Mammi wegnehmen, ihn im Alleinsein mit ihr stören.
Dies Ereignis und die mit ihm verknüpften Erweckungen haben übrigens seinen Wünschen eine neue Richtung gegeben. In der sieghaften Schlußphantasie [S. 85–6] zieht er dann die Summe aller seiner erotischen Wunschregungen, der aus der autoerotischen Phase stammenden und der mit der Objektliebe zusammenhängenden. Er ist mit der schönen Mutter verheiratet und hat ungezählte Kinder, die er nach seiner Weise pflegen kann.

2

Hans erkrankt eines Tages an Angst auf der Straße. Er kann noch nicht sagen, wovor er sich fürchtet, aber zu Beginn seines Angstzustandes verrät er auch dem Vater das Motiv seines Krankseins, den Krankheits-

---
[1] S. 172, 8. Aufl. [Kap. V, Abschnitt D (β); *Studienausgabe*, Bd. 2, S. 255 f.].
[2] Vgl. seine Vorsätze, wenn die Kleine erst sprechen kann (oben S. 66).

Epikrise

gewinn[1]. Er will bei der Mutter bleiben, mit ihr schmeicheln; die Erinnerung, daß er auch von ihr getrennt war zur Zeit, als das Kind kam, mag, wie der Vater meint [S. 85], zu dieser Sehnsucht beitragen. Bald erweist sich, daß diese Angst nicht mehr in Sehnsucht zurückzuübersetzen ist, er fürchtet sich auch, wenn die Mutter mit ihm geht. Unterdes erhalten wir Anzeichen von dem, woran sich die zur Angst gewordene Libido fixiert hat. Er äußert die ganz spezialisierte Furcht, daß ihn ein weißes Pferd beißen wird.

Wir benennen einen solchen Krankheitszustand eine »Phobie« und könnten den Fall unseres Kleinen der Agoraphobie zurechnen, wenn diese Affektion nicht dadurch ausgezeichnet wäre, daß die sonst unmögliche Leistung im Raume jedesmal durch die Begleitung einer gewissen dazu auserwählten Person, im äußersten Falle des Arztes, leicht möglich wird. Hansens Phobie hält diese Bedingung nicht ein, sieht bald vom Raume ab und nimmt immer deutlicher das Pferd zum Objekte; in den ersten Tagen äußert er auf der Höhe des Angstzustandes die Befürchtung: »Das Pferd wird ins Zimmer kommen« [S. 27], die mir das Verständnis seiner Angst so sehr erleichtert hat.

Die Stellung der »Phobien« im System der Neurosen ist bisher eine unbestimmte gewesen. Sicher scheint, daß man in den Phobien nur Syndrome erblicken darf, die verschiedenen Neurosen angehören können, ihnen nicht die Bedeutung besonderer Krankheitsprozesse einzuräumen braucht. Für die Phobien von der Art wie die unseres kleinen Patienten, die ja die häufigsten sind, scheint mir die Bezeichnung »Angsthysterie« nicht unzweckmäßig; ich habe sie Herrn Dr. W. Stekel vorgeschlagen, als er die Darstellung der nervösen Angstzustände unternahm, und ich hoffe, daß sie sich einbürgern wird[2]. Sie rechtfertigt sich durch die vollkommene Übereinstimmung im psychischen Mechanismus dieser Phobien mit der Hysterie bis auf einen, aber entscheidenden und zur Sonderung geeigneten Punkt. Die aus dem pathogenen Material durch die Verdrängung entbundene Libido wird nämlich nicht *konvertiert,* aus dem Seelischen heraus zu einer körperlichen Innervation verwendet, sondern wird als Angst frei. In den vorkommenden Krankheitsfällen kann sich diese »Angsthysterie« mit der »Konversionshysterie« in beliebigem Ausmaße vermengen. Es gibt auch reine Konversionshysterie ohne

---

[1] [Eine ausführliche Diskussion des »Krankheitsgewinns« findet sich in der 24. der *Vorlesungen* Freuds (1916–17).]
[2] W. Stekel, *Nervöse Angstzustände und ihre Behandlung,* 1908. [Freud schrieb ein Vorwort für die erste Auflage dieses Werkes (1908 *f*).]

jede Angst sowie bloße Angsthysterie, die sich in Angstempfindungen und Phobien äußert, ohne Konversionszusatz; ein Fall letzterer Art ist der unseres kleinen Hans.
Die Angsthysterien sind die häufigsten aller psychoneurotischen Erkrankungen, vor allem aber die zuerst im Leben auftretenden, es sind geradezu die Neurosen der Kinderzeit. Wenn eine Mutter etwa von ihrem Kind erzählt, es sei sehr »nervös«, so kann man in 9 unter 10 Fällen darauf rechnen, daß das Kind irgendeine Art von Angst oder viele Ängstlichkeiten zugleich hat. Leider ist der feinere Mechanismus dieser so bedeutsamen Erkrankungen noch nicht genügend studiert; es ist noch nicht festgestellt, ob die Angsthysterie zum Unterschiede von der Konversionshysterie und von anderen Neurosen ihre einzige[1] Bedingung in konstitutionellen Momenten oder im akzidentellen Erleben hat, oder in welcher Vereinigung von beiden sie sie findet[2]. Es scheint mir, daß es diejenige neurotische Erkrankung ist, welche die geringsten Ansprüche auf eine besondere Konstitution erhebt und im Zusammenhange damit am leichtesten zu jeder Lebenszeit akquiriert werden kann.
Ein wesentlicher Charakter der Angsthysterien läßt sich leicht hervorheben. Die Angsthysterie entwickelt sich immer mehr zur »Phobie«, am Ende kann der Kranke angstfrei geworden sein, aber nur auf Kosten von Hemmungen und Einschränkungen, denen er sich unterwerfen mußte. Es gibt bei der Angsthysterie eine von Anfang an fortgesetzte psychische Arbeit, um die frei gewordene Angst wieder psychisch zu binden, aber diese Arbeit kann weder die Rückverwandlung der Angst in Libido herbeiführen noch an dieselben Komplexe anknüpfen, von denen die Libido herrührt. Es bleibt ihr nichts anderes übrig, als jeden der möglichen Anlässe zur Angstentwicklung durch einen psychischen Vorbau von der Art einer Vorsicht, einer Hemmung, eines Verbots zu sperren, und diese Schutzbauten sind es, die uns als Phobien erscheinen und für unsere Wahrnehmung das Wesen der Krankheit ausmachen.
Man darf sagen, daß die Behandlung der Angsthysterie bisher eine rein

---

[1] [Dieses Wort wurde 1924 hinzugefügt, zweifellos um den Satz klarer zu machen.]
[2] (*Zusatz 1923:*) Die hier aufgeworfene Frage ist zwar nicht weiter verfolgt worden. Es besteht aber kein Grund, für die Angsthysterie eine Ausnahme von der Regel anzunehmen, daß Anlage und Erleben für die Ätiologie einer Neurose zusammenwirken müssen. Ein besonderes Licht auf die in der Kindheit so starke Disposition zur Angsthysterie scheint die Auffassung Ranks von der Wirkung des Geburtstraumas zu werfen. [S. jedoch Freuds spätere Kritik an dieser These von Rank im achten Kapitel von *Hemmung, Symptom und Angst* (1926 d); *Studienausgabe*, Bd. 6, S. 276 f.]

Epikrise

negative gewesen ist. Die Erfahrung hat gezeigt, daß es unmöglich, ja unter Umständen gefährlich ist, die Heilung der Phobie auf gewalttätige Art zu erreichen, indem man den Kranken in eine Situation bringt, in welcher er die Angstentbindung durchmachen muß, nachdem man ihm seine Deckung entzogen hat. So läßt man ihn notgedrungen Schutz suchen, wo er ihn zu finden glaubt, und bezeugt ihm eine wirkungslose Verachtung wegen seiner »unbegreiflichen Feigheit«.
Für die Eltern unseres kleinen Patienten stand von Beginn der Erkrankung an fest, daß man ihn weder auslachen noch brutalisieren dürfe, sondern den Zugang zu seinen verdrängten Wünschen auf psychoanalytischem Wege suchen müsse. Der Erfolg belohnte die außerordentliche Bemühung seines Vaters, dessen Mitteilungen uns Gelegenheit geben werden, in das Gefüge einer solchen Phobie einzudringen und den Weg der bei ihr vorgenommenen Analyse zu verfolgen.

Es ist mir nicht unwahrscheinlich, daß die Analyse durch ihre Ausdehnung und Ausführlichkeit dem Leser einigermaßen undurchsichtig geworden ist. Ich will darum zuerst ihren Verlauf verkürzt wiederholen mit Weglassung alles störenden Beiwerks und Hervorhebung der Ergebnisse, die sich schrittweise erkennen lassen.
Wir erfahren zunächst, daß der Ausbruch des Angstzustandes kein so plötzlicher war, wie es auf den ersten Blick erschien. Einige Tage vorher war das Kind aus einem Angsttraum erwacht, dessen Inhalt war, die Mama sei weg und er habe jetzt keine Mama zum Schmeicheln [S. 26]. Schon dieser Traum weist auf einen Verdrängungsvorgang von bedenklicher Intensität. Seine Aufklärung kann nicht lauten, wie bei vielen Angstträumen sonst, daß das Kind aus irgendwelchen somatischen Quellen im Traume Angst verspürt und diese Angst nun zur Erfüllung eines sonst intensiv verdrängten Wunsches aus dem Unbewußten benutzt hat (vgl. *Traumdeutung*[1]), sondern es ist ein echter Straf- und Verdrängungstraum, bei dem auch die Funktion des Traumes fehlschlägt, da das Kind mit Angst aus dem Schlaf erwacht. Der eigentliche Vorgang im Unbewußten läßt sich leicht rekonstruieren. Das Kind hat von Zärtlichkeiten mit der Mutter geträumt, bei ihr geschlafen, alle Lust ist in Angst und aller Vorstellungsinhalt in sein Gegenteil verwandelt worden. Die

---

[1] [1900 a, Kapitel V, gegen Ende des Abschnitts C; *Studienausgabe*, Bd. 2, S. 243. Der Hinweis auf *Die Traumdeutung*, 8. Auflage, S. 399, der in früheren Ausgaben steht, könnte ein Irrtum sein, führt jedenfalls nicht weiter.]

Verdrängung hat den Sieg über den Traummechanismus davongetragen.
Aber die Anfänge dieser psychologischen Situation gehen noch weiter zurück. Schon im Sommer gab es ähnliche sehnsüchtig-ängstliche Stimmungen, in denen er ähnliches äußerte, und die ihm damals den Vorteil brachten, daß ihn die Mutter zu sich ins Bett nahm. Seit dieser Zeit etwa dürften wir den Bestand einer gesteigerten sexuellen Erregung bei Hans annehmen, deren Objekt die Mutter ist, deren Intensität sich in zwei Verführungsversuchen [S. 23 und S. 27] an der Mutter äußert – der letzte ganz kurz vor dem Ausbruche der Angst – und die sich nebenbei in allabendlicher masturbatorischer Befriedigung entlädt. Ob dann der Umschlag dieser Erregung sich spontan vollzieht oder infolge der Abweisung der Mutter oder durch die zufällige Erweckung früherer Eindrücke bei der später zu erfahrenden »Veranlassung« der Erkrankung, das ist nicht zu entscheiden, ist wohl auch gleichgültig, da die drei verschiedenen Fälle nicht als Gegensätze aufgefaßt werden können. Die Tatsache ist die des Umschlags der sexuellen Erregung in die Angst.
Von dem Benehmen des Kindes in der ersten Zeit der Angst haben wir schon gehört, auch daß der erste Inhalt, den es seiner Angst gibt, lautet: Ein *Pferd* wird es beißen. Hier findet nun die erste Einmengung der Therapie statt. Die Eltern weisen darauf hin, daß die Angst die Folge der Masturbation sei, und leiten ihn zur Entwöhnung von derselben an [S. 27]. Ich sorge dafür, daß die Zärtlichkeit für die Mutter, die er gegen die Angst vor den Pferden vertauschen möchte, kräftig vor ihm betont werde [S. 30]. Eine geringfügige Besserung nach dieser ersten Einflußnahme geht bald in einer Zeit körperlichen Krankseins unter. Der Zustand ist unverändert. Bald darauf findet Hans die Ableitung der Furcht, daß ihn ein Pferd beißen wird, von der Reminiszenz eines Eindruckes in Gmunden [S. 31]. Ein Vater warnte damals sein Kind bei der Abreise[1]: Gib den Finger nicht zum Pferde, sonst wird es dich beißen. Der Wortlaut, in den Hans die Warnung des Vaters kleidet, erinnert an die Wortfassung der Onanieverwarnung (den Finger hingeben). Die Eltern scheinen so zuerst recht zu behalten, daß Hans sich vor seiner onanistischen Befriedigung schreckt. Der Zusammenhang ist aber noch ein loser und das Pferd scheint zu seiner Schreckensrolle recht zufällig geraten zu sein.
Ich hatte die Vermutung geäußert, daß sein verdrängter Wunsch jetzt

---
[1] [Vor 1924 hieß es an dieser Stelle: »Ein fortreisender Vater warnte damals sein Kind...«, s. Fußnote, S. 96–7.]

Epikrise

lauten könnte, er wolle durchaus den Wiwimacher der Mutter sehen. Da sein Benehmen gegen ein neu eingetretenes Hausmädchen dazu stimmt, wird ihm vom Vater die erste Aufklärung erteilt: Frauen haben keinen Wiwimacher [S. 33]. Er reagiert auf diese erste Hilfeleistung mit der Mitteilung einer Phantasie, er habe die Mama gesehen, wie sie ihren Wiwimacher gezeigt habe[1]. Diese Phantasie und eine im Gespräch geäußerte Bemerkung, sein Wiwimacher sei doch angewachsen, gestatten den ersten Einblick in die unbewußten Gedankengänge des Patienten. Er stand wirklich unter dem nachträglichen Eindruck der Kastrationsdrohung der Mutter, die 1¼ Jahre früher vorgefallen war [S. 15, oben], denn die Phantasie, daß die Mutter das gleiche tue, die gewöhnliche »Retourkutsche« beschuldigter Kinder, soll ja seiner Entlastung dienen; sie ist eine Schutz- und Abwehrphantasie. Indes müssen wir uns sagen, daß es die Eltern waren, welche aus dem in Hans wirksamen pathogenen Material das Thema der Beschäftigung mit dem Wiwimacher hervorgeholt haben. Er ist ihnen darin gefolgt, hat aber noch nicht selbsttätig in die Analyse eingegriffen. Ein therapeutischer Erfolg ist nicht zu beobachten. Die Analyse ist weit weg von den Pferden, und die Mitteilung, daß Frauen keinen Wiwimacher haben, ist durch ihren Inhalt eher geeignet, seine Besorgnis um die Erhaltung des eigenen Wiwimachers zu steigern. Es ist aber nicht der therapeutische Erfolg, den wir an erster Stelle anstreben, sondern wir wollen den Patienten in den Stand setzen, seine unbewußten Wunschregungen bewußt zu erfassen. Dies erreichen wir, indem wir auf Grund der Andeutungen, die er uns macht, mit Hilfe unserer Deutekunst den unbewußten Komplex *mit unseren Worten* vor sein Bewußtsein bringen. Das Stück Ähnlichkeit zwischen dem, was er gehört hat, und dem, was er sucht, das sich selbst, trotz aller Widerstände, zum Bewußtsein durchdrängen will, setzt ihn in den Stand, das Unbewußte zu finden. Der Arzt ist ihm im Verständnisse um ein Stück voraus; er kommt auf seinen eigenen Wegen nach, bis sie sich am bezeichneten Ziel treffen. Anfänger in der Psychoanalyse pflegen diese beiden Momente zu verschmelzen und den Zeitpunkt, in dem ihnen ein unbewußter Komplex des Kranken kenntlich geworden ist, auch für den zu halten, in dem der Kranke ihn erfaßt. Sie erwarten zu viel, wenn sie mit der Mitteilung dieser Erkenntnis den Kranken heilen wollen, während er das Mitgeteilte nur dazu verwenden kann, mit dessen Hilfe

---

[1] Aus dem Zusammenhange ist zu ergänzen: und dabei berührt habe (S. 33). Er kann ja seinen Wiwimacher nicht zeigen, ohne ihn zu berühren. [Diese Fußnote wurde 1924 von Freud hinzugefügt. Davor hatte im Text statt »gezeigt« »berührt« gestanden.]

Analyse der Phobie eines fünfjährigen Knaben

den unbewußten Komplex in seinem Unbewußten, *dort wo er verankert ist,* aufzufinden. Einen ersten Erfolg dieser Art erzielen wir nun bei Hans. Er ist jetzt nach der partiellen Bewältigung des Kastrationskomplexes imstande, seine Wünsche auf die Mutter mitzuteilen, und er tut dies in noch entstellter Form durch die *Phantasie von den beiden Giraffen,* von denen die eine erfolglos schreit, weil er von der anderen Besitz ergreift [S. 37]. Die Besitzergreifung stellt er unter dem Bilde des Sichdaraufsetzens dar. Der Vater erkennt in dieser Phantasie eine Reproduktion einer Szene, die sich morgens im Schlafzimmer zwischen den Eltern und dem Kinde abgespielt hat, und versäumt nicht, dem Wunsche die ihm noch anhaftende Entstellung abzustreifen. Er und die Mutter sind die beiden Giraffen. Die Einkleidung in die Giraffenphantasie ist hinreichend determiniert durch den Besuch bei diesen großen Tieren in Schönbrunn wenige Tage vorher, durch die Giraffenzeichnung, die der Vater aus früheren Zeiten aufbewahrt hat, vielleicht auch durch eine unbewußte Vergleichung, die an den langen und steifen Hals der Giraffe anknüpft[1]. Wir merken, daß die Giraffe als großes und durch seinen Wiwimacher interessantes Tier ein Konkurrent der Pferde in ihrer Angstrolle hätte werden können, und auch daß Vater und Mutter beide als Giraffen vorgeführt werden, gibt einen vorläufig noch nicht verwerteten Wink für die Deutung der Angstpferde.

Zwei kleinere Phantasien, die Hans unmittelbar nach der Giraffendichtung bringt, daß er in Schönbrunn sich in einen verbotenen Raum drängt, daß er in der Stadtbahn ein Fenster zerschlägt [S. 40, oben], wobei beide Male das Strafbare der Handlung betont ist und der Vater als Mitschuldiger erscheint, entziehen sich leider der Deutung des Vaters. Ihre Mitteilung bringt darum auch Hans keinen Nutzen. Aber was so verstanden geblieben ist, das kommt wieder; es ruht nicht, wie ein unerlöster Geist, bis er zur Lösung und Erlösung gekommen ist.

Das Verständnis der beiden verbrecherischen Phantasien bietet uns keine Schwierigkeiten. Sie gehören zum Komplex des Besitzergreifens von der Mutter. In dem Kinde ringt es wie eine Ahnung von etwas, was er mit der Mutter machen könnte, womit die Besitzergreifung vollzogen wäre, und er findet für das Unfaßbare gewisse bildliche Vertretungen, denen das Gewalttätige, Verbotene gemeinsam ist, deren Inhalt uns so merkwürdig gut zur verborgenen Wirklichkeit zu stimmen scheint. Wir kön-

---

[1] Dazu stimmt die spätere Bewunderung Hansens für den Hals seines Vaters. [Dies ist wahrscheinlich eine Verdichtung der Episoden auf S. 39 und 50.]

Epikrise

nen nur sagen, es sind symbolische Koitusphantasien, und es ist keineswegs nebensächlich, daß der Vater dabei mittut: »Ich möchte mit der Mama etwas tun, etwas Verbotenes, ich weiß nicht was, aber ich weiß, du tust es auch.«

Die Giraffenphantasie hatte bei mir eine Überzeugung verstärkt, die sich bereits bei der Äußerung des kleinen Hans: »Das Pferd wird ins Zimmer kommen« [S. 27], geregt hatte, und ich fand den Moment geeignet, ihm als ein wesentlich zu postulierendes Stück seiner unbewußten Regungen mitzuteilen: seine Angst vor dem Vater wegen seiner eifersüchtigen und feindseligen Wünsche gegen ihn. Damit hatte ich ihm teilweise die Angst vor den Pferden gedeutet, der Vater mußte das Pferd sein, vor dem er sich mit guter innerer Begründung fürchtete. Gewisse Einzelheiten, das Schwarze am Munde und das vor den Augen (Schnurrbart und Augengläser als Vorrechte des erwachsenen Mannes), vor denen Hans Angst äußerte, schienen mir direkt vom Vater auf die Pferde versetzt zu sein [S. 41].

Mit dieser Aufklärung hatte ich den wirksamsten Widerstand gegen die Bewußtmachung der unbewußten Gedanken bei Hans beseitigt, da ja der Vater selbst die Rolle des Arztes bei ihm spielte. Die Höhe des Zustandes war von da an überschritten, das Material floß reichlich, der kleine Patient zeigte Mut, die Einzelheiten seiner Phobie mitzuteilen, und griff bald selbständig in den Ablauf der Analyse ein[1].

Man erfährt erst jetzt, vor welchen Objekten und Eindrücken Hans Angst hat. Nicht allein vor Pferden und daß Pferde ihn beißen, davon wird es bald stille, sondern auch vor Wagen, Möbelwagen und Stellwagen, als deren Gemeinsames sich alsbald die schwere Belastung herausstellt, vor Pferden, die sich in Bewegung setzen, Pferden, die groß und schwer aussehen, Pferden, die schnell fahren. Den Sinn dieser Bestimmungen gibt Hans dann selbst an; er hat Angst, daß die Pferde *umfallen*, und macht so alles zum Inhalte seiner Phobie, was dies Umfallen der Pferde zu erleichtern scheint [S. 44–5].

Es ist gar nicht selten, daß man den eigentlichen Inhalt einer Phobie, den

---

[1] Die Angst vor dem Vater spielt noch in den Analysen, die man als Arzt mit Fremden vornimmt, eine der bedeutsamsten Rollen als Widerstand gegen die Reproduktion des unbewußten pathogenen Materials. Die Widerstände sind zum Teil von der Natur der [stereotypen] »Motive«, überdies ist, wie in diesem Beispiel, ein Stück des unbewußten Materials *inhaltlich* befähigt, als Hemmung gegen die Reproduktion eines andern Stückes zu dienen. [Offenbar steht das in dieser Fußnote angeschnittene Problem in Analogie zu der Frage, ob der seelische Inhalt der »Urphantasien« möglicherweise hereditär übertragen werde. S. Anmerkung S. 15–16.]

richtigen Wortlaut eines Zwangsimpulses u. dgl. erst nach einem Stücke psychoanalytischer Bemühung zu hören bekommt. Die Verdrängung hat nicht nur die unbewußten Komplexe getroffen, sie richtet sich auch noch fortwährend gegen deren Abkömmlinge und hindert den Kranken an der Wahrnehmung seiner Krankheitsprodukte selbst. Man ist da in der seltsamen Lage, als Arzt der Krankheit zu Hilfe zu kommen, um Aufmerksamkeit für sie zu werben[1], aber nur wer das Wesen der Psychoanalyse völlig verkennt, wird diese Phase der Bemühung hervorheben und darob eine Schädigung durch die Analyse erwarten. Die Wahrheit ist, daß die Nürnberger keinen henken, den sie nicht zuvor in die Hand bekommen haben, und daß es einiger Arbeit bedarf, um der krankhaften Bildungen, die man zerstören will, habhaft zu werden.

Ich erwähnte schon in den die Krankengeschichte begleitenden Glossen [S. 48], daß es sehr instruktiv ist, sich so in das Detail einer Phobie zu vertiefen und sich den sicheren Eindruck einer sekundär hergestellten Beziehung zwischen der Angst und ihren Objekten zu holen. Daher das eigentümlich diffuse und dann wiederum so streng bedingte Wesen einer Phobie. Das Material zu diesen Speziallösungen hat sich unser kleiner Patient offenbar aus den Eindrücken geholt, die er infolge der Lage der Wohnung gegenüber dem Hauptzollamte tagsüber vor Augen haben kann. Er verrät auch in diesem Zusammenhang eine jetzt durch die Angst gehemmte Regung, mit den Ladungen der Wagen, dem Gepäcke, den Fässern und Kisten wie die Buben der Gasse zu spielen.

In diesem Stadium der Analyse findet er das an sich nicht bedeutsame Erlebnis wieder, welches dem Ausbruche der Krankheit unmittelbar vorausgegangen ist, und das wohl als die Veranlassung für diesen Ausbruch angesehen werden darf. Er ging mit der Mama spazieren und sah ein Stellwagenpferd umfallen und mit den Füßen zappeln [S. 47]. Dies machte auf ihn einen großen Eindruck. Er erschrak heftig, meinte, das Pferd sei tot; von jetzt ab würden alle Pferde umfallen. Der Vater weist ihn darauf hin, daß er bei dem fallenden Pferde an ihn, den Vater, gedacht und gewünscht haben muß, er solle so fallen und tot sein. Hans sträubt sich nicht gegen diese Deutung; ein Weile später akzeptiert er durch ein Spiel, das er aufführt, indem er den Vater beißt, die Identifizierung des Vaters mit dem gefürchteten Pferde [S. 49] und benimmt sich von da ab frei und furchtlos, ja, selbst ein wenig übermütig gegen seinen

---

[1] [Ähnlich bei den Zwangsneurosen, s. den Fall des »Rattenmannes« (1909 d), Teil II, ›Zur Theorie‹, ziemlich am Anfang des Abschnitts A; *Studienausgabe*, Bd. 7, S. 84 f.]

Epikrise

Vater. Die Angst vor Pferden hält aber noch an, und infolge welcher Verkettung das fallende Pferd seine unbewußten Wünsche aufgerührt hat, ist uns noch nicht klar.

Fassen wir zusammen, was sich bisher ergeben hat: Hinter der erst geäußerten Angst, das Pferd werde ihn beißen, ist die tiefer liegende Angst, die Pferde werden umfallen, aufgedeckt worden, und beide, das beißende wie das fallende Pferd, sind der Vater, der ihn strafen wird, weil er so böse Wünsche gegen ihn hegt. Von der Mutter sind wir unterdes in der Analyse abgekommen.

Ganz unerwartet und gewiß ohne Dazutun des Vaters beginnt nun Hans sich mit dem »Lumpfkomplex« zu beschäftigen und Ekel vor Dingen zu zeigen, die ihn an die Stuhlentleerung erinnern [S. 51 f.]. Der Vater, der hier nur ungern mitgeht, setzt mittendrin die Fortsetzung der Analyse durch, wie er sie leiten möchte, und bringt Hans zur Erinnerung eines Erlebnisses in Gmunden, dessen Eindruck sich hinter dem des fallenden Stellwagenpferdes verbarg. Fritzl, sein geliebter Spielgenosse, vielleicht auch sein Konkurrent bei den vielen Gespielinnen, hatte im Pferdespiele mit dem Fuße an einen Stein gestoßen, war umgefallen, und der Fuß hatte geblutet [S. 54]. An diesen Unfall hatte das Erlebnis mit dem fallenden Stellwagenpferd erinnert. Es ist bemerkenswert, daß Hans, der zur Zeit mit anderen Dingen beschäftigt ist, das Umfallen Fritzls, das den Zusammenhang herstellt, zuerst leugnet, erst in einem späteren Stadium der Analyse zugesteht [S. 74]. Für uns mag es aber interessant sein hervorzuheben, wie sich die Verwandlung von Libido in Angst auf das Hauptobjekt der Phobie, das Pferd, projiziert. Pferde waren ihm die interessantesten großen Tiere, Pferdespiel das liebste Spiel mit seinen kindlichen Genossen. Die Vermutung, daß der Vater ihm zuerst als Pferd gedient hat, wird durch Erkundigung beim Vater bestätigt, und so konnte sich bei dem Unfalle in Gmunden der Person des Vaters die Fritzls substituieren. Nach eingetretenem Verdrängungsumschwunge mußte er sich nun vor den Pferden fürchten, an die er vorher so viel Lust geknüpft hatte.

Aber wir sagten schon, daß wir diese letzte bedeutsame Aufklärung über die Wirksamkeit des Krankheitsanlasses dem Eingreifen des Vaters verdanken. Hans ist bei seinen Lumpfinteressen, und wir müssen ihm endlich dorthin folgen. Wir erfahren, daß er sich früher der Mutter als Begleiter aufs Klosett aufzudrängen pflegte [S. 58] und daß er dies bei der damaligen Stellvertreterin der Mutter, seiner Freundin Berta, wiederholte, bis es bekannt und verboten wurde [S. 56]. Die Lust, bei den

Verrichtungen einer geliebten Person zuzuschauen, entspricht auch einer »Triebverschränkung«, von der wir bei Hans bereits ein Beispiel bemerkt hatten [S. 93]. Endlich geht auch der Vater auf die Lumpfsymbolik ein und anerkennt eine Analogie zwischen einem schwer beladenen Wagen und einem mit Stuhlmassen belasteten Leibe, der Art, wie der Wagen aus dem Tore hinausfährt und wie man den Stuhl aus dem Leibe entläßt u. dgl. [S. 60–2].

Die Stellung Hansens in der Analyse hat sich aber gegen frühere Stadien wesentlich geändert. Konnte ihm der Vater früher voraussagen, was kommen würde, bis Hans, der Andeutung folgend, nachgetrabt war, so eilt er jetzt mit sicherem Schritte voraus, und der Vater hat Mühe, ihm zu folgen. Hans bringt wie unvermittelt eine neue Phantasie: Der Schlosser oder Installateur hat die Badewanne losgeschraubt, in welcher Hans sich befindet, und ihm dann mit seinem großen Bohrer in den Bauch gestoßen [S. 60]. Von jetzt an hinkt unser Verständnis dem Materiale nach. Wir können erst später erraten, daß dies die angstentstellte Umarbeitung einer *Zeugungsphantasie* ist. Die große Badewanne, in der Hans im Wasser sitzt, ist der Mutterleib; der »Bohrer«, der schon dem Vater als ein großer Penis kenntlich wird, dankt seine Erwähnung dem Geborenwerden. Es klingt natürlich sehr merkwürdig, wenn wir der Phantasie die Deutung geben müssen: Mit deinem großen Penis hast du mich »gebohrt« (zur Geburt gebracht) und mich in den Mutterleib hineingesetzt. Aber vorläufig entgeht die Phantasie der Deutung und dient Hans nur als Anknüpfung zur Fortführung seiner Mitteilungen.

Vor dem Baden in der großen Wanne zeigt Hans eine Angst [S. 60], die wiederum zusammengesetzt ist. Ein Anteil derselben entgeht uns noch, der andere wird durch eine Beziehung zum Baden der kleinen Schwester alsbald aufgeklärt. Hans gibt den Wunsch zu, daß die Mutter die Kleine beim Baden fallen lassen möge, so daß sie sterbe [S. 65]; seine eigene Angst beim Baden war die vor der Vergeltung für diesen bösen Wunsch, vor der Strafe, daß es ihm so ergehen werde. Er verläßt nun das Thema des Lumpfes und übergeht unmittelbar darauf auf das der kleinen Schwester. Aber wir können ahnen, was diese Aneinanderreihung bedeutet. Nichts anderes, als daß die kleine Hanna selbst ein Lumpf ist, daß alle Kinder Lumpfe sind und wie Lumpfe geboren werden. Wir verstehen nun, daß alle Möbel-, Stell- und Lastwagen nur Storchenkistenwagen sind, auch nur als symbolische Vertretungen der Gravidität Interesse für ihn hatten und daß er im Umfallen der schweren oder schwer belasteten Pferde nichts anderes gesehen haben kann als eine – Entbin-

dung, ein Niederkommen[1]. Das fallende Pferd war also nicht nur der sterbende Vater, sondern auch die Mutter in der Niederkunft.
Und nun bringt Hans die Überraschung, auf welche wir in der Tat nicht vorbereitet waren. Er hat die Gravidität der Mutter, die ja mit der Geburt der Kleinen endigte, als er 3½ Jahre war, bemerkt und sich den richtigen Sachverhalt, wenigstens nach der Entbindung, konstruiert, wohl ohne ihn zu äußern, vielleicht ohne ihn äußern zu können; es war damals nur zu beobachten, daß er unmittelbar nach der Entbindung sich so sehr skeptisch gegen alle Zeichen, die auf die Anwesenheit des Storches deuten sollten, benahm [S. 17]. *Aber daß er im Unbewußten und ganz im Gegensatze zu seinen offiziellen Reden gewußt, woher das Kind kam und wo es früher verweilt hatte,* das wird durch diese Analyse gegen jeden Zweifel sicher dargetan; es ist vielleicht das unerschütterlichste Stück derselben.
Den zwingenden Beweis dafür erbringt die hartnäckig festgehaltene, mit soviel Einzelheiten ausgeschmückte Phantasie, daß Hanna schon im Sommer vor ihrer Geburt mit ihnen in Gmunden war, wie sie hingereist ist und damals soviel mehr leisten konnte als ein Jahr später, nach ihrer Geburt [S. 63–4]. Die Frechheit, mit der Hans diese Phantasie vorträgt, die ungezählten tollen Lügen, die er in sie einflicht, sind beileibe nicht sinnlos; das alles soll seiner Rache am Vater dienen, dem er wegen der Irreführung durch das Storchmärchen grollt. Es ist ganz so, als ob er sagen wollte: hast du mich für so dumm gehalten und mir zugemutet zu glauben, daß der Storch die Hanna gebracht hat, so kann ich dafür von dir verlangen, daß du meine Erfindungen für Wahrheit nimmst. In durchsichtigem Zusammenhange mit diesem Racheakte des kleinen Forschers an seinem Vater reiht sich nun die Phantasie vom Necken und Schlagen der Pferde an [S. 71]. Sie ist wiederum doppelt gefügt, lehnt sich einerseits an die Neckerei an, der er eben den Vater unterzogen hat, und bringt anderseits jene dunkeln sadistischen Gelüste gegen die Mutter wieder, die sich, zuerst von uns noch unverstanden, in den Phantasien vom verbotenen Tun geäußert hatten. Bewußt gesteht er auch die Lust, die Mammi zu schlagen, ein [S. 72].
Nun haben wir nicht mehr viel Rätsel zu erwarten. Eine dunkle Phantasie vom Zugversäumen [S. 73] scheint eine Vorläuferin der späteren Unterbringung des Vaters bei der Großmutter in Lainz zu sein, da sie

---

[1] [S. Anmerkung auf S. 85, oben. – Weitere Betrachtungen zu dieser speziellen Symbolbildung finden sich am Schluß der Abhandlung ›Eine Kindheitserinnerung aus *Dichtung und Wahrheit*‹ (1917 b); *Studienausgabe*, Bd. 10, S. 265 und Anm. 1 und 2.]

eine Reise nach Lainz behandelt und die Großmutter in ihr vorkommt. Eine andere Phantasie, in der ein Bub dem Kondukteur 50 000 fl. gibt, damit er ihn mit dem Wagen fahren läßt [S. 75], klingt fast wie ein Plan, dem Vater, dessen Stärke ja zum Teil in seinem Reichtume liegt, die Mutter abzukaufen. Dann gesteht er den Wunsch, den Vater zu beseitigen, und die Begründung desselben, weil er seine Intimität mit der Mutter störe, mit einer Offenheit ein, zu welcher er es bisher noch nicht gebracht hatte [S. 74]. Wir dürfen uns nicht verwundern, wenn dieselben Wunschregungen im Laufe der Analyse wiederholt auftreten; die Monotonie entsteht nämlich erst durch die angeknüpften Deutungen; für Hans sind es nicht bloße Wiederholungen, sondern fortschreitende Entwicklungen von der schüchternen Andeutung bis zur vollbewußten, von jeder Entstellung freien Klarheit.

Was nun noch folgt, sind solche von Hans ausgehende Betätigungen der für unsere Deutung bereits gesicherten analytischen Ergebnisse. Er zeigt in einer unzweideutigen Symptomhandlung, die er nur vor dem Hausmädchen, nicht vor dem Vater, leicht verkleidet, wie er sich eine Geburt vorstellt [S. 75]; aber wenn wir genauer zusehen, zeigt er noch mehr, deutet auf etwas hin, was in der Analyse nicht mehr zur Sprache kommt. Durch die runde Lücke im Gummileibe einer Puppe steckt er ein kleines Messerchen hinein, das der Mama gehört, und läßt es wieder herausfallen, indem er ihr die Beine auseinanderreißt. Die darauffolgende Aufklärung durch die Eltern [S. 78], daß Kinder tatsächlich im Leibe der Mutter wachsen und wie ein Lumpf herausbefördert werden, kommt zu spät; sie kann ihm nichts mehr Neues sagen. Durch eine andere, wie zufällig erfolgende Symptomhandlung gibt er zu, daß er den Vater tot gewünscht hat, indem er ein Pferd, mit dem er spielt, umfallen läßt, d. h. umwirft, in dem Momente, da der Vater von diesem Todeswunsche spricht. Mit Worten bekräftigt er, daß die schwer beladenen Wagen ihm die Gravidität der Mutter vorstellten, und daß das Umfallen des Pferdes so war, wie wenn man ein Kind bekommt. Die köstlichste Bestätigung in diesem Zusammenhange, der Beweis, daß Kinder »Lumpfe« sind, durch die Erfindung des Namens »Lodi« für sein Lieblingskind kommt nur verspätet zu unserer Kenntnis, denn wir hören, daß er mit diesem Wurstkinde schon die längste Zeit gespielt hat [S. 83][1].

---

[1] Ein zunächst befremdender Einfall des genialen Zeichners Th. Th. Heine, der auf einem Blatte im *Simplizissimus* darstellt, wie das Kind des Selchermeisters in die Wurstmaschine gerät und dann als Würstchen von den Eltern betrauert, eingesegnet wird und gen Himmel fliegt, findet durch die Lodiepisode unserer Analyse seine Zurückführung auf eine infantile Wurzel.

Epikrise

Die beiden abschließenden Phantasien Hansens, mit denen seine Herstellung vollkommen wird, haben wir bereits gewürdigt. Die eine, vom Installateur, der ihm einen neuen und, wie der Vater errät, größeren Wiwimacher ansetzt [S. 86], ist doch nicht bloß die Wiederholung der früheren, die sich mit dem Installateur und der Badewanne beschäftigte. Sie ist eine siegreiche Wunschphantasie und enthält die Überwindung der Kastrationsangst. Die zweite Phantasie, die den Wunsch eingesteht, mit der Mutter verheiratet zu sein und viele Kinder mit ihr zu haben [S. 85–6], erschöpft nicht bloß den Inhalt jener unbewußten Komplexe, die sich beim Anblicke des fallenden Pferdes gerührt und Angst entwickelt hatten – sie korrigiert auch, was an jenen Gedanken schlechterdings unannehmbar war, indem sie, anstatt den Vater zu töten, ihn durch Erhöhung zur Ehe mit der Großmutter unschädlich macht. Mit dieser Phantasie schließen Krankheit und Analyse berechtigterweise ab.

Während der Analyse eines Krankheitsfalles kann man einen anschaulichen Eindruck von der Struktur und Entwicklung der Neurose nicht gewinnen. Es ist das die Sache einer synthetischen Arbeit, der man sich nachher unterziehen muß. Wenn wir diese Synthese bei der Phobie unseres kleinen Hans unternehmen, so knüpfen wir an die Schilderung seiner Konstitution, seiner leitenden sexuellen Wünsche und seiner Erlebnisse bis zur Geburt der Schwester an, die wir auf früheren Seiten dieser Abhandlung gegeben haben.

Die Ankunft dieser Schwester brachte ihm mehrerlei, was ihn von nun an nicht zur Ruhe kommen ließ. Zunächst ein Stück Entbehrung, zu Anfang eine zeitweilige Trennung von der Mutter und dann später eine dauernde Verminderung ihrer Fürsorge und Aufmerksamkeit, die er mit der Schwester zu teilen sich gewöhnen mußte. Zuzweit eine Wiederbelebung seiner Lusterlebnisse aus der Kinderpflege, hervorgerufen durch all das, was er die Mutter mit der kleinen Schwester vornehmen sah. Aus beiden Einflüssen ergab sich eine Steigerung seiner erotischen Bedürftigkeit, der es an Befriedigung zu mangeln begann. Für den Verlust, den ihm die Schwester gebracht hatte, entschädigt er sich durch die Phantasie, daß er selbst Kinder habe, und solange er (bei seinem zweiten Aufenthalte)[1] in Gmunden mit diesen Kindern wirklich spielen konnte, fand seine Zärtlichkeit genügende Ableitung. Aber nach Wien zurückgekehrt, war er wieder einsam, heftete alle seine Ansprüche an die

---

[1] [Diese Parenthese wurde 1924 hinzugefügt.]

Mutter und litt weitere Entbehrung, da er seit dem Alter von 4½ Jahren [1] aus dem Schlafzimmer der Eltern verbannt worden war. Seine gesteigerte erotische Erregbarkeit äußerte sich nun in Phantasien, welche die Sommergespielen in seine Einsamkeit beschworen, und in regelmäßigen autoerotischen Befriedigungen durch masturbatorische Reizung des Genitales.

Drittens brachte ihm aber die Geburt der Schwester die Anregung zu einer Denkarbeit, die einerseits nicht zur Lösung zu bringen war, anderseits ihn in Gefühlskonflikte verstrickte. Das große Rätsel stellte sich für ihn ein, woher die Kinder kommen, das erste Problem vielleicht, dessen Lösung die Geisteskräfte des Kindes in Anspruch nimmt[2], von dem das Rätsel der thebanischen Sphinx wahrscheinlich nur eine Entstellung wiedergibt. Die ihm gebotene Aufklärung, der Storch habe die Hanna gebracht, wies er ab. Er hatte doch bemerkt, daß die Mutter Monate vor der Geburt der Kleinen einen großen Leib bekommen hatte, daß sie dann zu Bett gelegen, bei der Geburt gestöhnt hatte und dann schlank aufgestanden war. Er schloß also, die Hanna sei im Leibe der Mutter gewesen und dann herausgekommen wie ein »Lumpf«. Dieses Gebären konnte er sich lustvoll vorstellen, unter Anknüpfung an eigene früheste Lustempfindungen beim Stuhlgange, konnte sich also mit doppelter Motivierung wünschen, selbst Kinder zu haben, um sie mit Lust zu gebären und dann (mit Vergeltungslust gleichsam) zu pflegen. In all dem lag nichts, was ihn zu Zweifel oder zu Konflikt geführt hätte.

Aber es war noch etwas anderes da, was ihn stören mußte. Der Vater mußte etwas mit der *Geburt* der kleinen Hanna zu tun haben, denn er behauptete, Hanna und er selbst, Hans, seien seine Kinder. Er hatte sie aber gewiß nicht in die Welt gesetzt, sondern die Mama. Dieser Vater war ihm bei der Mutter im Wege. Wenn er da war, konnte er nicht bei der Mutter schlafen, und wenn die Mutter Hans ins Bett nehmen wollte, schrie der Vater. Hans hatte erfahren, wie gut er's bei Abwesenheit des Vaters haben könnte, und der Wunsch, den Vater zu beseitigen, war nur gerechtfertigt. Nun erhielt diese Feindseligkeit eine Verstärkung. Der Vater hatte ihm die Lüge vom Storch erzählt, und es ihm damit unmöglich gemacht, ihn in diesen Dingen um Aufklärung zu bitten. Er hinderte

---

[1] [In den früheren Ausgaben »4«; dies wurde 1924 durch »4½« ersetzt. S. jedoch die Bemerkung von Hansens Vater (3) auf S. 87. Die Betten sind beim Umzug in die neue Wohnung möglicherweise umgestellt worden (S. 21).]

[2] [Freud berichtigte diese Ansicht, soweit sie Mädchen betraf, in einer Anmerkung zu seiner Arbeit ›Einige psychische Folgen des anatomischen Geschlechtsunterschieds‹ (1925j); *Studienausgabe*, Bd. 5, S. 261, Anm. 1.]

ihn nicht nur, bei der Mutter im Bette zu sein, sondern vorenthielt ihm auch das Wissen, nach dem er strebte. Er benachteiligte ihn nach beiden Richtungen, und dies offenbar zu seinem eigenen Vorteile.
Daß er nun diesen selben Vater, den er als Konkurrenten hassen mußte, seit jeher geliebt hatte und weiter lieben mußte, daß er ihm Vorbild war, sein erster Spielgenosse und gleichfalls sein Pfleger aus den ersten Jahren, das ergab den ersten, zunächst nicht lösbaren Gefühlskonflikt. Wie Hansens Natur sich entwickelt hatte, mußte die Liebe vorläufig die Oberhand behalten und den Haß unterdrücken, ohne ihn aufheben zu können, denn er wurde von der Liebe zur Mutter her immer von neuem gespeist.
Der Vater wußte aber nicht nur, woher die Kinder kommen, er übte es auch wirklich aus, das, was Hans nur dunkel ahnen konnte. Der Wiwimacher mußte etwas damit zu tun haben, dessen Erregung all diese Gedanken begleitete, und zwar ein großer, größer als Hans seinen fand. Folgte man den Empfindungsandeutungen, die sich da ergaben, so mußte es sich um eine Gewalttätigkeit handeln, die man an der Mama verübte, um ein Zerschlagen, ein Öffnungschaffen, ein Eindringen in einen abgeschlossenen Raum, den Impuls dazu konnte das Kind in sich verspüren; aber obwohl es auf dem Wege war, von seinen Penissensationen aus, die Vagina zu postulieren, so konnte es doch das Rätsel nicht lösen, denn so etwas, wie der Wiwimacher es brauchte, bestand ja in seiner Kenntnis nicht; vielmehr stand der Lösung die Überzeugung im Wege, daß die Mama einen Wiwimacher wie er besitze. Der Lösungsversuch, was man mit der Mama anfangen müßte, damit sie Kinder bekomme, versank im Unbewußten, und beiderlei aktive Impulse, der feindselige gegen den Vater wie der sadistisch-zärtliche gegen die Mutter, blieben verwendungslos, der eine infolge der neben dem Hasse vorhandenen Liebe, der andere vermöge der Ratlosigkeit, die sich aus den infantilen Sexualtheorien ergab.
Nur in dieser Weise vermag ich, auf die Resultate der Analyse gestützt, die unbewußten Komplexe und Wunschregungen zu konstruieren, deren Verdrängung und Wiedererweckung die Phobie des kleinen Hans zum Vorscheine brachte. Ich weiß, daß damit dem Denkvermögen eines Kindes zwischen 4 und 5 Jahren viel zugemutet ist, aber ich lasse mich von dem leiten, was wir neu erfahren haben, und halte mich durch die Vorurteile unserer Unwissenheit nicht für gebunden. Vielleicht hätte man die Angst vor dem »Krawallmachen mit den Beinen« benutzen können, um noch Lücken in unserem Beweisverfahren auszufüllen. Hans

gab zwar an, es erinnere ihn an das Zappeln mit den Beinen, wenn er gezwungen werden sollte, sein Spiel zu unterbrechen, um Lumpf zu machen, so daß dieses Element der Neurose in Beziehung zu dem Problem gerät, ob die Mama gerne oder nur gezwungen Kinder bekomme, aber ich habe nicht den Eindruck, daß hiemit die volle Aufklärung für das »Krawallmachen mit den Beinen« gegeben ist. Meine Vermutung, daß sich bei dem Kinde eine Reminiszenz an einen von ihm im Schlafzimmer beobachteten sexuellen Verkehr der Eltern geregt habe, konnte der Vater nicht bestätigen. Begnügen wir uns also mit dem, was wir erfahren haben.

Durch welchen Einfluß es in der geschilderten Situation bei Hans zum Umkippen, zur Verwandlung der libidinösen Sehnsucht in Angst gekommen ist, an welchem Ende da die Verdrängung eingesetzt hat, das ist schwer zu sagen und könnte wohl nur durch die Vergleichung mit mehreren ähnlichen Analysen zu entscheiden sein; ob das intellektuelle Unvermögen des Kindes, das schwierige Problem der Kinderzeugung zu lösen und die durch die Annäherung an die Lösung entbundenen aggressiven Impulse zu verwerten, den Ausschlag gab oder ein somatisches Unvermögen, eine Intoleranz seiner Konstitution gegen die regelmäßig geübte masturbatorische Befriedigung, ob die bloße Fortdauer der sexuellen Erregung in so hoher Intensität zum Umschlage führen mußte, das stelle ich als fraglich hin, bis uns weitere Erfahrung zu Hilfe kommt.

Dem Gelegenheitsanlasse für den Ausbruch der Krankheit zu viel Einfluß zuzuschreiben, verbieten die zeitlichen Verhältnisse, denn Andeutungen von Ängstlichkeit waren bei Hans lange vorher, ehe er das Stellwagenpferd auf der Straße umfallen sah, zu beobachten.

Immerhin knüpfte die Neurose direkt an dieses akzidentelle Erlebnis an und bewahrte die Spur desselben in der Erhebung des Pferdes zum Angstobjekt. Eine »traumatische Kraft« kommt diesem Eindrucke an und für sich nicht zu; nur die frühere Bedeutung des Pferdes als Gegenstand der Vorliebe und des Interesses und die Anknüpfung an das traumatisch geeignetere Erlebnis in Gmunden, wie Fritzl beim Pferdespiele umfiel, sowie der leichte Assoziationsweg von Fritzl zum Vater, haben den zufällig beobachteten Unfall mit so großer Wirksamkeit ausgestattet. Ja, wahrscheinlich hätten auch diese Beziehungen nicht ausgereicht, wenn nicht dank der Schmiegsamkeit und der Vieldeutigkeit der Assoziationsverknüpfungen der gleiche Eindruck sich auch [als] geeignet erwiesen hätte, an den zweiten der im Unbewußten bei Hans lauernden

Epikrise

Komplexe, an den von der Niederkunft der graviden Mutter, zu rühren. Von da an war der Weg zur Wiederkehr des Verdrängten eröffnet, und nun wurde er in der Weise beschritten, daß *das pathogene Material auf den Pferdekomplex umgearbeitet (transponiert) und die begleitenden Affekte uniform in Angst verwandelt erschienen.* Bemerkenswerterweise mußte sich der nunmehrige Vorstellungsinhalt der Phobie noch eine Entstellung und Ersetzung gefallen lassen, ehe das Bewußtsein Kenntnis von ihm nahm. Der erste Wortlaut der Angst, den Hans äußerte, war: das Pferd wird mich beißen; er rührt aus einer anderen Szene in Gmunden her, die einerseits Beziehung zum feindseligen Wunsche gegen den Vater hat, anderseits an die Onanieverwarnung erinnert. Es hat sich da ein ablenkender Einfluß geltend gemacht, der vielleicht von den Eltern ausging; ich bin nicht sicher, ob die Berichte über Hans damals sorgfältig genug abgefaßt wurden, um uns entscheiden zu lassen, ob er seiner Angst diesen Ausdruck gegeben, *ehe oder erst nachdem* ihn die Mutter wegen seiner Masturbation zur Rede gestellt hatte. Im Gegensatze zur Darstellung der Krankengeschichte möchte ich das letztere vermuten [s. S. 27]. Im übrigen ist unverkennbar, daß der feindselige Komplex gegen den Vater bei Hans überall den lüsternen gegen die Mutter verdeckt, so wie er auch in der Analyse zuerst aufgedeckt und erledigt wurde.

In anderen Krankheitsfällen fände sich weit mehr über die Struktur einer Neurose, ihre Entwicklung und Ausbreitung zu sagen, aber die Krankheitsgeschichte unseres kleinen Hans ist sehr kurz; sie wird alsbald nach ihrem Beginne von der Behandlungsgeschichte abgelöst. Wenn die Phobie sich während der Behandlung dann weiter zu entwickeln schien, neue Objekte und neue Bedingungen in ihren Bereich zog, so war der selbst behandelnde Vater natürlich einsichtsvoll genug, darin nur ein Zumvorscheinkommen des bereits Fertigen und nicht eine Neuproduktion, die man der Behandlung zur Last legen könnte, zu erblicken. Auf solche Einsicht darf man dann in anderen Fällen von Behandlung nicht immer rechnen.

Ehe ich diese Synthese für beendigt erkläre, muß ich noch einen andern Gesichtspunkt würdigen, bei dem wir mitten in die Schwierigkeiten der Auffassung neurotischer Zustände geraten werden. Wir sehen, wie unser kleiner Patient von einem wichtigen Verdrängungsschube befallen wird, der gerade seine herrschenden sexuellen Komponenten betrifft[1]. Er

---
[1] Der Vater hat sogar beobachtet, daß gleichzeitig mit dieser Verdrängung ein Stück

entäußert sich der Onanie, er weist mit Ekel von sich, was an Exkremente und an Zuschauen bei den Verrichtungen erinnert. Es sind aber nicht diese Komponenten, welche beim Krankheitsanlasse (beim Anblicke des fallenden Pferdes) angeregt werden und die das Material für die Symptome, den Inhalt der Phobie, liefern.
Man hat also da Anlaß, eine prinzipielle Unterscheidung aufzustellen. Wahrscheinlich gelangt man zu einem tieferen Verständnisse des Krankheitsfalles, wenn man sich jenen anderen Komponenten zuwendet, welche die beiden letztgenannten Bedingungen erfüllen. Dies sind bei Hans Regungen, die bereits vorher unterdrückt waren und sich, soviel wir erfahren, niemals ungehemmt äußern konnten, feindselig-eifersüchtige Gefühle gegen den Vater und sadistische, Koitusahnungen entsprechende, Antriebe gegen die Mutter. In diesen frühzeitigen Unterdrückungen liegt vielleicht die Disposition für die spätere Erkrankung. Diese aggressiven Neigungen haben bei Hans keinen Ausweg gefunden, und sobald sie in einer Zeit der Entbehrung und gesteigerten sexuellen Erregung verstärkt hervorbrechen wollen, entbrennt jener Kampf, den wir die »Phobie« nennen. Während derselben dringt ein Teil der verdrängten Vorstellungen als Inhalt der Phobie, entstellt und auf einen anderen Komplex überschrieben, ins Bewußtsein; aber kein Zweifel, daß dies ein kümmerlicher Erfolg ist. Der Sieg verbleibt der Verdrängung, *die bei dieser Gelegenheit auf andere als die vordringliche Komponente übergreift*. Das ändert nichts daran, daß das Wesen des Krankheitszustandes durchaus an die Natur der zurückzuweisenden Triebkomponenten gebunden bleibt. Absicht und Inhalt der Phobie ist eine weitgehende Einschränkung der Bewegungsfreiheit, sie ist also eine machtvolle Reaktion gegen die dunklen Bewegungsimpulse, die sich besonders gegen die Mutter wenden wollten. Das Pferd war für den Knaben immer das Vorbild der Bewegungslust (»Ich bin ein junges Pferd«, sagt Hans im Herumspringen [S. 53]), aber da diese Bewegungslust den Koitusimpuls einschließt, wird die Bewegungslust von der Neurose eingeschränkt und das Pferd zum Sinnbild des Schreckens erhoben. Es scheint, daß den verdrängten Trieben in der Neurose nichts anderes verbleibt als die Ehre, der Angst im Bewußtsein die Vorwände zu liefern. Aber so deutlich auch der Sieg der Sexualablehnung in der Phobie ist, läßt doch die Kompromißnatur der Krankheit nicht zu, daß das Verdrängte nichts anderes erreiche. Die Phobie vor dem Pferde ist doch

---

Sublimierung bei ihm eintritt. Er zeigt vom Beginne der Ängstlichkeit an ein gesteigertes Interesse für Musik und entwickelt seine hereditäre musikalische Begabung.

Epikrise

wieder ein Hindernis, auf die Gasse zu gehen, und kann als Mittel dienen, um bei der geliebten Mutter im Hause zu bleiben. Darin hat sich also die Zärtlichkeit für die Mutter siegreich durchgesetzt; der Liebhaber klammert sich infolge der Phobie an sein geliebtes Objekt, aber freilich ist nun dafür gesorgt, daß er unschädlich bleibt. In diesen beiden Wirkungen offenbart sich die eigentliche Natur einer neurotischen Erkrankung.

Alf. Adler hat kürzlich in einer gedankenreichen Arbeit [1], der ich vorhin die Bezeichnung Triebverschränkung entnommen habe, ausgeführt, daß die Angst durch die Unterdrückung des von ihm so genannten »Aggressionstriebes« entstehe, und in weitumfassender Synthese diesem Triebe die Hauptrolle im Geschehen, »im Leben und in der Neurose« zugewiesen. Wenn wir zum Schlusse gelangt sind, daß in unserem Falle von Phobie die Angst durch die Verdrängung jener Aggressionsneigungen, der feindseligen gegen den Vater und der sadistischen gegen die Mutter, zu erklären sei, scheinen wir eine eklatante Bestätigung für die Anschauung Adlers erbracht zu haben. Und doch kann ich derselben, die ich für eine irreführende Verallgemeinerung halte, nicht beipflichten. Ich kann mich nicht entschließen, einen besonderen Aggressionstrieb neben und gleichberechtigt mit den uns vertrauten Selbsterhaltungs- und Sexualtrieben anzunehmen [2]. Es scheint mir, daß Adler einen allgemeinen und unerläßlichen Charakter aller Triebe, eben das »Triebhafte«, Drängende in ihnen, was wir als die Fähigkeit, der Motilität Anstoß zu geben, beschreiben können, zu einem besonderen Triebe mit Unrecht hypostasiert habe. Von den anderen Trieben erübrigte dann nichts anderes als die Beziehung zu einem Ziele, nachdem ihnen die Be-

---

[1] [1908] S. o. [S. 93 und S. 108.]
[2] (*Zusatz 1923:*) Das im Text Stehende ist zu einer Zeit geschrieben worden, da Adler noch auf dem Boden der Psychoanalyse zu stehen schien, vor seiner Aufstellung des männlichen Protests und seiner Verleugnung der Verdrängung. Ich habe seither auch einen »Aggressionstrieb« statuieren müssen, der nicht mit dem Adler'schen zusammenfällt. Ich ziehe es vor, ihn »Destruktions- oder Todestrieb« zu heißen (*Jenseits des Lustprinzips* [1920 g], *Das Ich und das Es* [1923 b]). Sein Gegensatz zu den libidinösen Trieben kommt in der bekannten Polarität von Lieben und Hassen zum Ausdruck. Auch mein Widerspruch gegen die Adler'sche Aufstellung, die einen allgemeinen Charakter der Triebe überhaupt zu Gunsten eines einzigen beeinträchtigt, bleibt aufrecht. [Eine genauere Darstellung der Differenzen zwischen Freud und Adler findet sich im dritten Teil seiner Abhandlung ›Zur Geschichte der psychoanalytischen Bewegung‹ (1914 d). S. auch *Das Unbehagen in der Kultur* (1930 a), besonders von Kapitel V an, und Vorlesung 32 der *Neuen Folge der Vorlesungen* (1933 a) bezüglich seiner späteren Ansichten über den Destruktionstrieb; *Studienausgabe*, Bd. 1, S. 536–43.]

ziehung zu den Mitteln, dieses Ziel zu erreichen, durch den »Aggressionstrieb« abgenommen wird; trotz all der Unsicherheit und Ungeklärtheit unserer Trieblehre möchte ich vorläufig an der gewohnten Auffassung festhalten, welche jedem Triebe sein eigenes Vermögen, aggressiv zu werden[1], beläßt, und in den beiden bei unserem Hans zur Verdrängung gelangenden Trieben würde ich altbekannte Komponenten der sexuellen Libido erkennen.

3

Ehe ich nun in die voraussichtlich kurz gehaltenen Erörterungen eintrete, was aus der Phobie des kleinen Hans allgemein Wertvolles für Kinderleben und Kindererziehung zu entnehmen ist, muß ich dem lange aufgesparten Einwande begegnen, der uns mahnt, daß Hans ein Neurotiker, Hereditarier, Dégénéré ist, kein normales Kind, von dem aus auf andere Kinder übertragen werden darf. Es tut mir lange schon leid, daran zu denken, wie alle die Bekenner des »Normalmenschen« unseren armen kleinen Hans mißhandeln werden, nachdem sie erst erfahren haben, daß ihm tatsächlich hereditäre Belastung nachgewiesen werden kann. Seiner schönen Mutter, die in einem Konflikte ihrer Mädchenzeit neurotisch erkrankte, hatte ich damals Hilfe geleistet, und dies war sogar der Anfang meiner Beziehungen zu seinen Eltern. Ich getraue mich nur ganz schüchtern, einiges zu seinen Gunsten vorzubringen.

Zunächst, daß Hans nicht das ist, was man sich nach der strengen Observanz unter einem degenerierten, zur Nervosität erblich bestimmten Kinde vorstellen würde, sondern vielmehr ein körperlich wohlgebildeter, heiterer, liebenswürdiger und geistig reger Geselle, an dem nicht nur der eigene Vater seine Freude haben kann. An seiner sexuellen Frühreife freilich ist kein Zweifel, aber es fehlt da viel Vergleichsmaterial zum richtigen Urteile. Aus einer Sammeluntersuchung aus amerikanischer Quelle[2] habe ich z. B. ersehen, daß ähnlich frühe Objektwahl und Liebesempfinden bei Knaben nicht gar so selten angetroffen wird, und aus der Kindergeschichte von später als »groß« erkannten Männern weiß man das nämliche, so daß ich meinen möchte, die sexuelle Frühreife

---

[1] [In den früheren Ausgaben standen an dieser Stelle noch die Worte »ohne sich auf ein Objekt zu richten«. Sie wurden 1924 gestrichen.]
[2] [Sanford Bell, 1902.]

Epikrise

sei ein selten fehlendes Korrelat der intellektuellen, und darum bei begabten Kindern häufiger anzutreffen, als man erwarten sollte [1]. Ferner mache ich in meiner eingestandenen Parteilichkeit für den kleinen Hans geltend, daß er nicht das einzige Kind ist, das zu irgendeiner Zeit seiner Kinderjahre von Phobien befallen wird. Solche Erkrankungen sind bekanntlich ganz außerordentlich häufig, auch bei Kindern, deren Erziehung an Strenge nichts zu wünschen übrig läßt. Die betreffenden Kinder werden später entweder neurotisch, oder sie bleiben gesund. Ihre Phobien werden in der Kinderstube niedergeschrien, weil sie der Behandlung unzugänglich und gewiß sehr unbequem sind. Sie lassen dann im Laufe von Monaten oder Jahren nach, heilen anscheinend; welche psychischen Veränderungen eine solche Heilung bedingt, welche Charakterveränderungen mit ihr verknüpft sind, darin hat niemand Einsicht. Wenn man dann einmal einen erwachsenen Neurotiker in psychoanalytische Behandlung nimmt, der, nehmen wir an, erst in reifen Jahren manifest erkrankt ist, so erfährt man regelmäßig, daß seine Neurose an jene Kinderangst anknüpft, die Fortsetzung derselben darstellt, und daß also eine unausgesetzte, aber auch ungestörte psychische Arbeit sich von jenen Kinderkonflikten an durchs Leben fortgesponnen hat, ohne Rücksicht darauf, ob deren erstes Symptom Bestand hatte oder unter dem Drange der Verhältnisse zurückgezogen wurde. Ich meine also, unser Hans ist vielleicht nicht stärker erkrankt gewesen als so viele andere Kinder, die nicht als »Degenerierte« gebrandmarkt werden; aber da er ohne Einschüchterung, mit möglichster Schonung und möglichst geringem Zwang erzogen wurde, hat sich seine Angst kühner hervorgewagt. Die Motive des schlechten Gewissens und der Furcht vor der Strafe haben ihr gefehlt, die sonst gewiß zu ihrer Verkleinerung beitragen. Mir will scheinen, wir geben zu viel auf Symptome und kümmern uns zu wenig um das, woraus sie hervorgehen. In der Kindererziehung gar wollen wir nichts anderes als in Ruhe gelassen werden, keine Schwierigkeiten erleben, kurz, das brave Kind züchten und achten sehr wenig darauf, ob dieser Entwicklungsgang dem Kinde auch frommt. Ich könnte mir also vorstellen, daß es heilsam für unseren Hans war, diese Phobie produziert zu haben, weil sie die Aufmerksamkeit der Eltern auf die unvermeidlichen Schwierigkeiten lenkte, welche die Überwindung der angeborenen Triebkomponenten in der Kulturerziehung dem Kinde bereiten muß, und weil diese seine Störung die Hilfeleistung des Vaters

---

[1] [Diese Frage wird in dem Absatz über ›Frühreife‹ gegen Ende der *Drei Abhandlungen zur Sexualtheorie* (1905 d; *Studienausgabe*, Bd. 5, S. 142 f.) angeschnitten.]

nach sich zog. Vielleicht hat er nun vor anderen Kindern das voraus, daß er nicht mehr jenen Keim verdrängter Komplexe in sich trägt, der fürs spätere Leben jedesmal etwas bedeuten muß, der gewiß Charakterverbildung in irgendeinem Ausmaße mit sich bringt, wenn nicht die Disposition zu einer späteren Neurose. Ich bin geneigt, so zu denken, aber ich weiß nicht, ob noch viele andere mein Urteil teilen werden, weiß auch nicht, ob die Erfahrung mir recht geben wird.

Ich muß aber fragen, was hat nun bei Hans das Anslichtziehen der nicht nur von den Kindern verdrängten, sondern auch von den Eltern gefürchteten Komplexe geschadet? Hat der Kleine nun etwa Ernst gemacht mit seinen Ansprüchen auf die Mutter, oder sind an Stelle der bösen Absichten gegen den Vater Tätlichkeiten getreten? Sicherlich werden das viele befürchtet haben, die das Wesen der Psychoanalyse verkennen und meinen, man verstärke die bösen Triebe, wenn man sie bewußt mache. Diese Weisen handeln dann nur konsequent, wenn sie um Gotteswillen von jeder Beschäftigung mit den bösen Dingen abraten, die hinter den Neurosen stecken. Sie vergessen dabei allerdings, daß sie Ärzte sind, und geraten in eine fatale Ähnlichkeit mit Shakespeares Holzapfel in *Viel Lärm um nichts*, der der ausgeschickten Wache gleichfalls den Rat gibt, sich von jeder Berührung mit den etwa angetroffenen Dieben, Einbrechern recht fernzuhalten. Solches Gesindel sei kein Umgang für ehrliche Leute[1].

Die einzigen Folgen der Analyse sind vielmehr, daß Hans gesund wird, sich vor Pferden nicht mehr fürchtet, und daß er mit seinem Vater, wie dieser belustigt mitteilt, eher familiär verkehrt. Aber was der Vater an Respekt etwa einbüßt, das gewinnt er an Vertrauen zurück: »Ich hab' geglaubt, du weißt alles, weil du das vom Pferd gewußt hast.« Die Analyse macht nämlich den *Erfolg* der Verdrängung nicht rückgängig; die Triebe, die damals unterdrückt wurden, bleiben die unterdrückten, aber sie erreicht diesen Erfolg auf anderem Weg, ersetzt den Prozeß der Verdrängung, der ein automatischer und exzessiver ist, durch die maß- und zielvolle Bewältigung mit Hilfe der höchsten seelischen Instanzen, mit einem Worte: *sie ersetzt die Verdrängung durch die Verurteilung.* Sie

---

[1] [Dogberry in *Much Ado about Nothing*, III, 3.] Ich kann die verwunderte Frage hier nicht unterdrücken, woher diese Gegner meiner Anschauungen ihr so sicher vorgetragenes Wissen beziehen, ob die verdrängten Sexualtriebe eine Rolle in der Ätiologie der Neurosen spielen und welche, wenn sie den Patienten den Mund verschließen, sobald sie von ihren Komplexen und deren Abkömmlingen zu reden beginnen? Meine und meiner Anhänger Mitteilungen sind ja dann die einzige Wissenschaft, die ihnen zugänglich bleibt.

Epikrise

scheint uns den lang gehegten Beweis zu erbringen, daß das Bewußtsein eine biologische Funktion hat, daß mit seinem Insspieltreten ein bedeutsamer Vorteil verbunden ist[1].

Hätte ich allein die Verfügung darüber gehabt, so hätte ich's gewagt, dem Kinde auch noch die eine Aufklärung zu geben, welche ihm von den Eltern vorenthalten wurde. Ich hätte seine triebhaften Ahnungen bestätigt, indem ich ihm von der Existenz der Vagina und des Koitus erzählt hätte, so den ungelösten Rest um ein weiteres Stück verkleinert und seinem Fragedrang ein Ende gemacht. Ich bin überzeugt, er hätte weder die Liebe zur Mutter noch sein kindliches Wesen infolge dieser Aufklärungen verloren und hätte eingesehen, daß seine Beschäftigung mit diesen wichtigen, ja imposanten Dingen nun ruhen muß, bis sich sein Wunsch, groß zu werden, erfüllt hat. Aber das pädagogische Experiment wurde nicht so weit geführt.

Daß man zwischen »nervösen« und »normalen« Kindern und Erwachsenen keine scharfe Grenze ziehen darf, daß »Krankheit« ein rein praktischer Summationsbegriff ist, daß Disposition und Erleben zusammentreffen müssen, um die Schwelle für die Erreichung dieser Summation überschreiten zu lassen, daß infolgedessen fortwährend viele Individuen aus der Klasse der Gesunden in die der nervös Kranken übertreten und eine weit geringere Anzahl den Weg auch in umgekehrter Richtung macht, das sind Dinge, die so oft gesagt worden sind und soviel Anklang gefunden haben, daß ich mit ihrer Behauptung gewiß nicht allein stehe. Daß die Erziehung des Kindes einen mächtigen Einfluß geltend machen kann, zugunsten oder ungunsten der bei dieser Summation in Betracht kommenden Krankheitsdisposition, ist zum mindesten sehr wahrscheinlich, aber was die Erziehung anzustreben und wo sie einzugreifen hat, das erscheint noch durchaus fragwürdig. Sie hat sich bisher immer nur die Beherrschung, oft richtiger Unterdrückung der Triebe zur Aufgabe gestellt; der Erfolg war kein befriedigender und dort, wo es gelang, geschah es zum Vorteil einer kleinen Anzahl bevorzugter Menschen, von denen Triebunterdrückung nicht gefordert wird. Man fragte auch nicht danach, auf welchem Wege und mit welchen Opfern die Unterdrückung der unbequemen Triebe erreicht wurde. Substituiert man dieser Auf-

---

[1] *(Zusatz 1923:)* Ich gebrauche hiedurch das Wort Bewußtsein in einem Sinne, den ich später vermieden habe, für unser normales bewußtseinsfähiges Denken. Wir wissen, daß auch solche Denkprozesse vorbewußt vor sich gehen können und tun gut, deren »Bewußtsein« rein phänomenologisch zu werten. Natürlich wird der Erwartung, auch das Bewußtwerden erfülle eine biologische Funktion, hiemit nicht widersprochen. [S. *Das Ich und das Es* (1923 b), Kapitel I.]

gabe eine andere, das Individuum mit der geringsten Einbuße an seiner
Aktivität kulturfähig und sozial verwertbar zu machen, so haben die
durch die Psychoanalyse gewonnenen Aufklärungen über die Herkunft
der pathogenen Komplexe und über den Kern einer jeden Neurose
eigentlich den Anspruch, vom Erzieher als unschätzbare Winke für sein
Benehmen gegen das Kind gewürdigt zu werden. Welche praktischen
Schlüsse sich hieraus ergeben, und inwieweit die Erfahrung die Anwendung derselben innerhalb unserer sozialen Verhältnisse rechtfertigen
kann, dies überlasse ich anderen zur Erprobung und Entscheidung[1].

Ich kann von der Phobie unseres kleinen Patienten nicht Abschied nehmen, ohne die Vermutung auszusprechen, welche mir deren zur Heilung
führende Analyse besonders wertvoll macht. Ich habe aus dieser Analyse, strenggenommen, nichts Neues erfahren, nichts, was ich nicht
schon, oft in weniger deutlicher und mehr vermittelter Weise, bei anderen im reifen Alter behandelten Patienten hatte erraten können. Und
da die Neurosen dieser anderen Kranken jedesmal auf die nämlichen
infantilen Komplexe zurückzuführen waren, die sich hinter der Phobie
Hansens aufdecken ließen, bin ich versucht, für diese Kinderneurose eine
typische und vorbildliche Bedeutung in Anspruch zu nehmen, als ob die
Mannigfaltigkeit der neurotischen Verdrängungserscheinungen und die
Reichhaltigkeit des pathogenen Materials einer Ableitung von sehr
wenigen Prozessen an den nämlichen Vorstellungskomplexen nicht im
Wege stünden.

---

[1] [Freud nahm die Frage der Beziehung von Psychoanalyse und Erziehung in seinen
Vorworten zu den Büchern von Pfister und Aichhorn (Freud 1913*b* und 1925 *f*) sowie
in Teil II (H) seines Beitrags zu *Scientia* (1913 *j*) wieder auf. Er widmete ihr auch
einige Seiten in Vorlesung 34 seiner *Neuen Folge der Vorlesungen* (1933 *a*).]

NACHSCHRIFT ZUR ANALYSE DES KLEINEN HANS

(1922)

Vor einigen Monaten – im Frühjahr des Jahres 1922 – stellte sich mir ein junger Mann vor und erklärte, er sei der »kleine Hans«, über dessen kindliche Neurose ich im Jahre 1909 berichtet hatte. Ich war sehr froh, ihn wiederzusehen, denn er war mir etwa zwei Jahre nach Abschluß seiner Analyse aus den Augen geraten, und ich hatte seit länger als einem Jahrzehnt nichts von seinen Schicksalen erfahren. Die Veröffentlichung dieser ersten Analyse an einem Kinde hatte viel Aufsehen und noch mehr Entrüstung hervorgerufen, und dem armen Jungen war großes Unheil prophezeit worden, weil er in so zartem Alter »entharmlost« und zum Opfer einer Psychoanalyse gemacht worden war.

Nichts von all diesen Befürchtungen ist aber eingetroffen. Der kleine Hans war jetzt ein stattlicher Jüngling von 19 Jahren. Er behauptete, sich durchaus wohl zu befinden und an keinerlei Beschwerden oder Hemmungen zu leiden. Er war nicht nur ohne Schädigung durch die Pubertät gegangen, sondern hatte auch eine der schwersten Belastungsproben für sein Gefühlsleben gut bestanden. Seine Eltern hatten sich voneinander geschieden und jeder Teil eine neue Ehe geschlossen. Er lebe infolgedessen allein, stehe aber mit beiden Eltern gut und bedaure nur, daß er durch die Auflösung der Familie von seiner lieben jüngeren Schwester getrennt worden sei.

Eine Mitteilung des kleinen Hans war mir besonders merkwürdig. Ich getraue mich auch nicht, eine Erklärung für sie zu geben. Als er seine Krankengeschichte las, erzählte er, es sei ihm alles fremd vorgekommen, er erkannte sich nicht, konnte sich an nichts erinnern, und nur als er auf die Reise nach Gmunden stieß, dämmerte ihm etwas wie ein Schimmer von Erinnerung auf, das könnte er selbst gewesen sein. Die Analyse hatte also die Begebenheit nicht vor der Amnesie bewahrt, sondern war selbst der Amnesie verfallen. Ähnlich ergeht es dem mit der Psychoanalyse Vertrauten manchmal im Schlafe. Er wird durch einen Traum geweckt, beschließt ihn ohne Aufschub zu analysieren, schläft, mit dem Ergebnis seiner Bemühung zufrieden, wieder ein, und am nächsten Morgen sind Traum und Analyse vergessen[1].

---

[1] [Diese Erscheinung wird von Freud in einem 1911 in seiner *Traumdeutung* (1900a) ergänzten Zusatz, Kapitel VII, Abschnitt A, erörtert; s. *Studienausgabe*, Bd. 2, S. 498 f.]

Aus der Geschichte
einer infantilen Neurose

[»Der Wolfsmann«]

(1918 [1914])

EDITORISCHE VORBEMERKUNG

Deutsche Ausgaben:
1918 *S. K. S. N.*, Bd. 4, 578–717.
1922 *S. K. S. N.*, Bd. 5, 1–140.
1924 Leipzig, Wien und Zürich: Internationaler Psychoanalytischer Verlag. 132 Seiten.
1924 *G. S.*, Bd. 8, 437–567.
1931 *Neurosenlehre und Technik*, 37–171.
1947 *G. W.*, Bd. 12, 27–157.

In der Ausgabe des Jahres 1924 sind von Freud nur wenige, hauptsächlich Daten betreffende Änderungen vorgenommen worden; am Schluß wurde eine längere Fußnote hinzugefügt.

Diese Falldarstellung ist die ausführlichste und zweifellos wichtigste aller Krankengeschichten Freuds. Der Patient, ein reicher junger Russe, kam im Februar 1910 zu Freud. Seine erste Behandlung, von der in der vorliegenden Arbeit berichtet wird, begann im Februar 1910 und endete im Juli 1914, zu welchem Zeitpunkt Freud die Analyse für abgeschlossen hielt. Er begann die Niederschrift der Krankengeschichte im Oktober 1914 und schloß sie Anfang November des gleichen Jahres ab. (Diese Angaben sind der Freud-Biographie von Ernest Jones, 1962, Bd. 2, S. 331, entnommen, und Jones seinerseits stützte sich auf Freuds Briefwechsel. In der Fußnote auf S. 129 der vorliegenden Edition spricht Freud selbst vom Winter 1914–15.) Freud hielt die Veröffentlichung jedoch vier Jahre zurück. Nach seinen eigenen Worten (ibid., Anm.) nahm er bei der endgültigen Fassung keine Änderungen von irgendwelchem Belang vor; er hat sie lediglich durch zwei Passagen ergänzt. Den späteren Verlauf der Krankengeschichte dieses Patienten, nach Abschluß seiner ersten Analyse, schildert Freud in der Fußnote, die er in der Ausgabe von 1924 am Schluß hinzugefügt hat (S. 230–31). Dort finden sich auch noch einige spätere Daten, die teils auf Material beruhen, das Freud selber in der Folge veröffentlichte, teils auf Nachrichten, die nach seinem Tode bekannt wurden.

Freud erwähnt den Fall des »Wolfsmannes« in mehreren, vor und nach der eigentlichen Falldarstellung veröffentlichten Arbeiten; es sollen wenigstens die wichtigsten dieser Hinweise hier genannt werden. In seiner Arbeit ›Märchenstoffe in Träumen‹ (1913 *d*) berichtet er den ganzen Wolfstraum; einen Teil dieses Artikels nahm Freud auch in den vorliegenden Text auf (S. 149 ff.). Die Arbeit über ›*fausse reconnaissance*‹ in der psychoanalytischen Behandlung

(1914a) beschreibt eine andere Episode aus dieser Behandlung, die hier ebenfalls zum Teil abgedruckt ist (S. 199). Die metapsychologische Arbeit über ›Die Verdrängung‹ (1915d), die nach der hier vorliegenden Arbeit geschrieben, aber vor ihr veröffentlicht wurde, enthält einen Absatz über die Wolfsphobie des Patienten. Viele Jahre danach kam Freud noch einmal auf diesen Fall zurück, und zwar in *Hemmung, Symptom und Angst* (1926d), in den Kapiteln IV und VII; dort wird die Wolfsphobie des Patienten mit der Pferdephobie des »kleinen Hans« verglichen (s. die andere in diesem Band enthaltene Arbeit). Die besondere Bedeutung, die diese Krankengeschichte in Freuds Augen zur Zeit ihrer Veröffentlichung hatte, lag gewiß darin, daß sie ihm für seine Kritik an Adler und vor allem an Jung Beweise lieferte. Hier hatte er schlüssige Beweise in Händen, mit denen er jeglichen Zweifel an der kindlichen Sexualität zurückweisen konnte. Aber noch vieles andere, höchst Wertvolle ergab sich aus dieser Behandlung; so die Beziehung zwischen »Urszene« und »Urphantasien«, was geradenwegs auf die dunkle Frage hinführte, ob der seelische Inhalt der Urphantasien möglicherweise hereditär erworben sein könnte. In der 23. der *Vorlesungen zur Einführung in die Psychoanalyse* (1916–17) wird diese Frage erneut untersucht und hier in den hinzugefügten Passagen auf S. 174 ff. und 208 ff. noch weiter ausgeführt. Ferner benutzte Freud das aufschlußreiche Material des Abschnittes VII, das von der Analerotik des Patienten handelt, in seinem Aufsatz ›Über Triebumsetzungen‹ (1917c).

Noch bedeutsamer war, daß die Analyse des »Wolfsmannes« Licht auf die frühere, die orale Libidoorganisation warf, die auf S. 217–19 recht ausführlich erörtert wird. Wahrscheinlich spielte das in dieser Analyse aufgedeckte »kannibale« Material eine wesentliche, wegbereitende Rolle für einige der folgenreichsten Theorien, mit denen Freud zu jener Zeit beschäftigt war: die wechselseitigen Beziehungen zwischen Einverleibung, Identifikation, Bildung eines Ich-Ideals, Schuldgefühl und den pathologischen Depressionszuständen. Manche dieser Theorien hatte Freud im letzten Aufsatz von *Totem und Tabu* (1912–13) und in seiner Arbeit ›Zur Einführung des Narzißmus‹ (1914c) schon formuliert; andere erschienen in der Arbeit ›Trauer und Melancholie‹ (1917e), die 1915 abgeschlossen war.

Der vielleicht wichtigste klinische Fund bestand in den Beweisen für die kausale Rolle, welche die *primären* weiblichen Triebregungen für die Neurose dieses Patienten spielten. Seine stark ausgeprägte Bisexualität lieferte die Bestätigung für Ansichten, die Freud schon längere Zeit hegte und die auf die Periode seiner Freundschaft mit Fließ zurückgingen. Aber in seinen folgenden Arbeiten legte Freud nun größeren Nachdruck auf die Bisexualität als eine *allgemeine* Erscheinung und die Existenz eines »umgekehrten« oder »negativen« Ödipuskomplexes. Am klarsten ist diese Theorie in der Erörterung des »vollständigen« Ödipuskomplexes in *Das Ich und das Es* (1923b), Kapitel III, ausgesprochen.

I

VORBEMERKUNGEN

Der Krankheitsfall, über welchen ich hier – wiederum nur in fragmentarischer Weise – berichten werde[1], ist durch eine Anzahl von Eigentümlichkeiten ausgezeichnet, welche zu ihrer Hervorhebung vor der Darstellung auffordern. Er betrifft einen jungen Mann, welcher in seinem achtzehnten Jahr nach einer gonorrhoischen Infektion als krank zusammenbrach und gänzlich abhängig und existenzunfähig war, als er mehrere Jahre später in psychoanalytische Behandlung trat. Das Jahrzehnt seiner Jugend vor dem Zeitpunkt der Erkrankung hatte er in annähernd normaler Weise durchlebt und seine Mittelschulstudien ohne viel Störung erledigt. Aber seine früheren Jahre waren von einer schweren neurotischen Störung beherrscht gewesen, welche knapp vor seinem vierten Geburtstag als Angsthysterie (Tierphobie) begann, sich dann in eine Zwangsneurose mit religiösem Inhalt umsetzte und mit ihren Ausläufern bis in sein zehntes[2] Jahr hineinreichte.
Nur diese infantile Neurose wird der Gegenstand meiner Mitteilungen sein. Trotz der direkten Aufforderung des Patienten habe ich es abgelehnt, die vollständige Geschichte seiner Erkrankung, Behandlung und Herstellung zu schreiben, weil ich diese Aufgabe als technisch undurchführbar und sozial unzulässig erkannte. Damit fällt auch die Möglich-

---

[1] Diese Krankengeschichte ist kurz nach Abschluß der Behandlung im Winter 1914/15 niedergeschrieben worden – unter dem damals frischen Eindruck der Umdeutungen, welche C. G. Jung und Alf. Adler an den psychoanalytischen Ergebnissen vornehmen wollten. Sie knüpft also an den im *Jahrbuch der Psychoanalyse* VI, 1914 veröffentlichten Aufsatz: ›Zur Geschichte der psychoanalytischen Bewegung‹ an und ergänzt die dort enthaltene, im wesentlichen persönliche Polemik durch objektive Würdigung des analytischen Materials. Sie war ursprünglich für den nächsten Band des *Jahrbuches* bestimmt, aber da sich das Erscheinen desselben durch die Hemmungen des [ersten] großen Krieges ins Unbestimmbare verzögerte, entschloß ich mich, sie dieser von einem neuen Verleger [Heller anstatt Deuticke] veranstalteten Sammlung [S. K. S. N., Bd. 4] anzuschließen. Manches, was in ihr zum erstenmal hätte ausgesprochen werden sollen, hatte ich unterdes in meinen 1916/17 gehaltenen *Vorlesungen zur Einführung in die Psychoanalyse* behandeln müssen. Der Text der ersten Niederschrift hat keine Abänderungen von irgendwelchem Belang erfahren; Zusätze sind durch eckige Klammern kenntlich gemacht. [Es sind nur zwei solcher Zusätze vorhanden, nämlich auf S. 174 ff. und 208 ff. Im übrigen sind in dieser vorliegenden Arbeit wie auch sonst in der *Studienausgabe* sämtliche Herausgeber-Hinweise durch eckige Klammern kenntlich gemacht.]
[2] [In den vor 1924 erschienenen Ausgaben hieß es »achtes«.]

keit weg, den Zusammenhang zwischen seiner infantilen und seiner späteren definitiven Erkrankung aufzuzeigen. Ich kann von dieser letzteren nur angeben, daß der Kranke ihretwegen lange Zeit in deutschen Sanatorien zugebracht hat und damals von der zuständigsten Stelle[1] als ein Fall von »manisch-depressivem Irresein« klassifiziert worden ist. Diese Diagnose traf sicherlich für den Vater des Patienten zu, dessen an Tätigkeit und Interessen reiches Leben durch wiederholte Anfälle von schwerer Depression gestört worden war. An dem Sohne selbst habe ich bei mehrjähriger Beobachtung keinen Stimmungswandel beobachten können, der an Intensität und nach den Bedingungen seines Auftretens über die ersichtliche psychische Situation hinausgegangen wäre. Ich habe mir die Vorstellung gebildet, daß dieser Fall sowie viele andere, die von der klinischen Psychiatrie mit mannigfaltigen und wechselnden Diagnosen belegt werden, als Folgezustand nach einer spontan abgelaufenen, mit Defekt ausgeheilten Zwangsneurose aufzufassen ist.

Meine Beschreibung wird also von einer infantilen Neurose handeln, die nicht während ihres Bestandes, sondern erst fünfzehn Jahre nach ihrem Ablauf analysiert worden ist. Diese Situation hat ihre Vorzüge ebensowohl wie ihre Nachteile im Vergleiche mit der anderen. Die Analyse, die man am neurotischen Kind selbst vollzieht, wird von vornherein vertrauenswürdiger erscheinen, aber sie kann nicht sehr inhaltsreich sein; man muß dem Kind zuviel Worte und Gedanken leihen[2] und wird vielleicht doch die tiefsten Schichten undurchdringlich für das Bewußtsein finden. Die Analyse der Kindheitserkrankung durch das Medium der Erinnerung bei dem Erwachsenen und geistig Gereiften ist von diesen Einschränkungen frei; aber man wird die Verzerrung und Zurichtung in Rechnung bringen, welcher die eigene Vergangenheit beim Rückblick aus späterer Zeit unterworfen ist. Der erste Fall gibt vielleicht die überzeugenderen Resultate, der zweite ist der bei weitem lehrreichere.

Auf alle Fälle darf man aber behaupten, daß Analysen von kindlichen Neurosen ein besonders hohes theoretisches Interesse beanspruchen können. Sie leisten für das richtige Verständnis der Neurosen Erwachsener ungefähr soviel wie die Kinderträume für die Träume der Erwachsenen. Nicht etwa, daß sie leichter zu durchschauen oder ärmer an Elementen wären; die Schwierigkeit der Einfühlung ins kindliche Seelenleben macht

---

[1] [Nach Ernest Jones waren unter den Psychiatern, die der Patient konsultiert hatte, solche Kapazitäten wie Ziehen in Berlin und Kraepelin in München.]
[2] [Der Wert der Kinderanalyse als Beweismittel ist von Freud in der Krankengeschichte des »kleinen Hans«, S. 13 f. und 89 ff. des vorliegenden Bandes, erörtert worden.]

Vorbemerkungen

sie sogar zu einem besonders harten Stück Arbeit für den Arzt. Aber es sind doch in ihnen so viele der späteren Auflagerungen weggefallen, daß das Wesentliche der Neurose unverkennbar hervortritt. Der Widerstand gegen die Ergebnisse der Psychoanalyse hat bekanntlich in der gegenwärtigen Phase des Kampfes um die Psychoanalyse eine neue Form angenommen. Man begnügte sich früher damit, den von der Analyse behaupteten Tatsachen die Wirklichkeit zu bestreiten, wozu eine Vermeidung der Nachprüfung die beste Technik schien. Dies Verfahren scheint sich nun langsam zu erschöpfen; man schlägt jetzt den anderen Weg ein, die Tatsachen anzuerkennen, aber die Folgerungen, die sich aus ihnen ergeben, durch Umdeutungen zu beseitigen, so daß man sich der anstößigen Neuheiten doch wieder erwehrt hat. Das Studium der kindlichen Neurosen erweist die volle Unzulänglichkeit dieser seichten oder gewaltsamen Umdeutungsversuche. Es zeigt den überragenden Anteil der so gern verleugneten libidinösen Triebkräfte an der Gestaltung der Neurose auf und läßt die Abwesenheit fernliegender kultureller Zielstrebungen erkennen, von denen das Kind noch nichts weiß und die ihm darum nichts bedeuten können.

Ein anderer Zug, welcher die hier mitzuteilende Analyse der Aufmerksamkeit empfiehlt, hängt mit der Schwere der Erkrankung und der Dauer ihrer Behandlung zusammen. Die in kurzer Zeit zu einem günstigen Ausgang führenden Analysen werden für das Selbstgefühl des Therapeuten wertvoll sein und die ärztliche Bedeutung der Psychoanalyse dartun; für die Förderung der wissenschaftlichen Erkenntnis bleiben sie meist belanglos. Man lernt nichts Neues aus ihnen. Sie sind ja nur darum so rasch geglückt, weil man bereits alles wußte, was zu ihrer Erledigung notwendig war. Neues kann man nur aus Analysen erfahren, die besondere Schwierigkeiten bieten, zu deren Überwindung man dann viel Zeit verbraucht. Nur in diesen Fällen erreicht man es, in die tiefsten und primitivsten Schichten der seelischen Entwicklung herabzusteigen und von dort die Lösungen für die Probleme der späteren Gestaltungen zu holen. Man sagt sich dann, daß, strenggenommen, erst die Analyse, welche so weit vorgedrungen ist, diesen Namen verdient. Natürlich belehrt ein einzelner Fall nicht über alles, was man wissen möchte. Richtiger gesagt, er könnte alles lehren, wenn man nur imstande wäre, alles aufzufassen, und nicht durch die Ungeübtheit der eigenen Wahrnehmung genötigt wäre, sich mit wenigem zu begnügen.

An solchen fruchtbringenden Schwierigkeiten ließ der hier zu beschreibende Krankheitsfall nichts zu wünschen übrig. Die ersten Jahre der

Behandlung erzielten kaum eine Änderung. Eine glückliche Konstellation fügte es, daß trotzdem alle äußeren Verhältnisse die Fortsetzung des therapeutischen Versuches ermöglichten. Ich kann mir leicht denken, daß bei weniger günstigen Umständen die Behandlung nach einiger Zeit aufgegeben worden wäre. Für den Standpunkt des Arztes kann ich nur aussagen, daß er sich in solchem Falle ebenso »zeitlos« verhalten muß wie das Unbewußte selbst[1], wenn er etwas erfahren und erzielen will. Das bringt er schließlich zustande, wenn er auf kurzsichtigen therapeutischen Ehrgeiz zu verzichten vermag. Das Ausmaß von Geduld, Gefügigkeit, Einsicht und Zutrauen, welches von Seiten des Kranken und seiner Angehörigen erforderlich ist, wird man in wenigen anderen Fällen erwarten dürfen. Der Analytiker darf sich aber sagen, daß die Ergebnisse, welche er an einem Falle in so langer Arbeit gewonnen hat, nun dazu verhelfen werden, die Behandlungsdauer einer nächsten, ebenso schweren Erkrankung wesentlich zu verkürzen und so die Zeitlosigkeit des Unbewußten fortschreitend zu überwinden, nachdem man sich ihr ein erstes Mal unterworfen hat.

Der Patient, mit dem ich mich hier beschäftige, blieb lange Zeit hinter einer Einstellung von gefügiger Teilnahmslosigkeit unangreifbar verschanzt. Er hörte zu, verstand und ließ sich nichts nahekommen. Seine untadelige Intelligenz war wie abgeschnitten von den triebhaften Kräften, welche sein Benehmen in den wenigen ihm übriggebliebenen Lebensrelationen beherrschten. Es bedurfte einer langen Erziehung, um ihn zu bewegen, einen selbständigen Anteil an der Arbeit zu nehmen, und als infolge dieser Bemühung die ersten Befreiungen auftraten, stellte er sofort die Arbeit ein, um weitere Veränderungen zu verhüten und sich in der hergestellten Situation behaglich zu erhalten. Seine Scheu vor einer selbständigen Existenz war so groß, daß sie alle Beschwerden des Krankseins aufwog. Es fand sich ein einziger Weg, um sie zu überwinden. Ich mußte warten, bis die Bindung an meine Person stark genug geworden war, um ihr das Gleichgewicht zu halten, dann spielte ich diesen einen Faktor gegen den anderen aus. Ich bestimmte, nicht ohne mich durch gute Anzeichen der Rechtzeitigkeit leiten zu lassen, daß die Behandlung zu einem gewissen Termin abgeschlossen werden müsse, gleichgültig, wie weit sie vorgeschritten sei. Diesen Termin war ich einzuhalten entschlossen; der Patient glaubte endlich an meinen Ernst. Unter dem unerbittlichen Druck dieser Terminsetzung gab sein Wider-

---

[1] [Vgl. ›Das Unbewußte‹ (1915 e), Teil V.]

Vorbemerkungen

stand, seine Fixierung ans Kranksein nach, und die Analyse lieferte nun in unverhältnismäßig kurzer Zeit all das Material, welches die Lösung seiner Hemmungen und die Aufhebung seiner Symptome ermöglichte. Aus dieser letzten Zeit der Arbeit, in welcher der Widerstand zeitweise verschwunden war und der Kranke den Eindruck einer sonst nur in der Hypnose erreichbaren Luzidität machte, stammen auch alle die Aufklärungen, welche mir das Verständnis seiner infantilen Neurose gestatteten[1].

So illustrierte der Verlauf dieser Behandlung den von der analytischen Technik längst gewürdigten Satz, daß die Länge des Weges, welchen die Analyse mit dem Patienten zurückzulegen hat, und die Fülle des Materials, welches auf diesem Wege zu bewältigen ist, nicht in Betracht kommen gegen den Widerstand, den man während der Arbeit antrifft, und nur soweit in Betracht kommen, als sie dem Widerstande notwendigerweise proportional sind. Es ist derselbe Vorgang, wie wenn jetzt eine feindliche Armee Wochen und Monate verbraucht, um eine Strecke Landes zu durchziehen, die sonst in friedlichen Zeiten in wenigen Schnellzugsstunden durchfahren wird, und die von der eigenen Armee kurz vorher in einigen Tagen zurückgelegt wurde.

Eine dritte Eigentümlichkeit der hier zu beschreibenden Analyse hat nur den Entschluß, sie mitzuteilen, weiterhin erschwert. Die Ergebnisse derselben haben sich im ganzen mit unserem bisherigen Wissen befriedigend gedeckt oder guten Anschluß daran gefunden. Manche Einzelheiten sind mir aber selbst so merkwürdig und unglaubwürdig erschienen, daß ich Bedenken trug, bei anderen um Glauben für sie zu werben. Ich habe den Patienten zur strengsten Kritik seiner Erinnerungen aufgefordert, aber er fand nichts Unwahrscheinliches an seinen Aussagen und hielt an ihnen fest. Die Leser mögen wenigstens überzeugt sein, daß ich selbst nur berichte, was mir als unabhängiges Erlebnis, unbeeinflußt durch meine Erwartung, entgegengetreten ist. So blieb mir denn nichts übrig, als mich des weisen Wortes zu erinnern, es gebe mehr Dinge zwischen Himmel und Erde, als unsere Schulweisheit sich träumen läßt[2]. Wer es verstünde, seine mitgebrachten Überzeugungen noch gründlicher auszuschalten, könnte gewiß noch mehr von solchen Dingen entdecken[3].

---

[1] [Die Festlegung eines Abschlußtermins in einer Analyse war eine technische Neuerung, die Freud in diesem Fall einführte.]
[2] [Vgl. *Hamlet*, Akt I, Szene 5.]
[3] [Die recht komplizierte Chronologie des Falles wird klarer, wenn man die Anmerkung auf S. 230–31 zu Rate zieht.]

II

ÜBERSICHT DES MILIEUS
UND DER KRANKENGESCHICHTE

Ich kann die Geschichte meines Patienten weder rein historisch noch rein pragmatisch schreiben, kann weder eine Behandlungs- noch eine Krankengeschichte geben, sondern werde mich genötigt sehen, die beiden Darstellungsweisen miteinander zu kombinieren. Es hat sich bekanntlich kein Weg gefunden, um die aus der Analyse resultierende Überzeugung in der Wiedergabe derselben irgendwie unterzubringen. Erschöpfende protokollarische Aufnahmen der Vorgänge in den Analysenstunden würden sicherlich nichts dazu leisten; ihre Anfertigung ist auch durch die Technik der Behandlung ausgeschlossen. Man publiziert also solche Analysen nicht, um Überzeugung bei denen hervorzurufen, die sich bisher abweisend und ungläubig verhalten haben. Man erwartet nur solchen Forschern etwas Neues zu bringen, die sich durch eigene Erfahrungen an Kranken bereits Überzeugungen erworben haben.

Ich werde damit beginnen, die Welt des Kindes zu schildern und von seiner Kindheitsgeschichte mitzuteilen, was ohne Anstrengung zu erfahren war und mehrere Jahre hindurch nicht vollständiger und nicht durchsichtiger wurde.

Jung verheiratete Eltern, die noch eine glückliche Ehe führen, auf welche bald ihre Erkrankungen die ersten Schatten werfen, die Unterleibskrankheiten der Mutter und die ersten Verstimmungsanfälle des Vaters, die seine Abwesenheit vom Hause zur Folge hatten. Die Krankheit des Vaters lernt der Patient natürlich erst sehr viel später verstehen, die Kränklichkeit der Mutter wird ihm schon in frühen Kinderjahren bekannt. Sie gab sich darum verhältnismäßig wenig mit den Kindern ab. Eines Tages, gewiß vor seinem vierten Jahr[1], hört er, von der Mutter an der Hand geführt, die Klagen der Mutter an den Arzt mit an, den sie vom Hause weg begleitet, und prägt sich ihre Worte ein, um sie später für sich selbst zu verwenden [vgl. S. 192]. Er ist nicht das einzige Kind; vor ihm steht eine um zwei Jahre ältere Schwester, lebhaft, begabt und voreilig schlimm, der eine große Rolle in seinem Leben zufällt.

---

[1] [S. Seite 192, Anm. In den Ausgaben vor 1924 hieß es: »vielleicht in seinem sechsten Jahr«.]

Übersicht des Milieus und der Krankengeschichte

Eine Kinderfrau betreut ihn, soweit er sich zurückerinnert, ein ungebildetes altes Weib aus dem Volke, von unermüdlicher Zärtlichkeit für ihn. Er ist ihr der Ersatz für einen eigenen früh verstorbenen Sohn. Die Familie lebt auf einem Landgut, welches im Sommer mit einem anderen vertauscht wird. Die große Stadt ist von beiden Gütern nicht weit. Es ist ein Abschnitt in seiner Kindheit, als die Eltern die Güter verkaufen und in die Stadt ziehen. Nahe Verwandte halten sich oft für lange Zeiten auf diesem oder jenem Gut auf, Brüder des Vaters, Schwestern der Mutter und deren Kinder, die Großeltern von Mutterseite. Im Sommer pflegen die Eltern auf einige Wochen zu verreisen. Eine Deckerinnerung zeigt ihm, wie er mit seiner Kinderfrau dem Wagen nachschaut, der Vater, Mutter und Schwester entführt, und darauf friedlich ins Haus zurückgeht. Er muß damals sehr klein gewesen sein[1]. Im nächsten Sommer wurde die Schwester zu Hause gelassen und eine englische Gouvernante aufgenommen, der die Oberaufsicht über die Kinder zufiel.
In späteren Jahren war ihm viel von seiner Kindheit erzählt worden[2]. Vieles wußte er selbst, aber natürlich ohne zeitlichen oder inhaltlichen Zusammenhang. Eine dieser Überlieferungen, die aus Anlaß seiner späteren Erkrankung ungezählte Male vor ihm wiederholt worden war, macht uns mit dem Problem bekannt, dessen Lösung uns beschäftigen wird. Er soll zuerst ein sehr sanftes, gefügiges und eher ruhiges Kind gewesen sein, so daß man zu sagen pflegte, er hätte das Mädchen werden sollen und die ältere Schwester der Bub. Aber einmal, als die Eltern von der Sommerreise zurückkamen, fanden sie ihn verwandelt. Er war unzufrieden, reizbar, heftig geworden, fand sich durch jeden Anlaß gekränkt, tobte dann und schrie wie ein Wilder, so daß die Eltern, als der Zustand andauerte, die Besorgnis äußerten, es werde nicht möglich sein, ihn später einmal in die Schule zu schicken. Es war der Sommer, in dem die englische Gouvernante anwesend war, die sich als eine närrische, unverträgliche, übrigens dem Trunke ergebene Person erwies. Die Mutter war darum geneigt, die Charakterveränderung des Knaben mit der

[1] 2½ Jahre. Fast alle Zeiten ließen sich später mit Sicherheit bestimmen.
[2] Mitteilungen solcher Art darf man in der Regel als Material von uneingeschränkter Glaubwürdigkeit verwerten. Es läge darum nahe, die Lücken in der Erinnerung des Patienten durch Erkundigungen bei den älteren Familienmitgliedern mühelos auszufüllen, allein ich kann nicht entschieden genug von solcher Technik abraten. Was die Angehörigen über Befragen und Aufforderung erzählen, unterliegt allen kritischen Bedenken, die in Betracht kommen können. Man bedauert es regelmäßig, sich von diesen Auskünften abhängig gemacht zu haben, hat dabei das Vertrauen in die Analyse gestört und eine andere Instanz über sie gesetzt. Was überhaupt erinnert werden kann, kommt im weiteren Verlauf der Analyse zum Vorschein.

Einwirkung dieser Engländerin zusammenzubringen, und nahm an, sie habe ihn durch ihre Behandlung gereizt. Die scharfsichtige Großmutter, die den Sommer mit den Kindern geteilt hatte, vertrat die Ansicht, daß die Reizbarkeit des Knaben durch die Zwistigkeiten zwischen der Engländerin und der Kinderfrau hervorgerufen sei. Die Engländerin hatte die Kinderfrau wiederholt eine Hexe geheißen, sie gezwungen, das Zimmer zu verlassen; der Kleine hatte offen die Partei seiner geliebten »Nanja« genommen und der Gouvernante seinen Haß bezeigt. Wie dem sein mochte, die Engländerin wurde bald nach der Rückkehr der Eltern weggeschickt, ohne daß sich am unleidlichen Wesen des Kindes etwas änderte.

Die Erinnerung an diese schlimme Zeit ist bei dem Patienten erhalten geblieben. Er meint, die erste seiner Szenen habe er gemacht, als er einmal zu Weihnachten nicht doppelt beschenkt wurde, wie ihm gebührt hätte, weil der Weihnachtstag gleichzeitig sein Geburtstag war. Mit seinen Ansprüchen und Empfindlichkeiten verschonte er auch die geliebte Nanja nicht, ja quälte vielleicht sie am unerbittlichsten. Aber diese Phase der Charakterveränderung ist in seiner Erinnerung unlösbar verknüpft mit vielen anderen sonderbaren und krankhaften Erscheinungen, die er zeitlich nicht anzuordnen weiß. Er wirft all das, was jetzt berichtet werden soll, was unmöglich gleichzeitig gewesen sein kann und voll inhaltlichen Widerspruchs ist, in einen und denselben Zeitraum, den er »noch auf dem ersten Gut« benennt. Mit fünf Jahren, glaubt er, hätten sie dieses Gut verlassen[1]. Er weiß also zu erzählen, daß er an einer Angst gelitten, welche sich seine Schwester zunutze machte, um ihn zu quälen. Es gab ein gewisses Bilderbuch, in dem ein Wolf dargestellt war, aufrecht stehend und ausschreitend. Wenn er dieses Bild zu Gesicht bekam, fing er an wie rasend zu schreien, er fürchtete sich, der Wolf werde kommen und ihn auffressen. Die Schwester wußte es aber immer so einzurichten, daß er dieses Bild sehen mußte, und ergötzte sich an seinem Schrecken. Er fürchtete sich indes auch vor anderen Tieren, großen und kleinen. Einmal jagte er einem schönen großen Schmetterling mit gelb gestriften Flügeln, die in Zipfel ausliefen, nach, um ihn zu fangen. (Es war wohl ein »Schwalbenschwanz«[2].) Plötzlich faßte ihn entsetzliche Angst vor

---

[1] [Der Patient dachte dabei wahrscheinlich an das Gut, auf dem die Familie den größten Teil des Jahres zu verbringen pflegte (vgl. S. 135). Einige Zeit später wurden die beiden Familiengüter verkauft und ein neues Gut erworben, wie Freud seinen englischen Übersetzern, Alix und James Strachey, berichtete (vgl. S. 206).]
[2] [Hier und zu Beginn von Abschnitt VIII, unten, hieß es in den Ausgaben vor 1924 »Admiral«.]

dem Tier, er gab die Verfolgung schreiend auf. Auch vor Käfern und Raupen hatte er Angst und Abscheu. Doch wußte er sich zu erinnern, daß er um dieselbe Zeit Käfer gequält und Raupen zerschnitten; auch Pferde waren ihm unheimlich. Wenn ein Pferd geschlagen wurde, schrie er auf und mußte deswegen einmal den Zirkus verlassen. Anderemale liebte er es selbst, Pferde zu schlagen. Ob diese entgegengesetzten Arten des Verhaltens gegen Tiere wirklich gleichzeitig in Kraft gewesen oder ob sie einander nicht vielmehr abgelöst hatten, dann aber, in welcher Folge und wann, das ließ seine Erinnerung nicht entscheiden. Er konnte auch nicht sagen, ob seine schlimme Zeit durch eine Phase von Krankheit ersetzt worden war oder sich durch diese hindurch fortgesetzt hatte. Jedenfalls war man durch seine nun folgenden Mitteilungen zur Annahme berechtigt, daß er in jenen Kinderjahren eine sehr gut kenntliche Erkrankung an Zwangsneurose durchgemacht hatte. Er erzählte, er sei eine lange Zeit hindurch sehr fromm gewesen. Vor dem Einschlafen mußte er lange beten und eine unendliche Reihe von Kreuzen schlagen. Er pflegte auch abends mit einem Sessel, auf den er stieg, die Runde vor allen Heiligenbildern zu machen, die im Zimmer hingen, und jedes einzelne andächtig zu küssen. Zu diesem frommen Zeremoniell stimmte es dann sehr schlecht – oder vielleicht doch ganz gut –, daß er sich an gotteslästerliche Gedanken erinnerte, die ihm wie eine Eingebung des Teufels in den Sinn kamen. Er mußte denken: Gott – Schwein oder Gott – Kot. Irgendeinmal auf einer Reise in einen deutschen Badeort war er von dem Zwang gequält, an die heilige Dreieinigkeit zu denken, wenn er drei Häufchen Pferdemist oder anderen Kot auf der Straße liegen sah. Damals befolgte er auch ein eigentümliches Zeremoniell, wenn er Leute sah, die ihm leid taten, Bettler, Krüppel, Greise. Er mußte geräuschvoll ausatmen, um nicht so zu werden wie sie, unter gewissen anderen Bedingungen auch den Atem kräftig einziehen. Es lag mir natürlich nahe anzunehmen, daß diese deutlich zwangsneurotischen Symptome einer etwas späteren Zeit und Entwicklungsstufe angehörten als die Zeichen von Angst und die grausamen Handlungen gegen Tiere.

Die reiferen Jahre des Patienten waren durch ein sehr ungünstiges Verhältnis zu seinem Vater bestimmt, der damals nach wiederholten Anfällen von Depression die krankhaften Seiten seines Charakters nicht verbergen konnte. In den ersten Kinderjahren war dies Verhältnis ein sehr zärtliches gewesen, wie die Erinnerung des Sohnes bewahrt hatte. Der Vater hatte ihn sehr lieb und spielte gerne mit ihm. Er war von klein auf stolz auf den Vater und äußerte nur, er wolle so ein Herr werden wie der. Die Nanja hatte ihm gesagt, die Schwester sei das Kind der Mutter, er aber das des Vaters, womit er sehr zufrieden war. Zu Ausgang der Kindheit war eine Entfremdung zwischen ihm und dem Vater eingetreten. Der Vater zog die Schwester unzweifelhaft vor, und er war sehr gekränkt darüber. Später wurde die Angst vor dem Vater dominierend.

Gegen das achte Jahr etwa verschwanden alle die Erscheinungen, die der Patient der mit der Schlimmheit beginnenden Lebensphase zurechnet. Sie verschwanden nicht mit einem Schlage, sondern kehrten einige Male wieder, wichen aber endlich, wie der Kranke meint, dem Einfluß der Lehrer und Erzieher, die dann an die Stelle der weiblichen Pflegepersonen traten. Dies also sind im knappsten Umriß die Rätsel, deren Lösung der Analyse aufgegeben wurde: Woher rührte die plötzliche Charakterveränderung des Knaben, was bedeuteten seine Phobie und seine Perversitäten, wie kam er zu seiner zwanghaften Frömmigkeit, und wie hängen alle diese Phänomene zusammen? Ich erinnere nochmals daran, daß unsere therapeutische Arbeit einer späteren rezenten neurotischen Erkrankung galt und daß Aufschlüsse über jene früheren Probleme sich nur ergeben konnten, wenn der Verlauf der Analyse für eine Zeit von der Gegenwart abführte, um uns zu dem Umweg durch die kindliche Urzeit zu nötigen.

III

DIE VERFÜHRUNG UND IHRE NÄCHSTEN FOLGEN

Die nächste Vermutung richtete sich begreiflicherweise gegen die englische Gouvernante, während deren Anwesenheit die Veränderung des Knaben aufgetreten war. Es waren zwei an sich unverständliche Deckerinnerungen erhalten, die sich auf sie bezogen. Sie hatte einmal, als sie vorausging, zu den Nachkommenden gesagt: Schauen Sie doch auf mein Schwänzchen! Ein andermal war ihr auf einer Fahrt der Hut weggeflogen zur großen Befriedigung der Geschwister. Das deutete auf den Kastrationskomplex hin und gestattete etwa die Konstruktion, eine von ihr an den Knaben gerichtete Drohung hätte zur Entstehung seines abnormen Benehmens viel beigetragen. Es ist ganz ungefährlich, solche Konstruktionen den Analysierten mitzuteilen, sie schaden der Analyse niemals, wenn sie irrig sind, und man spricht sie doch nicht aus, wenn man nicht Aussicht hat, irgendeine Annäherung an die Wirklichkeit durch sie zu erreichen. Als nächste Wirkung dieser Aufstellung traten Träume auf, deren Deutung nicht vollkommen gelang, die aber immer um denselben Inhalt zu spielen schienen. Es handelte sich in ihnen, soweit man sie verstehen konnte, um aggressive Handlungen des Knaben gegen die Schwester oder gegen die Gouvernante und um energische Zurechtweisungen und Züchtigungen dafür. Als hätte er ... nach dem Bad ... die Schwester entblößen ... ihr die Hüllen ... oder Schleier ... abreißen wollen und ähnliches. Es gelang aber nicht, aus der Deutung einen sicheren Inhalt zu gewinnen, und als man den Eindruck empfangen hatte, es werde in diesen Träumen das nämliche Material in immer wieder wechselnder Weise verarbeitet, war die Auffassung dieser angeblichen Reminiszenzen gesichert. Es konnte sich nur um Phantasien handeln, die der Träumer irgendeinmal, wahrscheinlich in den Pubertätsjahren, über seine Kindheit gemacht hatte und die jetzt in so schwer kenntlicher Form wieder aufgetaucht waren.
Ihr Verständnis ergab sich mit einem Schlage, als der Patient sich plötzlich der Tatsache besann, die Schwester habe ihn ja, »als er noch sehr klein war, auf dem ersten Gut«, zu sexuellen Tätlichkeiten verführt. Zunächst kam die Erinnerung, daß sie auf dem Abort, den die Kinder häufig gemeinsam benützten, die Aufforderung vorgebracht: Wollen

wir uns den Popo zeigen, und dem Wort auch die Tat habe folgen lassen. Späterhin stellte sich das Wesentlichere der Verführung mit allen Einzelheiten der Zeit und der Lokalität ein. Es war im Frühjahr, zu einer Zeit, da der Vater abwesend war; die Kinder spielten auf dem Boden in einem Raum, während im benachbarten die Mutter arbeitete. Die Schwester hatte nach seinem Glied gegriffen, damit gespielt und dabei unbegreifliche Dinge über die Nanja wie zur Erklärung gesagt. Die Nanja tue dasselbe mit allen Leuten, z. B. mit dem Gärtner, sie stelle ihn auf den Kopf und greife dann nach seinen Genitalien.

Damit war das Verständnis der vorhin erratenen Phantasien gegeben. Sie sollten die Erinnerung an einen Vorgang, welcher später dem männlichen Selbstgefühl des Patienten anstößig erschien, verlöschen, und erreichten dieses Ziel, indem sie einen Wunschgegensatz an Stelle der historischen Wahrheit setzten. Nach diesen Phantasien hatte nicht er die passive Rolle gegen die Schwester gespielt, sondern im Gegenteile, er war aggressiv gewesen, hatte die Schwester entblößt sehen wollen, war zurückgewiesen und bestraft worden und darum in die Wut geraten, von der die häusliche Tradition soviel erzählte. Zweckmäßig war es auch, die Gouvernante in diese Dichtung zu verweben, der nun einmal von Mutter und Großmutter die Hauptschuld an seinen Wutanfällen zugeteilt wurde. Diese Phantasien entsprachen also genau der Sagenbildung, durch welche eine später große und stolze Nation die Kleinheit und das Mißgeschick ihrer Anfänge zu verhüllen sucht[1].

In Wirklichkeit konnte die Gouvernante an der Verführung und ihren Folgen nur einen sehr entlegenen Anteil haben. Die Szenen mit der Schwester fanden im Frühjahr des nämlichen Jahres statt, in dessen Hochsommermonaten die Engländerin als Ersatz der abwesenden Eltern eintrat. Die Feindseligkeit des Knaben gegen die Gouvernante kam vielmehr auf eine andere Weise zustande. Indem sie die Kinderfrau beschimpfte und als Hexe verleumdete, trat sie bei ihm in die Fußstapfen der Schwester, die zuerst jene ungeheuerlichen Dinge von der Kinderfrau erzählt hatte, und gestattete ihm so, an ihr die Abneigung zum Vorschein zu bringen, die sich infolge der Verführung, wie wir hören werden, gegen die Schwester entwickelt hatte.

Die Verführung durch die Schwester war aber gewiß keine Phantasie. Ihre Glaubwürdigkeit wurde durch eine niemals vergessene Mitteilung aus späteren, reifen Jahren erhöht. Ein um mehr als ein Jahrzehnt älte-

---

[1] [S. die ausführlichere Erörterung dieses Punktes in Freuds Studie über Leonardo da Vinci (1910c; zu Anfang des Kap. II; *Studienausgabe*, Bd. 10, S. 110f.).]

rer Vetter hatte ihm in einem Gespräch über die Schwester gesagt, er erinnere sich sehr wohl daran, was für ein vorwitzig sinnliches Ding sie gewesen sei. Als Kind von vier oder fünf Jahren habe sie sich einmal auf seinen Schoß gesetzt und ihm die Hose geöffnet, um nach seinem Glied zu greifen.

Ich möchte jetzt die Kindergeschichte meines Patienten unterbrechen, um von dieser Schwester, ihrer Entwicklung, weiteren Schicksalen und von ihrem Einfluß auf ihn zu sprechen. Sie war zwei Jahre älter als er und ihm immer vorausgeblieben. Als Kind bubenhaft unbändig, schlug sie dann eine glänzende intellektuelle Entwicklung ein, zeichnete sich durch scharfen realistischen Verstand aus, bevorzugte die Naturwissenschaften in ihren Studien, produzierte aber auch Gedichte, die der Vater hoch einschätzte. Ihren zahlreichen ersten Bewerbern war sie geistig sehr überlegen, pflegte sich über sie lustig [zu] machen. In den ersten Zwanzigerjahren aber begann sie verstimmt zu werden, klagte, daß sie nicht schön genug sei, und zog sich von allem Umgang zurück. Auf eine Reise in Begleitung einer befreundeten älteren Dame geschickt, erzählte sie nach ihrer Heimkehr ganz unwahrscheinliche Dinge, wie sie von ihrer Begleiterin mißhandelt worden sei, blieb aber an die vorgebliche Peinigerin offenbar fixiert. Auf einer zweiten Reise bald nachher vergiftete sie sich und starb fern vom Hause. Wahrscheinlich entsprach ihre Affektion dem Beginne einer Dementia praecox. Sie war eine der Zeugen für die ansehnliche neuropathische Heredität in der Familie, keineswegs aber die einzige. Ein Onkel, Vaterbruder, starb nach langen Jahren einer Sonderlingsexistenz unter Zeichen, die auf eine schwere Zwangsneurose schließen lassen; eine gute Anzahl von Seitenverwandten war und ist mit leichteren nervösen Störungen behaftet.

Für unseren Patienten war die Schwester in der Kindheit – von der Verführung zunächst abgesehen – ein unbequemer Konkurrent um die Geltung bei den Eltern, dessen schonungslos gezeigte Überlegenheit er sehr drückend empfand. Er neidete ihr dann besonders den Respekt, den der Vater vor ihren geistigen Fähigkeiten und intellektuellen Leistungen bezeugte, während er, seit seiner Zwangsneurose intellektuell gehemmt, sich mit einer geringen Einschätzung begnügen mußte. Von seinem vierzehnten Jahr an begann das Verhältnis der Geschwister sich zu bessern; ähnliche geistige Anlage und gemeinsame Opposition gegen die Eltern führten sie so weit zusammen, daß sie wie die besten Kameraden miteinander verkehrten. In der stürmischen sexuellen Erregtheit seiner Pubertätszeit wagte er es, eine intime körperliche Annäherung bei ihr zu suchen. Als sie ihn ebenso entschieden als geschickt abgewiesen hatte, wandte er sich von ihr sofort zu einem kleinen Bauernmädchen, das im Hause bedienstet war und den gleichen Namen wie die Schwester trug. Er hatte damit einen für seine heterosexuelle Objektwahl bestimmenden Schritt vollzogen, denn alle die Mädchen, in die er sich dann später, oft unter den deutlichsten Anzeichen des Zwanges, verliebte, waren gleichfalls dienende Personen, deren Bildung und Intelligenz weit hinter der seinigen zurückstehen mußten. Waren alle diese Liebesobjekte Ersatzpersonen für die ihm versagte Schwester, so ist nicht abzuweisen, daß eine Tendenz zur Erniedrigung der Schwester, zur Aufhebung ihrer intellektuellen Überlegenheit, die ihn einst so bedrückt hatte, dabei die Entscheidung über seine Objektwahl bekam[1].

Motiven dieser Art, die dem Willen zur Macht, dem Behauptungstrieb des Individuums entstammen, hat Alf. Adler wie alles andere so auch das sexuelle Verhalten der Menschen untergeordnet. Ich bin, ohne die Geltung solcher Macht- und Vorrechtsmotive je zu leugnen, nie davon überzeugt gewesen, daß sie die ihnen zugeschriebene dominierende und ausschließliche Rolle spielen können. Hätte ich die Analyse meines Patienten nicht bis zu Ende geführt, so hätte ich die Beobachtung dieses Falles zum Anlaß nehmen müssen, um eine Korrektur meines Vorurteils im Sinne von Adler vorzunehmen. Unerwarteterweise brachte der Schluß dieser Analyse neues Material, aus dem sich wiederum ergab, daß diese Machtmotive (in unserem Falle die Erniedrigungstendenz) die Objektwahl nur im Sinne eines Beitrags und einer Rationalisierung bestimmt hatten, während die eigentliche, tiefere Determinierung mir gestattete, an meinen früheren Überzeugungen festzuhalten[2].

Als die Nachricht vom Tode der Schwester anlangte, erzählte der Patient, empfand er kaum eine Andeutung von Schmerz. Er zwang sich zu Zeichen von Trauer und konnte sich in aller Kühle darüber freuen, daß er jetzt der alleinige Erbe des Vermögens geworden sei. Er befand sich schon seit mehreren Jahren in seiner rezenten Krankheit, als sich dies zutrug. Ich gestehe aber, daß diese eine Mitteilung mich in der diagnostischen Beurteilung des Falles für eine ganze Weile unsicher machte. Es war zwar anzunehmen, daß der Schmerz über den Verlust des geliebtesten Mitglieds seiner Familie eine Ausdruckshemmung durch die fortwirkende Eifersucht gegen sie und durch die Einmengung der unbewußt

---

[1] [Vgl. Freuds frühere Bearbeitung dieses Themas (1912 d).]
[2] S. unten S. 207. [Eine ausführlichere Diskussion der Ansichten Adlers findet sich in Teil III von Freuds Schrift ›Zur Geschichte der psychoanalytischen Bewegung‹ (1914 d).]

Die Verführung und ihre nächsten Folgen

gewordenen inzestuösen Verliebtheit erfahren würde, aber auf einen Ersatz für den unterbliebenen Schmerzausbruch vermochte ich nicht zu verzichten. Ein solcher fand sich endlich in einer anderen, ihm unverständlich gebliebenen Gefühlsäußerung. Wenige Monate nach dem Tode der Schwester machte er selbst eine Reise in die Gegend, wo sie gestorben war, suchte dort das Grab eines großen Dichters auf, der damals sein Ideal war, und vergoß heiße Tränen auf diesem Grabe. Dies war eine auch ihn befremdende Reaktion, denn er wußte, daß mehr als zwei Menschenalter seit dem Tode des verehrten Dichters dahingegangen waren. Er verstand sie erst, als er sich erinnerte, daß der Vater die Gedichte der verstorbenen Schwester mit denen des großen Poeten in Vergleich zu bringen pflegte. Einen anderen Hinweis auf die richtige Auffassung dieser scheinbar an den Dichter gerichteten Huldigung hatte er mir durch einen Irrtum in seiner Erzählung gegeben, den ich an dieser Stelle hervorziehen konnte. Er hatte vorher wiederholt angegeben, daß sich die Schwester erschossen habe, und mußte dann berichtigen, daß sie Gift genommen hatte. Der Poet aber war in einem Pistolenduell erschossen worden[1].

Ich kehre nun zur Geschichte des Bruders zurück, die ich aber von hier ein Stück weit pragmatisch darstellen muß. Als das Alter des Knaben zur Zeit, da die Schwester ihre Verführungsaktionen begann, stellte sich 3¹/₄ Jahre[2] heraus. Es geschah, wie gesagt, im Frühjahr desselben Jahres, in dessen Herbst die Eltern ihn bei ihrer Rückkehr so gründlich verwandelt fanden. Es liegt nun sehr nahe, diese Wandlung mit der unterdes stattgehabten Erweckung seiner Sexualtätigkeit in Zusammenhang zu bringen.

Wie reagierte der Knabe auf die Verlockungen der älteren Schwester? Die Antwort lautet: mit Ablehnung, aber die Ablehnung galt der Person, nicht der Sache. Die Schwester war ihm als Sexualobjekt nicht genehm, wahrscheinlich, weil sein Verhältnis zu ihr bereits durch den Wettbewerb um die Liebe der Eltern im feindseligen Sinne bestimmt war. Er wich ihr aus, und ihre Werbungen nahmen auch bald ein Ende. Aber er suchte an ihrer Statt eine andere, geliebtere Person zu gewinnen, und Mitteilungen der Schwester selbst, die sich auf das Vorbild der Nanja berufen hatte, lenkten seine Wahl auf diese. Er begann also vor der Nanja mit seinem Glied zu spielen, was, wie in so vielen anderen Fällen, wenn die Kinder die Onanie nicht verbergen, als Verführungs-

---
[1] [Nach Bestätigung des Wolfmanns selbst: Lermontow.]
[2] [In den Ausgaben vor 1924 hieß es an dieser Stelle: »3¹/₄–3¹/₂ Jahre«.]

versuch aufgefaßt werden muß. Die Nanja enttäuschte ihn, sie machte ein ernstes Gesicht und erklärte, das sei nicht gut. Kinder, die das täten, bekämen an der Stelle eine »Wunde«.

Die Wirkung dieser Mitteilung, die einer Drohung gleichkam, ist nach verschiedenen Richtungen zu verfolgen. Seine Anhänglichkeit an die Nanja wurde dadurch gelockert. Er hätte böse auf sie werden können; später, als seine Wutanfälle einsetzten, zeigte es sich auch, daß er wirklich gegen sie erbittert war. Allein es war für ihn charakteristisch, daß er jede Libidoposition, die er aufgeben sollte, zunächst hartnäckig gegen das Neue verteidigte. Als die Gouvernante auf dem Schauplatz erschien und die Nanja beschimpfte, aus dem Zimmer jagte, ihre Autorität vernichten wollte, übertrieb er vielmehr seine Liebe zu der Bedrohten und benahm sich abweisend und trotzig gegen die angreifende Gouvernante. Nichtsdestoweniger begann er im geheimen ein anderes Sexualobjekt zu suchen. Die Verführung hatte ihm das passive Sexualziel gegeben, an den Genitalien berührt zu werden; wir werden hören, bei wem er dies erreichen wollte und welche Wege ihn zu dieser Wahl führten.

Es entspricht ganz unseren Erwartungen, wenn wir hören, daß mit seinen ersten genitalen Erregungen seine Sexualforschung einsetzte und daß er bald auf das Problem der Kastration geriet. Er konnte in dieser Zeit zwei Mädchen, seine Schwester und ihre Freundin, beim Urinieren beobachten. Sein Scharfsinn hätte ihn schon bei diesem Anblicke den Sachverhalt verstehen lassen können, allein er benahm sich dabei, wie wir es von anderen männlichen Kindern wissen. Er lehnte die Idee, daß er hier die von der Nanja angedrohte Wunde bestätigt sehe, ab, und gab sich die Erklärung, das sei der »vordere Popo« der Mädchen. Das Thema der Kastration war mit dieser Entscheidung nicht abgetan; aus allem, was er hörte, entnahm er neue Hindeutungen darauf. Als den Kindern einmal gefärbte Zuckerstangen verteilt wurden, erklärte die Gouvernante, die zu wüsten Phantasien geneigt war, es seien Stücke von zerschnittenen Schlangen. Von da aus erinnerte er sich, daß der Vater einmal auf einem Spazierweg eine Schlange getroffen und sie mit seinem Stocke in Stücke zerschlagen habe. Er hörte die Geschichte (aus *Reineke Fuchs*) vorlesen, wie der Wolf im Winter Fische fangen wollte und seinen Schwanz als Köder benützte, wobei der Schwanz im Eis abbrach. Er erfuhr die verschiedenen Namen, mit denen man je nach der Intaktheit ihres Geschlechts die Pferde bezeichnet. Er war also mit dem Gedanken an die Kastration beschäftigt, aber er hatte noch keinen Glauben daran und keine Angst davor. Andere Sexualprobleme erstanden ihm aus den

Die Verführung und ihre nächsten Folgen

Märchen, die ihm um diese Zeit bekannt wurden. Im »Rotkäppchen« und in den »Sieben Geißlein« wurden die Kinder aus dem Leib des Wolfs herausgeholt. War der Wolf also ein weibliches Wesen oder konnten auch Männer Kinder im Leib haben? Das war um diese Zeit noch nicht entschieden. Übrigens kannte er zur Zeit dieser Forschung noch keine Angst vor dem Wolf.

Eine der Mitteilungen des Patienten wird uns den Weg zum Verständnis der Charakterveränderung bahnen, die während der Abwesenheit der Eltern im entferntern Anschluß an die Verführung bei ihm hervortrat. Er erzählt, daß er nach der Abweisung und Drohung der Nanja die Onanie sehr bald aufgab. *Das beginnende Sexualleben unter der Leitung der Genitalzone war also einer äußeren Hemmung erlegen und durch deren Einfluß auf eine frühere Phase prägenitaler Organisation zurückgeworfen worden.* Infolge der Unterdrückung der Onanie nahm das Sexualleben des Knaben sadistisch-analen Charakter an. Er wurde reizbar, quälerisch, befriedigte sich in solcher Weise an Tieren und Menschen. Sein Hauptobjekt war die geliebte Nanja, die er zu peinigen verstand, bis sie in Tränen ausbrach. So rächte er sich an ihr für die erfahrene Abweisung und befriedigte gleichzeitig sein sexuelles Gelüste in der der regressiven Phase entsprechenden Form. Er begann Grausamkeit gegen kleine Tiere zu üben, Fliegen zu fangen, um ihnen die Flügel auszureißen, Käfer zu zertreten; in seiner Phantasie liebte er es, auch große Tiere, Pferde, zu schlagen. Das waren also durchwegs aktive, sadistische Betätigungen; von den analen Regungen dieser Zeit wird in einem späteren Zusammenhange die Rede sein.

Es ist sehr wertvoll, daß in der Erinnerung des Patienten auch gleichzeitige Phantasien ganz anderer Art auftauchten, des Inhalts, daß Knaben gezüchtigt und geschlagen wurden, besonders auf den Penis geschlagen; und für wen diese anonymen Objekte als Prügelknaben dienten, läßt sich leicht aus anderen Phantasien erraten, die sich ausmalten, wie der Thronfolger in einen engen Raum eingesperrt und geschlagen wird. Der Thronfolger war offenbar er selbst; der Sadismus hatte sich also in der Phantasie gegen die eigene Person gewendet und war in Masochismus umgeschlagen. Das Detail, daß das Geschlechtsglied selbst die Züchtigung empfing, läßt den Schluß zu, daß bei dieser Umwandlung bereits ein Schuldbewußtsein beteiligt war, welches sich auf die Onanie berief [1].

---

[1] [Zum Thema Schlagephantasien s. Freud, 1919 e.]

Es blieb in der Analyse kein Zweifel, daß diese passiven Strebungen gleichzeitig oder sehr bald nach den aktiv-sadistischen aufgetreten waren[1]. Dies entspricht der ungewöhnlich deutlichen, intensiven und anhaltenden *Ambivalenz*[2] des Kranken, die sich hier zum erstenmal in der gleichmäßigen Ausbildung der gegensätzlichen Partialtriebpaare äußerte. Dieses Verhalten blieb für ihn auch in der Folge ebenso charakteristisch wie der weitere Zug, daß eigentlich keine der jemals geschaffenen Libidopositionen durch eine spätere völlig aufgehoben wurde. Sie blieb vielmehr neben allen anderen bestehen und gestattete ihm ein unausgesetztes Schwanken, welches sich mit dem Erwerb eines fixierten Charakters unvereinbar erwies.

Die masochistischen Strebungen des Knaben leiten zu einem anderen Punkt über, dessen Erwähnung ich mir aufgespart habe, weil er erst durch die Analyse der nächstfolgenden Phase seiner Entwicklung sichergestellt werden kann. Ich erwähnte schon, daß er nach der Abweisung durch die Nanja seine libidinöse Erwartung von ihr löste und eine andere Person als Sexualobjekt in Aussicht nahm. Diese Person war der damals abwesende Vater. Zu dieser Wahl wurde er gewiß durch ein Zusammentreffen von Momenten geführt, auch durch zufällige wie die Erinnerung an die Zerstückelung der Schlange; vor allem aber erneuerte er damit seine erste und ursprünglichste Objektwahl, die sich dem Narzißmus des kleinen Kindes entsprechend auf dem Wege der Identifizierung vollzogen hatte[3]. Wir haben schon gehört, daß der Vater sein bewundertes Vorbild gewesen war, daß er, gefragt, was er werden wollte, zu antworten pflegte: ein Herr wie der Vater. Dies Identifizierungsobjekt seiner aktiven Strömung wurde nun das Sexualobjekt einer passiven Strömung in der sadistisch-analen Phase. Es macht den Eindruck, als hätte ihn die Verführung durch die Schwester in die passive Rolle gedrängt und ihm ein passives Sexualziel gegeben. Unter dem fortwirkenden Einfluß dieses Erlebnisses beschrieb er nun den Weg von der Schwester über die Nanja zum Vater, von der passiven Einstellung zum Weib bis zu der zum Manne und hatte dabei doch die Anknüpfung an seine

---

[1] Unter passiven Strebungen verstehe ich solche mit passivem Sexualziel, habe aber dabei nicht etwa eine Triebverwandlung, sondern nur eine Zielverwandlung im Auge.
[2] [Dies ist eine ungewöhnliche Verwendung des Terminus »Ambivalenz«; Freud gebrauchte ihn im allgemeinen im Sinne eines Schwankens der Gefühle zwischen Liebe und Haß.]
[3] [Eine ausführlichere Diskussion des Themas Identifizierung findet sich im Kap. VII der *Massenpsychologie* (1921 c).]

frühere spontane Entwicklungsphase gefunden. Der Vater war jetzt wieder sein Objekt, die Identifizierung war der höheren Entwicklung entsprechend durch Objektwahl abgelöst, die Verwandlung der aktiven in eine passive Einstellung war der Erfolg und das Zeichen der dazwischen vorgefallenen Verführung. Eine aktive Einstellung gegen den übermächtigen Vater in der sadistischen Phase wäre natürlich nicht so leicht durchführbar gewesen. Als der Vater im Spätsommer oder Herbst zurückkam, bekamen seine Wutanfälle und Tobszenen eine neue Verwendung. Gegen die Nanja hatten sie aktiv-sadistischen Zwecken gedient; gegen den Vater verfolgten sie masochistische Absichten. Er wollte durch die Vorführung seiner Schlimmheit Züchtigung und Schläge von seiten des Vaters erzwingen, sich so bei ihm die erwünschte masochistische Sexualbefriedigung holen. Seine Schreianfälle waren also geradezu Verführungsversuche. Der Motivierung des Masochismus entsprechend hätte er bei solcher Züchtigung auch die Befriedigung seines Schuldgefühls gefunden. Eine Erinnerung hat ihm aufbewahrt, wie er während einer solchen Szene von Schlimmheit sein Schreien verstärkt, sobald der Vater zu ihm kommt. Der Vater schlägt ihn aber nicht, sondern sucht ihn zu beschwichtigen, indem er mit den Polstern des Bettchens vor ihm Ball spielt.

Ich weiß nicht, wie oft die Eltern und Erzieher angesichts der unerklärlichen Schlimmheit des Kindes Anlaß hätten, sich dieses typischen Zusammenhanges zu erinnern. Das Kind, das sich so unbändig benimmt, legt ein Geständnis ab und will Strafe provozieren. Es sucht in der Züchtigung gleichzeitig die Beschwichtigung seines Schuldbewußtseins und die Befriedigung seiner masochistischen Sexualstrebung[1].

Die weitere Klärung unseres Krankheitsfalles verdanken wir nun der mit großer Bestimmtheit auftretenden Erinnerung, daß alle Angstsymptome erst von einem gewissen Vorfall an zu den Zeichen der Charakteränderung hinzugetreten seien. Vorher habe es keine Angst gegeben, und unmittelbar nach dem Vorfall habe sich die Angst in quälender Form geäußert. Der Zeitpunkt dieser Wandlung läßt sich mit Sicherheit angeben, es war knapp vor dem vierten Geburtstag. Die Kinderzeit, mit der wir uns beschäftigen wollten, zerlegt sich dank diesem Anhaltspunkte in zwei Phasen, eine erste der Schlimmheit und

---

[1] [Vgl. Freuds Darstellung des ›Verbrechers aus Schuldbewußtsein‹, die den Abschnitt III seiner Arbeit ›Einige Charaktertypen aus der psychoanalytischen Arbeit‹ bildet (1916 d).]

Perversität von der Verführung mit 3¼ Jahren bis zum vierten Geburtstag, und eine längere darauffolgende, in der die Zeichen der Neurose vorherrschen. Der Vorfall aber, der diese Scheidung gestattet, war kein äußeres Trauma, sondern ein Traum, aus dem er mit Angst erwachte.

IV

DER TRAUM UND DIE URSZENE[1]

Ich habe diesen Traum wegen seines Gehaltes an Märchenstoffen bereits an anderer Stelle publiziert[2] und werde zunächst das dort Mitgeteilte wiederholen:

»*Ich habe geträumt, daß es Nacht ist und ich in meinem Bett liege (mein Bett stand mit dem Fußende gegen das Fenster, vor dem Fenster befand sich eine Reihe alter Nußbäume. Ich weiß, es war Winter, als ich träumte, und Nachtzeit). Plötzlich geht das Fenster von selbst auf, und ich sehe mit großem Schrecken, daß auf dem großen Nußbaum vor dem Fenster ein paar weiße Wölfe sitzen. Es waren sechs oder sieben Stück. Die Wölfe waren ganz weiß und sahen eher aus wie Füchse oder Schäferhunde, denn sie hatten große Schwänze wie Füchse und ihre Ohren waren aufgestellt wie bei den Hunden, wenn sie auf etwas passen. Unter großer Angst, offenbar, von den Wölfen aufgefressen zu werden, schrie ich auf und erwachte.* Meine Kinderfrau eilte zu meinem Bett, um nachzusehen, was mit mir geschehen war. Es dauerte eine ganze Weile, bis ich überzeugt war, es sei nur ein Traum gewesen, so natürlich und deutlich war mir das Bild vorgekommen, wie das Fenster aufgeht und die Wölfe auf dem Baume sitzen. Endlich beruhigte ich mich, fühlte mich wie von einer Gefahr befreit und schlief wieder ein.

Die einzige Aktion im Traume war das Aufgehen des Fensters, denn die Wölfe saßen ganz ruhig ohne jede Bewegung auf den Ästen des Baumes, rechts und links vom Stamm und schauten mich an. Es sah so aus, als ob sie ihre ganze Aufmerksamkeit auf mich gerichtet hätten. – Ich glaube, dies war mein erster Angsttraum. Ich war damals drei, vier, höchstens fünf Jahre alt. Bis in mein elftes oder zwölftes Jahr hatte ich von da an immer Angst, etwas Schreckliches im Traume zu sehen.«

Er gibt dann noch eine Zeichnung des Baumes mit den Wölfen, die seine Beschreibung bestätigt [Fig. 5]. Die Analyse des Traumes fördert nachstehendes Material zutage.

---
[1] [S. unten S. 158, Anm. 2.]
[2] ›Märchenstoffe in Träumen‹ (1913 d).

Aus der Geschichte einer infantilen Neurose

Fig. 5

Er hat diesen Traum immer in Beziehung zu der Erinnerung gebracht, daß er in diesen Jahren der Kindheit eine ganz ungeheuerliche Angst vor dem Bild eines Wolfes in einem Märchenbuche zeigte. Die ältere, ihm recht überlegene Schwester pflegte ihn zu necken, indem sie ihm unter irgendeinem Vorwand gerade dieses Bild vorhielt, worauf er entsetzt zu schreien begann. Auf diesem Bild stand der Wolf aufrecht, mit einem Fuß ausschreitend, die Tatzen ausgestreckt und die Ohren aufgestellt. Er meint, dieses Bild habe als Illustration zum Märchen vom »Rotkäppchen« gehört.

Warum sind die Wölfe weiß? Das läßt ihn an die Schafe denken, von denen große Herden in der Nähe des Gutes gehalten wurden. Der Vater nahm ihn gelegentlich mit, diese Herden zu besuchen, und er war dann jedesmal sehr stolz und selig. Später – nach eingezogenen Erkundigungen kann es leicht kurz vor der Zeit dieses Traumes gewesen sein – brach unter diesen Schafen eine Seuche aus. Der Vater ließ einen Pasteurschüler kommen, der die Tiere impfte, aber sie starben nach der Impfung noch zahlreicher als vorher.

Wie kommen die Wölfe auf den Baum? Dazu fällt ihm eine Geschichte ein, die er den Großvater erzählen gehört. Er kann sich nicht erinnern, ob vor oder nach dem Traum, aber ihr Inhalt spricht entschieden für das erstere. Die Geschichte lautet: Ein Schneider sitzt in seinem Zimmer bei der Arbeit, da öffnet sich das Fenster und ein Wolf springt herein. Der Schneider schlägt mit der Elle nach ihm – nein, verbessert er sich, packt ihn beim Schwanz und reißt ihm diesen aus, so daß der Wolf erschreckt davonrennt. Eine Weile später geht der Schneider in den Wald und sieht plötzlich ein Rudel Wölfe herankommen, vor denen er sich auf einen Baum flüchtet. Die Wölfe sind zunächst ratlos, aber der Verstümmelte, der unter ihnen ist und sich am Schneider rächen will, macht den Vorschlag, daß einer auf den anderen steigen soll, bis der letzte den Schneider erreicht hat. Er selbst – es ist ein kräftiger Alter – will die Basis dieser Pyramide machen. Die Wölfe tun so, aber der Schneider hat den gezüchtigten Besucher erkannt und ruft plötzlich wie damals: Packt den Grauen beim Schwanz. Der schwanzlose Wolf erschrickt bei dieser Erinnerung, läuft davon, und die andern purzeln alle herab.

In dieser Erzählung findet sich der Baum vor, auf dem im Traum die Wölfe sitzen. Sie enthält aber auch eine unzweideutige Anknüpfung an den Kastrationskomplex. Der *alte* Wolf ist vom Schneider um den Schwanz gebracht worden. Die Fuchsschwänze der Wölfe im Traum sind wohl Kompensationen dieser Schwanzlosigkeit.

Warum sind es sechs oder sieben Wölfe? Diese Frage schien nicht zu beantworten, bis ich den Zweifel aufwarf, ob sich sein Angstbild auf das Rotkäppchenmärchen bezogen haben könne. Dies Märchen gibt nur Anlaß zu zwei Illustrationen, zur Begegnung des Rotkäppchens mit dem Wolf im Walde und zur Szene, wo der Wolf mit der Haube der Großmutter im Bette liegt. Es müsse sich also ein anderes Märchen hinter der Erinnerung an das Bild verbergen. Er fand dann bald, daß es nur die Geschichte vom »Wolf und den sieben Geißlein« sein könne. Hier findet sich die Siebenzahl, aber auch die Sechs, denn der Wolf frißt nur sechs Geißlein auf, das siebente versteckt sich im Uhrkasten. Auch das Weiß kommt in dieser Geschichte vor, denn der Wolf läßt sich beim Bäcker die Pfote weiß machen, nachdem ihn die Geißlein bei seinem ersten Besuch an der grauen Pfote erkannt haben. Beide Märchen haben übrigens viel Gemeinsames. In beiden findet sich das Auffressen, das Bauchaufschneiden, die Herausbeförderung der gefressenen Personen, deren Ersatz durch schwere Steine, und endlich kommt in beiden der böse Wolf um. Im Märchen von den Geißlein kommt auch noch der Baum vor. Der Wolf legt sich nach der Mahlzeit unter einen Baum und schnarcht.

Ich werde mich mit diesem Traum wegen eines besonderen Umstandes noch an anderer Stelle beschäftigen müssen und ihn dann eingehender deuten und würdigen. Es ist ja ein erster aus der Kindheit erinnerter Angsttraum, dessen Inhalt im Zusammenhang mit anderen Träumen, die bald nachher erfolgten, und mit gewissen Begebenheiten in der Kinderzeit des Träumers ein Interesse von ganz besonderer Art wachruft. Hier beschränken wir uns auf die Beziehung des Traumes zu zwei Märchen, die viel Gemeinsames haben, zum »Rotkäppchen« und zum »Wolf und die sieben Geißlein«. Der Eindruck dieser Märchen äußerte sich bei dem kindlichen Träumer in einer richtigen Tierphobie, die sich von anderen ähnlichen Fällen nur dadurch auszeichnete, daß das Angsttier nicht ein der Wahrnehmung leicht zugängliches Objekt war (wie etwa Pferd und Hund), sondern nur aus Erzählung und Bilderbuch gekannt.

Ich werde ein andermal auseinandersetzen, welche Erklärung diese Tierphobien haben und welche Bedeutung ihnen zukommt. Vorgreifend bemerke ich nur, daß diese Erklärung sehr zu dem Hauptcharakter stimmt, welchen die Neurose des Träumers in späteren Lebenszeiten erkennen ließ. Die Angst vor dem Vater war das stärkste Motiv seiner Erkrankung gewesen, und die ambivalente Einstellung zu jedem Vaterersatz beherrschte sein Leben wie sein Verhalten in der Behandlung.

Wenn der Wolf bei meinem Patienten nur der erste Vaterersatz war, so fragt es sich, ob die Märchen vom Wolf, der die Geißlein auffrißt, und vom Rotkäppchen etwas anderes als die infantile Angst vor dem Vater zum geheimen Inhalt haben[1]. Der Vater meines Patienten hatte übrigens die Eigentümlichkeit des »*zärtlichen Schimpfens*«, die so viele Personen im Umgang mit ihren Kindern zeigen, und die scherzhafte Drohung »ich fress' dich auf« mag in den ersten Jahren, als der später strenge Vater mit dem Söhnlein zu spielen und zu kosen pflegte, mehr als einmal geäußert worden sein. Eine meiner Patientinnen erzählte mir, daß ihre beiden Kinder den Großvater nie liebgewinnen konnten, weil er sie in seinem zärtlichen Spiel zu schrecken pflegte, er werde ihnen den Bauch aufschneiden.

Lassen wir nun all das beiseite, was in diesem Aufsatze der Verwertung des Traumes vorgreift, und kehren wir zu seiner nächsten Deutung

---
[1] Vgl. die von O. Rank hervorgehobene Ähnlichkeit dieser beiden Märchen mit dem Mythus von Kronos (1912).

zurück. Ich will bemerken, daß diese Deutung eine Aufgabe war, deren Lösung sich durch mehrere Jahre hinzog. Der Patient hatte den Traum sehr frühzeitig mitgeteilt und sehr bald meine Überzeugung angenommen, daß hinter ihm die Verursachung seiner infantilen Neurose verborgen sei. Wir kamen im Laufe der Behandlung oft auf den Traum zurück, aber erst in den letzten Monaten der Kur gelang es, ihn ganz zu verstehen, und zwar dank der spontanen Arbeit des Patienten. Er hatte immer hervorgehoben, daß zwei Momente des Traumes den größten Eindruck auf ihn gemacht hätten, erstens die völlige Ruhe und Unbeweglichkeit der Wölfe und zweitens die gespannte Aufmerksamkeit, mit der sie alle auf ihn schauten. Auch das nachhaltige Wirklichkeitsgefühl, in das der Traum auslief, erschien ihm beachtenswert.
An dies letztere wollen wir anknüpfen. Wir wissen aus den Erfahrungen der Traumdeutung, daß diesem Wirklichkeitsgefühl eine bestimmte Bedeutung zukommt. Es versichert uns, daß etwas in dem latenten Material des Traumes den Anspruch auf Wirklichkeit in der Erinnerung erhebt, also daß der Traum sich auf eine Begebenheit bezieht, die wirklich vorgefallen und nicht bloß phantasiert worden ist [1]. Natürlich kann es sich nur um die Wirklichkeit von etwas Unbekanntem handeln; die Überzeugung z. B., daß der Großvater wirklich die Geschichte vom Schneider und vom Wolf erzählt oder daß ihm wirklich die Märchen vom Rotkäppchen und von den sieben Geißlein vorgelesen worden waren, könnte sich niemals durch das den Traum überdauernde Wirklichkeitsgefühl ersetzen. Der Traum schien auf eine Begebenheit hinzudeuten, deren Realität so recht im Gegensatz zur Irrealität der Märchen betont wird.
Wenn eine solche unbekannte, d. h. zur Zeit des Traumes bereits vergessene Szene hinter dem Inhalt des Traumes anzunehmen war, so mußte sie sehr früh vorgefallen sein. Der Träumer sagt ja: »ich war, als ich den Traum hatte, drei, vier, höchstens fünf Jahre alt.« Wir können hinzufügen: »und wurde durch den Traum an etwas erinnert, was einer noch früheren Zeit angehört haben mußte.«
Zum Inhalt dieser Szene mußte führen, was der Träumer aus dem manifesten Trauminhalt hervorhob, die Momente des aufmerksamen Schauens und der Bewegungslosigkeit. Wir erwarten natürlich, daß dies Material das unbekannte Material der Szene in irgendeiner Entstellung wiederbringt, vielleicht sogar in der Entstellung zur Gegensätzlichkeit.

---
[1] [Vgl. *Die Traumdeutung* (1900a), Kap. VI, E, Abschnitt 9: ›Wirklichkeitsgefühl und Darstellung der Wiederholung‹; *Studienausgabe*, Bd. 2, S. 365 f.]

Aus dem Rohstoff, welchen die erste Analyse mit dem Patienten ergeben hatte, waren gleichfalls mehrere Schlüsse zu ziehen, die in den gesuchten Zusammenhang einzufügen waren. Hinter der Erwähnung der Schafzucht waren die Belege für seine Sexualforschung zu suchen, deren Interessen er bei seinen Besuchen mit dem Vater befriedigen konnte, aber auch Andeutungen von Todesangst mußten dabei sein, denn die Schafe waren ja zum größten Teil an der Seuche gestorben. Was im Traum das vordringlichste war, die Wölfe auf dem Baume, führte direkt zur Erzählung des Großvaters, an welcher kaum etwas anderes als die Anknüpfung an das Kastrationsthema das Fesselnde und den Traum Anregende gewesen sein konnte.

Wir hatten aus der ersten unvollständigen Analyse des Traumes ferner erschlossen, daß der Wolf ein Vaterersatz sei, so daß dieser erste Angsttraum jene Angst vor dem Vater zum Vorschein gebracht hätte, welche von nun an sein Leben beherrschen sollte. Dieser Schluß selbst war allerdings noch nicht verbindlich. Wenn wir aber als Ergebnis der vorläufigen Analyse zusammenstellen, was sich aus dem vom Träumer gelieferten Material ableitet, so liegen uns etwa folgende Bruchstücke zur Rekonstruktion vor:

Eine wirkliche Begebenheit – aus sehr früher Zeit – Schauen – Unbewegtheit – Sexualprobleme – Kastration – der Vater – etwas Schreckliches.

Eines Tages begann der Patient die Deutung des Traumes fortzusetzen. Die Stelle des Traumes, meinte er, in der es heißt: Plötzlich geht das Fenster von selbst auf, ist durch die Beziehung zum Fenster, an dem der Schneider sitzt und durch das der Wolf ins Zimmer kommt, nicht ganz aufgeklärt. Es muß die Bedeutung haben: die Augen gehen plötzlich auf. Also ich schlafe und erwache plötzlich, dabei sehe ich etwas: den Baum mit den Wölfen. Dagegen war nichts einzuwenden, aber es ließ weitere Ausnützung zu. Er war erwacht und hatte etwas zu sehen bekommen. Das aufmerksame Schauen, das im Traum den Wölfen zugeschrieben wird, ist vielmehr auf ihn zu schieben. Da hatte an einem entscheidenden Punkte eine Verkehrung stattgefunden, die sich übrigens durch eine andere Verkehrung im manifesten Trauminhalt anzeigt[1]. Es war ja auch eine Verkehrung, wenn die Wölfe auf dem Baum saßen, während sie sich in der Erzählung des Großvaters unten befanden und nicht auf den Baum steigen konnten.

---

[1] [Vgl. *Die Traumdeutung* (1900 a), Kap. VI, A, Abschnitt II (*Studienausgabe*, Bd. 2, S. 290), über Umkehrung im Trauminhalt.]

Der Traum und die Urszene

Wenn nun auch das andere vom Träumer betonte Moment durch eine Verkehrung oder Umkehrung entstellt wäre? Dann müßte es anstatt Bewegungslosigkeit (die Wölfe sitzen regungslos da, schauen auf ihn, aber rühren sich nicht) heißen: heftigste Bewegung. Er ist also plötzlich erwacht und hat eine Szene von heftiger Bewegtheit vor sich gesehen, auf die er mit gespannter Aufmerksamkeit schaute. In dem einen Falle bestünde die Entstellung in einer Vertauschung von Subjekt und Objekt, Aktivität und Passivität, angeschaut werden anstatt anschauen, im anderen Falle in einer Verwandlung ins Gegenteil: Ruhe anstatt Bewegtheit.

Einen weiteren Fortschritt im Verständnis des Traumes brachte ein andermal der plötzlich auftauchende Einfall: Der Baum ist der Weihnachtsbaum. Jetzt wußte er, der Traum war kurz vor Weihnachten in der Weihnachtserwartung geträumt worden. Da der Weihnachtstag auch sein Geburtstag war, ließ sich der Zeitpunkt des Traumes und der von ihm ausgehenden Wandlung nun mit Sicherheit feststellen. Es war knapp vor seinem vierten Geburtstag. Er war also eingeschlafen in der gespannten Erwartung des Tages, der ihm eine doppelte Beschenkung bringen sollte. Wir wissen, daß das Kind unter solchen Verhältnissen leicht die Erfüllung seiner Wünsche im Traum antizipiert. Es war also schon Weihnacht im Traume, der Inhalt des Traumes zeigte ihm seine Bescherung, am Baume hingen die für ihn bestimmten Geschenke. Aber anstatt der Geschenke waren es – Wölfe geworden, und der Traum endigte damit, daß er Angst bekam, vom Wolf (wahrscheinlich vom Vater) gefressen zu werden, und seine Zuflucht zur Kinderfrau nahm.

Die Kenntnis seiner Sexualentwicklung vor dem Traum macht es uns möglich, die Lücke im Traume auszufüllen und die Verwandlung der Befriedigung in Angst aufzuklären. Unter den traumbildenden Wünschen muß sich, als der stärkste, der nach der sexuellen Befriedigung geregt haben, die er damals vom Vater ersehnte. Der Stärke dieses Wunsches gelang es, die längst vergessene Erinnerungsspur einer Szene aufzufrischen, die ihm zeigen konnte, wie die Sexualbefriedigung durch den Vater aussah, und das Ergebnis war Schreck, Entsetzen vor der Erfüllung dieses Wunsches, Verdrängung der Regung, die sich durch diesen Wunsch dargestellt hatte, und darum Flucht vom Vater weg zur ungefährlicheren Kinderfrau.

Die Bedeutung dieses Weihnachtstermins war in der angeblichen Erinnerung erhalten geblieben, daß er den ersten Wutanfall bekommen, weil er von den Weihnachtsgeschenken unbefriedigt gewesen war

[S. 136]. Die Erinnerung zog Richtiges und Falsches zusammen, sie konnte nicht ohne Abänderung recht haben, denn nach den oft wiederholten Aussagen der Eltern war seine Schlimmheit bereits nach deren Rückkehr im Herbst und nicht erst zu Weihnachten aufgefallen, aber das Wesentliche der Beziehungen zwischen mangelnder Liebesbefriedigung, Wut und Weihnachtszeit war in der Erinnerung festgehalten worden.

Welches Bild konnte aber die nächtlicherweise wirkende, sexuelle Sehnsucht heraufbeschworen haben, das imstande war, so intensiv von der gewünschten Erfüllung abzuschrecken? Dieses Bild mußte nach dem Material der Analyse eine Bedingung erfüllen, es mußte geeignet sein, die Überzeugung von der Existenz der Kastration zu begründen. Die Kastrationsangst wurde dann der Motor der Affektverwandlung.

Hier kommt nun die Stelle, an der ich die Anlehnung an den Verlauf der Analyse verlassen muß. Ich fürchte, es wird auch die Stelle sein, an der der Glaube der Leser mich verlassen wird.

Was in jener Nacht aus dem Chaos der unbewußten Eindrucksspuren aktiviert wurde, war das Bild eines Koitus zwischen den Eltern unter nicht ganz gewöhnlichen und für die Beobachtung besonders günstigen Umständen. Es gelang allmählich, für alle Fragen, die sich an diese Szene knüpfen konnten, befriedigende Antworten zu erhalten, indem jener erste Traum im Verlauf der Kur in ungezählten Abänderungen und Neuauflagen wiederkehrte, zu denen die Analyse die gewünschten Aufklärungen lieferte. So stellte sich zunächst das Alter des Kindes bei der Beobachtung heraus, etwa 1½ Jahre[1]. Er litt damals an einer Malaria, deren Anfall täglich zu bestimmter Stunde wiederkehrte[2]. Von seinem zehnten Jahr an war er zeitweise Stimmungen von Depression unterworfen, die am Nachmittag einsetzten und um die fünfte Stunde ihre Höhe erreichten. Dieses Symptom bestand noch zur Zeit der analytischen Behandlung. Die wiederkehrende Depression ersetzte den damaligen Fieber- oder Mattigkeitsanfall; die fünfte Stunde war entweder die Zeit der Fieberhöhe oder die der Koitusbeobachtung, wenn nicht beide Zeiten zusammenfallen[3]. Er befand sich wahrschein-

---

[1] Daneben käme mit weit geringerer Wahrscheinlichkeit, eigentlich kaum haltbar, das Alter von ½ Jahr in Betracht.
[2] Vgl. die späteren Umbildungen dieses Moments in der Zwangsneurose. In den Träumen während der Kur Ersetzung durch einen heftigen Wind. [*Zusatz 1924:*] (*aria* = Luft).
[3] Man bringe damit zusammen, daß der Patient zu seinem Traum nur *fünf* Wölfe gezeichnet hat, obwohl der Text des Traumes von 6 oder 7 spricht.

Der Traum und die Urszene

lich gerade dieses Krankseins wegen im Zimmer der Eltern. Diese auch durch direkte Tradition erhärtete Erkrankung legt uns nahe, den Vorfall in den Sommer zu verlegen und damit für den am Weihnachtstag Geborenen ein Alter von n + 1½ Jahren anzunehmen[1]. Er hatte also im Zimmer der Eltern in seinem Bettchen geschlafen und erwachte, etwa infolge des steigenden Fiebers, am Nachmittag, vielleicht um die später durch Depression ausgezeichnete fünfte Stunde. Es stimmt zur Annahme eines heißen Sommertages, wenn sich die Eltern halb entkleidet[2] zu einem Nachmittagsschläfchen zurückgezogen hätten. Als er erwachte, wurde er Zeuge eines dreimal wiederholten[3] *coitus a tergo*, konnte das Genitale der Mutter wie das Glied des Vaters sehen und verstand den Vorgang wie dessen Bedeutung[4]. Endlich störte er den Verkehr der Eltern auf eine Weise, von der späterhin die Rede sein wird [S. 195].

Im Grunde ist es nichts Außerordentliches, macht nicht den Eindruck des Produkts einer ausschweifenden Phantasie, daß ein junges, erst wenige Jahre verheiratetes Ehepaar an einen Nachmittagsschlaf zu heißer Sommerszeit einen zärtlichen Verkehr anschließt und sich dabei über die Gegenwart des 1½ Jahre alten, in seinem Bettchen schlafenden Knäbleins hinaussetzt. Ich meine vielmehr, es wäre etwas durchaus Banales, Alltägliches, und auch die erschlossene Stellung beim Koitus kann an diesem Urteil nichts ändern. Besonders da aus dem Beweismaterial nicht hervorgeht, daß der Koitus jedesmal in der Stellung von rückwärts vollzogen wurde. Ein einziges Mal hätte ja hingereicht, um dem Zuschauer die Gelegenheit zu Beobachtungen zu geben, die durch eine andere Lage der Liebenden erschwert oder ausgeschlossen wären. Der Inhalt dieser Szene selbst kann also kein Argument gegen ihre Glaubwürdigkeit sein. Das Bedenken der Unwahrscheinlichkeit wird sich gegen drei andere Punkte richten: dagegen, daß ein Kind in dem zarten

---

[1] [Noch deutlicher wäre vielleicht »n + ½«. Da zwischen dem Geburtstag des Patienten und dem Sommer 6 Monate liegen, muß er zur Zeit des Traumes 0 Jahre + 6 Monate oder 1 Jahr + 6 Monate, 2 Jahre + 6 Monate usw. alt gewesen sein. Das Alter 0 + 6 Monate hat Freud jedoch in der Anmerkung 1 auf S. 156 bereits ausgeschlossen.]
[2] In weißer Wäsche, die *weißen* Wölfe.
[3] Woher dreimal? Er stellte plötzlich einmal die Behauptung auf, daß ich dieses Detail durch Deutung eruiert hätte. Das traf nicht zu. Es war ein spontaner, weiterer Kritik entzogener Einfall, den er nach seiner Gewohnheit mir zuschob und ihn durch diese Projektion vertrauenswürdig machte.
[4] Ich meine, er verstand ihn zur Zeit des Traumes mit 4 Jahren, nicht zur Zeit der Beobachtung. Mit 1½ Jahren holte er sich die Eindrücke, deren nachträgliches Verständnis ihm zur Zeit des Traumes durch seine Entwicklung, seine sexuelle Erregung und seine Sexualforschung ermöglicht wurde.

Alter von 1½ Jahren imstande sein sollte, die Wahrnehmung eines so komplizierten Vorganges aufzunehmen und sie so getreu in seinem Unbewußten zu bewahren, zweitens dagegen, daß eine nachträglich zum Verständnis vordringende Bearbeitung der so empfangenen Eindrücke zu 4 Jahren möglich ist, und endlich, daß es durch irgendein Verfahren gelingen sollte, die Einzelheiten einer solchen Szene, unter solchen Umständen erlebt und verstanden, in zusammenhängender und überzeugender Weise bewußt zu machen [1].

Ich werde diese und andere Bedenken später sorgfältig prüfen, versichere dem Leser, daß ich nicht weniger kritisch als er gegen die Annahme einer solchen Beobachtung des Kindes eingestellt bin, und bitte ihn, sich mit mir zum *vorläufigen* Glauben an die Realität dieser Szene zu entschließen. Zunächst wollen wir das Studium der Beziehungen dieser »Urszene« [2] zum Traum, zu den Symptomen und zur Lebensgeschichte des Patienten fortsetzen. Wir werden gesondert verfolgen, welche Wirkungen vom wesentlichen Inhalt der Szene und von einer ihrer visuellen Eindrücke ausgegangen sind.

Unter letzterem meine ich die Stellungen, welche er die Eltern einnehmen sah, die aufrechte des Mannes und die tierähnlich gebückte der Frau. Wir haben schon gehört [S. 150], daß ihn in der Angstzeit die Schwester mit dem Bild im Märchenbuch zu schrecken pflegte, auf dem der Wolf aufrecht dargestellt war, einen Fuß vorgesetzt, die Tatzen ausgestreckt und die Ohren aufgestellt. Er ließ sich während der Kur die Mühe nicht verdrießen, in Antiquarläden nachzuspüren, bis er das Märchenbilderbuch seiner Kindheit wiedergefunden hatte, und erkannte sein Schreckbild in einer Illustration zur Geschichte vom »Wolf und den sieben Geißlein«. Er meinte, die Stellung des Wolfes auf diesem Bild hätte ihn an die des Vaters während der konstruierten Urszene erinnern können. Dieses Bild wurde jedenfalls zum Ausgangspunkt weiterer

---

[1] Man kann sich die erste dieser Schwierigkeiten nicht durch die Annahme erleichtern, das Kind sei zur Zeit der Beobachtung doch wahrscheinlich um ein Jahr älter gewesen, also 2½ Jahre alt, zu welcher Zeit es eventuell vollkommen sprachfähig sein mag. Für meinen Patienten war eine solche Zeitverschiebung durch alle Nebenumstände seines Falles fast ausgeschlossen. Übrigens wolle man in Betracht ziehen, daß solche Szenen von Beobachtung des elterlichen Koitus in der Analyse keineswegs selten aufgedeckt werden. Ihre Bedingung ist aber gerade, daß sie in die früheste Kinderzeit fallen. Je älter das Kind ist, desto sorgfältiger werden auf einem gewissen sozialen Niveau die Eltern dem Kinde die Gelegenheit zu solcher Beobachtung versagen.

[2] [Das scheint die früheste veröffentlichte Verwendung dieses Terminus zu sein. Freud hatte ihn jedoch annähernd gleichsinnig schon in einem Brief an Fließ vom 2. Mai 1897 (1950 a, Brief 61) gebraucht.]

Angstwirkungen. Als er in seinem siebenten oder achten Jahr einmal die Ankündigung erhielt, morgen werde ein neuer Lehrer zu ihm kommen, träumte er in der nächstfolgenden Nacht von diesem Lehrer als Löwen, der sich laut brüllend in der Stellung des Wolfes auf jenem Bilde seinem Bette näherte, und erwachte wiederum mit Angst. Die Wolfsphobie war damals bereits überwunden, er hatte darum die Freiheit, sich ein neues Angsttier zu wählen, und anerkannte in diesem späten Traum den Lehrer als Vaterersatz. Jeder seiner Lehrer spielte in seinen späteren Kinderjahren die gleiche Vaterrolle und wurde mit dem Vatereinfluß zum Guten wie zum Bösen ausgestattet.

Das Schicksal schenkte ihm einen sonderbaren Anlaß, seine Wolfsphobie in der Gymnasialzeit aufzufrischen und die Relation, die ihr zugrunde lag, zum Ausgang schwerer Hemmungen zu machen. Der Lehrer, der den lateinischen Unterricht seiner Klasse leitete, hieß *Wolf*. Er war von Anfang an vor ihm eingeschüchtert, zog sich einmal eine schwere Beschimpfung von ihm zu, weil er in einer lateinischen Übersetzung einen dummen Fehler begangen hatte, und wurde von da an eine lähmende Angst vor diesem Lehrer nicht mehr los, die sich bald auf andere Lehrer übertrug. Aber die Gelegenheit, bei der er in der Übersetzung strauchelte, war auch nicht beziehungslos. Er hatte das lateinische Wort *filius* zu übersetzen und tat es mit dem französischen *fils* anstatt mit dem entsprechenden Wort der Muttersprache. Der Wolf war eben noch immer der Vater[1].

Das erste der »passageren Symptome«[2], welches der Patient in der Behandlung produzierte, ging noch auf die Wolfsphobie und auf das Märchen von den sieben Geißlein zurück. In dem Zimmer, wo die ersten Sitzungen abgehalten wurden, befand sich eine große Wandkastenuhr gegenüber dem Patienten, der abgewandt von mir auf einem Divan lag. Es fiel mir auf, daß er von Zeit zu Zeit das Gesicht zu mir kehrte, mich sehr freundlich, wie begütigend ansah und dann den Blick von mir

---

[1] Nach dieser Beschimpfung durch den Lehrer-Wolf erfuhr er als die allgemeine Meinung der Kollegen, daß der Lehrer zur Beschwichtigung – Geld von ihm erwarte. Darauf werden wir später zurückkommen [S. 188 ff.]. – Ich kann mir vorstellen, welche Erleichterung es für eine rationalistische Betrachtung einer solchen Kindergeschichte bedeuten würde, wenn sich annehmen ließe, die ganze Angst vor dem Wolf sei in Wirklichkeit von dem Lateinlehrer gleichen Namens ausgegangen, in die Kindheit zurückprojiziert worden und hätte in Anlehnung an die Märchenillustration die Phantasie der Urszene verursacht. Allein das ist unhaltbar; die zeitliche Priorität der Wolfsphobie und deren Verlegung in die Kindheitsjahre auf dem ersten Gut ist allzusicher bezeugt. Und der Traum mit 4 Jahren?
[2] Ferenczi (1912).

zur Uhr wendete. Ich meinte damals, er gebe so ein Zeichen seiner Sehnsucht nach Beendigung der Stunde. Lange Zeit später erinnerte mich der Patient an dieses Gebärdenspiel und gab mir dessen Erklärung, indem er daran erinnerte, daß das jüngste der sieben Geißlein ein Versteck im Kasten der Wanduhr fände, während die sechs Geschwister vom Wolf gefressen würden. Er wollte also damals sagen: Sei gut mit mir. Muß ich mich vor dir fürchten? Wirst du mich auffressen? Soll ich mich wie das jüngste Geißlein im Wandkasten vor dir verstecken?
Der Wolf, vor dem er sich fürchtete, war unzweifelhaft der Vater, aber die Wolfsangst war an die Bedingung der aufrechten Stellung gebunden. Seine Erinnerung behauptete mit großer Bestimmtheit, daß Bilder vom Wolf, der auf allen Vieren gehe oder wie im Rotkäppchenmärchen im Bett liege, ihn nicht geschreckt hätten. Nicht mindere Bedeutung zog die Stellung auf sich, die er nach unserer Konstruktion der Urszene das Weib hatte einnehmen sehen; diese Bedeutung blieb aber auf das sexuelle Gebiet beschränkt. Die auffälligste Erscheinung seines Liebeslebens nach der Reife waren Anfälle von zwanghafter sinnlicher Verliebtheit, die in rätselhafter Folge auftraten und wieder verschwanden, eine riesige Energie bei ihm auch in Zeiten sonstiger Hemmung entfesselten und seiner Beherrschung ganz entzogen waren. Ich muß die volle Würdigung dieser Zwangslieben wegen eines besonders wertvollen Zusammenhanges noch aufschieben [s. S. 205 ff.], aber ich kann hier anführen, daß sie an eine bestimmte, seinem Bewußtsein verborgene Bedingung geknüpft waren, die sich erst in der Kur erkennen ließ. Das Weib mußte die Stellung eingenommen haben, die wir der Mutter in der Urszene zuschreiben. Große, auffällige Hinterbacken empfand er von der Pubertät an als den stärksten Reiz des Weibes; ein anderer Koitus als der von rückwärts bereitete ihm kaum Genuß. Die kritische Erwägung ist zwar berechtigt, hier einzuwenden, daß solche sexuelle Bevorzugung der hinteren Körperpartien ein allgemeiner Charakter der zur Zwangsneurose neigenden Personen sei und nicht zur Ableitung von einem besonderen Eindruck der Kinderzeit berechtige. Sie gehöre in das Gefüge der analerotischen Veranlagung und zu jenen archaischen Zügen, welche diese Konstitution auszeichnen. Man darf die Begattung von rückwärts – *more ferarum* – doch wohl als die phylogenetisch ältere Form auffassen. Wir werden auch auf diesen Punkt in späterer Diskussion zurückkommen, wenn wir das Material für seine unbewußte Liebesbedingung nachgetragen haben. [Vgl. S. 173 und S. 206.]
Setzen wir nun in der Erörterung der Beziehungen zwischen Traum und

Der Traum und die Urszene

Urszene fort. Nach unseren bisherigen Erwartungen sollte der Traum dem Kind, das sich auf die Erfüllung seiner Wünsche zu Weihnachten freut, das Bild der Sexualbefriedigung durch den Vater vorführen, wie er es in jener Urszene gesehen hatte, als Vorbild der eigenen Befriedigung, die er vom Vater ersehnt. Anstatt dieses Bild tritt aber das Material der Geschichte auf, die der Großvater kurz vorher erzählt hatte: Der Baum, die Wölfe, die Schwanzlosigkeit in der Form der Überkompensation in den buschigen Schwänzen der angeblichen Wölfe. Hier fehlt uns ein Zusammenhang, eine Assoziationsbrücke, die von dem Inhalt der Urgeschichte zu dem der Wolfsgeschichte hinüberleitet. Diese Verbindung wird wiederum durch die Stellung und nur durch diese gegeben. Der schwanzlose Wolf fordert in der Erzählung des Großvaters die andern auf, *auf ihn zu steigen*. Durch dieses Detail wurde die Erinnerung an das Bild der Urszene geweckt, auf diesem Weg konnte das Material der Urszene durch das der Wolfsgeschichte vertreten werden, dabei gleichzeitig die Zweizahl der Eltern in erwünschter Weise durch die Mehrzahl der Wölfe ersetzt. Eine nächste Wandlung erfuhr der Trauminhalt, indem das Material der Wolfsgeschichte sich dem Inhalt des Märchens von den sieben Geißlein anpaßte, die Siebenzahl von ihm entlehnte[1].

Die Materialwandlung: Urszene – Wolfsgeschichte – Märchen von den sieben Geißlein – ist die Spiegelung des Gedankenfortschritts während der Traumbildung: Sehnsucht nach sexueller Befriedigung durch den Vater – Einsicht in die daran geknüpfte Bedingung der Kastration – Angst vor dem Vater. Ich meine, der Angsttraum des vierjährigen Knaben ist erst jetzt restlos aufgeklärt[2].

---

[1] 6 oder 7 heißt es im Traum. 6 ist die Anzahl der gefressenen Kinder, das siebente rettet sich in den Uhrkasten. Es bleibt strenges Gesetz der Traumdeutung, daß jede Einzelheit ihre Aufklärung finde.

[2] Nachdem uns die Synthese dieses Traumes gelungen ist, will ich versuchen, die Beziehungen des manifesten Trauminhaltes zu den latenten Traumgedanken übersichtlich darzustellen.
Es ist Nacht, ich liege in meinem Bette. Das letztere ist der Beginn der Reproduktion der Urszene. »Es ist Nacht« ist Entstellung für: ich hatte geschlafen. Die Bemerkung: Ich weiß, es war Winter, als ich träumte, und Nachtzeit, bezieht sich auf die Erinnerung an den Traum, gehört nicht zu seinem Inhalt. Sie ist richtig, es war eine der Nächte vor dem Geburtstag resp. Weihnachtstag.
Plötzlich geht das Fenster von selbst auf. Zu übersetzen: Plötzlich erwache ich von selbst, Erinnerung der Urszene. Der Einfluß der Wolfsgeschichte, in der der Wolf durchs Fenster hereinspringt, macht sich modifizierend geltend und verwandelt den direkten in einen bildlichen Ausdruck. Gleichzeitig dient die Einführung des Fensters dazu, um den folgenden Trauminhalt in der Gegenwart unterzubringen. Am Weihnachtsabend geht die Türe plötzlich auf, und man sieht den Baum mit den Geschenken vor sich.

Über die pathogene Wirkung der Urszene und die Veränderung, welche deren Erweckung in seiner Sexualentwicklung hervorruft, kann ich mich nach allem, was bisher schon berührt wurde, kurz fassen. Wir werden nur diejenige Wirkung verfolgen, welcher der Traum Ausdruck gibt. Später werden wir uns klarmachen müssen, daß nicht etwa eine einzige Sexualströmung von der Urszene ausgegangen ist, sondern eine ganze Reihe von solchen, geradezu eine Aufsplitterung der Libido. Ferner werden wir uns vorhalten, daß die Aktivierung dieser Szene (ich vermeide absichtlich das Wort: Erinnerung) dieselbe Wirkung hat, als ob sie ein rezentes Erlebnis wäre. Die Szene wirkt nachträglich und hat

---

Hier macht sich also der Einfluß der aktuellen Weihnachtserwartung geltend, welche die sexuelle Befriedigung miteinschließt.

Der große Nußbaum. Vertreter des Christbaumes, also aktuell: überdies der Baum aus der Wolfsgeschichte, auf den sich der verfolgte Schneider flüchtet, unter dem die Wölfe lauern. Der hohe Baum ist auch, wie ich mich oft überzeugen konnte, ein Symbol der Beobachtung, des Voyeurtums. Wenn man auf dem Baume sitzt, kann man alles sehen, was unten vorgeht, und wird selbst nicht gesehen. Vgl. die bekannte Geschichte des Boccaccio und ähnliche Schnurren.

Die Wölfe. Ihre Zahl: *sechs oder sieben.* In der Wolfsgeschichte ist es ein Rudel ohne angegebene Zahl. Die Zahlbestimmung zeigt den Einfluß des Märchens von den sieben Geißlein, von denen sechs gefressen werden. Die Ersetzung der Zweizahl in der Urszene durch eine Mehrzahl, welche in der Urszene absurd wäre, ist dem Widerstand als Entstellungsmittel willkommen. In der zum Traum gefertigten Zeichnung hat der Träumer die 5 zum Ausdruck gebracht, die wahrscheinlich die Angabe: es war Nacht, korrigiert.

Sie sitzen auf dem Baum. Sie ersetzen zunächst die am Baum hängenden Weihnachtsgeschenke. Sie sind aber auch auf den Baum versetzt, weil das heißen kann, sie schauen. In der Geschichte des Großvaters lagern sie unten um den Baum. Ihr Verhältnis zum Baum ist also im Traum umgekehrt worden, woraus zu schließen ist, daß im Trauminhalt noch andere Umkehrungen des latenten Materials vorkommen.

Sie schauen ihn mit gespannter Aufmerksamkeit an. Dieser Zug ist ganz aus der Urszene, auf Kosten einer totalen Verkehrung in den Traum gekommen.

Sie sind ganz weiß. Dieser an sich unwesentliche, in der Erzählung des Träumers stark betonte Zug verdankt seine Intensität einer ausgiebigen Verschmelzung von Elementen aus allen Schichten des Materials, und vereinigt dann nebensächliche Details der anderen Traumquellen mit einem bedeutsameren Stück der Urszene. Diese letztere Determinierung entstammt wohl der Weiße der Bett- und Leibwäsche der Eltern, dazu das Weiß der Schafherden, der Schäferhunde als Anspielung auf seine Sexualforschungen an Tieren, das Weiß in dem Märchen von den sieben Geißlein, in dem die Mutter an der Weiße ihrer Hand erkannt wird. Wir werden später die weiße Wäsche auch als Todesandeutung verstehen. [Es scheint in der Tat weiter keinen deutlichen Hinweis zu diesem Punkt zu geben. Vielleicht besteht eine Beziehung zu der Episode mit dem Totenhemd (S. 211).]

Sie sitzen regungslos da. Hiemit wird dem auffälligsten Inhalt der beobachteten Szene widersprochen; der Bewegtheit, welche durch die Stellung, zu der sie führt, die Verbindung zwischen Urszene und Wolfsgeschichte herstellt.

Sie haben Schwänze wie Füchse. Dies soll einem Ergebnis widersprechen, welches aus der Einwirkung der Urszene auf die Wolfsgeschichte gewonnen wurde und als der wichtigste Schluß der Sexualforschung anzuerkennen ist: Es gibt also wirklich eine

unterdes, in dem Intervall zwischen 1¹/₂ und 4 Jahren, nichts von ihrer Frische eingebüßt. Vielleicht finden wir im weiteren noch einen Anhaltspunkt dafür, daß sie bestimmte Wirkungen bereits zur Zeit ihrer Wahrnehmung, also von 1¹/₂ Jahren an, geübt hat.

Wenn sich der Patient in die Situation der Urszene vertiefte, förderte er folgende Selbstwahrnehmungen zu Tage: Er habe vorher angenommen, der beobachtete Vorgang sei ein gewalttätiger Akt, allein dazu stimmte das vergnügte Gesicht nicht, das er die Mutter machen sah; er mußte erkennen, daß es sich um eine Befriedigung handle[1]. Das wesent-

---

Kastration. Der Schreck, mit dem dies Denkergebnis aufgenommen wird, bricht sich endlich im Traume Bahn und erzeugt dessen Schluß.

Die Angst, von den Wölfen aufgefressen zu werden. Sie erschien dem Träumer als nicht durch den Trauminhalt motiviert. Er sagte, ich hätte mich nicht fürchten müssen, denn die Wölfe sahen eher aus wie Füchse oder Hunde, sie fuhren auch nicht auf mich los, wie um mich zu beißen, sondern waren sehr ruhig und gar nicht schrecklich. Wir erkennen, daß die Traumarbeit sich eine Weile bemüht hat, die peinlichen Inhalte durch Verwandlung ins Gegenteil unschädlich zu machen. (Sie bewegen sich nicht, sie haben ja die schönsten Schwänze.) Bis endlich dieses Mittel versagt und die Angst losbricht. Sie findet ihren Ausdruck mit Hilfe des Märchens, in dem die Geißlein-Kinder vom Wolf-Vater gefressen werden. Möglicherweise hat dieser Märcheninhalt selbst an scherzhafte Drohungen des Vaters, wenn er mit dem Kinde spielte, erinnert, so daß die Angst, vom Wolf gefressen zu werden, ebensowohl Reminiszenz wie Verschiebungsersatz sein könnte.

Die Wunschmotive dieses Traumes sind handgreifliche; zu den oberflächlichen Tageswünschen, Weihnachten mit seinen Geschenken möge schon da sein (Ungeduldstraum), gesellt sich der tiefere, um diese Zeit permanente Wunsch nach der Sexualbefriedigung durch den Vater, der sich zunächst durch den Wunsch, das wiederzusehen, was damals so fesselnd war, ersetzt. Dann verläuft der psychische Vorgang von der Erfüllung dieses Wunsches in der heraufbeschworenen Urszene bis zu der jetzt unvermeidlich gewordenen Ablehnung des Wunsches und der Verdrängung.

Die Breite und Ausführlichkeit der Darstellung, zu der ich durch das Bemühen genötigt bin, dem Leser irgendein Äquivalent für die Beweiskraft einer selbstdurchgeführten Analyse zu bieten, mag ihn gleichzeitig davon abbringen, die Publikation von Analysen zu verlangen, die sich über mehrere Jahre erstreckt haben.

[1] Der Aussage des Patienten tragen wir vielleicht am ehesten Rechnung, wenn wir annehmen, daß der Gegenstand seiner Beobachtung zuerst ein Koitus in normaler Stellung gewesen ist, der den Eindruck eines sadistischen Aktes erwecken muß. Erst nach diesem sei die Stellung gewechselt worden, so daß er Gelegenheit zu anderen Beobachtungen und Urteilen gewann. Allein diese Annahme ist nicht gesichert worden, scheint mir auch nicht unentbehrlich. Wir wollen über die abkürzende Darstellung des Textes die wirkliche Situation nicht außer Auge lassen, daß der Analysierte im Alter nach 25 Jahren Eindrücken und Regungen aus seinem vierten Jahr Worte verleiht, die er damals nicht gefunden hätte. Vernachlässigt man diese Bemerkung, so kann man es leicht komisch und unglaubwürdig finden, daß ein vierjähriges Kind solcher fachlicher Urteile und gelehrter Gedanken fähig sein sollte. Es ist dies einfach ein zweiter Fall von *Nachträglichkeit*. Das Kind empfängt mit 1¹/₂ Jahren einen Eindruck, auf den es nicht genügend reagieren kann, versteht ihn erst, wird von ihm ergriffen bei der Wiederbelebung des Eindrucks mit vier Jahren und kann erst zwei Dezennien später in der Analyse mit bewußter Denktätigkeit erfassen, was damals in ihm vorgegangen. Der

liche Neue, das ihm die Beobachtung des Verkehrs der Eltern brachte, war die Überzeugung von der Wirklichkeit der Kastration, deren Möglichkeit seine Gedanken schon vorher beschäftigt hatte. (Der Anblick der beiden urinierenden Mädchen, die Drohung der Nanja, die Deutung der Gouvernante von den Zuckerstangen, die Erinnerung, daß der Vater eine Schlange in Stücke geschlagen.) Denn jetzt sah er mit eigenen Augen die Wunde, von der die Nanja gesprochen hatte, und verstand, daß ihr Vorhandensein eine Bedingung des Verkehrs mit dem Vater war. Er konnte sie nicht mehr wie bei der Beobachtung der kleinen Mädchen mit dem Popo verwechseln[1].

Der Ausgang des Traumes war Angst, von der er sich nicht eher beruhigte, als bis er seine Nanja bei sich hatte. Er flüchtete sich also zu ihr vom Vater weg. Die Angst war eine Ablehnung des Wunsches nach Sexualbefriedigung durch den Vater, welches Streben ihm den Traum eingegeben hatte. Ihr Ausdruck: vom Wolf gefressen zu werden, war nur eine – wie wir hören werden: regressive – Umsetzung des Wunsches, vom Vater koitiert, d. h. so befriedigt zu werden wie die Mutter. Sein letztes Sexualziel, die passive Einstellung zum Vater, war einer Verdrängung erlegen, die Angst vor dem Vater in Gestalt der Wolfsphobie an ihre Stelle getreten.

Und die treibende Kraft dieser Verdrängung? Dem ganzen Sachverhalt nach konnte es nur die narzißtische Genitallibido sein, die sich als Sorge um sein männliches Glied gegen eine Befriedigung sträubte, für die der Verzicht auf dieses Glied Bedingung schien. Aus dem bedrohten Narzißmus schöpfte er die Männlichkeit, mit der er sich gegen die passive Einstellung zum Vater wehrte.

Wir werden jetzt darauf aufmerksam, daß wir an diesem Punkte der Darstellung unsere Terminologie ändern müssen. Er hatte während des Traumes eine neue Phase seiner Sexualorganisation erreicht. Die sexuellen Gegensätze waren ihm bisher *aktiv* und *passiv* gewesen. Sein Sexualziel war seit der Verführung ein passives, am Genitale berührt zu werden, dann wandelte es sich durch Regression auf die frühere Stufe der sadistisch-analen Organisation in das masochistische, gezüchtigt,

---

Analysierte setzt sich dann mit Recht über die drei Zeitphasen hinweg und setzt sein gegenwärtiges Ich in die längstvergangene Situation ein. Wir folgen ihm darin, denn bei korrekter Selbstbeobachtung und Deutung muß der Effekt so ausfallen, als ob man die Distanz zwischen der zweiten und der dritten Zeitphase vernachlässigen könnte. Auch haben wir kein anderes Mittel, die Vorgänge in der zweiten Phase zu beschreiben.
[1] Wie er sich mit diesem Anteil des Problems weiter auseinandersetzte, werden wir später [S. 192 ff.] bei der Verfolgung seiner Analerotik erfahren.

gestraft zu werden. Es war ihm gleichgültig, ob er dieses Ziel beim Mann oder Weib erreichen sollte. Er war ohne Rücksicht auf den Geschlechtsunterschied von der Nanja zum Vater gewandert, hatte von der Nanja verlangt, am Glied berührt zu werden, vom Vater die Züchtigung provozieren wollen. Das Genitale kam dabei außer Betracht; in der Phantasie, auf den Penis geschlagen zu werden, äußerte sich noch der durch die Regression verdeckte Zusammenhang. Nun führte ihn die Aktivierung der Urszene im Traum zur genitalen Organisation zurück. Er entdeckte die Vagina und die biologische Bedeutung von männlich und weiblich. Er verstand jetzt, aktiv sei gleich männlich, passiv aber weiblich. Sein passives Sexualziel hätte sich jetzt in ein weibliches verwandeln, den Ausdruck annehmen müssen: vom Vater koitiert zu werden, anstatt: von ihm auf das Genitale oder auf den Popo geschlagen zu werden. Dieses feminine Ziel verfiel nun der Verdrängung und mußte sich durch die Angst vor dem Wolf ersetzen lassen.

Wir müssen die Diskussion seiner Sexualentwicklung hier unterbrechen, bis aus späteren Stadien seiner Geschichte neues Licht auf diese früheren zurückfällt. Zur Würdigung der Wolfsphobie fügen wir noch hinzu, daß Vater und Mutter, beide, zu Wölfen wurden. Die Mutter spielte ja den kastrierten Wolf, der die anderen auf sich aufsteigen ließ, der Vater den aufsteigenden. Seine Angst bezog sich aber, wie wir ihn versichern gehört haben, nur auf den stehenden Wolf, also auf den Vater. Ferner muß uns auffallen, daß die Angst, in die der Traum ausging, ein Vorbild in der Erzählung des Großvaters hatte. In dieser wird ja der kastrierte Wolf, der die andern auf sich hat steigen lassen, von Angst befallen, sowie er an die Tatsache seiner Schwanzlosigkeit erinnert wird. Es scheint also, daß er sich während des Traumvorganges mit der kastrierten Mutter identifizierte und sich nun gegen dieses Ergebnis sträubte. In hoffentlich zutreffender Übersetzung: Wenn du vom Vater befriedigt werden willst, mußt du dir wie die Mutter die Kastration gefallen lassen; das will ich aber nicht. Also ein deutlicher Protest der Männlichkeit! Machen wir uns übrigens klar, daß die Sexualentwicklung des Falles, den wir hier verfolgen, für unsere Forschung den großen Nachteil hat, daß sie keine ungestörte ist. Sie wird zuerst durch die Verführung entscheidend beeinflußt und nun durch die Szene der Koitusbeobachtung abgelenkt, die nachträglich wie eine zweite Verführung wirkt.

V

EINIGE DISKUSSIONEN

Eisbär und Walfisch, hat man gesagt, können nicht miteinander Krieg führen, weil sie, ein jeder auf sein Element beschränkt, nicht zueinander kommen. Ebenso unmöglich wird es mir, mit Arbeitern auf dem Gebiet der Psychologie oder der Neurotik zu diskutieren, die die Voraussetzungen der Psychoanalyse nicht anerkennen und ihre Ergebnisse für Artefakte halten. Daneben hat sich aber in den letzten Jahren eine Opposition von Anderen entwickelt, die, nach ihrem eigenen Vermeinen wenigstens, auf dem Boden der Analyse stehen, die Technik und Resultate derselben nicht bestreiten und sich nur für berechtigt halten, aus dem nämlichen Material andere Folgerungen abzuleiten und es anderen Auffassungen zu unterziehen.
Theoretischer Widerspruch ist aber zumeist unfruchtbar. Sowie man begonnen hat, sich von dem Material, aus dem man schöpfen soll, zu entfernen, läuft man Gefahr, sich an seinen Behauptungen zu berauschen und endlich Meinungen zu vertreten, denen jede Beobachtung widersprochen hätte. Es scheint mir darum ungleich zweckmäßiger, abweichende Auffassungen dadurch zu bekämpfen, daß man sie an einzelnen Fällen und Problemen erprobt.
Ich habe oben (S. 157 f.) ausgeführt, es werde gewiß für unwahrscheinlich gehalten werden, »daß ein Kind in dem zarten Alter von $1^1/_2$ Jahren imstande sein sollte, die Wahrnehmungen eines so komplizierten Vorganges in sich aufzunehmen und sie so getreu in seinem Unbewußten zu bewahren, zweitens, daß eine nachträglich zum Verständnis vordringende Bearbeitung dieses Materials zu vier Jahren möglich ist, und endlich, daß es durch irgendein Verfahren gelingen sollte, die Einzelheiten einer solchen Szene, unter solchen Umständen erlebt und verstanden, in zusammenhängender und überzeugender Weise bewußt zu machen«.
Die letzte Frage ist eine rein faktische. Wer sich die Mühe nimmt, die Analyse mittels der vorgezeichneten Technik in solche Tiefen zu treiben, wird sich überzeugen, daß es sehr wohl möglich ist; wer es unterläßt und in irgendeiner höheren Schicht die Analyse unterbricht, hat sich des

Einige Diskussionen

Urteils darüber begeben. Aber die Auffassung des von der Tiefenanalyse Erreichten ist damit nicht entschieden.

Die beiden anderen Bedenken stützen sich auf eine Geringschätzung der frühinfantilen Eindrücke, denen so nachhaltige Wirkungen nicht zugetraut werden. Sie wollen die Verursachung der Neurosen fast ausschließlich in den ernsthaften Konflikten des späteren Lebens suchen, und nehmen an, die Bedeutsamkeit der Kindheit werde uns in der Analyse nur durch die Neigung der Neurotiker vorgespiegelt, ihre gegenwärtigen Interessen in Reminiszenzen und Symbolen der frühen Vergangenheit auszudrücken. Mit solcher Einschätzung des infantilen Moments fiele manches weg, was zu den intimsten Eigentümlichkeiten der Analyse gehört hat, freilich auch vieles, was ihr Widerstände schafft und das Zutrauen der Außenstehenden entfremdet.

Wir stellen also zur Diskussion die Auffassung ein, solche frühinfantile Szenen, wie sie eine erschöpfende Analyse der Neurosen, z. B. unseres Falles liefert, seien nicht Reproduktionen realer Begebenheiten, denen man Einfluß auf die Gestaltung des späteren Lebens und auf die Symptombildung zuschreiben dürfe, sondern Phantasiebildungen, die der Zeit der Reife ihre Anregung entnehmen, zur gewissermaßen symbolischen Vertretung realer Wünsche und Interessen bestimmt sind, und die einer regressiven Tendenz, einer Abwendung von den Aufgaben der Gegenwart ihre Entstehung verdanken. Wenn dem so ist, dann kann man sich natürlich alle die befremdenden Zumutungen an das Seelenleben und die intellektuelle Leistung von Kindern im unmündigsten Alter ersparen.

Dieser Auffassung kommt außer dem uns allen gemeinsamen Wunsch nach Rationalisierung und Vereinfachung der schwierigen Aufgabe mancherlei Tatsächliches entgegen. Auch kann man im vorhinein ein Bedenken aus dem Wege räumen, welches sich gerade beim praktischen Analytiker erheben könnte. Man muß zugestehen, wenn die besprochene Auffassung dieser infantilen Szenen die richtige ist, dann wird an der Ausübung der Analyse zunächst nichts geändert. Hat der Neurotiker einmal die üble Eigentümlichkeit, sein Interesse von der Gegenwart abzuwenden und es an solche regressive Ersatzbildungen seiner Phantasie zu heften, so kann man gar nichts anderes tun, als ihm auf seinen Wegen zu folgen und ihm diese unbewußten Produktionen zum Bewußtsein zu bringen, denn sie sind, von ihrem realen Unwert ganz abzusehen, für uns höchst wertvoll als die derzeitigen Träger und Besitzer des Interesses, welches wir frei machen wollen, um es auf die

Aufgaben der Gegenwart zu lenken. Die Analyse müßte genau ebenso verlaufen wie jene, die im naiven Zutrauen solche Phantasien für wahr nimmt. Erst am Ende der Analyse, nach der Aufdeckung dieser Phantasien, käme der Unterschied. Man würde dann dem Kranken sagen: »Nun gut; Ihre Neurose ist so verlaufen, als ob Sie in Ihren Kinderjahren solche Eindrücke empfangen und fortgesponnen hätten. Sie sehen wohl ein, daß dies nicht möglich ist. Es waren Produkte Ihrer Phantasietätigkeit zur Ablenkung von realen Aufgaben, die Ihnen bevorstanden. Nun lassen Sie uns nachforschen, welches diese Aufgaben waren, und welche Verbindungswege zwischen diesen und Ihren Phantasien bestanden haben.« Ein zweiter, dem realen Leben zugewendeter Abschnitt der Behandlung würde nach dieser Erledigung der infantilen Phantasien einsetzen können.

Eine Abkürzung dieses Weges, also eine Abänderung der bisher geübten psychoanalytischen Kur, wäre technisch unzulässig. Wenn man dem Kranken diese Phantasien nicht in ihrem vollen Umfange bewußt macht, kann man ihm die Verfügung über das an sie gebundene Interesse nicht geben. Wenn man ihn von ihnen ablenkt, sobald man ihre Existenz und allgemeine Umrisse ahnt, unterstützt man nur das Werk der Verdrängung, durch das sie für alle Bemühungen des Kranken unantastbar geworden sind. Wenn man sie ihm frühzeitig entwertet, etwa indem man ihm eröffnet, es werde sich nur um Phantasien handeln, die ja keine reale Bedeutung haben, wird man nie seine Mitwirkung bereit finden, um sie dem Bewußtsein zuzuführen. Die analytische Technik dürfte also bei korrektem Vorgehen keine Änderung erfahren, wie immer man diese Infantilszenen einschätzt.

Ich habe erwähnt, daß die Auffassung dieser Szenen als regressiver Phantasien manche tatsächlichen Momente zu ihrer Unterstützung anrufen kann. Vor allem das eine: Diese Infantilszenen werden in der Kur – soweit meine Erfahrung bis jetzt reicht – nicht als Erinnerungen reproduziert, sie sind Ergebnisse der Konstruktion. Gewiß wird manchem der Streit schon durch dieses eine Zugeständnis entschieden scheinen.

Ich möchte nicht mißverstanden werden. Jeder Analytiker weiß und hat es unzählige Male erfahren, daß in einer gelungenen Kur der Patient eine ganze Anzahl spontaner Erinnerungen aus seinen Kinderjahren mitteilt, an deren Auftauchen – vielleicht erstmaligem Auftauchen – der Arzt sich völlig unschuldig fühlt, indem er durch keinerlei Konstruktionsversuch dem Kranken einen ähnlichen Inhalt nahegelegt hat.

Einige Diskussionen

Diese vorher unbewußten Erinnerungen müssen nicht einmal immer wahr sein; sie können es sein, aber sie sind oft gegen die Wahrheit entstellt, mit phantasierten Elementen durchsetzt, ganz ähnlich wie die spontan erhalten gebliebenen sogenannten Deckerinnerungen. Ich will nur sagen: Szenen, wie die bei meinem Patienten, aus so früher Zeit und mit solchem Inhalt, die dann eine so außerordentliche Bedeutung für die Geschichte des Falles beanspruchen, werden in der Regel nicht als Erinnerungen reproduziert, sondern müssen schrittweise und mühselig aus einer Summe von Andeutungen erraten – konstruiert – werden. Es reicht auch für das Argument hin, wenn ich zugebe, daß solche Szenen bei den Fällen von Zwangsneurose nicht als Erinnerung bewußt werden, oder wenn ich die Angabe auf den einen Fall, den wir hier studieren, beschränke.

Ich bin nun nicht der Meinung, daß diese Szenen notwendigerweise Phantasien sein müßten, weil sie nicht als Erinnerungen wiederkommen. Es scheint mir durchaus der Erinnerung gleichwertig, daß sie sich – wie in unserem Falle – durch Träume ersetzen, deren Analyse regelmäßig zu derselben Szene zurückführt, die in unermüdlicher Umarbeitung jedes Stück ihres Inhalts reproduzieren. Träumen ist ja auch ein Erinnern, wenn auch unter den Bedingungen der Nachtzeit und der Traumbildung. Durch diese Wiederkehr in Träumen erkläre ich mir, daß sich bei den Patienten selbst allmählich eine sichere Überzeugung von der Realität dieser Urszenen bildet, eine Überzeugung, die der auf Erinnerung gegründeten in nichts nachsteht[1].

Die Gegner brauchen freilich den Kampf gegen diese Argumente nicht als aussichtslos aufzugeben. Träume sind bekanntlich lenkbar[2]. Und die Überzeugung des Analysierten kann ein Erfolg der Suggestion sein, für die immer noch eine Rolle im Kräftespiel der analytischen Behandlung gesucht wird. Der Psychotherapeut alten Schlages würde seinem Patienten suggerieren, daß er gesund ist, seine Hemmungen überwunden hat u. dgl.; der Psychoanalytiker aber, daß er als Kind dies oder jenes Er-

---

[1] Wie frühzeitig ich mich mit diesem Problem beschäftigt habe, mag eine Stelle aus der ersten Auflage meiner *Traumdeutung* (1900a) beweisen. Dort heißt es S. 126 [Kap. V, der erste der »harmlosen« Träume am Ende des Abschnitts A.] zur Analyse der in einem Traum vorkommenden Rede: *Das ist nicht mehr zu haben*, diese Rede stammt von mir selbst; ich hatte ihr einige Tage vorher erklärt, »daß die ältesten Kindererlebnisse *nicht mehr* als solche *zu haben sind*, sondern durch ›Übertragungen‹ und Träume in der Analyse ersetzt werden.« [S. *Studienausgabe*, Bd. 2, S. 196.]
[2] Der Mechanismus des Traumes kann nicht beeinflußt werden, aber das Traummaterial läßt sich partiell kommandieren.

lebnis gehabt hat, das er jetzt erinnern müsse, um gesund zu werden. Das wäre der Unterschied zwischen beiden.

Machen wir uns klar, daß dieser letzte Erklärungsversuch der Gegner auf eine weit gründlichere Erledigung der Infantilszenen hinausläuft, als anfangs angekündigt wurde. Sie sollten nicht Wirklichkeiten sein, sondern Phantasien. Nun wird es offenbar: nicht Phantasien des Kranken, sondern des Analytikers selbst, die er aus irgendwelchen persönlichen Komplexen dem Analysierten aufdrängt. Der Analytiker freilich, der diesen Vorwurf hört, wird sich zu seiner Beruhigung vorführen, wie allmählich die Konstruktion dieser angeblich von ihm eingegebenen Phantasie zustande gekommen ist, wie unabhängig sich doch deren Ausgestaltung in vielen Punkten von der ärztlichen Anregung benommen hat, wie von einer gewissen Phase der Behandlung an alles auf sie hin zu konvergieren schien und wie nun in der Synthese die verschiedensten merkwürdigen Erfolge von ihr ausstrahlen, wie die großen und die kleinsten Probleme und Sonderbarkeiten der Krankengeschichte ihre Lösung in der einen Annahme fanden, und wird geltend machen, daß er sich nicht den Scharfsinn zutraut, eine Begebenheit auszuhecken, welche alle diese Ansprüche in einem erfüllen kann. Aber auch dieses Plädoyer wird nicht auf den anderen Teil wirken, der die Analyse nicht selbst erlebt hat. Raffinierte Selbsttäuschung – wird es von der einen Seite lauten, Stumpfheit der Beurteilung – von der anderen; eine Entscheidung wird nicht zu fällen sein.

Wenden wir uns zu einem anderen Moment, welches die gegnerische Auffassung der konstruierten Infantilszenen unterstützt. Es ist folgendes: Alle die Prozesse, welche zur Aufklärung dieser fraglichen Bildungen als Phantasien herangezogen worden sind, bestehen wirklich und sind als bedeutungsvoll anzuerkennen. Die Abwendung des Interesses von den Aufgaben des realen Lebens[1], die Existenz von Phantasien als Ersatzbildungen für die unterlassenen Aktionen, die regressive Tendenz, die sich in diesen Schöpfungen ausspricht – regressiv in mehr als einem Sinne, insofern gleichzeitig ein Zurückweichen vor dem Leben und ein Zurückgreifen auf die Vergangenheit eintritt –, all das trifft zu und läßt sich regelmäßig durch die Analyse bestätigen. Man sollte meinen, es würde auch hinreichen, die in Rede stehenden angeblichen frühinfantilen Reminiszenzen aufzuklären, und diese Erklärung hätte nach den ökono-

---

[1] Ich ziehe aus guten Gründen vor zu sagen: Die Abwendung der *Libido* von den aktuellen *Konflikten*.

mischen Prinzipien der Wissenschaft das Vorrecht vor einer anderen, die ohne neue und befremdliche Annahmen nicht ausreichen kann.

Ich gestatte mir, an dieser Stelle darauf aufmerksam zu machen, daß die Widersprüche in der heutigen psychoanalytischen Literatur gewöhnlich nach dem Prinzip des *pars pro toto* angefertigt werden. Man greift aus einem hoch zusammengesetzten Ensemble einen Anteil der wirksamen Faktoren heraus, proklamiert diesen als die Wahrheit und widerspricht nun zu dessen Gunsten dem anderen Anteil und dem Ganzen. Sieht man etwa näher zu, welcher Gruppe dieser Vorzug zugefallen ist, so findet man, es ist die, welche das bereits anderswoher Bekannte enthält oder sich am ehesten ihm anschließt. So bei Jung die Aktualität und die Regression, bei Adler die egoistischen Motive. Zurückgelassen, als Irrtum verworfen, wird aber gerade das, was an der Psychoanalyse neu ist und ihr eigentümlich zukommt. Auf diesem Wege lassen sich die revolutionären Vorstöße der unbequemen Psychoanalyse am leichtesten zurückweisen.

Es ist nicht überflüssig hervorzuheben, daß keines der Momente, welche die gegnerische Auffassung zum Verständnis der Kindheitsszenen heranzieht, von Jung als Neuheit gelehrt zu werden brauchte. Der aktuelle Konflikt, die Abwendung von der Realität, die Ersatzbefriedigung in der Phantasie, die Regression auf Material der Vergangenheit, dies alles hat, und zwar in der nämlichen Zusammenfügung, vielleicht mit geringer Abänderung der Terminologie, von jeher einen integrierenden Bestandteil meiner eigenen Lehre gebildet. Es war nicht das Ganze derselben, nur der Anteil der Verursachung, der von der Realität her zur Neurosenbildung in regressiver Richtung einwirkt. Ich habe daneben noch Raum gelassen für einen zweiten progredienten Einfluß, der von den Kindheitseindrücken her wirkt, der vom Leben zurückweichenden Libido den Weg weist und die sonst unerklärliche Regression auf die Kindheit verstehen läßt. So wirken die beiden Momente nach meiner Auffassung bei der Symptombildung zusammen, aber ein früheres Zusammenwirken scheint mir ebenso bedeutungsvoll. Ich behaupte, daß *der Kindheitseinfluß sich bereits in der Anfangssituation der Neurosenbildung fühlbar macht, indem er in entscheidender Weise mitbestimmt, ob und an welcher Stelle das Individuum in der Bewältigung der realen Probleme des Lebens versagt.*

Im Streit steht also die Bedeutung des infantilen Moments. Die Aufgabe geht dahin, einen Fall zu finden, der diese Bedeutung, jedem Zweifel entzogen, erweisen kann. Ein solcher ist aber der Krankheitsfall, den wir hier so ausführlich behandeln, der durch den Charakter ausgezeichnet ist, daß der Neurose im späteren Leben eine Neurose in frühen Jahren der Kindheit vorhergeht. Gerade darum habe ich ja diesen Fall zur Mitteilung gewählt. Sollte jemand ihn etwa darum ablehnen wollen, weil ihm die Tierphobie nicht wichtig genug erscheint, um als selbständige Neurose anerkannt zu werden, so will ich ihn darauf verweisen, daß ohne Intervall an diese Phobie ein Zwangszeremoniell, Zwangshandlungen und Gedanken anschließen, von denen in den folgenden Abschnitten dieser Schrift die Rede sein wird.

Eine neurotische Erkrankung im vierten oder fünften Jahr der Kindheit beweist vor allem, daß die infantilen Erlebnisse für sich allein imstande sind, eine Neurose zu produzieren, ohne daß es dazu der Flucht vor einer im Leben gestellten Aufgabe bedürfte. Man wird einwenden, daß auch an das Kind unausgesetzt Aufgaben herantreten, denen es sich vielleicht entziehen möchte. Das ist richtig, aber das Leben eines Kindes vor der Schulzeit ist leicht zu übersehen, man kann ja untersuchen, ob sich eine die Verursachung der Neurose bestimmende »Aufgabe« darin findet. Man entdeckt aber nichts anderes als Triebregungen, deren Befriedigung dem Kind unmöglich, deren Bewältigung es nicht gewachsen ist, und die Quellen, aus denen diese fließen.

Die enorme Verkürzung des Intervalls zwischen dem Ausbruch der Neurose und der Zeit der in Rede stehenden Kindheitserlebnisse läßt, wie zu erwarten stand, das regressive Stück der Verursachung aufs äußerste einschrumpfen und bringt den progredienten Anteil derselben, den Einfluß früherer Eindrücke, unverdeckt zum Vorschein. Von diesem Verhältnis wird diese Krankengeschichte, wie ich hoffe, ein deutliches Bild geben. Auf die Frage nach der Natur der Urszenen oder frühesten in der Analyse eruierten Kindheitserlebnisse gibt die Kindheitsneurose noch aus anderen Gründen eine entscheidende Antwort.

Nehmen wir als unwidersprochene Voraussetzung an, daß eine solche Urszene technisch richtig entwickelt worden sei, daß sie unerläßlich sei zur zusammenfassenden Lösung aller Rätsel, welche uns die Symptomatik der Kindheitserkrankung aufgibt, daß alle Wirkungen von ihr ausstrahlen, wie alle Fäden der Analyse zu ihr hingeführt haben, so ist es mit Rücksicht auf ihren Inhalt unmöglich, daß sie etwas anderes sei als die Reproduktion einer vom Kinde erlebten Realität. Denn das Kind kann wie auch der Erwachsene Phantasien nur produzieren mit irgendwo erworbenem Material; die Wege dieser Erwerbung sind dem Kinde zum Teil (wie die Lektüre) verschlossen, der für die Erwerbung zu Gebote

stehende Zeitraum ist kurz und leicht nach solchen Quellen zu durchforschen.
In unserem Falle enthält die Urszene das Bild des geschlechtlichen Verkehrs zwischen den Eltern in einer für gewisse Beobachtungen besonders günstigen Stellung. Es würde nun gar nichts für die Realität dieser Szene beweisen, wenn wir sie bei einem Kranken fänden, dessen Symptome, also die Wirkungen der Szene, irgendwann in seinem späteren Leben hervorgetreten wären. Ein solcher kann zu den verschiedensten Zeitpunkten des langen Intervalls die Eindrücke, Vorstellungen und Kenntnisse erworben haben, die er dann in ein Phantasiebild verwandelt, in seine Kindheit zurückprojiziert und an seine Eltern heftet. Aber wenn die Wirkungen einer solchen Szene im vierten und fünften Lebensjahr hervortreten, so muß das Kind diese Szene in noch früherem Alter mitangesehen haben. Dann bleiben aber alle die befremdenden Folgerungen aufrecht, die sich uns aus der Analyse der infantilen Neurose ergeben haben. Es sei denn, es wolle jemand annehmen, der Patient habe nicht nur diese Urszene unbewußt phantasiert, sondern ebenso seine Charakterveränderung, seine Wolfsangst und seinen religiösen Zwang konfabuliert, welcher Auskunft aber sein sonstiges nüchternes Wesen und die direkte Tradition in seiner Familie widersprechen würde. Es muß also dabei bleiben – ich sehe keine andere Möglichkeit –, entweder ist die von seiner Kindheitsneurose ausgehende Analyse überhaupt ein Wahnwitz, oder es ist alles so richtig, wie ich es oben dargestellt habe.
Wir haben an einer früheren Stelle [S. 160] auch an der Zweideutigkeit Anstoß genommen, daß des Patienten Vorliebe für die weiblichen Nates und für den Koitus in derjenigen Stellung, bei der diese besonders hervortreten, eine Ableitung von dem beobachteten Koitus der Eltern zu fordern schien, während doch solche Bevorzugung ein allgemeiner Zug der zur Zwangsneurose disponierten archaischen Konstitutionen ist. Hier bietet sich eine naheliegende Auskunft, die den Widerspruch als Überdeterminierung löst. Die Person, an welcher er diese Position beim Koitus beobachtet, war doch sein leiblicher Vater, von dem er diese konstitutionelle Vorliebe auch ererbt haben konnte. Weder die spätere Krankheit des Vaters noch die Familiengeschichte sprechen dagegen; ein Vatersbruder ist, wie bereits erwähnt [S. 141], in einem Zustand gestorben, der als Ausgang eines schweren Zwangsleidens aufgefaßt werden muß.
Wir erinnern uns in diesem Zusammenhange, daß die Schwester bei der

Verführung des 3¼jährigen[1] Knaben gegen die brave alte Kinderfrau die sonderbare Verleumdung ausgesprochen, sie stelle alle Leute auf den Kopf und greife ihnen dann an die Genitalien (S. 140). Es mußte sich uns da die Idee aufdrängen, daß vielleicht auch die Schwester in ähnlich zartem Alter dieselbe Szene mitangesehen wie später der Bruder und sich daher die Anregung für das Auf-den-Kopf-Stellen beim sexuellen Akt geholt hätte. Diese Annahme brächte auch einen Hinweis auf eine Quelle ihrer eigenen sexuellen Voreiligkeit.

[Ich[2] hatte ursprünglich nicht die Absicht, die Diskussion über den Realwert der »Urszenen« an dieser Stelle weiterzuführen, aber da ich unterdes veranlaßt worden bin, dieses Thema in meinen *Vorlesungen zur Einführung in die Psychoanalyse* [1916–17, Vorlesung XXIII] in breiterem Zusammenhange und nicht mehr in polemischer Absicht zu behandeln, so wäre es irreführend, wollte ich die Anwendung der dort bestimmenden Gesichtspunkte auf den uns hier vorliegenden Fall unterlassen. Ich setze also ergänzend und berichtigend fort: Es ist doch noch eine andere Auffassung der dem Traume zugrunde liegenden Urszene möglich, welche die vorhin getroffene Entscheidung um ein gutes Stück ablenkt und uns mancher Schwierigkeiten überhebt. Die Lehre, welche die Infantilszenen zu regressiven Symbolen herabdrücken will, wird zwar auch bei dieser Modifikation nichts gewinnen; sie scheint mir überhaupt durch diese – wie durch jede andere – Analyse einer Kinderneurose endgültig erledigt.

Ich meine nämlich, man kann sich den Sachverhalt auch in folgender Art zurechtlegen. Auf die Annahme, daß das Kind einen Koitus beobachtet, durch dessen Anblick es die Überzeugung gewonnen, daß die Kastration mehr sein könne als eine leere Drohung, können wir nicht verzichten; auch läßt uns die Bedeutung, welche späterhin den Stellungen von Mann und Weib für die Angstentwicklung und als Liebesbedingung zukommt, keine andere Wahl, als zu schließen, es müsse ein *coitus a tergo, more ferarum,* gewesen sein. Aber ein anderes Moment ist nicht so unersetzlich und mag fallengelassen werden. Es war vielleicht nicht ein Koitus der Eltern, sondern ein Tierkoitus, den das Kind beobachtet und dann auf die Eltern geschoben, als ob es erschlossen hätte, die Eltern machten es auch nicht anders.

Dieser Auffassung kommt vor allem zugute, daß die Wölfe des Traumes ja eigentlich Schäferhunde sind und auch in der Zeichnung als solche

---
[1] [In den Ausgaben vor 1924 hieß es »3½jährigen«.]
[2] [Eckige Klammer von Freud selbst. S. den Schluß der Anmerkung 1, oben, S. 129.]

Einige Diskussionen

erscheinen. Kurz vor dem Traum war der Knabe wiederholt zu den Schafherden mitgenommen worden [S. 150], wo er solche große weiße Hunde sehen und sie wahrscheinlich auch beim Koitus beobachten konnte. Ich möchte auch die Dreizahl, die der Träumer ohne jede weitere Motivierung hinstellte [S. 157, Anm. 3], hieher beziehen und annehmen, es sei ihm im Gedächtnis geblieben, daß er drei solcher Beobachtungen an den Schäferhunden gemacht. Was in der erwartungsvollen Erregtheit seiner Traumnacht hinzukam, war dann die Übertragung des kürzlich gewonnenen Erinnerungsbildes mit *allen* seinen Einzelheiten auf die Eltern, wodurch aber erst jene mächtigen Affektwirkungen ermöglicht wurden. Es gab jetzt ein nachträgliches Verständnis jener vielleicht vor wenigen Wochen oder Monaten empfangenen Eindrücke, ein Vorgang, wie ihn vielleicht jeder von uns an sich selbst erlebt haben mag. Die Übertragung von den koitierenden Hunden auf die Eltern vollzog sich nun nicht mittels eines an Worte gebundenen Schlußverfahrens, sondern indem eine reale Szene vom Beisammensein der Eltern in der Erinnerung aufgesucht wurde, welche sich mit der Koitussituation verschmelzen ließ. Alle in der Traumanalyse behaupteten Details der Szene mochten genau reproduziert sein. Es war wirklich an einem Sommernachmittag, während das Kind an Malaria litt, die Eltern waren in weißer Kleidung beide anwesend, als das Kind aus seinem Schlaf erwachte, aber – die Szene war harmlos. Das Übrige hatte der spätere Wunsch des Wißbegierigen, auch die Eltern bei ihrem Liebesverkehr zu belauschen, auf Grund seiner Erfahrungen an den Hunden hinzugefügt, und nun entfaltete die so phantasierte Szene alle die Wirkungen, die wir ihr nachgesagt haben, die nämlichen, als ob sie durchaus real gewesen und nicht aus zwei Bestandteilen, einem früheren indifferenten und einem späteren, höchst eindrucksvollen, zusammengekleistert worden wäre.

Es ist sofort ersichtlich, um wieviel das Maß der uns zugemuteten Glaubensleistung erleichtert wird. Wir brauchen nicht mehr anzunehmen, daß die Eltern den Koitus in Gegenwart des, wenn auch sehr jugendlichen, Kindes vollzogen haben, was für viele von uns eine unliebsame Vorstellung ist. Der Betrag der Nachträglichkeit wird sehr herabgesetzt; sie bezieht sich jetzt nur auf einige Monate des vierten Lebensjahres und greift überhaupt nicht in die dunklen ersten Kindheitsjahre zurück. An dem Verhalten des Kindes, welches von den Hunden auf die Eltern überträgt und sich vor dem Wolf anstatt vor dem Vater fürchtet, bleibt kaum etwas Befremdliches. Es befindet sich ja in der Entwicklungsphase seiner Weltanschauung, die in *Totem und Tabu* [1912–13, Aufsatz IV] als die Wiederkehr des Totemismus gekennzeichnet worden ist. Die Lehre, welche die Urszenen der Neurosen durch Zurückphantasieren aus späteren Zeiten aufklären will, scheint in unserer Beobachtung trotz des zarten Alters von vier Jahren bei unserem Neurotiker eine starke Unterstützung zu finden. So jung er ist, so hat er es doch zustande gebracht, einen Eindruck aus dem vierten Jahr durch ein phantasiertes Trauma mit 1½ Jahren zu ersetzen; diese Regression erscheint aber weder rätselhaft noch tendenziös. Die Szene, die herzustellen war, mußte gewisse Bedingungen erfüllen, welche infolge der Lebensumstände des Träumers gerade nur in dieser frühen Zeit zu finden waren, wie z. B. die eine, daß er sich im Schlafzimmer der Eltern im Bette befand.

Für die Richtigkeit der hier vorgeschlagenen Auffassung wird es aber den meisten Lesern geradezu entscheidend scheinen, was ich aus den analytischen Ergebnissen an anderen Fällen hinzugeben kann. Die Szene einer Beobachtung des Sexualverkehrs der Eltern in sehr früher Kindheit – sei sie nun reale Erinnerung oder Phantasie – ist in den Analysen neurotischer Menschenkinder wahrlich keine Seltenheit. Vielleicht findet sie sich ebenso häufig bei den nicht neurotisch Gewordenen. Vielleicht gehört sie zum regelmäßigen Bestand ihres – bewußten oder unbewußten – Erinnerungsschatzes. So oft ich aber eine solche Szene durch Analyse entwickeln konnte, zeigte sie dieselbe Eigentümlichkeit, die uns auch bei unserem Patienten stutzig machte, sie bezog sich auf den *coitus a tergo,* der allein dem Zuschauer die Inspektion der Genitalien ermöglicht. Da braucht man wohl nicht länger zu bezweifeln, daß es sich nur um eine Phantasie handelt, die vielleicht regelmäßig durch die Beobachtung des tierischen Sexualverkehrs angeregt wird. Ja noch mehr; ich habe angedeutet [S. 157], daß meine Darstellung der »Urszene« unvollständig geblieben ist, indem ich mir für später aufsparte mitzuteilen, auf welche Weise das Kind den Verkehr der Eltern stört. Ich muß jetzt hinzufügen, daß auch die Art dieser Störung in allen Fällen die nämliche ist.

Ich kann mir denken, daß ich mich jetzt schweren Verdächtigungen von seiten der Leser dieser Krankengeschichte ausgesetzt habe. Wenn mir diese Argumente zu Gunsten einer solchen Auffassung der »Urszene« zu Gebote standen, wie könnte ich es überhaupt verantworten, zuerst eine so absurd erscheinende andere zu vertreten? Oder sollte ich im Intervall zwischen der ersten Niederschrift der Krankengeschichte und diesem Zusatz jene neuen Erfahrungen gemacht haben, die mich zur Abänderung meiner anfänglichen Auffassung genötigt haben, und wollte dies aus irgendwelchen Motiven nicht eingestehen? Ich gestehe dafür etwas anderes ein: daß ich die Absicht habe, die Diskussion über den Realwert der Urszene diesmal mit einem *non liquet* zu beschließen. Diese Krankengeschichte ist noch nicht zu Ende; in ihrem weiteren Verlauf wird ein Moment auftauchen, welches die Sicherheit stört, deren wir uns jetzt zu erfreuen glauben. Dann wird wohl nichts anderes übrig bleiben als der Verweis auf die Stellen in meinen *Vorlesungen*, in denen ich das Problem der Urphantasien oder Urszenen behandelt habe.]

VI

DIE ZWANGSNEUROSE

Zum dritten Mal erfuhr er nun eine Beeinflussung, die seine Entwicklung in entscheidender Weise abänderte. Als er 4½ Jahre alt war und sein Zustand von Reizbarkeit und Ängstlichkeit sich noch immer nicht gebessert hatte, entschloß sich die Mutter ihn mit der biblischen Geschichte bekannt zu machen, in der Hoffnung, ihn so abzulenken und zu erheben. Es gelang ihr auch, die Einführung der Religion machte der bisherigen Phase ein Ende, brachte aber eine Ablösung der Angstsymptome durch Zwangssymptome mit sich. Er hatte bisher nicht leicht einschlafen können, weil er fürchtete, ähnlich schlechte Dinge zu träumen wie in jener Nacht vor Weihnachten: er mußte jetzt vor dem Zubettgehen alle Heiligenbilder im Zimmer küssen, Gebete hersagen und ungezählte Kreuze über seine Person und sein Lager schlagen.

Seine Kindheit gliedert sich uns nun übersichtlich in folgende Epochen: erstens die Vorzeit bis zur Verführung (3¼ J.), in welche die Urszene fällt, zweitens die Zeit der Charakterveränderung bis zum Angsttraum (4 J.), drittens die Tierphobie bis zur Einführung in die Religion (4½ J.), und von da an die der Zwangsneurose bis nach dem zehnten Jahr. Eine momentane und glatte Ersetzung einer Phase durch die nächstfolgende liegt weder in der Natur der Verhältnisse, noch in der unseres Patienten, für den im Gegenteil die Erhaltung alles Vorangegangenen und die Koexistenz der verschiedenartigsten Strömungen charakteristisch waren. Die Schlimmheit schwand nicht, als die Angst auftrat, und setzte sich langsam abnehmend in die Zeit der Frömmigkeit fort. Von der Wolfsphobie ist aber in dieser letzten Phase nicht mehr die Rede. Die Zwangsneurose verlief diskontinuierlich; der erste Anfall war der längste und intensivste, andere traten zu acht und zehn Jahren auf, jedesmal nach Veranlassungen, die in ersichtlicher Beziehung zum Inhalt der Neurose standen. Die Mutter erzählte ihm die heilige Geschichte selbst und ließ ihm außerdem durch die Nanja aus einem Buch, das mit Illustrationen geschmückt war, darüber vorlesen. Das Hauptgewicht bei der Mitteilung fiel natürlich auf die Passionsgeschichte. Die Nanja, die sehr fromm und abergläubisch war, gab ihre Erläuterungen dazu, mußte aber auch alle Einwendungen und Zweifel des kleinen Kritikers anhören. Wenn die

Die Zwangsneurose

Kämpfe, die ihn nun zu erschüttern begannen, schließlich in einen Sieg des Glaubens ausliefen, so war der Einfluß der Nanja nicht unbeteiligt daran.

Was er mir als Erinnerung von seinen Reaktionen auf die Einführung in die Religion mitteilte, traf zunächst auf meinen entschiedenen Unglauben. Das konnten, meinte ich, nicht die Gedanken eines 4½- bis 5jährigen Kindes sein; wahrscheinlich schob er in diese frühe Vergangenheit zurück, was aus dem Nachdenken des bald 30jährigen Erwachsenen entsprang[1]. Allein der Patient wollte von dieser Korrektur nichts wissen; es gelang nicht, ihn wie bei so vielen anderen Urteilsverschiedenheiten zwischen uns zu überführen; der Zusammenhang seiner erinnerten Gedanken mit seinen berichteten Symptomen sowie deren Einfügung in seine sexuelle Entwicklung nötigten mich schließlich, vielmehr ihm Glauben zu schenken. Ich sagte mir dann auch, daß gerade die Kritik gegen die Lehren der Religion, die ich dem Kinde nicht zutrauen wollte, nur von einer verschwindenden Minderzahl der Erwachsenen zustande gebracht wird.

Ich werde nun das Material seiner Erinnerungen vorbringen und erst dann nach einem Weg suchen, der zum Verständnis desselben führt.

Der Eindruck, den er von der Erzählung der heiligen Geschichte empfing, war, wie er berichtet, anfangs kein angenehmer. Er sträubte sich zuerst gegen den Leidenscharakter der Person Christi, dann gegen den ganzen Zusammenhang seiner Geschichte. Er richtete seine unzufriedene Kritik gegen Gottvater. Wenn er allmächtig sei, so sei es seine Schuld, daß die Menschen schlecht seien und andere quälen, wofür sie dann in die Hölle kommen. Er hätte sie gut machen sollen; er sei selbst verantwortlich für alles Schlechte und alle Qualen. Er nahm Anstoß an dem Gebot, die andere Wange hinzuhalten, wenn man einen Schlag auf die eine empfangen habe, daran, daß Christus am Kreuz[2] gewünscht habe, der Kelch solle an ihm vorübergehen, aber auch daran, daß kein Wunder geschehen sei, um ihn als Gottes Sohn zu erweisen. So war also sein

---

[1] Ich machte auch wiederholt den Versuch, die Geschichte des Kranken wenigstens um ein Jahr vorzuschieben, also die Verführung auf 4¼ Jahre, den Traum auf den fünften Geburtstag usw. zu verlegen. An den Intervallen war ja nichts zu gewinnen, allein der Patient blieb auch hierin unbeugsam, ohne mich übrigens vom letzten Zweifel daran befreien zu können. Für den Eindruck, den seine Geschichte macht, und alle daran geknüpften Erörterungen und Folgerungen wäre ein solcher Aufschub um ein Jahr offenbar gleichgültig.
[2] [Gemeint ist natürlich der Ölberg. Freud erklärte seinen englischen Übersetzern, daß der Irrtum dem Patienten selbst unterlaufen war.]

Scharfsinn geweckt und wußte mit unerbittlicher Strenge die Schwächen der heiligen Dichtung auszuspüren.

Zu dieser rationalistischen Kritik gesellten sich aber sehr bald Grübeleien und Zweifel, die uns die Mitarbeit geheimer Regungen verraten können. Eine der ersten Fragen, die er an die Nanja richtete, war, ob Christus auch einen Hintern gehabt habe. Die Nanja gab die Auskunft, er sei ein Gott gewesen und auch ein Mensch. Als Mensch habe er alles gehabt und getan wie die anderen Menschen. Das befriedigte ihn nun gar nicht, aber er wußte sich selbst zu trösten, indem er sich sagte, der Hintere sei ja nur die Fortsetzung der Beine. Die kaum beschwichtigte Angst, die heilige Person erniedrigen zu müssen, flammte wieder auf, als ihm die Frage auftauchte, ob Christus auch geschissen habe. Die Frage getraute er sich nicht, der frommen Nanja vorzulegen, aber er fand selbst eine Ausflucht, die sie ihm nicht hätte besser zeigen können. Da Christus Wein aus dem Nichts gemacht, hätte er auch das Essen zu nichts machen und sich so die Defäkation ersparen können.

Wir werden uns dem Verständnis dieser Grübeleien nähern, wenn wir an ein vorhin besprochenes Stück seiner Sexualentwicklung anknüpfen. Wir wissen, daß sich sein Sexualleben seit der Zurückweisung durch die Nanja [S. 143 f.] und die damit verbundene Unterdrückung der beginnenden Genitalbetätigung nach den Richtungen des Sadismus und Masochismus entwickelt hatte. Er quälte, mißhandelte kleine Tiere, phantasierte vom Schlagen der Pferde, anderseits vom Geschlagenwerden des Thronfolgers[1]. Im Sadismus hielt er die uralte Identifizierung mit dem Vater aufrecht, im Masochismus hatte er sich diesen zum Sexualobjekt erkoren. Er befand sich voll in einer Phase der prägenitalen Organisation, in welcher ich die Disposition zur Zwangsneurose[2] erblicke. Durch die Einwirkung jenes Traumes, der ihn unter den Einfluß der Urszene brachte, hätte er den Fortschritt zur genitalen Organisation machen und seinen Masochismus gegen den Vater in feminine Einstellung gegen ihn, in Homosexualität, verwandeln können. Allein dieser Traum brachte den Fortschritt nicht, er ging in Angst aus. Das Verhältnis zum Vater, das von dem Sexualziel, von ihm gezüchtigt zu werden, zum nächsten Ziel hätte führen sollen, vom Vater koitiert zu werden wie ein Weib, wurde durch den Einspruch seiner narzißtischen Männ-

---

[1] Besonders von Schlägen auf den Penis (S. 145 [und S. 165]).
[2] [S. die Arbeit Freuds (1913 i), die er kurz vor der vorliegenden zu diesem Thema verfaßt hatte.]

Die Zwangsneurose

lichkeit auf eine noch primitivere Stufe zurückgeworfen und unter Verschiebung auf einen Vaterersatz als Angst, vom Wolf gefressen zu werden, abgespalten, aber keineswegs auf diese Weise erledigt. Vielmehr können wir dem kompliziert erscheinenden Sachverhalt nur gerecht werden, wenn wir an der Koexistenz der drei auf den Vater zielenden Sexualstrebungen festhalten. Er war vom Traume an im Unbewußten homosexuell, in der Neurose auf dem Niveau des Kannibalismus; herrschend blieb die frühere masochistische Einstellung. Alle drei Strömungen hatten passive Sexualziele; es war dasselbe Objekt, die nämliche Sexualregung, aber es hatte sich eine Spaltung derselben nach drei verschiedenen Niveaus herausgebildet.

Die Kenntnis der heiligen Geschichte gab ihm nun die Möglichkeit, die vorherrschende masochistische Einstellung zum Vater zu sublimieren. Er wurde Christus, was ihm durch den gleichen Geburtstag besonders erleichtert war. Damit war er etwas Großes geworden und auch – worauf vorläufig noch nicht genug Akzent fiel – ein Mann. In dem Zweifel, ob Christus einen Hintern haben kann, schimmert die verdrängte homosexuelle Einstellung durch, denn die Grübelei konnte nichts anderes bedeuten als die Frage, ob er vom Vater gebraucht werden könne wie ein Weib, wie die Mutter in der Urszene. Wenn wir zur Auflösung der anderen Zwangsideen kommen, werden wir diese Deutung bestätigt finden. Der Verdrängung der passiven Homosexualität entsprach nun das Bedenken, daß es schimpflich sei, die heilige Person mit solchen Zumutungen in Verbindung zu bringen. Man merkt, er bemühte sich, seine neue Sublimierung von dem Zusatz freizuhalten, den sie aus den Quellen des Verdrängten bezog. Aber es gelang ihm nicht.

Wir verstehen es noch nicht, warum er sich nun auch gegen den passiven Charakter Christi und gegen die Mißhandlung durch den Vater sträubte, und damit auch sein bisheriges masochistisches Ideal, selbst in seiner Sublimierung, zu verleugnen begann. Wir dürfen annehmen, daß dieser zweite Konflikt dem Hervortreten der erniedrigenden Zwangsgedanken aus dem ersten Konflikt (zwischen herrschender masochistischer und verdrängter homosexueller Strömung) besonders günstig war, denn es ist nur natürlich, daß sich in einem seelischen Konflikt alle Gegenstrebungen, wenn auch aus den verschiedensten Quellen, miteinander summieren. Das Motiv seines Sträubens und somit der an der Religion geübten Kritik werden wir aus neuen Mitteilungen kennenlernen.

Aus den Mitteilungen über die heilige Geschichte hatte auch seine Sexualforschung Gewinn gezogen. Bisher hatte er keinen Grund zur Annahme gehabt, daß die Kinder nur von der Frau kommen. Im Gegenteile, die Nanja hatte ihn glauben lassen, er sei das Kind des Vaters, die Schwester das der Mutter [S. 138], und diese nähere Beziehung zum Vater war ihm sehr wertvoll gewesen. Nun hörte er, daß Maria die Gottesgebärerin hieß. Also kamen die Kinder von der Frau und die Angabe der Nanja war nicht mehr zu halten. Ferner wurde er durch die Erzählungen irre gemacht, wer eigentlich der Vater Christi war. Er war geneigt, Josef dafür zu halten, denn er hörte ja, daß sie immer mitsammen gelebt hatten, aber die Nanja sagte: Josef war nur *wie* sein Vater, der eigentliche Vater sei Gott gewesen. Daraus konnte er nichts machen. Er verstand nur soviel: wenn man überhaupt darüber diskutieren konnte, so war das Verhältnis zwischen Vater und Sohn kein so inniges, wie er sich's immer vorgestellt hatte.

Der Knabe fühlte gewissermaßen die Gefühlsambivalenz gegen den Vater, die in allen Religionen niedergelegt ist, heraus und griff seine Religion wegen der Lockerung dieses Vaterverhältnisses an. Natürlich hörte seine Opposition bald auf, ein Zweifel an der Wahrheit der Lehre zu sein, und wandte sich dafür direkt gegen die Person Gottes. Gott hatte seinen Sohn hart und grausam behandelt, aber er war nicht besser gegen die Menschen. Er hatte seinen Sohn geopfert und dasselbe von Abraham gefordert. Er begann Gott zu fürchten.

Wenn er Christus war, so war der Vater Gott. Aber der Gott, den ihm die Religion aufdrängte, war kein richtiger Ersatz für den Vater, den er geliebt hatte, und den er sich nicht wollte rauben lassen. Die Liebe zu diesem Vater schuf ihm seinen kritischen Scharfsinn. Er wehrte sich gegen Gott, um am Vater festhalten zu können, verteidigte dabei eigentlich den alten Vater gegen den neuen. Er hatte da ein schwieriges Stück der Ablösung vom Vater zu vollbringen.

Es war also die alte, in frühester Zeit offenbar gewordene Liebe zu seinem Vater, der er die Energie zur Bekämpfung Gottes und den Scharfsinn zur Kritik der Religion entnahm. Aber anderseits war diese Feindseligkeit gegen den neuen Gott auch kein ursprünglicher Akt, sie hatte ein Vorbild in einer feindseligen Regung gegen den Vater, die unter dem Einfluß des Angsttraumes entstanden war, und war im Grunde nur ein Wiederaufleben derselben. Die beiden gegensätzlichen Gefühlsregungen, die sein ganzes späteres Leben regieren sollten, trafen sich hier zum Ambivalenzkampfe beim Thema der Religion. Was sich aus diesem Kampfe als Symptom ergab, die blasphemischen Ideen, der Zwang, der ihn überfiel, Gott – Dreck, Gott – Schwein zu denken, war darum auch

Die Zwangsneurose

ein richtiges Kompromißergebnis, wie die Analyse dieser Ideen im Zusammenhange der Analerotik uns zeigen wird.

Einige andere Zwangssymptome von minder typischer Art führen ebenso sicher auf den Vater, lassen aber auch den Zusammenhang der Zwangsneurose mit den früheren Zufällen erkennen.

Zu dem Frömmigkeitszeremoniell, mit dem er am Ende seine Gotteslästerungen sühnte, gehörte auch das Gebot, unter gewissen Bedingungen in feierlicher Weise zu atmen. Beim Kreuzeschlagen mußte er jedesmal tief einatmen oder stark aushauchen. Hauch ist in seiner Sprache gleich Geist. Das war also die Rolle des Heiligen Geistes. Er mußte den Heiligen Geist einatmen oder die bösen Geister, von denen er gehört und gelesen hatte[1], ausatmen. Diesen bösen Geistern schrieb er auch die blasphemischen Gedanken zu, für die er sich soviel Buße auferlegen mußte. Er war aber genötigt auszuhauchen, wenn er Bettler, Krüppel, häßliche, alte, erbarmenswerte Leute sah, und diesen Zwang verstand er nicht, mit den Geistern zusammenzubringen. Er gab sich selbst nur die Rechenschaft, er tue es um nicht zu werden wie diese.

Dann brachte die Analyse im Anschluß an einen Traum die Aufklärung, daß das Ausatmen beim Anblick der bedauernswerten Personen erst nach dem sechsten Jahre begonnen hatte und an den Vater anschloß. Er hatte den Vater lange Monate nicht gesehen, als die Mutter einmal sagte, sie würde mit den Kindern in die Stadt fahren und ihnen etwas zeigen, was sie sehr erfreuen würde. Sie brachte sie dann in ein Sanatorium, in dem sie den Vater wiedersahen; er sah schlecht aus und tat dem Sohne sehr leid. Der Vater war also auch das Urbild all der Krüppel, Bettler und Armen, vor denen er ausatmen mußte, wie er sonst das Urbild der Fratzen ist, die man in Angstzuständen sieht, und der Karikaturen, die man zum Hohne zeichnet. Wir werden noch an anderer Stelle erfahren [S. 202], daß diese Mitleidseinstellung auf ein besonderes Detail der Urszene zurückgeht, welches so spät in der Zwangsneurose zur Wirkung kam.

Der Vorsatz, nicht zu werden wie diese, der sein Ausatmen vor den Krüppeln motivierte, war also die alte Vateridentifizierung, ins Negativ gewandelt. Doch kopierte er dabei den Vater auch im positiven Sinne, denn das starke Atmen war eine Nachahmung des Geräusches, das er beim Koitus vom Vater ausgehend gehört hatte[2]. Der Heilige Geist

---

[1] Dies Symptom hatte sich, wie wir hören werden, mit dem sechsten Jahr, als er lesen konnte, entwickelt.
[2] Die reale Natur der Urszene vorausgesetzt!

dankte seinen Ursprung diesem Zeichen der sinnlichen Erregung des Mannes. Durch die Verdrängung wurde dies Atmen zum bösen Geist, für den noch eine andere Genealogie bestand, die Malaria nämlich [S. 156], an der er zur Zeit der Urszene gelitten hatte.
Die Ablehnung dieser bösen Geister entsprach einem unverkennbar asketischen Zug, der sich noch in anderen Reaktionen äußerte. Als er hörte, daß Christus einmal böse Geister in Säue gebannt hatte, die dann in einen Abgrund stürzten, dachte er daran, daß die Schwester in ihren ersten Kinderjahren vor seiner Erinnerung vom Klippenweg des Hafens an den Strand herabgerollt war. Sie war auch so ein böser Geist und eine Sau; von hier führte ein kurzer Weg zu Gott – Schwein. Der Vater selbst hatte sich als ebenso von Sinnlichkeit beherrscht erwiesen. Als er die Geschichte der ersten Menschen erfuhr, fiel ihm die Ähnlichkeit seines Schicksals mit dem Adams auf. Er wunderte sich heuchlerischerweise im Gespräch mit der Nanja, daß Adam sich durch ein Weib hatte ins Unglück stürzen lassen, und versprach der Nanja, er werde nie heiraten. Eine Verfeindung mit dem Weibe wegen der Verführung durch die Schwester schaffte sich um diese Zeit starken Ausdruck. Sie sollte ihn in seinem späteren Liebesleben noch oft genug stören. Die Schwester wurde ihm zur dauernden Verkörperung der Versuchung und der Sünde. Wenn er gebeichtet hatte, kam er sich rein und sündenfrei vor. Dann schien es ihm aber, als ob die Schwester darauf lauerte, ihn wieder in Sünde zu stürzen, und ehe er sich's versah, hatte er eine Streitszene mit der Schwester provoziert, durch die er wieder sündig wurde. So war er genötigt, die Tatsache der Verführung immer wieder von Neuem zu reproduzieren. Seine blasphemischen Gedanken hatte er übrigens, so sehr sie ihn drückten, niemals in der Beichte preisgegeben.
Wir sind unversehens in die Symptomatik der späteren Jahre der Zwangsneurose geraten und wollen darum mit Hinwegsetzung über soviel, was dazwischen liegt, über ihren Ausgang berichten. Wir wissen schon, daß sie, von ihrem permanenten Bestand abgesehen, zeitweise Verstärkungen erfuhr, das eine Mal, was uns noch nicht durchsichtig sein kann, als ein Knabe in derselben Straße starb, mit dem er sich identifizieren konnte. Als er zehn Jahre alt war, bekam er einen deutschen Hofmeister, der sehr bald großen Einfluß auf ihn gewann. Es ist sehr lehrreich, daß seine ganze schwere Frömmigkeit dahinschwand, um nie wieder aufzuleben, nachdem er gemerkt und in belehrenden Gesprächen mit dem Lehrer erfahren hatte, daß dieser Vaterersatz keinen Wert auf Frömmigkeit legte und nichts von der Wahrheit der Religion hielt. Die

Die Zwangsneurose

Frömmigkeit fiel mit der Abhängigkeit vom Vater, der nun von einem neuen, umgänglicheren Vater abgelöst wurde. Dies geschah allerdings nicht ohne ein letztes Aufflackern der Zwangsneurose, von dem der Zwang besonders erinnert wurde, an die Heilige Dreieinigkeit zu denken, so oft er auf der Straße drei Häufchen Kot beisammenliegen sah. Er gab eben nie einer Anregung nach, ohne noch einen Versuch zu machen, das Entwertete festzuhalten. Als der Lehrer ihm von den Grausamkeiten gegen die kleinen Tiere abredete, machte er auch diesen Untaten ein Ende, aber nicht, ohne sich vorher noch einmal im Zerschneiden von Raupen gründlich genug getan zu haben. Er benahm sich noch in der analytischen Behandlung ebenso, indem er eine passagere »negative Reaktion« entwickelte; nach jeder einschneidenden Lösung versuchte er für eine kurze Weile, deren Wirkung durch eine Verschlechterung des gelösten Symptoms zu negieren. Man weiß, daß Kinder sich ganz allgemein ähnlich gegen Verbote benehmen. Wenn man sie angefahren hat, weil sie z. B. ein unleidliches Geräusch produzieren, so wiederholen sie es nach dem Verbot noch einmal, ehe sie damit aufhören. Sie haben dabei erreicht, daß sie anscheinend freiwillig aufgehört und dem Verbot getrotzt haben.

Unter dem Einfluß des deutschen Lehrers entstand eine neue und bessere Sublimierung seines Sadismus, der entsprechend der nahen Pubertät damals die Oberhand über den Masochismus gewonnen hatte. Er begann fürs Soldatenwesen zu schwärmen, für Uniformen, Waffen und Pferde, und nährte damit kontinuierliche Tagträume. So war er unter dem Einfluß eines Mannes von seinen passiven Einstellungen losgekommen und befand sich zunächst in ziemlich normalen Bahnen. Eine Nachwirkung der Anhänglichkeit an den Lehrer, der ihn bald darauf verließ, war es, daß er in seinem späteren Leben das deutsche Element (Ärzte, Anstalten, Frauen) gegen das heimische (Vertretung des Vaters) bevorzugte, woraus noch die Übertragung in der Kur großen Vorteil zog.

In die Zeit vor der Befreiung durch den Lehrer fällt noch ein Traum, den ich erwähne, weil er bis zu seinem Auftauchen in der Kur vergessen war. Er sah sich auf einem Pferd reitend von einer riesigen Raupe verfolgt. Er erkannte in dem Traum eine Anspielung auf einen früheren aus der Zeit vor dem Lehrer, den wir längst gedeutet hatten. In diesem früheren Traum sah er den Teufel im schwarzen Gewand und in der aufrechten Stellung, die ihn seinerzeit am Wolf und am Löwen so sehr erschreckt hatte. Mit dem ausgestreckten Finger wies er auf eine riesige Schnecke hin. Er hatte bald erraten, daß dieser Teufel der Dämon aus einer bekannten Dichtung[1], der Traum selbst die Umarbeitung eines sehr verbreiteten Bildes sei, das den Dämon in einer Liebesszene mit einem Mädchen darstellte. Die Schnecke war an der Stelle des Weibes als exquisit weibliches Sexualsymbol. Durch die zeigende Gebärde des Dämons geleitet, konnten wir bald als den Sinn des Traumes angeben, daß er sich nach jemand sehne, der ihm die letzten noch fehlenden Belehrungen über die Rätsel des Geschlechtsverkehrs geben sollte, wie seinerzeit der Vater in der Urszene die ersten.

Zu dem späteren Traum, in dem das weibliche Symbol durch das männliche ersetzt war, erinnerte er ein bestimmtes Erlebnis kurz vorher. Er ritt eines Tages auf dem Landgut an einem schlafenden Bauern vorüber, neben dem sein Junge lag. Dieser weckte den Vater und sagte ihm etwas, worauf der Vater den Reitenden zu beschimpfen und zu verfolgen begann, so daß er sich rasch auf seinem Pferd entfernte. Dazu die zweite Erinnerung, daß es auf demselben Gut Bäume gab, die ganz weiß, ganz von Raupen umsponnen waren. Wir verstehen, daß er auch vor der Realisierung der Phantasie die Flucht ergriff, daß der Sohn beim Vater schlafe, und daß er die weißen Bäume heranzog, um eine Anspielung an den Angsttraum von den weißen Wölfen auf dem Nußbaum herzustellen. Es war also ein direkter Ausbruch der Angst vor jener femininen Einstellung zum Mann, gegen die er sich zuerst durch die religiöse Sublimierung geschützt hatte und bald durch die militärische noch wirksamer schützen sollte [S. 185].

Es wäre aber ein großer Irrtum anzunehmen, daß nach der Aufhebung der Zwangssymptome keine permanenten Wirkungen der Zwangsneurose übrig geblieben wären. Der Prozeß hatte zu einem Sieg des frommen Glaubens über die kritisch forschende Auflehnung geführt und hatte die Verdrängung der homosexuellen Einstellung zur Voraussetzung gehabt. Aus beiden Faktoren ergaben sich dauernde Nachteile. Die intellektuelle Betätigung blieb seit dieser ersten großen Niederlage schwer geschädigt. Es entwickelte sich kein Lerneifer, es zeigte sich nichts mehr von dem Scharfsinn, der seinerzeit im zarten Alter von fünf Jahren die Lehren der Religion kritisch zersetzt hatte. Die während jenes Angsttraumes erfolgte Verdrängung der überstarken Homosexualität reservierte diese bedeutungsvolle Regung für das Unbewußte, erhielt sie so bei der ursprünglichen Zieleinstellung und entzog sie all den Sublimierungen, zu denen sie sich sonst bietet. Es fehlten dem Patienten darum

---

[1] [Lermontows ›Der Dämon‹.]

Die Zwangsneurose

alle die sozialen Interessen, welche dem Leben Inhalt geben. Erst als in der analytischen Kur die Lösung dieser Fesselung der Homosexualität gelang, konnte sich der Sachverhalt zum Besseren wenden, und es war sehr merkwürdig mitzuerleben, wie – ohne direkte Mahnung des Arztes – jedes befreite Stück der homosexuellen Libido eine Anwendung im Leben und eine Anheftung an die großen gemeinsamen Geschäfte der Menschheit suchte.

VII

ANALEROTIK UND KASTRATIONSKOMPLEX

Ich bitte den Leser sich zu erinnern, daß ich diese Geschichte einer infantilen Neurose sozusagen als Nebenprodukt während der Analyse einer Erkrankung im reiferen Alter gewonnen habe. Ich mußte sie also aus noch kleineren Brocken zusammensetzen, als sonst der Synthese zu Gebote stehen. Diese sonst nicht schwierige Arbeit findet eine natürliche Grenze, wo es sich darum handelt, ein vieldimensionales Gebilde in die Ebene der Deskription zu bannen. Ich muß mich also damit begnügen, Gliederstücke vorzulegen, die der Leser zum lebenden Ganzen zusammenfügen mag. Die geschilderte Zwangsneurose entstand, wie wiederholt betont, auf dem Boden einer sadistisch-analen Konstitution. Es war aber bisher nur von dem einen Hauptfaktor, dem Sadismus und seinen Umwandlungen, die Rede. Alles, was die Analerotik betrifft, ist mit Absicht beiseite gelassen worden und soll hier gesammelt nachgetragen werden.

Die Analytiker sind längst einig darüber, daß den vielfachen Triebregungen, die man als Analerotik zusammenfaßt, eine außerordentliche, gar nicht zu überschätzende Bedeutung für den Aufbau des Sexuallebens und der seelischen Tätigkeit überhaupt zukommt. Ebenso, daß eine der wichtigsten Äußerungen der umgebildeten Erotik aus dieser Quelle in der Behandlung des Geldes vorliegt[1], welcher wertvolle Stoff im Laufe des Lebens das psychische Interesse an sich gezogen hat, das ursprünglich dem Kot, dem Produkt der Analzone, gebührte. Wir haben uns gewöhnt, das Interesse am Gelde, soweit es libidinöser und nicht rationeller Natur ist, auf Exkrementallust zurückzuführen und vom normalen Menschen zu verlangen, daß er sein Verhältnis zum Gelde durchaus von libidinösen Einflüssen frei halte und es nach realen Rücksichten regle.

Bei unserem Patienten war zur Zeit seiner späteren Erkrankung dies Verhältnis in besonders argem Maße gestört, und dies war nicht das Geringste an seiner Unselbständigkeit und Lebensuntüchtigkeit. Er war durch Erbschaft von Vater und Onkel sehr reich geworden, legte mani-

---

[1] [S. Freuds Schrift ›Charakter und Analerotik‹ (1908 *b*).]

festerweise viel Wert darauf, für reich zu gelten, und konnte sich sehr kränken, wenn man ihn darin unterschätzte. Aber er wußte nicht, wieviel er besaß, was er verausgabte, was er übrig behielt. Es war schwer zu sagen, ob man ihn geizig oder verschwenderisch heißen sollte. Er benahm sich bald so, bald anders, niemals in einer Art, die auf eine konsequente Absicht hindeuten konnte. Nach einigen auffälligen Zügen, die ich weiter unten anführen werde, konnte man ihn für einen verstockten Geldprotzen halten, der in dem Reichtum den größten Vorzug seiner Person erblickt und Gefühlsinteressen neben Geldinteressen nicht einmal in Betracht ziehen läßt. Aber er schätzte andere nicht nach ihrem Reichtum ein und zeigte sich bei vielen Gelegenheiten vielmehr bescheiden, hilfsbereit und mitleidig. Das Geld war eben seiner bewußten Verfügung entzogen und bedeutete für ihn irgendetwas anderes.

Ich habe schon erwähnt (S. 142), daß ich die Art sehr bedenklich fand, wie er sich über den Verlust der Schwester, die in den letzten Jahren sein bester Kamerad geworden war, mit der Überlegung tröstete: Jetzt brauche er die Erbschaft von den Eltern nicht mit ihr zu teilen. Auffälliger vielleicht war noch die Ruhe, mit welcher er dies erzählen konnte, als hätte er kein Verständnis für die so eingestandene Gefühlsroheit. Die Analyse rehabilitierte ihn zwar, indem sie zeigte, daß der Schmerz um die Schwester nur eine Verschiebung erfahren hatte, aber es wurde nun erst recht unverständlich, daß er in der Bereicherung einen Ersatz für die Schwester hatte finden wollen.

Sein Benehmen in einem anderen Falle erschien ihm selbst rätselhaft. Nach dem Tode des Vaters wurde das hinterlassene Vermögen zwischen ihm und der Mutter aufgeteilt. Die Mutter verwaltete es und kam seinen Geldansprüchen, wie er selbst zugab, in tadelloser, freigebiger Weise entgegen. Dennoch pflegte jede Besprechung über Geldangelegenheiten zwischen ihnen mit den heftigsten Vorwürfen von seiner Seite zu endigen, daß sie ihn nicht liebe, daß sie daran denke, an ihm zu sparen, und daß sie ihn wahrscheinlich am liebsten tot sehen möchte, um allein über das Geld zu verfügen. Die Mutter beteuerte dann weinend ihre Uneigennützigkeit, er schämte sich und konnte mit Recht versichern, daß er das gar nicht von ihr denke, aber er war sicher, dieselbe Szene bei nächster Gelegenheit zu wiederholen.

Daß der Kot für ihn lange Zeit vor der Analyse Geldbedeutung gehabt hat, geht aus vielen Zufällen hervor, von denen ich zwei mitteilen will. In einer Zeit, da der Darm noch unbeteiligt an seinem Leiden war, besuchte er einmal in einer großen Stadt einen armen Vetter. Als er wegging, machte er sich Vorwürfe, daß er diesen Verwandten nicht mit Geld unterstütze, und bekam unmittelbar darauf den »vielleicht stärksten Stuhldrang seines Lebens«. Zwei Jahre später setzte er wirklich diesem Vetter eine Rente aus. Der andere Fall: Mit 18 Jahren während der Vorbereitung zur Maturitätsprüfung besuchte er einen Kollegen und verabredete mit ihm, was die gemeinsame Angst, bei der Prüfung durchzufallen, ratsam erscheinen ließ [1]. Man hatte beschlossen, den Schuldiener zu bestechen, und sein Anteil an der aufzubringenden Summe war natürlicherweise der größte. Auf dem Heimwege dachte er, er wolle gern noch mehr geben, wenn er nur durchkomme, wenn ihm bei der Prüfung nur nichts passiere, und wirklich passierte ihm ein anderes Malheur, ehe er noch bei seiner Haustüre war [2].

Wir sind darauf vorbereitet zu hören, daß er in seiner späteren Erkrankung an sehr hartnäckigen, wenn auch mit verschiedenen Anlässen schwankenden Störungen der Darmfunktion litt. Als er in meine Behandlung trat, hatte er sich an Lavements gewöhnt, die ihm ein Begleiter machte; spontane Entleerungen kamen Monate hindurch nicht vor, wenn nicht eine plötzliche Erregung von einer bestimmten Seite her dazukam, in deren Folge sich normale Darmtätigkeit für einige Tage herstellen konnte. Seine Hauptklage war, daß die Welt für ihn in einen Schleier gehüllt sei oder er durch einen Schleier von der Welt getrennt sei. Dieser Schleier zerriß nur in dem einen Moment, wenn beim Lavement der Darminhalt den Darm verließ, und dann fühlte er sich auch wieder gesund und normal [3].

Der Kollege, an den ich den Patienten zur Begutachtung seines Darmzustandes wies, war einsichtsvoll genug, denselben für einen funktionellen oder selbst psychisch bedingten zu erklären und sich eingreifender Medikation zu enthalten. Übrigens nützte weder diese noch die angeordnete Diät. In den Jahren der analytischen Behandlung gab es keinen spontanen Stuhlgang (von jenen plötzlichen Beeinflussungen abgesehen). Der Kranke ließ sich überzeugen, daß jede intensivere Bearbeitung des störrischen Organs den Zustand noch verschlimmern würde, und gab sich damit zufrieden, ein- oder zweimal in der Woche durch ein Lavement oder ein Abführmittel eine Darmentleerung zu erzwingen.

---

[1] Der Patient teilte mit, daß seine Muttersprache die im Deutschen bekannte Verwendung des Wortes »Durchfall« zur Bezeichnung von Darmstörungen nicht kennt.
[2] Diese Redensart ist in der Muttersprache des Patienten gleichsinnig wie im Deutschen.
[3] Dieselbe Wirkung, ob er das Lavement von einem anderen machen ließ oder es selbst besorgte.

Analerotik und Kastrationskomplex

Ich habe bei der Besprechung der Darmstörungen dem späteren Krankheitszustand des Patienten einen breiteren Raum gelassen, als es sonst im Plane dieser mit seiner Kindheitsneurose beschäftigten Arbeit liegt. Dafür waren zwei Gründe maßgebend, erstens, daß die Darmsymptomatik sich eigentlich wenig verändert aus der Kinderneurose in die spätere fortgesetzt hatte, und zweitens, daß ihr bei der Beendigung der Behandlung eine Hauptrolle zufiel.

Man weiß, welche Bedeutung der Zweifel für den Arzt hat, der eine Zwangsneurose analysiert. Er ist die stärkste Waffe des Kranken, das bevorzugte Mittel seines Widerstandes. Dank diesem Zweifel konnte auch unser Patient, hinter einer respektvollen Indifferenz verschanzt, Jahre hindurch die Bemühungen der Kur von sich abgleiten lassen. Es änderte sich nichts, und es fand sich kein Weg, ihn zu überzeugen. Endlich erkannte ich die Bedeutung der Darmstörung für meine Absichten; sie repräsentierte das Stückchen Hysterie, welches regelmäßig zu Grunde einer Zwangsneurose gefunden wird. Ich versprach dem Patienten die völlige Herstellung seiner Darmtätigkeit, machte seinen Unglauben durch diese Zusage offenkundig, und hatte dann die Befriedigung, seinen Zweifel schwinden zu sehen, als der Darm wie ein hysterisch affiziertes Organ bei der Arbeit »mitzusprechen« begann, und im Laufe weniger Wochen seine normale, so lange beeinträchtigte Funktion wiedergefunden hatte.

Ich kehre nun zur Kindheit des Patienten zurück, in eine Zeit, zu welcher der Kot unmöglich Geldbedeutung für ihn gehabt haben kann.

Darmstörungen sind sehr frühzeitig bei ihm aufgetreten, vor allem die häufigste und für das Kind normalste, die Inkontinenz. Wir haben aber gewiß recht, wenn wir für diese frühesten Vorfälle eine pathologische Erklärung ablehnen und in ihnen nur einen Beweis für die Absicht sehen, sich in der an die Entleerungsfunktion geknüpften Lust nicht stören oder aufhalten zu lassen. Ein starkes Vergnügen an analen Witzen und Schaustellungen, wie es sonst der natürlichen Derbheit mancher Gesellschaftsklassen entspricht, hatte sich bei ihm über den Beginn der späteren Erkrankung erhalten.

Zur Zeit der englischen Gouvernante traf es sich wiederholt, daß er und die Nanja das Schlafzimmer der Verhaßten teilen mußten. Die Nanja konstatierte dann mit Verständnis, daß er gerade in diesen Nächten ins Bett gemacht hatte, was sonst nicht mehr der Fall gewesen war. Er schämte sich dessen gar nicht; es war eine Äußerung des Trotzes gegen die Gouvernante.

Ein Jahr später (zu 4½ Jahren), in der Angstzeit, passierte es ihm, daß er bei Tage die Hose schmutzig machte. Er schämte sich entsetzlich, und jammerte, als er gereinigt wurde: er könne so nicht mehr leben. Dazwischen hatte sich also etwas verändert, auf dessen Spur wir durch die Verfolgung seiner Klage geführt wurden. Es stellte sich heraus, daß er die Worte: so könne er nicht mehr leben, jemand anderem nachgeredet hatte. Irgendeinmal[1] hatte ihn die Mutter mitgenommen, während sie den Arzt, der sie besucht hatte, zur Bahnstation begleitete. Sie klagte während dieses Weges über ihre Schmerzen und Blutungen und brach in die nämlichen Worte aus: So kann ich nicht mehr leben, ohne zu erwarten, daß das an der Hand geführte Kind sie im Gedächtnis behalten werde. Die Klage, die er übrigens in seiner späteren Krankheit ungezählte Male wiederholen sollte, bedeutete also eine – Identifizierung mit der Mutter.

Ein der Zeit und dem Inhalt nach fehlendes Mittelglied zwischen beiden Vorfällen stellte sich bald in der Erinnerung ein. Es geschah einmal zu Beginn seiner Angstzeit, daß die besorgte Mutter Warnungen ausgehen ließ, die Kinder vor der Dysenterie zu behüten, die in der Nähe des Gutes aufgetreten war. Er erkundigte sich, was das sei, und als er gehört hatte, bei der Dysenterie finde man Blut im Stuhl, wurde er sehr ängstlich und behauptete, daß auch in seinem Stuhlgang Blut sei; er fürchtete, an der Dysenterie zu sterben, ließ sich aber durch die Untersuchung überzeugen, daß er sich geirrt habe und nichts zu fürchten brauche. Wir verstehen, daß sich in dieser Angst die Identifizierung mit der Mutter durchsetzen wollte, von deren Blutungen er im Gespräch mit dem Arzt gehört hatte. Bei seinem späteren Identifizierungsversuch (mit 4½ Jahren) hatte er das Blut fallen gelassen; er verstand sich nicht mehr, vermeinte sich zu schämen und wußte nicht, daß er von Todesangst geschüttelt wurde, die sich in seiner Klage aber unzweideutig verriet.

Die unterleibsleidende Mutter war damals überhaupt ängstlich für sich und die Kinder; es ist durchaus wahrscheinlich, daß seine Ängstlichkeit sich neben ihren eigenen Motiven auf die Identifizierung mit der Mutter stützte.

Was sollte nun die Identifizierung mit der Mutter bedeuten?

Zwischen der kecken Verwendung der Inkontinenz mit 3½ Jahren und dem Entsetzen vor ihr mit 4½ Jahren liegt der Traum, mit dem seine

---

[1] Es ist nicht näher bestimmt worden, wann es war, aber jedenfalls vor dem Angsttraum mit vier Jahren, wahrscheinlich vor der Reise der Eltern.

Analerotik und Kastrationskomplex

Angstzeit begann, der ihm nachträgliches Verständnis der mit 1½ Jahren erlebten Szene[1] und Aufklärung über die Rolle der Frau beim Geschlechtsakt brachte. Es liegt nahe, auch die Wandlung in seinem Verhalten gegen die Defäkation mit dieser großen Umwälzung zusammenzubringen. Dysenterie war ihm offenbar der Name der Krankheit, über die er die Mutter klagen gehört hatte, mit der man nicht leben könne; die Mutter galt ihm nicht als unterleibs-, sondern als darmkrank. Unter dem Einfluß der Urszene erschloß sich ihm der Zusammenhang, daß die Mutter durch das, was der Vater mit ihr vorgenommen[2], krank geworden sei, und seine Angst, Blut im Stuhle zu haben, ebenso krank zu sein wie die Mutter, war die Ablehnung der Identifizierung mit der Mutter in jener sexuellen Szene, dieselbe Ablehnung, mit der er aus dem Traum erwacht war. Die Angst war aber auch der Beweis, daß er in der späteren Bearbeitung der Urszene sich an die Stelle der Mutter gesetzt, ihr diese Beziehung zum Vater geneidet hatte. Das Organ, an dem sich die Identifizierung mit dem Weibe, die passiv homosexuelle Einstellung zum Manne äußern konnte, war die Analzone. Die Störungen in der Funktion dieser Zone hatten nun die Bedeutung von femininen Zärtlichkeitsregungen bekommen und behielten sie auch während der späteren Erkrankung bei.

An dieser Stelle müssen wir nun einen Einwand anhören, dessen Diskussion viel zur Klärung der scheinbar verworrenen Sachlage beitragen kann. Wir haben ja annehmen müssen, daß er während des Traumvorganges verstanden, das Weib sei kastriert, habe anstatt des männlichen Gliedes eine Wunde, die dem Geschlechtsverkehr diene, die Kastration sei die Bedingung der Weiblichkeit, und dieses drohenden Verlustes wegen habe er die feminine Einstellung zum Manne verdrängt und sei mit Angst aus der homosexuellen Schwärmerei erwacht. Wie verträgt sich dies Verständnis des Geschlechtsverkehrs, diese Anerkennung der Vagina, mit der Auswahl des Darmes zur Identifizierung mit dem Weib? Ruhen die Darmsymptome nicht auf der wahrscheinlich älteren, der Kastrationsangst voll widersprechenden Auffassung, daß der Darmausgang die Stelle des sexuellen Verkehrs sei?

Gewiß, dieser Widerspruch besteht, und die beiden Auffassungen vertragen sich gar nicht miteinander. Die Frage ist nur, ob sie sich zu vertragen brauchen. Unser Befremden rührt daher, daß wir immer geneigt sind, die unbewußten seelischen Vorgänge wie die bewußten zu behan-

---
[1] Siehe vorhin S. 163–64.
[2] Wobei er ja wahrscheinlich nicht irreging.

deln und an die tiefgehenden Verschiedenheiten der beiden psychischen Systeme zu vergessen.

Als die erregte Erwartung des Weihnachtstraumes ihm das Bild des einst beobachteten (oder konstruierten) Geschlechtsverkehres der Eltern vorzauberte, trat gewiß zuerst die alte Auffassung desselben auf, derzufolge die das Glied aufnehmende Körperstelle des Weibes der Darmausgang war. Was konnte er auch anderes geglaubt haben, als er mit 1½ Jahren Zuschauer dieser Szene war?[1] Aber nun kam das, was sich mit vier Jahren neu ereignete. Seine seitherigen Erfahrungen, die vernommenen Andeutungen der Kastration, wachten auf und warfen einen Zweifel auf die »Kloakentheorie«, legten ihm die Erkenntnis des Geschlechtsunterschiedes und der sexuellen Rolle des Weibes nahe. Er benahm sich dabei, wie sich überhaupt Kinder benehmen, denen man eine unerwünschte Aufklärung – eine sexuelle oder andersartige – gibt. Er verwarf das Neue – in unserem Falle aus Motiven der Kastrationsangst – und hielt am Alten fest. Er entschied sich für den Darm gegen die Vagina in derselben Weise und aus ähnlichen Motiven, wie er später gegen Gott für den Vater Partei nahm. Die neue Aufklärung wurde abgewiesen, die alte Theorie festgehalten; die letztere durfte das Material für die Identifizierung mit dem Weib abgeben, die später als Angst vor dem Darmtod auftrat, und für die ersten religiösen Skrupel, ob Christus einen Hintern gehabt habe u. dgl. Nicht als ob die neue Einsicht wirkungslos geblieben wäre; ganz im Gegenteile, sie entfaltete eine außerordentlich starke Wirkung, indem sie zum Motiv wurde, den ganzen Traumvorgang in der Verdrängung zu erhalten und von späterer bewußter Verarbeitung auszuschließen. Aber damit war ihre Wirkung erschöpft; auf die Entscheidung des sexuellen Problems nahm sie keinen Einfluß. Es war freilich ein Widerspruch, daß von da an Kastrationsangst bestehen konnte neben der Identifizierung mit dem Weib mittels des Darmes, aber doch nur ein logischer Widerspruch, was nicht viel besagt. Der ganze Vorgang ist vielmehr jetzt charakteristisch dafür, wie das Unbewußte arbeitet. Eine Verdrängung ist etwas anderes als eine Verwerfung.

Als wir die Genese der Wolfsphobie studierten, verfolgten wir die Wirkung der neuen Einsicht in den geschlechtlichen Akt; jetzt, wo wir die Störungen der Darmtätigkeit untersuchen, befinden wir uns auf dem Boden der alten Kloakentheorie. Die beiden Standpunkte bleiben durch

---

[1] Oder solange er den Koitus der Hunde nicht verstand.

Analerotik und Kastrationskomplex

eine Verdrängungsstufe voneinander getrennt. Die durch den Verdrängungsakt abgewiesene weibliche Einstellung zum Manne zieht sich gleichsam in die Darmsymptomatik zurück und äußert sich in den häufig auftretenden Diarrhöen, Obstipationen und Darmschmerzen der Kinderjahre. Die späteren sexuellen Phantasien, die auf der Grundlage richtiger Sexualerkenntnis aufgebaut sind, können sich nun in regressiver Weise als Darmstörungen äußern. Wir verstehen dieselben aber nicht, ehe wir den Bedeutungswandel des Kotes seit den ersten Kindheitstagen aufgedeckt haben [1].

Ich habe an einer früheren Stelle [S. 157] erraten lassen, daß vom Inhalt der Urszene ein Stück zurückgehalten ist, das ich nun nachtragen kann. Das Kind unterbrach endlich das Beisammensein der Eltern durch eine Stuhlentleerung, die sein Geschrei motivieren konnte. Für die Kritik dieses Zusatzes gilt alles das, was ich vorhin von dem anderen Inhalt derselben Szene in Diskussion gezogen habe. Der Patient akzeptierte diesen von mir konstruierten Schlußakt und schien ihn durch »passagere Symptombildung« zu bestätigen. Ein weiterer Zusatz, den ich vorgeschlagen hatte, daß der Vater über die Störung unzufrieden seinem Unmut durch Schimpfen Luft gemacht hatte, mußte wegfallen. Das Material der Analyse reagierte nicht darauf.

Das Detail, das ich jetzt hinzugefügt habe, darf natürlich mit dem anderen Inhalt der Szene nicht in eine Linie gestellt werden. Es handelt sich bei ihm nicht um einen Eindruck von außen, dessen Wiederkehr man in soviel späteren Zeichen zu erwarten hat, sondern um eine eigene Reaktion des Kindes. Es würde sich an der ganzen Geschichte nichts ändern, wenn diese Äußerung damals unterblieben oder wenn sie von später her in den Vorgang der Szene eingesetzt wäre. Ihre Auffassung ist aber nicht zweifelhaft. Sie bedeutet eine Erregtheit der Analzone (im weitesten Sinne). In anderen Fällen ähnlicher Art hat eine solche Beobachtung des Sexualverkehrs mit einer Harnentleerung geendigt; ein erwachsener Mann würde unter den gleichen Verhältnissen eine Erektion verspüren. Daß unser Knäblein als Zeichen seiner sexuellen Erregung eine Darmentleerung produziert, ist als Charakter seiner mitgebrachten Sexualkonstitution zu beurteilen. Er stellt sich sofort passiv ein, zeigt mehr Neigung zur späteren Identifizierung mit dem Weibe als mit dem Manne.

Er verwendet dabei den Darminhalt wie jedes andere Kind in einer

---
[1] Vgl.: ›Über Triebumsetzungen‹ usw. [(1917 c). Diese Arbeit wurde zwar vor der hier abgedruckten Fallstudie veröffentlicht, aber wahrscheinlich nach ihr geschrieben.]

seiner ersten und ursprünglichsten Bedeutungen. Der Kot ist das erste *Geschenk*, das erste Zärtlichkeitsopfer des Kindes, ein Teil des eigenen Leibes, dessen man sich entäußert, aber auch nur zu Gunsten einer geliebten Person [1]. Die Verwendung zum Trotz wie in unserem Falle mit 3½ Jahren gegen die Gouvernante ist nur die negative Wendung dieser früheren Geschenkbedeutung. Der *grumus merdae*, den die Einbrecher am Tatort hinterlassen, scheint beides zu bedeuten: den Hohn und die regressiv ausgedrückte Entschädigung. Immer, wenn eine höhere Stufe erreicht ist, kann die frühere noch im negativ erniedrigten Sinne Verwendung finden. Die Verdrängung findet ihren Ausdruck in der Gegensätzlichkeit [2].

Auf einer späteren Stufe der Sexualentwicklung nimmt der Kot die Bedeutung des *Kindes* an. Das Kind wird ja durch den After geboren wie der Stuhlgang. Die Geschenkbedeutung des Kotes läßt diese Wandlung leicht zu. Das Kind wird im Sprachgebrauch als ein »Geschenk« bezeichnet; es wird häufiger vom Weibe ausgesagt, daß sie dem Manne »ein Kind geschenkt« hat, aber im Gebrauch des Unbewußten wird mit Recht die andere Seite des Verhältnisses, daß das Weib das Kind vom Manne als Geschenk »empfangen« hat, ebenso berücksichtigt.

Die *Geld*bedeutung des Kotes zweigt nach einer anderen Richtung von der Geschenkbedeutung ab.

Die frühe Deckerinnerung unseres Kranken, daß er einen ersten Wutanfall produziert, weil er zu Weihnachten nicht genug Geschenke bekommen habe, enthüllt nun ihren tieferen Sinn. Was er vermißte, war die Sexualbefriedigung, die er anal gefaßt hatte. Seine Sexualforschung war vor dem Traum darauf vorbereitet und hatte es während des Traumvorganges begriffen, daß der Sexualakt das Rätsel der Herkunft der kleinen Kinder löse. Er hatte die kleinen Kinder schon vor dem Traum nicht gemocht. Einmal fand er einen kleinen, noch nackten

---

[1] Ich glaube, es läßt sich leicht bestätigen, daß Säuglinge nur die Personen, die von ihnen gekannt und geliebt werden, mit ihren Exkrementen beschmutzen; Fremde würdigen sie dieser Auszeichnung nicht. In den *Drei Abhandlungen zur Sexualtheorie* [(1905 d)], II. Abhandlung, erster Teil des vierten Abschnitts (*Studienausgabe*, Bd. 5, S. 92–4)] habe ich die allererste Verwendung des Kotes zur autoerotischen Reizung der Darmschleimhaut erwähnt; als Fortschritt schließt sich nun an, daß die Rücksicht auf ein Objekt für die Defäkation maßgebend wird, dem das Kind dabei gehorsam oder gefällig ist. Diese Relation setzt sich dann fort, indem sich auch das ältere Kind nur von gewissen bevorzugten Personen auf den Topf setzen, beim Urinieren helfen läßt, wobei aber auch andere Befriedigungsabsichten in Betracht kommen.
[2] Es gibt im Unbewußten bekanntlich kein »Nein«; Gegensätze fallen zusammen. Die Negation wird erst durch den Vorgang der Verdrängung eingeführt. [S. ›Das Unbewußte‹ (1915 e), Abschnitt V, und die spätere Arbeit über ›Die Verneinung‹ (1925 h).]

Analerotik und Kastrationskomplex

Vogel, der aus dem Nest gefallen war, hielt ihn für einen kleinen Menschen und grauste sich vor ihm. Die Analyse wies nach, daß all die kleinen Tiere, Raupen, Insekten, gegen die er wütete, ihm kleine Kinder bedeutet hatten[1]. Sein Verhältnis zur älteren Schwester hatte ihm Anlaß gegeben, viel über die Beziehung der älteren Kinder zu den jüngeren nachzudenken; als ihm die Nanja einmal gesagt hatte, die Mutter habe ihn so lieb, weil er der jüngste sei, hatte er ein begreifliches Motiv bekommen zu wünschen, daß ihm kein jüngeres Kind nachfolgen möge. Die Angst vor diesem jüngsten wurde dann unter dem Einfluß des Traumes, der ihm den Verkehr der Eltern vorführte, neu belebt.

Wir sollen also zu den uns bereits bekannten eine neue Sexualströmung hinzufügen, die wie die anderen von der im Traum reproduzierten Urszene ausgeht. In der Identifizierung mit dem Weibe (der Mutter) ist er bereit, dem Vater ein Kind zu schenken, und eifersüchtig auf die Mutter, die das schon getan hat und vielleicht wieder tun wird.

Auf dem Umweg über den gemeinsamen Ausgang der Geschenkbedeutung kann nun das Geld die Kindbedeutung an sich ziehen und solcherart den Ausdruck der femininen (homosexuellen) Befriedigung übernehmen. Dieser Vorgang vollzog sich bei unserem Patienten, als er einmal zur Zeit, da beide Geschwister in einem deutschen Sanatorium weilten, sah, daß der Vater der Schwester zwei große Geldnoten gab. Er hatte den Vater in seiner Phantasie immer mit der Schwester verdächtigt; nun erwachte seine Eifersucht, er stürzte sich auf die Schwester, als sie allein waren, und forderte mit solchem Ungestüm und mit solchen Vorwürfen seinen Anteil am Gelde, daß ihm die Schwester weinend das Ganze hinwarf. Es war nicht allein das reale Geld gewesen, das ihn gereizt hatte, viel mehr noch das Kind, die anale Sexualbefriedigung vom Vater. Mit dieser konnte er sich dann trösten, als – zu Lebzeiten des Vaters – die Schwester gestorben war. Sein empörender Gedanke bei der Nachricht ihres Todes [S. 189] bedeutete eigentlich nichts anderes als: Jetzt bin ich das einzige Kind, jetzt muß der Vater mich allein liebhaben. Aber der homosexuelle Hintergrund dieser durchaus bewußtseinsfähigen Erwägung war so unerträglich, daß ihre Verkleidung in schmutzige Habsucht wohl als große Erleichterung ermöglicht wurde.

Ähnlich wenn er nach dem Tode des Vaters der Mutter jene ungerechten Vorwürfe machte, daß sie ihn ums Geld betrügen wolle, daß sie das Geld lieber habe als ihn [S. 189]. Die alte Eifersucht, daß sie noch ein

---

[1] Ebenso das Ungeziefer, das in Träumen und Phobien häufig für die kleinen Kinder steht.

anderes Kind als ihn geliebt, die Möglichkeit, daß sie sich noch nach ihm ein anderes Kind gewünscht, zwangen ihn zu Beschuldigungen, deren Haltlosigkeit er selbst erkannte. Durch diese Analyse der Kotbedeutung wird uns nun klargelegt, daß die Zwangsgedanken, die Gott in Verbindung mit Kot bringen mußten, noch etwas anderes bedeuteten als die Schmähung, für die er sie erkannte. Sie waren vielmehr echte Kompromißergebnisse, an denen eine zärtliche, hingebende Strömung ebenso Anteil hatte wie eine feindselig beschimpfende. »Gott – Kot« war wahrscheinlich eine Abkürzung für ein Anerbieten, wie man es im Leben auch in ungekürzter Form zu hören bekommt. »Auf Gott scheißen«, »Gott etwas scheißen« heißt auch, ihm ein Kind schenken, sich von ihm ein Kind schenken lassen. Die alte negativ erniedrigte Geschenkbedeutung und die später aus ihr entwickelte Kindbedeutung sind in den Zwangsworten miteinander vereinigt. In der letzteren kommt eine feminine Zärtlichkeit zum Ausdruck, die Bereitwilligkeit, auf seine Männlichkeit zu verzichten, wenn man dafür als Weib geliebt werden kann. Also gerade jene Regung gegen Gott, die in dem Wahnsystem des paranoischen Senatspräsidenten Schreber[1] in unzweideutigen Worten ausgesprochen wird.

Wenn ich später von der letzten Symptomlösung bei meinem Patienten berichten werde, wird sich noch einmal zeigen lassen, wie die Darmstörung sich in den Dienst der homosexuellen Strömung gestellt und die feminine Einstellung zum Vater ausgedrückt hatte. Eine neue Bedeutung des Kotes soll uns jetzt den Weg zur Besprechung des Kastrationskomplexes bahnen.

Indem die Kotsäule die erogene Darmschleimhaut reizt, spielt sie die Rolle eines aktiven Organs für dieselbe, benimmt sie sich wie der Penis gegen die Vaginalschleimhaut und wird gleichsam zum Vorläufer desselben in der Epoche der Kloake. Das Hergeben des Kotes zu Gunsten (aus Liebe zu) einer anderen Person wird seinerseits zum Vorbild der Kastration, es ist der erste Fall des Verzichts auf ein Stück des eigenen Körpers[2], um die Gunst eines geliebten Anderen zu gewinnen. Die sonst narzißtische Liebe zu seinem Penis entbehrt also nicht eines Beitrages von seiten der Analerotik. Der Kot, das Kind, der Penis ergeben also eine Einheit, einen unbewußten Begriff – *sit venia verbo* –, den des vom Körper abtrennbaren Kleinen. Auf diesen Verbindungswegen können sich Verschiebungen und Verstärkungen der Libidobesetzung voll-

---

[1] [Freud, 1911 c, Ende des Abschnitts I; *Studienausgabe*, Bd. 7, S. 159–61.]
[2] Als welches der Kot durchaus vom Kinde behandelt wird.

ziehen, die für die Pathologie von Bedeutung sind und von der Analyse aufgedeckt werden.

Die anfängliche Stellungnahme unseres Patienten gegen das Problem der Kastration ist uns bekannt geworden. Er verwarf sie und blieb auf dem Standpunkt des Verkehrs im After. Wenn ich gesagt habe, daß er sie verwarf, so ist die nächste Bedeutung dieses Ausdrucks, daß er von ihr nichts wissen wollte im Sinne der Verdrängung. Damit war eigentlich kein Urteil über ihre Existenz gefällt, aber es war so gut, als ob sie nicht existierte. Diese Einstellung kann aber nicht die definitive, nicht einmal für die Jahre seiner Kindheitsneurose geblieben sein. Späterhin finden sich gute Beweise dafür, daß er die Kastration als Tatsache anerkannt hatte. Er hatte sich auch in diesem Punkte benommen, wie es für sein Wesen kennzeichnend war, was uns allerdings die Darstellung wie die Einfühlung so außerordentlich erschwert. Er hatte sich zuerst gesträubt und dann nachgegeben, aber die eine Reaktion hatte die andere nicht aufgehoben. Am Ende bestanden bei ihm zwei gegensätzliche Strömungen nebeneinander, von denen die eine die Kastration verabscheute, die andere bereit war, sie anzunehmen und sich mit der Weiblichkeit als Ersatz zu trösten. Die dritte, älteste und tiefste, welche die Kastration einfach verworfen hatte, wobei das Urteil über ihre Realität noch nicht in Frage kam, war gewiß auch noch aktivierbar. Ich habe von eben diesem Patienten an anderer Stelle[1] eine Halluzination aus seinem fünften Jahr erzählt, zu der ich hier nur einen kurzen Kommentar hinzuzufügen habe:

»Als ich fünf Jahre alt war, spielte ich im Garten neben meiner Kinderfrau und schnitzelte mit meinem Taschenmesser an der Rinde eines jener Nußbäume, die auch in meinem Traum[2] eine Rolle spielen[3]. Plötzlich bemerkte ich mit unaussprechlichem Schrecken, daß ich mir den kleinen Finger der (rechten oder linken?) Hand so durchgeschnitten hatte, daß er nur noch an der Haut hing. Schmerz spürte ich keinen, aber eine große Angst. Ich getraute mich nicht, der wenige Schritte entfernten Kinderfrau etwas zu sagen, sank auf die nächste Bank und blieb da sitzen, unfähig, noch einen Blick auf den Finger zu werfen. Endlich wurde ich

---

[1] ›Über *fausse reconnaissance* (»*déjà raconté*«) während der psychoanalytischen Arbeit‹ [1914 a].
[2] Vgl. ›Märchenstoffe in Träumen‹ [1913 d].
[3] Korrektur bei späterer Erzählung: »Ich glaube, ich schnitt nicht in den Baum. Das ist eine Verschmelzung mit einer anderen Erinnerung, die auch halluzinatorisch gefälscht sein muß; daß ich in einen Baum einen Schnitt mit dem Messer machte und daß dabei *Blut* aus dem Baume kam.«

ruhig, faßte den Finger ins Auge, und siehe da, er war ganz unverletzt.«
Wir wissen, daß mit 4½ Jahren nach der Mitteilung der heiligen Geschichte bei ihm jene intensive Denkarbeit einsetzte, die in die Zwangsfrömmigkeit auslief. Wir dürfen also annehmen, daß diese Halluzination in die Zeit fällt, in der er sich zur Anerkennung der Realität der Kastration entschloß, und daß sie vielleicht gerade diesen Schritt markieren sollte. Auch die kleine Korrektur [s. letzte Anm.] des Patienten ist nicht ohne Interesse. Wenn er dasselbe schaurige Erlebnis halluzinierte, das Tasso im »Befreiten Jerusalem« von seinem Helden Tancred berichtet[1], so ist wohl die Deutung gerechtfertigt, daß auch für meinen kleinen Patienten der Baum ein Weib bedeutete. Er spielte also dabei den Vater und brachte die ihm bekannten Blutungen der Mutter mit der von ihm erkannten Kastration der Frauen, »der Wunde«, in Beziehung.
Die Anregung zur Halluzination vom abgeschnittenen Finger gab ihm, wie er später berichtete, die Erzählung, daß einer Verwandten, die mit sechs Zehen geboren wurde, dieses überzählige Glied gleich nachher mit einem Beil abgehackt wurde. Die Frauen hatten also keinen Penis, weil er ihnen bei der Geburt abgenommen worden war. Auf diesem Wege akzeptierte er zur Zeit der Zwangsneurose, was er schon während des Traumvorganges erfahren und damals durch Verdrängung von sich gewiesen hatte. Auch die rituelle Beschneidung Christi, wie der Juden überhaupt, konnte ihm während der Lektüre der heiligen Geschichte und der Gespräche über sie nicht unbekannt bleiben.
Es ist ganz unzweifelhaft, daß ihm um diese Zeit der Vater zu jener Schreckensperson wurde, von der die Kastration droht. Der grausame Gott, mit dem er damals rang, der die Menschen schuldig werden läßt, um sie dann zu bestrafen, der seinen Sohn und die Söhne der Menschen opfert, warf seinen Charakter auf den Vater zurück, den er anderseits gegen diesen Gott zu verteidigen suchte. Der Knabe hat hier ein phylogenetisches Schema zu erfüllen und bringt es zustande, wenngleich seine persönlichen Erlebnisse nicht dazu stimmen mögen. Die Kastrationsdrohungen oder Andeutungen, die er erfahren hatte, waren vielmehr von Frauen ausgegangen[2], aber das konnte das Endergebnis nicht für lange aufhalten. Am Ende wurde es doch der Vater, von dem er die

---

[1] [*Gerusalemme Liberata*. Die Seele der von Tancred geliebten Clorinda war in einen Baum gebannt. Als er in Unkenntnis dieses Schicksals einen Hieb mit dem Schwert gegen den Stamm führt, fließt Blut aus der Kerbe.]
[2] Wir wissen es von der Nanja und werden es von einer anderen Frau noch erfahren.

Analerotik und Kastrationskomplex

Kastration befürchtete. In diesem Punkte siegte die Heredität über das akzidentelle Erleben; in der Vorgeschichte der Menschheit ist es gewiß der Vater gewesen, der die Kastration als Strafe übte und sie dann zur Beschneidung ermäßigte. Je weiter er auch im Verlaufe des Prozesses der Zwangsneurose in der Verdrängung der Sinnlichkeit kam[1], desto natürlicher mußte es ihm werden, den Vater, den eigentlichen Vertreter der sinnlichen Betätigung, mit solchen bösen Absichten auszustatten. Die Identifizierung des Vaters mit dem Kastrator[2] wurde bedeutungsvoll als die Quelle einer intensiven, bis zum Todeswunsch gesteigerten, unbewußten Feindseligkeit gegen ihn und der darauf reagierenden Schuldgefühle. Soweit benahm er sich aber normal, d. h. wie jeder Neurotiker, der von einem positiven Ödipuskomplex besessen ist. Das Merkwürdige war dann, daß auch hiefür bei ihm eine Gegenströmung existierte, bei der der Vater vielmehr der Kastrierte war und als solcher sein Mitleid herausforderte.

Ich habe bei der Analyse des Atemzeremoniells beim Anblick von Krüppeln, Bettlern usw. zeigen können, daß auch dieses Symptom auf den Vater zurückging, der ihm als Kranker bei dem Besuch in der Anstalt leid getan hatte [S. 183]. Die Analyse gestattete, diesen Faden noch weiter zurückzuverfolgen. Es gab in sehr früher Zeit, wahrscheinlich noch vor der Verführung (3¼ Jahre) auf dem Gute einen armen Taglöhner, der das Wasser ins Haus zu tragen hatte. Er konnte nicht sprechen, angeblich weil man ihm die Zunge abgeschnitten hatte. Wahrscheinlich war es ein Taubstummer. Der Kleine liebte ihn sehr und bedauerte ihn von Herzen. Als er gestorben war, suchte er ihn am Himmel[3]. Das war also der erste von ihm bemitleidete Krüppel; nach dem Zusammenhang und der Anreihung in der Analyse unzweifelhaft ein Vaterersatz.

Die Analyse schloß an ihn die Erinnerung an andere ihm sympathische Diener an, von denen er hervorhob, daß sie kränklich oder Juden (Beschneidung!) gewesen waren. Auch der Lakai, der ihn bei seinem Malheur mit 4½ Jahren reinigen half [S. 192], war ein Jude und schwind-

---

[1] Siehe die Belege dafür S. 184.
[2] Zu den quälendsten, aber auch groteskesten Symptomen seines späteren Leidens gehörte sein Verhältnis zu jedem – Schneider, bei dem er ein Kleidungsstück bestellt hatte, sein Respekt und seine Schüchternheit vor dieser hohen Person, seine Versuche, sie durch unmäßige Trinkgelder für sich einzunehmen, und seine Verzweiflung über den Erfolg der Arbeit, wie immer sie ausgefallen sein mochte. [Man erinnere sich, daß es ein Schneider war, der dem Wolf den Schwanz ausriß (S. 151).]
[3] Ich erwähne in diesem Zusammenhange Träume, die später als der Angsttraum, aber noch auf dem ersten Gut vorfielen und die Koitusszene als Vorgang zwischen Himmelskörpern darstellten.

süchtig und genoß sein Mitleid. Alle diese Personen fallen in die Zeit vor dem Besuch des Vaters im Sanatorium, also vor die Symptombildung, die vielmehr durch das Ausatmen eine Identifizierung mit den Bedauerten fernhalten sollte. Dann wandte sich die Analyse plötzlich im Anschluß an einen Traum in die Vorzeit zurück und ließ ihn die Behauptung aufstellen, daß er bei dem Koitus der Urszene das Verschwinden des Penis beobachtete, den Vater darum bemitleidet und sich über das Wiedererscheinen des verloren Geglaubten gefreut habe. Also eine neue Gefühlsregung, die wiederum von dieser Szene ausgeht. Der narzißtische Ursprung des Mitleids, für den das Wort selbst spricht, ist hier übrigens ganz unverkennbar.

VIII

NACHTRÄGE AUS DER URZEIT – LÖSUNG

In vielen Analysen geht es so zu, daß, wenn man sich dem Ende nähert, plötzlich neues Erinnerungsmaterial auftaucht, welches bisher sorgfältig verborgen gehalten wurde. Oder es wird einmal eine unscheinbare Bemerkung hingeworfen, in gleichgültigem Ton, als wäre es etwas Überflüssiges, zu dieser kommt ein andermal etwas hinzu, was den Arzt bereits aufhorchen läßt, und endlich erkennt man in jenem geringgeschätzten Brocken Erinnerung den Schlüssel zu den wichtigsten Geheimnissen, welche die Neurose des Kranken umkleidete.

Frühzeitig hatte mein Patient eine Erinnerung aus der Zeit erzählt, da seine Schlimmheit in Angst umzuschlagen pflegte. Er verfolgte einen schönen großen Schmetterling mit gelben Streifen, dessen große Flügel in spitze Fortsätze ausliefen – also einen Schwalbenschwanz [s. S. 136]. Plötzlich erfaßte ihn, als der Schmetterling sich auf eine Blume gesetzt hatte, eine schreckliche Angst vor dem Tier und er lief schreiend davon.

Diese Erinnerung kehrte von Zeit zu Zeit in der Analyse wieder und forderte ihre Erklärung, die sie lange nicht erhielt. Es war doch von vornherein anzunehmen, daß ein solches Detail nicht seinetwegen selbst einen Platz im Gedächtnis behalten hatte, sondern als Deckerinnerung Wichtigeres vertrat, womit es irgendwie verknüpft war. Er sagte eines Tages, ein Schmetterling heiße in seiner Sprache: Babuschka, altes Mütterchen; überhaupt seien ihm die Schmetterlinge wie Frauen und Mädchen, die Käfer und Raupen wie Knaben erschienen. Also mußte wohl die Erinnerung an ein weibliches Wesen bei jener Angstszene wach geworden sein. Ich will nicht verschweigen, daß ich damals die Möglichkeit vorschlug, die gelben Streifen des Schmetterlings hätten an die ähnliche Streifung eines Kleidungsstückes, das eine Frau trug, gemahnt. Ich tue das nur, um an einem Beispiel zu zeigen, wie unzureichend in der Regel die Kombination des Arztes zur Lösung der aufgeworfenen Fragen ist, wie sehr man Unrecht tut, die Phantasie und die Suggestion des Arztes für die Ergebnisse der Analyse verantwortlich zu machen.

In einem ganz anderen Zusammenhange, viele Monate später, machte dann der Patient die Bemerkung, das Öffnen und Schließen der Flügel, als der Schmetterling saß, hätte den unheimlichen Eindruck auf ihn ge-

macht. Dies wäre so gewesen, wie wenn eine Frau die Beine öffnet, und die Beine ergäben dann die Figur einer römischen V, bekanntlich die Stunde, um welche schon in seinen Knabenjahren, aber auch jetzt noch, eine Verdüsterung seiner Stimmung einzutreten pflegte [S. 156].
Das war ein Einfall, auf den ich nie gekommen wäre, dessen Schätzung aber durch die Erwägung gewann, daß der darin bloßgelegte Assoziationsvorgang so recht infantilen Charakter hatte. Die Aufmerksamkeit der Kinder, habe ich oft bemerkt, wird durch Bewegungen weit mehr angezogen als durch ruhende Formen, und sie stellen oft Assoziationen auf Grund von ähnlicher Bewegung her, die von uns Erwachsenen vernachlässigt oder unterlassen werden.
Dann ruhte das kleine Problem wieder für lange Zeit. Ich will noch die wohlfeile Vermutung erwähnen, daß die spitzen oder stangenartigen Fortsätze der Schmetterlingsflügel eine Bedeutung als Genitalsymbole gehabt haben könnten.
Eines Tages tauchte schüchtern und undeutlich eine Art von Erinnerung auf, es müßte sehr frühe, noch vor der Kinderfrau, ein Kindermädchen gegeben haben, das ihn sehr lieb hatte. Sie hatte denselben Namen wie die Mutter. Gewiß erwiderte er ihre Zärtlichkeit. Also eine verschollene erste Liebe. Wir einigten uns aber, irgend etwas müßte da vorgefallen sein, was später von Wichtigkeit wurde.
Dann korrigierte er ein anderes Mal seine Erinnerung. Sie könne nicht so geheißen haben wie die Mutter, das war ein Irrtum von ihm, der natürlich bewies, daß sie ihm in der Erinnerung mit der Mutter zusammengeflossen war. Ihr richtiger Name sei ihm auch auf einem Umwege eingefallen. Er habe plötzlich an einen Lagerraum auf dem ersten Gute denken müssen, in dem das abgenommene Obst aufbewahrt wurde, und an eine gewisse Sorte Birnen von ausgezeichnetem Geschmack, große Birnen mit gelben Streifen auf ihrer Schale. Birne heißt in seiner Sprache *Gruscha*, und dies war auch der Name des Kindermädchens.
Also wurde es klar, daß sich hinter der Deckerinnerung des gejagten Schmetterlings das Gedächtnis des Kindermädchens verbarg. Die gelben Streifen saßen aber nicht auf ihrem Kleid, sondern auf dem der Birne, die so hieß wie sie selbst. Aber woher die Angst bei der Aktivierung der Erinnerung an sie? Die nächste plumpe Kombination hätte lauten können, bei diesem Mädchen habe er als kleines Kind zuerst die Bewegungen der Beine gesehen, die er sich mit dem Zeichen der römischen V fixiert hatte, Bewegungen, die das Genitale zugänglich machen. Wir ersparten uns diese Kombination und warteten auf weiteres Material.

Nachträge aus der Urzeit – Lösung

Sehr bald kam nun die Erinnerung an eine Szene, unvollständig, aber soweit sie erhalten war, bestimmt. Gruscha lag auf dem Boden, neben ihr ein Kübel und ein aus Ruten gebundener kurzer Besen; er war dabei und sie neckte ihn oder machte ihn aus.

Was daran fehlte, war von anderen Stellen her leicht einzusetzen. Er hatte in den ersten Monaten der Kur von einer zwanghaft aufgetretenen Verliebtheit in ein Bauernmädchen erzählt, bei der er sich mit 18 Jahren den Anlaß zu seiner späteren Erkrankung geholt hatte[1]. Damals hatte er sich in der auffälligsten Weise gesträubt, den Namen des Mädchens mitzuteilen. Es war ein ganz vereinzelter Widerstand; er war der analytischen Grundregel sonst ohne Rückhalt gehorsam. Aber er behauptete, er müsse sich so sehr schämen, diesen Namen auszusprechen, weil er rein bäuerlich sei; ein vornehmeres Mädchen würde ihn nie tragen. Der Name, den man endlich erfuhr, war *Matrona*. Er hatte mütterlichen Klang. Das Schämen war offenbar deplaciert. Der Tatsache selbst, daß diese Verliebtheiten ausschließlich die niedrigsten Mädchen betrafen, schämte er sich nicht, nur des Namens. Wenn das Abenteuer mit der Matrona etwas Gemeinsames mit der Gruschaszene haben konnte, dann war das Schämen in diese frühe Begebenheit zurückzuversetzen.

Er hatte ein anderes Mal erzählt, als er die Geschichte von Johannes Huß erfuhr, wurde er von ihr sehr ergriffen, und seine Aufmerksamkeit blieb an den Bündeln von Reisig hängen, die man zu seinem Scheiterhaufen schleppte. Die Sympathie für Huß erweckt nun einen ganz bestimmten Verdacht; ich habe sie bei jugendlichen Patienten oft gefunden und immer auf dieselbe Weise aufklären können. Einer derselben hatte sogar eine dramatische Bearbeitung der Schicksale des Huß geliefert; er begann sein Drama an dem Tage zu schreiben, der ihm das Objekt seiner geheim gehaltenen Verliebtheit entzog. Huß stirbt den Feuertod, er wird wie andere, welche die gleiche Bedingung erfüllen, der Held der ehemaligen Enuretiker. Die Reisigbündel beim Scheiterhaufen des Huß stellte mein Patient selbst mit dem Besen (Rutenbündel) des Kindermädchens zusammen.

Dieses Material fügte sich zwanglos zusammen, um die Lücke in der Erinnerung der Szene mit der Gruscha auszufüllen. Er hatte, als er dem Mädchen beim Aufwaschen des Bodens zusah, ins Zimmer uriniert und sie darauf eine gewiß scherzhafte Kastrationsdrohung ausgesprochen[2].

---

[1] [Eine gonorrhoische Infektion, vgl. S. 129 oben.]
[2] Es ist sehr merkwürdig, daß die Reaktion der Beschämung so innig mit der unfreiwilligen (täglichen wie nächtlichen) Harnentleerung verbunden ist und nicht, wie man

Ich weiß nicht, ob die Leser schon erraten können, warum ich diese frühinfantile Episode so ausführlich mitgeteilt habe [1]. Sie stellt eine wichtige Verbindung her zwischen der Urszene und dem späteren Liebeszwang [S. 160], der so entscheidend für sein Schicksal geworden ist, und führt überdies eine Liebesbedingung ein, welche diesen Zwang aufklärt. Als er das Mädchen auf dem Boden liegen sah, mit dem Aufwaschen desselben beschäftigt, kniend, die Nates vorgestreckt, den Rücken horizontal gehalten, fand er an ihr die Stellung wieder, welche die Mutter in der Koitusszene eingenommen hatte. Sie wurde ihm zur Mutter, die sexuelle Erregung infolge der Aktivierung jenes Bildes [2] ergriff ihn, und er benahm sich männlich gegen sie wie der Vater, dessen Aktion er damals ja nur als ein Urinieren verstanden haben konnte. Sein auf den Boden Urinieren war eigentlich ein Verführungsversuch, und das Mädchen antwortete darauf mit einer Kastrationsdrohung, als ob sie ihn verstanden hätte.

Der von der Urszene ausgehende Zwang übertrug sich auf diese Szene mit der Gruscha und wirkte durch sie fort. Die Liebesbedingung erfuhr aber eine Abänderung, welche den Einfluß der zweiten Szene bezeugt; sie übertrug sich von der Position des Weibes auf dessen Tätigkeit in solcher Position. Dies wurde z. B. in dem Erlebnis mit der Matrona evident. Er machte einen Spaziergang durch das Dorf, welches zu dem (späteren) Gut gehörte [vgl. S. 136], und sah am Rand des Teiches ein kniendes Bauernmädchen, damit beschäftigt, Wäsche im Teich zu waschen. Er verliebte sich in die Wäscherin augenblicklich und mit unwiderstehlicher Heftigkeit, obwohl er ihr Gesicht noch gar nicht sehen konnte. Sie war ihm durch Lage und Tätigkeit an die Stelle der Gruscha getreten. Wir verstehen nun, wie sich das Schämen, das dem Inhalt der Szene mit der Gruscha galt, an den Namen der Matrona knüpfen konnte.

Den zwingenden Einfluß der Gruschaszene zeigt noch deutlicher ein anderer Anfall von Verliebtheit, einige Jahre vorher. Ein junges Bauern-

---

erwarten sollte, ebenso mit der Stuhlinkontinenz. Die Erfahrung läßt hierüber gar keinen Zweifel bestehen. Auch die regelmäßige Beziehung der Harninkontinenz zum Feuer gibt zu denken. Es ist möglich, daß in diesen Reaktionen und Zusammenhängen Niederschläge aus der Kulturgeschichte der Menschheit vorliegen, die tiefer hinabreichen als alles, was uns durch seine Spuren im Mythus und im Folklore erhalten ist. [Über die Beziehung zwischen Enuresis und Feuer s. eine späte Arbeit Freuds (1932 a).]

[1] Sie fällt etwa in die Zeit um 2½ Jahre, zwischen der angeblichen Koitusbeobachtung und der Verführung.
[2] Vor dem Traume!

mädchen, das im Hause Dienste leistete, hatte ihm schon lange gefallen, aber er hatte es über sich vermocht, sich ihr nicht zu nähern. Eines Tages packte ihn die Verliebtheit, als er sie allein im Zimmer traf. Er fand sie auf dem Boden liegend, mit Aufwaschen beschäftigt, Kübel und Besen neben sich, also ganz wie das Mädchen in seiner Kindheit. Selbst seine definitive Objektwahl, die für sein Leben so bedeutungsvoll wurde, erweist sich durch ihre näheren Umstände, die hier nicht anzuführen sind, als abhängig von der gleichen Liebesbedingung, als ein Ausläufer des Zwanges, der von der Urszene aus über die Szene mit Gruscha seine Liebeswahl beherrschte. Ich habe an früherer Stelle bemerkt, daß ich das Bestreben zur Erniedrigung des Liebesobjekts bei dem Patienten wohl anerkenne. Es ist auf Reaktion gegen den Druck der ihm überlegenen Schwester zurückzuführen. Aber ich versprach damals zu zeigen, daß dies Motiv (S. 142) selbstherrlicher Natur nicht das einzig bestimmende gewesen ist, sondern eine tiefere Determinierung durch rein erotische Motive verdeckt. Die Erinnerung an das den Boden aufwaschende, allerdings in seiner Position erniedrigte, Kindermädchen brachte diese Motivierung zum Vorschein. Alle späteren Liebesobjekte waren Ersatzpersonen dieser einen, die selbst durch den Zufall der Situation zum ersten Mutterersatz geworden war. Der erste Einfall des Patienten zum Problem der Angst vor dem Schmetterling läßt sich nachträglich leicht als fernliegende Anspielung an die Urszene erkennen (die fünfte Stunde). Die Beziehung der Gruschaszene zur Kastrationsdrohung bestätigte er durch einen besonders sinnreichen Traum, den er auch selbst zu übersetzen verstand. Er sagte: Ich habe geträumt, *ein Mann reißt einer Espe die Flügel aus.* Espe? mußte ich fragen, was meinen Sie damit? – Nun, das Insekt mit den gelben Streifen am Leib, das stechen kann. Es muß eine Anspielung an die Gruscha, die gelbgestreifte Birne, sein. – *Wespe,* meinen Sie also, konnte ich korrigieren. – Heißt es Wespe? Ich habe wirklich geglaubt, es heißt Espe. (Er bediente sich wie so viele andere seiner Fremdsprachigkeit zur Deckung von Symptomhandlungen.) Aber Espe, das bin ja ich, S. P. (die Initialen seines Namens). Die Espe ist natürlich eine verstümmelte Wespe. Der Traum sagt klar, er räche sich an der Gruscha für ihre Kastrationsandrohung.

Die Aktion des 2½jährigen in der Szene mit Gruscha ist die erste uns bekanntgewordene Wirkung der Urszene, sie stellt ihn als Kopie des Vaters dar und läßt uns eine Entwicklungstendenz in der Richtung erkennen, die später den Namen der männlichen verdienen wird. Durch die Verführung wird er in eine Passivität gedrängt, die allerdings auch

schon durch sein Benehmen als Zuschauer beim elterlichen Verkehr vorbereitet ist. Ich muß aus der Behandlungsgeschichte noch hervorheben, daß man den Eindruck empfing, mit der Bewältigung der Gruschaszene, des ersten Erlebnisses, das er wirklich erinnern konnte und ohne mein Vermuten und Dazutun erinnerte, sei die Aufgabe der Kur gelöst gewesen. Es gab von da an keine Widerstände mehr, man brauchte nur noch zu sammeln und zusammenzusetzen. Die alte Traumatheorie, die ja auf Eindrücke aus der psychoanalytischen Therapie aufgebaut war, kam mit einem Male wieder zur Geltung. Aus kritischem Interesse machte ich noch einmal den Versuch, dem Patienten eine andere Auffassung seiner Geschichte aufzudrängen, die dem nüchternen Verstand willkommener wäre. An der Szene mit Gruscha sei ja nicht zu zweifeln, aber sie bedeute an und für sich nichts und sei hinterher verstärkt worden durch Regression von den Ereignissen seiner Objektwahl, die sich infolge der Erniedrigungstendenz von der Schwester weg auf die Dienstmädchen geworfen hätte. Die Koitusbeobachtung aber sei eine Phantasie seiner späteren Jahre, deren historischer Kern die Beobachtung oder das Erlebnis etwa eines harmlosen Lavements gewesen sein könnte. Vielleicht meinen manche Leser, erst mit diesen Annahmen hätte ich mich dem Verständnis des Falles genähert; der Patient sah mich verständnislos und etwas verächtlich an, als ich ihm diese Auffassung vortrug, und reagierte niemals wieder auf dieselbe. Meine eigenen Argumente gegen solche Rationalisierung habe ich oben im Zusammenhange entwickelt [Abschnitt V].
[Die[1] Gruschaszene enthält aber nicht nur die für das Leben des Patienten entscheidenden Bedingungen der Objektwahl und behütet uns so vor dem Irrtum, die Bedeutung der Erniedrigungstendenz gegen das Weib zu überschätzen. Sie vermag mich auch zu rechtfertigen, wenn ich es vorhin abgelehnt habe, die Zurückführung der Urszene auf eine kurz vor dem Traum angestellte Tierbeobachtung ohne jedes Bedenken als die einzig mögliche Lösung zu vertreten (S. 176 f.). Sie war in der Erinnerung des Patienten spontan und ohne mein Dazutun aufgetaucht. Die auf sie zurückgehende Angst vor dem gelbgestreiften Schmetterling bewies, daß sie einen bedeutungsvollen Inhalt gehabt hatte oder daß es möglich geworden war, ihrem Inhalt nachträglich solche Bedeutung zu verleihen. Dies Bedeutungsvolle, was in der Erinnerung fehlte, war durch die sie begleitenden Einfälle und die daran zu knüpfenden Schlüsse

---

[1] [Eckige Klammer von Freud selbst. S. den Schluß der Anmerkung auf S. 129 oben.]

mit Sicherheit zu ergänzen. Es ergab sich dann, daß die Schmetterlingsangst durchaus analog war der Wolfsangst, in beiden Fällen Angst vor der Kastration, zunächst bezogen auf die Person, welche die Kastrationsdrohung zuerst ausgesprochen hatte, sodann auf die andere verlegt, an der sie nach dem phylogenetischen Vorbild Anheftung finden mußte. Die Szene mit Gruscha war mit 2½ Jahren vorgefallen, das Angsterlebnis mit dem gelben Schmetterling aber sicherlich nach dem Angsttraum. Es ließ sich leicht verstehen, daß das spätere Verständnis für die Möglichkeit der Kastration nachträglich aus der Szene mit Gruscha die Angst entwickelt hatte; aber diese Szene selbst enthielt nichts Anstößiges oder Unwahrscheinliches, vielmehr durchaus banale Einzelheiten, an denen zu zweifeln man keinen Grund hatte. Nichts forderte dazu auf, sie auf eine Phantasie des Kindes zurückzuführen; es erscheint auch kaum möglich.

Es entsteht nun die Frage, sind wir berechtigt, in dem Urinieren des stehenden Knaben, während das auf den Knien liegende Mädchen den Boden aufwäscht, einen Beweis seiner sexuellen Erregtheit zu sehen? Dann würde diese Erregung den Einfluß eines früheren Eindrucks bezeugen, der ebensowohl die Tatsächlichkeit der Urszene, wie eine vor 2½ Jahren gemachte Beobachtung an Tieren sein könnte. Oder war jene Situation durchaus harmlos, die Harnentleerung des Kindes eine rein zufällige, und die ganze Szene wurde erst später in der Erinnerung sexualisiert, nachdem ähnliche Situationen als bedeutungsvoll erkannt worden waren?

Hier getraue ich mich nun zu keiner Entscheidung. Ich muß sagen, ich rechne es der Psychoanalyse bereits hoch an, daß sie zu solchen Fragestellungen gekommen ist. Aber ich kann es nicht verleugnen, daß die Szene mit Gruscha, die Rolle, die ihr in der Analyse zufiel, und die Wirkungen, die im Leben von ihr ausgingen, sich doch am ungezwungensten und vollständigsten erklären, wenn man die Urszene, die andere Male eine Phantasie sein mag, hier als Realität gelten läßt. Sie behauptet im Grunde nichts Unmögliches; die Annahme ihrer Realität verträgt sich auch ganz mit dem anregenden Einfluß der Tierbeobachtungen, auf welche die Schäferhunde des Traumbildes hindeuten.

Von diesem unbefriedigenden Abschluß wende ich mich zur Behandlung der Frage, die ich in den *Vorlesungen zur Einführung in die Psychoanalyse* [Vorlesung XXIII] versucht habe. Ich möchte selbst gerne wissen, ob die Urszene bei meinem Patienten Phantasie oder reales Erlebnis war, aber mit Rücksicht auf andere ähnliche Fälle muß man sagen, es sei eigentlich nicht sehr wichtig, dies zu entscheiden. Die Szenen von Beobachtung des elterlichen Sexualverkehrs, von Verführung in der Kindheit und von Kastrationsandrohung sind unzweifelhafter ererbter Besitz, phylogenetische Erbschaft, aber sie können ebensowohl Erwerb persönlichen Erlebens sein. Bei meinem Patienten war die Verführung durch die ältere Schwester eine unbestreitbare Realität; warum nicht auch die Beobachtung des elterlichen Koitus?

Wir sehen nur in der Urgeschichte der Neurose, daß das Kind zu diesem phylogenetischen Erleben greift, wo sein eigenes Erleben nicht ausreicht. Es füllt die Lücken der individuellen Wahrheit mit prähistorischer Wahrheit aus, setzt die Erfahrung der Vorahnen an die Stelle der eigenen Erfahrung ein. In der Anerkennung dieser phylogenetischen Erbschaft stimme ich mit Jung *(Die Psychologie der unbewußten Prozesse,* 1917, eine Schrift, die meine *Vorlesungen* nicht mehr beeinflussen konnte) völlig zusammen; aber ich halte es für methodisch unrichtig, zur Erklärung aus der Phylogenese zu greifen, ehe man die Möglichkeiten der Ontogenese erschöpft hat; ich sehe nicht ein, warum man der kindheitlichen Vorzeit hartnäckig eine Bedeutung bestreiten will, die man der Ahnenvorzeit bereitwillig zugesteht; ich kann nicht verkennen, daß die phylogenetischen Motive und Produktionen selbst der Aufklärung bedürftig sind, die ihnen in einer ganzen Reihe von Fällen aus der individuellen Kindheit zuteil werden kann, und zum Schlusse verwundere ich mich nicht darüber, wenn die Erhaltung der nämlichen Bedingungen beim einzelnen organisch wiedererstehen läßt, was diese einst in Vorzeiten geschaffen und als Disposition zum Wiedererwerb vererbt haben.]

In die Zwischenzeit zwischen Urszene und Verführung ($1^1/_2$–$3^1/_4$ Jahre) ist noch der stumme Wasserträger [S. 201] einzuschieben, der für ihn Vaterersatz war wie die Gruscha Mutterersatz. Ich glaube, es ist unberechtigt, hier von einer Erniedrigungstendenz zu reden, wiewohl sich beide Eltern durch dienende Personen vertreten finden. Das Kind setzt sich über die sozialen Unterschiede hinweg, die ihm noch wenig bedeuten, und reiht auch geringere Leute an die Eltern an, wenn sie ihm ähnlich wie die Eltern Liebe entgegenbringen. Ebensowenig Bedeutung hat diese Tendenz für die Ersetzung der Eltern durch Tiere, deren Geringschätzung dem Kinde ganz ferne liegt. Ohne Rücksicht auf solche Erniedrigung werden Onkel und Tanten zum Elternersatz herangezogen, wie auch für unseren Patienten durch mehrfache Erinnerungen bezeugt ist.

In dieselbe Zeit gehört noch eine dunkle Kunde von einer Phase, in der er nichts essen wollte außer Süßigkeiten, so daß man Sorge für sein Fortkommen hatte. Man erzählte ihm von einem Onkel, der ebenso das Essen verweigert hatte und dann jung an der Auszehrung starb. Er hörte auch, daß er im Alter von drei Monaten so schwer krank gewesen war (an einer Lungenentzündung?), daß man schon das Totenhemd für ihn bereit gemacht hatte. Es gelang, ihn ängstlich zu machen, so daß er wieder aß; in späteren Kindheitsjahren übertrieb er sogar diese Verpflichtung, wie um sich gegen den angedrohten Tod zu schützen. Die Todesangst, die man damals zu seinem Schutz wachgerufen hatte, zeigte sich später wieder, als die Mutter vor der Dysenteriegefahr warnte [S. 192]; sie provozierte noch später einen Anfall der Zwangsneurose (S. 184). Wir wollen versuchen, ihren Ursprüngen und Bedeutungen an späterer Stelle nachzugehen [S. 218].

Für die Eßstörung möchte ich die Bedeutung einer allerersten neurotischen Erkrankung in Anspruch nehmen; so daß Eßstörung, Wolfsphobie, Zwangsfrömmigkeit die vollständige Reihe der infantilen Erkrankungen ergeben, welche die Disposition für den neurotischen Zusammenbruch in den Jahren nach der Pubertät mit sich bringen. Man wird mir entgegenhalten, daß wenige Kinder solchen Störungen wie einer vorübergehenden Eßunlust oder einer Tierphobie entgehen. Aber dies Argument ist mir sehr willkommen. Ich bin bereit zu behaupten, daß jede Neurose eines Erwachsenen sich über seiner Kinderneurose aufbaut, die aber nicht immer intensiv genug ist, um aufzufallen und als solche erkannt zu werden. Die theoretische Bedeutung der infantilen Neurosen für die Auffassung der Erkrankungen, die wir als Neurosen behandeln und nur von den Einwirkungen des späteren Lebens ableiten wollen, wird durch jenen Einwand nur gehoben. Hätte unser Patient nicht zu seiner Eßstörung und seiner Tierphobie noch die Zwangsfrömmigkeit hinzubekommen, so würde sich seine Geschichte von der anderer Menschenkinder nicht auffällig unterscheiden, und wir wären um wertvolle Materialien, die uns vor naheliegenden Irrtümern bewahren können, ärmer.

Die Analyse wäre unbefriedigend, wenn sie nicht das Verständnis jener Klage brächte, in die der Patient sein Leiden zusammenfaßte. Sie lautete, daß ihm die Welt durch einen Schleier verhüllt sei [S. 190], und die psychoanalytische Schulung weist die Erwartung ab, daß diese Worte bedeutungslos und wie zufällig gewählt sein sollten. Der Schleier zerriß – merkwürdigerweise – nur in einer Situation, nämlich, wenn infolge eines Lavements der Stuhlgang den After passierte. Dann fühlte er sich wieder wohl und sah die Welt für eine ganz kurze Weile klar. Mit der Deutung dieses »Schleiers« ging es ähnlich schwierig wie bei der Schmetterlingsangst. Auch hielt er nicht an dem Schleier fest, dieser verflüchtigte sich ihm weiter zu einem Gefühl von Dämmerung, *»ténèbres«*, und anderen ungreifbaren Dingen.

Erst kurz vor dem Abschied von der Kur besann er sich, er habe gehört, daß er in einer »Glückshaube« zur Welt gekommen sei. Darum habe er sich immer für ein besonderes Glückskind gehalten, dem nichts Böses widerfahren könne. Erst dann verließ ihn diese Zuversicht, als er die gonorrhoische Erkrankung als schwere Beschädigung an seinem Körper anerkennen mußte. Vor dieser Kränkung seines Narzißmus brach er zusammen. Wir werden sagen, er wiederholte damit einen Mechanismus, der schon einmal bei ihm gespielt hatte. Auch seine Wolfsphobie brach aus, als er vor die Tatsache, daß eine Kastration möglich sei, gestellt wurde, und die Gonorrhöe reihte er offenbar der Kastration an.

Die Glückshaube ist also der Schleier, der ihn vor der Welt und ihm die Welt verhüllte. Seine Klage ist eigentlich eine erfüllte Wunschphantasie, sie zeigt ihn wieder in den Mutterleib zurückgekehrt, allerdings die Wunschphantasie der Weltflucht. Sie ist zu übersetzen: Ich bin so unglücklich im Leben, ich muß wieder in den Mutterschoß zurück.

Was soll es aber bedeuten, daß dieser symbolische, einmal real gewesene, Schleier in dem Moment der Stuhlentleerung nach dem Klysma zerreißt, daß seine Krankheit unter dieser Bedingung von ihm weicht? Der Zusammenhang gestattet uns zu antworten: Wenn der Geburtsschleier zerreißt, so erblickt er die Welt und wird wiedergeboren. Der Stuhlgang ist das Kind, als welches er zum zweitenmal zu einem glücklicheren Leben geboren wird. Das wäre also die Wiedergeburtsphantasie, auf die Jung kürzlich die Aufmerksamkeit gelenkt und der er eine so dominierende Stellung im Wunschleben der Neurotiker eingeräumt hat.

Das wäre schön, wenn es vollständig wäre. Gewisse Einzelheiten der Situation und die Rücksicht auf den erforderlichen Zusammenhang mit der speziellen Lebensgeschichte nötigen uns, die Deutung weiter zu führen. Die Bedingung der Wiedergeburt ist, daß ihm ein Mann ein Klysma verabreicht (diesen Mann hat er erst später notgedrungen selbst ersetzt). Das kann nur heißen, er hat sich mit der Mutter identifiziert, der Mann spielt den Vater, das Klysma wiederholt den Begattungsakt, als dessen Frucht das Kotkind – wiederum er – geboren wird. Die Wiedergeburtsphantasie ist also eng mit der Bedingung der sexuellen Befriedigung durch den Mann verknüpft. Die Übersetzung lautet jetzt also: Nur wenn er sich dem Weib substituieren, die Mutter ersetzen darf, um sich vom Vater befriedigen zu lassen und ihm ein Kind zu gebären, dann ist seine Krankheit von ihm gewichen. Die Wiedergeburtsphantasie war also hier nur eine verstümmelte, zensurierte Wiedergabe der homosexuellen Wunschphantasie.

Sehen wir näher zu, so müssen wir eigentlich bemerken, daß der Kranke in dieser Bedingung seiner Heilung nur die Situation der sogenannten Urszene wiederholt: Damals wollte er sich der Mutter unterschieben; das Kotkind hat er, wie wir längst vorher angenommen hatten, in jener Szene selbst produziert. Er ist noch immer fixiert, wie gebannt, an die Szene, die für sein Sexualleben entscheidend wurde, deren Wiederkehr in jener Traumnacht sein Kranksein eröffnete. Das Zerreißen des Schleiers ist analog dem Öffnen der Augen, dem Aufgehen der Fenster. Die Urszene ist zur Heilbedingung umgebildet worden.

Das, was durch die Klage, und was durch die Ausnahme dargestellt ist, kann man leicht zu einer Einheit zusammenziehen, die dann ihren ganzen Sinn offenbart. Er wünscht sich in den Mutterleib zurück, nicht um dann einfach wiedergeboren zu werden, sondern um dort beim Koitus vom Vater getroffen zu werden, von ihm die Befriedigung zu bekommen, ihm ein Kind zu gebären.

Vom Vater geboren worden zu sein, wie er anfänglich gemeint hatte, von ihm sexuell befriedigt zu werden, ihm ein Kind zu schenken, dies unter Preisgebung seiner Männlichkeit, und in der Sprache der Analerotik ausgedrückt: mit diesen Wünschen ist der Kreis der Fixierung an den Vater geschlossen, hiemit hat die Homosexualität ihren höchsten und intimsten Ausdruck gefunden [1].

Ich meine, von diesem Beispiel her fällt auch ein Licht auf Sinn und Ursprung der Mutterleibs- wie der Wiedergeburtsphantasie. Die erstere ist häufig so wie in unserem Falle aus der Bindung an den Vater hervorgegangen. Man wünscht sich in den Leib der Mutter, um sich ihr beim Koitus zu substituieren, ihre Stelle beim Vater einzunehmen. Die Wiedergeburtsphantasie ist wahrscheinlich regelmäßig eine Milderung, sozusagen ein Euphemismus, für die Phantasie des inzestuösen Verkehrs mit der Mutter, eine *anagogische* Abkürzung derselben, um den Aus-

---

[1] Der mögliche Nebensinn, daß der Schleier das Hymen darstellt, welches beim Verkehr mit dem Manne zerreißt, trifft nicht genau mit der Heilbedingung zusammen und hat keine Beziehung zum Leben des Patienten, für den die Virginität keine Bedeutung hatte.

druck von H. Silberer zu gebrauchen[1]. Man wünscht sich in die Situation zurück, in der man sich in den Genitalien der Mutter befand, wobei sich der Mann mit seinem Penis identifiziert, durch ihn vertreten läßt. Dann enthüllen sich die beiden Phantasien als Gegenstücke, die je nach der männlichen oder weiblichen Einstellung des Betreffenden dem Wunsch nach dem Sexualverkehr mit dem Vater oder der Mutter Ausdruck geben. Es ist die Möglichkeit nicht abzuweisen, daß in der Klage und Heilbedingung unseres Patienten beide Phantasien, also auch beide Inzestwünsche, vereinigt sind[2].

Ich will noch einmal den Versuch machen, die letzten Ergebnisse der Analyse nach dem gegnerischen Vorbild umzudeuten: Der Patient beklagt seine Weltflucht in einer typischen Mutterleibsphantasie, erblickt seine Heilung allein in einer typischgefaßten Wiedergeburt. Diese letztere drückt er in analen Symptomen entsprechend seiner vorwiegenden Veranlagung aus. Nach dem Vorbild der analen Wiedergeburtsphantasie hat er sich eine Kinderszene zurechtgemacht, die seine Wünsche in archaisch symbolischen Ausdrucksmitteln wiederholt. Seine Symptome verketten sich dann, als ob sie von einer solchen Urszene ausgingen. Zu diesem ganzen Rückweg mußte er sich entschließen, weil er auf eine Lebensaufgabe stieß, für deren Lösung er zu faul war, oder weil er allen Grund hatte, seinen Minderwertigkeiten zu mißtrauen und sich durch solche Veranstaltungen am besten vor Zurücksetzung zu schützen meinte.

Das wäre alles gut und schön, wenn der Unglückliche nur nicht schon mit vier Jahren einen Traum gehabt hätte, mit dem seine Neurose begann, der durch die Erzählung des Großvaters vom Schneider und vom Wolf angeregt wurde und dessen Deutung die Annahme einer solchen Urszene notwendig macht. An diesen kleinlichen, aber unantastbaren Tatsachen scheitern leider die Erleichterungen, die uns die Theorien von Jung und Adler verschaffen wollen. Wie die Sachen liegen, scheint mir die Wiedergeburtsphantasie eher ein Abkömmling der Urszene, als umgekehrt die Urszene eine Spiegelung der Wiedergeburtsphantasie zu sein. Vielleicht darf man auch annehmen, der Patient sei damals, vier Jahre nach seiner Geburt, doch zu jung gewesen, um sich bereits eine Wiedergeburt zu

---

[1] [Vgl. Silberer, 1914, Teil II, Abschnitt 5. Dieser Terminus wird von Freud in einem Zusatz erklärt und diskutiert, den er 1919 in der *Traumdeutung* (1900a) hinzufügte, und zwar in Kap. VII, Abschnitt A; *Studienausgabe*, Bd. 2, S. 501 f.]
[2] [S. die Diskussion des »vollständigen« Ödipuskomplexes in Kap. III von *Das Ich und das Es* (1923b).]

Nachträge aus der Urzeit – Lösung

wünschen. Aber dieses letztere Argument muß ich doch zurückziehen; meine eigenen Beobachtungen beweisen, daß man die Kinder unterschätzt hat und daß man nicht mehr weiß, was man ihnen zutrauen darf[1].

---

[1] Ich gebe zu, daß diese Frage die heikelste der ganzen analytischen Lehre ist. Ich habe nicht der Mitteilungen von Adler oder Jung bedurft, um mich mit der Möglichkeit kritisch zu beschäftigen, daß die von der Analyse behaupteten, vergessenen Kindheitserlebnisse – in unwahrscheinlich früher Kindheit erlebt! – vielmehr auf Phantasien beruhen, die bei späten Anlässen geschaffen werden, und daß man überall dort die Äußerung eines konstitutionellen Moments oder einer phylogenetisch erhaltenen Disposition anzunehmen habe, wo man die Nachwirkung eines solchen infantilen Eindrucks in den Analysen zu finden glaubt. Im Gegenteile, kein Zweifel hat mich mehr in Anspruch genommen, keine andere Unsicherheit entschiedener von Publikationen zurückgehalten. Sowohl die Rolle der Phantasien für die Symptombildung als auch das »Zurückphantasieren« von späten Anregungen her in die Kindheit und das nachträgliche Sexualisieren derselben habe ich als erster kennengelehrt, worauf keiner der Gegner hingewiesen hat. (Siehe *Traumdeutung*, I. Auflage, S. 49, und ›Bemerkungen über einen Fall von Zwangsneurose‹ [(1909 d); *Studienausgabe*, Bd. 7, S. 72–4, Anm. 2]. Wenn ich dennoch die schwierigere und unwahrscheinlichere Auffassung als die meinige festgehalten habe, so geschah es mit Argumenten, wie sie der hier beschriebene Fall oder jede andere infantile Neurose dem Untersucher aufdrängen und die ich jetzt neuerdings den Lesern zur Entscheidung vorlege. [Der Verweis auf S. 49 in der ersten Ausgabe der *Traumdeutung*, der in allen deutschen Ausgaben der vorliegenden Arbeit abgedruckt ist, beruht offenbar auf einem Irrtum. Wahrscheinlich dachte Freud an eine Passage in Kapitel VI, A, gegen Ende des Abschnitts II (S. 198 der ersten Ausgabe der *Traumdeutung*). Dort verwendet er ebenfalls den Terminus »zurückphantasieren« wie in dieser Anmerkung; *Studienausgabe*, Bd. 2, S. 290 f.]

IX

ZUSAMMENFASSUNGEN UND PROBLEME

Ich weiß nicht, ob es dem Leser des vorstehenden Analysenberichtes gelungen ist, sich ein deutliches Bild von der Entstehung und Entwicklung des Krankseins bei meinem Patienten zu machen. Vielmehr ich fürchte, es ist nicht der Fall gewesen. Aber, so wenig ich sonst für die Kunst meiner Darstellung Partei genommen habe, diesmal möchte ich doch auf mildernde Umstände plädieren. Es ist eine Aufgabe gewesen, die noch niemals zuvor in Angriff genommen wurde, in die Beschreibung so frühe Phasen und so tiefe Schichten des Seelenlebens einzuführen, und es ist besser, man löst sie schlecht, als man ergreift vor ihr die Flucht, was ja überdies mit gewissen Gefahren für den Verzagten verbunden sein soll. Man zeigt also lieber kühnlich, daß man sich durch das Bewußtsein seiner Minderwertigkeiten nicht hat abhalten lassen.

Der Fall selbst war nicht besonders günstig. Was den Reichtum der Auskünfte über die Kindheit ermöglichte, daß man das Kind durch das Medium des Erwachsenen studieren konnte, mußte mit den ärgsten Zerstücklungen der Analyse und den entsprechenden Unvollständigkeiten in der Darstellung erkauft werden. Persönliche Eigentümlichkeiten, ein dem unsrigen fremder Nationalcharakter, machten die Einfühlung mühsam. Der Abstand zwischen der liebenswürdig entgegenkommenden Persönlichkeit des Kranken, seiner scharfen Intelligenz, vornehmen Denkungsart und seinem völlig ungebändigten Triebleben machte eine überlange Vorbereitungs- und Erziehungsarbeit notwendig, durch welche die Übersicht erschwert wurde. An dem Charakter des Falles, welcher der Beschreibung die härtesten Aufgaben stellte, ist der Patient selbst aber völlig unschuldig. Wir haben es in der Psychologie des Erwachsenen glücklich dahin gebracht, die seelischen Vorgänge in bewußte und unbewußte zu scheiden und beide in klaren Worten zu beschreiben. Beim Kinde läßt diese Unterscheidung uns beinahe im Stiche. Man ist oft in Verlegenheit anzugeben, was man als bewußt und was man als unbewußt bezeichnen möchte. Vorgänge, die die herrschenden geworden sind und die nach ihrem späteren Verhalten den bewußten gleichgestellt werden müssen, sind beim Kinde dennoch nicht bewußt gewesen. Man kann leicht verstehen, warum; das Bewußte hat beim Kinde noch nicht alle seine Charaktere gewonnen, es ist noch in der Entwicklung begriffen und besitzt nicht recht die Fähigkeit, sich in Sprachvorstellungen umzusetzen. Die Verwechslung, deren wir uns sonst regelmäßig schuldig machen, zwischen dem Phänomen, als Wahrnehmung im Bewußtsein aufzutreten, und der Zugehörigkeit zu einem angenommenen psychischen System, das wir irgendwie konventionell benennen sollten, das wir aber gleichfalls Bewußtsein (System *Bw*) heißen, diese Verwechslung ist harmlos bei der psychologischen Beschreibung des Erwachsenen, aber irreführend für die des kleinen Kindes. Auch die Einführung des »Vorbewußten« nützt hier nicht viel, denn das Vorbewußte des Kindes braucht sich mit dem des Erwachsenen ebensowenig zu decken. Man begnügt sich also damit, die Dunkelheit klar erkannt zu haben.

Es ist selbstverständlich, daß ein Fall wie der hier beschriebene Anlaß geben könnte, alle Ergebnisse und Probleme der Psychoanalyse in Diskussion zu ziehen. Es wäre eine unendliche und eine ungerechtfertigte Arbeit. Man muß sich sagen, daß man aus einem einzigen Fall nicht alles erfahren, an ihm nicht alles entscheiden kann, und sich darum begnügen, ihn für das zu verwerten, was er am deutlichsten zeigt. Die Erklärungsaufgabe in der Psychoanalyse ist überhaupt enge begrenzt. Zu erklären sind die auffälligen Symptombildungen durch Aufdeckung ihrer Genese; die psychischen Mechanismen und Triebvorgänge, zu denen man so geführt wird, sind nicht zu erklären, sondern zu beschreiben. Um aus den Feststellungen über diese beiden letzteren Punkte neue Allgemeinheiten zu gewinnen, sind zahlreiche solche gut und tief analysierte Fälle erforderlich. Sie sind nicht leicht zu haben, jeder einzelne verbraucht jahrelange Arbeit. Der Fortschritt in diesen Gebieten kann sich also nur langsam vollziehen. Die Versuchung liegt freilich sehr nahe, sich damit zu begnügen, daß man bei einer Anzahl von Personen die psychische Oberfläche »ankratzt« und das Unterlassene dann durch Spekulation ersetzt, die man unter die Patronanz irgendeiner philosophischen Richtung stellt. Man kann auch praktische Bedürfnisse zu Gunsten dieses Verfahrens geltend machen, aber die Bedürfnisse der Wissenschaft lassen sich durch kein Surrogat befriedigen.

Ich will versuchen, eine synthetische Übersicht der Sexualentwicklung meines Patienten zu entwerfen, bei der ich mit den frühesten Anzeichen beginnen kann. Das erste, was wir über ihn hören, ist die Störung der Eßlust [S. 211], die ich nach anderen Erfahrungen, aber doch mit aller

Zurückhaltung, als den Erfolg eines Vorgangs auf sexuellem Gebiet auffassen will. Als die erste kenntliche Sexualorganisation habe ich die sogenannte *kannibale* oder *orale* betrachten müssen, in welcher die ursprüngliche Anlehnung der Sexualerregung an den Eßtrieb noch die Szene beherrscht. Direkte Äußerungen dieser Phase werden nicht zu erwarten sein, wohl aber Anzeichen bei eingetretenen Störungen. Die Beeinträchtigung des Eßtriebs – die natürlich sonst auch andere Ursachen haben kann – macht uns dann aufmerksam, daß eine Bewältigung sexueller Erregung dem Organismus nicht gelungen ist. Das Sexualziel dieser Phase könnte nur der Kannibalismus, das Fressen sein; es kommt bei unserem Patienten durch Regression von einer höheren Stufe her in der Angst zum Vorschein: vom Wolf gefressen zu werden. Diese Angst mußten wir uns ja übersetzen: vom Vater koitiert zu werden. Es ist bekannt, daß es in weit vorgerückteren Jahren, bei Mädchen in den Zeiten der Pubertät oder bald nachher, eine Neurose gibt, welche die Sexualablehnung durch Anorexie ausdrückt; man wird sie in Beziehung zu dieser oralen Phase des Sexuallebens bringen dürfen. Auf der Höhe des verliebten Paroxysmus (»ich könnte dich fressen vor Liebe«) und im zärtlichen Verkehr mit kleinen Kindern, wobei der Erwachsene sich selbst wie infantil gebärdet, tritt das Liebesziel der oralen Organisation wieder auf. Ich habe an anderer Stelle die Vermutung ausgesprochen, daß der Vater unseres Patienten selbst das »zärtliche Schimpfen« gehabt, mit dem Kleinen Wolf oder Hund gespielt und ihn im Scherz mit dem Auffressen bedroht hat (S. 152). Der Patient hat diese Vermutung durch sein auffälliges Benehmen in der Übertragung nur bestätigt. So oft er vor Schwierigkeiten der Kur auf die Übertragung zurückwich, drohte er mit dem Auffressen und später mit allen anderen möglichen Mißhandlungen, was alles nur Ausdruck von Zärtlichkeit war.

Der Sprachgebrauch hat gewisse Prägungen dieser oralen Sexualphase dauernd angenommen, er spricht von einem »appetitlichen« Liebesobjekt, nennt die Geliebte »süß«. Wir erinnern uns, daß unser kleiner Patient auch nur Süßes essen wollte. Süßigkeiten, Bonbons vertreten im Traume regelmäßig Liebkosungen, sexuelle Befriedigungen.

Es scheint, daß zu dieser Phase auch eine Angst gehört (im Falle von Störung natürlich), die als Lebensangst auftritt und sich an alles heften kann, was dem Kinde als geeignet bezeichnet wird. Bei unserem Patienten wurde sie dazu benützt, um ihn zur Überwindung seiner Eßunlust, ja zur Überkompensation derselben anzuleiten. Auf die mög-

Zusammenfassungen und Probleme

liche Quelle seiner Eßstörung werden wir geleitet, wenn wir – auf dem Boden jener vielberedeten Annahme – daran erinnern, daß die Koitusbeobachtung, von welcher so viele nachträgliche Wirkungen ausgingen, in das Alter von 1½ Jahren, sicherlich vor der Zeit der Eßschwierigkeiten fällt. Vielleicht dürfen wir annehmen, daß sie die Prozesse der Sexualreifung beschleunigt und so auch direkte, wenn auch unscheinbare Wirkungen entfaltet hat.

Ich weiß natürlich auch, daß man die Symptomatik dieser Periode, die Wolfsangst, die Eßstörung anders und einfacher erklären kann, ohne Rücksicht auf die Sexualität und eine prägenitale Organisationsstufe derselben. Wer die Zeichen der Neurotik und den Zusammenhang der Erscheinungen gern vernachlässigt, wird diese andere Erklärung vorziehen, und ich werde ihn daran nicht hindern können. Es ist schwer, über diese Anfänge des Sexuallebens anders als auf den angezeigten Umwegen etwas Zwingendes zu eruieren.

Die Szene mit der Gruscha um (2½ Jahre) zeigt uns unseren Kleinen zu Beginn einer Entwicklung, welche die Anerkennung als normal verdient, vielleicht bis auf ihre Vorzeitigkeit: Identifizierung mit dem Vater, Harnerotik in Vertretung der Männlichkeit. Sie steht ja auch ganz unter dem Einfluß der Urszene. Die Vateridentifizierung haben wir bisher als eine narzißtische aufgefaßt, mit Rücksicht auf den Inhalt der Urszene können wir es nicht abweisen, daß sie bereits der Stufe der Genitalorganisation entspricht. Das männliche Genitale hat seine Rolle zu spielen begonnen und setzt sie unter dem Einfluß der Verführung durch die Schwester fort.

Man bekommt aber den Eindruck, daß die Verführung nicht bloß die Entwicklung fördert, sondern sie noch in höherem Grade stört und ablenkt. Sie gibt ein passives Sexualziel, welches mit der Aktion des männlichen Genitales im Grunde unverträglich ist. Beim ersten äußeren Hindernis, bei der Kastrationsandeutung der Nanja, bricht (mit 3½ Jahren[1]) die noch zaghafte genitale Organisation zusammen und regrediert auf die ihr vorhergehende Stufe der sadistisch-analen Organisation, welche vielleicht sonst mit ebenso leichten Anzeichen wie bei anderen Kindern durchlaufen worden wäre.

Die sadistisch-anale Organisation ist leicht als Fortbildung der oralen zu erkennen. Die gewaltsame Muskelbetätigung am Objekt, die sie auszeichnet, findet ihre Stelle als vorbereitender Akt für das Fressen, das

---

[1] [In den Ausgaben vor 1924 hieß es an dieser Stelle »mit 3¾ Jahren«.]

dann als Sexualziel ausfällt. Der vorbereitende Akt wird ein selbständiges Ziel. Die Neuheit gegen die vorige Stufe besteht wesentlich darin, daß das aufnehmende, passive Organ, von der Mundzone abgesondert, an der Analzone ausgebildet wird. Biologische Parallelen oder die Auffassung der prägenitalen menschlichen Organisationen als Reste von Einrichtungen, die in manchen Tierklassen dauernd festgehalten werden, liegen hier sehr nahe. Die Konstituierung des Forschertriebes aus seinen Komponenten ist für diese Stufe gleichfalls charakteristisch.

Die Analerotik macht sich nicht auffällig bemerkbar. Der Kot hat unter dem Einfluß des Sadismus seine zärtliche gegen seine offensive Bedeutung vertauscht. An der Verwandlung des Sadismus in Masochismus ist ein Schuldgefühl mitbeteiligt, welches auf Entwicklungsvorgänge in anderen als den sexuellen Sphären hinweist.

Die Verführung setzt ihren Einfluß fort, indem sie die Passivität des Sexualziels aufrechterhält. Sie verwandelt jetzt den Sadismus zu einem großen Teil in sein passives Gegenstück, den Masochismus. Es ist fraglich, ob man den Charakter der Passivität ganz auf ihre Rechnung setzen darf, denn die Reaktion des 1½jährigen Kindes auf die Koitusbeobachtung war bereits vorwiegend eine passive. Die sexuelle Miterregung äußerte sich in einer Stuhlentleerung, an der allerdings auch ein aktiver Anteil zu unterscheiden ist. Neben dem Masochismus, der seine Sexualstrebung beherrscht und sich in Phantasien äußert, bleibt auch der Sadismus bestehen und betätigt sich gegen kleine Tiere. Seine Sexualforschung hat von der Verführung an eingesetzt, wesentlich zwei Probleme in Angriff genommen, woher die Kinder kommen und ob ein Verlust des Genitales möglich ist, und verwebt sich mit den Äußerungen seiner Triebregungen. Sie lenkt seine sadistischen Neigungen auf die kleinen Tiere als Repräsentanten der kleinen Kinder.

Wir haben die Schilderung bis in die Nähe des vierten Geburtstages geführt, zu welchem Zeitpunkt der Traum die Koitusbeobachtung von 1½ Jahren zur nachträglichen Wirkung bringt. Die Vorgänge, die sich nun abspielen, können wir weder vollständig erfassen noch sie hinreichend beschreiben. Die Aktivierung des Bildes, das nun dank der vorgeschrittenen intellektuellen Entwicklung verstanden werden kann, wirkt wie ein frisches Ereignis, aber auch wie ein neues Trauma, ein fremder Eingriff analog der Verführung. Die abgebrochene genitale Organisation wird mit einem Schlage wieder eingesetzt, aber der im Traum vollzogene Fortschritt kann nicht festgehalten werden. Es kommt vielmehr durch einen Vorgang, den man nur einer Verdrängung

gleichstellen kann, zur Ablehnung des Neuen und dessen Ersetzung durch eine Phobie.
Die sadistisch-anale Organisation bleibt also auch in der jetzt einsetzenden Phase der Tierphobie fortbestehen, nur sind ihr die Angsterscheinungen beigemengt. Das Kind setzt die sadistischen wie die masochistischen Betätigungen fort, doch reagierte es mit Angst gegen einen Teil derselben; die Verkehrung des Sadismus in sein Gegenteil macht wahrscheinlich weitere Fortschritte.
Aus der Analyse des Angsttraumes entnehmen wir, daß die Verdrängung sich an die Erkenntnis der Kastration anschließt. Das Neue wird verworfen, weil seine Annahme den Penis kosten würde. Eine sorgfältigere Überlegung läßt etwa folgendes erkennen: Das Verdrängte ist die homosexuelle Einstellung im genitalen Sinne, die sich unter dem Einfluß der Erkenntnis gebildet hatte. Sie bleibt nun aber fürs Unbewußte erhalten, als eine abgesperrte tiefere Schichtung konstituiert. Der Motor dieser Verdrängung scheint die narzißtische Männlichkeit des Genitales zu sein, die in einen längst vorbereiteten Konflikt mit der Passivität des homosexuellen Sexualzieles gerät. Die Verdrängung ist also ein Erfolg der Männlichkeit.
Man käme in Versuchung, von hier aus ein Stück der psychoanalytischen Theorie abzuändern. Man glaubt doch mit Händen zu greifen, daß es der Konflikt zwischen männlichen und weiblichen Strebungen, also die Bisexualität, ist, aus der die Verdrängung und Neurosenbildung hervorgeht. Allein diese Auffassung ist lückenhaft. Von den beiden widerstreitenden Sexualregungen ist die eine ichgerecht, die andere beleidigt das narzißtische Interesse; sie verfällt darum der Verdrängung. Es ist auch in diesem Falle das Ich, von dem die Verdrängung ins Werk gesetzt wird, zu Gunsten einer der sexuellen Strebungen. In anderen Fällen existiert ein solcher Konflikt zwischen Männlichkeit und Weiblichkeit nicht; es ist nur eine Sexualstrebung da, die Annahme heischt, aber gegen gewisse Mächte des Ichs verstößt und darum selbst verstoßen wird. Weit häufiger als Konflikte innerhalb der Sexualität selbst finden sich ja die anderen vor, die sich zwischen der Sexualität und den moralischen Ichtendenzen ergeben. Ein solcher moralischer Konflikt fehlt in unserem Falle. Die Betonung der Bisexualität als Motiv der Verdrängung wäre also zu eng; die des Konflikts zwischen Ich und Sexualstreben (Libido) deckt alle Vorkommnisse.
Der Lehre vom »männlichen Protest«, wie sie Adler [1910] ausgebildet hat, ist entgegenzuhalten, daß die Verdrängung keineswegs immer die

Partei der Männlichkeit nimmt und die Weiblichkeit betrifft; in ganzen großen Klassen von Fällen ist es die Männlichkeit, die sich vom Ich die Verdrängung gefallen lassen muß.
Eine gerechtere Würdigung des Verdrängungsvorganges in unserem Falle würde übrigens der narzißtischen Männlichkeit die Bedeutung des einzigen Motivs bestreiten. Die homosexuelle Einstellung, die während des Traumes zustande kommt, ist eine so intensive, daß das Ich des kleinen Menschen an ihrer Bewältigung versagt und sich durch den Verdrängungsvorgang ihrer erwehrt. Als Helfer bei dieser Absicht wird die ihr gegensätzliche narzißtische Männlichkeit des Genitales herangezogen. Daß alle narzißtischen Regungen vom Ich aus wirken und beim Ich verbleiben, die Verdrängungen gegen libidinöse Objektbesetzungen gerichtet sind, soll nur zur Vermeidung von Mißverständnissen ausgesprochen werden[1].
Wenden wir uns von dem Vorgang der Verdrängung, dessen restlose Bewältigung uns vielleicht nicht geglückt ist, zu dem Zustand, der sich beim Erwachen aus dem Traum ergibt. Wäre es wirklich die Männlichkeit gewesen, die während des Traumvorganges über die Homosexualität (Weiblichkeit) gesiegt hat, so müßten wir nun eine aktive Sexualstrebung von bereits ausgesprochen männlichem Charakter als die herrschende finden. Davon ist keine Rede, das Wesentliche der Sexualorganisation hat sich nicht geändert, die sadistisch-anale Phase setzt ihren Bestand fort, sie ist die herrschende geblieben. Der Sieg der Männlichkeit zeigt sich bloß darin, daß nun auf die passiven Sexualziele der herrschenden Organisation (die masochistisch, aber nicht weiblich sind) mit Angst reagiert wird. Es ist keine sieghafte männliche Sexualregung vorhanden, sondern nur eine passive und ein Sträuben gegen dieselbe.
Ich kann mir vorstellen, welche Schwierigkeiten die ungewohnte, aber unerläßliche scharfe Scheidung von aktiv-männlich und passiv-weiblich dem Leser bereitet und will darum Wiederholungen nicht vermeiden. Den Zustand nach dem Traume kann man also in folgender Art beschreiben: Die Sexualstrebungen sind zerspalten worden, im Unbewußten ist die Stufe der genitalen Organisation erreicht und eine sehr intensive Homosexualität konstituiert, darüber besteht (virtuell im Bewußten) die frühere sadistische und überwiegend masochistische Sexualströmung, das Ich hat seine Stellung zur Sexualität im ganzen geändert, es befindet sich in Sexualablehnung und weist die herrschenden maso-

---

[1] [Adlers Verdrängungstheorie wird von Freud noch detaillierter im letzten Teil seiner Arbeit über Schlagephantasien (1919 e) erörtert; s. *Studienausgabe*, Bd. 7, S. 51 f.]

Zusammenfassungen und Probleme

chistischen Ziele mit Angst ab, wie es auf die tieferen homosexuellen mit der Bildung einer Phobie reagiert hat. Der Erfolg des Traumes war also nicht so sehr der Sieg einer männlichen Strömung, sondern die Reaktion gegen eine feminine und eine passive. Es wäre gewaltsam, dieser Reaktion den Charakter der Männlichkeit zuzuschreiben. Das Ich hat eben keine Sexualstrebungen, sondern nur das Interesse an seiner Selbstbewahrung und der Erhaltung seines Narzißmus.

Fassen wir nun die Phobie ins Auge. Sie ist auf dem Niveau der genitalen Organisation entstanden, zeigt uns den relativ einfachen Mechanismus einer Angsthysterie. Das Ich schützt sich durch Angstentwicklung vor dem, was es als übermächtige Gefahr wertet, vor der homosexuellen Befriedigung. Doch hinterläßt der Verdrängungsvorgang eine nicht zu übersehende Spur. Das Objekt, an das sich das gefürchtete Sexualziel geknüpft hat, muß sich vor dem Bewußtsein durch ein anderes vertreten lassen. Nicht die Angst vor dem *Vater*, sondern die vor dem *Wolf* wird bewußt. Es bleibt auch nicht bei der Bildung der Phobie mit dem einen Inhalt. Der Wolf ersetzt sich eine ganze Weile später durch den Löwen [S. 159]. Mit den sadistischen Regungen gegen die kleinen Tiere konkurriert eine Phobie vor ihnen als Vertreter der Nebenbuhler, der möglichen kleinen Kinder. Besonders interessant ist die Entstehung der Schmetterlingsphobie. Es ist wie eine Wiederholung des Mechanismus, der im Traum die Wolfsphobie erzeugt hat. Durch eine zufällige Anregung wird ein altes Erlebnis aktiviert, die Szene mit Gruscha, deren Kastrationsdrohung nachträglich zur Wirkung kommt, während sie, als sie vorfiel, ohne Eindruck geblieben war[1].

---

[1] Die Gruschaszene war, wie erwähnt, eine spontane Erinnerungsleistung des Patienten, an welcher eine Konstruktion oder Anregung des Arztes keinen Anteil hatte; die Lücke in ihr wurde von der Analyse in einer Weise ausgefüllt, die tadellos genannt werden muß, wenn man auf die Arbeitsweise der Analyse überhaupt Wert legt. Eine rationalistische Aufklärung dieser Phobie könnte nur sagen: Es sei nichts Ungewöhnliches, daß ein zur Ängstlichkeit disponiertes Kind auch einmal vor einem gelbstreifigen Schmetterling einen Angstanfall bekomme, wahrscheinlich infolge einer ererbten Angstneigung. (Vgl. Stanley Hall, ›A Synthetic Genetic Study of Fear‹, 1914). In Unwissenheit dieser Ursache suche es nun nach einer Kindheitsanknüpfung für diese Angst und benütze den Zufall der Namensgleichheit und der Wiederkehr der Streifen, um sich die Phantasie eines Abenteuers mit dem noch erinnerten Kindermädchen zu konstruieren. Wenn aber die Nebensachen der an sich harmlosen Begebenheit, Aufwaschen, Kübel, Besen im späteren Leben die Macht zeigen, dauernd und zwanghaft die Objektwahl des Menschen zu bestimmen, so fällt der Schmetterlingsphobie eine unbegreifliche Bedeutung zu. Der Sachverhalt wird mindestens ebenso merkwürdig wie der von mir behauptete, und der Gewinn aus der rationalistischen Auffassung dieser Szenen ist zerronnen. Die Gruschaszene wird uns also besonders wertvoll, da wir an ihr unser Urteil über die minder gesicherte Urszene vorbereiten können.

Man kann sagen, die Angst, welche in die Bildung dieser Phobien eingeht, ist Kastrationsangst. Diese Aussage enthält keinen Widerspruch gegen die Auffassung, die Angst sei aus der Verdrängung homosexueller Libido hervorgegangen. In beiden Ausdrucksweisen meint man den nämlichen Vorgang, daß das Ich der homosexuellen Wunschregung Libido entzieht, welche in freischwebende Angst umgesetzt wird und sich dann in Phobien binden läßt[1]. In der ersten Ausdrucksweise hat man nur das Motiv, welches das Ich treibt, mitbezeichnet.

Bei näherem Zusehen findet man nun, daß diese erste Erkrankung unseres Patienten (von der Eßstörung abzusehen) durch das Herausgreifen der Phobie nicht erschöpft wird, sondern als eine echte Hysterie verstanden werden muß, der neben Angstsymptomen auch Konversionserscheinungen zukommen. Ein Anteil der homosexuellen Regung wird in dem bei ihr beteiligten Organ festgehalten; der Darm benimmt sich von dann an und ebenso in der Spätzeit wie ein hysterisch affiziertes Organ. Die unbewußte, verdrängte Homosexualität hat sich in den Darm zurückgezogen. Gerade dieses Stück Hysterie hat dann bei der Lösung des späteren Krankseins die besten Dienste geleistet.

Nun soll es uns auch nicht am Mute mangeln, die noch komplizierteren Verhältnisse der Zwangsneurose in Angriff zu nehmen. Halten wir uns nochmals die Situation vor: eine herrschende masochistische und eine verdrängte homosexuelle Sexualströmung, dagegen ein in hysterischer Ablehnung befangenes Ich; welche Vorgänge wandeln diesen Zustand in den der Zwangsneurose um?

Die Verwandlung geschieht nicht spontan, durch innere Fortentwicklung, sondern durch fremden Einfluß von außen. Ihr sichtbarer Erfolg ist, daß das im Vordergrund stehende Verhältnis zum Vater, welches bisher in der Wolfsphobie Ausdruck gefunden hatte, sich nun in Zwangsfrömmigkeit äußert. Ich kann es nicht unterlassen, darauf hinzuweisen, daß der Vorgang bei diesem Patienten eine unzweideutige Bestätigung einer Behauptung liefert, die ich in *Totem und Tabu* über das Verhältnis des Totemtieres zur Gottheit aufgestellt habe[2]. Ich entschied mich dort dafür, daß die Gottesvorstellung nicht eine Fortentwicklung des Totem sei, sondern sich unabhängig von ihm aus der gemeinsamen Wurzel beider zu seiner Ablösung erhebe. Der Totem sei der erste Vaterersatz,

---

[1] [Seine spätere Meinungsänderung hinsichtlich der Beziehung zwischen Verdrängung und Angst erklärt Freud in *Hemmung, Symptom und Angst* (1926 d), besonders in den Kapiteln IV und XI, A (b).]

[2] *Totem und Tabu* [(1912–13), Aufsatz IV (6); *Studienausgabe*, Bd. 9, S. 431].

Zusammenfassungen und Probleme

der Gott aber ein späterer, in dem der Vater seine menschliche Gestalt wiedergewinne. So finden wir es auch bei unserem Patienten. Er macht in der Wolfsphobie das Stadium des totemistischen Vaterersatzes durch, welches nun abbricht und infolge neuer Relationen zwischen ihm und dem Vater durch eine Phase von religiöser Frömmigkeit ersetzt wird. Der Einfluß, welcher diese Wandlung hervorruft, ist die durch die Mutter vermittelte Bekanntschaft mit den Lehren der Religion und mit der heiligen Geschichte. Das Ergebnis wird das von der Erziehung gewünschte. Der sadistisch-masochistischen Sexualorganisation wird ein langsames Ende bereitet, die Wolfsphobie verschwindet rasch, an Stelle der Angstablehnung der Sexualität tritt eine höhere Form der Unterdrückung derselben. Die Frömmigkeit wird zur herrschenden Macht im Leben des Kindes. Allein diese Überwindungen gehen nicht ohne Kämpfe vor sich, als deren Zeichen die blasphemischen Gedanken erscheinen und als deren Folge eine zwanghafte Übertreibung des religiösen Zeremoniells sich festsetzt.

Wenn wir von diesen pathologischen Phänomenen absehen, können wir sagen, die Religion hat in diesem Falle alles das geleistet, wofür sie in der Erziehung des Individuums eingesetzt wird. Sie hat seine Sexualstrebungen gebändigt, indem sie ihnen eine Sublimierung und feste Verankerung bot, seine familiären Beziehungen entwertet und damit einer drohenden Isolierung vorgebeugt, dadurch, daß sie ihm den Anschluß an die große Gemeinschaft der Menschen eröffnete. Das wilde, verängstigte Kind wurde sozial, gesittet und erziehbar.

Der Hauptmotor des religiösen Einflusses war die Identifizierung mit der Christusgestalt, die ihm durch die Zufälligkeit seines Geburtsdatums besonders nahegelegt war. Hier fand die übergroße Liebe zum Vater, welche die Verdrängung notwendig gemacht hatte, endlich einen Ausweg in eine ideale Sublimierung. Als Christus durfte man den Vater, der nun Gott hieß, mit einer Inbrunst lieben, die beim irdischen Vater vergeblich nach Entladung gesucht hatte. Die Wege, auf denen man diese Liebe bezeugen konnte, waren von der Religion angezeigt, an ihnen haftete auch nicht das Schuldbewußtsein, das sich von den individuellen Liebesstrebungen nicht ablösen ließ. Wenn so die tiefste, bereits als unbewußte Homosexualität niedergeschlagene Sexualströmung noch drainiert werden konnte, so fand die oberflächlichere masochistische Strebung eine unvergleichliche Sublimierung ohne viel Verzicht in der Leidensgeschichte Christi, der sich im Auftrage und zu Ehren des göttlichen Vaters hatte mißhandeln und opfern lassen. So tat die Religion ihr

Werk bei dem kleinen Entgleisten durch Mischung von Befriedigung, Sublimierung, Ablenkung vom Sinnlichen auf rein geistige Prozesse, und die Eröffnung sozialer Beziehungen, die sie dem Gläubigen bietet[1].
Sein anfängliches Sträuben gegen die Religion hatte drei verschiedene Ausgangspunkte. Erstens war es überhaupt, wovon wir schon Beispiele gesehen haben, seine Art, alle Neuheiten abzuwehren. Er verteidigte jede einmal eingenommene Libidoposition in der Angst vor dem Verlust bei ihrem Aufgeben und im Mißtrauen gegen die Wahrscheinlichkeit eines vollen Ersatzes durch die neu zu beziehende. Es ist das eine wichtige und fundamentale psychologische Besonderheit, die ich in den *Drei Abhandlungen zur Sexualtheorie* [1905 d] als Fähigkeit zur *Fixierung* aufgestellt habe[2]. Jung hat sie unter dem Namen der psychischen »Trägheit« zur Hauptverursachung aller Mißerfolge der Neurotiker machen wollen. Ich glaube, mit Unrecht, sie reicht viel weiter hinaus und spielt auch im Leben nicht Nervöser ihre bedeutsame Rolle. Die Leichtbeweglichkeit oder Schwerflüssigkeit der libidinösen, und ebenso der andersartigen Energiebesetzungen ist ein besonderer Charakter, der vielen Normalen und nicht einmal allen Nervösen eignet, und der bisher noch nicht in Zusammenhang mit anderem gebracht ist, etwas wie eine Primzahl nicht weiter zerteilbares. Wir wissen nur das eine, daß die Eigenschaft der Beweglichkeit psychischer Besetzungen mit dem Lebensalter auffällig zurückgeht. Sie hat uns eine der Indikationen für die Grenzen der psychoanalytischen Beeinflussung geliefert. Es gibt aber Personen, bei denen diese psychische Plastizität weit über die gewöhnliche Altersgrenze hinaus bestehen bleibt, und andere, bei denen sie sehr frühzeitig verloren geht. Sind es Neurotiker, so macht man mit Unbehagen die Entdeckung, daß unter scheinbar gleichen Verhältnissen bei ihnen Veränderungen nicht rückgängig zu machen sind, die man bei anderen mit Leichtigkeit bewältigt hat. Es ist also auch bei den Umsetzungen psychischer Vorgänge der Begriff einer *Entropie* in Betracht zu ziehen, deren Maß sich einer Rückbildung des Geschehenen widersetzt[3].
Einen zweiten Angriffspunkt bot ihm die Tatsache, daß die Religions-

---

[1] [Die Bedeutung der Religion für das Individuum wird ferner in *Die Zukunft einer Illusion* (1927 c) diskutiert.]
[2] [Drei Absätze vor Schluß dieser Arbeit.]
[3] [Entropie ist nach dem zweiten thermodynamischen Hauptsatz ein Maß für die Wahrscheinlichkeit, daß gewisse physikalische Änderungen des Zustandes eines Körpers unumkehrbar sind. Der Endzustand, dem die Entropie zustrebt, wird als Wärmetod bezeichnet.]

Zusammenfassungen und Probleme

lehre selbst kein eindeutiges Verhältnis zu Gott-Vater zu ihrer Grundlage hat, sondern von den Anzeichen der ambivalenten Einstellung durchsetzt ist, welche über ihrer Entstehung gewaltet hat. Diese Ambivalenz spürte er mit der hochentwickelten eigenen heraus und knüpfte an sie jene scharfsinnige Kritik, welche uns von einem Kinde im fünften Lebensjahr so sehr Wunder nehmen mußte. Am bedeutsamsten war aber gewiß ein drittes Moment, auf dessen Wirkung wir die pathologischen Ergebnisse seines Kampfes gegen die Religion zurückführen dürfen. Die zum Manne drängende Strömung, welche von der Religion sublimiert werden sollte, war ja nicht mehr frei, sondern zum Teil durch Verdrängung abgesondert und damit der Sublimierung entzogen, an ihr ursprüngliches sexuelles Ziel gebunden. Kraft dieses Zusammenhanges strebte der verdrängte Anteil sich den Weg zum sublimierten Anteil zu bahnen oder ihn zu sich herabzuziehen. Die ersten Grübeleien, die die Person Christi umspannen, enthielten bereits die Frage, ob dieser sublime Sohn auch das im Unbewußten festgehaltene sexuelle Verhältnis zum Vater erfüllen könne. Die Abweisungen dieses Bestrebens hatten keinen anderen Erfolg, als scheinbar blasphemische Zwangsgedanken entstehen zu lassen, in denen sich die körperliche Zärtlichkeit für Gott in der Form seiner Erniedrigung durchsetzte. Ein heftiger Abwehrkampf gegen diese Kompromißbildungen mußte dann zur zwanghaften Übertreibung aller der Tätigkeiten führen, in denen die Frömmigkeit, die reine Liebe zu Gott, ihren vorgezeichneten Ausweg fand. Endlich hatte die Religion gesiegt, aber ihre triebhafte Fundierung erwies sich unvergleichlich stärker als die Haftbarkeit ihrer Sublimierungsprodukte. Sowie das Leben einen neuen Vaterersatz brachte, dessen Einfluß sich gegen die Religion richtete, wurde sie fallen gelassen und durch anderes ersetzt. Gedenken wir noch der interessanten Komplikation, daß die Frömmigkeit unter dem Einfluß von Frauen entstand (Mutter und Kinderfrau), während männlicher Einfluß die Befreiung von ihr ermöglichte.

Die Entstehung der Zwangsneurose auf dem Boden der sadistisch-analen Sexualorganisation bestätigt im ganzen, was ich an anderer Stelle »über die Disposition zur Zwangsneurose« (1913 *i*) ausgeführt habe. Aber der vorherige Bestand einer starken Hysterie macht unseren Fall in dieser Hinsicht undurchsichtiger. Ich will die Übersicht über die Sexualentwicklung unseres Kranken beschließen, indem ich ein kurzes Streiflicht auf deren spätere Wandlungen werfe. Mit den Pubertätsjahren trat bei ihm die normal zu nennende, stark sinnliche, männliche Strömung mit

dem Sexualziel der Genitalorganisation auf, deren Schicksale die Zeit bis zu seiner Späterkrankung füllen. Sie knüpfte direkt an die Gruschaszene an, entlehnte von ihr den Charakter zwanghafter, anfallsweise kommender und schwindender Verliebtheit und hatte mit den Hemmungen zu kämpfen, die von den Resten der infantilen Neurosen ausgingen. Mit einem gewaltsamen Durchbruch zum Weib hatte er sich endlich die volle Männlichkeit erkämpft; dies Sexualobjekt wurde von nun an festgehalten, aber er wurde des Besitzes nicht froh, denn eine starke, nun völlig unbewußte Hinneigung zum Manne, die alle Kräfte der früheren Phasen in sich vereinigte, zog ihn immer wieder vom weiblichen Objekt ab und nötigte ihn, in den Zwischenzeiten die Abhängigkeit vom Weib zu übertreiben. Er legte der Kur die Klage vor, daß er es beim Weibe nicht aushalten könne, und alle Arbeit richtete sich darauf, sein ihm unbewußtes Verhältnis zum Manne aufzudecken. Seine Kindheit war, um es formelhaft zusammenzufassen, durch das Schwanken zwischen Aktivität und Passivität ausgezeichnet gewesen, seine Pubertätszeit durch das Ringen um die Männlichkeit, und die Zeit von seiner Erkrankung an durch den Kampf um das Objekt der männlichen Strebung. Der Anlaß seiner Erkrankung fällt nicht unter die »neurotischen Erkrankungstypen«, die ich als Spezialfälle der »Versagung« zusammenfassen konnte[1], und macht so auf eine Lücke in dieser Reihenbildung aufmerksam. Er brach zusammen, als eine organische Affektion des Genitales seine Kastrationsangst aufleben machte, seinem Narzißmus Abbruch tat und ihn zwang, die Erwartung einer persönlichen Bevorzugung durch das Schicksal aufzugeben. Er erkrankte also an einer narzißtischen »Versagung«. Diese Überstärke seines Narzißmus stand in vollem Einklang mit den anderen Anzeichen einer gehemmten Sexualentwicklung, daß seine heterosexuelle Liebeswahl bei aller Energie so wenig psychische Strebungen in sich konzentrierte, und daß die homosexuelle Einstellung, die dem Narzißmus um so vieles näher liegt, sich als unbewußte Macht bei ihm mit solcher Zähigkeit behauptet hatte. Natürlich kann die psychoanalytische Kur bei solchen Störungen nicht einen momentanen Umschwung und eine Gleichstellung mit einer normalen Entwicklung herbeiführen, sondern nur die Hindernisse beseitigen und die Wege gangbar machen, damit die Einflüsse des Lebens die Entwicklung nach den besseren Richtungen durchsetzen können.
Als Besonderheiten seines psychischen Wesens, die von der psychoana-

---

[1] ›Über neurotische Erkrankungstypen‹ (1912 c).

Zusammenfassungen und Probleme

lytischen Kur aufgedeckt, aber nicht weiter aufgeklärt und dementsprechend auch nicht unmittelbar beeinflußt werden konnten, stelle ich zusammen: die bereits besprochene Zähigkeit der Fixierung, die außerordentliche Ausbildung der Ambivalenzneigung, und als dritten Zug einer archaisch zu nennenden Konstitution die Fähigkeit, die verschiedenartigsten und widersprechendsten libidinösen Besetzungen alle nebeneinander funktionsfähig zu erhalten. Das beständige Schwanken zwischen denselben, durch welches Erledigung und Fortschritt lange Zeit ausgeschlossen erschienen, beherrschten das Krankheitsbild der Spätzeit, das ich ja hier nur streifen konnte. Ohne allen Zweifel war dies ein Zug aus der Charakteristik des Unbewußten, der sich bei ihm in die bewußt gewordenen Vorgänge fortgesetzt hatte; aber er zeigte sich nur an den Ergebnissen affektiver Regungen, auf rein logischen Gebieten bewies er vielmehr ein besonderes Geschick in der Aufspürung von Widersprüchen und Unverträglichkeiten. So empfing man von seinem Seelenleben einen Eindruck, wie ihn die altägyptische Religion macht, die dadurch für uns so unvorstellbar wird, daß sie die Entwicklungsstufen neben den Endprodukten konserviert, die ältesten Götter und Gottesbedeutungen wie die jüngsten fortsetzt, in eine Fläche ausbreitet, was in anderen Entwicklungen zu einem Tiefengebilde wird.

Ich habe nun zu Ende gebracht, was ich über diesen Krankheitsfall mitteilen wollte. Nur noch zwei der zahlreichen Probleme, die er anregt, scheinen mir einer besonderen Hervorhebung würdig. Das erste betrifft die phylogenetisch mitgebrachten Schemata, die wie philosophische »Kategorien« die Unterbringung der Lebenseindrücke besorgen. Ich möchte die Auffassung vertreten, sie seien Niederschläge der menschlichen Kulturgeschichte. Der Ödipuskomplex, der die Beziehung des Kindes zu den Eltern umfaßt, gehört zu ihnen, ist vielmehr das bestgekannte Beispiel dieser Art. Wo die Erlebnisse sich dem hereditären Schema nicht fügen, kommt es zu einer Umarbeitung derselben in der Phantasie, deren Werk im einzelnen zu verfolgen, gewiß nutzbringend wäre. Gerade diese Fälle sind geeignet, uns die selbständige Existenz des Schemas zu erweisen. Wir können oft bemerken, daß das Schema über das individuelle Erleben siegt, so wenn in unserem Falle der Vater zum Kastrator und Bedroher der kindlichen Sexualität wird, trotz eines sonst umgekehrten Ödipuskomplexes. Eine andere Wirkung ist es, wenn die Amme an die Stelle der Mutter tritt oder mit ihr verschmolzen wird. Die Widersprüche des Erlebens gegen das Schema scheinen den infantilen Konflikten reichlichen Stoff zuzuführen.

Das zweite Problem liegt von diesem nicht fernab, es ist aber ungleich bedeutsamer. Wenn man das Verhalten des vierjährigen Kindes gegen die reaktivierte Urszene in Betracht zieht [1], ja wenn man nur an die weit einfacheren Reaktionen des 1½jährigen Kindes beim Erleben dieser Szene denkt, kann man die Auffassung schwer von sich weisen, daß eine Art von schwer bestimmbarem Wissen, etwas wie eine Vorbereitung zum Verständnis, beim Kinde dabei mitwirkt [2]. Worin dies bestehen mag, entzieht sich jeder Vorstellung; wir haben nur die eine ausgezeichnete Analogie mit dem weitgehenden *instinktiven* Wissen der Tiere zur Verfügung.

Gäbe es einen solchen instinktiven Besitz auch beim Menschen, so wäre es nicht zu verwundern, wenn er die Vorgänge des Sexuallebens ganz besonders beträfe, wenngleich er auf sie keineswegs beschränkt sein kann. Dieses Instinktive wäre der Kern des Unbewußten, eine primitive Geistestätigkeit, die später durch die zu erwerbende Menschheitsvernunft entthront und überlagert wird, aber so oft, vielleicht bei allen, die Kraft behält, höhere seelische Vorgänge zu sich herabzuziehen. Die Verdrängung wäre die Rückkehr zu dieser instinktiven Stufe, und der Mensch würde so mit seiner Fähigkeit zur Neurose seine große Neuerwerbung bezahlen und durch die Möglichkeit der Neurosen die Existenz der früheren instinktartigen Vorstufe bezeugen. Die Bedeutung der frühen Kindheitstraumen läge aber darin, daß sie diesem Unbewußten einen Stoff zuführen, der es gegen die Aufzehrung durch die nachfolgende Entwicklung schützt.

Ich weiß, daß ähnliche Gedanken, die das hereditäre, phylogenetisch erworbene Moment im Seelenleben betonen, von verschiedenen Seiten ausgesprochen worden sind, ja ich meine, daß man allzu bereit war, ihnen einen Platz in der psychoanalytischen Würdigung einzuräumen. Sie erscheinen mir erst zulässig, wenn die Psychoanalyse in Einhaltung des korrekten Instanzenzuges auf die Spuren des Ererbten gerät, nachdem sie durch die Schichtung des individuell Erworbenen hindurchgedrungen ist [3].

---

[1] Ich darf davon absehen, daß dies Verhalten erst zwei Dezennien später in Worte gefaßt werden konnte, denn alle Wirkungen, die wir von der Szene ableiten, haben sich ja in Form von Symptomen, Zwängen usw. bereits in der Kindheit und lange vor der Analyse geäußert. Dabei ist es gleichgültig, ob man sie als Urszene oder als Urphantasie gelten lassen will.
[2] Von neuem muß ich betonen, daß diese Überlegungen müßig wären, wenn Traum und Neurose nicht der Kindheitszeit selbst angehörten.
[3] *(Zusatz 1923:)* Ich stelle hier nochmals die Chronologie der in dieser Geschichte erwähnten Begebenheiten zusammen:

Zusammenfassungen und Probleme

Geboren am Weihnachtstag.
1½ Jahre: Malaria. Beobachtung des Koitus der Eltern oder jenes Beisammenseins derselben, in das er später die Koitusphantasie eintrug.
Kurz vor 2½ Jahren: Szene mit Gruscha.
2½ Jahre: Deckerinnerung an Abreise der Eltern mit Schwester.
Sie zeigt ihn allein mit der Nanja und verleugnet so Gruscha und Schwester.
Vor 3¼ Jahren: Klage der Mutter vor dem Arzt.
3¼ Jahre: Beginn der Verführung durch die Schwester, bald darauf Kastrationsdrohung der Nanja.
3½ Jahre: Die englische Gouvernante, Beginn der Charakterveränderung.
4 Jahre: Wolfstraum, Entstehung der Phobie.
4½ Jahre: Einfluß der biblischen Geschichte. Auftreten der Zwangssymptome.
Kurz vor 5 Jahren: Halluzination des Fingerverlustes.
5 Jahre: Verlassen des ersten Gutes.
Nach 6 Jahren: Besuch beim kranken Vater [Ausatmungszwang].
8 Jahre: ⎫
10 Jahre: ⎭ Letzte Ausbrüche der Zwangsneurose.
[17: Von der Gonorrhoe ausgelöster Zusammenbruch.]
[23: Beginn der Behandlung.]
[Die Daten folgender Ereignisse sind nicht exakt festzustellen:
Zwischen Urszene (1½) und Verführung (3¼): Appetitstörung.
Im gleichen Zeitabschnitt: Der stumme Wasserträger.
Vor dem 4. Lebensjahr: Möglicherweise Beobachtung kopulierender Hunde.
Nach dem 4. Geburtstag: Angst vor dem Schmetterling (dem Schwalbenschwanz).]
Meine Darstellung hat es leicht gemacht zu erraten, daß der Patient Russe war. Ich entließ ihn nach meiner Schätzung als geheilt wenige Wochen vor dem unerwarteten Ausbruch des [Ersten] Weltkrieges und sah ihn erst wieder, als die Wechselfälle des Krieges den Zentralmächten den Zugang nach Südrußland eröffnet hatten. Dann kam er nach Wien und berichtete von einem unmittelbar nach Beendigung der Kur aufgetretenem Bestreben, sich vom Einfluß des Arztes loszureißen. In einigen Monaten Arbeit wurde nun ein noch nicht überwundenes Stück der Übertragung bewältigt; seither hat [der] Patient, dem der Krieg Heimat, Vermögen und alle Familienbeziehungen geraubt hatte, sich normal gefühlt und tadellos benommen. Vielleicht hat gerade sein Elend durch die Befriedigung seines Schuldgefühls zur Befestigung seiner Herstellung beigetragen.

[Es dürfte von Interesse sein, die spätere Lebensgeschichte des Patienten um einige Daten ergänzt zu erhalten. Die ursprüngliche Behandlung dauerte von Februar 1910 bis Juli 1914. Im Frühjahr 1919 kam der Patient nach Wien zurück, und Freud nahm ihn von November 1919 bis Februar 1920 noch einmal in Behandlung. In einigen späteren Bemerkungen über den Fall zu Beginn seiner Arbeit ›Die endliche und die unendliche Analyse‹ (1937c), Studienausgabe, Ergänzungsband, S. 359 und Anm. 1, berichtet Freud, daß der Patient nach dieser zweiten Behandlung weiter in Wien lebte und sein Gesundheitszustand, wenn auch mit gelegentlichen Unterbrechungen, im großen und ganzen befriedigend war. Diese späteren Episoden wurden auf Freuds Rat von einer seiner Schülerinnen, Dr. Ruth Mack Brunswick, behandelt. Sie selbst hat ausführlich über diese spätere Behandlungsphase berichtet, die sich von Oktober 1926 bis Februar 1927 erstreckte (Brunswick, 1928). Ihr Bericht wurde (1948) noch einmal in *The Psycho-Analytic Reader*, herausgegeben von R. Fließ, abgedruckt, ergänzt um eine Anmerkung von Dr. Ruth Mack Brunswick (vom September 1945), in der sie eine kurze Darstellung der weiteren Lebensgeschichte des Patienten bis 1940 gibt. Ein noch späterer Bericht über seine großen äußeren Schwierigkeiten während des Zweiten Weltkrieges und seine Reaktionen darauf ist inzwischen von Muriel Gardiner (1952) veröffentlicht worden. Ein Gesamtbericht über den Fall findet sich im zweiten Band der Freud-Biographie von Ernest Jones (1962, Bd. II, S. 325–331). 1971 erschien in New York das von Muriel Gardiner herausgegebene Buch vom und über den »Wolfsmann« (Wolfsmann, 1971), die deutsche Ausgabe wurde ein Jahr später veröffentlicht.]

Anhang

BIBLIOGRAPHIE

Vorbemerkung: Titel von Büchern und Zeitschriften sind kursiv, Titel von Beiträgen zu Zeitschriften oder Büchern in einfache Anführungszeichen gesetzt. Die Abkürzungen entsprechen der *World List of Scientific Periodicals* (London, 1952). Weitere in diesem Band verwendete Abkürzungen finden sich in der *Liste der Abkürzungen* auf Seite 240. Die in runde Klammern gesetzten Zahlen am Ende bibliographischer Eintragungen geben die Seite bzw. Seiten des vorliegenden Bandes an, wo auf das betreffende Werk hingewiesen wird. Die kursivierten Kleinbuchstaben hinter den Jahreszahlen der unten aufgeführten Freud-Schriften beziehen sich auf die verbindliche Freud-Bibliographie, die im letzten Band der englischen Gesamtausgabe, der *Standard Edition of the Complete Psychological Works of Sigmund Freud*, enthalten ist. Eine erweiterte deutsche Fassung dieser Bibliographie liegt in dem Band *Freud-Bibliographie mit Werkkonkordanz*, bearbeitet von Ingeborg Meyer-Palmedo und Gerhard Fichtner, S. Fischer, Frankfurt am Main 1989, vor. Für nichtwissenschaftliche Autoren und für wissenschaftliche Autoren, von denen kein spezielles Werk zitiert wird, siehe das Namen- und Sachregister.

ABRAHAM, K. (1909) *Traum und Mythus*, Wien. Neuausgabe in: K. Abraham, *Psychoanalytische Studien zur Charakterbildung* (Und andere Schriften), hrsg. von J. Cremerius, *Conditio humana*, Frankfurt am Main 1969. (87)

ADLER, A. (1908) ›Der Aggressionstrieb im Leben und in der Neurose‹, *Fortschr. Med.*, Bd. 26, S. 577. (93, 117)

(1910) ›Der psychische Hermaphroditismus im Leben und in der Neurose‹, *Fortschr. Med.*, Bd. 28, S. 486. (221–2)

ALEXANDER, F. (1922) ›Kastrationskomplex und Charakter‹, *Int. Z. Psychoanal.*, Bd. 8, S. 121. (15)

ANDREAS-SALOMÉ, L. (1916) ›»Anal« und »Sexual«‹, *Imago*, Bd. 4, S. 249. (15)

BELL, J. SANFORD (1902) ›A Preliminary Study of the Emotion of Love between the Sexes‹, *Am. J. Psychol.*, Bd. 13, S. 325. (118)

BRUNSWICK, R. MACK (1928) ›A Supplement to Freud's »History of an Infantile Neurosis«‹, *Int. J. Psycho-Analysis*, Bd. 9, S. 439; abgedruckt mit einem Zusatz in *The Psycho-Analytic Reader*, hrsg. von R. Fliess, London und New York, 1948, S. 86. (231)

FERENCZI, S. (1912) ›Über passagère Symptombildungen während der Analyse‹, *Zentbl. Psychoanal.*, Bd. 2, S. 588. (159)

Bibliographie

FREUD, S.

(1900 a) *Die Traumdeutung*, Wien. G. W., Bd. 2–3; *Studienausgabe*, Bd. 2. (15, 17, 25, 55, 96, 98, 101, 123, 153, 154, 169, 214, 215)

(1905 c) *Der Witz und seine Beziehung zum Unbewußten*, Wien. G. W., Bd. 6; *Studienausgabe*, Bd. 4, S. 9. (55)

(1905 d) *Drei Abhandlungen zur Sexualtheorie*, Wien. G. W., Bd. 5, S. 29; *Studienausgabe*, Bd. 5, S. 37. (13, 18, 40, 89, 94–6, 119, 196, 226)

(1905 e) ›Bruchstück einer Hysterie-Analyse‹, G. W., Bd. 5, S. 163; *Studienausgabe*, Bd. 6, S. 83. (14)

(1907 c) ›Zur sexuellen Aufklärung der Kinder‹, G. W., Bd. 7, S. 19; *Studienausgabe*, Bd. 5, S. 159. (11)

(1908 b) ›Charakter und Analerotik‹, G. W., Bd. 7, S. 203; *Studienausgabe*, Bd. 7, S. 23. (188)

(1908 c) ›Über infantile Sexualtheorien‹, G. W., Bd. 7, S. 171; *Studienausgabe*, Bd. 5, S. 169. (11, 15, 18, 95)

(1908 f) Vorwort zu Stekel *Nervöse Angstzustände und ihre Behandlung*, G. W., Bd. 7, S. 467. (99)

(1909 b) ›Analyse der Phobie eines fünfjährigen Knaben‹, G. W., Bd. 7, S. 243; *Studienausgabe*, Bd. 8, S. 9. (128, 130)

(1909 d) ›Bemerkungen über einen Fall von Zwangsneurose‹, G. W., Bd. 7, S. 381; *Studienausgabe*, Bd. 7, S. 31. (106, 215)

(1910 c) *Eine Kindheitserinnerung des Leonardo da Vinci*, Wien. G. W., Bd. 8, S. 128; *Studienausgabe*, Bd. 10, S. 87. (140)

(1911 c) ›Psychoanalytische Bemerkungen über einen autobiographisch beschriebenen Fall von Paranoia (Dementia paranoides)‹, G. W., Bd. 8, S. 240; *Studienausgabe*, Bd. 7, S. 133. (198)

(1912 c) ›Über neurotische Erkrankungstypen‹, G. W., Bd. 8, S. 322; *Studienausgabe*, Bd. 6, S. 215. (228)

(1912 d) ›Über die allgemeinste Erniedrigung des Liebeslebens‹, G. W., Bd. 8, S. 78; *Studienausgabe*, Bd. 5, S. 197. (142)

(1912–13) *Totem und Tabu*, Wien, 1913. G. W., Bd. 9; *Studienausgabe*, Bd. 9, S. 287. (11, 36, 128, 176, 224)

(1913 b) Geleitwort zu Pfister *Die psychanalytische Methode*, G. W., Bd. 10, S. 448. (122)

(1913 d) ›Märchenstoffe in Träumen‹, G. W., Bd. 10, S. 2. (127, 149, 199)

Bibliographie

FREUD, S. (Forts.) (1913*i*) ›Die Disposition zur Zwangsneurose‹, *G. W.*, Bd. 8, S. 442; *Studienausgabe*, Bd. 7, S. 105. (180, 227)

(1913*j*) ›Das Interesse an der Psychoanalyse‹, *G. W.*, Bd. 8, S. 389. (122)

(1914*a*) ›Über fausse reconnaissance (»déjà raconté«) während der psychoanalytischen Arbeit‹, *G. W.*, Bd. 10, S. 116; *Studienausgabe*, Ergänzungsband, S. 231. (127–8, 199)

(1914*c*) ›Zur Einführung des Narzißmus‹, *G. W.*, Bd. 10, S. 138; *Studienausgabe*, Bd. 3, S. 37. (128)

(1914*d*) ›Zur Geschichte der psychoanalytischen Bewegung‹, *G. W.*, Bd. 10, S. 43. (117, 129, 142)

(1915*d*) ›Die Verdrängung‹, *G. W.*, Bd. 10, S. 248; *Studienausgabe*, Bd. 3, S. 103. (128)

(1915*e*) ›Das Unbewußte‹, *G. W.*, Bd. 10, S. 264; *Studienausgabe*, Bd. 3, S. 119. (132, 196)

(1916*d*) ›Einige Charaktertypen aus der psychoanalytischen Arbeit‹, *G. W.*, Bd. 10, S. 364; *Studienausgabe*, Bd. 10, S. 229. (41, 147)

(1916–17 [1915–17]) *Vorlesungen zur Einführung in die Psychoanalyse*, Wien. *G. W.*, Bd. 11; *Studienausgabe*, Bd. 1, S. 33. (11, 15, 90, 99, 128, 129, 174, 177, 209, 210)

(1917*b*) ›Eine Kindheitserinnerung aus *Dichtung und Wahrheit*‹, *G. W.*, Bd. 12, S. 15; *Studienausgabe*, Bd. 10, S. 255. (109)

(1917*c*) ›Über Triebumsetzungen insbesondere der Analerotik‹, *G. W.*, Bd. 10, S. 402; *Studienausgabe*, Bd. 7, S. 123. (128, 195)

(1917*e*) ›Trauer und Melancholie‹, *G. W.*, Bd. 10, S. 428; *Studienausgabe*, Bd. 3, S. 193. (128)

(1918*b* [1914]) ›Aus der Geschichte einer infantilen Neurose‹, *G. W.*, Bd. 12, S. 29; *Studienausgabe*, Bd. 8, S. 125. (12, 13, 15)

(1919*e*) ›»Ein Kind wird geschlagen«‹, *G. W.*, Bd. 12, S. 197; *Studienausgabe*, Bd. 7, S. 229. (128)

(1920*g*) *Jenseits des Lustprinzips*, Wien. *G. W.*, Bd. 13, S. 3; *Studienausgabe*, Bd. 3, S. 213. (117)

(1921*c*) *Massenpsychologie und Ich-Analyse*, Wien. *G. W.*, Bd. 13, S. 73; *Studienausgabe*, Bd. 9, S. 61. (146)

(1922*c*) ›Nachschrift zur Analyse des kleinen Hans‹, *G. W.*, Bd. 13, S. 431; *Studienausgabe*, Bd. 8, S. 123.

(1923*b*) *Das Ich und das Es*, Wien. *G. W.*, Bd. 13, S. 237; *Studienausgabe*, Bd. 3, S. 273. (117, 121, 128, 214)

Bibliographie

FREUD, S. (Forts.)   (1923 e) ›Die infantile Genitalorganisation‹, G. W., Bd. 13, S. 293; *Studienausgabe*, Bd. 5, S. 235. (95–6)

(1924 d) ›Der Untergang des Ödipuskomplexes‹, G. W., Bd. 13, S. 395; *Studienausgabe*, Bd. 5, S. 243. (16)

(1925 f) Geleitwort zu August Aichhorn *Verwahrloste Jugend*, G. W., Bd. 14, S. 565. (122)

(1925 h) ›Die Verneinung‹, G. W., Bd. 14, S. 11; *Studienausgabe*, Bd. 3, S. 371. (196)

(1925 j) ›Einige psychische Folgen des anatomischen Geschlechtsunterschieds‹, G. W., Bd. 14, S. 19; *Studienausgabe*, Bd. 5, S. 253. (112)

(1926 d) *Hemmung, Symptom und Angst*, Wien. G. W., Bd. 14, S. 113; *Studienausgabe*, Bd. 6, S. 227. (11, 100, 128, 224)

(1927 c) *Die Zukunft einer Illusion*, Wien. G. W., Bd. 14, S. 325; *Studienausgabe*, Bd. 9, S. 135. (226)

(1930 a) *Das Unbehagen in der Kultur*, Wien. G. W., Bd. 14, S. 421; *Studienausgabe*, Bd. 9, S. 191. (117)

(1932 a) ›Zur Gewinnung des Feuers‹, G. W., Bd. 16, S. 3; *Studienausgabe*, Bd. 9, S. 445. (206)

(1933 a) *Neue Folge der Vorlesungen zur Einführung in die Psychoanalyse*, Wien. G. W., Bd. 15; *Studienausgabe*, Bd. 1, S. 447. (117, 122)

(1937 c) ›Die endliche und die unendliche Analyse‹, G. W., Bd. 16, S. 59; *Studienausgabe*, Ergänzungsband, S. 351. (231)

(1939 a [1934–38]) *Der Mann Moses und die monotheistische Religion*, G. W., Bd. 16, S. 103; *Studienausgabe*, Bd. 9, S. 455. (36)

(1950 a [1887–1902]) *Aus den Anfängen der Psychoanalyse*, London; Frankfurt a. M., 1962. (Enthält ›Entwurf einer Psychologie‹, 1895 [dieser jetzt unter (1950 c) in: G. W., Nachtr., S. 375].) (158)

GARDINER, M.   (1952) ›Meetings with the Wolf-Man‹, *Bull. Philadelphia Ass. Psychoanal.*, Bd. 2, S. 32; abgedruckt in *Bull. Meninger Clin.*, Bd. 17 (1953), S. 41. (231)

HALL, G. S.   (1914) ›A Synthetic Genetic Study of Fear‹, *Am. J. Psychol.*, Bd. 25, S. 149. (223)

JONES, E.   (1962) *Das Leben und Werk von Sigmund Freud*, Bd. 2, Bern und Stuttgart. (127, 232)

JUNG, C. G.   (1917) *Die Psychologie der unbewußten Prozesse*, Zürich. (210)

Bibliographie

MOLL, A.	(1898) *Untersuchungen über die Libido Sexualis*, Bd. 1, Berlin. (96)
RANK, O.	(1909) *Der Mythus von der Geburt des Helden*, Wien. (63)
	(1912) ›Völkerpsychologische Parallelen zu den infantilen Sexualtheorien‹, *Zentbl. Psychoanal.*, Bd. 2, S. 372 und S. 425. (152)
SADGER, I.	(1908) ›Fragment der Psychoanalyse eines Homosexuellen‹, *Jb. sex. Zwischenstufen*, Bd. 9. (95)
	(1909) ›Zur Ätiologie der konträren Sexualempfindung‹, *Medsche Klin.*, Nr. 2. (95)
SILBERER, H.	(1914) *Probleme der Mystik und ihre Symbolik*, Wien und Leipzig. (214)
STÄRCKE, A.	(1921) ›Der Kastrationskomplex‹, *Int. Z. Psychoanal.*, Bd. 7, S. 9. (15)
STEKEL, W.	(1908) *Nervöse Angstzustände und ihre Behandlung*, Wien. (99)
WEININGER, O.	(1903) *Geschlecht und Charakter*, Wien. (36)
WOLFSMANN	(1971) *The Wolf-Man*, New York. Deutsche Ausgabe: *Der Wolfsmann*, mit der Krankengeschichte des Wolfsmannes von Sigmund Freud, dem Nachtrag von Ruth Mack Brunswick und einem Vorwort von Anna Freud, herausgegeben, mit Anmerkungen, einer Einleitung und zusätzlichen Kapiteln versehen von Muriel Gardiner, Frankfurt am Main 1972. (232)

LISTE DER ABKÜRZUNGEN

Conditio humana — Reihe *Conditio humana, Ergebnisse aus den Wissenschaften vom Menschen*, S. Fischer Verlag, Frankfurt am Main, 1969–75.

G. S. — S. Freud, *Gesammelte Schriften* (12 Bände), Internationaler Psychoanalytischer Verlag, Wien, 1924–34.

G. W. — S. Freud, *Gesammelte Werke* (18 Bände und ein unnumerierter Nachtragsband), Bände 1–17 London, 1940–52, Band 18 Frankfurt am Main, 1968, Nachtragsband Frankfurt am Main, 1987. Die ganze Edition seit 1960 bei S. Fischer Verlag, Frankfurt am Main.

Neurosenlehre und Technik — S. Freud, *Schriften zur Neurosenlehre und zur psychoanalytischen Technik (1913–1926)*, Wien, 1931.

S. K. S. N. — S. Freud, *Sammlung kleiner Schriften zur Neurosenlehre* (5 Bände), Wien, 1906–22.

Studienausgabe — S. Freud, *Studienausgabe* (10 Bände und ein unnumerierter Ergänzungsband), S. Fischer Verlag, Frankfurt am Main, 1969–75.

Vier Krankengeschichten — S. Freud, *Vier psychoanalytische Krankengeschichten*, Wien, 1932.

Sonstige in diesem Band verwendete Abkürzungen entsprechen der *World List of Scientific Periodicals* (4. Auflage), London, 1963–65.

NAMEN- UND SACHREGISTER

In dieses Register sind sämtliche Namen nicht-wissenschaftlicher Autoren aufgenommen. Es enthält auch Namen wissenschaftlicher Autoren; die angegebenen Seitenzahlen beziehen sich jedoch auf Textstellen, wo Freud nur den Namen des betreffenden Autors, nicht aber ein spezielles Werk erwähnt. Für Hinweise auf bestimmte Werke wissenschaftlicher Autoren möge der Leser die Bibliographie konsultieren.

Abraham 182
Abwehrmechanismen (*s. a.* Verdrängung), Phobien als 100
Abwehrphantasie 103
Adam 184
Adler, A. (*s. a.* Bibliographie) 93, 117–18, 128, 129 Anm. 1, 142, 171, 214, 215 Anm., 221–22
Affekt(e)
Verschiebung d. 189
in Angst verwandelt 35, 115, 156
Aggression 139–40
bei *Hans* 21, 23, 41, 78, 96, 97, 112–17
Aggressionstrieb, *Adlers* Theorie d. 117–18
Agoraphobie 99
Aktiv u. passiv (*s. a.* Passives Sexualziel) 146, 164–65, 220, 228
Beziehung zu männlich u. weiblich 165, 222–23
Ambivalenz 41 Anm., 42–3, 97–8, 113, 146, 152, 229
d. Religion 182–83, 226–27
Amme als Mutterersatz 229
Amnesie 34 Anm., 123
Amphigene Phase 95
Anagogische Phantasien 213–14
Analerotik (*s. a.* Sadistisch-anale Organisation) 94, 128, 145, 160, 164 Anm., 182–83, 188–202, 220

Analerotik (Forts.)
als Ausdruck d. Homosexualität 193, 197, 224
als Äußerung d. Trotzes 191–92, 196, 220
u. Geld 188
Anale Geburtstheorie 62 Anm., 67, 78, 84, 92, 108, 110, 112, 212–14
Anale Theorie d. sexuellen Verkehrs 193–95, 199, 208
Angst, neurotische (*s. a.* Furcht; Phobie) 224
Adlers Theorie d. 117–18
Affekte, verwandelt in 35, 115
Ambivalenz als Quelle d. 42–3
infantile, als Quelle d. Neurosen 119
Kastrationskomplex u. 88
Masturbation als Quelle d. 30, 32, 102
u. ihre Objekte 28–9, 48–9, 106
u. orale Phase 218–19
u. sadistisch-anale Phase 221
sexueller Ursprung d. 28–30, 85, 98–9, 101–02, 107, 114, 116–18
Todes- 154, 192, 194, 211, 218–19
u. verdrängte homosexuelle Libido 164, 223–24
Verschiebung d. 48–9
d. *Wolfsmanns* nach Wolfstraum 148–49, 164, 178, 180, 182–83, 192–93, 213–14, 222–23
d. *Wolfsmanns* vor Schmetterling 136–37, 203–04, 209, 223 Anm.

Namen- und Sachregister

Angsthysterie 99–101, 129, 223
Angsttraum (s. a. Wolfstraum) 26–8, 101
Anorexie 218
Antisemitismus 36 Anm. 2
Appetitstörung 211, 217–19, 224, 231 Anm.
Aufstampfen als Symbol 48, 49–51, 71, 85, 94, 106, 113–14
Ausatmen, zwanghaftes 137, 183–84, 201–02, 231 Anm.
Autoerotismus (s. a. Masturbation) 20, 84 Anm. 1, 94–5, 98, 112, 196 Anm. 1

Baum als Symbol 162 Anm.
Beschneidung 36 Anm. 2
  u. Kastrationskomplex 200, 201 u. Anm. 2
Bett, Sehnsucht d. Kindes, im Elternzu sein 22, 28–9, 30, 37–8, 42–3, 45, 59, 73, 80, 96, 101–02, 111 bis 113
Bettnässen 94
Bewußtsein
  Beziehung zum Unbewußten 91, 103–04
  biologische Funktion d. 120–21
  (System *Bw.*) 193–94, 216–17
  Verdrängung u. 103–04, 120–21, 166–69
  Wundts Ansichten über d. 18 Anm. 1
Biblische Geschichte, Einfluß d., auf *Wolfsmann* 178–79, 181, 184, 200, 225, 231 Anm.
Biologische Funktion d. Bewußtseins 120–21
Bisexualität (s. a. Männlich u. weiblich) 95–6, 128, 221
Boccaccio 162 Anm.
Bohrer als Symbol 60, 87, 108
Busch, Wilhelm 21 Anm. 1

Charakterveränderung d. *Wolfsmanns* 135–38, 139–40, 143–48, 155–56, 173

Christus 179–84, 194, 200, 227
  Wolfsmann identifiziert sich mit 181–82, 225–27
Clorinda (in *Gerusalemme Liberata*) 200 Anm. 1
Coitus a tergo 157–58, 160–61, 165, 173–74, 176, 206

›Dämon, Der‹ *(Lermontow)* 186 Anm.
Darmstörung als neurotisches Symptom 190–95, 198, 224
Deckerinnerung 80, 135, 139, 169, 196, 203–04, 231 Anm.
Defäkation (s. a. Kot; Obstipation) 50–3, 57–62, 86, 87, 94, 107–08, 112, 113–14, 116
  aus Trotz 191–92, 196, 220
  als Vorbild d. Kastration 198
  d. Kindes stört d. Urszene 157, 176, 195, 220
  Lust an 191
Degeneration 89, 118–19
Dementia praecox 91, 141
Depression 128, 130, 134, 137, 141, 156–57, 204, 207
Destruktionstrieb 117 Anm. 2
Deuticke, F. 129 Anm. 1
»*Dora*«, Krankengeschichte d. 14 Anm.
Draufsetzen als Symbol 39
Drohung, Kastrations- 15 u. Anm. 2, 33, 36, 93, 103

Eifersucht
  auf Mutter 197
  auf Geschwister 17, 61–2, 65, 98, 111, 137–38, 141–43, 196–98, 223
Einverleibung (s. a. Kannibalismus) 128
Eisenbahnangst 75
Ekel 51–3, 57–8, 61–2, 94, 107, 116
Eltern (s. a. *Hansens* Mutter; *Hansens* Vater; Ödipuskomplex; *Wolfsmann*, Mutter d.; *Wolfsmann*, Vater d.)
  Sexualverkehr d. 40, 88, 114
Entropie 226 u. Anm. 3

Namen- und Sachregister

Entstellung
 in d. Kindheitserinnerung 130, 168–69
 in Phobien 104, 105–06, 115, 116
 im Traum 24, 154–55, 161 Anm. 2
Enuresis 94, 205, 205–06 Anm. 2
Erinnerung u. Traum 169
Erinnerungsspuren (s. a. Amnesie; Kindheit, Erinnerung) 98
Erogene Zonen 93–5
Erotische Regungen, erweckt im Kinde
 im Elternbett 22, 30, 39, 101–02
 durch Kinderpflege 23 u. Anm., 94
 durch Zärtlichkeit d. Mutter 26, 30
Erwachsener, Psychoanalyse d. 13–14, 15 Anm. 2, 36, 89–91, 119, 122
Erziehung 89, 90–1, 118–19, 121–22, 225–26
Eßtrieb 218
Exhibitionslust 20, 24–5, 74–5, 93, 191

Fellatio 14–15
Fensterzerschlagen als Symbol 40
Feuer u. Enuresis 205–06
Fixierung 24, 95, 99, 133, 226, 228–29
Fließ, W. 128, 158 Anm. 2
Folklore 205–06 Anm.
Fratzen, Vater als Urbild d. 183
Frömmigkeit s. Zwanghafte Frömmigkeit
Frühreife, intellektuelle u. sexuelle 118–19
Furcht (s. a. Angst; Phobie)
 vor Badewanne 60–1, 87, 98, 108
 vor Eisenbahn 75
 vor Pferd s. Pferd
 vor Strafe 119
 vor Straßen 26–9, 33, 42, 75, 85, 98–9

Geburtstheorie, infantile (s. a. Kloakentheorie) 16–17, 17 Anm. 2, 19, 62 Anm., 64–70, 75–80, 83–4, 92, 108–114, 145, 212–13, 220

Geburtstrauma 15 Anm. 2
Geld
 u. Kind 197
 u. Kot 188–90, 191, 196
Genitale
 Symbole d. 203–04
 Unterschied zwischen männlichem u. weiblichem 14, 16–18, 19, 25, 30, 33–4, 36, 38–9, 57, 92–3, 95, 103, 113, 121
Genitalorganisation 165, 180, 219 bis 223, 227–28
Genitalzone 93–5
Gerusalemme Liberata (Tasso) 220 u. Anm. 1
Giraffe als Symbol 37–9, 39–40 Anm., 104–05
Glückshaube als Symbol 212
Goethe 109 Anm.
Gonorrhöe als Neurosenanlaß 129, 205 Anm. 1, 212, 228, 231
Gott 33, 41, 76, 78, 81–2
Gott-Vater
 Ambivalenz gegenüber 226–27
 u. Totemtier 224
 als Vaterersatz 182, 224–25
 Wolfsmann, Furcht d., vor 182, 200
Gotteslästerung, zwanghafte 137, 182–85, 198, 225, 227
Gravidität 63–4, 73, 74, 81, 108–09, 110, 112, 114–15
Griechischer Mythus 15, 152 Anm.
Gruscha (Kindermädchen d. *Wolfsmanns*) 204–10, 219, 223 u. Anm., 227–28, 231 Anm.

Halluzinationen d. *Wolfsmanns* 199–200, 231 Anm.
Hamlet (Shakespeare) 133
Hanna (Hansens Schwester)
 Geburt d. 16–17, 19, 64–7, 77, 80–1, 98, 108–09, 111–12
 Hansens Eifersucht auf 17, 61–2, 65, 98, 111
 Hansens Interesse an d. Genitale d. 17–18, 19, 30, 33, 57, 92–3

Hanna (Forts.)
  Hansens Phantasie v. 63–5, 67–70, 109
  Hansens Todeswunsch gegen 61–2, 65–6, 98, 108
  Hansens Zärtlichkeit gegenüber 17, 62, 65–6, 98, 123
»*Hans, Der kleine*« 128, 130 Anm. 2
Hansens Mutter
  Hansens Angst vor Verlieren d. 26–8, 43, 101
  Hansens Interesse an d. Genitale d. 14, 16, 26, 30, 33, 39, 56–8, 61 bis 62, 93, 103
  Hansens Liebe zur 27–9, 39–45, 79, 81–2, 85–6, 94, 96, 98, 101–02, 104–05, 109–17, 120–21
  Hansens sadistische Gefühle gegen d. 72–4, 109, 113, 116, 117
  Hansens Verführungsversuche gegenüber 23–4, 27, 28, 30, 102
  Hansens Wunsch, im Bett zu liegen bei d. 22, 27, 28–30, 38–9, 42–3, 45, 59–60, 73–4, 80, 96, 101–02, 111–13
  u. Geburt d. *Hanna* 16–17, 63–4, 78, 81, 85, 108–09, 110, 112–14
Hansens Vater
  analysiert seinen Sohn 13, 89–90, 101, 115
  Hansens Feindseligkeit gegen 42 bis 44, 73–4, 105, 109, 115–17, 120
  Hansens Interesse an d. Genitale d. 16, 93
  Hansens Liebe zum 24, 42–3, 113, 120
  Hansens sexueller Neid auf d. 38–40, 59–60, 104, 110, 112–13
  Hansens Todeswunsch gegen d. 49, 80, 96–7, 98, 106–07, 109–13
  mit *Hans* identifiziert 49, 79–80, 86–7
  mit Pferd identifiziert 41, 43–4, 46–50, 74, 105–07, 109, 114
Harnerotik 195, 205–06, 209, 219
Heilige Dreieinigkeit 137, 185
Heiliger Geist 183–84

Heine, T. T. 110 Anm.
Heller, H. 129 Anm. 1
Heredität (*s. a.* Degeneration; Phylogenetische Erbschaft) 128, 130, 141, 173, 223 Anm.
  u. Erleben in d. Ätiologie d. Neurosen 89, 100, 118, 121
Holzapfel (in *Viel Lärm um Nichts*) 120
Homosexualität
  ausgedrückt durch Analerotik 193, 197–99, 213, 224
  u. frühe Präponderanz d. Genitalzone 94–5
  bei *Hans* 20–1, 22, 95–6
  u. Identifizierung mit Weib 165, 180–81, 192–98, 212–13
  sublimiert in Religion 181, 186, 225–26
  verdrängte 155, 164–65, 181, 186 bis 187, 193–95, 220–28
  d. *Wolfsmanns* gegenüber Vater 147, 155, 161, 163 Anm., 164–65, 180–81, 186, 193, 197–98, 212 bis 213, 225, 227
Huss, J. 205
Huttens letzte Tage (*C. F. Meyer*) 97 Anm. 4
Hymen 213 Anm.
Hypnose 133
Hysterie (*s. a.* Angsthysterie) 94–5, 99, 191, 224, 227
Hysterische Konversion 99–100

Ich
  Beziehung zur Neurose d. 91
  -ideal 128
  Maßstab für Ausmessung d. Welt 93
  u. Narzißmus 222–23
  verdrängende Kraft d. 221–24
Identifizierung 128, 146 Anm. 2
  mit eigenem Penis 214
  mit Weib 165, 180–81, 192–98, 212–13
  d. *Wolfsmanns* mit *Christus* 181 bis 182, 225–27

Identifizierung (Forts.)
d. *Wolfsmanns* mit d. Vater 146, 180, 183, 219
Infantile Eindrücke
d. Analytiker zugeschrieben 169 bis 170
u. Ätiologie d. Neurosen 167–68, 171–72, 209–10
u. Mitteilungen d. Familie 135 u. Anm. 2, 173
Wirklichkeit oder Phantasie 167 bis 177, 208–10, 215 Anm.
Infantile Masturbation 23–4 Anm., 31 Anm. 3
Infantile Sexualität u. Ätiologie d. Neurosen 13, 89, 118–19
Infantile Sexualtheorien 193–95, 199, 208
d. Geburt s. Geburtstheorie, infantile
d. Zeugung 82, 88, 104–05, 108 bis 109, 112–14
Infantile sexuelle Neugierde 16, 18 Anm. 1, 32, 35, 56–7, 76–8, 81 bis 82, 88, 91–3, 98, 112–13
u. Tiere 16, 19–20, 34–5, 92–3
Infantilneurose 129–31, 133, 147–48, 153, 171–75, 215 Anm.
u. spätere Neurosen 129–30, 171 bis 172, 188, 190–91, 211, 224, 227 bis 228
Instinktives Wissen 230
Intellektuelle Betätigung u. Neurose 141, 186–87
Intellektuelle u. sexuelle Frühreife 118–19
Inversion s. Homosexualität
Inzestschranke (s. a. Ödipuskomplex) 40
Inzestwunsch
Hansens 82, 85–6, 96, 98, 101, 104–05, 109–13, 116
d. *Wolfsmanns* (s. a. Ödipuskomplex) 147, 155, 161, 163 Anm., 164–65, 180–81, 186, 212–13
gegenüber d. Mutter 213–14
gegenüber d. Schwester 141–42

Inzestwunsch (Forts.)
gegenüber d. Vater 147, 155, 161, 163 Anm., 164–65, 180 bis 181, 186, 193, 197–98, 212–13
Schuldbewußtsein u. 225

Jones, E. (s. a. Bibliographie) 130 Anm. 1
Josef, Der Heilige 182
Juden 36 Anm. 2, 200–01
Jung, C. G. (s. a. Bibliographie) 128, 129 Anm. 1, 171, 212, 214, 215 Anm., 226

Kannibalismus 128, 181, 218–20
Kastration
abgelehnt von *Wolfsmann* 144, 194
anerkannt von *Wolfsmann* 156, 161, 162–63 Anm., 164, 174, 193, 199, 200, 212, 221
Defäkation als Vorbild d. 198
in d. Vorgeschichte 201
Symbol d. 139
Kastrationsdrohung 15 u. Anm. 2, 33, 36, 93, 103, 139, 143–45, 164, 193, 200–01, 205–10, 219, 223, 231 Anm.
Kastrationskomplex 15, 36, 88, 92, 104, 111, 139, 144, 151, 154, 194, 209, 224, 228
Verwendung d. Terminus 15 Anm. 1 u. 2
Kind
Geldbedeutung d. 197
Kotbedeutung d. 62 Anm., 67, 78, 84, 92, 108, 110, 196, 198, 212 bis 213
Penisbedeutung d. 198–99
Kinder (s. a. Infantile –; Infantil-)
Bestrafung d. 119
Erziehung d. 89, 90–1, 118–19, 121–22, 225–26
Narzißmus d. 146
Psychoanalyse d. 13–14, 89–91, 119–20, 123, 130–31
Reaktion auf Verbote 185
Schlimmheit d. 147–48, 156, 203

Kinder (Forts.)
Sexualforschung d. 144–45, 154, 157 Anm. 4, 162 Anm., 181 bis 182, 186, 196, 220
Suggestibilität d. 89
u. Tiere 210
Unterschätzung d. 214–15
Unterscheidung zwischen bewußt u. unbewußt bei 216–17
unverläßliche Aussagen d. 90
Kindheit
Erinnerung u. Phantasie d. 15 Anm. 2, 105 Anm.
Neurosen d. 100, 119, 121–22
Kiste als Symbol 62–4, 66, 67–70, 73, 76–7, 83–6, 106
Kloakentheorie (s. a. Geburtstheorie, infantile) 193–95, 198
Kompromißbildung 182–83, 198
Konstruktionen in d. Psychoanalyse 168–70
Kontrektation (*Moll*) 96
Konversion, hysterische 99–100, 224
Kot (s. a. Defäkation; Obstipation)
Geldbedeutung d. 188–90, 191, 196
als Geschenk 195–96
u. Inkontinenz 191–92, 195, 201, 205–06 Anm.
Kastrationskomplex u. Abgabe d. 15 Anm. 2
Kindbedeutung d. 196, 198, 212 bis 213
Penisbedeutung d. 198
Spielen mit 94
u. beladener Wagen 108
u. Kind 62 Anm., 67, 78, 84, 92, 108, 110
u. Pferd 60–2
Zurückhalten d. 94
Krankheitsanlaß (s. a. Neurose) 49, 102, 106, 107, 114, 116
Krankheitsgewinn 98–9
Kraepelin, E. 130 Anm.
Kronos 152 Anm.
Krüppel
als Vaterersatz 201–02, 210, 231 Anm.

Krüppel (Forts.)
u. zwanghaftes Ausatmen 183, 201–02
Kuh, Euter d., Penis u. Mutterbrust 14–15
Kultur 229

Lavement 190, 208, 211–13
Lebendes u. Lebloses, Hans unterscheidet 16, 18 Anm. 1, 20, 92–3
Lermontow, N. 143 Anm. 1, 186 Anm.
Libido
Abwendung d. 170 Anm. 1, 171 bis 172
u. Angst 28–30, 85, 98–9, 101–02, 107, 114, 116–18
befreit durch Psychoanalyse 187
Fixierung d. 144, 146, 226
Konflikt zwischen Ich u. 221
verdrängte 222, 224
Verschiebung d. 198–99
Liebe (s. a. Objektwahl), zwanghafte 160, 174, 205–07, 227–28
Liebe/Haß-Konflikt s. Ambivalenz
Liébeault. A. A. 90
»Lodi«, Hansens Phantasiekind 83–4, 110
Löwenphobie 159, 223
Lust in Unlust, Verkehrung von 35

»Macht, Wille zur« 142
Mädchen, Sexualablehnung bei 218
Malaria 156–57, 175, 184, 231 Anm.
Manisch-depressives Irresein 130
Männlich u. weiblich 165, 180–81, 194–99, 214, 221–23, 227–28
Männlicher Protest (*Adler*) 221–22
Märchen 16, 144–45, 149–53, 158–61
Maria, Die Heilige 182
Masochismus d. *Wolfsmanns* 145 bis 147, 164–65, 180–81, 185, 220–21, 222–26
Masturbation (s. a. Autoerotismus) 143–45
infantile 23–4 Anm., 31 Anm. 3

Namen- und Sachregister

Masturbation (Forts.)
bei Hans 15, 27–8, 30, 31–3, 36, 56–7, 84 Anm. 2, 93, 94, 102, 112, 114–16
schädliche Wirkung d. 30
-sphantasie 33
Matrona 205, 206
Meyer, C. F. 97 Anm. 4
Mitleid, narzißtischer Ursprung d. 202
»Mitsprechen« d. Symptoms 191
Mutterbrust u. Säugling 14–15, 15 Anm. 2
Mutterleib
Phantasie von Rückkehr in d. 108
-sphantasie 212–15
Symbole für 63 Anm. 2
Mythus 15, 16, 63 Anm. 2, 87 Anm., 152 Anm., 205–06 Anm.

»Nachträglicher Gehorsam« 36
Nachträgliche Wirkung d. Erlebnisses 36, 103, 158, 162–63, 163–64 Anm., 166, 175, 192–93, 218–19, 220, 223
Nanja (Kinderfrau d. *Wolfsmanns*) 135–36, 138
Kastrationsdrohung d. 143–45, 164, 200 Anm. 2, 219, 231 Anm.
religiöser Einfluß d. 178–80, 182, 184, 227
u. Wolfstraum 149, 155
Wolfsmanns Schwester verleumdet 140, 173–74
Wolfsmanns Verführungsversuch gegenüber 143–44, 146–47, 180
Narzißmus 146, 212, 222, 228
Narzißtisch(-e, -er)
Männlichkeit 164, 180–81, 198–99, 219, 221–22, 228
Ursprung d. Mitleids 202
Negation u. Verdrängung 196 Anm. 2
Negative Reaktion in d. Psychoanalyse 185
Neurose(n) (*s. a.* Infantilneurose; Krankheitsanlaß)
Anlaß d. 129, 205 Anm. 1, 212,

Neurose(n) (Forts.)
228, 231
Ätiologie d. 13, 89, 98, 118–19, 120 Anm., 122
Disposition zu 89, 100, 118, 120, 121
Entwicklung d. 91–2, 100, 105–06, 111, 113–17
Heilbarkeit d. 91–2, 120
u. infantile Eindrücke 167–68, 171–72, 176, 209–10
Kinder- 100, 119, 121–22
u. phylogenetische Erbschaft 209–10, 230
regressive Natur d. 171
»sagt nichts Dummes« 29
System d. 99–100
Neurotiker
Psychoanalyse d. 13–14, 15, 74, 119
u. normale Menschen 89, 98, 118, 121

Objektwahl (*s. a.* Inzestwunsch)
Determinierung d. 141–44, 146–47, 160, 174, 205–07, 223 Anm.
Erniedrigungstendenz in d. 142, 207–08, 210
d. Homosexuellen 95
d. Kindes 20–3, 29, 33 Anm. 1, 34, 82–3, 94–6, 111, 118–19
Obstipation (*s. a.* Kot; Defäkation) 52, 87, 97 Anm. 1, 190–95, 198, 224
Ödipuskomplex 85–6, 96, 128, 201, 214 Anm. 2, 229
Onanie *s.* Masturbation
Orale Phase 128, 181, 217–20
Oralerotik 14–15

Paranoia 198
Passives Sexualziel (*s. a.* Aktiv u. passiv; Masochismus) 144–47, 180–81, 185, 193, 195, 221, 223, 227
als Erfolg d. Verführung 144, 146, 164, 207–08, 219–20
u. Defäkation im Erregungszustand 195, 220

Pasteur 150
Penis (*s. a.* Genitale; Kastration; Kastrationskomplex) 145, 165, 182 Anm. 1, 198, 214
-symbole 38–9, 39–40 Anm., 86–7, 108
»Weib mit dem« 95 u. Anm. 1
Perversionen 94–5
Pferd
Furcht d. *Wolfsmanns* vor 137
Hansens Furcht vor 27–33, 34–5, 39, 41–50, 62–3, 73, 80–1, 84–5, 88, 96, 99, 102, 104–07, 114–20, 128
Hansens Interesse am Genitale d. 16, 18 Anm. 1, 19, 26, 29, 34–5, 55, 93
Hansens Phantasie von *Hanna* auf 63–4, 67–9
Hansens sadistische Impulse gegen d. 71–3, 74, 97, 109
identifiziert mit *Hans* 49, 53–4, 116
identifiziert mit *Hansens* Vater 41, 43–4, 46–50, 74, 105–07, 109, 114
identifiziert mit Kot 60–2
sadistische Impulse d. *Wolfsmanns* gegen 137, 145
Phantasie(n)
Abwehr- 103
anagogische 213–14
Koitus- 104–05
masochistische 145, 220
Mutterleibs- 212–15
Onanier- 33
Pubertäts- 139
Schlage- 145, 165, 180
u. Wirklichkeit 68, 83 u. Anm. 1
Ur- u. Erinnerungen 15 Anm. 2, 105 Anm., 128, 159 Anm. 1, 167–77, 208–10, 214–15, 230 Anm. 1, 231 Anm.
Wiedergeburts- 212–15
Wunsch- 49, 111
Zeugungs- 108
Phantasie, *Hansens*
vom Bub auf einem Wagen 74–5, 110

Phantasie, *Hansens* (Forts.)
von Beobachtung d. Genitale d. Mutter 33–4, 103
vom Eierlegen 76
vom Eindringen in verbotenen Raum 40, 104–05
von Giraffen 37–40, 104–05
von *Hanna* in Kiste 63–5, 67–70, 109
von *Hannas* Ritt auf Pferd 63–4, 67–9
vom Kinderhaben 82–3, 85–6, 94, 98, 110–12
vom Kindergebären 83–5, 112
von Heirat d. Mutter 82, 85–6, 98, 111
vom Installateur und neuem »Wiwimacher« 86–7, 88, 92, 111
vom Necken d. Pferde 71–3, 74, 97, 109
von Reise nach Gmunden 60, 64
vom Schlosser, der Badewanne abschraubt 59–60, 87, 92, 108
vom Zerschlagen d. Fenster 40, 104–05
vom Zugversäumen 73, 109–10
Phantasieren, Zurück- 176, 208, 215 Anm.
Philosophie u. Psychoanalyse 217
Phobie (*s. a.* Angst; Furcht) 11, 48, 54 Anm. 3, 74, 75, 99–101, 106, 119
Eisenbahn- 75
Löwen- 159, 223
Pferde- 27–33, 34–5, 39, 41–50, 62 bis 63, 73, 80–1, 84–5, 88, 96, 99, 102, 104–07, 114–20, 128, 137
Raupen- 137
Schmetterlings- 136–37, 203–04, 209, 212, 223–24, 231 Anm.
Straßen- 26–9, 33, 42, 75, 85, 98 bis 99
Tier- 11, 128, 129, 136–37, 152, 211, 221
Ungeziefer- 197 Anm.
Wolfs- s. Wolfsphobie

Phylogenetische Erbschaft 200–01, 209–10, 215 Anm., 229–30
Polygame Veranlagung 20, 96
Prägenitale Organisation (s. a. Orale Phase; Sadistisch-anale Organisation) 145, 180, 219–20
Prometheus 87 Anm.
Psychische »Trägheit« 226
Psychoanalyse
  d. Erwachsenen 13–14, 15 Anm. 2, 36, 89–91, 119, 122
  d. Kinder 13–14, 89–91, 119–20, 123, 130–31
  Konstruktionen in d. 168–70
  Natur d. 65–6, 66 Anm., 120–22
  u. Philosophie 217
  Technik d. 26, 38 Anm., 59, 74, 91 bis 92, 103–06, 110, 111, 131–33, 134, 139, 167–68, 169–70
  Terminsetzung in d. 132–33, 133 Anm. 1
  als Therapie 131–32, 186–87, 228
  Therapie u. 91, 103
  Tiefen- 166–67
  Widerstand gegen Ergebnisse d. 131, 166–67, 169–72
Psychose 130, 141, 198
Pubertät 123, 139, 141–42, 160, 163 bis 164 Anm., 185, 211, 218, 227 bis 228

Rache 64, 74, 109
Rank, O. (s. a. Bibliographie) 100 Anm. 2
»*Rattenmann*«, Krankengeschichte d. 215 Anm.
Raupe
  als Symbol 197, 203
  Traum von 185–86
  Zerschneiden d. 137, 185
Realität s. Wirklichkeit
Reden in Träumen 25
Regression 145, 164–65, 172, 196, 208, 218
Regressiver Charakter d. Phantasien 167–68, 170–71, 174, 175–76
Reineke Fuchs 144

Religion (s. a. Zwanghafte Frömmigkeit; – Gotteslästerung),
  Kritik d. *Wolfsmanns* an d. 179 bis 185, 225–27
›Rotkäppchen‹ 145, 150–53, 160

Sadismus d. *Hans* 71–3, 74, 97, 109, 113, 116, 117
Sadistisch-anale Organisation
  d. *Wolfsmanns* 145–47, 164–65, 180, 185, 188, 219–21, 222–23, 225, 227
  u. Zwangsneurose 160, 173, 180, 188, 227
Sargon, König von Agade 63 Anm. 2
Säugling u. Mutterbrust 14–15, 15 Anm. 2
Schamgefühl 94, 191–92, 205 u. Anm. 2
Schaulust 93, 107–08, 115–16, 162 Anm.
Schlagen, masochistisch erwünschtes 147, 164–65, 180–81
Schlagephantasien 145, 165, 180
Schlange als Symbol 144, 146, 164
Schleier als Symbol 190, 211–13, 213 Anm.
Schlimmheit d. Kinder 147–48, 156, 185
Schmetterling als Symbol 203–04
Schmetterlingsphobie 136–37, 203 bis 204, 209, 212, 223–24, 231 Anm.
Schnecke als Symbol 185–86
Schneider als Symbol 201 Anm. 2
›Schneider und der Wolf, Der‹ 150 bis 154, 160–61, 161 Anm., 165, 201 Anm. 2, 214
Schreber, D. P. 198
Schuldbewußtsein 15, 128, 147, 201, 220, 225, 231 Anm.
Schwanz als Symbol 139, 149, 151, 161, 162–63 Anm.
Selbstmord 141, 143
Sexualforschung s. Kinder, Sexualforschung d.
Sexualität, infantile 128, 129

Sexualtriebe u. Ich, Konflikt zwischen 221
Sexualverkehr (s. a. Coitus a tergo; Urszene), infantile Theorien d. 193–95, 199, 208
Sexualziel (s. a. Passives Sexualziel) 96
  Kannibalismus als 128, 181, 218 bis 220
Sexuell(-e, -er)
  Aufklärung Hansens 30, 33–4, 36, 38–9, 42, 77, 78–9, 83, 87, 103, 110, 121
  Erregung (s. a. Erotische Regungen) 102, 113–14, 116, 157 Anm. 4, 209
    Defäkation u. 157, 176, 195, 220
    d. oralen Phase 128, 181, 217 bis 220
    Urinieren u. 195–96, 205–06, 209
  Neugierde s. Infantile sexuelle Neugierde
  Frühreife 118–19
  Verkehr
    d. Eltern 40, 88, 114
    symbolischer, in Phantasien 104–05
Shakespeare 120, 133
Simplizissimus 110 Anm.
Sphinx, Rätsel d. 112
Strafbedürfnis (s. a. Schuldbewußtsein) 145, 147, 164–65, 231 Anm.
Strafe, Furcht vor 119
Straftraum 101
Straßen, Furcht vor 26–9, 33, 42, 75, 85, 98–9
Sublimierung 115–16 Anm.
  u. Religion 181, 186, 225–27
Suggestion 89–90, 92, 169–70, 203
Süßigkeiten als Symbol 218
Symbol
  Aufstampfen als 48, 49–51, 71, 85, 94, 106, 113–14
  Badewanne als 59–61, 63 Anm. 1, 86–7, 98, 108
  Baum als 162 Anm.

Symbol (Forts.)
  Bohrer als 60, 87, 108
  Draufsetzen als 39
  Fensterzerschlagen als 40
  Giraffe als 37–9, 39–40 Anm., 104–05
  Glückshaube als 212
  Kiste als 62–4, 66, 67–70, 73, 76 bis 77, 83–6, 106
  Penis- 38–9, 39–40 Anm., 60, 86–7, 108.
  Raupe als 197, 203
  Schlange als 144, 146, 164
  Schleier als 190, 211–13, 213 Anm.
  Schmetterling als 203–04
  Schnecke als 185–86
  Schneider als 201 Anm. 2
  Schwanz als 139, 149, 151, 161, 162–63 Anm.
  Süßigkeiten als 218
  Tier als 196–97, 220
  Tor als 85, 108
  Umfallen als 44–5, 47–51, 60, 73 bis 74, 79, 84, 105–07, 108–09, 110, 114–15
  Ungeziefer als 197 Anm.
  Wagen als 44–51, 60, 62, 79–81, 85, 86, 105–06, 108, 110
  Wind als 156 Anm. 2
Symptombildung 119, 171, 217
Symptome
  passagère (*Ferenczi*) 159, 195
  Phantasien u. 215 Anm.
Symptomhandlung 75–7, 79, 110
Synthese in d. Psychoanalyse 170, 188, 217–18

Tagträume (s. a. Phantasien) 185
Tancred (in *Gerusalemme Liberata*) 200
Tasso 200
Teufel 185–86
Tiere
  als Elternersatz 210
  Grausamkeit gegenüber 137, 145, 180, 185, 220, 223

Namen- und Sachregister

Tiere (Forts.)
  instinktives Wissen d. 230
  Koitus d., vom Kinde beobachtet 174–76, 208–09, 231 Anm.
  u. prägenitale Phase d. Menschen 220
  u. sexuelle Neugierde 16, 19–20, 34–5, 92–3
  als Symbole für Kinder 196–97, 220
  als Totem 224
Tierphobien (s. a. Phobie) 11, 128, 129, 136–37, 152, 211, 221
Todesangst 154, 192, 194, 211, 218 bis 219
Todestrieb 117 Anm. 2
Todeswunsch
  gegen Schwester 61–2, 65–6, 98, 108
  gegen Vater 49, 80, 96–7, 98, 106 bis 107, 109–13, 201
Tor als Symbol 85, 108
Totemismus 11, 175–76, 224–25
Traum
  Hansens
    vom Gmundener Aufenthalt 18
    vom Pfänderspiel 24–5, 56, 93
    vom Verlieren d. Mutter 26–8, 101
  d. *Wolfsmanns*
    vom Entblößen d. Schwester 139–40
    vom Koitus zwischen Himmelskörpern 201 Anm. 3
    vom Lehrer als Löwe 159
    von riesiger Raupe 185–86
    von Teufel und Schnecke 185–86
    von verstümmelter Wespe 207
Trauma
  d. Geburt 15 Anm. 2, 100 Anm. 2
  sexuelles 208, 220, 230
Traumarbeit 162–63 Anm.
Traumatische Erlebnisse 114
Traumdeutung 152–63
Träume 29, 123
  Angst- 26–8, 101
  eine Art Erinnern 169

Träume (Forts.)
  Entstellung in 24, 154–55, 161 Anm. 2
  Kinder- 130–31
  Lenkbarkeit d. 169 u. Anm. 2
  Reden in 25
  Straf- 101
  Symbolik d. 156 Anm. 3, 197 Anm.
  vom Tode Verwandter 17 Anm. 2
  des *type auditif* 24
  Verschiebung in 162–63 Anm., 174–76
  Wirklichkeitsgefühl in 153–54, 169
  Wunscherfüllung in 155, 161, 162 bis 163 Anm.
Traumgedanken, latente 153, 161 u. Anm. 2
Trauminhalt, manifester 153–55, 161 u. Anm. 2
Trieb, Trieb-
  Eß- 218
  komponenten 94, 115–16, 118, 119, 146
  Sexual-, Konflikt zwischen Ich u. 221
  verschränkung 93, 107–08, 117
Triebe 95, 117–18, 120–21

Übertragung 132–33, 185, 218, 231 Anm.
Umfallen als Symbol 44–5, 47–51, 60, 73–4, 79, 84, 105–07, 108 bis 109, 110, 114–15
Umkehrung in Träumen 101, 154 bis 155, 161–63 Anm.
Unbewußte, Das
  archaischer Charakter d. 228–29
  »Nein« existiert nicht im 196 Anm. 2
  u. das Bewußte 91, 103–04, 193–94, 216–17
  Zeitlosigkeit d. 132
Unbewußte seelische Vorgänge, Psychoanalyse entdeckt 167–68
Ungeziefer als Symbol 197 Anm.
Urinieren 15, 16, 19, 24–5, 33, 51–2, 55–9, 70, 86, 93–4

Namen- und Sachregister

Urinieren (Forts.)
  als Ausdruck sexueller Erregung
    195–96, 205–06, 209
Urphantasien 15 Anm. 2, 105 Anm.
Urszene
  Defäkation stört 157, 176, 195, 220
  u. Kastrationskomplex 163–65,
    183, 193, 202
  u. Sexualbefriedigung vom Vater
    160–61, 181, 193, 196–97,
    213
  u. Urphantasie 128, 159 Anm. 1,
    167–77, 208–10, 214–15, 230
    Anm. 1, 231 Anm.
  Wolfsmann beobachtet 155–61,
    172–73, 178, 183, 186, 192–95,
    209–10, 213, 219–20, 230

Vagina 165, 193–94, 198
Vater (*s. a. Hansens* Vater; *Wolfsmann,* Vater d.), zweifelhafte
  Rolle d. 82, 88, 112–13, 121
Verdichtung 74, 104 Anm.
Verdrängung 183–84, 194–96, 230
  Adlers Ansichten über 221–22
  Adlers Verleugnung d. 117 Anm. 2
  ersetzt durch Verurteilung 120–21
  bei *Hans* 25, 28–30, 32, 34 Anm.,
    44, 53, 62, 75, 93–4, 101–03, 107,
    113–17, 119–20
  d. Homosexualität *s.* Homosexualität
  d. Kastrationskomplexes 199–200,
    221
  u. Phantasien 167–68
Verführung d. *Wolfsmanns,* durch
  Schwester 139–44, 146–48, 164
  bis 165, 173–74, 179 Anm. 1, 201,
  207–08, 210, 219–20, 231 Anm.
Verführungsversuche, kindliche 23,
  23–4 Anm., 27, 28, 30, 102, 143
  bis 144, 147, 180
Versagung als Krankheitsanlaß 228
Verschiebung
  Affekt- 189
  d. Libido 198–99
  im Traum 163 Anm., 174–76

Viel Lärm um Nichts (Shakespeare)
  120
Virginität 213 Anm.
Vorbewußte, Das 217
Vorbewußte Denkprozesse 121 Anm.

Wagen als Symbol 44–51, 60, 62, 79
  bis 81, 85, 86, 105–06, 108, 110
Weib
  Feindseligkeit d. *Wolfsmanns* gegen
    184
  als kastrierter Mann 165, 193,
    200
  Rolle d., im Sexualverkehr 192–93
  Wolfsmann identifiziert sich mit
    165, 180–81, 192–98, 212–13
»Weib mit dem Penis« 95 u. Anm. 1
Weiblich *s.* Männlich u. weiblich
Weininger, O. (*s. a.* Bibliographie) 36
  Anm. 2
Widerstand
  gegen Analyse, *Hansens* 55, 90,
    103, 105
  gegen Ergebnisse d. Psychoanalyse
    131, 166–67, 169–72
  in d. Psychoanalyse 132–33, 162
    Anm., 191, 205, 208
Wiedergeburtsphantasie 212–15
Wind als Symbol 156 Anm. 2
Wirklichkeit (*s. a.* Urszene u. Urphantasie)
  Anwendung von 168, 170–72, 212
  u. Ich 93
  u. Phantasie 68, 83 u. Anm. 1
  -sgefühl in Träumen 153–54, 169
›Wolf und die Sieben Geißlein, Der‹
  145, 151–53, 158–61, 162 Anm.
»*Wolfsmann*«, Krankengeschichte d.
  12, 15 Anm. 2
Wolfsmann, deutscher Hofmeister d.
  184–85, 227
Wolfsmann, englische Gouvernante d.
  135–36, 139–40, 144, 164, 191,
  196, 231 Anm.
Wolfsmann, Kinderfrau d. *s. Nanja*
Wolfsmann, Kindermädchen d.
  s. Gruscha

Wolfsmann, Mutter d.
  identifiziert mit Wolf 165
  identifiziert mit *Wolfsmann* 192 bis
    193, 197, 212–13
  Inzestwunsch d. *Wolfsmanns* gegen
    213–14
  Krankheit d. 134, 200, 231 Anm.
  Religiöser Einfluß d. 178, 225, 227
  u. Geld 189, 197–98
  u. Urszene 157, 160, 163–64, 181,
    193
Wolfsmann, Schwester d.
  Eifersucht d. *Wolfsmanns* auf
    137–38, 141–43, 196–98
  Inzestwunsch d. *Wolfsmanns* gegen
    141–42
  Krankheit u. Tod d. 141–43, 189,
    197
  quält *Wolfsmann* mit Wolfsbild
    136, 150, 158
  Traum d. *Wolfsmanns* von 139–40
  verführt *Wolfsmann* 139–44, 146
    bis 148, 164–65, 173–74, 179
    Anm. 1, 201, 207–08, 210, 219 bis
    220, 231 Anm.
Wolfsmann, Vater d.
  Feindseligkeit d. *Wolfsmanns*
    gegenüber 182, 201
  Furcht d. *Wolfsmanns* vor 138,
    152, 154–55, 159–60, 164–65,
    176, 200–01, 218, 223–25, 229
  Homosexualität d. *Wolfsmanns*
    gegenüber 147, 155, 161, 163
    Anm., 164–65, 180–81, 186, 193,
    197–98, 212–13, 225, 227
  identifiziert mit Gott 182, 224–25
  identifiziert mit Wolf 152, 154,
    159, 164–65, 175–76, 218, 223
    bis 225
  identifiziert mit *Wolfsmann* 146,
    180, 183, 219
  Krankheit d. 130, 134, 137, 173
  Mitleid d. *Wolfsmanns* für 183,
    201–02
  Tod d. 189, 197
  u. Urszene 157, 160, 173, 186, 193,
    195

Wolfsphobie 128, 138, 145, 158–59,
    172–73, 178, 220–21, 231 Anm.
  als Furcht vor Auffressen 136, 155,
    164, 180–81, 218
  als Furcht vor Vater 152, 154, 159,
    164–65, 175–76, 218, 223–25
  als Kastrationsangst 209, 223–24
  u. Infantilneurose 211
  u. Märchenbücher 136, 149–53,
    158–59
Wolfstraum 127, 148, 149–50, 186,
    231 Anm.
  Angst folgt d. 148, 149, 164, 178,
    180, 182–83, 192–93, 213–14,
    222–23
  Deutung d. 150–65, 192–94, 196
    bis 197, 200, 214, 220–23
  u. Urphantasie 159 Anm. 1, 174 bis
    175, 208–10
  u. Urszene 156–65, 180, 192–94,
    196–97, 202, 214, 220
  Zeit d. 178, 179 Anm. 1, 192 Anm.,
    206 Anm. 2, 208, 230 Anm. 2
Wortanknüpfungen 54 u. Anm. 3,
    55 u. Anm. 1, 84 u. Anm. 3, 85
    Anm., 87 u. Anm., 190 u. Anm. 1
    u. 2, 196, 201 Anm. 2, 204
Wundt, W. 18 Anm. 1
Wunscherfüllung in Träumen 155,
    161, 162–63 Anm.

Zeugung, infantile Theorien d. 82,
    88, 104–05, 108–09, 112–14
Zeugungsphantasie 108
Ziehen, T. 130 Anm. 1
Zurückphantasieren 176, 208, 215
    Anm.
Zwanghaft(-e, -es)
  Ausatmen 137, 183–84, 201–02,
    231 Anm.
  Frömmigkeit 129, 137–38, 173,
    200, 211, 225–27
  Gotteslästerung 137, 182–85, 198,
    225, 227
  Zeremoniell 137, 172, 201,
    225
Zwangshandlungen 172

Zwangsimpuls, Wortlaut d 105–06
Zwangsliebe, Bedingungen d. 160,
  174, 205–07, 227–28
Zwangsneurose
  u. Heredität 141, 173
  Psychoanalyse d. 106 Anm.
  sadistisch-anale Disposition u. 160,
    173, 180, 188, 227

Zwangsneurose (Forts.)
  Stückchen Hysterie in 191
  d. *Wolfsmanns* 129, 137–38, 141,
    178–87, 188, 200–01, 211, 224 bis
    225, 231 Anm.
Zweifel bei Analyse d. 191
Zweifel als Waffe d. Widerstandes
  191

STUDIENAUSGABE · INHALTSÜBERSICHT

Band I   *Vorlesungen zur Einführung in die Psychoanalyse* (1917); *Neue Folge der Vorlesungen zur Einführung in die Psychoanalyse* (1933)
Mit einer biographischen Skizze Freuds von James Strachey, einer Einleitung von Alexander Mitscherlich, Erläuterungen zur Edition von Angela Richards *

Band II   *Die Traumdeutung* (1900)

Band III   *Psychologie des Unbewußten*
Formulierungen über die zwei Prinzipien des psychischen Geschehens (1911)
Einige Bemerkungen über den Begriff des Unbewußten in der Psychoanalyse (1912)
Zur Einführung des Narzißmus (1914)
Triebe und Triebschicksale (1915)
Die Verdrängung (1915)
Das Unbewußte (1915)
Metapsychologische Ergänzung zur Traumlehre (1917)
Trauer und Melancholie (1917)
Jenseits des Lustprinzips (1920)
Das Ich und das Es (1923)
Neurose und Psychose (1924)
Das ökonomische Problem des Masochismus (1924)
Der Realitätsverlust bei Neurose und Psychose (1924)
Notiz über den ›Wunderblock‹ (1925)
Die Verneinung (1925)
Fetischismus (1927)
Die Ichspaltung im Abwehrvorgang (1938)

Band IV   *Psychologische Schriften*
Der Witz und seine Beziehung zum Unbewußten (1905)
Der Familienroman der Neurotiker (1909)
Über den Gegensinn der Urworte (1910)
Zur Psychologie des Gymnasiasten (1914)

---

* [Im übrigen wird der editorische Apparat in diesem Gesamtinhaltsplan, der lediglich zeigen soll, welche Werke Sigmund Freuds in die einzelnen Bände der *Studienausgabe* aufgenommen wurden, nicht berücksichtigt.]

Inhaltsübersicht

      Das Unheimliche (1919)
      Der Humor (1927)
      Eine Erinnerungsstörung auf der Akropolis (Brief an R. Rolland; 1936)

Band V *Sexualleben*
    Die Sexualität in der Ätiologie der Neurosen (1898)
    Drei Abhandlungen zur Sexualtheorie (1905)
    Meine Ansichten über die Rolle der Sexualität in der Ätiologie der Neurosen (1906)
    Zur sexuellen Aufklärung der Kinder (1907)
    Über infantile Sexualtheorien (1908)
    Beiträge zur Psychologie des Liebeslebens:
      Über einen besonderen Typus der Objektwahl beim Manne (1910)
      Über die allgemeinste Erniedrigung des Liebeslebens (1912)
      Das Tabu der Virginität (1918)
    Zwei Kinderlügen (1913)
    Die infantile Genitalorganisation (1923)
    Der Untergang des Ödipuskomplexes (1924)
    Einige psychische Folgen des anatomischen Geschlechtsunterschieds (1925)
    Über libidinöse Typen (1931)
    Über die weibliche Sexualität (1931)

Band VI *Hysterie und Angst*
    Vortrag: Über den psychischen Mechanismus hysterischer Phänomene (1893)
    Über die Berechtigung, von der Neurasthenie einen bestimmten Symptomenkomplex als ›Angstneurose‹ abzutrennen (1895)
    Zur Ätiologie der Hysterie (1896)
    Bruchstück einer Hysterie-Analyse (1905)
    Hysterische Phantasien und ihre Beziehung zur Bisexualität (1908)
    Allgemeines über den hysterischen Anfall (1909)
    Die psychogene Sehstörung in psychoanalytischer Auffassung (1910)
    Über neurotische Erkrankungstypen (1912)
    Hemmung, Symptom und Angst (1926)

Band VII *Zwang, Paranoia und Perversion*
    Zwangshandlungen und Religionsübungen (1907)
    Charakter und Analerotik (1908)
    Bemerkungen über einen Fall von Zwangsneurose (1909)
    Die Disposition zur Zwangsneurose (1913)

Inhaltsübersicht

Mythologische Parallele zu einer plastischen Zwangsvorstellung (1916)
Über Triebumsetzungen, insbesondere der Analerotik (1917)
Psychoanalytische Bemerkungen über einen autobiographisch beschriebenen Fall von Paranoia (1911)
Mitteilung eines der psychoanalytischen Theorie widersprechenden Falles von Paranoia (1915)
Über einige neurotische Mechanismen bei Eifersucht, Paranoia und Homosexualität (1922)
›Ein Kind wird geschlagen‹ (1919)
Über die Psychogenese eines Falles von weiblicher Homosexualität (1920)
Eine Teufelsneurose im siebzehnten Jahrhundert (1923)

Band VIII *Zwei Kinderneurosen*
Analyse der Phobie eines fünfjährigen Knaben (1909)
 Nachschrift zur Analyse des kleinen Hans (1922)
Aus der Geschichte einer infantilen Neurose (1918)

Band IX *Fragen der Gesellschaft / Ursprünge der Religion*
Die ›kulturelle‹ Sexualmoral und die moderne Nervosität (1908)
Zeitgemäßes über Krieg und Tod (1915)
Massenpsychologie und Ich-Analyse (1921)
Die Zukunft einer Illusion (1927)
Das Unbehagen in der Kultur (1930)
Warum Krieg? (1933)
Totem und Tabu (1912–13)
Zur Gewinnung des Feuers (1932)
Der Mann Moses und die monotheistische Religion (1939)

Band X *Bildende Kunst und Literatur*
Der Wahn und die Träume in W. Jensens ›Gradiva‹ (1907)
Eine Kindheitserinnerung des Leonardo da Vinci (1910)
Psychopathische Personen auf der Bühne (1905)
Der Dichter und das Phantasieren (1908)
Das Motiv der Kästchenwahl (1913)
Der Moses des Michelangelo (1914)
 Nachtrag zur Arbeit über den Moses des Michelangelo (1927)
Vergänglichkeit (1916)
Einige Charaktertypen aus der psychoanalytischen Arbeit (1916)
Eine Kindheitserinnerung aus ›Dichtung und Wahrheit‹ (1917)
Dostojewski und die Vatertötung (1928)
Goethe-Preis (1930)

Inhaltsübersicht

Ergän-   *Schriften zur Behandlungstechnik*
zungs-   Psychische Behandlung (Seelenbehandlung) (1890)
band   Zur Psychotherapie der Hysterie (1895)
Die Freudsche psychoanalytische Methode (1904)
Über Psychotherapie (1905)
Die zukünftigen Chancen der psychoanalytischen Therapie (1910)
Über ›wilde‹ Psychoanalyse (1910)
Die Handhabung der Traumdeutung in der Psychoanalyse (1911)
Zur Dynamik der Übertragung (1912)
Ratschläge für den Arzt bei der psychoanalytischen Behandlung (1912)
Weitere Ratschläge zur Technik der Psychoanalyse: I. Zur Einleitung der Behandlung (1913)
Weitere Ratschläge zur Technik der Psychoanalyse: II. Erinnern, Wiederholen und Durcharbeiten (1914)
Weitere Ratschläge zur Technik der Psychoanalyse: III. Bemerkungen über die Übertragungsliebe (1915)
Über fausse reconnaissance (›déjà raconté‹) während der psychoanalytischen Arbeit (1914)
Wege der psychoanalytischen Therapie (1919)
Zur Vorgeschichte der analytischen Technik (1920)
Bemerkungen zur Theorie und Praxis der Traumdeutung (1923)
Die Frage der Laienanalyse (1926)
Die endliche und die unendliche Analyse (1937)
Konstruktionen in der Analyse (1937)
Die psychoanalytische Technik (1940)

Für Notizen

Für Notizen

Für Notizen

Für Notizen

Für Notizen

Für Notizen

Für Notizen

Für Notizen

Für Notizen

Für Notizen

Für Notizen

Für Notizen

Für Notizen

Für Notizen

FREUD-STUDIENAUSGABE

BAND VI

Herausgegeben von
Alexander Mitscherlich · Angela Richards · James Strachey
Mitherausgeber des Ergänzungsbandes
Ilse Grubrich-Simitis

Band VI: [Vortrag:] Über den psychischen Mechanismus hysterischer Phänomene (1893) · Über die Berechtigung, von der Neurasthenie einen bestimmten Symptomenkomplex als ›Angstneurose‹ abzutrennen (1895 [1894]) · Zur Ätiologie der Hysterie (1896) · Bruchstück einer Hysterie-Analyse (1905 [1901]) · Hysterische Phantasien und ihre Beziehung zur Bisexualität (1908) · Allgemeines über den hysterischen Anfall (1909 [1908]) · Die psychogene Sehstörung in psychoanalytischer Auffassung (1910) · Über neurotische Erkrankungstypen (1912) · Hemmung, Symptom und Angst (1926 [1925])

SIGMUND FREUD

Studienausgabe

BAND VI

Hysterie und Angst

S. FISCHER VERLAG

Die Freud-Studienausgabe erschien ursprünglich (1969–1975)
im Rahmen der S. Fischer-Reihe
CONDITIO HUMANA
ERGEBNISSE AUS DEN WISSENSCHAFTEN VOM MENSCHEN
(Herausgeber: Thure von Uexküll und Ilse Grubrich-Simitis;
Berater: Johannes Cremerius, Hans J. Eggers, Thomas Luckmann).

Zwischen 1969 und 1982 erschien die *Studienausgabe*
in kartonierter Ausstattung. In diesem Zeitraum erreichte Band VI
insgesamt fünf, teils korrigierte Auflagen.
Von 1982 bis 1989 wurde die *Studienausgabe* in einer
Taschenbuchversion vorgelegt.
Sie ist in die Auflagenzählung einbezogen.
1989 präsentierte der S. Fischer Verlag die *Studienausgabe* erneut
kartoniert, und zwar als revidierte Neuausgabe mit editorischen
Ergänzungen, die in Band I, S. 32, erläutert sind.
Seither weitere, teils korrigierte Auflagen von Band VI.

1. Auflage von Band VI 1971
Zuletzt 10., korrigierte Auflage 2006

Elfte Auflage
Für den Textbestand Sigmund Freud:
© S. Fischer Verlag GmbH, Frankfurt am Main, 1975, 1989
Für den gesamten editorischen Apparat:
© S. Fischer Verlag GmbH, Frankfurt am Main, 1975, 1989
Satz: Buchdruckerei Eugen Göbel, Tübingen
Druck und Bindung: CPI – Clausen & Bosse, Leck
Printed in Germany 2013
ISBN 978 3 10 822726 5

INHALT

Zu diesem Band 7

[Vortrag:] Über den psychischen Mechanismus hysterischer
Phänomene (1893) 9
Editorische Vorbemerkung 11

Über die Berechtigung, von der Neurasthenie einen bestimmten Symptomenkomplex als ›Angstneurose‹ abzutrennen
(1895 [1894]) 25
Editorische Vorbemerkung 26
[Einleitung] 27
  I. Klinische Symptomatologie der Angstneurose 28
  II. Vorkommen und Ätiologie der Angstneurose 35
  III. Ansätze zu einer Theorie der Angstneurose 41
  IV. Beziehung zu anderen Neurosen 47

Zur Ätiologie der Hysterie (1896) 51
Editorische Vorbemerkung 52

Bruchstück einer Hysterie-Analyse (1905 [1901]) 83
Editorische Vorbemerkung 84
Vorwort 87
  I. Der Krankheitszustand 94
  II. Der erste Traum 136
  III. Der zweite Traum 162
  IV. Nachwort 177

Hysterische Phantasien und ihre Beziehung zur Bisexualität (1908) 187
Editorische Vorbemerkung 188

Inhalt

ALLGEMEINES ÜBER DEN HYSTERISCHEN ANFALL (1909 [1908]) 197
Editorische Vorbemerkung 198

DIE PSYCHOGENE SEHSTÖRUNG in PSYCHOANALYTISCHER AUFFASSUNG (1910) 205
Editorische Vorbemerkung 206

ÜBER NEUROTISCHE ERKRANKUNGSTYPEN (1912) 215
Editorische Vorbemerkung 217

HEMMUNG, SYMPTOM UND ANGST (1926 [1925]) 227
Editorische Vorbemerkung 229
Hemmung, Symptom und Angst [Kapitel I–X] 233
Nachträge [Kapitel XI] 295
   A. Modifikationen früher geäußerter Ansichten 295
      a) Widerstand und Gegenbesetzung 295
      b) Angst aus Umwandlung von Libido 298
      c) Verdrängung und Abwehr 300
   B. Ergänzung zur Angst 302
   C. Angst, Schmerz und Trauer 305

ANHANG
Bibliographie 311
Liste der Abkürzungen 318
Namen- und Sachregister 319
Studienausgabe (Inhaltsübersicht) 356

ZU DIESEM BAND

Eine genauere Darstellung der Gliederung und der Ziele der vorliegenden Ausgabe sowie der editorischen Methode findet sich in den Erläuterungen zur Edition, die dem Band I vorangestellt sind. Diese Gesichtspunkte sollen daher hier nur noch einmal kurz zusammengefaßt werden; zugleich möchten wir dem Leser mit einigen Erklärungen einen Wegweiser zum vorliegenden Band geben.
Ziel dieser nach Themen gegliederten Ausgabe ist es, vor allem den Studenten aus den an die Psychoanalyse angrenzenden Wissensgebieten – der Soziologie, den Politischen Wissenschaften, der Sozialpsychologie, Pädagogik usw. –, aber auch interessierten Laien die Hauptwerke Sigmund Freuds in preiswerter Ausstattung mit einem detaillierten neuen Anmerkungsapparat systematischer und in größerem Umfang zugänglich zu machen, als dies in den Taschenbuchausgaben einiger Einzelwerke möglich ist. Zunächst bestand nicht die Absicht, die Schriften zur Behandlungstechnik und zur Theorie der Therapie in die Edition aufzunehmen. Auf vielfachen Wunsch wurde dieser Teil von Freuds Werk später in einem nicht-numerierten Ergänzungsband zur *Studienausgabe* nachgereicht.
Die Veröffentlichung der *Studienausgabe* erfolgt nach dem Tode von James Strachey, dem Senior des Herausgebergremiums, der jedoch bis zu seinem Tode im April 1967 an den Vorbereitungen, vor allem am Inhaltsplan und an den Richtlinien für die Kommentierung, mitgearbeitet hat.
Die für diese Ausgabe benutzten Texte sind im allgemeinen die der letzten deutschen Ausgabe, die noch zu Freuds Lebzeiten veröffentlicht wurden, in den meisten Fällen also die der zuerst in London erschienenen *Gesammelten Werke* (die ihrerseits großenteils Photokopien der noch in Wien publizierten *Gesammelten Schriften* sind). Wo dies nicht zutrifft, wird die Quelle in der das betreffende Werk einführenden ›Editorischen Vorbemerkung‹ genannt. Ein paar Seitenhinweise Freuds auf frühere, heute kaum noch erreichbare Ausgaben seines Werks sind von den Herausgebern weggelassen worden; statt dessen wurden deskriptive Fußnoten hinzugefügt, welche es dem Leser ermöglichen, die entsprechenden Stellen in heute greifbaren Editionen aufzufinden; dies

betrifft vor allem die *Traumdeutung*. Um unnötige Wiederholungen zu vermeiden, sind auch ausführliche bibliographische Angaben Freuds über eigene Werke sowie über Schriften anderer Autoren, die in den älteren Editionen im Text enthalten sind, in der Regel in die Bibliographie am Schluß der Bände der *Studienausgabe* verwiesen worden. Außer diesen unwesentlichen Änderungen und dem einheitlichen Gebrauch der Abkürzung »S.« für Seitenverweise (auch dort, wo Freud, wie vor allem in den frühen Arbeiten, »p.« schrieb) sowie schließlich einigen wenigen Modernisierungen der Orthographie, Interpunktion und Typographie wird jede Änderung, die am Quellentext vorgenommen wurde, in einer Fußnote erklärt.

Das in die *Studienausgabe* aufgenommene editorische Material entstammt der *Standard Edition of the Complete Psychological Works of Sigmund Freud*, der englischen Ausgabe also, die unter der Leitung von James Strachey hergestellt wurde; es wird hier mit Erlaubnis der Inhaber der Veröffentlichungsrechte, des Institute of Psycho-Analysis und des Verlages Hogarth Press (London), in der Übersetzung wiedergegeben. Wo es das Ziel der vorliegenden Ausgabe erforderte, wurde dieses Material gekürzt und adaptiert; zugleich wurden einige wenige Korrekturen vorgenommen und ergänzende Anmerkungen hinzugefügt. Abgesehen von den ›Editorischen Vorbemerkungen‹, stehen sämtliche von den Herausgebern stammenden Zusätze in eckigen Klammern.

Die Herausgeber sind Ilse Grubrich-Simitis vom S. Fischer Verlag zu großem Dank verbunden. Ohne ihre Initiative wäre diese Studienausgabe nicht begonnen worden; in allen Stadien der Vorbereitung hat sie unschätzbare Hilfen und kenntnisreiche Anregungen gegeben. Großer Dank gebührt auch Käte Hügel für die Übertragung des editorischen Materials ins Deutsche sowie Ingeborg Meyer-Palmedo für ihre sorgfältige Hilfe beim Korrekturlesen und für die Herstellung des Registers.

Die in diesem Band verwendeten speziellen Abkürzungen sind in der Liste der Abkürzungen auf S. 318 erklärt. Im Text oder in den Fußnoten sind gelegentlich Werke von Freud erwähnt, die nicht in die *Studienausgabe* aufgenommen wurden. Die Bibliographie am Ende jedes Bandes (in welcher die Daten aller erwähnten technischen Arbeiten Freuds und anderer Autoren enthalten sind) informiert den Leser darüber, ob die betreffende Arbeit in die *Studienausgabe* aufgenommen wurde oder nicht. Auf S. 356 ff. findet sich außerdem ein Gesamtinhaltsverzeichnis der *Studienausgabe*.

Die Herausgeber

[Vortrag]
Über den psychischen Mechanismus hysterischer Phänomene

(1893)

EDITORISCHE VORBEMERKUNG

Deutsche Ausgaben:
1893 *Wien. med. Presse*, Bd. 34 (4), 121–26 und (5), 165–67. (22. und 29. Januar.)
1987 *G. W.*, Nachtr., 181–95.

Dies ist unseres Wissens der erste deutschsprachige Nachdruck dieser Arbeit seit der Erstveröffentlichung im Jahre 1893.
Das deutsche Original beginnt mit der Zeile: »Von Dr. Josef Breuer und Dr. Sigm. Freud in Wien.« In Wirklichkeit handelt es sich aber um die stenographische, von Freud revidierte Nachschrift eines von ihm gehaltenen Vortrages. Obwohl hier die gleichen Themen erörtert (und häufig in ähnlichen Worten ausgedrückt) werden wie in der berühmten ›Vorläufigen Mitteilung‹ (1893 a) von Breuer und Freud, sprechen alle Anzeichen dafür, daß es sich um eine allein von Freud stammende Arbeit handelt. (Die ›Vorläufige Mitteilung‹ wurde erstmals in zwei Fortsetzungen am 1. und 15. Januar 1893 veröffentlicht. Den Vortrag hielt Freud am 11. Januar 1893 auf einer Sitzung des Wiener Medizinischen Clubs, also vor dem Erscheinen der zweiten Fortsetzung der ›Vorläufigen Mitteilung‹.)
In ihrem gemeinsamen Vorwort zur Erstauflage der *Studien über Hysterie* (1895) schrieben Breuer und Freud: »Wir haben unsere Erfahrungen über eine neue Methode der Erforschung und Behandlung hysterischer Phänomene 1893 in einer ›Vorläufigen Mitteilung‹ veröffentlicht und daran in möglichster Knappheit die theoretischen Anschauungen geknüpft, zu denen wir gekommen waren.« Die Arbeit wurde als Einleitungskapitel zu den *Studien* wieder abgedruckt »als die zu illustrierende und zu erweisende These«. Diese Beschreibung paßt auch auf den Vortrag, obwohl das Material hier in viel weniger strenger Form vorgelegt wird als dort.
Außer der im Titel angekündigten Tatsache, daß es sich hier um eine Untersuchung des »*psychischen* Mechanismus« der Hysterie handelt, besteht das bedeutsamste Moment dieses Vortrags wohl in der Beschreibung der kathartischen Behandlungsmethode. Freud selbst schreibt im ›Kurzen Abriß der Psychoanalyse‹ (1924 f): »Die kathartische Methode ist der unmittelbare Vorläufer der Psychoanalyse und trotz aller Erweiterungen der Erfahrung und aller Modifikationen der Theorie immer noch als Kern in ihr enthalten.« Die Heilwirkung der kathartischen Methode wird durch die Theorie des »Abreagierens« erklärt, der wiederum die höchst wichtige – merkwürdigerweise zwar im Vortrag (S. 21), nicht aber in der ›Vorläufigen Mitteilung‹ erwähnte –

[*Vortrag*]

Hypothese des »Konstanzprinzips«, wie es später genannt wurde, zugrunde liegt.

Der Vortrag bringt natürlich die Ansichten sowohl Breuers als auch Freuds zum Ausdruck, und es findet sich hier nirgends ein Hinweis auf die wissenschaftlichen Meinungsverschiedenheiten, die später zur Trennung der beiden Forscher beigetragen haben; auch in den zwei Jahre danach erschienenen *Studien* gibt es nur wenige Andeutungen. Es ist daher vielleicht von Interesse, an dieser Stelle kurz zu streifen, worin diese Meinungsverschiedenheiten bestanden. Es sind hauptsächlich zwei, und beide beziehen sich auf die Ätiologie der Hysterie. Erstens stand Breuers Theorie der »hypnoiden Zustände« Freuds Theorie der »Abwehrneurosen« (die Hysterie entstehe durch die Verdrängung einer unverträglichen Vorstellung aus dem Motiv der Abwehr) gegenüber. Im Vortrag werden beide ätiologischen Erklärungen akzeptiert (s. S. 23 f.), obwohl der Terminus »Abwehr« selbst nicht vorkommt. Freuds Zweifel am Konzept der »hypnoiden Zustände« werden erst in der Arbeit ›Zur Ätiologie der Hysterie‹ (1896 c, S. 56 f. unten) offen ausgesprochen. Später, in der Falldarstellung der »Dora« (1905 e), verwirft er diese Hypothese gänzlich (s. S. 104, Anm. 2). Die zweite Meinungsverschiedenheit zwischen beiden Autoren betraf die Rolle, die die sexuellen Triebregungen spielten. Freud behauptete später, daß in Fällen von Hysterie die sexuelle Ätiologie niemals fehle – eine Ansicht, der Breuer sich nicht anschließen konnte; in den *Studien* stellt Freud diese Behauptung jedoch noch nicht auf, und im vorliegenden Vortrag wird das Thema überhaupt nicht berührt.

Am meisten fällt im Vortrag vielleicht das Übergewicht des traumatischen Faktors unter den für die Hysterie angegebenen Ursachen auf. Darin erweist sich natürlich der noch immer starke Einfluß Charcots auf Freuds Denken. Der Übergang zur klaren Erkenntnis des Anteils der »Triebregungen« in der Ätiologie lag damals noch in der Zukunft.

Meine Herren![1] Ich trete heute vor Sie hin mit der Absicht, Ihnen das Referat über eine Arbeit zu erstatten, deren erster Teil unter dem Namen Josef Breuers und dem meinigen bereits im *Zentralblatt für Neurologie* publiziert wurde. Wie Sie aus dem Titel der Arbeit ersehen, handelt sie von der Pathogenese der hysterischen Symptome und läßt erraten, daß die nächsten Gründe für die Entstehung hysterischer Symptome auf dem Gebiete des psychischen Lebens zu suchen sind.

Ehe ich aber weiter auf den Inhalt dieser gemeinsamen Arbeit eingehe, muß ich Ihnen sagen, an welche Stelle sie gehört, und muß Ihnen den Autor und Fund nennen, an den wir, wenigstens der Sache nach, angeknüpft haben, wenngleich die Entwicklung unseres Beitrages eine durchaus selbständige war.

Sie wissen, meine Herren, alle unsere neuen Fortschritte im Verständnis und in der Erkenntnis der Hysterie knüpfen an die Arbeiten von Charcot an. Charcot hat in der ersten Hälfte der achtziger Jahre angefangen, seine Aufmerksamkeit der »großen Neurose«, wie die Franzosen sagen, der Hysterie zu schenken. In einer Reihe von Forschungen hat er es dahin gebracht, Regelmäßigkeit und Gesetz dort nachzuweisen, wo unzulängliche oder verdrossene klinische Beobachtung anderer nur Simulation oder rätselhafte Willkür gesehen. Man kann sagen, direkt oder indirekt geht auf seine Anregung alles zurück, was wir in der letzten Zeit Neues von der Hysterie erfahren haben. Unter den vielfachen Arbeiten Charcots steht aber meiner Schätzung nach keine höher als jene, in welcher er uns die traumatischen Lähmungen, welche bei Hysterie auftreten, verstehen lehrte, und da es gerade diese Arbeit ist, als deren Fortsetzung die unsere erscheint, bitte ich Sie zu gestatten, daß ich dieses Thema nochmals ausführlicher vor Ihnen behandle.

Nehmen Sie den Fall an, ein Individuum, welches vorher nicht krank gewesen, vielleicht nicht einmal hereditär belastet sei, werde von

---

[1] Vortrag, gehalten von Dr. Sigm. Freud in der Sitzung des »Wiener med. Club« am 11. Januar 1893. Vom Vortr. revidiertes Original-Stenogramm der *Wiener Med. Presse*. [Diese Anm. erschien schon in der Erstveröffentlichung.]

[*Vortrag*]

einem Trauma betroffen. Dieses Trauma muß gewisse Bedingungen erfüllen; es muß schwer sein, d. h. von der Art, daß die Vorstellung einer Lebensgefahr, der Bedrohung der Existenz damit verbunden ist; es darf aber nicht schwer sein in dem Sinne, daß die psychische Tätigkeit dabei aufhört; sonst entfällt der Effekt, den wir davon erwarten; es darf also z. B. nicht mit einer Gehirnerschütterung, mit einer wirklichen schweren Verletzung einhergehen. Ferner muß dieses Trauma eine besondere Beziehung zu einem Körperteil haben. Nehmen Sie an, ein schweres Scheit Holz trifft einen Arbeiter auf die Schulter. Dieser Stoß wirft ihn nieder, doch überzeugt er sich bald, daß nichts geschehen sei, und er geht mit einer leichten Quetschung nach Hause. Nach einigen Wochen oder nach Monaten erwacht er eines morgens und bemerkt, daß der Arm, den das Trauma getroffen hat, schlaff, gelähmt herabhängt, nachdem er ihn in der Zwischenzeit, gewissermaßen in der Inkubationszeit, vollkommen gut gebraucht hat. Wenn es ein typischer Fall war, so kann es vorkommen, daß sich eigentümliche Anfälle einstellen, daß das Individuum nach einer Aura[1] plötzlich zusammenfällt, tobt, deliriert, und wenn es in diesem Delirium spricht, ist daraus zu entnehmen, daß sich in ihm die Szene des Unfalles, etwa mit verschiedenen Phantasmen ausgeschmückt, wiederholt. Was ist hier vorgegangen, wie ist dieses Phänomen zu erklären? Charcot erklärt diesen Vorgang, indem er ihn reproduziert, indem er die Lähmung künstlich an einem Kranken erzeugt. Er bedarf dazu eines Kranken, der sich schon in einem hysterischen Zustand befindet, des Zustandes der Hypnose und des Mittels der Suggestion. Einen solchen Kranken versetzt er in tiefe Hypnose, gibt ihm einen leichten Schlag auf den Arm, dieser Arm fällt herab, ist gelähmt und zeigt genau dieselben Symptome wie bei spontaner traumatischer Lähmung. Dieser Schlag kann auch ersetzt werden durch direkte verbale Suggestion: »Du, dein Arm ist gelähmt«; auch da zeigt die Lähmung den nämlichen Charakter.

Versuchen wir, diese beiden Fälle miteinander zu analogisieren. Hier das Trauma, dort die traumatische Suggestion; der Endeffekt, die Lähmung, ist in beiden Fällen ganz der nämliche. Wenn das Trauma des einen Falles im anderen Falle ersetzt werden kann durch die verbale Suggestion, so liegt es nahe anzunehmen, daß auch bei der spontanen traumatischen Lähmung eine solche Vorstellung an der Entste-

---

[1] [Die warnenden Sinnesempfindungen, die einem epileptischen oder hysterischen Anfall vorausgehen.]

hung der Lähmung schuld war, und in der Tat berichtet eine Anzahl von Kranken, daß sie im Moment des Traumas wirklich die Empfindung hatten, daß ihr Arm zerschmettert sei. Dann wäre das Trauma wirklich durchaus gleichzusetzen der verbalen Suggestion. Dann fehlt aber noch ein Drittes, um die Analogie zu vervollständigen. Damit die Vorstellung »der Arm ist gelähmt« bei dem Kranken wirklich eine Lähmung hervorrufen konnte, war notwendig, daß sich der Kranke im Zustand der Hypnose befinde. Der Arbeiter befand sich aber nicht in Hypnose, wir können jedoch annehmen, daß er sich während des Traumas in einem besonderen Geisteszustand befand, und Charcot ist geneigt, diesen Affekt gleichzustellen dem künstlich hervorgerufenen Zustand der Hypnose. Damit ist die traumatische spontane Lähmung vollständig erklärt und in Analogie gebracht mit der durch Suggestion erzeugten Lähmung, und das Entstehen des Symptoms ist durch die Umstände des Traumas eindeutig determiniert.

Dasselbe Experiment hat Charcot aber auch zur Erklärung der Kontrakturen und Schmerzen, welche bei traumatischer Hysterie auftreten, wiederholt, und ich möchte sagen, daß Charcot selbst kaum in irgendeinem anderen Punkte so tief in das Verständnis der Hysterie eingedrungen ist wie gerade in dieser Frage. Aber hier endet seine Analyse, wir erfahren nicht, wie andere Symptome entstehen, und vor allem nicht, wie die hysterischen Symptome bei der gemeinen, nicht traumatischen Hysterie zustande kommen.

Meine Herren! Ungefähr gleichzeitig, als Charcot die hystero-traumatischen Lähmungen auf diese Weise durchleuchtete, hat Dr. Breuer 1880–1882 einer jungen Dame seinen ärztlichen Beistand geschenkt, welche sich – durch nicht traumatische Ätiologie – bei der Pflege ihres kranken Vaters eine schwere und komplizierte Hysterie mit Lähmungen, Kontrakturen, Sprach- und Sehstörungen und allen möglichen psychischen Besonderheiten zugezogen hatte[1]. Dieser Fall wird seine Bedeutung für die Geschichte der Hysterie behalten, denn er war der erste Fall, wo es dem Arzte gelang, alle Symptome des hysterischen Zustandes zu durchleuchten, von jedem Symptom die Herkunft zu erfahren und gleichzeitig den Weg zu finden, dieses Symptom wieder zum Verschwinden zu bringen; es war sozusagen der erste durchsichtig gemachte Fall von Hysterie. Dr. Breuer bewahrte die Schlußfolgerun-

---

[1] [Dies war natürlich Fräulein Anna O., dargestellt in der ersten Krankengeschichte der *Studien über Hysterie* (Breuer und Freud, 1895, Freud, 1895 d).]

[*Vortrag*]

gen, welche dieser Fall ziehen ließ, bei sich, bis er die Gewißheit erlangt hatte, daß er nicht vereinzelt dastehe. Nachdem ich im Jahre 1886 von einem Studienaufenthalt bei Charcot zurückgekehrt war[1], begann ich, in stetem Einvernehmen mit Breuer, eine größere Reihe von hysterischen Kranken genau zu beobachten und nach dieser Richtung hin zu untersuchen, und fand, daß das Verhalten jener ersten Patientin in der Tat ein typisches war und daß die Schlüsse, zu welchen dieser Fall berechtigte, auf eine größere Reihe, wenn nicht auf die Gesamtzahl der Hysterischen übertragen werden dürfen.

Unser Material bestand aus Fällen von gemeiner, also nicht traumatischer Hysterie; wir gingen so vor, daß wir uns bei jedem einzelnen Symptom nach den Umständen erkundigten, unter denen dieses Symptom zuerst aufgetreten war, und uns auf diese Art auch über die Veranlassung Klarheit zu verschaffen suchten, welche möglicherweise für dieses Symptom maßgebend sein konnte. Nun meinen Sie ja nicht, daß das eine einfache Arbeit ist. Wenn Sie Patienten in dieser Beziehung ausfragen, so bekommen sie meist zunächst gar keine Antwort; in einer kleinen Reihe von Fällen haben die Kranken ihre Gründe, das, was sie wissen, nicht zu sagen, in einer größeren Anzahl haben die Patienten tatsächlich keine Ahnung von dem Zusammenhange der Symptome. Der Weg, auf welchem etwas zu erfahren ist, ist schwierig und folgendermaßen: Man muß die Kranken in Hypnose versetzen und sie dann nach der Herkunft eines gewissen Symptomes ausfragen, wann dasselbe zum ersten Male aufgetreten und an was sie sich dabei erinnern. In diesem Zustande kehrt die Erinnerung, über welche sie im wachen Zustande nicht verfügen, zurück. Auf diese Art haben wir erfahren, daß, um es grob zu sagen, hinter den meisten, wenn nicht hinter allen Phänomenen der Hysterie ein mit Affekt betontes Erlebnis steckt und daß ferner dieses Erlebnis von solcher Art ist, daß es das Symptom, welches sich darauf bezieht, unmittelbar verstehen läßt, daß also dieses Symptom wieder eindeutig determiniert ist. Jetzt kann ich bereits den ersten Satz formulieren, zu welchem wir gelangt sind, wenn Sie mir gestatten, dieses mit Affekt betonte Erlebnis gleichzustellen jenem großen traumatischen Erlebnis, welches der traumatischen Hysterie zugrunde liegt: *Es besteht eine volle Analogie zwischen der traumatischen Lähmung und der gemeinen, nicht traumatischen Hysterie.* Der Unterschied ist nur der, daß dort ein großes Trauma eingewirkt hat, während hier selten ein einziges großes Ereig-

---

[1] [Freud verbrachte den Winter 1885-86 in Paris, wo er an der Salpêtrière arbeitete.]

nis zu konstatieren ist, sondern eine Reihe von affektvollen Eindrükken; eine ganze Leidensgeschichte. Es hat aber nichts Gezwungenes, diese Leidensgeschichte, welche sich bei Hysterischen als veranlassendes Moment ergibt, mit jenem Unfall bei der traumatischen Hysterie gleichzustellen, denn es zweifelt heute niemand mehr, daß auch bei dem großen mechanischen Trauma der traumatischen Hysterie es nicht das mechanische Moment ist, welches zur Wirkung kommt, sondern der Schreckaffekt, das psychische Trauma. Es ergibt sich also daraus als erstes, daß das Schema der traumatischen Hysterie, wie es Charcot für die hysterischen Lähmungen gegeben hat, ganz allgemein für alle hysterischen Phänomene oder wenigstens für die größte Zahl derselben gilt; überall handelt es sich um die Wirkung psychischer Traumen, welche die Natur der so entstehenden Symptome eindeutig bestimmen.

Gestatten Sie mir nun, Ihnen hierfür einige Beispiele vorzuführen. Zunächst ein Beispiel für das Auftreten von Kontrakturen. Die bereits erwähnte Patientin Breuers wies während der ganzen Zeit ihrer Krankheit eine Kontraktur des rechten Armes auf. In der Hypnose stellte sich heraus, daß sie zur Zeit, als sie noch nicht erkrankt war, einmal folgendes Trauma erlitten hatte: Sie saß halbschlummernd am Bette des kranken Vaters und hatte den rechten Arm über die Sessellehne hängen, wobei ihr derselbe einschlief. In diesem Momente hatte sie eine schreckhafte Halluzination, welche sie mit ihrem Arm abwehren wollte, was aber nicht gelang. Darüber erschrak sie heftig, und damit war die Sache vorläufig auch abgetan. Erst mit dem Ausbruch der Hysterie kam es zur Kontraktur dieses Armes. Bei einer anderen Kranken beobachtete ich ein eigenartiges Schnalzen mit der Zunge mitten in der Rede, ähnlich dem Balzen des Auerhahns[1]. Ich kannte dieses Symptom an ihr bereits monatelang und hielt es für einen Tic. Erst als ich zufällig einmal in der Hypnose mich nach dem Ursprung desselben erkundigte, stellte sich heraus, daß das Geräusch bei zwei Gelegenheiten zum ersten Male aufgetreten war, wo sie beide Male den festen Vorsatz hatte, sich absolut ruhig zu verhalten, einmal als sie ihr schwerkrankes Kind pflegte – Krankenpflege kommt oft in der Ätiologie der Hysterie vor – und sich vornahm, dasselbe, das eben eingeschlafen war, durch kein Geräusch zu wecken. Aber die Furcht vor der Tat schlug in die Aktion um (hysterischer Gegenwille!) und, die Lippen aufeinander pressend, machte sie jenes schnalzende Ge-

---
[1] [Es war Frau Emmy von N., Fall II der *Studien*.]

[*Vortrag*]

rausch mit der Zunge. Dasselbe Symptom entstand viele Jahre später ein zweites Mal, als sie sich gleichfalls vorgenommen hatte, sich absolut ruhig zu verhalten, und verblieb von da an. Oft reicht eine einzige Veranlassung nicht hin, um ein Symptom zu fixieren[1], wenn aber dieses selbe Symptom mehrere Male mit einem gewissen Affekt auftritt, dann fixiert es sich und bleibt.

Eines der häufigsten Symptome der Hysterie ist Anorexie und Erbrechen. Ich kenne eine ganze Reihe von Fällen, welche das Zustandekommen dieses Symptomes in einfacher Weise erklären. So persistierte bei einer Kranken das Erbrechen, nachdem sie einen sie kränkenden Brief unmittelbar vor dem Essen gelesen und nach demselben alles wieder erbrochen hatte. In anderen Fällen läßt sich der Ekel vor dem Essen mit aller Bestimmtheit darauf beziehen, daß Personen durch die Institution des gemeinsamen Tisches genötigt sind, mit Personen zusammen zu essen, die sie verabscheuen. Der Ekel überträgt sich dann von der Person auf das Essen. Besonders interessant in dieser Beziehung war jene erwähnte Frau mit dem Tic; diese Frau aß ungemein wenig und nur gezwungen; in der Hypnose erfuhr ich, daß eine Reihe von psychischen Traumen schließlich dieses Symptom, den Ekel vor dem Essen, hervorgebracht hatte. Schon als Kind wurde sie von der sehr strengen Mutter angehalten, das Fleisch, welches sie zu Mittag nicht gegessen hatte, zwei Stunden nach Tisch kalt und mit dem erstarrten Fett zu essen; sie tat dies mit großem Ekel und behielt die Erinnerung daran, so daß sie, auch als sie später nicht mehr zu dieser Strafe gezwungen war, stets mit Ekel zu Tisch ging. 10 Jahre später teilte sie den Tisch mit einem Verwandten, welcher tuberkulös war und während des Essens stets über den Tisch hinüber in die Spuckschale spuckte; einige Zeit später war sie gezwungen, mit einem Verwandten zu essen, von welchem sie wußte, daß er an einer ansteckenden Krankheit leide. Die Patientin Breuers benahm sich eine Zeitlang wie eine Hydrophobische; in der Hypnose stellte sich als Grund hierfür heraus, daß sie einmal unvermutet einen Hund aus einem ihrer Wassergläser hatte trinken gesehen[2].

Auch das Symptom der Schlaflosigkeit und Schlafstörung findet meist die präziseste Erklärung. Eine Frau konnte z. B. durch Jahre erst um

---

[1] [»Fixieren« bedeutet hier lediglich »festsetzen«. Das Wort hat noch nicht den späteren psychoanalytischen Sinn einer Entwicklungsblockierung.]
[2] [Dieses Symptom war übrigens das erste, das mit der kathartischen Methode behoben wurde, und das Verfahren wurde von der Patientin spontan initiiert.]

6 Uhr früh einschlafen. Sie hatte lange Zeit Tür an Tür mit ihrem kranken Mann geschlafen, welcher morgens um 6 Uhr aufstand. Von dieser Zeit an fand sie Ruhe zu schlafen, und so benahm sie sich auch dann viele Jahre später während einer hysterischen Erkrankung. Ein anderer Fall betraf einen Mann. Ein Hysteriker schläft seit 12 Jahren sehr schlecht; aber seine Schlaflosigkeit ist von ganz eigener Art. Während er im Sommer ausgezeichnet schläft, schläft er im Winter recht schlecht, und ganz besonders schlecht im November. Womit dies zusammenhängt, davon hat er keine Ahnung. Das Examen ergibt, daß er vor 12 Jahren im November bei seinem an Diphtheritis erkrankten Kind viele Nächte hindurch gewacht hatte.

Ein Beispiel von Sprachstörung liefert die wiederholt erwähnte Patientin Breuers. Diese sprach während einer langen Periode ihrer Krankheit nur englisch; weder sprach, noch verstand sie das Deutsche. Dieses Symptom ließ sich auf ein Ereignis noch vor Ausbruch ihrer Krankheit zurückführen. In einem Zustande großer Angst versuchte sie zu beten, fand aber keine Worte. Endlich fielen ihr ein paar Worte eines englischen Kindergebetes ein. Als sie später erkrankte, stand ihr nur das Englische zur Verfügung.

Nicht in allen Fällen ist die Determination des Symptoms durch das psychische Trauma so durchsichtig. Es besteht oft nur eine sozusagen symbolische Beziehung zwischen der Veranlassung und dem hysterischen Symptom. Das bezieht sich besonders auf Schmerzen. So litt eine Kranke an bohrenden Schmerzen zwischen den Augenbrauen[1]. Der Grund dafür lag darin, daß sie einmal als Kind von ihrer Großmutter prüfend, »durchbohrend« angeschaut worden war. Dieselbe Patientin litt eine Zeitlang an ganz unmotivierten, heftigen Schmerzen in der rechten Ferse. Diese Schmerzen hatten, wie sich herausstellte, Beziehung zu einer Vorstellung, welche die Patientin hatte, als sie zuerst in die Welt eingeführt wurde; es überkam sie damals die Angst, daß sie das »richtige« oder »rechte Auftreten« nicht finden könnte. Solche Symbolisierungen werden von vielen Kranken für eine ganze Reihe von sogenannten Neuralgien und Schmerzen in Anspruch genommen. Es besteht gleichsam eine Absicht, den psychischen Zustand durch einen körperlichen auszudrücken, und der Sprachgebrauch bietet hierfür die Brücke. Gerade für die typischen hysterischen Symptome, wie Hemianästhesie, Gesichtsfeldeinengung, epileptiforme Konvul-

---

[1] [Das war Frau Cäcilie M., deren »symbolische« Symptome am Ende der Falldarstellung V in den *Studien* diskutiert werden.]

[*Vortrag*]

sionen etc., ist es aber nicht möglich, einen derartigen psychischen Mechanismus nachzuweisen. Für die hysterogenen Zonen[1] hingegen ist es uns oftmals gelungen.

Mit diesen Beispielen, welche ich aus einer Reihe von Beobachtungen herausgegriffen habe, wäre der Beweis geliefert, daß man die Phänomene der gemeinen Hysterie ruhig nach demselben Schema auffassen darf wie die der traumatischen Hysterie, daß somit jede Hysterie als traumatische Hysterie aufgefaßt werden kann im Sinne des psychischen Traumas und daß jedes Phänomen nach der Art des Traumas determiniert ist.

Die weitere Frage, welche zu beantworten wäre, ist nun, welches ist die Art des ursächlichen Zusammenhanges zwischen jenem Anlaß, den wir in der Hypnose erfahren haben, und dem Phänomen, welches später als hysterisches Dauersymptom bleibt? Ein solcher Zusammenhang könnte ein mannigfacher sein. Er könnte etwa von der Art sein, wie wir ihn als Typus der Auslösung anführen. Wenn beispielsweise jemand, der zu Tuberkulose disponiert ist, einen Schlag aufs Knie bekommt, in dessen Gefolge sich eine tuberkulöse Gelenkentzündung entwickelt, so ist das eine einfache Auslösung. Aber so verhält es sich bei der Hysterie nicht. Es gibt noch eine andere Art der Verursachung, und das ist die direkte. Wollen wir uns dieselbe durch das Bild des Fremdkörpers veranschaulichen. Ein solcher wirkt als reizende Krankheitsursache fort und fort, bis er entfernt ist. *Cessante causa cessat effectus*[2]. Die Beobachtung Breuers lehrt, daß zwischen dem psychischen Trauma und dem hysterischen Phänomen ein Zusammenhang der letzten Art besteht. Breuer hat nämlich bei seiner ersten Patientin folgende Erfahrung gemacht: Der Versuch, die Veranlassung eines Symptomes zu erfahren, ist gleichzeitig ein therapeutisches Manöver. Der Moment, in welchem der Arzt erfährt, bei welcher Gelegenheit ein Symptom zum ersten Male aufgetreten ist und wodurch es bedingt war, ist auch derjenige, in dem dieses Symptom verschwindet. Wenn ein Kranker beispielsweise das Symptom der Schmerzen bietet und wir forschen in der Hypnose nach, woher er diese Schmerzen habe, so kommt eine Reihe von Erinnerungen über ihn. Wenn es gelingt, den Kranken zu einer recht lebhaften Erinnerung zu bringen, so sieht

---

[1] [Die »hysterogenen Zonen« (oder »Punkte«) sind in ›Zur Ätiologie der Hysterie‹, S. 78 unten, kurz geschildert.]
[2] [Wenn die Ursache wegfällt, hört die Wirkung auf.]

er die Dinge mit ursprünglicher Wirklichkeit vor sich, man merkt, daß der Kranke unter der vollen Herrschaft eines Affektes steht, und wenn man ihn dann nötigt, diesem Affekte Worte zu leihen, so sieht man, daß unter Erzeugung eines heftigen Affektes diese Erscheinung der Schmerzen noch einmal mit großem Ausdruck auftritt und daß von da an dieses Symptom als Dauersymptom verschwunden ist. So gestaltete sich der Vorgang in all den angeführten Beispielen. Es hat sich dabei die interessante Tatsache ergeben, daß die Erinnerung an dieses Ereignis außerordentlich viel lebhafter war als an andere und daß der damit verbundene Affekt so groß war, als er etwa bei dem wirklichen Erlebnis gewesen war. Man muß annehmen, daß jenes psychische Trauma in der Tat in dem betreffenden Individuum noch fortwirkt und das hysterische Phänomen unterhält und daß es zu Ende ist, sowie sich der Patient darüber ausgesprochen hat.

Ich habe soeben bemerkt, daß, wenn man nach unserem Verfahren durch Ausforschung in der Hypnose auf das psychische Trauma gekommen ist, man dabei findet, daß die Erinnerung, um die es sich handelt, ganz ungewöhnlich stark ist und ihren vollen Affekt bewahrt hat. Es entsteht nun die Frage, woher kommt es, daß ein Ereignis, das vor so langer Zeit, etwa vor 10 oder 20 Jahren, vorgefallen ist, fortwährend seine Gewalt über das Individuum äußert, warum diese Erinnerungen nicht der Abnützung, der Usur, dem Vergessen verfallen.

Zur Beantwortung dieser Frage möchte ich einige Erwägungen über die Bedingungen der Abnützung des Inhalts unseres Vorstellungslebens vorausschicken. Man kann hier von einem Satze ausgehen, welcher folgendermaßen lautet: Wenn ein Mensch einen psychischen Eindruck erfährt, so wird etwas in seinem Nervensystem gesteigert, was wir momentan die Erregungssumme[1] nennen wollen. Nun besteht in jedem Individuum, um seine Gesundheit zu erhalten, das Bestreben, diese Erregungssumme wieder zu verkleinern[2]. Die Steigerung der Erregungssumme geschieht auf sensiblen Bahnen, die Verkleinerung auf motorischen Bahnen. Man kann also sagen, wenn jemandem etwas zustößt, so reagiert er darauf motorisch. Man kann nun ruhig behaupten, daß es von dieser Reaktion abhängt, wieviel von dem anfänglichen psychischen Eindruck zurückbleibt. Erörtern wir das an einem

---
[1] [Hier erscheint dieser Freudsche Terminus erstmals gedruckt.]
[2] [Eine noch tastende Darstellung des »Konstanzprinzips«; s. die ›Editorische Vorbemerkung‹, S. 11 f. oben.]

[*Vortrag*]

besonderen Beispiele. Ein Mensch erfahre eine Beleidigung, einen Schlag oder dergleichen, so ist das psychische Trauma mit einer Steigerung der Erregungssumme des Nervensystemes verbunden. Es entsteht dann instinktiv die Neigung, diese gesteigerte Erregung sofort zu vermindern, er schlägt zurück, und nun ist ihm leichter, er hat vielleicht adäquat reagiert, d. h. er hat so viel abgeführt, als ihm zugeführt wurde. Nun gibt es verschiedene Arten dieser Reaktion. Für ganz leichte Erregungssteigerungen genügen vielleicht Veränderungen des eigenen Körpers, Weinen, Schimpfen, Toben und dergleichen. Je intensiver das psychische Trauma, desto größer ist die adäquate Reaktion. Die adäquateste Reaktion ist aber immer die Tat. Aber, wie ein englischer Autor geistreich bemerkte, derjenige, welcher dem Feinde statt des Pfeiles ein Schimpfwort entgegenschleuderte, war der Begründer der Zivilisation[1], so ist das Wort der Ersatz für die Tat und unter Umständen der einzige Ersatz (Beichte). Es gibt also neben der adäquaten Reaktion eine minder adäquate. Wenn nun die Reaktion auf ein psychisches Trauma gänzlich unterblieben ist, dann behält die Erinnerung daran den Affekt[2], den sie ursprünglich hatte. Wenn also jemand, der beleidigt worden ist, die Beleidigung nicht vergelten kann, weder durch einen Gegenschlag noch durch ein Schimpfwort, dann ist die Möglichkeit gegeben, daß die Erinnerung an diesen Vorgang bei ihm wieder denselben Affekt hervorruft, wie er zu Anfang vorhanden war. Eine Beleidigung, die vergolten ist, wenn auch nur durch Worte, wird anders erinnert als eine, die hingenommen werden mußte, und der Sprachgebrauch bezeichnet auch charakteristischerweise eben das schweigend erduldete Leiden als »Kränkung«. Wenn also die Reaktion auf das psychische Trauma aus irgendeinem Grunde unterbleiben mußte, behält dasselbe seinen ursprünglichen Affekt, und wo sich der Mensch des Reizzuwachses nicht durch »Abreagieren« entledigen kann, ist die Möglichkeit gegeben, daß das betreffende Ereignis für ihn zu einem psychischen Trauma wird. Der gesunde psychische Mechanismus hat allerdings andere Mittel, den Affekt eines psychischen Traumas zu erledigen, auch wenn die motorische Reaktion und die Reaktion durch Worte versagt ist, nämlich die assoziative Verarbeitung, die Erledigung durch kontrastierende Vorstellungen. Wenn

---
[1] [Wie Andersson (1962, S. 109–10) nachgewiesen hat, ist dies eine Anspielung auf einen Satz von Hughlings Jackson.]
[2] [Im Erstdruck steht an dieser Stelle »Effekt«, ebenso 19 Zeilen weiter unten. Das sind höchstwahrscheinlich Druckfehler für »Affekt«.]

der Beleidigte nicht zurückschlägt, auch nicht schimpft, so kann er doch den Affekt der Beleidigung dadurch vermindern, daß er in sich kontrastierende Vorstellungen von der eigenen Würde, von der Würdelosigkeit des Beleidigers u.s.w. wachruft. Ob nun der Gesunde in der einen oder in der anderen Weise eine Beleidigung erledigt, gelangt er immer zu dem Ende, daß der Affekt, welcher ursprünglich stark in der Erinnerung haftete, endlich an Intensität verliert und daß die schließlich affektlose Erinnerung mit der Zeit dem Vergessen, der Usur anheimfällt.

Nun haben wir gefunden, daß sich bei Hysterischen lauter Eindrücke finden, welche nicht affektlos geworden sind und deren Erinnerung eine lebhafte geblieben ist. Wir kommen also darauf, daß diese pathogen gewordenen Erinnerungen bei Hysterischen eine besondere Ausnahmsstellung zur Usur einnehmen, und die Beobachtung zeigt, daß es sich bei allen Anlässen, welche zu Ursachen hysterischer Phänomene geworden sind, um psychische Traumen handelt, die nicht vollständig abreagiert, nicht vollständig erledigt worden sind. Wir können also sagen, *der Hysterische leidet an unvollständig abreagierten psychischen Traumen.*

Man findet zwei Gruppen von Bedingungen, unter welchen Erinnerungen pathogen werden[1]. In der einen Gruppe findet man als Inhalt der Erinnerungen, auf welche hysterische Phänomene zurückgehen, solche Vorstellungen, bei denen das Trauma ein allzu großes war, so daß es dem Nervensystem an Macht gebrach, um sich dessen auf irgendeine Art zu entledigen, ferner Vorstellungen, bei welchen soziale Gründe eine Reaktion unmöglich machen (so häufig im Eheleben), endlich ist es möglich, daß der Betreffende die Reaktion einfach verweigert, auf ein psychisches Trauma überhaupt nicht reagieren *will*. Da findet sich häufig als Inhalt der hysterischen Delirien gerade jener Vorstellungskreis, welchen die Kranken im normalen Zustand mit aller Gewalt von sich gewiesen, gehemmt und unterdrückt haben (z. B. Gotteslästerung und Erotismen in den hysterischen Delirien der Nonnen). In einer anderen Reihe von Fällen liegt aber der Grund, warum die motorische Reaktion ausfiel, nicht an dem Inhalt des psy-

---

[1] [Diese beiden Gruppen führten später zur entscheidenden Meinungsverschiedenheit zwischen Breuer und Freud. Die erste Gruppe bezieht sich auf Freuds »Abwehr«-Konzept, auf das er später sein ganzes Werk aufbaute, während er Breuers Hypothese der »hypnoiden Zustände« schon bald darauf verwarf. S. die ›Editorische Vorbemerkung‹, S. 12 oben.]

[*Vortrag*]

chischen Traumas, sondern an anderen Umständen. Man findet sehr häufig als Inhalt und Ursache hysterischer Phänomene Erlebnisse, welche an und für sich ganz geringfügig sind, aber dadurch eine hohe Bedeutung gewonnen haben, daß sie in ganz besonders wichtige Momente krankhaft gesteigerter Disposition gefallen sind. Es hat sich etwa der Affekt des Schreckens in einem anderen schweren Affekt ereignet und ist dadurch zu solcher Bedeutung gekommen. Derartige Zustände sind kurzdauernd und sozusagen außer Verkehr mit dem sonstigen geistigen Leben des Individuums. In einem solchen Zustand der Autohypnose kann das Individuum eine Vorstellung, welche in ihm auftrat, nicht derartig assoziativ erledigen, wie im wachen Zustande. Die längere Beschäftigung mit diesen Phänomenen machte es uns wahrscheinlich, daß es sich bei jeder Hysterie um ein Rudiment der sogenannten *double conscience*, des doppelten Bewußtseins handele und daß die Neigung zu dieser Dissoziation und damit zum Auftreten abnormer Bewußtseinszustände, die wir als »hypnoide« bezeichnen wollen, das Grundphänomen der Hysterie sei.

Sehen wir uns nun um, in welcher Weise unsere Therapie wirkt. Dieselbe kommt einem der heißesten Wünsche der Menschheit entgegen, nämlich dem Wunsche, etwas zweimal tun zu dürfen. Es hat jemand ein psychisches Trauma erfahren, ohne darauf genügend zu reagieren; man läßt ihn dasselbe ein zweites Mal erleben, aber in der Hypnose und nötigt ihn jetzt, die Reaktion zu vervollständigen. Er entledigt sich nun des Affekts der Vorstellung, der früher sozusagen eingeklemmt war, und damit ist die Wirkung dieser Vorstellung aufgehoben. Also wir heilen nicht die Hysterie, aber einzelne Symptome derselben dadurch, daß wir die unerledigte Reaktion vollziehen lassen.
Meinen Sie nun nicht, daß damit für die Therapie der Hysterie sehr viel gewonnen wäre. So wie die Neurosen[1] hat auch die Hysterie ihre tieferen Gründe, und diese sind es, welche der Therapie eine gewisse, oft sehr fühlbare Schranke setzen.

---

[1] [In jener Periode verwendete Freud den Terminus »Neurosen« oft zur Bezeichnung der Neurasthenie und des später von ihm als Angstneurose beschriebenen Zustandes.]

Über die Berechtigung,
von der Neurasthenie einen bestimmten Symptomenkomplex als »Angstneurose« abzutrennen

(1895 [1894])

EDITORISCHE VORBEMERKUNG

Deutsche Ausgaben:
1895 *Neurol. Zentbl.*, Bd. 14 (2), 50–66. (15. Januar.)
1906 *S. K. S. N.*, Bd. 1, 60–85. (2. Aufl. 1911; 3. Aufl. 1920; 4. Aufl. 1922.)
1925 *G. S.*, Bd. 1, 306–33.
1952 *G. W.*, Bd. 1, 315–42.

Man könnte diesen Artikel als die erste Strecke einer Wegspur bezeichnen, die sich mit mancherlei Gabelung und gelegentlichen scharfen Kehren durch das ganze Werk Freuds zieht. Er ist jedoch, genau genommen, nicht der Anfang dieser Fährte, denn es gingen ihm mehrere Erkundungszüge in Gestalt von Entwürfen voraus, die Freud an Wilhelm Fließ geschickt hatte und die erst posthum veröffentlicht worden sind (Freud, 1950 *a*). Man sollte sich bei der Lektüre dieser frühen Arbeiten vor Augen halten, daß Freud zu jener Zeit noch mit dem Problem rang, wie man die Befunde der Psychologie in neurologischen Termini ausdrücken könnte. Noch hatte er die Hypothese, daß es unbewußte seelische Vorgänge gäbe, sich nicht ganz zu eigen gemacht. So unterscheidet er in der vorliegenden Arbeit zwischen »somatischer sexueller Erregung« einerseits und »sexueller Libido oder psychischer Lust« andererseits (S. 42). Die »Libido« wird als etwas ausschließlich »Psychisches« betrachtet, obwohl sich wiederum noch keine klare Unterscheidung zwischen »psychisch« und »bewußt« erkennen läßt. Interessant ist aber, daß Freud schon wenige Jahre später, als er eine Zusammenfassung dieser Arbeit schrieb (1897 *b*), offenbar zu der Auffassung von der Libido als etwas potentiell Unbewußtem gelangt war, denn er schreibt: »Die neurotische Angst ist umgesetzte sexuelle Libido.«
In welchen Termini Freud diese Theorie auch immer ausdrückte, er hielt sie, ungeachtet einiger differenzierender Einschränkungen, bis ins hohe Alter aufrecht. Davor liegt aber eine lange Reihe sich wandelnder Ansichten, die in der ›Editorischen Vorbemerkung‹ zum letzten seiner Hauptwerke über dieses Thema, *Hemmung, Symptom und Angst* (1926 *d*, S. 229 ff. des vorliegenden Bandes), kurz dargestellt werden.

[EINLEITUNG]

Es ist schwierig, etwas Allgemeingültiges von der Neurasthenie auszusagen, solange man diesen Krankheitsnamen all das bedeuten läßt, wofür Beard[1] ihn gebraucht hat. Die Neuropathologie, meine ich, kann nur dabei gewinnen, wenn man den Versuch macht, von der eigentlichen Neurasthenie alle jene neurotischen Störungen abzusondern, deren Symptome einerseits untereinander fester verknüpft sind als mit den typischen neurasthenischen Symptomen (dem Kopfdruck, der Spinalirritation, der Dyspepsie mit Flatulenz und Obstipation), und die anderseits in ihrer Ätiologie und ihrem Mechanismus wesentliche Verschiedenheiten von der typischen neurasthenischen Neurose erkennen lassen. Nimmt man diese Absicht an, so wird man bald ein ziemlich einförmiges Bild der Neurasthenie gewonnen haben. Man wird es dann dahin bringen, schärfer, als es bisher gelungen ist, verschiedene Pseudoneurasthenien (das Bild der organisch vermittelten nasalen Reflexneurose[2], die nervösen Störungen der Kachexien und der Arteriosklerose, die Vorstadien der progressiven Paralyse und mancher Psychosen) von echter Neurasthenie zu unterscheiden, ferner werden sich – nach Möbius' Vorschlag – manche *status nervosi* der hereditär Degenerierten abseits stellen lassen, und man wird auch Gründe finden, manche Neurosen, die man heute Neurasthenie heißt, besonders intermittierender oder periodischer Natur, vielmehr der Melancholie zuzurechnen. Die einschneidendste Veränderung bahnt man aber an, wenn man sich entschließt, von der Neurasthenie jenen Symptomenkomplex abzutrennen, den ich im folgenden beschreiben werde und der die oben aufgestellten Bedingungen in besonders zureichender Weise erfüllt. Die Symptome dieses Komplexes stehen klinisch einander weit näher als den echt neurasthenischen (d. h. sie kommen häufig zusammen vor, ver-

---

[1] [Der amerikanische Neurologe G. M. Beard (1839–83) galt als der Hauptrepräsentant des Neurastheniekonzepts. Vgl. Beard, 1881 und 1884.]
[2] [Dies war eine von Fließ (1892 und 1893) vorgeschlagene und Freud nahegelegte klinische Einheit.]

treten einander im Krankheitsverlauf), und Ätiologie wie Mechanismus dieser Neurose sind grundverschieden von der Ätiologie und dem Mechanismus der echten Neurasthenie, wie sie uns nach solcher Sonderung erübrigt.

Ich nenne diesen Symptomenkomplex »Angstneurose«[1], weil dessen sämtliche Bestandteile sich um das Hauptsymptom der Angst gruppieren lassen, weil jeder einzelne von ihnen eine bestimmte Beziehung zur Angst besitzt. Ich glaubte, mit dieser Auffassung der Symptome der Angstneurose originell zu sein, bis mir ein interessanter Vortrag von E. Hecker[2] in die Hände fiel, in welchem ich die nämliche Deutung mit aller wünschenswerten Klarheit und Vollständigkeit dargelegt fand. Hecker löst die von ihm als Äquivalente oder Rudimente des Angstanfalles erkannten Symptome allerdings nicht aus dem Zusammenhange der Neurasthenie, wie ich es beabsichtige; allein dies rührt offenbar daher, daß er auf die Verschiedenheit der ätiologischen Bedingungen hier und dort keine Rücksicht genommen hat. Mit der Kenntnis dieser letzteren Differenz entfällt jeder Zwang, die Angstsymptome mit demselben Namen wie die echt neurasthenischen zu bezeichnen, denn die sonst willkürliche Namengebung hat vor allem den Zweck, uns die Aufstellung allgemeiner Behauptungen zu erleichtern.

I

KLINISCHE SYMPTOMATOLOGIE DER ANGSTNEUROSE

Was ich »Angstneurose« nenne, kommt in vollständiger oder rudimentärer Ausbildung, isoliert oder in Kombination mit anderen Neurosen zur Beobachtung. Die einigermaßen vollständigen und dabei isolierten Fälle sind natürlich diejenigen, welche den Eindruck, daß die Angstneurose klinische Selbständigkeit besitze, besonders unterstützen. In anderen Fällen steht man vor der Aufgabe, aus einem Symptomenkomplex, welcher einer »*gemischten* Neurose« entspricht, diejenigen herauszuklauben und zu sondern, die nicht der Neurasthenie, Hysterie u. dgl., sondern der Angstneurose zugehören.

---

[1] [Freud benutzt hier das Wort erstmals in einem publizierten Werk in Deutsch. (Der französischen Version – »névrose d'angoisse« – hatte er sich schon in ›Obsessions et phobies‹ (1895 c) bedient.) Konzept wie Terminus werden Freud zugeschrieben.]
[2] E. Hecker (1893). – Die Angst wird geradezu unter den Hauptsymptomen der Neurasthenie angeführt in der Studie von Kaan (1893).

I. Klinische Symptomatologie

Das klinische Bild der Angstneurose umfaßt folgende Symptome:
1) *Die allgemeine Reizbarkeit.* Diese ist ein häufiges nervöses Symptom, als solches vielen *status nervosi* eigen. Ich führe sie hier an, weil sie bei der Angstneurose konstant vorkommt und theoretisch bedeutsam ist. Gesteigerte Reizbarkeit deutet ja stets auf Anhäufung von Erregung oder auf Unfähigkeit, Anhäufung zu ertragen, also auf *absolute* oder *relative* Reizanhäufung. Einer besonderen Hervorhebung wert finde ich den Ausdruck dieser gesteigerten Reizbarkeit durch eine *Gehörshyperästhesie*, eine Überempfindlichkeit gegen Geräusche, welches Symptom sicherlich durch die mitgeborene innige Beziehung zwischen Gehörseindrücken und Erschrecken zu erklären ist. Die Gehörshyperästhesie findet sich häufig als Ursache der *Schlaflosigkeit*, von welcher mehr als eine Form zur Angstneurose gehört.
2) *Die ängstliche Erwartung.* Ich kann den Zustand, den ich meine, nicht besser erläutern als durch diesen Namen und einige beigefügte Beispiele. Eine Frau z. B., die an ängstlicher Erwartung leidet, denkt bei jedem Hustenstoße ihres katarrhalisch affizierten Mannes an Influenzapneumonie und sieht im Geiste seinen Leichenzug vorüberziehen. Wenn sie auf dem Wege nach Hause zwei Personen vor ihrem Haustor beisammenstehend sieht, kann sie sich des Gedankens nicht erwehren, daß eines ihrer Kinder aus dem Fenster gestürzt sei; wenn sie die Glocke läuten hört, so bringt man ihr eine Trauerbotschaft u. dgl., während doch in allen diesen Fällen kein besonderer Anlaß zur Verstärkung einer bloßen Möglichkeit vorliegt.
Die ängstliche Erwartung klingt natürlich stetig ins Normale ab, umfaßt alles, was man gemeinhin als »Ängstlichkeit, Neigung zu pessimistischer Auffassung der Dinge« bezeichnet, geht aber so oft als möglich über solche plausible Ängstlichkeit hinaus und ist häufig selbst für den Kranken als eine Art von Zwang erkenntlich. Für eine Form der ängstlichen Erwartung, nämlich für die in bezug auf die eigene Gesundheit, kann man den alten Krankheitsnamen *Hypochondrie* reservieren. Die Hypochondrie geht nicht immer der Höhe der allgemeinen ängstlichen Erwartung parallel, sie verlangt als Vorbedingung die Existenz von Parästhesien und peinlichen Körperempfindungen, und so wird die Hypochondrie die Form, welche die echten Neurastheniker bevorzugen, sobald sie, was häufig geschieht, der Angstneurose verfallen[1].

---

[1] [Auf dieses Thema, das Verhältnis zwischen Hypochondrie und den anderen Neurosen, kommt Freud viel später wieder zurück, besonders in Teil II seiner Narzißmusarbeit (1914 c), *Studienausgabe*, Bd. 3, S. 50 f.]

Eine weitere Äußerung der ängstlichen Erwartung dürfte die bei moralisch empfindlicheren Personen so häufige Neigung zur *Gewissensangst*[1], zur Skrupulosität und Pedanterie sein, die gleichfalls vom Normalen bis zur Steigerung als *Zweifelsucht* variiert.

Die ängstliche Erwartung ist das Kernsymptom der Neurose; in ihr liegt auch ein Stück von der Theorie derselben frei zutage. Man kann etwa sagen, daß hier ein *Quantum Angst frei flottierend* vorhanden ist, welches bei der Erwartung die Auswahl der Vorstellungen beherrscht und jederzeit bereit ist, sich mit irgendeinem passenden Vorstellungsinhalt zu verbinden.

3) Es ist dies nicht die einzige Art, wie die fürs Bewußtsein meist latente, aber konstant lauernde Ängstlichkeit sich äußern kann. Diese kann vielmehr auch plötzlich ins Bewußtsein hereinbrechen, ohne vom Vorstellungsablauf geweckt zu werden, und so einen *Angstanfall* hervorrufen. Ein solcher Angstanfall besteht entweder einzig aus dem Angstgefühle ohne jede assoziierte Vorstellung oder mit der naheliegenden Deutung der Lebensvernichtung, des »Schlagtreffens«, des drohenden Wahnsinns, oder aber dem Angstgefühle ist irgendwelche Parästhesie beigemengt (ähnlich der hysterischen Aura[2]), oder endlich mit der Angstempfindung ist eine Störung irgend einer oder mehrerer Körperfunktionen, der Atmung, Herztätigkeit, der vasomotorischen Innervation, der Drüsentätigkeit verbunden. Aus dieser Kombination hebt der Patient bald das eine, bald das andere Moment besonders hervor, er klagt über »Herzkrampf«, »Atemnot«, »Schweißausbrüche«, »Heißhunger« u. dgl., und in seiner Darstellung tritt das Angstgefühl häufig ganz zurück oder wird recht unkenntlich als ein »Schlechtwerden«, »Unbehagen« usw. bezeichnet.

4) Interessant und diagnostisch bedeutsam ist nun, daß das Maß der Mischung dieser Elemente im Angstanfalle ungemein variiert und daß nahezu jedes begleitende Symptom den Anfall ebensowohl allein konstituieren kann wie die Angst selbst. Es gibt demnach *rudimentäre Angstanfälle* und *Äquivalente des Angstanfalles,* wahrscheinlich alle von der gleichen Bedeutung, die einen großen und bis jetzt wenig gewürdigten Reichtum an Formen zeigen. Das genauere Studium dieser larvierten Angstzustände (Hecker [1893]) und ihre diagnostische Tren-

---

[1] [Die Gewissensangst wird in einigen der Spätschriften Freuds zum Hauptthema, so in *Hemmung, Symptom und Angst* (1926 d), s. unten S. 270 f., S. 279 f. und S. 285.]
[2] [S. die Anm. auf S. 14.]

I. Klinische Symptomatologie

nung von anderen Anfällen dürfte bald zur notwendigen Arbeit für den Neuropathologen werden.

Ich füge hier nur die Liste der mir bekannten Formen des Angstanfalles an:

a) Mit Störungen der *Herztätigkeit,* Herzklopfen, mit kurzer Arrhythmie, mit länger anhaltender Tachykardie bis zu schweren Schwächezuständen des Herzens, deren Unterscheidung von organischer Herzaffektion nicht immer leicht ist; Pseudoangina pectoris, ein diagnostisch heikles Gebiet!

b) Mit Störungen der *Atmung,* mehrere Formen von nervöser Dyspnoe, asthmaartigem Anfalle u. dgl. Ich hebe hervor, daß selbst diese Anfälle nicht immer von kenntlicher Angst begleitet sind.

c) Anfälle von *Schweißausbrüchen,* oft nächtlich.

d) Anfälle von *Zittern* und *Schütteln,* die nur zu leicht mit hysterischen verwechselt werden.

e) Anfälle von *Heißhunger,* oft mit Schwindel verbunden.

f) Anfallsweise auftretende *Diarrhöen.*

g) Anfälle von lokomotorischem *Schwindel.*

h) Anfälle von sogenannten *Kongestionen,* so ziemlich alles, was man vasomotorische Neurasthenie genannt hat.

i) Anfälle von *Parästhesien* (diese aber selten ohne Angst oder ein ähnliches Unbehagen).

5) Nichts als eine Abart des Angstanfalles ist sehr häufig das *nächtliche Aufschrecken (pavor nocturnus* der Erwachsenen), gewöhnlich mit Angst, mit Dyspnoe, Schweiß u. dgl. verbunden. Diese Störung bedingt eine zweite Form von Schlaflosigkeit im Rahmen der Angstneurose. [Vgl. S. 29.] – Es ist mir übrigens unzweifelhaft geworden, daß auch der *pavor nocturnus* der Kinder eine Form zeigt, die zur Angstneurose gehört. Der hysterische Anstrich, die Verknüpfung der Angst mit der Reproduktion eines hiezu geeigneten Erlebnisses oder Traumes, lassen den *pavor nocturnus* der Kinder als etwas Besonderes erscheinen; er kommt aber auch rein vor, ohne Traum oder wiederkehrende Halluzination.

6) Eine hervorragende Stellung in der Symptomengruppe der Angstneurose nimmt der »*Schwindel*« ein, der in seinen leichtesten Formen besser als »Taumel« zu bezeichnen ist, in schwererer Ausbildung als »Schwindelanfall« mit oder ohne Angst zu den folgenschwersten Sym-

ptomen der Neurose gehört. Der Schwindel der Angstneurose ist weder ein Drehschwindel, noch läßt er, wie der Ménièresche Schwindel, einzelne Ebenen und Richtungen hervorheben. Er gehört dem lokomotorischen oder koordinatorischen Schwindel an wie der Schwindel bei Augenmuskellähmung; er besteht in einem spezifischen Mißbehagen, begleitet von den Empfindungen, daß der Boden wogt, die Beine versinken, daß es unmöglich ist, sich weiter aufrecht zu halten, und dabei sind die Beine bleischwer, zittern oder knicken ein. Zum Hinstürzen führt dieser Schwindel nie. Dagegen möchte ich behaupten, daß ein solcher Schwindelanfall auch durch einen Anfall von tiefer *Ohnmacht* vertreten werden kann. Andere ohnmachtartige Zustände bei der Angstneurose scheinen von einem *Herzkollaps* abzuhängen.

Der Schwindelanfall ist nicht selten von der schlimmsten Art von Angst begleitet, häufig mit Herz- und Atemstörungen kombiniert. Höhenschwindel, Berg- und Abgrundschwindel finden sich nach meinen Beobachtungen gleichfalls bei der Angstneurose häufig vor; auch weiß ich nicht, ob man noch berechtigt ist, nebenher einen *vertigo a stomacho laeso* [Schwindel gastrischen Ursprungs] anzuerkennen.

7) Auf Grund der chronischen Ängstlichkeit (ängstliche Erwartung) einerseits, der Neigung zum Schwindelangstanfalle andererseits entwickeln sich zwei Gruppen von typischen Phobien, die erste auf die allgemein physiologischen Bedrohungen, die andere auf die Lokomotion bezüglich. Zur ersten Gruppe gehören die Angst vor Schlangen, Gewitter, Dunkelheit, Ungeziefer u. dgl., sowie die typische moralische Überbedenklichkeit, Formen der Zweifelsucht; hier wird die disponible Angst einfach zur Verstärkung von Abneigungen verwendet, die jedem Menschen instinktiv eingepflanzt sind. Gewöhnlich bildet sich eine zwangsartig wirkende Phobie aber erst dann, wenn eine Reminiszenz an ein Erlebnis hinzukommt, bei welchem diese Angst sich äußern konnte, z. B. nachdem der Kranke ein Gewitter im Freien mitgemacht hat. Man tut unrecht, solche Fälle einfach als *Fortdauer starker Eindrücke* erklären zu wollen; was diese Erlebnisse bedeutsam und ihre Erinnerung dauerhaft macht, ist doch nur die Angst, die damals hervortreten konnte und heute ebenso hervortreten kann. Mit anderen Worten, solche Eindrücke bleiben kräftig nur bei Personen mit »ängstlicher Erwartung«.

Die andere Gruppe enthält die *Agoraphobie* mit allen ihren Nebenarten, sämtliche charakterisiert durch die Beziehung auf die Lokomotion. Ein vorausgegangener Schwindelanfall findet sich hiebei häufig als

Begründung der Phobie; ich glaube nicht, daß man ihn jedesmal postulieren darf. Gelegentlich sieht man, daß nach einem ersten Schwindelanfall ohne Angst die Lokomotion zwar beständig von der Sensation des Schwindels begleitet wird, aber ohne Einschränkung möglich bleibt, daß dieselbe aber unter den Bedingungen des Alleinseins, der engen Straße u. dgl. versagt, wenn einmal sich zum Schwindelanfalle Angst hinzugesellt hat.

Das Verhältnis dieser Phobien zu den Phobien der Zwangsneurose, deren Mechanismus ich in einem früheren Aufsatze[1] in diesem Blatte aufgedeckt habe, ist folgender Art: Die Übereinstimmung liegt darin, daß hier wie dort eine Vorstellung zwangsartig wird durch die Verknüpfung mit einem disponiblen Affekt. Der Mechanismus der *Affektversetzung* gilt also für beide Arten von Phobien. Bei den Phobien der Angstneurose ist aber 1) dieser Affekt ein monotoner, stets der der Angst; 2) stammt er nicht von einer verdrängten Vorstellung her, sondern erweist sich bei psychologischer Analyse als *nicht weiter reduzierbar, wie er auch durch Psychotherapie nicht anfechtbar ist*. Der Mechanismus der *Substitution* gilt also für die Phobien der Angstneurose nicht.

Beiderlei Arten von Phobien (oder Zwangsvorstellungen) kommen häufig nebeneinander vor, obwohl die *atypischen* Phobien, die auf Zwangsvorstellungen beruhen, nicht notwendig auf dem Boden der Angstneurose erwachsen müssen. Ein sehr häufiger, anscheinend komplizierter Mechanismus stellt sich heraus, wenn bei einer ursprünglich einfachen Phobie der Angstneurose der Inhalt der Phobie durch eine andere Vorstellung substituiert wird, die Substitution also nachträglich zur Phobie hinzukommt. Zur Substitution werden am häufigsten die »*Schutzmaßregeln*« benützt, die ursprünglich zur Bekämpfung der Phobie versucht worden sind. So entsteht z. B. die Grübelsucht aus dem Bestreben, sich den Gegenbeweis zu liefern, daß man nicht verrückt ist, wie die hypochondrische Phobie behauptet: das Zaudern und Zweifeln, noch vielmehr das Repetieren der *folie du doute* entspringt dem berechtigten Zweifel in die Sicherheit des eigenen Gedankenablaufes, da man sich doch so hartnäckiger Störung durch die zwangsartige Vorstellung bewußt ist u. dgl. Man kann daher behaupten, daß auch viele Syndrome

---

[1] ›Die Abwehr-Neuropsychosen‹ (1894 a). – [Die Bezeichnung »Zwangsneurose« erscheint hier erstmals im Druck. Sowohl das Konzept als auch der Terminus werden auf Freud zurückgeführt.]

der Zwangsneurose, wie die *folie du doute* und Ähnliches, klinisch, wenn auch nicht begrifflich, der Angstneurose zuzurechnen sind[1].

8) Die Verdauungstätigkeit erfährt bei der Angstneurose nur wenige, aber charakteristische Störungen. Sensationen wie Brechneigung und Übligkeiten sind nichts Seltenes, und das Symptom des Heißhungers kann allein oder mit anderen (Kongestionen) einen rudimentären Angstanfall abgeben; als chronische Veränderung, analog der ängstlichen Erwartung, findet man eine Neigung zur Diarrhöe, die zu den seltsamsten diagnostischen Irrtümern Anlaß gegeben hat. Wenn ich nicht irre, ist es diese Diarrhöe, auf welche Möbius (1894) unlängst in einem kleinen Aufsatze die Aufmerksamkeit gelenkt hat. Ich vermute ferner, Peyers reflektorische Diarrhöe, die er von Erkrankungen der Prostata ableitet (Peyer, 1893), ist nichts anderes als diese Diarrhöe der Angstneurose. Eine reflektorische Beziehung wird dadurch vorgetäuscht, daß in der Ätiologie der Angstneurose dieselben Faktoren ins Spiel kommen, die bei der Entstehung von solchen Prostataaffektionen u. dgl. tätig sind.

Das Verhalten der Magendarmtätigkeit bei der Angstneurose zeigt einen scharfen Gegensatz zu der Beeinflussung derselben Funktion bei der Neurasthenie. Mischfälle zeigen oft die bekannte »Abwechslung von Diarrhöe und Verstopfung«. Der Diarrhöe analog ist der *Harndrang* der Angstneurose.

9) Die *Parästhesien*, die den Schwindel- oder Angstanfall begleiten können, werden dadurch interessant, daß sie sich, ähnlich wie die Sensationen der hysterischen Aura, zu einer festen Reihenfolge assoziieren; doch finde ich diese assoziierten Empfindungen im Gegensatze zu den hysterischen atypisch und wechselnd. Eine weitere Ähnlichkeit mit der Hysterie wird dadurch erzeugt, daß bei der Angstneurose eine Art von *Konversion*[2] auf körperliche Sensationen stattfindet, die sonst nach Belieben übersehen werden können, z. B. auf die rheumatischen Muskeln. Eine ganze Anzahl sogenannter Rheumatiker, die übrigens auch als solche nachweisbar sind, leidet eigentlich an – Angstneurose. Neben dieser Steigerung der Schmerzempfindlichkeit habe ich bei einer Anzahl von Fällen der Angstneurose eine Neigung zu *Halluzinationen* beobachtet, welch letztere sich nicht als hysterische deuten ließen.

10) Mehrere der genannten Symptome, welche den Angstanfall beglei-

---

[1] ›Obsessions et phobies‹ (1895 c).
[2] Freud: ›Abwehr-Neuropsychosen‹ (1894 a). – [S. auch unten, die Fallgeschichte der »Dora« (1905 e), S. 127–8, und ›Hysterische Phantasien‹ (1908 a), S. 191 f.]

ten oder vertreten, kommen auch in chronischer Weise vor. Sie sind dann noch weniger leicht kenntlich, da die sie begleitende ängstliche Empfindung undeutlicher ausfällt als beim Angstanfall. Dies gilt besonders für die Diarrhöe, den Schwindel und die Parästhesien. Wie der Schwindelanfall durch einen Ohnmachtsanfall, so kann der chronische Schwindel durch die andauernde Empfindung großer Hinfälligkeit, Mattigkeit u. dgl. vertreten werden.

II

VORKOMMEN UND ÄTIOLOGIE DER ANGSTNEUROSE

In manchen Fällen von Angstneurose läßt sich eine Ätiologie überhaupt nicht erkennen. Es ist bemerkenswert, daß in solchen Fällen der Nachweis einer schweren hereditären Belastung selten auf Schwierigkeiten stößt.
Wo man aber Grund hat, die Neurose für eine *erworbene* zu halten, da findet man bei sorgfältigem, dahin zielendem Examen als ätiologisch wirksame Momente eine Reihe von Schädlichkeiten und Einflüssen aus dem *Sexualleben*. Dieselben scheinen zunächst mannigfaltiger Natur, lassen aber leicht den gemeinsamen Charakter herausfinden, der ihre gleichartige Wirkung auf das Nervensystem erklärt; sie finden sich ferner entweder allein oder neben anderen *banalen* Schädlichkeiten, denen man eine unterstützende Wirkung zuschreiben darf. Diese sexuelle Ätiologie der Angstneurose ist so überwiegend häufig nachzuweisen, daß ich mich getraue, *für die Zwecke dieser kurzen Mitteilung* die Fälle mit zweifelhafter oder andersartiger Ätiologie beiseite zu lassen.
Für die genauere Darstellung der ätiologischen Bedingungen, unter denen die Angstneurose vorkommt, wird es sich empfehlen, Männer und Frauen gesondert zu behandeln. Die Angstneurose stellt sich bei *weiblichen* Individuen – nun abgesehen von deren Disposition – in folgenden Fällen ein:

a) als virginale Angst oder *Angst der Adoleszenten*. Eine Anzahl von unzweideutigen Beobachtungen hat mir gezeigt, daß ein erstes Zusammentreffen mit dem sexuellen Problem, eine einigermaßen plötzliche Enthüllung des bisher Verschleierten, z. B. durch den Anblick eines sexuellen Aktes, eine Mitteilung oder Lektüre, bei heranreifenden Mädchen eine Angstneurose hervorrufen kann, die fast in typischer Weise mit Hysterie kombiniert ist[1];

b) als *Angst der Neuvermählten.* Junge Frauen, die bei den ersten Kohabitationen anästhetisch geblieben sind, verfallen nicht selten der Angstneurose, die wieder verschwindet, nachdem die Anästhesie normaler Empfindlichkeit Platz gemacht hat. Da die meisten jungen Frauen bei solcher anfänglicher Anästhesie gesund bleiben, bedarf es für das Zustandekommen dieser Angst Bedingungen, die ich auch angeben werde;

c) als Angst der Frauen, deren Männer *ejaculatio praecox* oder sehr herabgesetzte Potenz zeigen; und

d) deren Männer den *coitus interruptus* oder *reservatus* üben. Diese Fälle [c) und d)] gehören zusammen, denn man kann sich bei der Analyse einer großen Anzahl von Beispielen leicht überzeugen, daß es nur darauf ankommt, ob die Frau beim Koitus zur Befriedigung gelangt oder nicht. Im letzteren Falle ist die Bedingung für die Entstehung der Angstneurose gegeben. Dagegen bleibt die Frau von der Neurose verschont, wenn der mit *ejaculatio praecox* behaftete Mann den *congressus* unmittelbar darauf mit besserem Erfolge wiederholen kann. Der *congressus reservatus* mittels des Kondoms stellt für die Frau keine Schädlichkeit dar, wenn sie sehr rasch erregbar und der Mann sehr potent ist; im andern Falle steht diese Art des Präventivverkehrs den andern an Schädlichkeit nicht nach. Der *coitus interruptus* ist fast regelmäßig eine Schädlichkeit; für die Frau wird er es aber nur dann, wenn der Mann ihn rücksichtslos übt, d. h. den Koitus unterbricht, sobald *er* der Ejakulation nahe ist, ohne sich um den Ablauf der Erregung der Frau zu kümmern. Wartet der Mann im Gegenteile die Befriedigung der *Frau* ab, so hat ein solcher Koitus für letztere die Bedeutung eines normalen; es erkrankt aber dann der Mann an Angstneurose. Ich habe eine große Anzahl von Beobachtungen gesammelt und analysiert, aus denen obige Sätze hervorgehen;

e) als Angst der *Witwen* und *absichtlich Abstinenten,* nicht selten in typischer Kombination mit Zwangsvorstellungen;

---

[1] [In einer Fußnote zur zweiten Arbeit über die Abwehr-Neuropsychosen (1896 b) zitiert Freud diesen Satz teilweise und fügt hinzu: »Ich weiß heute, daß die Gelegenheit, bei welcher solche *virginale Angst* ausbricht, eben nicht dem *ersten* Zusammentreffen mit der Sexualität entspricht, sondern daß bei diesen Personen ein Erlebnis sexueller Passivität in den Kinderjahren vorhergegangen ist, dessen Erinnerung bei dem ›ersten Zusammentreffen‹ geweckt wird.«]

II. Vorkommen und Ätiologie der Angstneurose

f) als Angst im *Klimakterium* während der letzten großen Steigerung der sexuellen Bedürftigkeit.

Die Fälle *c, d* und *e* enthalten die Bedingungen, unter denen die Angstneurose beim weiblichen Geschlecht am häufigsten und am ehesten unabhängig von hereditärer Disposition entsteht. An diesen – heilbaren, erworbenen – Fällen von Angstneurose werde ich den Nachweis zu führen versuchen, daß die aufgefundene sexuelle Schädlichkeit wirklich das ätiologische Moment der Neurose darstellt. Ich will nur vorher auf die sexuellen Bedingungen der Angstneurose bei *Männern* eingehen. Hier möchte ich folgende Gruppen aufstellen, die sämtlich ihre Analogien bei den Frauen finden.

a) Angst der absichtlich *Abstinenten,* häufig mit Symptomen der *Abwehr* (Zwangsvorstellungen, Hysterie) kombiniert. Die Motive, die für absichtliche Abstinenz maßgebend sind, bringen es mit sich, daß eine Anzahl von hereditär Veranlagten, Sonderlingen u. dgl. zu dieser Kategorie zählt.

b) Angst der Männer mit *frustraner* Erregung (während des Brautstandes), Personen, die (aus Furcht vor den Folgen des sexuellen Verkehrs) sich mit Betasten oder Beschauen des Weibes begnügen. Diese Gruppe von Bedingungen (die übrigens unverändert auf das andere Geschlecht zu übertragen ist – Brautschaft, Verhältnisse mit sexueller Schonung) liefert die reinsten Fälle der Neurose.

c) Angst der Männer, die *coitus interruptus* üben. Wie schon bemerkt, schädigt der *coitus interruptus* die Frau, wenn er ohne Rücksicht auf die Befriedigung der Frau geübt wird; er wird aber zur Schädlichkeit für den Mann, wenn dieser, um die Befriedigung der Frau zu erzielen, den Koitus willkürlich dirigiert, die Ejakulation aufschiebt. Auf solche Weise läßt sich verstehen, daß von den Ehepaaren, die im *coitus interruptus* leben, gewöhnlich nur *ein* Teil erkrankt. Bei Männern erzeugt der *coitus interruptus* übrigens nur selten reine Angstneurose, meist eine Vermengung derselben mit Neurasthenie.

d) Angst der Männer im *Senium.* Es gibt Männer, die wie die Frauen ein Klimakterium zeigen und zur Zeit ihrer abnehmenden Potenz und steigenden Libido[1] Angstneurose produzieren.

Endlich muß ich noch zwei Fälle anschließen, die für beide Geschlechter gelten:

α) Die Neurastheniker infolge von Masturbation[2] verfallen in Angst-

---
[1] [Dies scheint Freuds erste gedruckte Erwähnung der Bezeichnung »Libido« zu sein.]
[2] [S. unten, S. 44, Anm. 1.]

neurose, sobald sie von ihrer Art der sexuellen Befriedigung ablassen. Diese Personen haben sich besonders unfähig gemacht, die Abstinenz zu ertragen.
Ich bemerke hier als wichtig für das Verständnis der Angstneurose, daß eine irgend bemerkenswerte Ausbildung derselben nur bei potent gebliebenen Männern und bei nicht anästhetischen Frauen zustande kommt. Bei Neurasthenikern, die durch Masturbation bereits schwere Schädigung ihrer Potenz erworben haben, fällt die Angstneurose im Falle der Abstinenz recht dürftig aus und beschränkt sich meist auf Hypochondrie und leichten chronischen Schwindel. Die Frauen sind ja in ihrer Mehrheit als »potent« zu nehmen; eine wirklich impotente, d. h. wirklich anästhetische Frau ist gleichfalls der Angstneurose wenig zugänglich und erträgt die angeführten Schädlichkeiten auffällig gut.
Wieweit man etwa sonst berechtigt ist, konstante Beziehungen zwischen einzelnen ätiologischen Momenten und einzelnen Symptomen aus dem Komplex der Angstneurose anzunehmen, möchte ich hier noch nicht erörtern.

β) Die letzte der anzuführenden ätiologischen Bedingungen scheint zunächst überhaupt nicht sexueller Natur zu sein. Die Angstneurose entsteht, und zwar bei beiden Geschlechtern, auch durch das Moment der Überarbeitung, erschöpfender Anstrengung, z. B. nach Nachtwachen, Krankenpflegen und selbst nach schweren Krankheiten.

Der Haupteinwand gegen meine Aufstellung einer sexuellen Ätiologie der Angstneurose wird wohl dahin lauten: derartige abnorme Verhältnisse des Sexuallebens fänden sich so überaus häufig, daß sie überall zur Hand sein müssen, wo man nach ihnen sucht. Ihr Vorkommen in den angeführten Fällen von Angstneurose beweise also nicht, daß in ihnen die Ätiologie der Neurose aufgedeckt sei. Übrigens sei die Anzahl der Personen, die *coitus interruptus* u. dgl. treiben, unvergleichlich größer als die Anzahl der mit Angstneurose Behafteten, und die überwiegende Menge der ersteren befände sich bei dieser Schädlichkeit recht wohl.
Ich habe darauf zu erwidern, daß man bei der anerkannt übergroßen Häufigkeit der Neurosen und der Angstneurose speziell ein *selten* vorkommendes ätiologisches Moment gewiß nicht erwarten dürfe; ferner daß damit geradezu ein Postulat der Pathologie erfüllt sei, wenn sich bei einer ätiologischen Untersuchung das ätiologische Moment noch häufiger nachweisen lasse als dessen Wirkung, da ja für letztere noch andere Bedingungen (Disposition, Summation der spezifischen Ätio-

logie, Unterstützung durch andere, banale Schädlichkeiten) erfordert werden können[1]; ferner, daß die detaillierte Zergliederung geeigneter Fälle von Angstneurose die Bedeutung des sexuellen Moments ganz unzweideutig erweist. Ich will mich hier aber nur auf das ätiologische Moment des *coitus interruptus* und auf die Hervorhebung einzelner beweisender Erfahrungen beschränken.

1) Solange die Angstneurose bei jungen Frauen noch nicht konstituiert ist, sondern in Ansätzen hervortritt, die immer wieder spontan verschwinden, läßt sich nachweisen, daß jeder solche Schub der Neurose auf einen Koitus mit mangelnder Befriedigung zurückgeht. Zwei Tage nach dieser Einwirkung, bei wenig resistenten Personen am Tage nachher, tritt regelmäßig der Angst- oder Schwindelanfall auf, an den sich andere Symptome der Neurose schließen, um – bei seltenerem ehelichen Verkehr – wieder miteinander abzuklingen. Eine zufällige Reise des Mannes, ein Aufenthalt im Gebirge, der mit Trennung des Ehepaares verbunden ist, tun gut; die zumeist in erster Linie eingeleitete gynäkologische Behandlung nützt dadurch, daß während ihrer Dauer der eheliche Verkehr aufgehoben ist. Merkwürdigerweise ist der Erfolg der lokalen Behandlung ein vorübergehender, stellt sich die Neurose noch im Gebirge wieder ein, sobald der Mann seinerseits in die Ferien tritt u. dgl. Läßt man als ein dieser Ätiologie kundiger Arzt bei noch nicht konstituierter Neurose den *coitus interruptus* durch normalen Verkehr ersetzen, so ergibt sich die *therapeutische* Probe auf die hier aufgestellte Behauptung. Die Angst ist behoben und kehrt ohne neuen, ähnlichen Anlaß nicht wieder.

2) In der Anamnese vieler Fälle von Angstneurose findet man bei Männern wie bei Frauen ein auffälliges Schwanken in der Intensität der Erscheinungen, ja im Kommen und Gehen des ganzen Zustandes. Dieses Jahr war fast ganz gut, das nächstfolgende gräßlich u. dgl., einmal fällt die Besserung zugunsten einer bestimmten Kur aus, die aber beim nächsten Anfalle ganz im Stich gelassen hat u. dgl. m. Erkundigt man sich nun nach Anzahl und Reihenfolge der Kinder und stellt diese Ehechronik dem eigentümlichen Verlauf der Neurose gegenüber, so ergibt sich als einfache Lösung, daß die Perioden von Besserung oder Wohlbefinden mit den Graviditäten der Frau zusammenfallen, während welcher natürlich der Anlaß für den Präventivverkehr entfallen war. Dem Manne aber hatte jene Kur, sei es beim Pfarrer Kneipp oder

---

[1] [Dieses Argument wird in einer späteren Arbeit, ›Zur Ätiologie der Hysterie‹ (1896 c, im vorliegenden Band S. 70) noch klarer begründet.]

in der hydrotherapeutischen Anstalt, genützt, nach welcher er seine Frau gravid antraf[1].

3) Aus der Anamnese der Kranken ergibt sich häufig, daß die Symptome der Angstneurose zu einer bestimmten Zeit die einer andern Neurose, etwa der Neurasthenie, abgelöst und sich an deren Stelle gesetzt haben. Es läßt sich dann ganz regelmäßig nachweisen, daß kurz vor diesem Wechsel des Bildes ein entsprechender Wechsel in der Art der sexuellen Schädigung stattgefunden hat. Während derartige, nach Belieben zu vermehrende Erfahrungen dem Arzte für eine gewisse Kategorie von Fällen die sexuelle Ätiologie geradezu aufdrängen, lassen sich andere Fälle, die sonst unverständlich blieben, mittels des Schlüssels der sexuellen Ätiologie wenigstens widerspruchslos verstehen und einreihen. Es sind dies jene sehr zahlreichen Fälle, in denen zwar alles vorhanden ist, was wir bei der vorigen Kategorie gefunden haben, die Erscheinungen der Angstneurose einerseits, das spezifische Moment des *coitus interruptus* anderseits, wo aber noch etwas anderes sich einschiebt, nämlich ein langes Intervall zwischen der vermeintlichen Ätiologie und deren Wirkung und etwa noch ätiologische Momente nicht sexueller Natur. Da ist z. B. ein Mann, der auf die Nachricht vom Tode seines Vaters einen Herzanfall bekommt und von da an der Angstneurose verfallen ist. Der Fall ist nicht zu verstehen, denn der Mann war bisher nicht nervös; der Tod des hochbejahrten Vaters erfolgte keineswegs unter besonderen Umständen, und man wird zugeben, daß das normale, erwartete Ableben eines alten Vaters nicht zu den Erlebnissen gehört, die einen gesunden Erwachsenen krank zu machen pflegen. Vielleicht wird die ätiologische Analyse durchsichtiger, wenn ich hinzunehme, daß dieser Mann seit elf Jahren den *coitus interruptus* mit Rücksicht auf seine Frau ausübt. Die Erscheinungen sind wenigstens genau die nämlichen, wie sie bei anderen Personen nach kurzer derartiger sexueller Schädigung und ohne Dazwischenkunft eines anderen Traumas auftreten. Ähnlich zu beurteilen ist der Fall einer Frau, deren Angstneurose nach dem Verlust eines Kindes ausbricht, oder des Studenten, der in der Vorbereitung zu seiner letzten Staatsprüfung durch die Angstneurose gestört wird. Ich finde die Wirkung hier wie dort nicht durch die angegebene Ätiologie erklärt. Man muß sich nicht beim Studieren »überarbeiten«[2], und eine gesunde Mut-

[1] [Der hier erwähnte Fall wird in der späteren Arbeit ›Die Sexualität in der Ätiologie der Neurosen‹ (1898 a, *Studienausgabe*, Bd. 5, S. 24) ausführlicher beschrieben.]
[2] [Vgl. auch die Erörterung der »Überarbeitung« in dem späteren Aufsatz ›Die Sexualität in der Ätiologie der Neurosen‹ (ibid., S. 23).]

ter pflegt auf den Verlust eines Kindes nur mit normaler Trauer zu reagieren. Vor allem aber würde ich erwarten, daß der Student durch Überarbeitung eine Kephalasthenie, die Mutter in unserem Beispiele eine Hysterie akquirieren sollte. Daß sie beide Angstneurose bekommen, veranlaßt mich, Wert darauf zu legen, daß die Mutter seit acht Jahren im ehelichen *coitus interruptus* lebt, der Student aber seit drei Jahren ein warmes Liebesverhältnis mit einem »anständigen« Mädchen unterhält, das er nicht schwängern darf.

Diese Ausführungen laufen auf die Behauptung hinaus, daß die spezifische sexuelle Schädlichkeit des *coitus interruptus* dort, wo sie nicht imstande ist, für sich allein die Angstneurose hervorzurufen, doch wenigstens zu ihrer Erwerbung disponiert. Die Angstneurose bricht dann aus, sobald zur latenten Wirkung des spezifischen Moments die Wirkung einer anderen, banalen Schädlichkeit hinzutritt. Letztere kann das spezifische Moment quantitativ vertreten, aber nicht qualitativ ersetzen. Das spezifische Moment bleibt stets dasjenige, welches die Form der Neurose bestimmt. Ich hoffe, diesen Satz für die Ätiologie der Neurosen auch in größerem Umfang erweisen zu können.

Ferner ist in den letzten Erörterungen die an sich nicht unwahrscheinliche Annahme enthalten, daß eine sexuelle Schädlichkeit wie der *coitus interruptus* sich durch Summation zur Geltung bringt. Je nach der Disposition des Individuums und der sonstigen Belastung von dessen Nervensystem wird es kürzere oder längere Zeit brauchen, ehe der Effekt dieser Summation sichtbar wird. Die Individuen, welche den *coitus interruptus* scheinbar ohne Nachteil ertragen, werden in Wirklichkeit durch denselben zu Störungen der Angstneurose disponiert, die irgend einmal spontan oder nach einem banalen, sonst unangemessenen Trauma losbrechen können, gerade wie der chronische Alkoholiker auf dem Wege der Summation endlich eine Zirrhose oder andere Erkrankung entwickelt oder unter dem Einfluß eines Fiebers in ein Delirium verfällt.

III

ANSÄTZE ZU EINER THEORIE DER ANGSTNEUROSE

Die nachstehenden Ausführungen beanspruchen nichts als den Wert eines ersten, tastenden Versuches, dessen Beurteilung die Aufnahme der im vorigen enthaltenen *Tatsachen* nicht beeinflussen sollte. Die Würdi-

gung dieser »Theorie der Angstneurose« wird ferner noch dadurch erschwert, daß sie bloß einem Bruchstücke aus einer umfassenderen Darstellung der Neurosen entspricht.
In dem bisher über die Angstneurose Vorgebrachten sind bereits einige Anhaltspunkte für einen Einblick in den Mechanismus dieser Neurose enthalten. Zunächst die Vermutung, es dürfte sich um eine Anhäufung von Erregung handeln, sodann die überaus wichtige Tatsache, daß die Angst, die den Erscheinungen der Neurose zugrunde liegt, *keine psychische Ableitung* zuläßt. Eine solche wäre z. B. vorhanden, wenn sich als Grundlage der Angstneurose ein einmaliger oder wiederholter, berechtigter Schreck fände, der seither die Quelle der Bereitschaft zur Angst abgäbe. Allein, dies ist nicht der Fall; durch einen einmaligen Schreck kann zwar eine Hysterie oder eine traumatische Neurose erworben werden, *nie aber* eine Angstneurose. Ich habe, da sich unter den Ursachen der Angstneurose der *coitus interruptus* so sehr in den Vordergrund drängt, anfangs gemeint, die Quelle der kontinuierlichen Angst könnte in der beim Akte jedesmal sich wiederholenden Furcht liegen, die Technik könnte mißglücken und demnach Konzeption erfolgen. Ich habe aber gefunden, daß dieser Gemütszustand der Frau oder des Mannes während des *coitus interruptus* für die Entstehung der Angstneurose gleichgültig ist, daß die gegen die Folgen einer möglichen Konzeption im Grunde gleichgültigen Frauen der Neurose ebenso ausgesetzt sind wie die vor dieser Möglichkeit Schaudernden und daß es nur darauf ankam, welcher Teil bei dieser sexuellen Technik seine Befriedigung einbüßte.
Einen weiteren Anhaltspunkt bietet die noch nicht erwähnte Beobachtung, daß in ganzen Reihen von Fällen die Angstneurose mit der deutlichsten Verminderung der sexuellen Libido, der *psychischen Lust*[1], einhergeht, so daß die Kranken auf die Eröffnung, ihr Leiden rühre von »ungenügender Befriedigung«, regelmäßig antworten: Das sei unmöglich, gerade jetzt sei alles Bedürfnis bei ihnen erloschen. Aus all diesen Andeutungen, daß es sich um Anhäufung von Erregung handle, daß die Angst, welche solcher angehäuften Erregung wahrscheinlich entspricht, somatischer Herkunft sei, so daß also somatische Erregung angehäuft werde, ferner daß diese somatische Erregung sexueller Natur sei und daß eine Abnahme der psychischen Beteiligung an den Sexualvorgängen nebenher gehe – alle diese Andeutungen, sage ich begünstigen die Er-

---

[1] [S. die ›Editorische Vorbemerkung‹, S. 26 oben.]

III. Ansätze zu einer Theorie der Angstneurose

wartung, *der Mechanismus der Angstneurose sei in der Ablenkung der somatischen Sexualerregung vom Psychischen und einer dadurch verursachten abnormen Verwendung dieser Erregung zu suchen.*
Man kann sich diese Vorstellung vom Mechanismus der Angstneurose klarer machen, wenn man folgende Betrachtung über den Sexualvorgang akzeptiert, die sich zunächst auf den Mann bezieht. Im geschlechtsreifen männlichen Organismus wird – wahrscheinlich kontinuierlich – die somatische Sexualerregung produziert, die periodisch zu einem Reiz für das psychische Leben wird. Schalten wir, um unsere Vorstellungen darüber besser zu fixieren, ein, daß diese somatische Sexualerregung sich als Druck auf die mit Nervenendigungen versehene Wandung der Samenbläschen äußert, so wird diese viszerale Erregung zwar kontinuierlich anwachsen, aber erst von einer gewissen Höhe an imstande sein, den Widerstand der eingeschalteten Leitung bis zur Hirnrinde zu überwinden und sich als psychischer Reiz zu äußern[1]. Dann aber wird die in der Psyche vorhandene sexuelle Vorstellungsgruppe mit Energie ausgestattet, und es entsteht der psychische Zustand libidinöser Spannung, welcher den Drang nach Aufhebung dieser Spannung mit sich bringt. Eine solche psychische Entlastung ist nur auf dem Wege möglich, den ich als *spezifische* oder *adäquate* Aktion bezeichnen will. Diese adäquate Aktion besteht für den männlichen Sexualtrieb in einem komplizierten spinalen Reflexakt, der die Entlastung jener Nervenendigungen zur Folge hat, und in allen psychisch zu leistenden Vorbereitungen für die Auslösung dieses Reflexes. Etwas anderes als die adäquate Aktion würde nichts fruchten, denn die somatische Sexualerregung setzt sich, nachdem sie einmal den Schwellenwert erreicht hat, kontinuierlich in psychische Erregung um; es muß durchaus dasjenige geschehen, was die Nervenendigungen von dem auf ihnen lastenden Druck befreit, somit die ganze derzeit vorhandene somatische Erregung aufhebt und der subkortikalen Leitung gestattet, ihren Widerstand herzustellen.
Ich werde es mir versagen, kompliziertere Fälle des Sexualvorganges in ähnlicher Weise darzustellen. Ich will nur noch die Behauptung aufstellen, daß dieses Schema im wesentlichen auch auf die Frau zu übertragen ist, trotz aller das Problem verwirrenden, artifiziellen Verzögerung und Verkümmerung des weiblichen Geschlechtstriebes. Es ist auch bei der Frau eine somatische Sexualerregung anzunehmen und ein

---

[1] [Diese Theorie über den Ablauf der sexuellen Erregung hat Freud auch in Abschnitt 2 der dritten seiner *Drei Abhandlungen zur Sexualtheorie* (1905 d; Studienausgabe, Bd. 5, S. 117 f.) dargestellt; er erwähnt dort aber auch einige Einwände.]

Zustand, in dem diese Erregung psychischer Reiz wird, Libido, und den Drang nach der spezifischen Aktion hervorruft, an welche sich das Wollustgefühl knüpft. Nur ist man bei der Frau nicht imstande anzugeben, was etwa der Entspannung der Samenbläschen hier analog wäre.

In den Rahmen dieser Darstellung des Sexualvorganges läßt sich nun sowohl die Ätiologie der echten Neurasthenie als die der Angstneurose eintragen. Neurasthenie entsteht jedesmal, wenn die adäquate (Aktion) Entlastung durch eine minder adäquate ersetzt wird, der normale Koitus unter den günstigsten Bedingungen also durch eine Masturbation oder spontane Pollution[1]; zur Angstneurose aber führen alle Momente, welche die psychische Verarbeitung der somatischen Sexualerregung verhindern[2]. Die Erscheinungen der Angstneurose kommen zustande, indem die von der Psyche abgelenkte somatische Sexualerregung sich subkortikal, in ganz und gar nicht adäquaten Reaktionen ausgibt.

Ich will es nun versuchen, die vorhin [S. 35 ff.] angegebenen ätiologischen Bedingungen der Angstneurose daraufhin zu prüfen, ob sie den von mir aufgestellten gemeinsamen Charakter erkennen lassen. Als erstes ätiologisches Moment habe ich für den Mann die absichtliche Abstinenz angeführt [S. 37]. Abstinenz besteht in der Versagung der spezifischen Aktion, die sonst auf die Libido erfolgt. Eine solche Versagung wird zwei Konsequenzen haben können, nämlich, daß die somatische Erregung sich anhäuft, und dann zunächst, daß sie auf andere Wege abgelenkt wird, auf denen ihr eher Entladung winkt als auf dem Wege über die Psyche. Es wird also die Libido endlich sinken und die Erregung subkortikal als Angst sich äußern. Wo die Libido nicht verringert wird oder die somatische Erregung auf kurzem Wege in Pollutionen verausgabt wird oder infolge der Zurückdrängung wirklich versiegt, da entsteht eben alles andere als Angstneurose. Auf solche Weise führt die Abstinenz zur Angstneurose. Die Abstinenz ist aber auch das Wirksame an der zweiten ätiologischen Gruppe, der frustranen Erregung [S. 37]. Der dritte Fall, der des rücksichtsvollen *coitus reservatus* [ibid.], wirkt dadurch, daß er die psychische Bereitschaft für den Sexualablauf stört, indem er neben der Bewältigung des Sexualaffekts eine andere, ablenkende psychische Aufgabe einführt. Auch durch

---

[1] [Zur Rolle der Masturbation in der Ätiologie der Neurasthenie vgl. ausführlicher ›Die Sexualität in der Ätiologie der Neurosen‹ (1898a), *Studienausgabe*, Bd. 5, S. 25-7.]
[2] [Noch in Kapitel VIII der späten Arbeit *Hemmung, Symptom und Angst* (1926d), S. 281 unten, konnte Freud diese Aussage so wiederholen.]

III. Ansätze zu einer Theorie der Angstneurose

diese psychische Ablenkung schwindet allmählich die Libido, der weitere Verlauf ist dann derselbe wie im Falle der Abstinenz. Die Angst im Senium (Klimakterium der Männer) [S. 37] erfordert eine andere Erklärung. Hier läßt die Libido nicht nach; es findet aber, wie während des Klimakteriums der Weiber, eine solche Steigerung in der Produktion der somatischen Erregung statt, daß die Psyche für die Bewältigung derselben sich als relativ insuffizient erweist.

Keine größeren Schwierigkeiten bereitet die Subsumierung der ätiologischen Bedingungen bei der Frau unter den angeführten Gesichtspunkt. Der Fall der virginalen Angst [S. 35] ist besonders klar. Hier sind eben die Vorstellungsgruppen noch nicht genug entwickelt, mit denen sich die somatische Sexualerregung verknüpfen soll. Bei der anästhetischen Neuvermählten [S. 36] tritt die Angst nur dann auf, wenn die ersten Kohabitationen ein genügendes Maß von somatischer Erregung wecken. Wo die lokalen Zeichen solcher Erregtheit (wie spontane Reizempfindung, Harndrang u. dgl.) fehlen, da bleibt auch die Angst aus. Der Fall der *ejaculatio praecox*, des *coitus interruptus* [ibid.] erklärt sich ähnlich wie beim Manne dadurch, daß für den psychisch unbefriedigenden Akt allmählich die Libido schwindet, während die dabei wachgerufene Erregung subkortikal ausgegeben wird. Die Herstellung einer *Entfremdung* zwischen dem Somatischen und dem Psychischen im Ablauf der Sexualerregung erfolgt beim Weibe rascher und ist schwerer zu beseitigen als beim Manne. Der Fall der Witwenschaft und der gewollten Abstinenz sowie der Fall des Klimakteriums [S. 36 f.] erledigt sich beim Weibe wohl ebenso wie beim Manne, doch kommt für den Fall der Abstinenz gewiß noch die absichtliche Verdrängung des sexuellen Vorstellungskreises hinzu, zu welcher die mit der Versuchung kämpfende abstinente Frau sich häufig entschließen muß, und ähnlich mag in der Zeit der Menopause der Abscheu wirken, den die alternde Frau gegen die übergroß gewordene Libido empfindet.

Auch die beiden zuletzt angeführten ätiologischen Bedingungen scheinen sich ohne Schwierigkeit einzuordnen.

Die Angstneigung der neurasthenisch gewordenen Masturbanten [S. 37f.] erklärt sich daraus, daß diese Personen so leicht in den Zustand der »Abstinenz« geraten, nachdem sie sich so lange gewöhnt hatten, jeder kleinen Quantität somatischer Erregung eine allerdings fehlerhafte Abfuhr zu schaffen. Endlich läßt der letzte Fall, die Entstehung der Angstneurose durch schwere Krankheit, Überarbeitung, erschöpfende Krankenpflege u. dgl. [S. 38], in Anlehnung an die Wirkungsweise des

coitus interruptus die zwanglose Deutung zu, die Psyche werde hier durch Ablenkung insuffizient zur Bewältigung der somatischen Sexualerregung, einer Aufgabe, die ihr ja kontinuierlich obliegt. Man weiß, wie tief unter solchen Bedingungen die Libido sinken kann, und man hat hier ein schönes Beispiel einer Neurose, die zwar *keine sexuelle Ätiologie, aber doch einen sexuellen Mechanismus erkennen läßt.*
Die hier entwickelte Auffassung stellt die Symptome der Angstneurose gewissermaßen als *Surrogate* der unterlassenen spezifischen Aktion auf die Sexualerregung dar. Ich erinnere zur weiteren Unterstützung derselben daran, daß auch beim normalen Koitus die Erregung sich nebstbei als Atembeschleunigung, Herzklopfen, Schweißausbruch, Kongestion u. dgl. ausgibt. Im entsprechenden Angstanfalle unserer Neurose hat man die Dyspnoe, das Herzklopfen u. dgl. des Koitus isoliert und gesteigert vor sich[1].
Es könnte noch gefragt werden: Warum gerät denn das Nervensystem unter solchen Umständen, bei psychischer Unzulänglichkeit zur Bewältigung der Sexualerregung, in den eigentümlichen Affektzustand der *Angst?* Darauf ist andeutungsweise zu erwidern: Die Psyche gerät in den *Affekt* der Angst, wenn sie sich unfähig fühlt, eine von *außen nahende* Aufgabe (Gefahr) durch entsprechende Reaktion zu erledigen; sie gerät in die *Neurose* der Angst, wenn sie sich unfähig merkt, die *endogen* entstandene (Sexual-) Erregung auszugleichen. *Sie benimmt sich also, als projizierte sie diese Erregung nach außen.* Der Affekt und die ihm entsprechende Neurose stehen in fester Beziehung zueinander, der erstere ist die Reaktion auf eine exogene, die letztere die Reaktion auf die analoge endogene Erregung. Der Affekt ist ein rasch vorübergehender Zustand, die Neurose ein chronischer, weil die exogene Erregung wie ein einmaliger Stoß, die endogene wie eine konstante Kraft wirkt[2]. *Das Nervensystem reagiert in der Neurose gegen eine innere Erregungsquelle wie in dem entsprechenden Affekt gegen eine analoge äußere.*

---

[1] [Diese Theorie legt Freud noch einmal im Kapitel II der Krankengeschichte der »Dora« (1905 e) vor, s. S. 149, unten. Später, in Kapitel VIII von *Hemmung, Symptom und Angst* (1926 d) (S. 273–4, unten), bringt er die gleichen Angstsymptome mit den Begleiterscheinungen der Geburt in Verbindung.]
[2] [Zwanzig Jahre später vertrat Freud diese Ansicht in fast identischen Worten, nur sprach er dann statt von »exogener Erregung« und »endogener Erregung« von »Reiz« und »Trieb«. S. ›Triebe und Triebschicksale‹ (1915 c), *Studienausgabe*, Bd. 3, S. 82.]

IV

BEZIEHUNG ZU ANDEREN NEUROSEN

Es erübrigen noch einige Bemerkungen über die Beziehungen der Angstneurose zu den anderen Neurosen nach Vorkommen und innerer Verwandtschaft.
Die reinsten Fälle von Angstneurose sind auch meist die ausgeprägtesten. Sie finden sich bei potenten jugendlichen Individuen, bei einheitlicher Ätiologie und nicht zu langem Bestande des Krankseins. Häufiger ist allerdings das gleichzeitige und gemeinsame Vorkommen von Angstsymptomen mit solchen der Neurasthenie, Hysterie, der Zwangsvorstellungen, der Melancholie. Wollte man sich durch solche klinische Vermengung abhalten lassen, die Angstneurose als eine selbständige Einheit anzuerkennen, so müßte man konsequenterweise auch auf die mühsam erworbene Trennung von Hysterie und Neurasthenie wieder verzichten.
Für die Analyse der »gemischten Neurosen« kann ich den wichtigen Satz vertreten: *Wo sich eine gemischte Neurose vorfindet, da läßt sich eine Vermengung mehrerer spezifischer Ätiologien nachweisen.*
Eine solche Vielheit ätiologischer Momente, die eine gemischte Neurose bedingt, kann bloß zufällig zustande kommen, etwa indem eine neu hinzutretende Schädlichkeit ihre Wirkungen zu denen einer früher vorhandenen addiert; z. B. eine Frau, die von jeher Hysterika war, tritt zu einer gewissen Zeit ihrer Ehe in den *coitus reservatus* ein und erwirbt jetzt zu ihrer Hysterie eine Angstneurose; ein Mann, der bisher masturbiert hatte und neurasthenisch wurde, wird Bräutigam, erregt sich bei seiner Braut, und jetzt gesellt sich zur Neurasthenie eine frische Angstneurose hinzu.
In anderen Fällen ist die Mehrheit ätiologischer Momente keine zufällige, sondern das eine derselben hat das andere mit zur Wirkung gebracht; z. B. eine Frau, mit welcher ihr Mann *coitus reservatus* ohne Rücksicht auf ihre Befriedigung übt, sieht sich genötigt, die peinliche Erregung nach einem solchen Akt durch Masturbation zu beenden; sie zeigt infolgedessen nicht reine Angstneurose, sondern daneben Symptome von Neurasthenie; eine zweite Frau wird unter derselben Schädlichkeit mit lüsternen Bildern zu kämpfen haben, deren sie sich erwehren will, und wird auf solche Weise durch den *coitus interruptus* nebst der Angstneurose Zwangsvorstellungen erwerben; eine dritte Frau

endlich wird infolge des *coitus interruptus* die Neigung zu ihrem Manne einbüßen, eine andere Neigung erwerben, welche sie sorgfältig geheimhält, und wird infolgedessen ein Gemenge von Angstneurose und Hysterie zeigen.
In einer dritten Kategorie von gemischten Neurosen ist der Zusammenhang der Symptome ein noch innigerer, indem die nämliche ätiologische Bedingung gesetzmäßig und gleichzeitig beide Neurosen hervorruft. So z. B. erzeugt die plötzliche sexuelle Aufklärung, die wir bei der virginalen Angst gefunden haben, immer auch Hysterie [zusammen mit Angstneurose]; die allermeisten Fälle von absichtlicher Abstinenz verknüpfen sich von Anfang an mit echten Zwangsvorstellungen; der *coitus interruptus* der Männer scheint mir niemals reine Angstneurose provozieren zu können, sondern stets eine Vermengung derselben mit Neurasthenie u. dgl.
Es geht aus diesen Erörterungen hervor, daß man die ätiologischen Bedingungen des Vorkommens noch unterscheiden muß von den spezifischen ätiologischen Momenten der Neurosen. Erstere, z. B. der *coitus interruptus*, die Masturbation, die Abstinenz, sind noch vieldeutig und können ein jedes verschiedene Neurosen produzieren; erst die aus ihnen abstrahierten ätiologischen Momente, wie *inadäquate Entlastung, psychische Unzulänglichkeit, Abwehr mit Substitution*, haben eine unzweideutige und spezifische Beziehung zur Ätiologie der einzelnen großen Neurosen.

Ihrem inneren Wesen nach zeigt die Angstneurose die interessantesten Übereinstimmungen und Verschiedenheiten gegen die anderen großen Neurosen, besonders gegen Neurasthenie und Hysterie. Mit der Neurasthenie teilt sie den einen Hauptcharakter, daß die Erregungsquelle, der Anlaß zur Störung, auf somatischem Gebiete liegt, anstatt wie bei Hysterie und Zwangsneurose auf psychischem. Im übrigen läßt sich eher eine Art von Gegensätzlichkeit zwischen den Symptomen der Neurasthenie und denen der Angstneurose erkennen, die etwa in den Schlagworten: Anhäufung – Verarmung an Erregung ihren Ausdruck fände. Diese Gegensätzlichkeit hindert nicht, daß sich die beiden Neurosen miteinander vermengen, zeigt sich aber doch darin, daß die extremsten Formen in beiden Fällen auch die reinsten sind.
Mit der Hysterie zeigt die Angstneurose zunächst eine Reihe von Übereinstimmungen in der Symptomatologie, deren genauere Würdigung noch aussteht. Das Auftreten der Erscheinungen als Dauersymptome

IV. Beziehung zu anderen Neurosen

oder in Anfällen, die auraartig gruppierten Parästhesien, die Hyperästhesien und Druckpunkte, die sich bei gewissen Surrogaten des Angstanfalles, bei der Dyspnoe und dem Herzanfalle finden, die Steigerung der etwa organisch berechtigten Schmerzen (durch Konversion): – diese und andere gemeinschaftliche Züge lassen sogar vermuten, daß manches, was man der Hysterie zurechnet, mit mehr Fug und Recht zur Angstneurose geschlagen werden dürfte. Geht man auf den Mechanismus der beiden Neurosen ein, soweit er sich bis jetzt hat durchschauen lassen, so ergeben sich Gesichtspunkte, welche die Angstneurose geradezu als das somatische Seitenstück zur Hysterie erscheinen lassen. Hier wie dort Anhäufung von Erregung – worin vielleicht die vorhin geschilderte Ähnlichkeit der Symptome gegründet ist; – hier wie dort eine *psychische Unzulänglichkeit, der zufolge abnorme somatische Vorgänge zustande kommen.* Hier wie dort tritt an Stelle einer psychischen Verarbeitung eine Ablenkung der Erregung in das Somatische ein; der Unterschied liegt bloß darin, daß die Erregung, in deren Verschiebung sich die Neurose äußert, bei der Angstneurose eine rein somatische (die somatische Sexualerregung), bei der Hysterie eine psychische (durch Konflikt hervorgerufene) ist. Es kann daher nicht wundernehmen, daß Hysterie und Angstneurose sich gesetzmäßig miteinander kombinieren wie bei der *»virginalen Angst«* oder der *»sexuellen Hysterie«*, daß die Hysterie eine Anzahl von Symptomen einfach der Angstneurose entlehnt u. dgl. Diese innigen Beziehungen der Angstneurose zur Hysterie geben auch ein neues Argument ab, um die Trennung der Angstneurose von der Neurasthenie zu fordern; denn verweigert man diese, so kann man auch die so mühsam erworbene und für die Theorie der Neurosen so unentbehrliche Unterscheidung von Neurasthenie und Hysterie nicht mehr aufrechterhalten.

Wien, im Dezember 1894

Zur Ätiologie der Hysterie

(1896)

EDITORISCHE VORBEMERKUNG

Deutsche Ausgaben:
1896 *Wien. klin. Rdsch.*, Bd. 10 (22), 379–81, (23), 395–97, (24), 413–15, (25), 432–33, und (26), 450–52. (31. Mai, 7., 14., 21. und 28. Juni.)
1906 *S. K. S. N.*, Bd. 1, 149–80. (1911, 2. Aufl.; 1920, 3. Aufl.; 1922, 4. Aufl.)
1925 *G. S.*, Bd. 1, 404–38.
1952 *G. W.*, Bd. 1, 425–59.

Diese Abhandlung beruht auf einem Vortrag, den Freud, wahrscheinlich am 21. April 1896, vor dem Wiener »Verein für Psychiatrie und Neurologie« gehalten hat. In einem unveröffentlichten Brief an Fließ berichtet Freud, der Vortrag habe eine eisige Aufnahme gefunden und Krafft-Ebing, der den Vorsitz führte, habe die Bemerkung gemacht: »Es klingt wie ein wissenschaftliches Märchen.«
In der vorliegenden Arbeit gibt Freud eine ziemlich detaillierte Darstellung seiner Entdeckungen über die Ursachen der Hysterie sowie der Schwierigkeiten, die bei ihrer Erhebung zu überwinden waren. Vor allem im letzten Teil der Arbeit liegt der Schwerpunkt auf den sexuellen Erfahrungen in der Kindheit, die seiner Meinung nach die Grundlage der späteren Symptome bildeten. Wie schon in früheren Arbeiten dargelegt, hielt Freud diese Erlebnisse damals noch für ausnahmslos von Erwachsenen initiiert; die Erkenntnis der infantilen Sexualität lag noch in der Zukunft. Immerhin findet sich schon ein Hinweis (S. 74–5) auf das, was in der zweiten der *Drei Abhandlungen zur Sexualtheorie* (1905 d) als »polymorph-perverser« Charakter der kindlichen Sexualität beschrieben wird. Bemerkenswert sind ferner u. a. die immer stärker werdende Neigung, psychologischen Erklärungen gegenüber neurologischen den Vorzug zu geben (S. 65), sowie ein früher Versuch, das Problem der »Neurosenwahl« zu lösen (S. 79–80), ein Thema, das später immer wieder aufgegriffen wird.

[I]

Meine Herren! Wenn wir daran gehen, uns eine Meinung über die Verursachung eines krankhaften Zustandes wie die Hysterie zu bilden, betreten wir zunächst den Weg der anamnestischen Forschung, indem wir den Kranken oder dessen Umgebung ins Verhör darüber nehmen, auf welche schädlichen Einflüsse sie selbst die Erkrankung an jenen neurotischen Symptomen zurückführen. Was wir so in Erfahrung bringen, ist selbstverständlich durch alle jene Momente verfälscht, die einem Kranken die Erkenntnis des eigenen Zustandes zu verhüllen pflegen, durch seinen Mangel an wissenschaftlichem Verständnis für ätiologische Wirkungen, durch den Fehlschluß des *post hoc, ergo propter hoc*, durch die Unlust, gewisser Noxen und Traumen zu gedenken oder ihrer Erwähnung zu tun. Wir halten darum bei solcher anamnestischer Forschung an dem Vorsatze fest, den Glauben der Kranken nicht ohne eingehende kritische Prüfung zu dem unserigen zu machen, nicht zuzulassen, daß die Patienten uns unsere wissenschaftliche Meinung über die Ätiologie der Neurose zurechtmachen. Wenn wir einerseits gewisse konstant wiederkehrende Angaben anerkennen, wie die, daß der hysterische Zustand eine lang andauernde Nachwirkung einer einmal erfolgten Gemütsbewegung sei, so haben wir anderseits in die Ätiologie der Hysterie ein Moment eingeführt, welches der Kranke selbst niemals vorbringt und nur ungern gelten läßt, die hereditäre Veranlagung von seiten der Erzeuger. Sie wissen, daß nach der Meinung der einflußreichen Schule Charcots die Heredität allein als wirkliche Ursache der Hysterie Anerkennung verdient, während alle anderen Schädlichkeiten verschiedenartigster Natur und Intensität nur die Rolle von Gelegenheitsursachen, von »*agents provocateurs*« spielen sollen.

Sie werden mir ohneweiters zugeben, daß es wünschenswert wäre, es gäbe einen zweiten Weg, zur Ätiologie der Hysterie zu gelangen, auf welchem man sich unabhängiger von den Angaben der Kranken wüßte. Der Dermatologe z. B. weiß ein Geschwür als luetisch zu erkennen nach der Beschaffenheit der Ränder, des Belags, des Umrisses, ohne daß ihn der Einspruch des Patienten, der eine Infektionsquelle leugnet,

Zur Ätiologie der Hysterie

daran irremachte. Der Gerichtsarzt versteht es, die Verursachung einer Verletzung aufzuklären, selbst wenn er auf die Mitteilungen des Verletzten verzichten muß. Es besteht nun eine solche Möglichkeit, von den Symptomen aus zur Kenntnis der Ursachen vorzudringen, auch für die Hysterie. Das Verhältnis der Methode aber, deren man sich hiefür zu bedienen hat, zur älteren Methode der anamnestischen Erhebung möchte ich Ihnen in einem Gleichnisse darstellen, welches einen auf anderem Arbeitsgebiete tatsächlich erfolgten Fortschritt zum Inhalt hat.

Nehmen Sie an, ein reisender Forscher käme in eine wenig bekannte Gegend, in welcher ein Trümmerfeld mit Mauerresten, Bruchstücken von Säulen, von Tafeln mit verwischten und unlesbaren Schriftzeichen sein Interesse erweckte. Er kann sich damit begnügen zu beschauen, was frei zutage liegt, dann die in der Nähe hausenden, etwa halbbarbarischen Einwohner ausfragen, was ihnen die Tradition über die Geschichte und Bedeutung jener monumentalen Reste kundgegeben hat, ihre Auskünfte aufzeichnen und – weiterreisen. Er kann aber auch anders vorgehen; er kann Hacken, Schaufeln und Spaten mitgebracht haben, die Anwohner für die Arbeit mit diesen Werkzeugen bestimmen, mit ihnen das Trümmerfeld in Angriff nehmen, den Schutt wegschaffen und von den sichtbaren Resten aus das Vergrabene aufdecken. Lohnt der Erfolg seine Arbeit, so erläutern die Funde sich selbst; die Mauerreste gehören zur Umwallung eines Palastes oder Schatzhauses, aus den Säulentrümmern ergänzt sich ein Tempel, die zahlreich gefundenen, im glücklichen Falle bilinguen Inschriften enthüllen ein Alphabet und eine Sprache, und deren Entzifferung und Übersetzung ergibt ungeahnte Aufschlüsse über die Ereignisse der Vorzeit, zu deren Gedächtnis jene Monumente erbaut worden sind. *Saxa loquuntur*[1]!

Will man in annähernd ähnlicher Weise die Symptome einer Hysterie als Zeugen für die Entstehungsgeschichte der Krankheit laut werden lassen, so muß man an die bedeutsame Entdeckung J. Breuers anknüpfen, *daß die Symptome der Hysterie* (die Stigmata[2] beiseite) *ihre Determinierung von gewissen traumatisch wirksamen Erlebnissen des Kranken herleiten, als deren Erinnerungssymbole*[3] *sie im psychischen*

---

[1] [Die Steine reden!]
[2] [Diese, von Charcot (1887, S. 255) als »die permanenten Symptome der Hysterie« definiert, waren von Freud in den *Studien über Hysterie* (1895 d) als nichtpsychogen beschrieben worden; in diesem Werk sind auch die hier angeführten Ansichten Breuers abgedruckt.]
[3] [Diese vergleicht Freud in *Über Psychoanalyse* (1910 a) mit den Denkmälern und

Leben desselben reproduziert werden. Man muß sein Verfahren – oder ein im Wesen gleichartiges – anwenden, um die Aufmerksamkeit des Kranken vom Symptom aus auf die Szene zurückzuleiten, in welcher und durch welche das Symptom entstanden ist, und man beseitigt nach seiner Anweisung dieses Symptom, indem man bei der Reproduktion der traumatischen Szene eine nachträgliche Korrektur des damaligen psychischen Ablaufes durchsetzt.

Es liegt heute meiner Absicht völlig ferne, die schwierige Technik dieses therapeutischen Verfahrens oder die dabei gewonnenen psychologischen Aufklärungen zu behandeln. Ich mußte nur an dieser Stelle anknüpfen, weil die nach Breuer vorgenommenen Analysen gleichzeitig den Zugang zu den Ursachen der Hysterie zu eröffnen scheinen. Wenn wir eine größere Reihe von Symptomen bei zahlreichen Personen dieser Analyse unterziehen, so werden wir ja zur Kenntnis einer entsprechend großen Reihe von traumatisch wirksamen Szenen geleitet werden. In diesen Erlebnissen sind die wirksamen Ursachen der Hysterie zur Geltung gekommen; wir dürfen also hoffen, aus dem Studium der traumatischen Szenen zu erfahren, welche Einflüsse hysterische Symptome erzeugen und auf welche Weise.

Diese Erwartung trifft zu, notwendigerweise, da ja die Sätze von Breuer sich bei der Prüfung an zahlreicheren Fällen als richtig erweisen. Aber der Weg von den Symptomen der Hysterie zu deren Ätiologie ist langwieriger und führt über andere Verbindungen, als man sich vorgestellt hätte.

Wir wollen uns nämlich klarmachen, daß die Zurückführung eines hysterischen Symptoms auf eine traumatische Szene nur dann einen Gewinn für unser Verständnis mit sich bringt, wenn diese Szene zwei Bedingungen genügt, wenn sie die betreffende *determinierende Eignung* besitzt und wenn ihr die nötige *traumatische Kraft* zuerkannt werden muß. Ein Beispiel anstatt jeder Worterklärung! Es handle sich um das Symptom des hysterischen Erbrechens; dann glauben wir dessen Verursachung (bis auf einen gewissen Rest) durchschauen zu können, wenn die Analyse das Symptom auf ein Erlebnis zurückführt, welches *berechtigterweise ein hohes Maß von Ekel* erzeugt hat, wie etwa der Anblick eines verwesenden menschlichen Leichnams. Ergibt die Analyse anstatt dessen, daß das Erbrechen von einem großen

---

Monumenten der Städte, materialisierten »Erinnerungssymbolen«, die beim Betrachter keine starken Gemütsbewegungen mehr auslösen. Ein hysterischer Patient dagegen reagiert auf schmerzliche Erfahrungen der Vergangenheit, als wären sie eben geschehen.]

Schreck, z. B. bei einem Eisenbahnunfall, herrührt, so wird man sich unbefriedigt fragen müssen, wieso denn der Schreck gerade zum Erbrechen geführt hat. Es fehlt dieser Ableitung an der *Eignung zur Determinierung*. Ein anderer Fall von ungenügender Aufklärung liegt vor, wenn das Erbrechen etwa von dem Genuß einer Frucht herrühren soll, die eine faule Stelle zeigte. Dann ist zwar das Erbrechen durch den Ekel determiniert, aber man versteht nicht, wie der Ekel in diesem Falle so mächtig werden konnte, sich durch ein hysterisches Symptom zu verewigen; es mangelt diesem Erlebnisse an *traumatischer Kraft*.

Sehen wir nun nach, inwieweit die durch die Analyse aufgedeckten traumatischen Szenen der Hysterie bei einer größeren Anzahl von Symptomen und Fällen den beiden erwähnten Ansprüchen genügen. Hier stoßen wir auf die erste große Enttäuschung! Es trifft zwar einige Male zu, daß die traumatische Szene, in welcher das Symptom entstanden ist, wirklich beides, die determinierende Eignung und die traumatische Kraft besitzt, deren wir zum Verständnis des Symptoms bedürfen. Aber weit häufiger, unvergleichlich häufiger, finden wir eine der drei übrigen Möglichkeiten verwirklicht, die dem Verständnisse so ungünstig sind: die Szene, auf welche wir durch die Analyse geleitet werden, in welcher das Symptom zuerst aufgetreten ist, erscheint uns entweder ungeeignet zur Determinierung des Symptoms, indem ihr Inhalt zur Beschaffenheit des Symptoms keine Beziehung zeigt; oder das angeblich traumatische Erlebnis, dem es an inhaltlicher Beziehung nicht fehlt, erweist sich als normalerweise harmloser, für gewöhnlich wirkungsunfähiger Eindruck; oder endlich die »traumatische Szene« macht uns nach beiden Richtungen irre; sie erscheint ebenso harmlos wie ohne Beziehung zur Eigenart des hysterischen Symptoms.

(Ich bemerke hier nebenbei, daß Breuers Auffassung von der Entstehung hysterischer Symptome durch die Auffindung traumatischer Szenen, die an sich bedeutungslosen Erlebnissen entsprechen, nicht gestört worden ist. Breuer nahm nämlich – im Anschlusse an Charcot – an, daß auch ein harmloses Erlebnis zum Trauma erhoben werden und determinierende Kraft entfalten kann, wenn es die Person in einer besonderen psychischen Verfassung, im sogenannten *hypnoiden Zustand*[1], betrifft. Allein ich finde, daß zur Voraussetzung solcher hypnoider Zustände oftmals jeder Anhalt fehlt. Entscheidend bleibt, daß die Lehre von den hypnoiden Zuständen nichts zur Lösung der anderen

---

[1] [Siehe S. 23 und die Anm.]

Schwierigkeiten leistet, daß nämlich den traumatischen Szenen so häufig die determinierende Eignung abgeht.)
Fügen Sie hinzu, meine Herren, daß diese erste Enttäuschung beim Verfolg der Breuerschen Methode unmittelbar durch eine andere eingeholt wird, die man besonders als Arzt schmerzlich empfinden muß. Zurückführungen solcher Art, wie wir sie geschildert haben, die unserem Verständnis betreffs der Determinierung und der traumatischen Wirksamkeit nicht genügen, bringen auch keinen therapeutischen Gewinn; der Kranke hat seine Symptome ungeändert behalten, trotz des ersten Ergebnisses, das uns die Analyse geliefert hat. Sie mögen verstehen, wie groß dann die Versuchung wird, auf eine Fortsetzung der ohnedies mühseligen Arbeit zu verzichten.
Vielleicht aber bedarf es nur eines neuen Einfalles, um uns aus der Klemme zu helfen und zu wertvollen Resultaten zu führen! Der Einfall ist folgender: Wir wissen ja durch Breuer, daß die hysterischen Symptome zu lösen sind, wenn wir von ihnen aus den Weg zur Erinnerung eines traumatischen Erlebnisses finden können. Wenn nun die aufgefundene Erinnerung unseren Erwartungen nicht entspricht, vielleicht ist derselbe Weg ein Stück weiter zu verfolgen, vielleicht verbirgt sich hinter der ersten traumatischen Szene die Erinnerung an eine zweite, die unseren Ansprüchen besser genügt und deren Reproduktion mehr therapeutische Wirkung entfaltet, so daß die erstgefundene Szene nur die Bedeutung eines Bindegliedes in der Assoziationsverkettung hat? Und vielleicht wiederholt sich dieses Verhältnis, die Einschiebung unwirksamer Szenen als notwendiger Übergänge bei der Reproduktion mehrmals, bis man vom hysterischen Symptom aus endlich zur eigentlich traumatisch wirksamen, in jeder Hinsicht, therapeutisch wie analytisch, befriedigenden Szene gelangt? Nun, meine Herren, diese Vermutung ist richtig. Wo die erstaufgefundene Szene unbefriedigend ist, sagen wir dem Kranken, dieses Erlebnis erkläre nichts, es müsse sich aber hinter ihm ein bedeutsameres, früheres Erlebnis verbergen, und lenken seine Aufmerksamkeit nach derselben Technik auf den Assoziationsfaden, welcher beide Erinnerungen, die aufgefundene und die aufzufindende verknüpft[1]. Die Fortsetzung der Analyse führt dann jedesmal zur Reproduktion neuer Szenen von den

---

[1] Es bleibt dabei absichtlich außer Erörterung, von welchem Rang die Assoziation der beiden Erinnerungen ist (ob durch Gleichzeitigkeit, kausaler Art, nach inhaltlicher Ähnlichkeit usw.) und auf welche psychologische Charakteristik die einzelnen »Erinnerungen« (bewußte oder unbewußte) Anspruch haben.

erwarteten Charakteren. Wenn ich z. B. den vorhin ausgewählten Fall von hysterischem Erbrechen wieder aufnehme, den die Analyse zunächst auf einen Schreck bei einem Eisenbahnunfall zurückgeführt hat, welcher der determinierenden Eignung entbehrt, so erfahre ich aus weitergehender Analyse, daß dieser Unfall die Erinnerung an einen andern, früher vorgekommenen, geweckt hat, den der Kranke zwar nicht selbst erlebte, der ihm aber Gelegenheit zu dem Grauen und Ekel erregenden Anblick eines Leichnams bot. Es ist, als ob das Zusammenwirken beider Szenen die Erfüllung unserer Postulate ermöglichte, indem das eine Erlebnis durch den Schreck die traumatische Kraft, das andere durch seinen Inhalt die determinierende Wirkung beistellt. Der andere Fall, daß das Erbrechen auf den Genuß eines Apfels zurückgeführt wird, an dem sich eine faule Stelle befindet, wird durch die Analyse etwa in folgender Weise ergänzt: Der faulende Apfel erinnert an ein früheres Erlebnis, an das Sammeln abgefallener Äpfel in einem Garten, wobei der Kranke zufällig auf einen ekelhaften Tierkadaver stieß.

Ich will auf diese Beispiele nicht mehr zurückkommen, denn ich muß das Geständnis ablegen, daß sie keinem Falle meiner Erfahrung entstammen, daß sie von mir erfunden sind; höchstwahrscheinlich sind sie auch schlecht erfunden; derartige Auflösungen hysterischer Symptome halte ich selbst für unmöglich. Aber der Zwang, Beispiele zu fingieren, erwächst mir aus mehreren Momenten, von denen ich eines unmittelbar anführen kann. Die wirklichen Beispiele sind alle unvergleichlich komplizierter; eine einzige ausführliche Mitteilung würde diese Vortragsstunde ausfüllen. Die Assoziationskette besteht immer aus mehr als zwei Gliedern, die traumatischen Szenen bilden nicht etwa einfache, perlschnurartige Reihen, sondern verzweigte, stammbaumartige Zusammenhänge, indem bei einem neuen Erlebnis zwei und mehr frühere als Erinnerungen zur Wirkung kommen; kurz, die Auflösung eines einzelnen Symptoms mitteilen, fällt eigentlich zusammen mit der Aufgabe, eine Krankengeschichte vollständig darzustellen.

Wir wollen es nun aber nicht versäumen, den einen Satz nachdrücklich hervorzuheben, den die analytische Arbeit längs dieser Erinnerungsketten unerwarteterweise gegeben hat. Wir haben erfahren, *daß kein hysterisches Symptom aus einem realen Erlebnis allein hervorgehen kann, sondern daß alle Male die assoziativ geweckte Erinnerung an frühere Erlebnisse zur Verursachung des Symptoms mitwirkt.*

Zur Ätiologie der Hysterie

Wenn dieser Satz – wie ich meine – *ohne Ausnahme* richtig ist, so bezeichnet er uns aber auch das Fundament, auf dem eine psychologische Theorie der Hysterie aufzubauen ist.

Sie könnten meinen, jene seltenen Fälle, in welchen die Analyse das Symptom sofort auf eine traumatische Szene von guter determinierender Eignung und traumatischer Kraft zurückführt und es durch solche Zurückführung gleichzeitig wegschafft, wie dies in Breuers Krankengeschichte der Anna O. geschildert wird[1], seien doch mächtige Einwände gegen die allgemeine Geltung des eben aufgestellten Satzes. Das sieht in der Tat so aus; allein ich muß Sie versichern, ich habe die triftigsten Gründe, anzunehmen, daß selbst in diesen Fällen eine Verkettung wirksamer Erinnerungen vorliegt, die weit hinter die erste traumatische Szene zurückreicht, *wenngleich* die Reproduktion der letzteren allein die Aufhebung des Symptoms zur Folge haben kann.

Ich meine, es ist wirklich überraschend, daß hysterische Symptome nur unter Mitwirkung von Erinnerungen entstehen können, zumal wenn man erwägt, daß diese Erinnerungen nach allen Aussagen der Kranken ihnen im Momente, da das Symptom zuerst auftrat, nicht zum Bewußtsein gekommen waren. Hier ist Stoff für sehr viel Nachdenken gegeben, aber diese Probleme sollen uns für jetzt nicht verlocken, unsere Richtung nach der Ätiologie der Hysterie zu verlassen[2]. Wir müssen uns vielmehr fragen: Wohin gelangen wir, wenn wir den Ketten assoziierter Erinnerungen folgen, welche die Analyse uns aufdeckt? Wie weit reichen sie? Haben sie irgendwo ein natürliches Ende? Führen sie uns etwa zu Erlebnissen, die irgendwie gleichartig sind, dem Inhalte oder der Lebenszeit nach, so daß wir in diesen überall gleichartigen Faktoren die gesuchte Ätiologie der Hysterie erblicken könnten?

Meine bisherige Erfahrung gestattet mir bereits, diese Fragen zu beantworten. Wenn man von einem Falle ausgeht, der mehrere Symptome bietet, so gelangt man mittels der Analyse von jedem Symptom aus zu einer Reihe von Erlebnissen, deren Erinnerungen in der Assoziation miteinander verkettet sind. Die einzelnen Erinnerungsketten verlaufen zunächst distinkt voneinander nach rückwärts, sind aber, wie bereits erwähnt, verzweigt; von einer Szene aus sind gleichzeitig zwei oder mehr Erinnerungen erreicht, von denen nun Seiten-

---

[1] [Siehe S. 15 f. oben.]
[2] [Freud greift dieses zurückgestellte Problem auf S. 72 ff. wieder auf.]

ketten ausgehen, deren einzelne Glieder wieder mit Gliedern der Hauptkette assoziativ verknüpft sein mögen. Der Vergleich mit dem Stammbaum einer Familie, deren Mitglieder auch untereinander geheiratet haben, paßt hier wirklich nicht übel. Andere Komplikationen der Verkettung ergeben sich daraus, daß eine einzelne Szene in derselben Kette mehrmals erweckt werden kann, so daß sie zu einer späteren Szene mehrfache Beziehungen hat, eine direkte Verknüpfung mit ihr aufweist und eine durch Mittelglieder hergestellte. Kurz, der Zusammenhang ist keineswegs ein einfacher, und die Aufdeckung der Szenen in umgekehrter chronologischer Folge (die eben den Vergleich mit der Aufgrabung eines geschichteten Trümmerfeldes rechtfertigt) trägt zum rascheren Verständnis des Herganges gewiß nichts bei.

Neue Verwicklungen ergeben sich, wenn man die Analyse weiter fortsetzt. Die Assoziationsketten für die einzelnen Symptome beginnen dann in Beziehung zueinander zu treten; die Stammbäume verflechten sich. Bei einem gewissen Erlebnis der Erinnerungskette, z. B. für das Erbrechen, ist außer den rückläufigen Gliedern dieser Kette eine Erinnerung aus einer andern Kette erweckt worden, die ein anderes Symptom, etwa Kopfschmerz, begründet. Jenes Erlebnis gehört darum beiden Reihen an, es stellt also einen *Knotenpunkt*[1] dar, wie deren in jeder Analyse mehrere aufzufinden sind. Sein klinisches Korrelat mag etwa sein, daß von einer gewissen Zeit an die beiden Symptome zusammen auftreten, symbiotisch, eigentlich ohne innere Abhängigkeit voneinander. *Knotenpunkte anderer Art* findet man noch weiter rückwärts. Dort konvergieren die einzelnen Assoziationsketten; es finden sich Erlebnisse, von denen zwei oder mehrere Symptome ausgegangen sind. An das eine Detail der Szene hat die eine Kette, an ein anderes Detail die zweite Kette angeknüpft.

Das wichtigste Ergebnis aber, auf welches man bei solcher konsequenten Verfolgung der Analyse stößt, ist dieses: Von welchem Fall und von welchem Symptom immer man seinen Ausgang genommen hat, *endlich gelangt man unfehlbar auf das Gebiet des sexuellen Erlebens.* Hiemit wäre also zuerst eine ätiologische Bedingung hysterischer Symptome aufgedeckt.

Ich kann nach früheren Erfahrungen voraussehen, daß gerade gegen diesen Satz oder gegen die Allgemeingültigkeit dieses Satzes Ihr Wi-

---

[1] [Ein Beispiel für einen solchen »Knotenpunkt« – das Wort »naß« – wird in der Analyse des ersten Traums der »Dora«-Fallgeschichte (1905 e), S. 158 f. des vorliegenden Bandes, beschrieben.]

derspruch, meine Herren, gerichtet sein wird. Ich sage vielleicht besser: Ihre Widerspruchsneigung, denn es stehen wohl noch keinem von Ihnen Untersuchungen zu Gebote, die, mit demselben Verfahren angestellt, ein anderes Resultat ergeben hätten. Zur Streitsache selbst will ich nur bemerken, daß die Auszeichnung des sexuellen Moments in der Ätiologie der Hysterie bei mir mindestens keiner vorgefaßten Meinung entstammt. Die beiden Forscher, als deren Zögling ich meine Arbeiten über Hysterie begonnen habe, Charcot wie Breuer, standen einer derartigen Voraussetzung ferne, ja sie brachten ihr eine persönliche Abneigung entgegen, von der ich anfangs meinen Anteil übernahm. Erst die mühseligsten Detailuntersuchungen haben mich, und zwar langsam genug, zu der Meinung bekehrt, die ich heute vertrete. Wenn Sie meine Behauptung, die Ätiologie auch der Hysterie läge im Sexualleben, der strengsten Prüfung unterziehen, so erweist sie sich als vertretbar durch die Angabe, daß ich in etwa achtzehn Fällen von Hysterie diesen Zusammenhang für jedes einzelne Symptom erkennen und, wo es die Verhältnisse gestatteten, durch den therapeutischen Erfolg bekräftigen konnte. Sie können mir dann freilich einwenden, die neunzehnte und die zwanzigste Analyse werden vielleicht eine Ableitung hysterischer Symptome auch aus anderen Quellen kennen lehren und damit die Gültigkeit der sexuellen Ätiologie von der Allgemeinheit auf achtzig Prozent einschränken. Wir wollen es gerne abwarten, aber da jene achtzehn Fälle gleichzeitig alle sind, an denen ich die Arbeit der Analyse unternehmen konnte, und da niemand diese Fälle mir zum Gefallen ausgesucht hat, werden Sie es begreiflich finden, daß ich jene Erwartung nicht teile, sondern bereit bin, mit meinem Glauben über die Beweiskraft meiner bisherigen Erfahrungen hinauszugehen. Dazu bewegt mich übrigens noch ein anderes Motiv von einstweilen bloß subjektiver Geltung. In dem einzigen Erklärungsversuch für den physiologischen und psychischen Mechanismus der Hysterie, den ich mir zur Zusammenfassung meiner Beobachtungen gestalten konnte, ist mir die Einmengung sexueller Triebkräfte zur unentbehrlichen Voraussetzung geworden.

Also man gelangt endlich, nachdem die Erinnerungsketten konvergiert haben, auf sexuelles Gebiet und zu einigen wenigen Erlebnissen, die zumeist in die nämliche Lebensperiode, in das Alter der Pubertät fallen. Aus diesen Erlebnissen soll man die Ätiologie der Hysterie entnehmen und durch sie die Entstehung hysterischer Symptome verstehen lernen. Hier erlebt man aber eine neue und schwerwiegende Enttäuschung! Die mit so viel Mühe aufgefundenen, aus allem Erinnerungsmaterial extrahierten, anscheinend letzten traumatischen Erlebnisse haben zwar die beiden Charaktere: Sexualität und Pubertätszeit gemein, sind aber sonst so *sehr disparat und ungleichwertig.* In einigen Fällen handelt es sich wohl um Erlebnisse, die wir als schwere Traumen anerkennen müssen, um einen Versuch der Vergewaltigung, der dem unreifen Mädchen mit einem Schlage die ganze Brutalität der Geschlechtslust enthüllt, um eine unfreiwillige Zeugenschaft bei sexuellen Akten der Eltern, die in einem ungeahntes Häßliches aufdeckt und das kindliche wie das moralische Gefühl verletzt u. dgl. In anderen Fällen sind diese Erlebnisse von erstaunlicher Geringfügigkeit. Eine meiner Patientinnen zeigte zugrunde ihrer Neurose das Erlebnis, daß ein ihr befreundeter Knabe zärtlich ihre Hand streichelte und ein andermal seinen Unterschenkel an ihr Kleid drängte, während sie nebeneinander bei Tische saßen, wobei noch seine Miene sie erraten ließ, es handle sich um etwas Unerlaubtes. Bei einer andern jungen Dame hatte gar das Anhören einer Scherzfrage, die eine obszöne Beantwortung ahnen ließ, hingereicht, den ersten Angstanfall hervorzurufen und damit die Erkrankung zu eröffnen. Solche Ergebnisse sind offenbar einem Verständnis für die Verursachung hysterischer Symptome nicht günstig. Wenn es ebensowohl schwere wie geringfügige Erlebnisse, ebensowohl Erfahrungen am eigenen Leib wie visuelle Eindrücke und durch das Gehör empfangene Mitteilungen sind, die sich als die letzten Traumen der Hysterie erkennen lassen, so kann man etwa die Deutung versuchen, die Hysterischen seien besonders geartete Menschenkinder – wahrscheinlich infolge erblicher Veranlagung oder degenerativer Verkümmerung –, bei denen die Scheu vor der Sexualität, die im Pubertätsalter normalerweise eine gewisse Rolle spielt, ins Pathologische gesteigert und dauernd festgehalten wird; gewissermaßen Personen, die den Anforderungen der Sexualität psychisch nicht Genüge leisten können. Man vernachlässigt bei dieser Aufstellung allerdings die Hysterie der Männer; aber auch, wenn es derartige grobe Einwände nicht gäbe, wäre die Versuchung kaum sehr groß, bei dieser Lösung stehenzubleiben. Man verspürt hier nur zu deutlich die intellektuelle Empfindung des Halbverstandenen, Unklaren und Unzureichenden.

Zum Glück für unsere Aufklärung zeigen einzelne der sexuellen Pubertätserlebnisse eine weitere Unzulänglichkeit, die geeignet ist, zur Fortsetzung der analytischen Arbeit anzuregen. Es kommt nämlich vor, daß auch diese Erlebnisse der determinierenden Eignung entbehren, wenngleich dies hier viel seltener ist als bei den traumatischen Szenen aus späterer Lebenszeit. So z. B. hatten sich bei den beiden Patientinnen, die ich vorhin als Fälle mit eigentlich harmlosen Pubertätserlebnissen angeführt habe, im Gefolge dieser Erlebnisse eigentümliche schmerzhafte Empfindungen in den Genitalien eingestellt, die sich als Hauptsymptome der Neurose festgesetzt hatten, deren Determinierung weder aus den Pubertätsszenen noch aus späteren abzuleiten war, die aber sicherlich nicht zu den normalen Organempfindungen oder zu den Zeichen sexueller Aufregung gehörten. Wie nahe lag es nun, sich hier zu sagen, man müsse die Determinierung dieser Symptome in noch anderen, noch weiter zurückreichenden Erlebnissen suchen, man müsse hier zum zweiten Male jenem rettenden Einfall folgen, der uns vorhin von den ersten traumatischen Szenen zu den Erinnerungsketten hinter ihnen geleitet? Man kommt damit freilich in die Zeit der ersten Kindheit, die Zeit vor der Entwicklung des sexuellen Lebens, womit ein Verzicht auf die sexuelle Ätiologie verbunden scheint. Aber hat man nicht ein Recht anzunehmen, daß es auch dem Kindesalter an leisen sexuellen Erregungen nicht gebricht, ja, daß vielleicht die spätere sexuelle Entwicklung durch Kindererlebnisse in entscheidender Weise beeinflußt wird? Schädigungen, die das unausgebildete Organ, die in Entwicklung begriffene Funktion treffen, verursachen ja so häufig schwerere und nachhaltigere Wirkungen, als sie im reiferen Alter entfalten könnten. Vielleicht liegen der abnormen Reaktion gegen sexuelle Eindrücke, durch welche uns die Hysterischen in der Pubertätszeit überraschen, ganz allgemein solche sexuelle Erlebnisse der Kindheit zugrunde, die dann von gleichförmiger und bedeutsamer Art sein müßten? Man gewänne so eine Aussicht, als frühzeitig erworben aufzuklären, was man bisher einer durch die Heredität doch nicht verständlichen Prädisposition zur Last legen mußte. Und da infantile Erlebnisse sexuellen Inhalts doch nur durch ihre *Erinnerungsspuren* eine psychische Wirkung äußern könnten, wäre dies nicht eine willkommene Ergänzung zu jenem Ergebnis der Analyse, daß *hysterische Symptome immer nur unter der Mitwirkung von Erinnerungen entstehen?* [Vgl. S. 58.]

II

Sie erraten es wohl, meine Herren, daß ich jenen letzten Gedankengang nicht so weit ausgesponnen hätte, wenn ich Sie nicht darauf vorbereiten wollte, daß er allein es ist, der uns nach so vielen Verzögerungen zum Ziele führen wird. Wir stehen nämlich wirklich am Ende unserer langwierigen und beschwerlichen analytischen Arbeit und finden hier alle bisher festgehaltenen Ansprüche und Erwartungen erfüllt. Wenn wir die Ausdauer haben, mit der Analyse bis in die frühe Kindheit vorzudringen, so weit zurück nur das Erinnerungsvermögen eines Menschen reichen kann, so veranlassen wir in allen Fällen den Kranken zur Reproduktion von Erlebnissen, die infolge ihrer Besonderheiten sowie ihrer Beziehungen zu den späteren Krankheitssymptomen als die gesuchte Ätiologie der Neurose betrachtet werden müssen. Diese *infantilen* Erlebnisse sind wiederum *sexuellen* Inhalts, aber weit gleichförmigerer Art als die letztgefundenen Pubertätsszenen; es handelt sich bei ihnen nicht mehr um die Erweckung des sexuellen Themas durch einen beliebigen Sinneseindruck, sondern um sexuelle Erfahrungen am eigenen Leib, um *geschlechtlichen Verkehr* (im weiteren Sinne). Sie gestehen mir zu, daß die *Bedeutsamkeit* solcher Szenen keiner weiteren Begründung bedarf; fügen Sie nun noch hinzu, daß Sie in den Details derselben jedesmal die *determinierenden* Momente auffinden können, die Sie etwa in den anderen, später erfolgten und früher reproduzierten Szenen noch vermißt hätten. [Vgl. S. 55 f.]

Ich stelle also die Behauptung auf, zugrunde jedes Falles von Hysterie befinden sich – durch die analytische Arbeit reproduzierbar, trotz des Dezennien umfassenden Zeitintervalles – *ein oder mehrere Erlebnisse von vorzeitiger sexueller Erfahrung,* die der frühesten Jugend angehören[1]. Ich halte dies für eine wichtige Enthüllung, für die Auffindung eines *caput Nili*[2] der Neuropathologie, aber ich weiß kaum, wo anzuknüpfen, um die Erörterung dieser Verhältnisse fortzuführen. Soll ich mein aus den Analysen gewonnenes tatsächliches Material vor Ihnen ausbreiten, oder soll ich nicht lieber vorerst der Masse von Einwänden und Zweifeln zu begegnen suchen, die jetzt von Ihrer Aufmerksamkeit Besitz ergriffen haben, wie ich wohl mit Recht vermuten darf? Ich wähle das letztere; vielleicht können wir dann um so ruhiger beim Tatsächlichen verweilen:

---

[1] [*Zusatz 1924:*] Siehe die Bemerkung auf S. 65.   [2] [Quelle des Nils.]

Zur Ätiologie der Hysterie

a) Wer der psychologischen Auffassung der Hysterie überhaupt feindlich entgegensteht, die Hoffnung nicht aufgeben möchte, daß es einst gelingen wird, ihre Symptome auf »feinere anatomische Veränderungen« zurückzuführen, und die Einsicht abgewiesen hat, daß die materiellen Grundlagen der hysterischen Veränderungen nicht anders als gleichartig sein können mit jenen unserer normalen Seelenvorgänge, der wird selbstverständlich für die Ergebnisse unserer Analysen kein Vertrauen übrig haben; die prinzipielle Verschiedenheit seiner Voraussetzungen von den unserigen entbindet uns aber auch der Verpflichtung, ihn in einer Einzelfrage zu überzeugen.

Aber auch ein anderer, der sich minder abweisend gegen die psychologischen Theorien der Hysterie verhält, wird angesichts unserer analytischen Ergebnisse die Frage aufzuwerfen versucht sein, welche Sicherheit die Anwendung der Psychoanalyse mit sich bringt, ob es denn nicht sehr wohl möglich sei, daß entweder der Arzt solche Szenen als angebliche Erinnerung dem gefälligen Kranken aufdrängt oder daß der Kranke ihm absichtliche Erfindungen und freie Phantasien vorträgt, die jener für echt annimmt. Nun, ich habe darauf zu erwidern, die allgemeinen Bedenken gegen die Verläßlichkeit der psychoanalytischen Methode können erst gewürdigt und beseitigt werden, wenn eine vollständige Darstellung ihrer Technik und ihrer Resultate vorliegen wird; die Bedenken gegen die Echtheit der infantilen Sexualszenen aber kann man bereits heute durch mehr als ein Argument entkräften. Zunächst ist das Benehmen der Kranken, während sie diese infantilen Erlebnisse reproduzieren, nach allen Richtungen hin unvereinbar mit der Annahme, die Szenen seien etwas anderes als peinlich empfundene und höchst ungern erinnerte Realität. Die Kranken wissen vor Anwendung der Analyse nichts von diesen Szenen, sie pflegen sich zu empören, wenn man ihnen etwa das Auftauchen derselben ankündigt; sie können nur durch den stärksten Zwang der Behandlung bewogen werden, sich in deren Reproduktion einzulassen, sie leiden unter den heftigsten Sensationen, deren sie sich schämen und die sie zu verbergen trachten, während sie sich diese infantilen Erlebnisse ins Bewußtsein rufen, und noch, nachdem sie dieselben in so überzeugender Weise wieder durchgemacht haben, versuchen sie es, ihnen den Glauben zu versagen, indem sie betonen, daß sich hiefür nicht wie bei anderem Vergessenen ein Erinnerungsgefühl eingestellt hat[1].

---

[1] [*Zusatz 1924:*] All dies ist richtig, aber es ist zu bedenken, daß ich mich damals von

Letzteres Verhalten scheint nun absolut beweiskräftig zu sein. Wozu sollten die Kranken mich so entschieden ihres Unglaubens versichern, wenn sie aus irgendeinem Motiv die Dinge, die sie entwerten wollen, selbst erfunden haben? Daß der Arzt dem Kranken derartige Reminiszenzen aufdränge, ihn zu ihrer Vorstellung und Wiedergabe suggeriere, ist weniger bequem zu widerlegen, erscheint mir aber ebenso unhaltbar. Mir ist es noch nie gelungen, einem Kranken eine Szene, die ich erwartete, derart aufzudrängen, daß er sie mit allen zu ihr gehörigen Empfindungen zu durchleben schien; vielleicht treffen es andere besser.

Es gibt aber noch eine ganze Reihe anderer Bürgschaften für die Realität der infantilen Sexualszenen. Zunächst deren Uniformität in gewissen Einzelheiten, wie sie sich aus den gleichartig wiederkehrenden Voraussetzungen dieser Erlebnisse ergeben muß, während man sonst geheime Verabredungen zwischen den einzelnen Kranken für glaubhaft halten müßte. Sodann, daß die Kranken gelegentlich wie harmlos Vorgänge beschreiben, deren Bedeutung sie offenbar nicht verstehen, weil sie sonst entsetzt sein müßten, oder daß sie, ohne Wert darauf zu legen, Einzelheiten berühren, die nur ein Lebenserfahrener kennt und als feine Charakterzüge des Realen zu schätzen versteht.

Verstärken solche Vorkommnisse den Eindruck, daß die Kranken wirklich erlebt haben müssen, was sie unter dem Zwang der Analyse als Szene aus der Kindheit reproduzieren, so entspringt ein anderer und mächtigerer Beweis hiefür aus der Beziehung der Infantilszenen zum Inhalt der ganzen übrigen Krankengeschichte. Wie bei den Zusammenlegbildern der Kinder sich nach mancherlei Probieren schließlich eine absolute Sicherheit herausstellt, welches Stück in die freigelassene Lücke gehört – weil nur dieses eine gleichzeitig das Bild ergänzt und sich mit seinen unregelmäßigen Zacken zwischen die Zakken der anderen so einpassen läßt, daß kein freier Raum bleibt und kein Übereinanderschieben notwendig wird –, so erweisen sich die Infantilszenen inhaltlich als unabweisbare Ergänzungen für das assoziative und logische Gefüge der Neurose, nach deren Einfügung erst der Hergang verständlich – man möchte oftmals sagen: selbstverständlich – wird.

Daß auch der therapeutische Beweis für die Echtheit der Infantilszenen in einer Reihe von Fällen zu erbringen ist, füge ich hinzu, ohne diesen

---

der Überschätzung der Realität und der Geringschätzung der Phantasie noch nicht frei gemacht hatte.

in den Vordergrund drängen zu wollen. Es gibt Fälle, in denen ein vollständiger oder partieller Heilerfolg zu erreichen ist, ohne daß man bis zu den Infantilerlebnissen herabsteigen muß; andere, in welchen jeder Erfolg ausbleibt, ehe die Analyse ihr natürliches Ende mit der Aufdeckung der frühesten Traumen gefunden hat. Ich meine, im ersteren Falle sei man vor Rezidiven nicht gesichert; ich erwarte, daß eine vollständige Psychoanalyse die radikale Heilung einer Hysterie bedeutet. Indes, greifen wir hier den Lehren der Erfahrung nicht vor!
Es gäbe noch einen, einen wirklich unantastbaren Beweis für die Echtheit der sexuellen Kindererlebnisse, wenn nämlich die Angaben der einen Person in der Analyse durch die Mitteilung einer anderen Person in oder außerhalb einer Behandlung bestätigt würden. Diese beiden Personen müßten in ihrer Kindheit an demselben Erlebnis Anteil genommen haben, etwa in einem sexuellen Verhältnis zueinander gestanden sein. Solche Kinderverhältnisse sind, wie Sie gleich hören werden [S. 69], gar nicht selten; es kommt auch häufig genug vor, daß beide Beteiligte später an Neurosen erkranken, und doch, meine ich, ist es ein Glücksfall, daß mir eine solche objektive Bestätigung unter achtzehn Fällen zweimal gelungen ist. Einmal war es der gesund gebliebene Bruder, der mir unaufgefordert zwar nicht die frühesten Sexualerlebnisse mit seiner kranken Schwester, aber wenigstens solche Szenen aus ihrer späteren Kindheit und die Tatsache von weiter zurückreichenden sexuellen Beziehungen bekräftigte. Ein andermal traf es sich, daß zwei in Behandlung stehende Frauen als Kinder mit der nämlichen männlichen Person sexuell verkehrt hatten, wobei einzelne Szenen *à trois* zustande gekommen waren. Ein gewisses Symptom, das sich von diesen Kindererlebnissen ableitete, war, als Zeuge dieser Gemeinschaft, in beiden Fällen zur Ausbildung gelangt.

b) Sexuelle Erfahrungen der Kindheit, die in Reizungen der Genitalien, koitusähnlichen Handlungen usw. bestehen, sollen also in letzter Analyse als jene Traumen anerkannt werden, von denen die hysterische Reaktion gegen Pubertätserlebnisse und die Entwicklung hysterischer Symptome ausgeht. Gegen diesen Ausspruch werden sicherlich von verschiedenen Seiten zwei zueinander gegensätzliche Einwendungen erhoben werden. Die einen werden sagen, derartige sexuelle Mißbräuche, an Kindern verübt oder von Kindern untereinander, kämen zu selten vor, als daß man mit ihnen die Bedingtheit einer so häufigen Neurose wie der Hysterie decken könnte; andere werden vielleicht geltend machen, dergleichen Erlebnisse seien im Gegenteil sehr häufig, allzu häufig, als daß man ihrer Feststellung eine ätiologische Bedeutung zusprechen könnte. Sie werden ferner anführen, daß es bei einiger Umfrage leichtfällt, Personen aufzufinden, die sich an Szenen von sexueller Verführung und sexuellem Mißbrauche in ihren Kinderjahren erinnern und die doch niemals hysterisch gewesen sind. Endlich werden wir als schwerwiegendes Argument zu hören bekommen, daß in den niederen Schichten der Bevölkerung die Hysterie gewiß nicht häufiger vorkommt als in den höchsten, während doch alles dafür spricht, daß das Gebot der sexuellen Schonung des Kindesalters an den Proletarierkindern ungleich häufiger übertreten wird.

Beginnen wir unsere Verteidigung mit dem leichteren Teil der Aufgabe. Es scheint mir sicher, daß unsere Kinder weit häufiger sexuellen Angriffen ausgesetzt sind, als man nach der geringen, von den Eltern hierauf verwendeten Fürsorge erwarten sollte. Bei den ersten Erkundigungen, was über dieses Thema bekannt sei, erfuhr ich von Kollegen, daß mehrere Publikationen von Kinderärzten vorliegen, welche die Häufigkeit sexueller Praktiken selbst an Säuglingen von seiten der Ammen und Kinderfrauen anklagen, und aus den letzten Wochen ist mir eine von Dr. Stekel in Wien herrührende Studie in die Hand geraten, die sich mit dem ›Koitus im Kindesalter‹ beschäftigt (1895[1]). Ich habe nicht Zeit gehabt, andere literarische Zeugnisse zu sammeln, aber selbst, wenn diese sich nur vereinzelt fänden, dürfte man erwarten, daß mit der Steigerung der Aufmerksamkeit für dieses Thema sehr bald die große Häufigkeit von sexuellen Erlebnissen und sexueller Betätigung im Kindesalter bestätigt werden wird.

Schließlich sind die Ergebnisse meiner Analyse imstande, für sich selbst zu sprechen. In sämtlichen achtzehn Fällen (von reiner Hysterie und Hysterie mit Zwangsvorstellungen kombiniert, sechs Männer und zwölf Frauen) bin ich, wie erwähnt, zur Kenntnis solcher sexueller Erlebnisse des Kindesalters gelangt. Ich kann meine Fälle in drei Gruppen bringen, je nach der Herkunft der sexuellen Reizung. In der ersten Gruppe handelt es sich um Attentate, einmaligen oder doch vereinzelten Mißbrauch meist weiblicher Kinder von seiten erwachsener, fremder Individuen (die dabei groben, mechanischen Insult zu vermeiden verstanden), wobei die Einwilligung der Kinder nicht in Frage kam und als nächste Folge des Erlebnisses der Schreck überwog. Eine zweite

---
[1] [Dieses Datum ist in allen früheren deutschen Ausgaben irrtümlich mit »1896« angegeben.]

Gruppe bilden jene weit zahlreicheren Fälle, in denen eine das Kind wartende erwachsene Person – Kindermädchen, Kindsfrau, Gouvernante, Lehrer, leider auch allzuhäufig ein naher Verwandter[1] – das Kind in den sexuellen Verkehr einführte und ein – auch nach der seelischen Richtung ausgebildetes – förmliches Liebesverhältnis, oft durch Jahre, mit ihm unterhielt. In die dritte Gruppe endlich gehören die eigentlichen Kinderverhältnisse, sexuelle Beziehungen zwischen zwei Kindern verschiedenen Geschlechtes, zumeist zwischen Geschwistern, die oft über die Pubertät hinaus fortgesetzt werden und die nachhaltigsten Folgen für das betreffende Paar mit sich bringen. In den meisten meiner Fälle ergab sich kombinierte Wirkung von zwei oder mehreren solcher Ätiologien; in einzelnen war die Häufung der sexuellen Erlebnisse von verschiedenen Seiten her geradezu erstaunlich. Sie verstehen aber diese Eigentümlichkeit meiner Beobachtungen leicht, wenn Sie in Betracht ziehen, daß ich durchweg Fälle von schwerer neurotischer Erkrankung, die mit Existenzunfähigkeit drohte, zu behandeln hatte.

Wo ein Verhältnis zwischen zwei Kindern vorlag, gelang nun einige Male der Nachweis, daß der Knabe – der auch hier die aggressive Rolle spielt – vorher von einer erwachsenen weiblichen Person verführt worden war und daß er dann unter dem Drucke seiner vorzeitig geweckten Libido und infolge des Erinnerungszwanges an dem kleinen Mädchen genau die nämlichen Praktiken zu wiederholen suchte, die er bei der Erwachsenen erlernt hatte, ohne daß er selbständig eine Modifikation in der Art der sexuellen Betätigung vorgenommen hätte.

Ich bin daher geneigt anzunehmen, daß ohne vorherige Verführung Kinder den Weg zu Akten sexueller Aggression nicht zu finden vermögen. Der Grund zur Neurose würde demnach im Kindesalter immer von seiten Erwachsener gelegt, und die Kinder selbst übertragen einander die Disposition, später an Hysterie zu erkranken. Ich bitte, verweilen sie noch einen Moment bei der besonderen Häufigkeit sexueller Beziehungen im Kindesalter gerade zwischen Geschwistern und Vettern infolge der Gelegenheit zu häufigem Beisammensein, stellen Sie

---

[1] [In einem Brief an Fließ (Freud 1950a, Brief 69 von 1897) erwähnt Freud, daß bei weiblichen Patienten als Verführer immer der Vater erscheine. Zu jener Zeit war Freud, wie er später bekannte (s. die Anm. auf S. 65–6 oben), noch nicht imstande, zwischen den *Phantasien* der Patienten über ihre Kindheit und ihren wirklichen *Erinnerungen* zu unterscheiden. Er veröffentlichte seine gewandelte Auffassung erstmals in ›Meine Ansichten über die Rolle der Sexualität in der Ätiologie der Neurosen‹ (1906a).]

sich vor, daß zehn oder fünfzehn Jahre später in dieser Familie mehrere Individuen der jungen Generation krank gefunden werden, und fragen Sie sich, ob dieses familiäre Auftreten der Neurose nicht geeignet ist, zur Annahme einer erblichen Disposition zu verleiten, wo doch nur eine *Pseudoheredität* vorliegt und in Wirklichkeit eine Übertragung, eine Infektion in der Kindheit stattgefunden hat.

Nun wenden wir uns zu dem andern Einwand [S. 67 f.], welcher gerade auf der zugestandenen Häufigkeit infantiler Sexualerlebnisse und auf der Erfahrung fußt, daß viele Personen sich an solche Szenen erinnern, die nicht hysterisch geworden sind. Dagegen sagen wir zunächst, daß die übergroße Häufigkeit eines ätiologischen Moments unmöglich zum Vorwurf gegen dessen ätiologische Bedeutung verwendet werden kann. Ist der Tuberkelbazillus nicht allgegenwärtig und wird von weit mehr Menschen eingeatmet, als sich an Tuberkulose erkrankt zeigen? Und wird seine ätiologische Bedeutung durch die Tatsache geschädigt, daß er offenbar der Mitwirkung anderer Faktoren bedarf, um die Tuberkulose, seinen spezifischen Effekt, hervorzurufen? Es reicht für seine Würdigung als spezifische Ätiologie aus, daß Tuberkulose nicht möglich ist ohne seine Mitwirkung. Das gleiche gilt wohl auch für unser Problem. Es stört nicht, wenn viele Menschen infantile Sexualszenen erleben, ohne hysterisch zu werden; wenn nur alle, die hysterisch werden, solche Szenen erlebt haben. Der Kreis des Vorkommens eines ätiologischen Faktors darf gerne ausgedehnter sein als der seines Effekts, nur nicht enger. Es erkranken nicht alle an Blattern, die einen Blatternkranken berühren oder ihm nahe kommen, und doch ist Übertragung von einem Blatternkranken fast die einzige uns bekannte Ätiologie der Erkrankung.

Freilich, wenn infantile Betätigung der Sexualität ein fast allgemeines Vorkommnis wäre, dann fiele auf deren Nachweis in allen Fällen kein Gewicht. Aber erstens wäre eine derartige Behauptung sicherlich eine arge Übertreibung, und zweitens ruht der ätiologische Anspruch der infantilen Szenen nicht allein auf der Beständigkeit ihres Vorkommens in der Anamnese der Hysterischen, sondern vor allem auf dem Nachweis der assoziativen und logischen Bande zwischen ihnen und den hysterischen Symptomen, der Ihnen aus einer vollständig mitgeteilten Krankengeschichte sonnenklar einleuchten würde.

Welches mögen die anderen Momente sein, deren die »spezifische Ätiologie« der Hysterie noch bedarf, um die Neurose wirklich zu produzieren? Dies, meine Herren, ist eigentlich ein Thema für sich, das ich zu behandeln nicht vorhabe; ich brauche heute bloß die Kontaktstelle aufzuzeigen, an welcher die beiden Teilstücke des Themas – spezifische und Hilfsätiologie – ineinandergreifen. Es wird wohl eine ziemliche Anzahl von Faktoren in Betracht kommen, die erbliche und persönliche Konstitution, die innere Bedeutsamkeit der infantilen Sexualerlebnisse, vor allem deren Häufung; ein kurzes Verhältnis mit einem fremden, später gleichgültigen Knaben wird an Wirksamkeit zurückstehen gegen mehrjährige, innige sexuelle Beziehungen zum eigenen Bruder. Es sind in der Ätiologie der Neurosen quantitative Bedingungen ebensowohl bedeutsam wie qualitative; es sind Schwellenwerte zu überschreiten, wenn die Krankheit manifest werden soll. Ich halte die obige ätiologische Reihe übrigens selbst nicht für vollzählig und das Rätsel, warum die Hysterie in den niederen Ständen nicht häufiger ist [vgl. S. 68], durch sie noch nicht erledigt. (Erinnern Sie sich übrigens, welche überraschend große Verbreitung Charcot für die männliche Hysterie des Arbeiterstandes behauptete.) Ich darf Sie aber auch daran mahnen, daß ich selbst vor wenigen Jahren auf ein bisher wenig gewürdigtes Moment hingewiesen habe, für welches ich die Hauptrolle in der Hervorrufung der Hysterie nach der Pubertät in Anspruch nehme. Ich habe damals[1] ausgeführt, daß sich der Ausbruch der Hysterie fast regelmäßig auf einen *psychischen Konflikt* zurückführen läßt, indem eine unverträgliche Vorstellung die *Abwehr* des Ichs regemache und zur Verdrängung auffordere. Unter welchen Verhältnissen dieses Abwehrbestreben den pathologischen Effekt hat, die dem Ich peinliche Erinnerung wirklich ins Unbewußte zu drängen und an ihrer Statt ein hysterisches Symptom zu schaffen, das konnte ich damals nicht angeben. Ich ergänze es heute: *Die Abwehr erreicht dann ihre Absicht, die unverträgliche Vorstellung aus dem Bewußtsein zu drängen, wenn bei der betreffenden, bis dahin gesunden Person infantile Sexualszenen als unbewußte Erinnerungen vorhanden sind und wenn die zu verdrängende Vorstellung in logischen oder assoziativen Zusammenhang mit einem solchen infantilen Erlebnis gebracht werden kann.*

Da das Abwehrbestreben des Ichs von der gesamten moralischen und intellektuellen Ausbildung der Person abhängt, sind wir nun nicht mehr ohne jedes Verständnis für die Tatsache, daß die Hysterie beim niederen Volk so viel seltener ist, als ihre spezifische Ätiologie gestatten würde.

---

[1] [In ›Die Abwehr-Neuropsychosen‹ (1894 a).]

Meine Herren, kehren wir noch einmal zurück zu jener letzten Gruppe von Einwänden, deren Beantwortung uns so weit geführt hat. Wir haben gehört und anerkannt, daß es zahlreiche Personen gibt, die infantile Sexualerlebnisse sehr deutlich erinnern und die doch nicht hysterisch sind. Dieser Einwand ist ganz ohne Gewicht, er wird uns aber Anlaß zu einer wertvollen Bemerkung bieten. Personen dieser Art *dürfen* nach unserem Verständnis der Neurose gar nicht hysterisch sein oder wenigstens nicht hysterisch infolge der Szenen, die sie bewußt erinnern. Bei unseren Kranken sind diese Erinnerungen niemals bewußt; wir heilen sie aber von ihrer Hysterie, indem wir ihnen die unbewußten Erinnerungen der Infantilszenen in bewußte verwandeln. An der Tatsache, daß sie solche Erlebnisse gehabt haben, konnten und brauchten wir nichts zu ändern. Sie ersehen daraus, daß es auf die Existenz der infantilen Sexualerlebnisse allein nicht ankommt, sondern daß eine psychologische Bedingung noch dabei ist. Diese Szenen müssen als *unbewußte Erinnerungen* vorhanden sein; nur solange und insofern sie unbewußt sind, können sie hysterische Symptome erzeugen und unterhalten. Wovon es aber abhängt, ob diese Erlebnisse bewußte oder unbewußte Erinnerungen ergeben, ob die Bedingung hiefür im Inhalt der Erlebnisse, in der Zeit, zu der sie vorfallen, oder in späteren Einflüssen liegt, dies ist ein neues Problem, dem wir behutsam aus dem Wege gehen wollen. Lassen Sie sich bloß daran mahnen, daß uns die Analyse als erstes Resultat den Satz gebracht hat: *Die hysterischen Symptome sind Abkömmlinge unbewußt wirkender Erinnerungen.*

c) Wenn wir daran festhalten, infantile Sexualerlebnisse seien die Grundbedingung, sozusagen die *Disposition* der Hysterie, sie erzeugen die hysterischen Symptome aber nicht unmittelbar, sondern bleiben zunächst wirkungslos und wirken pathogen erst später, wenn sie im Alter nach der Pubertät als unbewußte Erinnerungen geweckt werden, so haben wir uns mit den zahlreichen Beobachtungen auseinanderzusetzen, welche das Auftreten hysterischer Erkrankung bereits im Kindesalter und vor der Pubertät erweisen. Indes löst sich die Schwierigkeit wieder, wenn wir die aus den Analysen gewonnenen Daten über die zeitlichen Umstände der infantilen Sexualerlebnisse näher betrachten. Man erfährt dann, daß in unseren schweren Fällen die Bildung hysterischer Symptome nicht etwa ausnahmsweise, sondern eher regelmäßig mit dem achten Jahr beginnt und daß die Sexualerlebnisse, die keine unmittelbare Wirkung äußern, jedesmal weiter zurückreichen, ins dritte, vierte, selbst ins zweite Lebensjahr. Da in keinem einzigen Fall die Kette der wirksamen Erlebnisse[1] mit dem achten Jahr abbricht, muß ich annehmen, daß diese Lebensperiode, in welcher der Wachstumsschub der zweiten Dentition erfolgt, für die Hysterie eine Grenze bildet, von welcher an ihre Verursachung unmöglich wird. Wer nicht frühere Sexualerlebnisse hat, kann von da an nicht mehr zur Hysterie disponiert werden; wer solche hat, kann nun bereits hysterische Symptome entwickeln. Das vereinzelte Vorkommen von Hysterie auch jenseits dieser Altersgrenze (vor acht Jahren) ließe sich noch als Erscheinung der Frühreife deuten. Die Existenz dieser Grenze hängt sehr wahrscheinlich mit Entwicklungsvorgängen im Sexualsystem zusammen. Verfrühung der somatischen Sexualentwicklung kommt häufig zur Beobachtung, und es ist selbst denkbar, daß sie durch vorzeitige sexuelle Reizung befördert werden kann.

Man gewinnt so einen Hinweis darauf, daß ein gewisser *infantiler* Zustand der psychischen Funktionen wie des Sexualsystems erforderlich ist, damit eine in diese Periode fallende sexuelle Erfahrung später als Erinnerung pathogene Wirkung entfalte. Ich getraue mich indes noch nicht, über die Natur dieses psychischen Infantilismus und über seine zeitliche Begrenzung Näheres auszusagen.

d) Eine weitere Einwendung könnte etwa daran Anstoß nehmen, daß die *Erinnerung* der infantilen Sexualerlebnisse so großartige pathogene Wirkung äußern soll, während das Erleben derselben selbst wirkungslos geblieben ist. Wir sind ja in der Tat nicht daran gewöhnt, daß von einem Erinnerungsbild Kräfte ausgehen, welche dem realen Eindruck gefehlt haben. Sie bemerken hier übrigens, mit welcher Konsequenz bei der Hysterie der Satz durchgeführt ist, daß Symptome nur aus Erinnerungen hervorgehen können. Alle die späteren Szenen, bei denen die Symptome entstehen, sind nicht die wirksamen, und die eigentlich wirksamen Erlebnisse erzeugen zunächst keinen Effekt. Wir stehen aber hier vor einem Problem, welches wir mit gutem Recht von unserem Thema sondern können. Man fühlt sich freilich zu einer Synthese aufgefordert, wenn man die Reihe von auffälligen Bedingungen überdenkt, zu deren Kenntnis wir gelangt sind: daß, um ein hysterisches Symptom zu bilden, ein Abwehrbestreben gegen eine peinliche Vorstellung vorhanden sein muß; daß diese eine logische oder assoziative

---

[1] [Dem Sinn nach bedeutet dieser verkürzte Ausdruck wohl »Erlebnisse, von denen man eine pathogene Wirkung erwarten könnte«.]

Verknüpfung aufweisen muß mit einer unbewußten Erinnerung durch wenige oder zahlreiche Mittelglieder, die in diesem Moment gleichfalls unbewußt bleiben; daß jene unbewußte Erinnerung nur sexuellen Inhalts sein kann; daß sie ein Erlebnis zum Inhalt hat, welches sich in einer gewissen infantilen Lebensperiode zugetragen hat; und man kann nicht umhin, sich zu fragen, wie es zugeht, daß diese Erinnerung an ein seinerzeit harmloses Erlebnis posthum die abnorme Wirkung äußert, einen psychischen Vorgang wie das Abwehren zu einem pathologischen Resultat zu leiten, während sie selbst dabei unbewußt bleibt?

Man wird sich aber sagen müssen, dies sei ein rein psychologisches Problem, dessen Lösung vielleicht bestimmte Annahmen über die normalen psychischen Vorgänge und über die Rolle des Bewußtseins dabei notwendig macht, das aber einstweilen ungelöst bleiben kann, ohne unsere bisher gewonnene Einsicht in die Ätiologie der hysterischen Phänomene zu entwerten.

III

Meine Herren, das Problem, dessen Ansätze ich soeben formuliert habe, betrifft den *Mechanismus* der hysterischen Symptombildung. Wir sind aber genötigt, die *Verursachung* dieser Symptome darzustellen, ohne diesen Mechanismus in Betracht zu ziehen, was eine unvermeidliche Einbuße an Abrundung und Durchsichtigkeit unserer Erörterung mit sich bringt. Kehren wir zur Rolle der infantilen Sexualszenen zurück. Ich fürchte, ich könnte Sie zur Überschätzung von deren symptombildender Kraft verleitet haben. Ich betone darum nochmals, daß jeder Fall von Hysterie Symptome aufweist, deren Determinierung nicht aus infantilen, sondern aus späteren, oft aus rezenten Erlebnissen herstammt. Ein anderer Anteil der Symptome geht freilich auf die allerfrühesten Erlebnisse zurück, ist gleichsam von ältestem Adel. Dahin gehören vor allem die so zahlreichen und mannigfaltigen Sensationen und Parästhesien an den Genitalien und anderen Körperstellen, die einfach dem Empfindungsinhalt der Infantilszenen in halluzinatorischer Reproduktion, oft auch in schmerzhafter Verstärkung, entsprechen.

Eine andere Reihe überaus gemeiner hysterischer Phänomene, der schmerzhafte Harndrang, die Sensation bei der Defäkation, Störungen der Darmtätigkeit, das Würgen und Erbrechen, Magenbeschwerden und Speiseekel, gab sich in meinen Analysen gleichfalls – und zwar mit

überraschender Regelmäßigkeit – als Derivat derselben Kindererlebnisse zu erkennen und erklärte sich mühelos aus konstanten Eigentümlichkeiten derselben. Die infantilen Sexualszenen sind nämlich arge Zumutungen für das Gefühl eines sexuell normalen Menschen; sie enthalten alle Ausschreitungen, die von Wüstlingen und Impotenten bekannt sind, bei denen Mundhöhle und Darmausgang mißbräuchlich zu sexueller Verwendung gelangen. Die Verwunderung hierüber weicht beim Arzte alsbald einem völligen Verständnis. Von Personen, die kein Bedenken tragen, ihre sexuellen Bedürfnisse an Kindern zu befriedigen, kann man nicht erwarten, daß sie an Nuancen in der Weise dieser Befriedigung Anstoß nehmen, und die dem Kindesalter anhaftende sexuelle Impotenz drängt unausbleiblich zu denselben Surrogathandlungen, zu denen sich der Erwachsene im Falle erworbener Impotenz erniedrigt. Alle die seltsamen Bedingungen, unter denen das ungleiche Paar sein Liebesverhältnis fortführt: der Erwachsene, der sich seinem Anteil an der gegenseitigen Abhängigkeit nicht entziehen kann, wie sie aus einer sexuellen Beziehung notwendig hervorgeht, der dabei doch mit aller Autorität und dem Rechte der Züchtigung ausgerüstet ist und zur ungehemmten Befriedigung seiner Launen die eine Rolle mit der anderen vertauscht; das Kind, dieser Willkür in seiner Hilflosigkeit preisgegeben, vorzeitig zu allen Empfindlichkeiten erweckt und allen Enttäuschungen ausgesetzt, häufig in der Ausübung der ihm zugewiesenen sexuellen Leistungen durch seine unvollkommene Beherrschung der natürlichen Bedürfnisse unterbrochen – alle diese grotesken und doch tragischen Mißverhältnisse prägen sich in der ferneren Entwicklung des Individuums und seiner Neurose in einer Unzahl von Dauereffekten aus, die der eingehendsten Verfolgung würdig wären. Wo sich das Verhältnis zwischen zwei Kindern abspielt, bleibt der Charakter der Sexualszenen doch der nämliche abstoßende, da ja jedes Kinderverhältnis eine vorausgegangene Verführung des einen Kindes durch einen Erwachsenen postuliert. Die psychischen Folgen eines solchen Kinderverhältnisses sind ganz außerordentlich tiefgreifende; die beiden Personen bleiben für ihre ganze Lebenszeit durch ein unsichtbares Band miteinander verknüpft.
Gelegentlich sind es Nebenumstände dieser infantilen Sexualszenen, welche in späteren Jahren zu determinierender Macht für die Symptome der Neurose gelangen. So hat in einem meiner Fälle der Umstand, daß das Kind abgerichtet wurde, mit seinem Fuß die Genitalien der Erwachsenen zu erregen, hingereicht, um Jahre hindurch die neuro-

tische Aufmerksamkeit auf die Beine und deren Funktion zu fixieren und schließlich eine hysterische Paraplegie zu erzeugen. In einem andern Falle wäre es rätselhaft geblieben, warum die Kranke in ihren Angstanfällen, die gewisse Tagesstunden bevorzugten, gerade eine einzige von ihren zahlreichen Schwestern zu ihrer Beruhigung nicht von ihrer Seite lassen wollte, wenn die Analyse nicht ergeben hätte, daß der Attentäter sich seinerzeit bei jedem seiner Besuche erkundigt hatte, ob diese Schwester zu Hause sei, von der er eine Störung befürchten mußte.

Es kommt vor, daß die determinierende Kraft der Infantilszenen sich so sehr verbirgt, daß sie bei oberflächlicher Analyse übersehen werden muß. Man vermeint dann, man habe die Erklärung eines gewissen Symptoms im Inhalt einer der späteren Szenen gefunden, und stößt im Verlaufe der Arbeit auf denselben Inhalt in einer der Infantilszenen, so daß man sich schließlich sagen muß, die spätere Szene verdanke ihre Kraft, Symptome zu determinieren, doch nur ihrer Übereinstimmung mit der früheren. Ich will darum die spätere Szene nicht als bedeutungslos hinstellen; wenn ich die Aufgabe hätte, die Regeln der hysterischen Symptombildung vor Ihnen zu erörtern, würde ich als eine dieser Regeln anerkennen müssen, daß zum Symptom jene Vorstellung auserwählt wird, zu deren Hebung mehrere Momente zusammenwirken, die von verschiedenen Seiten her gleichzeitig geweckt wird, was ich an anderer Stelle [1] durch den Satz auszudrücken versucht habe: *Die hysterischen Symptome seien überdeterminiert.*

Noch eines, meine Herren; ich habe zwar vorhin [S. 73 f.] das Verhältnis der rezenten Ätiologie zur infantilen als ein besonderes Thema beiseite gerückt; aber ich kann doch den Gegenstand nicht verlassen, ohne diesen Vorsatz wenigstens durch eine Bemerkung zu übertreten. Sie gestehen mir zu, es ist vor allem *eine* Tatsache, die uns am psychologischen Verständnis der hysterischen Phänomene irre werden läßt, die uns zu warnen scheint, psychische Akte bei Hysterischen und bei Normalen mit gleichem Maß zu messen. Es ist dies das Mißverhältnis zwischen psychisch erregendem Reiz und psychischer Reaktion, das wir bei den Hysterischen antreffen, welches wir durch die Annahme einer allgemeinen abnormen Reizbarkeit zu decken suchen und häufig physiologisch zu erklären bemüht sind, als ob gewisse, der Übertragung dienende Hirnorgane sich bei den Kranken in einem besonderen chemi-

---

[1] [Nämlich in seinem technischen Beitrag zu den *Studien über Hysterie* (1895 d).]

schen Zustand befänden, etwa wie die Spinalzentren des Strychninfrosches, oder sich dem Einflusse höherer hemmender Zentren entzogen hätten, wie im vivisektorischen Tierexperiment. Beide Auffassungen mögen hie und da zur Erklärung der hysterischen Phänomene vollberechtigt sein; das stelle ich nicht in Abrede. Aber der Hauptanteil des Phänomens, der abnormen, übergroßen, hysterischen Reaktion auf psychische Reize, läßt eine andere Erklärung zu, die durch zahllose Beispiele aus den Analysen gestützt wird. Und diese Erklärung lautet: *Die Reaktion der Hysterischen ist eine nur scheinbar übertriebene; sie muß uns so erscheinen, weil wir nur einen kleinen Teil der Motive kennen, aus denen sie erfolgt.*

In Wirklichkeit ist diese Reaktion proportional dem erregenden Reiz, also normal und psychologisch verständlich. Wir sehen dies sofort ein, wenn die Analyse zu den manifesten, dem Kranken bewußten Motiven jene anderen Motive hinzugefügt hat, die gewirkt haben, ohne daß der Kranke um sie wußte, die er uns also nicht mitteilen konnte.

Ich könnte Stunden damit ausfüllen, Ihnen diesen wichtigen Satz für den ganzen Umfang der psychischen Tätigkeit bei Hysterischen zu erweisen, muß mich aber hier auf wenige Beispiele beschränken. Sie erinnern sich an die so häufige seelische »Empfindlichkeit« der Hysterischen, die sie auf die leiseste Andeutung einer Geringschätzung reagieren läßt, als seien sie tödlich beleidigt worden. Was würden Sie nun denken, wenn Sie eine solche hochgradige Verletzbarkeit bei geringfügigen Anlässen zwischen zwei gesunden Menschen, etwa Ehegatten, beobachten würden? Sie würden gewiß den Schluß ziehen, die eheliche Szene, der Sie beigewohnt, sei nicht allein das Ergebnis des letzten kleinlichen Anlasses, sondern da habe sich durch lange Zeit Zündstoff angehäuft, der nun in seiner ganzen Masse durch den letzten Anstoß zur Explosion gebracht worden sei.

Bitte, übertragen Sie denselben Gedankengang auf die Hysterischen. Nicht die letzte, an sich minimale Kränkung ist es, die den Weinkrampf, den Ausbruch von Verzweiflung, den Selbstmordversuch erzeugt, mit Mißachtung des Satzes von der Proportionalität des Effekts und der Ursache, sondern diese kleine aktuelle Kränkung hat die Erinnerungen so vieler und intensiverer früherer Kränkungen geweckt und zur Wirkung gebracht, hinter denen allen noch die Erinnerung an eine schwere, nie verwundene Kränkung im Kindesalter steckt. Oder: wenn ein junges Mädchen sich die entsetzlichsten Vorwürfe macht, weil sie geduldet, daß ein Knabe zärtlich im geheimen über ihre Hand gestrichen, und von da ab der Neurose verfällt, so können Sie zwar dem Rätsel mit dem Urteil begegnen, das sei eine abnorme, exzentrisch angelegte, hypersensitive Person; aber Sie werden anders denken, wenn Ihnen die Analyse zeigt, daß jene Berührung an eine andere, ähnliche, erinnerte, die in sehr früher Jugend vorfiel und die ein Stück aus einem minder harmlosen Ganzen war, so daß eigentlich die Vorwürfe jenem alten Anlaß gelten. Schließlich ist das Rätsel der hysterogenen Punkte [1] auch kein anderes; wenn Sie die eine ausgezeichnete Stelle berühren, tun Sie etwas, was Sie nicht beabsichtigt haben; Sie wecken eine Erinnerung auf, die einen Krampfanfall auszulösen vermag, und da Sie von diesem psychischen Mittelglied nichts wissen, beziehen Sie den Anfall als Wirkung direkt auf Ihre Berührung als Ursache. Die Kranken befinden sich in derselben Unwissenheit und verfallen darum in ähnliche Irrtümer, sie stellen beständig »falsche Verknüpfungen« her zwischen dem letztbewußten Anlaß und dem von so viel Mittelgliedern abhängigen Effekt. Ist es dem Arzte aber möglich geworden, zur Erklärung einer hysterischen Reaktion die bewußten und die unbewußten Motive zusammenzufassen, so muß er diese scheinbar übermäßige Reaktion fast immer als eine angemessene, nur in der Form abnorme anerkennen.

Sie werden nun gegen diese Rechtfertigung der hysterischen Reaktion auf psychische Reize mit Recht einwenden, sie sei doch keine normale, denn warum benehmen die Gesunden sich anders; warum wirken bei ihnen nicht alle längst verflossenen Erregungen neuerdings mit, wenn eine neue Erregung aktuell ist? Es macht ja den Eindruck, als blieben bei den Hysterischen alle alten Erlebnisse wirkungskräftig, auf die schon so oft, und zwar in stürmischer Weise reagiert wurde, als seien diese Personen unfähig, psychische Reize zu erledigen. Richtig, meine Herren, etwas Derartiges muß man tatsächlich als wahr annehmen. Vergessen Sie nicht, daß die alten Erlebnisse der Hysterischen bei einem aktuellen Anlasse als *unbewußte Erinnerungen* ihre Wirkung äußern. Es scheint, als ob die Schwierigkeit der Erledigung, die Unmöglichkeit, einen aktuellen Eindruck in eine machtlose Erinnerung zu verwandeln, gerade an dem Charakter des psychisch Unbewußten hinge [2]. Sie sehen,

---

[1] [Der von Charcot gebrauchte Ausdruck, z. B. 1887, S. 85 ff., lautet »hysterogene Zonen«, und Freud erwähnt diese als solche in seinem ›Vortrag‹ (1893 h), S. 20, oben.]
[2] [Dies ist eine frühe Andeutung von Freuds späterer Auffassung von der »Zeitlosigkeit« des Unbewußten. S. den Anfang von Abschnitt V der metapsychologischen Arbeit ›Das Unbewußte‹ (1915 e), *Studienausgabe*, Bd. 3, S. 145 f. und S. 146, Anm. 1.]

der Rest des Problems ist wiederum Psychologie, und zwar Psychologie von einer Art, für welche uns die Philosophen wenig Vorarbeit geleistet haben.
Auf diese Psychologie, die für unsere Bedürfnisse erst zu erschaffen ist – auf die zukünftige *Neurosenpsychologie* –, muß ich Sie auch verweisen, wenn ich Ihnen zum Schluß eine Mitteilung mache, von der Sie zunächst eine Störung unseres beginnenden Verständnisses für die Ätiologie der Hysterie besorgen werden. Ich muß es nämlich aussprechen, daß die ätiologische Rolle der infantilen Sexualerlebnisse nicht auf das Gebiet der Hysterie eingeschränkt ist, sondern in gleicher Weise für die merkwürdige Neurose der Zwangsvorstellungen, ja vielleicht auch für die Formen der chronischen Paranoia und andere funktionelle Psychosen Geltung hat. Ich drücke mich hiebei minder bestimmt aus, weil die Anzahl meiner Analysen von Zwangsneurosen noch weit hinter der von Hysterien zurücksteht; von Paranoia habe ich gar nur eine einzige ausreichende und einige fragmentarische Analysen zur Verfügung. Aber was ich da gefunden, schien mir verläßlich und hat mich mit sicheren Erwartungen für andere Fälle erfüllt. Sie erinnern sich vielleicht, daß ich für die Zusammenfassung von Hysterie und Zwangsvorstellungen unter dem Titel »*Abwehrneurosen*« bereits früher eingetreten bin[1], ehe mir noch die Gemeinsamkeit der infantilen Ätiologie bekannt war. Nun muß ich hinzufügen – was man freilich nicht allgemein zu erwarten braucht –, daß meine Fälle von Zwangsvorstellungen sämtlich einen Untergrund von hysterischen Symptomen, meist Sensationen und Schmerzen, erkennen ließen, die sich gerade auf die ältesten Kindererlebnisse zurückleiteten. Worin liegt nun die Entscheidung, ob aus den unbewußt gebliebenen infantilen Sexualszenen später Hysterie oder Zwangsneurose oder gar Paranoia hervorgehen soll, wenn sich die anderen pathogenen Momente hinzugesellt haben? Diese Vermehrung unserer Erkenntnisse scheint ja dem ätiologischen Wert dieser Szenen Eintrag zu tun, indem sie die Spezifität der ätiologischen Relation aufhebt.
Ich bin noch nicht in der Lage, meine Herren, eine verläßliche Antwort auf diese Frage zu geben. Die Anzahl meiner analysierten Fälle, die Mannigfaltigkeit der Bedingungen in ihnen, ist nicht groß genug hiefür. Ich merke bis jetzt, daß die Zwangsvorstellungen bei der Analyse regelmäßig als verkappte und verwandelte *Vorwürfe wegen sexueller*

---

[1] [Nämlich in ›Die Abwehr-Neuropsychosen‹ (1894 *a*).]

Aggressionen im Kindesalter zu entlarven sind, daß sie darum bei Männern häufiger gefunden werden als bei Frauen und häufiger bei ihnen sich entwickeln als Hysterie[1]. Ich könnte daraus schließen, daß der Charakter der Infantilszenen, ob sie mit Lust oder nur passiv erlebt werden, einen bestimmenden Einfluß auf die Auswahl der späteren Neurose hat, aber ich möchte auch den Einfluß des Alters, in dem diese Kinderaktionen vorfallen, und anderer Momente nicht unterschätzen. Hierüber muß erst die Diskussion weiterer Analysen Aufschluß geben; wenn es aber klar sein wird, welche Momente die Entscheidung zwischen den möglichen Formen der Abwehr-Neuropsychosen beherrschen, wird es wiederum ein rein psychologisches Problem sein, kraft welches Mechanismus die einzelne Form gestaltet wird[2].

Ich bin nun zum Ende meiner heutigen Erörterungen gelangt. Auf Widerspruch und Unglauben gefaßt, möchte ich meiner Sache nur noch eine Befürwortung mit auf den Weg geben. Wie immer Sie meine Resultate aufnehmen mögen, ich darf Sie bitten, dieselben nicht für die Frucht wohlfeiler Spekulation zu halten. Sie ruhen auf mühseliger Einzelerforschung der Kranken, die bei den meisten Fällen hundert Arbeitsstunden und darüber verweilt hat. Wichtiger noch als Ihre Würdigung der Ergebnisse ist mir Ihre Aufmerksamkeit für das Verfahren, dessen ich mich bedient habe, das neuartig, schwierig zu handhaben und doch unersetzlich für wissenschaftliche und therapeutische Zwecke ist. Sie sehen wohl ein, man kann den Ergebnissen, zu denen diese modifizierte Breuersche Methode führt, nicht gut widersprechen, wenn man die Methode beiseite läßt und sich nur der gewohnten Methode des Krankenexamens bedient. Es wäre ähnlich, als wollte man die Funde der histologischen Technik mit der Berufung auf die makroskopische Untersuchung widerlegen. Indem die neue Forschungsmethode den Zugang zu einem neuen Element des psychischen Geschehens, zu den unbewußt gebliebenen, nach Breuers Ausdruck »*bewußtseinsunfähigen*«[3] Denkvorgängen breit eröffnet, winkt sie uns mit der Hoff-

---

[1] [In seiner gleichzeitigen Schrift ›L'hérédité et l'étiologie de névroses‹ (1896 a) verweist Freud noch ausdrücklicher auf »la connexion plus intime de l'hystérie avec le sexe féminin et ... la préférence des hommes pour la névrose d'obsessions«. Er erwähnt diese Zusammenhänge noch einmal dreißig Jahre später in *Hemmung, Symptom und Angst*, s. unten, S. 283.]
[2] [In ›Die Disposition zur Zwangsneurose‹ (1913 i) erörtert Freud noch einmal die Frage der Neurosenwahl und legt seine geänderte Auffassung des Problems dar.]
[3] [Dieser Ausdruck erscheint in Breuers theoretischem Beitrag zu den *Studien über Hysterie* (Breuer und Freud, 1895, Freud, 1895 d).]

nung eines neuen, besseren Verständnisses aller funktionellen psychischen Störungen. Ich kann es nicht glauben, daß die Psychiatrie es noch lange aufschieben wird, sich dieses neuen Weges zur Erkenntnis zu bedienen.

Bruchstück einer Hysterie-Analyse

(1905 [1901])

EDITORISCHE VORBEMERKUNG

Deutsche Ausgaben:
(1901, 24. Januar: Abschluß des ersten Entwurfs unter dem Titel ›Traum und Hysterie‹.)
1905 *Mschr. Psychiat. Neurol.*, Bd. 18 (4 und 5), Oktober und November, 285–310 und 408–467.
1909 *S. K. S. N.*, Bd. 2, 1–110. (1912, 2. Aufl.; 1921, 3. Aufl.)
1924 *G. S.*, Bd. 8, 1–126.
1932 *Vier Krankengeschichten,* 5–141.
1942 *G. W.*, Bd. 5, 161–286.

Obwohl erst im Oktober und November 1905 veröffentlicht, ist diese Fallstudie großenteils schon im Januar 1901 niedergeschrieben worden, als Freud auch mit den Abschlußarbeiten an seinem Buch *Zur Psychopathologie des Alltagslebens* (1901 *b*) beschäftigt war. Einige aus der gleichen Zeit stammende Hinweise darauf finden sich in seinen Briefen an Wilhelm Fließ (Freud, 1950 *a*).
Am 14. Oktober 1900 (Brief 139) berichtet Freud Fließ, daß er einen neuen Fall »eines 18jährigen Mädchens« habe. Dieses Mädchen war offensichtlich »Dora«; wie wir aus der Falldarstellung selbst wissen (S. 93, Anm.), endete ihre Behandlung etwa drei Monate später, am 31. Dezember. Im darauffolgenden Monat schrieb Freud die Fallstudie nieder.
Am 25. Januar (Brief 140) schreibt er: »›Traum und Hysterie‹ ist gestern fertig geworden...« (So lautete der Titel ursprünglich, wie wir aus Freuds eigenem Vorwort (S. 90) wissen.) Er fährt fort: »Es ist ein Bruchstück einer Hysterieanalyse, in der sich die Aufklärungen um zwei Träume gruppieren, also eigentlich eine Fortsetzung des Traumbuches.« *(Die Traumdeutung,* 1900 *a*.) »Außerdem sind Auflösungen hysterischer Symptome und Ausblicke auf das sexuell-organische Fundament des Ganzen. Es ist immerhin das Subtilste, was ich bis jetzt geschrieben und wird noch abschreckender als gewöhnlich wirken. Immerhin man tut seine Pflicht und schreibt ja nicht für den Tag. Die Arbeit ist schon von Ziehen akzeptiert...« Ziehen war einer der Herausgeber der *Monatsschrift für Psychiatrie und Neurologie,* in welcher die Arbeit schließlich erschien. Einige Tage später, am 30. Januar (Brief 141), schreibt Freud weiter: »›Traum und Hysterie‹ soll Dich womöglich nicht enttäuschen. Die Hauptsache darin ist noch immer das Psychologische, die Verwertung des Traumes, einige Besonderheiten der unbewußten Gedanken. Aufs Organische gibt es nur

Editorische Vorbemerkung

Durchblicke und zwar auf die erogenen Zonen und die Bisexualität. Aber genannt und anerkannt ist es einmal und vorbereitet für eine ausführliche Darstellung ein anderes Mal. Es ist eine Hysterie mit *tussis nervosa* und Aphonie, die sich auf den Charakter der Lutscherin zurückführen lassen, und in den sich bekämpfenden Gedankenvorgängen spielt der Gegensatz zwischen einer Neigung zum Manne und einer zur Frau die Hauptrolle.« Diese Auszüge zeigen, daß die Arbeit ein Verbindungsglied zwischen der *Traumdeutung* und den *Drei Abhandlungen zur Sexualtheorie* (1905 d) bildet. Sie blickt auf jene zurück und auf diese voraus.

Obwohl also Freud die Niederschrift schon Anfang 1901 beendet hatte und zweifellos beabsichtigte, die Arbeit unverzüglich zu veröffentlichen, hielt er sie aus Gründen, die uns nicht völlig bekannt sind, noch für mehr als vier Jahre zurück. Von Ernest Jones (1962, Bd. II, S. 304 f.) erfahren wir, daß das Manuskript zuerst (noch ehe Ziehen es zu sehen bekam) an das *Journal für Psychologie und Neurologie* geschickt wurde, dessen Herausgeber, Brodmann, es jedoch zurücksandte, offenbar mit der Begründung, es verstoße gegen die ärztliche Schweigepflicht. Es ist sehr wohl möglich, daß dieser Gesichtspunkt auf Freud einigen Einfluß hatte, aber mehr als die Rücksicht auf die ärztlichen Konventionen war sein Motiv wohl die Sorge, daß, so entfernt diese Möglichkeit auch war, seine Patientin durch die Veröffentlichung Schaden erleiden könnte. Freuds eigene Einstellung zu diesem Problem geht klar aus seinem Vorwort (S. 87 ff.) hervor.

Wie weit Freud das Manuskript überarbeitete, bevor er es schließlich 1905 in Druck gab, können wir nicht beurteilen. Nach der inneren Logik des Texts zu schließen, dürfte er ihn nur geringfügig verändert haben. Der letzte Abschnitt des ›Nachworts‹ (S. 184-6) ist sicher hinzugefügt worden; das gilt zumindest auch für einige Passagen im ›Vorwort‹ und einzelne Fußnoten. Von diesen kleinen Ergänzungen abgesehen, können wir jedoch mit gutem Recht annehmen, daß die Arbeit Freuds technische Methoden und theoretische Ansichten der Zeit unmittelbar nach Veröffentlichung der *Traumdeutung* widerspiegelt. Es könnte überraschen, daß seine Sexualtheorie so viele Jahre vor dem Erscheinen der *Drei Abhandlungen* (1905 d), die allerdings fast gleichzeitig mit der vorliegenden Arbeit veröffentlicht wurden, bereits einen so differenzierten Entwicklungsstand erreicht hatte. Aber die Fußnote 2 auf S. 125 verbürgt diese Tatsache ausdrücklich. Wer die Fließ-Briefe gelesen hat, weiß überdies, daß ein erheblicher Teil dieser Theorie schon viel früher nachzuweisen ist.

Merkwürdigerweise verlegt Freud in seinen späteren Schriften die Behandlung der »Dora« mehrmals in das falsche Jahr – statt 1900 schreibt er 1899. Dieser Irrtum wiederholt sich auch zweimal in der 1923 hinzugefügten Fußnote zur vorliegenden Arbeit (S. 93). Herbst 1900 ist jedoch unbedingt das richtige Datum, da, ganz abgesehen von den oben genannten Beweisen, am Ende der Arbeit selbst (auf S. 185) unzweideutig die Jahreszahl »1902« steht.

Bruchstück einer Hysterie-Analyse

Die folgende chronologische Zusammenfassung, die auf den in der Falldarstellung gemachten Angaben beruht, soll es dem Leser erleichtern, den in der Krankengeschichte berichteten Ereignissen zu folgen:

1882	Doras Geburtsjahr.
1888 (6 Jahre alt)	Erkrankung des Vaters an Tb. Die Familie übersiedelt nach B.
1889 (7 Jahre alt)	Bettnässen.
1890 (8 Jahre alt)	Dyspnoe.
1892 (10 Jahre alt)	Der Vater erkrankt an Netzhautablösung.
1894 (12 Jahre alt)	Vater hat einen Anfall von Verworrenheit, konsultiert Freud. Dora leidet an Migräne und *tussis nervosa*.
1896 (14 Jahre alt)	Kußszene.
1898 (16 Jahre alt)	(Frühsommer:) Doras erster Besuch bei Freud. (Ende Juni:) Szene am See. (Winter:) Tod der Tante. Dora in Wien.
1899 (17 Jahre alt)	(März:) Blinddarmentzündung. (Herbst:) Die Familie siedelt von B. an den Fabrikort über.
1900 (18 Jahre alt)	Übersiedlung der Familie nach Wien. Selbstmorddrohung. (Oktober bis Dezember:) Behandlung bei Freud.
1901	(Januar:) Niederschrift der Fallstudie.
1902	(April:) Letzter Besuch Doras bei Freud.
1905	Veröffentlichung der Fallstudie.

VORWORT

Wenn ich nach längerer Pause daran gehe, meine in den Jahren 1895 und 1896[1] aufgestellten Behauptungen über die Pathogenese hysterischer Symptome und die psychischen Vorgänge bei der Hysterie durch ausführliche Mitteilung einer Kranken- und Behandlungsgeschichte zu erhärten, so kann ich mir dieses Vorwort nicht ersparen, welches mein Tun einerseits nach verschiedenen Richtungen rechtfertigen, anderseits die Erwartungen, die es empfangen werden, auf ein billiges Maß zurückführen soll.

Es war sicherlich mißlich, daß ich Forschungsergebnisse, und zwar solche von überraschender und wenig einschmeichelnder Art, veröffentlichen mußte, denen die Nachprüfung von seiten der Fachgenossen notwendigerweise versagt blieb. Es ist aber kaum weniger mißlich, wenn ich jetzt beginne, etwas von dem Material dem allgemeinen Urteil zugänglich zu machen, aus dem ich jene Ergebnisse gewonnen hatte. Ich werde dem Vorwurfe nicht entgehen. Hatte er damals gelautet, daß ich nichts von meinen Kranken mitgeteilt, so wird er nun lauten, daß ich von meinen Kranken mitgeteilt, was man nicht mitteilen soll. Ich hoffe, es werden die nämlichen Personen sein, welche in solcher Art den Vorwand für ihren Vorwurf wechseln werden, und gebe es von vornherein auf, diesen Kritikern jemals ihren Vorwurf zu entreißen.

Die Veröffentlichung meiner Krankengeschichten bleibt für mich eine schwer zu lösende Aufgabe, auch wenn ich mich um jene einsichtslosen Übelwollenden weiter nicht bekümmere. Die Schwierigkeiten sind zum Teil technischer Natur, zum andern Teil gehen sie aus dem Wesen der Verhältnisse selbst hervor. Wenn es richtig ist, daß die Verursachung der hysterischen Erkrankungen in den Intimitäten des psychosexuellen Lebens der Kranken gefunden wird und daß die hysterischen Symptome der Ausdruck ihrer geheimsten verdrängten Wünsche sind, so kann die Klarlegung eines Falles von Hysterie nicht anders, als diese Intimitäten aufdecken und diese Geheimnisse verraten. Es ist gewiß, daß die Kranken nie gesprochen hätten, wenn ihnen die Möglichkeit einer wissen-

---

[1] [Z. B. in *Studien über Hysterie* (Breuer und Freud, 1895) und ›Zur Ätiologie der Hysterie‹ (Freud, 1896 c, im vorliegenden Band S. 53).]

schaftlichen Verwertung ihrer Geständnisse in den Sinn gekommen wäre, und ebenso gewiß, daß es ganz vergeblich bliebe, wollte man die Erlaubnis zur Veröffentlichung von ihnen selbst erbitten. Zartfühlende, wohl auch zaghafte Personen würden unter diesen Umständen die Pflicht der ärztlichen Diskretion in den Vordergrund stellen und bedauern, der Wissenschaft hierin keine Aufklärungsdienste leisten zu können. Allein ich meine, der Arzt hat nicht nur Pflichten gegen den einzelnen Kranken, sondern auch gegen die Wissenschaft auf sich genommen. Gegen die Wissenschaft, das heißt im Grunde nichts anderes als gegen die vielen anderen Kranken, die an dem Gleichen leiden oder noch leiden werden. Die öffentliche Mitteilung dessen, was man über die Verursachung und das Gefüge der Hysterie zu wissen glaubt, wird zur Pflicht, die Unterlassung zur schimpflichen Feigheit, wenn man nur die direkte persönliche Schädigung des einen Kranken vermeiden kann. Ich glaube, ich habe alles getan, um eine solche Schädigung für meine Patientin auszuschließen. Ich habe eine Person ausgesucht, deren Schicksale nicht in Wien, sondern in einer fernab gelegenen Kleinstadt spielten, deren persönliche Verhältnisse in Wien also so gut wie unbekannt sein müssen; ich habe das Geheimnis der Behandlung so sorgfältig von Anfang an gehütet, daß nur ein einziger vollkommen vertrauenswürdiger Kollege[1] darum wissen kann, das Mädchen sei meine Patientin gewesen; ich habe nach Abschluß der Behandlung noch vier Jahre lang mit der Publikation gewartet, bis ich von einer Änderung in dem Leben der Patientin hörte, die mich annehmen ließ, ihr eigenes Interesse an den hier erzählten Begebenheiten und seelischen Vorgängen könnte nun verblaßt sein. Es ist selbstverständlich, daß kein Name stehengeblieben ist, der einen Leser aus Laienkreisen auf die Spur führen könnte; die Publikation in einem streng wissenschaftlichen Fachjournal sollte übrigens ein Schutz gegen solche unbefugte Leser sein. Ich kann es natürlich nicht verhindern, daß die Patientin selbst eine peinliche Empfindung verspüre, wenn ihr die eigene Krankengeschichte durch einen Zufall in die Hände gespielt wird. Sie erfährt aber nichts aus ihr, was sie nicht schon weiß, und mag sich die Frage vorlegen, wer anders daraus erfahren kann, daß es sich um ihre Person handelt.

Ich weiß, daß es – in dieser Stadt wenigstens – viele Ärzte gibt, die – ekelhaft genug – eine solche Krankengeschichte nicht als einen Beitrag zur Psychopathologie der Neurose, sondern als einen zu ihrer Belustigung bestimmten Schlüsselroman lesen wollen. Dieser Gattung von

---
[1] [Zweifellos Fließ. Siehe S. 84.]

Vorwort

Lesern gebe ich die Versicherung, daß alle meine etwa später mitzuteilenden Krankengeschichten durch ähnliche Garantien des Geheimnisses vor ihrem Scharfsinn behütet sein werden, obwohl meine Verfügung über mein Material durch diesen Vorsatz eine ganz außerordentliche Einschränkung erfahren muß.
In dieser einen Krankengeschichte, die ich bisher den Einschränkungen der ärztlichen Diskretion und der Ungunst der Verhältnisse abringen konnte, werden nun sexuelle Beziehungen mit aller Freimütigkeit erörtert, die Organe und Funktionen des Geschlechtslebens bei ihren richtigen Namen genannt, und der keusche Leser kann sich aus meiner Darstellung die Überzeugung holen, daß ich mich nicht gescheut habe, mit einer jugendlichen weiblichen Person über solche Themata in solcher Sprache zu verhandeln. Ich soll mich nun wohl auch gegen diesen Vorwurf verteidigen? Ich nehme einfach die Rechte des Gynäkologen – oder vielmehr sehr viel bescheidenere als diese – für mich in Anspruch und erkläre es als ein Anzeichen einer perversen und fremdartigen Lüsternheit, wenn jemand vermuten sollte, solche Gespräche seien ein gutes Mittel zur Aufreizung oder zur Befriedigung sexueller Gelüste. Im übrigen verspüre ich die Neigung, meinem Urteil hierüber in einigen entlehnten Worten Ausdruck zu geben.
»Es ist jämmerlich, solchen Verwahrungen und Beteuerungen einen Platz in einem wissenschaftlichen Werke einräumen zu müssen, aber man mache mir darob keine Vorwürfe, sondern klage den Zeitgeist an, durch den wir glücklich dahin gekommen sind, daß kein ernstes Buch mehr seines Lebens sicher ist.«[1]
Ich werde nun mitteilen, auf welche Weise ich für diese Krankengeschichte die technischen Schwierigkeiten der Berichterstattung überwunden habe. Diese Schwierigkeiten sind sehr erheblich für den Arzt, der sechs oder acht solcher psychotherapeutischer Behandlungen täglich durchzuführen hat und während der Sitzung mit dem Kranken selbst Notizen nicht machen darf, weil er das Mißtrauen des Kranken erwecken und sich in der Erfassung des aufzunehmenden Materials stören würde. Es ist auch ein für mich noch ungelöstes Problem, wie ich eine Behandlungsgeschichte von langer Dauer für die Mitteilung fixieren könnte. In dem hier vorliegenden Falle kamen mir zwei Umstände zu Hilfe: erstens, daß die Dauer der Behandlung sich nicht über drei Monate erstreckte, zweitens, daß die Aufklärungen sich um zwei – in der Mitte und am Schlusse der Kur erzählte – Träume gruppierten,

---
[1] Richard Schmidt, 1902. (Im Vorwort.)

deren Wortlaut unmittelbar nach der Sitzung festgelegt wurde und die einen sicheren Anhalt für das anschließende Gespinst von Deutungen und Erinnerungen abgeben konnten. Die Krankengeschichte selbst habe ich erst nach Abschluß der Kur aus meinem Gedächtnisse niedergeschrieben, solange meine Erinnerung noch frisch und durch das Interesse an der Publikation gehoben war[1]. Die Niederschrift ist demnach nicht absolut – phonographisch – getreu, aber sie darf auf einen hohen Grad von Verläßlichkeit Anspruch machen. Es ist nichts anderes, was wesentlich wäre, in ihr verändert, als etwa an manchen Stellen die Reihenfolge der Aufklärungen, was ich dem Zusammenhange zuliebe tat.

Ich gehe daran, hervorzuheben, was man in diesem Berichte finden und was man in ihm vermissen wird. Die Arbeit führte ursprünglich den Namen ›Traum und Hysterie‹, weil sie mir ganz besonders geeignet schien, zu zeigen, wie sich die Traumdeutung in die Behandlungsgeschichte einflicht und wie mit deren Hilfe die Ausfüllung der Amnesien und die Aufklärung der Symptome gewonnen werden kann. Ich habe nicht ohne gute Gründe im Jahre 1900 eine mühselige und tief eindringende Studie über den Traum meinen beabsichtigten Publikationen zur Psychologie der Neurosen vorausgeschickt[2], allerdings auch aus deren Aufnahme ersehen können, ein wie unzureichendes Verständnis derzeit noch die Fachgenossen solchen Bemühungen entgegenbringen. In diesem Falle war auch der Einwand nicht stichhaltig, daß meine Aufstellungen wegen Zurückhaltung des Materials eine auf Nachprüfung gegründete Überzeugung nicht gewinnen lassen, denn seine eigenen Träume kann jedermann zur analytischen Untersuchung heranziehen, und die Technik der Traumdeutung ist nach den von mir gegebenen Anweisungen und Beispielen leicht zu erlernen. Ich muß heute wie damals[3] behaupten, daß die Vertiefung in die Probleme des Traumes eine unerläßliche Vorbedingung für das Verständnis der psychischen Vorgänge bei der Hysterie und den anderen Psychoneurosen ist und daß niemand Aussicht hat, auf diesem Gebiete auch nur einige Schritte weit vorzudringen, der sich jene vorbereitende Arbeit ersparen will. Da also diese Krankengeschichte die Kenntnis der Traumdeutung voraussetzt, wird ihre Lektüre für jedermann höchst unbefriedigend ausfallen, bei dem solche Voraussetzung nicht zutrifft. Er wird nur Befremden anstatt der

---

[1] [Freud hatte die Arbeit ursprünglich gleich nach der Niederschrift veröffentlichen wollen. Vgl. S. 84–5.]
[2] *Die Traumdeutung* (1900 a) [*Studienausgabe*, Bd. 2].
[3] [In der Vorbemerkung zur ersten Auflage der *Traumdeutung*, ibid., S. 21.]

gesuchten Aufklärung in ihr finden und gewiß geneigt sein, die Ursache dieses Befremdens auf den für phantastisch erklärten Autor zu projizieren. In Wirklichkeit haftet solches Befremden an den Erscheinungen der Neurose selbst; es wird dort nur durch unsere ärztliche Gewöhnung verdeckt und kommt beim Erklärungsversuch wieder zum Vorschein. Gänzlich zu bannen wäre es ja nur, wenn es gelänge, die Neurose restlos von Momenten, die uns bereits bekannt geworden sind, abzuleiten. Aber alle Wahrscheinlichkeit spricht dafür, daß wir im Gegenteil aus dem Studium der Neurose den Antrieb empfangen werden, sehr vieles Neue anzunehmen, was dann allmählich Gegenstand sicherer Erkenntnis werden kann. Das Neue hat aber immer Befremden und Widerstand erregt.

Irrtümlich wäre es, wenn jemand glauben würde, daß Träume und deren Deutung in allen Psychoanalysen eine so hervorragende Stellung einnehmen wie in diesem Beispiel.

Erscheint die vorliegende Krankengeschichte betreffs der Verwertung der Träume bevorzugt, so ist sie dafür in anderen Punkten armseliger ausgefallen, als ich es gewünscht hätte. Ihre Mängel hängen aber gerade mit jenen Verhältnissen zusammen, denen die Möglichkeit, sie zu publizieren, zu verdanken ist. Ich sagte schon, daß ich das Material einer Behandlungsgeschichte, die sich etwa über ein Jahr erstreckt, nicht zu bewältigen wüßte. Diese bloß dreimonatige Geschichte ließ sich übersehen und erinnern; ihre Ergebnisse sind aber in mehr als einer Hinsicht unvollständig geblieben. Die Behandlung wurde nicht bis zum vorgesetzten Ziele fortgeführt, sondern durch den Willen der Patientin unterbrochen, als ein gewisser Punkt erreicht war. Zu dieser Zeit waren einige Rätsel des Krankheitsfalles noch gar nicht in Angriff genommen, andere erst unvollkommen aufgehellt, während die Fortsetzung der Arbeit gewiß an allen Punkten bis zur letzten möglichen Aufklärung vorgedrungen wäre. Ich kann also hier nur ein Fragment einer Analyse bieten.

Vielleicht wird ein Leser, der mit der in den *Studien über Hysterie* [1895 d] dargelegten Technik der Analyse vertraut ist, sich darüber verwundern, daß sich in drei Monaten nicht die Möglichkeit fand, wenigstens die in Angriff genommenen Symptome zu ihrer letzten Lösung zu bringen. Dies wird aber verständlich, wenn ich mitteile, daß seit den *Studien* die psychoanalytische Technik eine gründliche Umwälzung erfahren hat. Damals ging die Arbeit von den Symptomen aus und setzte sich die Auflösung derselben der Reihe nach zum Ziel. Ich habe diese Technik seither aufgegeben, weil ich sie der feineren Struktur der Neurose völlig unangemessen fand. Ich lasse nun den Kranken selbst das Thema der täglichen Arbeit bestimmen und gehe also von der jeweiligen Oberfläche aus, welche das Unbewußte in ihm seiner Aufmerksamkeit entgegenbringt. Dann erhalte ich aber, was zu einer Symptomlösung zusammengehört, zerstückelt, in verschiedene Zusammenhänge verflochten und auf weit auseinanderliegende Zeiten verteilt. Trotz dieses scheinbaren Nachteils ist die neue Technik der alten weit überlegen, ohne Widerspruch die einzig mögliche.

Angesichts der Unvollständigkeit meiner analytischen Ergebnisse blieb mir nichts übrig, als dem Beispiel jener Forscher zu folgen, welche so glücklich sind, die unschätzbaren wenn auch verstümmelten Reste des Altertums aus langer Begrabenheit an den Tag zu bringen. Ich habe das Unvollständige nach den besten mir von anderen Analysen her bekannten Mustern ergänzt, aber ebensowenig wie ein gewissenhafter Archäologe in jedem Falle anzugeben versäumt, wo meine Konstruktion an das Authentische ansetzt.

Eine andere Art von Unvollständigkeit habe ich selbst mit Absicht herbeigeführt. Ich habe nämlich die Deutungsarbeit, die an den Einfällen und Mitteilungen der Kranken zu vollziehen war, im allgemeinen nicht dargestellt, sondern bloß die Ergebnisse derselben. Die Technik der analytischen Arbeit ist also, abgesehen von den Träumen, nur an einigen wenigen Stellen enthüllt worden. Es lag mir in dieser Krankengeschichte daran, die Determinierung der Symptome und den intimen Aufbau der neurotischen Erkrankung aufzuzeigen; es hätte nur unauflösbare Verwirrung erzeugt, wenn ich gleichzeitig versucht hätte, auch die andere Aufgabe zu erfüllen. Zur Begründung der technischen, zumeist empirisch gefundenen Regeln müßte man wohl das Material aus vielen Behandlungsgeschichten zusammentragen. Indes möge man sich die Verkürzung durch die Zurückhaltung der Technik für diesen Fall nicht besonders groß vorstellen. Gerade das schwierigste Stück der technischen Arbeit ist bei der Kranken nicht in Frage gekommen, da das Moment der »Übertragung«, von dem zu Ende der Krankengeschichte die Rede ist [s. S. 180 ff.], während der kurzen Behandlung nicht zur Sprache kam.

An einer dritten Art von Unvollständigkeit dieses Berichtes tragen weder die Kranke noch der Autor die Schuld. Es ist vielmehr selbstverständlich, daß eine einzige Krankengeschichte, selbst wenn sie vollständig und keiner Anzweiflung ausgesetzt wäre, nicht Antwort auf alle Fragen geben kann, die sich aus dem Hysterieproblem erheben. Sie

Vorwort

kann nicht alle Typen der Erkrankung, nicht alle Gestaltungen der inneren Struktur der Neurose, nicht alle bei der Hysterie möglichen Arten des Zusammenhanges zwischen Psychischem und Somatischem kennen lehren. Man darf billigerweise von dem einen Fall nicht mehr fordern, als er zu gewähren vermag. Auch wird, wer bisher nicht an die allgemeine und ausnahmslose Gültigkeit der psychosexuellen Ätiologie für die Hysterie glauben wollte, diese Überzeugung durch die Kenntnisnahme einer Krankengeschichte kaum gewinnen, sondern am besten sein Urteil aufschieben, bis er sich durch eigene Arbeit ein Recht auf eine Überzeugung erworben hat[1].

---

[1] [*Zusatz 1923:*] Die hier mitgeteilte Behandlung wurde am 31. Dezember 1899 unterbrochen [vielmehr 1900 – s. S. 85], der Bericht über sie in den nächstfolgenden zwei Wochen niedergeschrieben, aber erst 1905 publiziert. Es ist nicht zu erwarten, daß mehr als zwei Dezennien fortgesetzter Arbeit nichts an der Auffassung und Darstellung eines solchen Krankheitsfalles geändert haben sollten, aber es wäre offenbar unsinnig, diese Krankengeschichte durch Korrekturen und Erweiterungen »up to date« zu bringen, sie dem heutigen Stande unseres Wissens anzupassen. Ich habe sie also im wesentlichen unberührt gelassen und in ihrem Text nur Flüchtigkeiten und Ungenauigkeiten verbessert, auf die mich die ausgezeichneten englischen Übersetzer, Mr. und Mrs. James Strachey, meine Aufmerksamkeit gelenkt hatten. Was mir an kritischen Zusätzen zulässig schien, habe ich in diesen Zusätzen zur Krankengeschichte untergebracht, so daß der Leser zur Annahme berechtigt ist, ich hielte noch heute an den im Text vertretenen Meinungen fest, wenn er in den Zusätzen keinen Widerspruch dagegen findet. Das Problem der ärztlichen Diskretion, das mich in dieser Vorrede beschäftigt, fällt für die anderen Krankengeschichten dieses Bandes [s. unten] außer Betracht, denn drei derselben sind mit ausdrücklicher Zustimmung der Behandelten, beim kleinen Hans mit der des Vaters, veröffentlicht worden, und in einem Falle (Schreber) ist das Objekt der Analyse nicht eigentlich eine Person, sondern ein von ihr ausgehendes Buch. Im Falle Dora ist das Geheimnis bis zu diesem Jahr gehütet worden. Ich habe kürzlich gehört, daß die mir längst entschwundene, jetzt neuerlich über andere Anlässe erkrankte Frau ihrem Arzt eröffnet hat, sie sei als Mädchen Objekt meiner Analyse gewesen, und diese Mitteilung machte es dem kundigen Kollegen leicht, in ihr die Dora aus dem Jahre 1899 zu erkennen [die Jahreszahl müßte wiederum richtig 1900 heißen]. Daß die drei Monate der damaligen Behandlung nicht mehr leisteten als die Erledigung des damaligen Konflikts, daß sie nicht auch einen Schutz gegen spätere Erkrankungen hinterlassen konnten, wird kein billig Denkender der analytischen Therapie zum Vorwurf machen.
[Diese Fußnote findet sich erstmals in Band 8 der *Gesammelten Schriften* Freuds, der seine fünf großen Fallstudien enthält, nämlich außer der vorliegenden die in der Fußnote erwähnten des »kleinen Hans« (1909 *b*), des »Rattenmannes« (1909 *d*), den Schreber-Fall (1911 *c*) sowie die Krankengeschichte des »Wolfsmannes« (1918 *b*). – Über Doras spätere Lebensgeschichte s. die Abhandlung von Felix Deutsch (1957).]

I

DER KRANKHEITSZUSTAND

Nachdem ich in meiner 1900 veröffentlichten *Traumdeutung* nachgewiesen habe, daß Träume im allgemeinen deutbar sind und daß sie nach vollendeter Deutungsarbeit sich durch tadellos gebildete, an bekannter Stelle in den seelischen Zusammenhang einfügbare Gedanken ersetzen lassen, möchte ich auf den nachfolgenden Seiten ein Beispiel von jener einzigen praktischen Verwendung geben, welche die Kunst des Traumdeutens zuzulassen scheint. Ich habe schon in meinem Buche[1] erwähnt, auf welche Weise ich an die Traumprobleme geraten bin. Ich fand sie auf meinem Wege, während ich Psychoneurosen durch ein besonderes Verfahren der Psychotherapie zu heilen bemüht war, indem mir die Kranken unter anderen Vorfällen aus ihrem Seelenleben auch Träume berichteten, welche nach Einreihung in den lange ausgesponnenen Zusammenhang zwischen Leidenssymptom und pathogener Idee zu verlangen schienen. Ich erlernte damals, wie man aus der Sprache des Traumes in die ohne weitere Nachhilfe verständliche Ausdrucksweise unserer Denksprache übersetzen muß. Diese Kenntnis, darf ich behaupten, ist für den Psychoanalytiker unentbehrlich, denn der Traum stellt einen der Wege dar, wie dasjenige psychische Material zum Bewußtsein gelangen kann, welches kraft des Widerstrebens, das sein Inhalt rege macht, vom Bewußtsein abgesperrt, verdrängt und somit pathogen geworden ist. Der Traum ist, kürzer gesagt, einer der *Umwege zur Umgehung der Verdrängung,* eines der Hauptmittel der sogenannten indirekten Darstellungsweise im Psychischen. Wie die Traumdeutung in die Arbeit der Analyse eingreift, soll nun das vorliegende Bruchstück aus der Behandlungsgeschichte eines hysterischen Mädchens dartun. Es soll mir gleichzeitig Anlaß bieten, von meinen Ansichten über die psychischen Vorgänge und über die organischen Bedingungen der Hysterie zum ersten Male in nicht mehr mißverständlicher Breite einen Anteil öffentlich zu vertreten. Der Breite wegen brauche ich mich wohl nicht mehr zu entschuldigen, seitdem es zugegeben wird, daß man nur durch liebevollste Vertiefung, aber nicht durch vornehmtuende Geringschät-

---

[1] *Die Traumdeutung* (1900 a), II. Kapitel [*Studienausgabe*, Bd. 2, S. 120 ff.].

I. Der Krankheitszustand

zung den großen Ansprüchen nachkommen kann, welche die Hysterie an den Arzt und Forscher stellt. Freilich:

> »Nicht Kunst und Wissenschaft allein,
> Geduld will bei dem Werke sein!«[1]

Eine lückenlose und abgerundete Krankengeschichte voranschicken, hieße den Leser von vornherein unter ganz andere Bedingungen versetzen, als die des ärztlichen Beobachters waren. Was die Angehörigen des Kranken – in diesem Falle der Vater des 18jährigen Mädchens – berichten, gibt zumeist ein sehr unkenntliches Bild des Krankheitsverlaufs. Ich beginne dann zwar die Behandlung mit der Aufforderung, mir die ganze Lebens- und Krankheitsgeschichte zu erzählen, aber was ich darauf zu hören bekomme, ist zur Orientierung noch immer nicht genügend. Diese erste Erzählung ist einem nicht schiffbaren Strom vergleichbar, dessen Bett bald durch Felsmassen verlegt, bald durch Sandbänke zerteilt und untief gemacht wird. Ich kann mich nur verwundern, wie die glatten und exakten Krankengeschichten Hysterischer bei den Autoren entstanden sind. In Wirklichkeit sind die Kranken unfähig, derartige Berichte über sich zu geben. Sie können zwar über diese oder jene Lebenszeit den Arzt ausreichend und zusammenhängend informieren, dann folgt aber eine andere Periode, in der ihre Auskünfte seicht werden, Lücken und Rätsel lassen, und ein andermal steht man wieder vor ganz dunkeln, durch keine brauchbare Mitteilung erhellten Zeiten. Die Zusammenhänge, auch die scheinbaren, sind meist zerrissen, die Aufeinanderfolge verschiedener Begebenheiten unsicher; während der Erzählung selbst korrigiert die Kranke wiederholt eine Angabe, ein Datum, um dann nach längerem Schwanken etwa wieder auf die erste Aussage zurückzugreifen. Die Unfähigkeit der Kranken zur geordneten Darstellung ihrer Lebensgeschichte, soweit sie mit der Krankheitsgeschichte zusammenfällt, ist nicht nur charakteristisch für die Neurose[2],

---

[1] [Faust, I. Teil, 6. Szene.]

[2] Einst übergab mir ein Kollege seine Schwester zur psychotherapeutischen Behandlung, die, wie er sagte, seit Jahren erfolglos wegen Hysterie (Schmerzen und Gangstörung) behandelt worden sei. Die kurze Information schien mit der Diagnose gut vereinbar; ich ließ mir in einer ersten Stunde von der Kranken selbst ihre Geschichte erzählen. Als diese Erzählung trotz der merkwürdigen Begebenheiten, auf die sie anspielte, vollkommen klar und ordentlich ausfiel, sagte ich mir, der Fall könne keine Hysterie sein, und stellte unmittelbar darauf eine sorgfältige körperliche Untersuchung an. Das Ergebnis war die Diagnose einer mäßig vorgeschrittenen Tabes, die dann auch durch Hg-Injektionen (Ol. cinereum, von Prof. Lang ausgeführt) eine erhebliche Besserung erfuhr.

sie entbehrt auch nicht einer großen theoretischen Bedeutsamkeit. Dieser Mangel hat nämlich folgende Begründungen: Erstens hält die Kranke einen Teil dessen, was ihr wohlbekannt ist und was sie erzählen sollte, bewußt und absichtlich aus den noch nicht überwundenen Motiven der Scheu und Scham (Diskretion, wenn andere Personen in Betracht kommen) zurück; dies wäre der Anteil der bewußten Unaufrichtigkeit. Zweitens bleibt ein Teil ihres anamnestischen Wissens, über welchen die Kranke sonst verfügt, während dieser Erzählung aus, ohne daß die Kranke einen Vorsatz auf diese Zurückhaltung verwendet: Anteil der unbewußten Unaufrichtigkeit. Drittens fehlt es nie an wirklichen Amnesien, Gedächtnislücken, in welche nicht nur alte, sondern selbst ganz rezente Erinnerungen hineingeraten sind, und an Erinnerungstäuschungen, welche sekundär zur Ausfüllung dieser Lücken gebildet wurden[1]. Wo die Begebenheiten selbst dem Gedächtnis erhalten geblieben, da wird die den Amnesien zugrunde liegende Absicht ebenso sicher durch Aufhebung eines Zusammenhanges erreicht, und der Zusammenhang wird am sichersten zerrissen, wenn die Zeitfolge der Begebenheiten verändert wird. Letztere erweist sich auch stets als der vulnerabelste, der Verdrängung am ehesten unterliegende Bestandteil des Erinnerungsschatzes. Manche Erinnerungen trifft man sozusagen in einem ersten Stadium der Verdrängung, sie zeigen sich mit Zweifel behaftet. Eine gewisse Zeit später wäre dieser Zweifel durch Vergessen oder Fehlerinnern ersetzt[2].

Ein solcher Zustand der auf die Krankheitsgeschichte bezüglichen Erinnerungen ist das notwendige, *theoretisch geforderte Korrelat* der Krankheitssymptome. Im Verlaufe der Behandlung trägt dann der Kranke nach, was er zurückgehalten oder was ihm nicht eingefallen ist, obwohl er es immer gewußt hat. Die Erinnerungstäuschungen erweisen sich als unhaltbar, die Lücken der Erinnerung werden ausgefüllt. Gegen Ende der Behandlung erst kann man eine in sich konsequente, verständ-

---

[1] Amnesien und Erinnerungstäuschungen stehen im komplementären Verhältnis zueinander. Wo sich große Erinnerungslücken ergeben, wird man auf wenig Erinnerungstäuschungen stoßen. Umgekehrt können letztere das Vorhandensein von Amnesien für den ersten Anschein völlig verdecken.

[2] Bei zweifelnder Darstellung, lehrt eine durch Erfahrung gewonnene Regel, sehe man von dieser Urteilsäußerung des Erzählers völlig ab. Bei zwischen zwei Gestaltungen schwankender Darstellung halte man eher die erst geäußerte für richtig, die zweite für ein Produkt der Verdrängung. [Vgl. eine Erörterung über Zweifel im Zusammenhang mit Träumen in *Die Traumdeutung* (1900 a, VII. Kapitel; *Studienausgabe*, Bd. 2, S. 494 ff.). Über den ganz anderen Mechanismus des Zweifels in der Zwangsneurose s. die Fallstudie des »Rattenmannes« (1909 d, Teil II, Abschnitt C; *Studienausgabe*, Bd. 7, S. 97 ff.).]

I. Der Krankheitszustand

liche und lückenlose Krankengeschichte überblicken. Wenn das praktische Ziel der Behandlung dahin geht, alle möglichen Symptome aufzuheben und durch bewußte Gedanken zu ersetzen, so kann man als ein anderes, theoretisches Ziel die Aufgabe aufstellen, alle Gedächtnisschäden des Kranken zu heilen. Die beiden Ziele fallen zusammen; wenn das eine erreicht ist, ist auch das andere gewonnen; der nämliche Weg führt zu beiden.

Aus der Natur der Dinge, welche das Material der Psychoanalyse bilden, folgt, daß wir in unseren Krankengeschichten den rein menschlichen und sozialen Verhältnissen der Kranken ebensoviel Aufmerksamkeit schuldig sind wie den somatischen Daten und den Krankheitssymptomen. Vor allem anderen wird sich unser Interesse den Familienverhältnissen der Kranken zuwenden, und zwar, wie sich ergeben wird, auch anderer Beziehungen wegen als nur mit Rücksicht auf die zu erforschende Heredität.

Der Familienkreis der 18jährigen Patientin umfaßte außer ihrer Person das Elternpaar und einen um 1½ Jahre älteren Bruder. Die dominierende Person war der Vater, sowohl durch seine Intelligenz und Charaktereigenschaften wie durch seine Lebensumstände, welche das Gerüst für die Kindheits- und Krankengeschichte der Patientin abgeben. Er war zur Zeit, als ich das Mädchen in Behandlung nahm, ein Mann in der zweiten Hälfte der Vierzigerjahre, von nicht ganz gewöhnlicher Rührigkeit und Begabung, Großindustrieller in sehr behäbiger materieller Situation. Die Tochter hing an ihm mit besonderer Zärtlichkeit, und ihre frühzeitig erwachte Kritik nahm um so stärkeren Anstoß an manchen seiner Handlungen und Eigentümlichkeiten.

Diese Zärtlichkeit war überdies durch die vielen und schweren Erkrankungen gesteigert worden, denen der Vater seit ihrem sechsten Lebensjahr unterlegen war. Damals wurde seine Erkrankung an Tuberkulose der Anlaß zur Übersiedlung der Familie in eine kleine, klimatisch begünstigte Stadt unserer südlichen Provinzen; das Lungenleiden besserte sich daselbst rasch, doch blieb der für nötig gehaltenen Schonung zuliebe dieser Ort, den ich mit B. bezeichnen werde, für die nächsten zehn Jahre ungefähr der vorwiegende Aufenthalt sowohl der Eltern wie auch der Kinder. Der Vater war, wenn es ihm gut ging, zeitweilig abwesend, um seine Fabriken zu besuchen; im Hochsommer wurde ein Höhenkurort aufgesucht.

Als das Mädchen etwa zehn Jahre alt war, machte eine Netzhautablö-

sung beim Vater eine Dunkelkur notwendig. Bleibende Einschränkung des Sehvermögens war die Folge dieses Krankheitszufalles. Die ernsteste Erkrankung ereignete sich etwa zwei Jahre später; sie bestand in einem Anfalle von Verworrenheit, an den sich Lähmungserscheinungen und leichte psychische Störungen anschlossen. Ein Freund des Kranken, dessen Rolle uns noch später beschäftigen wird [s. S. 106, Anm. 3], bewog damals den nur wenig Gebesserten, mit seinem Arzte nach Wien zu reisen, um meinen Rat einzuholen. Ich schwankte eine Weile, ob ich nicht bei ihm eine Taboparalyse annehmen sollte, entschloß mich aber dann zur Diagnose diffuser vaskulärer Affektion und ließ, nachdem eine spezifische Infektion vor der Ehe vom Kranken zugestanden war, eine energische antiluetische Kur vornehmen, infolge deren sich alle noch vorhandenen Störungen zurückbildeten. Diesem glücklichen Eingreifen verdankte ich wohl, daß mir der Vater vier Jahre später seine deutlich neurotisch gewordene Tochter vorstellte und nach weiteren zwei Jahren zur psychotherapeutischen Behandlung übergab.
Ich hatte unterdes auch eine wenig ältere Schwester des Patienten in Wien kennengelernt, bei der man eine schwere Form von Psychoneurose ohne charakteristisch-hysterische Symptome anerkennen mußte. Diese Frau starb nach einem von einer unglücklichen Ehe erfüllten Leben unter den eigentlich nicht voll aufgeklärten Erscheinungen eines rapid fortschreitenden Marasmus.
Ein älterer Bruder des Patienten, den ich gelegentlich zu Gesichte bekam, war ein hypochondrischer Junggeselle.
Das Mädchen, das im Alter von 18 Jahren meine Patientin wurde, hatte von jeher mit seinen Sympathien auf Seite der väterlichen Familie gestanden und, seitdem sie erkrankt war, ihr Vorbild in der erwähnten Tante gesehen. Es war auch mir nicht zweifelhaft, daß sie sowohl mit ihrer Begabung und intellektuellen Frühreife als auch mit ihrer Krankheitsveranlagung dieser Familie angehörte. Die Mutter habe ich nicht kennengelernt. Nach den Mitteilungen des Vaters und des Mädchens mußte ich mir die Vorstellung machen, sie sei eine wenig gebildete, vor allem aber unkluge Frau, die besonders seit der Erkrankung und der ihr folgenden Entfremdung ihres Mannes alle ihre Interessen auf die Hauswirtschaft konzentriere und so das Bild dessen biete, was man die »Hausfrauenpsychose« nennen kann. Ohne Verständnis für die regeren Interessen ihrer Kinder, war sie den ganzen Tag mit Reinmachen und Reinhalten der Wohnung, Möbel und Gerätschaften in einem Maße beschäftigt, welches Gebrauch und Genuß derselben fast unmöglich machte.

I. Der Krankheitszustand

Man kann nicht umhin, diesen Zustand, von dem sich Andeutungen häufig genug bei normalen Hausfrauen finden, den Formen von Wasch- und anderem Reinlichkeitszwang an die Seite zu stellen; doch fehlt es bei solchen Frauen, wie auch bei der Mutter unserer Patientin, völlig an der Krankheitserkenntnis und somit an einem wesentlichen Merkmal der »Zwangsneurose«. Das Verhältnis zwischen Mutter und Tochter war seit Jahren ein sehr unfreundliches. Die Tochter übersah die Mutter, kritisierte sie hart und hatte sich ihrem Einfluß völlig entzogen[1].

Der einzige, um 1½ Jahre ältere Bruder des Mädchens war ihr in früheren Jahren das Vorbild gewesen, dem ihr Ehrgeiz nachgestrebt hatte. Die Beziehungen der beiden Geschwister hatten sich in den letzten Jahren gelockert. Der junge Mann suchte sich den Familienwirren möglichst zu entziehen; wo er Partei nehmen mußte, stand er auf seiten der Mutter. So hatte die gewöhnliche sexuelle Attraktion Vater und Tochter einerseits, Mutter und Sohn anderseits einander näher gebracht.

Unsere Patientin, der ich fortan ihren Namen Dora geben will, zeigte schon im Alter von acht Jahren nervöse Symptome. Sie erkrankte damals an permanenter, anfallsweise sehr gesteigerter Atemnot, die zuerst nach einer kleinen Bergpartie auftrat und darum auf Überanstrengung bezogen wurde. Der Zustand klang im Laufe eines halben Jahres langsam unter der ihr aufgenötigten Ruhe und Schonung ab. Der Hausarzt

---

[1] Ich stehe zwar nicht auf dem Standpunkte, die einzige Ätiologie der Hysterie sei die Heredität, möchte aber gerade mit Hinblick auf frühere Publikationen (›L'hérédité et l'étiologie des névroses‹, 1896 a), in denen ich den obigen Satz bekämpfe, nicht den Anschein erwecken, als unterschätzte ich die Heredität in der Ätiologie der Hysterie oder hielte sie überhaupt für entbehrlich. Für den Fall unserer Patientin ergibt sich eine genügende Krankheitsbelastung aus dem über den Vater und dessen Geschwister Mitgeteilten; ja, wer der Anschauung ist, daß auch Krankheitszustände wie der der Mutter ohne hereditäre Disposition unmöglich sind, wird die Heredität dieses Falles für eine konvergente erklären können. Mir erscheint für die hereditäre oder besser konstitutionelle Disposition des Mädchens ein anderes Moment bedeutsamer. Ich habe erwähnt, daß der Vater vor der Ehe Syphilis überstanden hatte. Nun stammt ein *auffällig großer* Prozentsatz meiner psychoanalytisch behandelten Kranken von Vätern ab, die an Tabes oder an Paralyse gelitten haben. Infolge der Neuheit meines therapeutischen Verfahrens fallen mir nur die *schwersten* Fälle zu, die bereits jahrelang ohne jeglichen Erfolg behandelt worden sind. Tabes oder Paralyse des Erzeugers darf man als Anhänger der Erb-Fournierschen Lehre als Hinweise auf eine stattgehabte luetische Infektion aufnehmen, welche in einer Anzahl von Fällen bei diesen Vätern auch von mir direkt festgestellt worden ist. In der letzten Diskussion über die Nachkommenschaft Syphilitischer (XIII. Internat. Medizin. Kongreß zu Paris, 2.–9. August 1900, Referate von Finger, Tarnowsky, Jullien u. a.) vermisse ich die Erwähnung der Tatsache, zu deren Anerkennung mich meine Erfahrung als Neuropathologe drängt, daß Syphilis der Erzeuger als Ätiologie für die neuropathische Konstitution der Kinder sehr wohl in Betracht kommt.

der Familie scheint bei der Diagnose einer rein nervösen Störung und beim Ausschluß einer organischen Verursachung der Dyspnoe keinen Moment geschwankt zu haben, aber er hielt offenbar solche Diagnose für vereinbar mit der Ätiologie der Überanstrengung[1].
Die Kleine machte die gewöhnlichen Kinderinfektionskrankheiten ohne bleibende Schädigung durch. Wie sie (in symbolisierender Absicht! [vgl. S. 151, Anm.]) erzählte, machte gewöhnlich der Bruder den Anfang mit der Erkrankung, die er im leichten Grade hatte, worauf sie mit schweren Erscheinungen nachfolgte. Gegen das Alter von 12 Jahren traten migräneartige halbseitige Kopfschmerzen und Anfälle von nervösem Husten bei ihr auf, anfangs jedesmal miteinander, bis sich die beiden Symptome voneinander lösten, um eine verschiedene Entwicklung zu erfahren. Die Migräne wurde seltener und war mit 16 Jahren überwunden. Die Anfälle von *tussis nervosa*, zu denen ein gemeiner Katarrh wohl den Anstoß gegeben hatte, hielten die ganze Zeit über an. Als sie mit 18 Jahren in meine Behandlung kam, hustete sie neuerdings in charakteristischer Weise. Die Anzahl dieser Anfälle war nicht festzustellen, die Dauer derselben betrug drei bis fünf Wochen, einmal auch mehrere Monate. In der ersten Hälfte eines solchen Anfalles war wenigstens in den letzten Jahren komplette Stimmlosigkeit das lästigste Symptom gewesen. Die Diagnose, daß es sich wieder um Nervosität handle, stand längst fest; die mannigfachen gebräuchlichen Behandlungen, auch Hydrotherapie und lokale Elektrisierung, blieben ohne Erfolg. Das unter diesen Zuständen zum reifen, im Urteil sehr selbständigen Mädchen herangewachsene Kind gewöhnte sich daran, der Bemühungen der Ärzte zu spotten und zuletzt auf ärztliche Hilfe zu verzichten. Sie hatte sich übrigens von jeher gesträubt, den Arzt zu Rate zu ziehen, obwohl sie gegen die Person ihres Hausarztes keine Abneigung hatte. Jeder Vorschlag, einen neuen Arzt zu konsultieren, erregte ihren Widerstand, und auch zu mir trieb sie erst das Machtwort des Vaters.
Ich sah sie zuerst im Frühsommer ihres 16. Jahres mit Husten und Heiserkeit behaftet und schlug schon damals eine psychische Kur vor, von der dann Abstand genommen wurde, als auch dieser länger dauernde Anfall spontan verging. Im Winter des nächsten Jahres war sie nach dem Tode ihrer geliebten Tante in Wien im Hause des Onkels und seiner Töchter und erkrankte hier fieberhaft an einem Zustand, der damals als Blinddarmentzündung diagnostiziert wurde[2]. In dem darauf-

---

[1] Über den wahrscheinlichen Anlaß dieser ersten Erkrankung s. weiter unten [S. 150].
[2] Vgl. über denselben die Analyse des zweiten Traumes [S. 168].

I. Der Krankheitszustand

folgenden Herbst verließ die Familie endgültig den Kurort B., da die Gesundheit des Vaters dies zu gestatten schien, nahm zuerst in dem Orte, wo sich die Fabrik des Vaters befand, und kaum ein Jahr später in Wien dauernden Aufenthalt.

Dora war unterdes zu einem blühenden Mädchen von intelligenten und gefälligen Gesichtszügen herangewachsen, das ihren Eltern aber schwere Sorge bereitete. Das Hauptzeichen ihres Krankseins war Verstimmung und Charakterveränderung geworden. Sie war offenbar weder mit sich noch mit den Ihrigen zufrieden, begegnete ihrem Vater unfreundlich und vertrug sich gar nicht mehr mit ihrer Mutter, die sie durchaus zur Teilnahme an der Wirtschaft heranziehen wollte. Verkehr suchte sie zu vermeiden; soweit die Müdigkeit und Zerstreutheit, über die sie klagte, es zuließen, beschäftigte sie sich mit dem Anhören von Vorträgen für Damen und trieb ernstere Studien. Eines Tages wurden die Eltern in Schreck versetzt durch einen Brief, den sie auf oder in dem Schreibtisch des Mädchens fanden, in dem sie Abschied von ihnen nahm, weil sie das Leben nicht mehr ertragen könne[1]. Die nicht geringe Einsicht des Vaters ließ ihn zwar annehmen, daß kein ernsthafter Selbstmordvorsatz das Mädchen beherrsche, aber er blieb erschüttert, und als sich eines Tages nach einem geringfügigen Wortwechsel zwischen Vater und Tochter bei letzterer ein erster Anfall von Bewußtlosigkeit[2] einstellte, für den dann auch Amnesie bestand, wurde trotz ihres Sträubens bestimmt, daß sie in meine Behandlung treten solle.

Die Krankengeschichte, die ich bisher skizziert, erscheint wohl im ganzen nicht mitteilenswert. »*Petite hystérie*« mit den allergewöhnlichsten somatischen und psychischen Symptomen: Dyspnoe, *tussis nervosa*, Aphonie, etwa noch Migränen, dazu Verstimmung, hysterische Unverträglichkeit und ein wahrscheinlich nicht ernst gemeintes *taedium vitae*. Es sind gewiß interessantere Krankengeschichten von Hysterischen ver-

---

[1] Diese Kur und somit meine Einsicht in die Verkettungen der Krankengeschichte ist, wie ich bereits mitgeteilt habe, ein Bruchstück geblieben. Ich kann darum über manche Punkte keinen Aufschluß geben oder nur Andeutungen und Vermutungen verwerten. Als dieser Brief in einer Sitzung zur Sprache kam [S. 165 f.], fragte das Mädchen wie erstaunt: »Wie haben sie den Brief nur gefunden? Er war doch in meinem Schreibtische eingeschlossen.« Da sie aber wußte, daß die Eltern diesen Entwurf zu einem Abschiedsbrief gelesen hatten, so schließe ich, daß sie ihnen denselben selbst in die Hände gespielt.

[2] Ich glaube, daß in diesem Anfalle auch Krämpfe und Delirien zu beobachten waren. Da aber die Analyse auch zu diesem Ereignis nicht vorgedrungen ist, verfüge ich über keine gesicherte Erinnerung hierüber.

öffentlicht worden und sehr oft sorgfältiger aufgenommene, denn auch von Stigmen der Hautempfindlichkeit, Gesichtsfeldeinschränkung u. dgl. wird man in der Fortsetzung nichts finden. Ich gestatte mir bloß die Bemerkung, daß uns alle Sammlungen von seltsamen und erstaunlichen Phänomenen bei Hysterie in der Erkenntnis dieser noch immer rätselhaften Erkrankung um nicht vieles gefördert haben. Was uns not tut, ist gerade die Aufklärung der allergewöhnlichsten Fälle und der allerhäufigsten, der typischen Symptome bei ihnen. Ich wäre zufrieden, wenn mir die Verhältnisse gestattet hätten, für diesen Fall kleiner Hysterie die Aufklärung vollständig zu geben. Nach meinen Erfahrungen an anderen Kranken zweifle ich nicht daran, daß meine analytischen Mittel dafür ausgereicht hätten.

Im Jahre 1896, kurz nach der Veröffentlichung meiner *Studien über Hysterie* [1895 d] mit Dr. J. Breuer bat ich einen hervorragenden Fachgenossen um sein Urteil über die darin vertretene psychologische Theorie der Hysterie. Er antwortete unumwunden, er halte sie für eine unberechtigte Verallgemeinerung von Schlüssen, die für einige wenige Fälle richtig sein mögen. Seither habe ich reichlich Fälle von Hysterie gesehen, habe mich einige Tage, Wochen oder Jahre mit jedem Falle beschäftigt, und in keinem einzigen Falle habe ich jene psychischen Bedingungen vermißt, welche die *Studien* postulieren, das psychische Trauma, den Konflikt der Affekte und, wie ich in späteren Publikationen hinzugefügt habe, die Ergriffenheit der Sexualsphäre. Man darf bei Dingen, welche durch ihr Bestreben, sich zu verbergen, pathogen geworden sind, freilich nicht erwarten, daß die Kranken sie dem Arzt entgegentragen werden, oder darf sich nicht bei dem ersten »Nein«, das sich der Forschung entgegensetzt, bescheiden[1].

Bei meiner Patientin Dora dankte ich es dem schon mehrmals hervorgehobenen Verständnis des Vaters, daß ich nicht selbst nach der Lebens-

---

[1] Hier ein Beispiel fürs letztere. Einer meiner Wiener Kollegen, dessen Überzeugung von der Belanglosigkeit sexueller Momente für die Hysterie durch solche Erfahrungen wahrscheinlich sehr gefestigt worden ist, entschloß sich bei einem 14jährigen Mädchen mit bedrohlichem hysterischen Erbrechen zur peinlichen Frage, ob sie vielleicht gar eine Liebesbeziehung gehabt hätte. Das Kind antwortete: Nein, wahrscheinlich mit gut gespieltem Erstaunen, und erzählte in seiner respektlosen Weise der Mutter: Denk' dir, der dumme Kerl hat mich gar gefragt, ob ich verliebt bin. Es kam dann in meine Behandlung und enthüllte sich – freilich nicht gleich bei der ersten Unterredung – als eine langjährige Masturbantin mit starkem *fluor albus* (der viel Bezug auf das Erbrechen hatte), die sich endlich selbst entwöhnt hatte, in der Abstinenz aber von dem heftigsten Schuldgefühl gepeinigt wurde, so daß sie alle Unfälle, welche die Familie betrafen, als

I. Der Krankheitszustand

anknüpfung, wenigstens für die letzte Gestaltung der Krankheit, zu suchen brauchte. Der Vater berichtete mir, daß er wie seine Familie in B. intime Freundschaft mit einem Ehepaar geschlossen hätten, welches seit mehreren Jahren dort ansässig war. Frau K. habe ihn während seiner großen Krankheit gepflegt und sich dadurch einen unvergänglichen Anspruch auf seine Dankbarkeit erworben. Herr K. sei stets sehr liebenswürdig gegen seine Tochter Dora gewesen, habe Spaziergänge mit ihr unternommen, wenn er in B. anwesend war, ihr kleine Geschenke gemacht, doch hätte niemand etwas Arges daran gefunden. Dora habe die zwei kleinen Kinder des Ehepaares K. in der sorgsamsten Weise betreut, gleichsam Mutterstelle an ihnen vertreten. Als Vater und Tochter mich im Sommer vor zwei Jahren aufsuchten, waren sie eben auf der Reise zu Herrn und Frau K. begriffen, die Sommeraufenthalt an einem unserer Alpenseen genommen hatten. Dora sollte mehrere Wochen im Hause K. bleiben, der Vater wollte nach wenigen Tagen zurückreisen. Herr K. war in diesen Tagen auch zugegen. Als der Vater aber zur Abreise rüstete, erklärte das Mädchen plötzlich mit größter Entschiedenheit, sie reise mit, und sie hatte es auch so durchgesetzt. Einige Tage später gab sie erst die Aufklärung für ihr auffälliges Benehmen, indem sie der Mutter zur Weiterbeförderung an den Vater erzählte, Herr K. habe auf einem Spaziergang nach einer Seefahrt gewagt, ihr einen Liebesantrag zu machen. Der Beschuldigte, beim nächsten Zusammentreffen von Vater und Onkel zur Rede gestellt, leugnete aufs Nachdrücklichste jeden Schritt seinerseits, der solche Auslegung verdient hätte, und begann das Mädchen zu verdächtigen, das nach der Mitteilung der Frau K. nur für sexuelle Dinge Interesse zeige und in ihrem Hause am See selbst Mantegazzas *Physiologie der Liebe* und ähnliche Bücher gelesen habe. Wahrscheinlich habe sie, durch solche Lektüre erhitzt, sich die ganze Szene, von der sie erzählt, »eingebildet«.

»Ich bezweifle nicht«, sagte der Vater, »daß dieser Vorfall die Schuld an Doras Verstimmung, Gereiztheit und Selbstmordideen trägt. Sie verlangt von mir, daß ich den Verkehr mit Herrn und besonders mit Frau K., die sie früher geradezu verehrt hat, abbreche. Ich kann das aber nicht, denn erstens halte ich selbst die Erzählung Doras von der unsittlichen Zumutung des Mannes für eine Phantasie, die sich ihr auf-

---

göttliche Strafe für ihre Versündigung ansah. Außerdem stand sie unter dem Einflusse des Romans ihrer Tante, deren uneheliche Gravidität (mit zweiter Determination für das Erbrechen) ihr angeblich glücklich verheimlicht worden war. Sie galt als ein »ganzes Kind«, erwies sich aber als eingeweiht in alles Wesentliche der sexuellen Beziehungen.

gedrängt hat, zweitens bin ich an Frau K. durch ehrliche Freundschaft gebunden und mag ihr nicht wehe tun. Die arme Frau ist sehr unglücklich mit ihrem Manne, von dem ich übrigens nicht die beste Meinung habe; sie war selbst sehr nervenleidend und hat an mir den einzigen Anhalt. Bei meinem Gesundheitszustand brauche ich Ihnen wohl nicht zu versichern, daß hinter diesem Verhältnis nichts Unerlaubtes steckt. Wir sind zwei arme Menschen, die einander, so gut es geht, durch freundschaftliche Teilnahme trösten. Daß ich nichts an meiner eigenen Frau habe, ist Ihnen bekannt. Dora aber, die meinen harten Kopf hat, ist von ihrem Haß gegen die K. nicht abzubringen. Ihr letzter Anfall war nach einem Gespräch, in dem sie wiederum dieselbe Forderung an mich stellte. Suchen Sie sie jetzt auf bessere Wege zu bringen.«
Nicht ganz im Einklang mit diesen Eröffnungen stand es, daß der Vater in anderen Reden die Hauptschuld an dem unerträglichen Wesen seiner Tochter auf die Mutter zu schieben suchte, deren Eigenheiten allen das Haus verleideten. Ich hatte mir aber längst vorgenommen, mein Urteil über den wirklichen Sachverhalt aufzuschieben, bis ich auch den anderen Teil gehört hätte.

In dem Erlebnis mit Herrn K. – in der Liebeswerbung und der darauffolgenden Ehrenkränkung – wäre also für unsere Patientin Dora das psychische Trauma gegeben, welches seinerzeit Breuer und ich als unerläßliche Vorbedingung für die Entstehung eines hysterischen Krankheitszustandes hingestellt haben [1]. Dieser neue Fall zeigt aber auch alle die Schwierigkeiten, die mich seither veranlaßt haben, über diese Theorie hinauszugehen [2], vermehrt durch eine neue Schwierigkeit besonderer

---

[1] [S. den Vortrag ›Über den psychischen Mechanismus hysterischer Phänomene‹ (1893 *b*), in diesem Band S. 13 ff.]
[2] Ich bin über diese Theorie hinausgegangen, ohne sie aufzugeben, d. h. ich erkläre sie heute nicht für unrichtig, sondern für unvollständig. Aufgegeben habe ich bloß die Betonung des sogenannten hypnoiden Zustandes, der aus Anlaß des Traumas bei dem Kranken auftreten und die Begründung für das weitere psychologisch abnorme Geschehen auf sich nehmen soll. Wenn es bei gemeinsamer Arbeit gestattet ist, nachträglich eine Eigentumsscheidung vorzunehmen, so möchte ich hier doch aussagen, daß die Aufstellung der »hypnoiden Zustände«, in welcher dann manche Referenten den Kern unserer Arbeit erkennen wollten, der ausschließlichen Initiative Breuers entsprungen ist. Ich halte es für überflüssig und irreleitend, die Kontinuität des Problems, worin der psychische Vorgang bei der hysterischen Symptombildung bestehe, durch diese Namengebung zu unterbrechen. [»Hypnoide Zustände« sind im Vortrag (1893 *b*) beschrieben; s. oben S. 15 und S. 23 f. Die theoretischen Meinungsverschiedenheiten zwischen Freud und Breuer sind in der ›Editorischen Vorbemerkung‹ zum ›Vortrag‹ (S. 12 oben) kurz skizziert.]

I. Der Krankheitszustand

Art. Das uns bekannte Trauma der Lebensgeschichte ist nämlich, wie so oft in den hysterischen Krankengeschichten, untauglich, um die Eigenart der Symptome zu erklären, sie zu determinieren; wir würden ebensoviel oder ebensowenig vom Zusammenhang erfassen, wenn andere Symptome als *tussis nervosa*, Aphonie, Verstimmung und *taedium vitae* der Erfolg des Traumas gewesen wären. Nun kommt aber hinzu, daß ein Teil dieser Symptome – der Husten und die Stimmlosigkeit – schon Jahre vor dem Trauma von der Kranken produziert worden sind und daß die ersten Erscheinungen überhaupt der Kindheit angehören, da sie in das achte Lebensjahr fallen. Wir müssen also, wenn wir die traumatische Theorie nicht aufgeben wollen, bis auf die Kindheit zurückgreifen, um dort nach Einflüssen oder Eindrücken zu suchen, welche analog einem Trauma wirken können, und dann ist es recht bemerkenswert, daß mich auch die Untersuchung von Fällen, deren erste Symptome nicht bereits in der Kindheit einsetzten, zur Verfolgung der Lebensgeschichte bis in die ersten Kinderjahre angeregt hat[1].
Nachdem die ersten Schwierigkeiten der Kur überwunden waren, machte mir Dora Mitteilung von einem früheren Erlebnisse mit Herrn K., welches sogar besser geeignet war, als sexuelles Trauma zu wirken. Sie war damals 14 Jahre alt. Herr K. hatte mit ihr und seiner Frau verabredet, daß die Damen am Nachmittag in seinen Geschäftsladen auf dem Hauptplatz von B. kommen sollten, um von dort aus eine kirchliche Feierlichkeit mitanzusehen. Er bewog aber seine Frau, zu Hause zu bleiben, entließ die Kommis und war allein, als das Mädchen ins Geschäft trat. Als die Zeit der Prozession herannahte, ersuchte er das Mädchen, ihn bei der Türe, die aus dem Laden zur Treppe ins höhere Stockwerk führte, zu erwarten, während er die Rollbalken herunterließ. Er kam dann zurück, und anstatt durch die offene Türe hinauszugehen, preßte er plötzlich das Mädchen an sich und drückte ihm einen Kuß auf die Lippen. Das war wohl die Situation, um bei einem 14jährigen unberührten Mädchen eine deutliche Empfindung sexueller Erregtheit hervorzurufen. Dora empfand aber in diesem Moment einen heftigen Ekel, riß sich los und eilte an dem Manne vorbei zur Treppe und von dort zum Haustor. Der Verkehr mit Herrn K. dauerte nichtsdestoweniger fort; keiner von ihnen tat dieser kleinen Szene je Erwähnung, auch will sie dieselbe bis zur Beichte in der Kur als Geheimnis bewahrt

---

[1] Vgl. meine Abhandlung: ›Zur Ätiologie der Hysterie‹ (1896c), [S. 64 ff. und S. 74 ff. des vorliegenden Bandes].

haben. In der nächsten Zeit vermied sie übrigens die Gelegenheit, mit Herrn K. allein zu sein. Das Ehepaar K. hatte damals einen mehrtägigen Ausflug verabredet, an dem auch Dora teilnehmen sollte. Nach dem Kuß im Laden sagte sie ihre Beteiligung ab, ohne Gründe anzugeben. In dieser, der Reihe nach zweiten, der Zeit nach früheren Szene ist das Benehmen des 14jährigen Kindes bereits ganz und voll hysterisch. Jede Person, bei welcher ein Anlaß zur sexuellen Erregung überwiegend oder ausschließlich Unlustgefühle hervorruft, würde ich unbedenklich für eine Hysterika halten, ob sie nun somatische Symptome zu erzeugen fähig sei oder nicht. Den Mechanismus dieser *Affektverkehrung* aufzuklären, bleibt eine der bedeutsamsten, gleichzeitig eine der schwierigsten Aufgaben der Neurosenpsychologie. Nach meinem eigenen Urteil bin ich noch ein gut Stück Weges von diesem Ziel entfernt; im Rahmen dieser Mitteilung werde ich aber auch von dem, was ich weiß, nur einen Teil vorbringen können [1].

Der Fall unserer Patientin Dora ist durch die Hervorhebung der Affektverkehrung noch nicht genügend charakterisiert; man muß außerdem sagen, hier hat eine *Verschiebung* der Empfindung stattgefunden. Anstatt der Genitalsensation, die bei einem gesunden Mädchen unter solchen Umständen [2] gewiß nicht gefehlt hätte, stellt sich bei ihr die Unlustempfindung ein, welche dem Schleimhauttrakt des Einganges in den Verdauungskanal zugehört, der Ekel. Gewiß hat auf diese Lokalisation die Lippenerregung durch den Kuß Einfluß genommen; ich glaube aber auch noch die Wirkung eines anderen Momentes zu erkennen [3].

Der damals verspürte Ekel ist bei Dora nicht zum bleibenden Symptom geworden, auch zur Zeit der Behandlung war er nur gleichsam potentiell vorhanden. Sie aß schlecht und gestand eine gelinde Abneigung gegen Speisen zu. Dagegen hatte jene Szene eine andere Folge zurückgelassen, eine Empfindungshallucination, die von Zeit zu Zeit auch während ihrer Erzählung wieder auftrat. Sie sagte, sie verspüre jetzt noch den Druck auf den Oberkörper von jener Umarmung. Nach gewissen Regeln der Symptombildung, die mir bekannt geworden sind,

---

[1] [Dies ist eines der Probleme, die ständig in Freuds Schriften wiederkehren. Ein neuer Lösungsvorschlag findet sich in *Hemmung, Symptom und Angst* (1926 d); s. S. 237 des vorliegenden Bandes.]

[2] Die Würdigung dieser Umstände wird durch eine spätere Aufklärung erleichtert werden. [Vgl. S. 153 f.]

[3] Akzidentelle Ursachen hatte der Ekel Doras bei diesem Kusse sicherlich nicht, diese wären unfehlbar erinnert und erwähnt worden. Ich kenne zufällig Herrn K.; es ist dieselbe Person, die den Vater der Patientin zu mir begleitet hat [S. 98], ein noch jugendlicher Mann von einnehmendem Äußern.

I. Der Krankheitszustand

im Zusammenhalt mit anderen, sonst unerklärlichen Eigentümlichkeiten der Kranken, die z. B. an keinem Manne vorbeigehen wollte, den sie in eifrigem oder zärtlichem Gespräch mit einer Dame stehen sah, habe ich mir von dem Hergang in jener Szene folgende Rekonstruktion geschaffen. Ich denke, sie verspürte in der stürmischen Umarmung nicht bloß den Kuß auf ihren Lippen, sondern auch das Andrängen des erigierten Gliedes gegen ihren Leib. Diese ihr anstößige Wahrnehmung wurde für die Erinnerung beseitigt, verdrängt und durch die harmlose Sensation des Druckes am Thorax ersetzt, die aus der verdrängten Quelle ihre übergroße Intensität bezieht. Eine neuerliche Verschiebung also vom Unterkörper auf den Oberkörper[1]. Der Zwang in ihrem Benehmen ist hingegen so gebildet, als ginge er von der unveränderten Erinnerung aus. Sie mag an keinem Manne, den sie in sexueller Erregung glaubt, vorbeigehen, weil sie das somatische Zeichen derselben nicht wieder sehen will.

Es ist bemerkenswert, wie hier drei Symptome – der Ekel, die Drucksensation am Oberkörper und die Scheu vor Männern in zärtlichem Gespräch – aus einem Erlebnis hervorgehen und wie erst die Aufeinanderbeziehung dieser drei Zeichen das Verständnis für den Hergang der Symptombildung ermöglicht. Der Ekel entspricht dem Verdrängungssymptom von der erogenen (durch infantiles Lutschen, wie wir hören werden [S. 126], verwöhnten) Lippenzone[2]. Das Andrängen des erigierten Gliedes hat wahrscheinlich die analoge Veränderung an dem entsprechenden weiblichen Organ, der Clitoris, zur Folge gehabt, und die Erregung dieser zweiten erogenen Zone ist durch Verschiebung auf die gleichzeitige Drucksensation am Thorax fixiert worden. Die Scheu vor Männern in möglicherweise sexuell erregtem Zustande folgt dem Mechanismus einer Phobie, um sich vor einer neuerlichen Wiederbelebung der verdrängten Wahrnehmung zu sichern.

Um die Möglichkeit dieser Ergänzung darzutun, habe ich in der vorsichtigsten Weise bei der Patientin angefragt, ob ihr von körperlichen Zeichen der Erregtheit am Leibe des Mannes etwas bekannt sei. Die

---

[1] Solche Verschiebungen werden nicht etwa zum Zwecke dieser einen Erklärung angenommen, sondern ergeben sich für eine große Reihe von Symptomen als unabweisbare Forderung. [Vgl. S. 152 Anm.] Ich habe seither von einer früher zärtlich verliebten Braut, die sich wegen plötzlicher Erkaltung gegen ihren Verlobten, die unter schwerer Verstimmung eintrat, an mich wendete, denselben Schreckeffekt einer Umarmung (ohne Kuß) vernommen. Hier gelang die Zurückführung des Schrecks auf die wahrgenommene, aber fürs Bewußtsein beseitigte Erektion des Mannes ohne weitere Schwierigkeit.
[2] [Die orale erogene Zone wird näher auf S. 126 beschrieben.]

Antwort lautete für heute: ja, für damals: sie glaube nicht. Ich habe bei dieser Patientin von Anfang an die größte Sorgfalt aufgewendet, um ihr keinen neuen Wissensstoff aus dem Gebiete des Geschlechtslebens zuzuführen, und dies nicht aus Gründen der Gewissenhaftigkeit, sondern weil ich meine Voraussetzungen an diesem Falle einer harten Probe unterziehen wollte. Ich nannte ein Ding also erst dann beim Namen, wenn ihre allzu deutlichen Anspielungen die Übersetzung ins Direkte als ein sehr geringfügiges Wagstück erscheinen ließen. Ihre prompte und ehrliche Antwort ging auch regelmäßig dahin, das sei ihr bereits bekannt, aber das Rätsel, *woher* sie es denn wisse, war durch ihre Erinnerungen nicht zu lösen. Die Herkunft all dieser Kenntnisse hatte sie vergessen[1].

Wenn ich mir die Szene des Kusses im Laden so vorstellen darf, so gelange ich zu folgender Ableitung für den Ekel[2]. Die Ekelempfindung scheint ja ursprünglich die Reaktion auf den Geruch (später auch auf den Anblick) der Exkremente zu sein. An die exkrementellen Funktionen können die Genitalien und speziell das männliche Glied aber erinnern, weil hier das Organ außer der sexuellen auch der Funktion der Harnentleerung dient. Ja, diese Verrichtung ist die älter bekannte und die in der vorsexuellen Zeit einzig bekannte. So gelangt der Ekel unter die Affektäußerungen des Sexuallebens. Es ist das *inter urinas et faeces nascimur* des Kirchenvaters, welches dem Sexualleben anhaftet und aller idealisierenden Bemühung zum Trotze von ihm nicht abzulösen ist. Ich will es aber ausdrücklich als meinen Standpunkt hervorheben, daß ich das Problem durch den Nachweis dieses Assoziationsweges nicht für gelöst halte. Wenn diese Assoziation wachgerufen werden kann, so ist damit noch nicht erklärt, daß sie auch wachgerufen wird. Sie wird es nicht unter normalen Verhältnissen. Die Kenntnis der Wege macht die Kenntnis der Kräfte nicht überflüssig, welche diese Wege wandeln[3].

Im übrigen fand ich es nicht leicht, die Aufmerksamkeit meiner Patientin auf ihren Verkehr mit Herrn K. zu lenken. Sie behauptete, mit

---

[1] Vgl. den zweiten Traum. [S. 166 f. – S. auch S. 112, Anm., S. 135 und S. 184, Anm.]
[2] Hier wie an allen ähnlichen Stellen mache man sich nicht auf einfache, sondern auf mehrfache Begründung, auf *Überdeterminierung* gefaßt. [Dieses Merkmal hysterischer Symptome wird in ›Zur Ätiologie der Hysterie‹, S. 76 oben, erwähnt.]
[3] An all diesen Erörterungen ist viel Typisches und für Hysterie allgemein Gültiges. Das Thema der Erektion löst einige der interessantesten unter den hysterischen Symptomen. Die weibliche Aufmerksamkeit für die durch die Kleider wahrnehmbaren Umrisse der männlichen Genitalien wird nach ihrer Verdrängung zum Motiv so vieler

I. Der Krankheitszustand

dieser Person abgeschlossen zu haben. Die oberste Schicht all ihrer Einfälle in den Sitzungen, alles was ihr leicht bewußt wurde und was sie als bewußt vom Vortag erinnerte, bezog sich immer auf den Vater. Es war ganz richtig, daß sie dem Vater die Fortsetzung des Verkehres mit Herrn und besonders mit Frau K. nicht verzeihen konnte. Ihre Auffassung dieses Verkehrs war allerdings eine andere, als die der Vater selbst gehegt wissen wollte. Für sie bestand kein Zweifel, daß es ein gewöhnliches Liebesverhältnis sei, das ihren Vater an die junge und schöne Frau knüpfe. Nichts was dazu beitragen konnte, diesen Satz zu erhärten, war ihrer hierin unerbittlich scharfen Wahrnehmung entgangen, *hier fand sich keine Lücke in ihrem Gedächtnisse.* Die Bekanntschaft mit den K. hatte schon vor der schweren Erkrankung des Vaters begonnen; sie wurde aber erst intim, als sich während dieser Krankheit die junge Frau förmlich zur Pflegerin aufwarf, während die Mutter sich vom Bette des Kranken ferne hielt. In dem ersten Sommeraufenthalte nach der Genesung ereigneten sich Dinge, die jedermann über die wirkliche Natur dieser »Freundschaft« die Augen öffnen mußten. Die beiden Familien hatten gemeinsam einen Trakt im Hotel gemietet, und da geschah es eines Tages, daß Frau K. erklärte, sie könne das Schlafzimmer nicht beibehalten, welches sie bisher mit einem ihrer Kinder geteilt hatte, und wenige Tage nachher gab ihr Vater sein Schlafzimmer auf, und beide bezogen neue Zimmer, die Endzimmer, die nur durch den Korridor getrennt waren, während die aufgegebenen Räume solche Garantie gegen Störung nicht geboten hatten. Wenn sie dem Vater später Vorwürfe wegen der Frau K. machte, so pflegte er zu sagen, er begreife diese Feindschaft nicht, die Kinder hätten vielmehr allen Grund, der Frau K. dankbar zu sein. Die Mama, an welche sie sich dann um Aufklärung dieser dunkeln Rede wandte, teilte ihr mit, der Papa sei damals so unglücklich gewesen, daß er im Walde einen Selbstmord habe verüben wollen; Frau K., die es geahnt, sei ihm aber nachgekommen und habe ihn durch ihr Bitten bestimmt, sich den Seinigen zu erhalten. Sie glaube natürlich nicht daran, man habe wohl die beiden im Walde mitsammen gesehen und da habe der Papa dies Märchen vom Selbstmord erfunden,

---

Fälle von Menschenscheu und Gesellschaftsangst. Die breite Verbindung zwischen dem Sexuellen und dem Exkrementellen, deren pathogene Bedeutung wohl nicht groß genug veranschlagt werden kann, dient einer überaus reichlichen Anzahl von hysterischen Phobien zur Grundlage. [Eine späte Erwähnung dieses Themas – das in Freuds Schriften sehr häufig wiederkehrt – findet sich in der langen Fußnote am Ende von Kapitel IV der Arbeit *Das Unbehagen in der Kultur* (1930a), *Studienausgabe*, Bd. 9, S. 235 f., Anm. 2.]

um das Rendezvous zu rechtfertigen[1]. Als sie dann nach B. zurückkehrten, war der Papa täglich zu bestimmten Stunden bei Frau K., während der Mann im Geschäft war. Alle Leute hätten darüber gesprochen und sie in bezeichnender Weise danach gefragt. Herr K. selbst habe oft gegen ihre Mama bitter geklagt, sie selbst aber mit Anspielungen auf den Gegenstand verschont, was sie ihm als Zartgefühl anzurechnen schien. Bei gemeinsamen Spaziergängen wußten Papa und Frau K. es regelmäßig so einzurichten, daß er mit Frau K. allein blieb. Es war kein Zweifel, daß sie Geld von ihm nahm, denn sie machte Ausgaben, die sie unmöglich aus eigenen Mitteln oder aus denen ihres Mannes bestreiten konnte. Der Papa begann auch, ihr große Geschenke zu machen; um diese zu verdecken, wurde er gleichzeitig besonders freigiebig gegen die Mutter und gegen sie (Dora) selbst. Die bis dahin kränkliche Frau, die selbst für Monate eine Nervenheilanstalt aufsuchen mußte, weil sie nicht gehen konnte, war seither gesund und lebensfrisch.

Auch nachdem sie B. verlassen hatten, setzte sich der mehrjährige Verkehr fort, indem der Vater von Zeit zu Zeit erklärte, er vertrage das rauhe Klima nicht, müsse etwas für sich tun, zu husten und zu klagen begann, bis er plötzlich nach B. abgereist war, von wo aus er die heitersten Briefe schrieb. All diese Krankheiten waren nur Vorwände, um seine Freundin wiederzusehen. Dann hieß es eines Tages, sie übersiedelten nach Wien, und sie fing an, einen Zusammenhang zu vermuten. Wirklich waren sie kaum drei Wochen in Wien, als sie hörte, K. seien gleichfalls nach Wien übersiedelt. Sie befänden sich auch gegenwärtig hier und sie träfe den Papa häufig mit Frau K. auf der Straße. Auch Herrn K. begegne sie öfters, er blicke ihr immer nach, und als er sie einmal alleingehend getroffen, sei er ihr ein großes Stück weit nachgegangen, um sich zu überzeugen, wohin sie gehe, ob sie nicht etwa ein Rendezvous habe.

Daß der Papa unaufrichtig sei, einen Zug von Falschheit in seinem Charakter habe, nur an seine eigene Befriedigung denke und die Gabe besitze, sich die Dinge so zurechtzulegen, wie es ihm am besten passe, solche Kritik bekam ich besonders in den Tagen zu hören, als der Vater wieder einmal seinen Zustand verschlimmert fühlte und für mehrere Wochen nach B. abreiste, woraufhin die scharfsichtige Dora bald ausgekundschaftet hatte, daß auch Frau K. eine Reise nach demselben Ziel zum Besuch ihrer Verwandten unternommen hatte.

---

[1] Dies die Anknüpfung für ihre eigene Selbstmordkomödie [S. 101], die also etwa die Sehnsucht nach einer ähnlichen Liebe ausdrückt.

I. Der Krankheitszustand

Ich konnte die Charakteristik des Vaters im allgemeinen nicht bestreiten; es war auch leicht zu sehen, mit welchem besonderen Vorwurf Dora im Rechte war. Wenn sie in erbitterter Stimmung war, drängte sich ihr die Auffassung auf, daß sie Herrn K. ausgeliefert worden sei als Preis für seine Duldung der Beziehungen zwischen Doras Vater und seiner Frau, und man konnte hinter ihrer Zärtlichkeit für den Vater die Wut über solche Verwendung ahnen. Zu anderen Zeiten wußte sie wohl, daß sie sich mit solchen Reden einer Übertreibung schuldig gemacht hatte. Einen förmlichen Pakt, in dem sie als Tauschobjekt behandelt worden, hatten die beiden Männer natürlich niemals geschlossen; der Vater zumal wäre vor einer solchen Zumutung entsetzt zurückgewichen. Aber er gehörte zu jenen Männern, die einem Konflikt dadurch die Spitze abzubrechen verstehen, daß sie ihr Urteil über das eine der zum Gegensatze gekommenen Themata verfälschen. Auf die Möglichkeit aufmerksam gemacht, daß einem heranwachsenden Mädchen aus dem beständigen und unbeaufsichtigten Verkehr mit dem von seiner Frau unbefriedigten Manne Gefahr erwachsen könne, hätte er sicherlich geantwortet: Auf seine Tochter könne er sich verlassen, der könne ein Mann wie K. nie gefährlich werden, und sein Freund selbst sei solcher Absichten unfähig. Oder: Dora sei noch ein Kind und werde von K. als Kind behandelt. Es war aber in Wirklichkeit so gekommen, daß jeder der beiden Männer es vermied, aus dem Benehmen des andern jene Konsequenz zu ziehen, welche für seine eigenen Begehrungen unbequem war. Herr K. durfte Dora alle Tage seiner Anwesenheit ein Jahr hindurch Blumen schicken, jede Gelegenheit zu kostbaren Geschenken benutzen und alle seine freie Zeit in ihrer Gesellschaft zubringen, ohne daß ihre Eltern in diesem Benehmen den Charakter der Liebeswerbung erkannt hätten.

Wenn in der psychoanalytischen Behandlung eine korrekt begründete und einwandfreie Gedankenreihe auftaucht, so gibt es wohl einen Moment der Verlegenheit für den Arzt, den der Kranke zur Frage ausnutzt: »Das ist doch wohl alles wahr und richtig? Was wollen Sie daran ändern, wenn ich's Ihnen erzählt habe?« Man merkt dann bald, daß solche für die Analyse unangreifbare Gedanken vom Kranken dazu benutzt worden sind, um andere zu verdecken, die sich der Kritik und dem Bewußtsein entziehen wollen. Eine Reihe von Vorwürfen gegen andere Personen läßt eine Reihe von Selbstvorwürfen des gleichen Inhalts vermuten. Man braucht nur jeden einzelnen Vorwurf auf die

Bruchstück einer Hysterie-Analyse

eigene Person des Redners zurückzuwenden. Diese Art, sich gegen einen Selbstvorwurf zu verteidigen, indem man den gleichen Vorwurf gegen eine andere Person erhebt, hat etwas unleugbar Automatisches. Sie findet ihr Vorbild in den »Retourkutschen« der Kinder, die unbedenklich zur Antwort geben: »Du bist ein Lügner«, wenn man sie der Lüge beschuldigt hat. Der Erwachsene würde im Bestreben nach Gegenbeschimpfung nach irgendeiner realen Blöße des Gegners ausschauen und nicht den Hauptwert auf die Wiederholung des nämlichen Inhalts legen. In der Paranoia wird diese Projektion des Vorwurfes auf einen anderen ohne Inhaltsveränderung und somit ohne Anlehnung an die Realität als wahnbildender Vorgang manifest.

Auch die Vorwürfe Doras gegen ihren Vater waren mit Selbstvorwürfen durchwegs des nämlichen Inhalts »unterfüttert«, »doubliert«, wie wir im einzelnen zeigen werden: Sie hatte recht darin, daß der Vater sich Herrn K.s Benehmen gegen seine Tochter nicht klarmachen wollte, um nicht in seinem Verhältnis zu Frau K. gestört zu werden. Aber sie hatte genau das nämliche getan. Sie hatte sich zur Mitschuldigen dieses Verhältnisses gemacht und alle Anzeichen abgewiesen, welche sich für die wahre Natur desselben ergaben. Erst seit dem Abenteuer am See [S. 103] datierte ihre Klarheit darüber und ihre strengen Anforderungen an den Vater. All die Jahre vorher hatte sie dem Verkehr des Vaters mit Frau K. jeden möglichen Vorschub geleistet. Sie ging nie zu Frau K., wenn sie den Vater dort vermutete. Sie wußte, dann würden die Kinder weggeschickt worden sein, richtete ihren Weg so ein, daß sie die Kinder antraf, und ging mit ihnen spazieren. Es hatte eine Person im Hause gegeben, welche ihr frühzeitig die Augen über die Beziehungen des Vaters zur Frau K. öffnen und sie zur Parteinahme gegen diese Frau anreizen wollte. Dies war ihre letzte Gouvernante, ein älteres, sehr belesenes Mädchen von freien Ansichten[1]. Lehrerin und Schülerin standen eine Weile recht gut miteinander, bis Dora sich plötzlich mit ihr verfeindete und auf ihrer Entlassung bestand. Solange das Fräulein Einfluß besaß, benutzte sie ihn dazu, gegen Frau K. zu hetzen. Sie setzte der Mama auseinander, daß es mit ihrer Würde unvereinbar sei, solche Intimität ihres Mannes mit einer Fremden zu dulden; sie

---

[1] Diese Gouvernante, die alle Bücher über Geschlechtsleben u. dgl. las und mit dem Mädchen darüber sprach, sie aber freimütig bat, alles darauf Bezügliche vor den Eltern geheimzuhalten, weil man ja nicht wissen könne, auf welchen Standpunkt die sich stellen würden – in diesem Mädchen suchte ich eine Zeitlang die Quelle für all die geheime Kenntnis Doras, und ich ging vielleicht nicht völlig irre. [S. jedoch die Anmerkung auf S. 184.]

I. Der Krankheitszustand

machte auch Dora auf alles aufmerksam, was an diesem Verkehr auffällig war. Ihre Bemühungen waren aber vergebens, Dora blieb Frau K. zärtlich zugetan und wollte von keinem Anlaß wissen, den Verkehr des Vaters mit ihr anstößig zu finden. Sie gab sich anderseits sehr wohl Rechenschaft über die Motive, die ihre Gouvernante bewegten. Blind nach der einen Seite, war sie scharfsichtig genug nach der anderen. Sie merkte, daß das Fräulein in den Papa verliebt sei. Wenn der Papa anwesend war, schien sie eine ganz andere Person, dann konnte sie amüsant und dienstfertig sein. Zur Zeit, als die Familie in der Fabrikstadt weilte und Frau K. außer dem Horizonte war, hetzte sie gegen die Mama als die jetzt in Betracht kommende Nebenbuhlerin. Das alles nahm ihr Dora noch nicht übel. Erbost wurde sie erst, als sie merkte, daß sie selbst der Gouvernante ganz gleichgültig sei und daß die ihr erwiesene Liebe tatsächlich dem Papa gelte. Während der Abwesenheit des Papas von der Fabrikstadt hatte das Fräulein keine Zeit für sie, wollte nicht mit ihr spazierengehen, interessierte sich nicht für ihre Arbeiten. Kaum daß der Papa von B. zurückgekommen war, zeigte sie sich wieder zu allen Dienst- und Hilfeleistungen bereit. Da ließ sie sie fallen.

Die Arme hatte ihr mit unerwünschter Klarheit ein Stück ihres eigenen Benehmens beleuchtet. So wie das Fräulein zeitweise gegen Dora, so war Dora gegen die Kinder des Herrn K. gewesen. Sie vertrat Mutterstelle an ihnen, unterrichtete sie, ging mit ihnen aus, schuf ihnen einen vollen Ersatz für das geringe Interesse, das die eigene Mutter ihnen zeigte. Zwischen Herrn und Frau K. war oft von Scheidung die Rede gewesen; sie kam nicht zustande, weil Herr K., der ein zärtlicher Vater war, auf keines der beiden Kinder verzichten wollte. Das gemeinsame Interesse an den Kindern war von Anfang an ein Bindemittel des Verkehrs zwischen Herrn K. und Dora gewesen. Die Beschäftigung mit den Kindern war für Dora offenbar der Deckmantel, der ihr selbst und Fremden etwas anderes verbergen sollte.

Aus ihrem Benehmen gegen die Kinder, wie es durch das Benehmen des Fräuleins gegen sie selbst erläutert wurde, ergab sich dieselbe Folgerung wie aus ihrer stillschweigenden Einwilligung in den Verkehr des Vaters mit Frau K., nämlich, daß sie all die Jahre über in Herrn K. verliebt gewesen war. Als ich diese Folgerung aussprach, fand ich keine Zustimmung bei ihr. Sie berichtete zwar sofort, daß auch andere Personen, z. B. eine Kusine, die eine Weile in B. auf Besuch war, ihr gesagt hätten: »Du bist ja ganz vernarrt in den Mann«; sie selbst wollte sich aber an diese Gefühle nicht erinnern. Späterhin, als die Fülle des auftauchenden Materials ein Ableugnen erschwerte, gab sie zu, sie könne Herrn K. in B. geliebt haben, aber seit der Szene am See sei das vorüber[1]. Jedenfalls stand es fest, daß der Vorwurf, sich gegen unabweisliche Pflichten taub gemacht und sich die Dinge so zurechtgelegt zu haben, wie es der eigenen verliebten Regung bequem war, der Vorwurf, den sie gegen den Vater erhob, auf ihre eigene Person zurückfiel[2].

Der andere Vorwurf, daß er seine Krankheiten als Vorwände schaffe und als Mittel benütze, deckt wiederum ein ganzes Stück ihrer eigenen geheimen Geschichte. Sie klagte eines Tages über ein angeblich neues Symptom, schneidende Magenschmerzen, und als ich fragte: »Wen kopieren Sie damit?« hatte ich es getroffen. Sie hatte am Tage vorher ihre Kusinen, die Töchter der verstorbenen Tante, besucht. Die jüngere war Braut geworden, die ältere war zu diesem Anlaß an Magenschmerzen erkrankt und sollte auf den Semmering[3] gebracht werden. Sie meinte, das sei bei der Älteren nur Neid, die werde immer krank, wenn sie etwas erreichen wolle, und jetzt wolle sie eben vom Hause weg, um das Glück der Schwester nicht mitanzusehen[4]. Ihre eigenen Magenschmerzen sagten aber aus, daß sie sich mit der für eine Simulantin erklärten Kusine identifiziere, sei es, weil sie gleichfalls die Glücklichere um ihre Liebe beneidete, oder weil sie im Schicksal der älteren Schwester, der kurz vorher eine Liebesaffäre unglücklich ausgegangen war, das eigene gespiegelt sah[5]. Wie nützlich sich Krankheiten verwenden lassen, hatte sie aber auch durch die Beobachtung der Frau K. erfahren. Herr K. war einen Teil des Jahres auf Reisen; sooft er zurückkam, fand er die Frau leidend, die einen Tag vorher noch, wie Dora wußte, wohlauf gewesen war. Dora verstand, daß die Gegenwart des Mannes krankmachend auf die Frau wirkte und daß dieser das Kranksein willkommen war, um sich den verhaßten ehelichen Pflichten zu entziehen. Eine Bemerkung über ihre eigene Abwechslung von Leiden und Gesundheit während der ersten in B. verbrachten Mädchenjahre, die sich an dieser Stelle plötz-

---

[1] Vgl. den zweiten Traum.
[2] Hier erhebt sich die Frage: Wenn Dora Herrn K. geliebt, wie begründet sich ihre Abweisung in der Szene am See oder wenigstens die brutale, auf Erbitterung deutende Form dieser Abweisung? Wie konnte ein verliebtes Mädchen in der – wie wir später hören werden – keineswegs plump oder anstößig vorgebrachten Werbung eine Beleidigung sehen?
[3] [Eleganter Gebirgskurort, etwa achtzig Kilometer südlich von Wien.]
[4] Ein alltägliches Vorkommnis zwischen Schwestern.
[5] Welchen weiteren Schluß ich aus den Magenschmerzen zog, wird später zur Sprache kommen [s. S. 148].

I. Der Krankheitszustand

lich einfügte, mußte mich auf die Vermutung bringen, daß ihre eigenen Zustände in einer ähnlichen Abhängigkeit wie die der Frau K. zu betrachten seien. In der Technik der Psychoanalyse gilt es nämlich als Regel, daß sich ein innerer, aber noch verborgener Zusammenhang durch die Kontiguität, die zeitliche Nachbarschaft der Einfälle kundtut, genauso wie in der Schrift *a* und *b* nebeneinander gesetzt bedeutet, daß daraus die Silbe *ab* gebildet werden soll. Dora hatte eine Unzahl von Anfällen von Husten mit Stimmlosigkeit gezeigt; sollte die Anwesenheit oder Abwesenheit des Geliebten auf dieses Kommen und Schwinden der Krankheitserscheinungen Einfluß geübt haben? Wenn dies der Fall war, so mußte sich irgendwo eine verräterische Übereinstimmung nachweisen lassen. Ich fragte, welches die mittlere Zeitdauer dieser Anfälle gewesen war. Etwa drei bis sechs Wochen. Wie lange die Abwesenheiten des Herrn K. gedauert hätten? Sie mußte zugeben, gleichfalls zwischen drei und sechs Wochen. Sie demonstrierte also mit ihrem Kranksein ihre Liebe für K. wie dessen Frau ihre Abneigung. Nur durfte man annehmen, daß sie sich umgekehrt wie die Frau benommen hätte, krank gewesen wäre, wenn er abwesend, und gesund, nachdem er zurückgekehrt. Es schien auch wirklich so zu stimmen, wenigstens für eine erste Periode der Anfälle; in späteren Zeiten ergab sich ja wohl eine Nötigung, das Zusammentreffen von Krankheitsanfall und Abwesenheit des heimlich geliebten Mannes zu verwischen, damit das Geheimnis nicht durch die Konstanz desselben verraten würde. Dann blieb die Zeitdauer des Anfalls als Marke seiner ursprünglichen Bedeutung übrig.

Ich erinnerte mich, seinerzeit [1885–86] auf der Charcotschen Klinik gesehen und gehört zu haben, daß bei den Personen mit hysterischem Mutismus das Schreiben vikariierend für das Sprechen eintrat. Sie schrieben geläufiger, rascher und besser als andere und als vorhin. Dasselbe war bei Dora der Fall gewesen. In den ersten Tagen ihrer Aphonie war ihr »das Schreiben immer besonders leicht von der Hand gegangen«. Diese Eigentümlichkeit erforderte als der Ausdruck einer physiologischen Ersatzfunktion, welche sich das Bedürfnis schafft, ja eigentlich keine psychologische Aufklärung; es war aber bemerkenswert, daß eine solche doch leicht zu haben war. Herr K. schrieb ihr reichlich von der Reise, schickte Ansichtskarten; es kam vor, daß sie allein von dem Termine seiner Rückkehr unterrichtet war, die Frau von ihm überrascht wurde. Daß man mit dem Abwesenden, den man nicht sprechen kann, korrespondiert, ist übrigens kaum weniger naheliegend, als daß man sich beim Versagen der Stimme durch die Schrift zu verständigen sucht. Die Aphonie Doras ließ also folgende symbolische Deutung zu: Wenn der Geliebte ferne war, verzichtete sie auf das Sprechen; es hatte seinen Wert verloren, da sie mit *ihm* nicht sprechen konnte. Dafür bekam das Schreiben Bedeutung als das einzige Mittel, sich mit dem Abwesenden in Verkehr zu setzen.

Werde ich nun etwa die Behauptung aufstellen, daß in allen Fällen von periodisch auftretender Aphonie die Diagnose auf die Existenz eines zeitweilig ortsabwesenden Geliebten zu stellen sei? Gewiß ist das nicht meine Absicht. Die Determination des Symptoms im Falle Doras ist allzu spezifiziert, als daß man an eine häufige Wiederkehr der nämlichen akzidentellen Ätiologie denken könnte. Welchen Wert hat aber dann die Aufklärung der Aphonie in unserem Falle? Haben wir uns nicht vielmehr durch ein Spiel des Witzes täuschen lassen? Ich glaube nicht. Man muß sich hierbei an die so häufig gestellte Frage erinnern, ob die Symptome der Hysterie psychischen oder somatischen Ursprunges seien, oder wenn das erstere zugestanden ist, ob sie notwendig alle psychisch bedingt seien. Diese Frage ist, wie so viele andere, an deren Beantwortung man die Forscher immer wieder sich erfolglos bemühen sieht, eine nicht adäquate. Der wirkliche Sachverhalt ist in ihre Alternative nicht eingeschlossen. Soviel ich sehen kann, bedarf jedes hysterische Symptom des Beitrages von beiden Seiten. Es kann nicht zustande kommen ohne ein gewisses *somatisches Entgegenkommen*[1], welches von einem normalen oder krankhaften Vorgang in oder an einem Organe des Körpers geleistet wird. Es kommt nicht öfter als einmal zustande – und zum Charakter des hysterischen Symptoms gehört die Fähigkeit, sich zu wiederholen –, wenn es nicht eine psychische Bedeutung, einen *Sinn* hat. Diesen Sinn bringt das hysterische Symptom nicht mit, er wird ihm verliehen, gleichsam mit ihm verlötet, und er kann in jedem Falle ein anderer sein, je nach der Beschaffenheit der nach Ausdruck ringenden unterdrückten Gedanken. Allerdings wirkt eine Reihe von Momenten darauf hin, daß die Beziehungen zwischen den unbewußten Gedanken und den ihnen als Ausdrucksmittel zu Gebote stehenden somatischen Vorgängen sich minder willkürlich gestalten und sich mehreren typischen Verknüpfungen annähern. Für die Therapie sind

---

[1] [Freud scheint diesen Terminus hier erstmals zu verwenden. In seinen späteren Werken kehrt er nur selten wieder. S. jedoch die letzten Worte seiner Arbeit ›Die psychogene Sehstörung in psychoanalytischer Auffassung‹ (1910*i*), in diesem Band S. 213.]

I. Der Krankheitszustand

die im akzidentellen psychischen Material gegebenen Bestimmungen die wichtigeren; man löst die Symptome, indem man nach der psychischen Bedeutung derselben forscht. Hat man dann abgeräumt, was durch Psychoanalyse zu beseitigen ist, so kann man sich allerlei, wahrscheinlich zutreffende Gedanken über die somatischen, in der Regel konstitutionell-organischen Grundlagen der Symptome machen. Auch für die Anfälle von Husten und Aphonie bei Dora werden wir uns nicht auf die psychoanalytische Deutung beschränken, sondern hinter derselben das organische Moment nachweisen, von dem das »somatische Entgegenkommen« für den Ausdruck der Neigung zu einem zeitweilig abwesenden Geliebten ausging. Und wenn uns die Verknüpfung zwischen symptomatischem Ausdruck und unbewußtem Gedankeninhalt in diesem Falle als geschickt und kunstvoll gefertigt imponieren sollte, so werden wir gerne hören, daß sie den gleichen Eindruck in jedem anderen Falle, bei jedem anderen Beispiel, zu erzielen vermag.

Ich bin nun darauf vorbereitet zu hören, daß es einen recht mäßigen Gewinn bedeutet, wenn wir also, dank der Psychoanalyse, das Rätsel der Hysterie nicht mehr in der »besonderen Labilität der Nervenmoleküle« oder in der Möglichkeit hypnoider Zustände, sondern im »somatischen Entgegenkommen« suchen sollen.

Gegen diese Bemerkung will ich doch betonen, daß das Rätsel so nicht nur um ein Stück zurückgeschoben, sondern auch um ein Stück verkleinert ist. Es handelt sich nicht mehr um das ganze Rätsel, sondern um jenes Stück desselben, in dem der besondere Charakter der Hysterie *zum Unterschiede* von anderen Psychoneurosen enthalten ist. Die psychischen Vorgänge bei allen Psychoneurosen sind eine ganze Strecke weit die gleichen, dann erst kommt das »somatische Entgegenkommen« in Betracht, welches den unbewußten psychischen Vorgängen einen Ausweg ins Körperliche verschafft. Wo dies Moment nicht zu haben ist, wird aus dem ganzen Zustand etwas anderes als ein hysterisches Symptom, aber doch wieder etwas Verwandtes, eine Phobie etwa oder eine Zwangsidee, kurz ein psychisches Symptom.

Ich kehre zu dem Vorwurf der »Simulation« von Krankheiten zurück, den Dora gegen ihren Vater erhob. Wir merkten bald, daß ihm nicht nur Selbstvorwürfe betreffs früherer Krankheitszustände, sondern auch solche, die die Gegenwart meinten, entsprachen. An dieser Stelle hat der Arzt gewöhnlich die Aufgabe, zu erraten und zu ergänzen, was ihm die Analyse nur in Andeutungen liefert. Ich mußte die Patientin aufmerk-

Bruchstück einer Hysterie-Analyse

sam machen, daß ihr jetziges Kranksein gerade so motiviert und tendenziös sei wie das von ihr verstandene der Frau K. Es sei kein Zweifel, daß sie einen Zweck im Auge habe, den sie durch ihre Krankheit zu erreichen hoffe. Dieser aber könne kein anderer sein, als den Vater der Frau K. abwendig zu machen. Durch Bitten und Argumente gelänge ihr dies nicht; vielleicht hoffe sie es zu erreichen, wenn sie den Vater in Schreck versetze (siehe den Abschiedsbrief), sein Mitleid wachrufe (durch die Anfälle von Ohnmacht) [S. 101], und wenn dies alles nichts nütze, so räche sie sich wenigstens an ihm. Sie wisse wohl, wie sehr er an ihr hänge und daß ihm jedesmal die Tränen in die Augen treten, wenn er nach dem Befinden seiner Tochter gefragt werde. Ich sei ganz überzeugt, sie werde sofort gesund sein, wenn ihr der Vater erkläre, er bringe ihrer Gesundheit Frau K. zum Opfer. Ich hoffe, er werde sich dazu nicht bewegen lassen, denn dann habe sie erfahren, welches Machtmittel sie in Händen habe, und werde gewiß nicht versäumen, sich ihrer Krankheitsmöglichkeiten jedes künftige Mal wieder zu bedienen. Wenn aber der Vater ihr nicht nachgebe, sei ich ganz gefaßt darauf, daß sie nicht so leicht auf ihr Kranksein verzichten werde.

Ich übergehe die Einzelheiten, aus denen sich ergab, wie vollkommen richtig dies alles war, und ziehe es vor, einige allgemeine Bemerkungen über die Rolle der *Krankheitsmotive* bei der Hysterie anzuschließen. Die Motive zum Kranksein sind begrifflich scharf zu scheiden von den Krankheitsmöglichkeiten, von dem Material, aus dem die Symptome gefertigt werden. Sie haben keinen Anteil an der Symptombildung, sind auch zu Anfang der Krankheit nicht vorhanden; sie treten erst sekundär hinzu, aber erst mit ihrem Auftreten ist die Krankheit voll konstituiert[1]. Man kann auf ihr Vorhandensein in jedem Falle rechnen,

---

[1] [*Zusatz 1923:*] Hier ist nicht alles richtig. Der Satz, daß die Krankheitsmotive zu Anfang der Krankheit nicht vorhanden sind und erst sekundär hinzutreten, ist nicht aufrechtzuhalten. Auf nächster Seite werden denn auch bereits Motive zum Kranksein erwähnt, die vor dem Ausbruch der Krankheit bestehen und an diesem Ausbruch mitschuldig sind. Ich habe später dem Sachverhalt besser Rechnung getragen, indem ich die Unterscheidung zwischen *primärem und sekundärem Krankheitsgewinn* einführte. Das Motiv zum Kranksein ist ja allemal die Absicht eines Gewinnes. Für den sekundären Krankheitsgewinn trifft zu, was in den weiteren Sätzen dieses Abschnittes gesagt ist. Ein primärer Krankheitsgewinn ist aber für jede neurotische Erkrankung anzuerkennen. Das Krankwerden erspart zunächst eine psychische Leistung, ergibt sich als die ökonomisch bequemste Lösung im Falle eines psychischen Konflikts *(Flucht in die Krankheit)*, wenngleich sich in den meisten Fällen später die Unzweckmäßigkeit eines solchen Auswegs unzweideutig erweist. Dieser Anteil des primären Krankheitsgewinnes kann als der *innere*, psychologische bezeichnet werden; er ist sozusagen kon-

I. Der Krankheitszustand

der ein wirkliches Leiden bedeutet und von längerem Bestande ist. Das Symptom ist zuerst dem psychischen Leben ein unwillkommener Gast, es hat alles gegen sich und verschwindet darum auch so leicht von selbst, wie es den Anschein hat, durch den Einfluß der Zeit. Es hat anfangs keine nützliche Verwendung im psychischen Haushalt, aber sehr häufig gelangt es sekundär zu einer solchen; irgendeine psychische Strömung findet es bequem, sich des Symptoms zu bedienen, und damit ist dieses zu einer *Sekundärfunktion* gelangt und im Seelenleben wie verankert. Wer den Kranken gesund machen will, stößt dann zu seinem Erstaunen auf einen großen Widerstand, der ihn belehrt, daß es dem Kranken mit der Absicht, das Leiden aufzugeben, nicht so ganz, so voll ernst ist[1]. Man stelle sich einen Arbeiter, etwa einen Dachdecker vor, der sich zum Krüppel gefallen hat und nun an der Straßenecke bettelnd sein Leben fristet. Man komme nun als Wundertäter und verspreche ihm, das krumme Bein gerade und gehfähig herzustellen. Ich meine, man darf sich nicht auf den Ausdruck besonderer Seligkeit in seiner Miene gefaßt machen. Gewiß fühlte er sich äußerst unglücklich, als er die Verletzung erlitt, merkte, er werde nie wieder arbeiten können und müsse verhungern oder von Almosen leben. Aber seither ist, was ihn zunächst erwerblos machte, seine Einnahmsquelle geworden; er lebt von seiner Krüppelhaftigkeit. Nimmt man ihm die, so macht man ihn vielleicht ganz hilflos; er hat sein Handwerk unterdessen vergessen, seine Arbeitsgewohnheiten verloren, hat sich an den Müßiggang, vielleicht auch ans Trinken gewöhnt.

Die Motive zum Kranksein beginnen sich häufig schon in der Kindheit zu regen. Das liebeshungrige Kind, welches die Zärtlichkeit der Eltern ungern mit seinen Geschwistern teilt, bemerkt, daß diese ihm voll wieder zuströmt, wenn die Eltern durch seine Erkrankung in Sorge versetzt werden. Es kennt jetzt ein Mittel, die Liebe der Eltern hervor-

---

stant. Überdies können äußere Momente, wie die als Beispiel [im folgenden Absatz des Textes] angeführte Lage der von ihrem Manne unterdrückten Frau, Motive zum Krankwerden abgeben und so den *äußerlichen* Anteil des primären Krankheitsgewinnes herstellen. [Die Unterscheidung zwischen primärem und sekundärem Krankheitsgewinn wird von Freud in der 24. seiner *Vorlesungen zur Einführung in die Psychoanalyse* (1916–17), *Studienausgabe*, Bd. 1, S. 371–73, ausführlich erörtert, ist jedoch schon vorher in ›Allgemeines über den hysterischen Anfall‹ (1909 a) eingeführt, wo sich auch der Ausdruck »Flucht in die Krankheit« findet – s. unten S. 200 f. Später ist Freud noch einmal auf dieses Thema zurückgekommen: in *Hemmung, Symptom und Angst* (1926 d), speziell auf S. 244 f. unten. Die obige ist jedoch vielleicht seine klarste Darstellung des Problems.]

[1] Ein Dichter, der allerdings auch Arzt ist, Arthur Schnitzler, hat dieser Erkenntnis in seinem *Paracelsus* sehr richtigen Ausdruck gegeben.

zulocken, und wird sich dessen bedienen, sobald ihm das psychische Material zu Gebote steht, um Kranksein zu produzieren. Wenn das Kind dann Frau geworden und ganz im Widerspruche zu den Anforderungen seiner Kinderzeit mit einem wenig rücksichtsvollen Manne verheiratet ist, der ihren Willen unterdrückt, ihre Arbeitskraft schonungslos ausnützt und weder Zärtlichkeit noch Ausgaben an sie wendet, so wird das Kranksein ihre einzige Waffe in der Lebensbehauptung. Es verschafft ihr die ersehnte Schonung, es zwingt den Mann zu Opfern an Geld und Rücksicht, die er der Gesunden nicht gebracht hätte, es nötigt ihn zur vorsichtigen Behandlung im Falle der Genesung, denn sonst ist der Rückfall bereit. Das anscheinend Objektive, Ungewollte des Krankheitszustandes, für das auch der behandelnde Arzt eintreten muß, ermöglicht ihr ohne bewußte Vorwürfe diese zweckmäßige Verwendung eines Mittels, das sie in den Kinderjahren wirksam gefunden hat.

Und doch ist dieses Kranksein Werk der Absicht! Die Krankheitszustände sind in der Regel für eine gewisse Person bestimmt, so daß sie mit deren Entfernung verschwinden. Das roheste und banalste Urteil über das Kranksein der Hysterischen, das man von ungebildeten Angehörigen und von Pflegerinnen hören kann, ist in gewissem Sinne richtig. Es ist wahr, daß die gelähmte Bettlägerige aufspringen würde, wenn im Zimmer Feuer ausbräche, daß die verwöhnte Frau alle Leiden vergessen würde, wenn ein Kind lebensgefährlich erkrankte oder eine Katastrophe die Stellung des Hauses bedrohte. Alle, die so von den Kranken sprechen, haben recht bis auf den einen Punkt, daß sie den psychologischen Unterschied zwischen Bewußtem und Unbewußtem vernachlässigen, was etwa beim Kind noch gestattet ist, beim Erwachsenen aber nicht mehr angeht. Darum können alle diese Versicherungen, daß es nur am Willen liege, und alle Aufmunterungen und Schmähungen der Kranken nichts nützen. Man muß erst versuchen, sie selbst auf dem Umwege der Analyse von der Existenz ihrer Krankheitsabsicht zu überzeugen.

In der Bekämpfung der Krankheitsmotive liegt bei der Hysterie ganz allgemein die Schwäche einer jeden Therapie, auch der psychoanalytischen. Das Schicksal hat es hierin leichter, es braucht weder die Konstitution noch das pathogene Material des Kranken anzugreifen; es nimmt ein Motiv zum Kranksein weg, und der Kranke ist zeitweilig, vielleicht selbst dauernd von der Krankheit befreit. Wieviel weniger Wunderheilungen und spontanes Verschwinden von Symptomen wür-

I. Der Krankheitszustand

den wir Ärzte bei der Hysterie gelten lassen, wenn wir häufiger Einsicht in die uns verheimlichten Lebensinteressen der Kranken bekämen! Hier ist ein Termin abgelaufen, die Rücksicht auf eine zweite Person entfallen, eine Situation hat sich durch äußeres Geschehen gründlich verändert, und das bisher hartnäckige Leiden ist mit einem Schlage behoben, anscheinend spontan, in Wahrheit, weil ihm das stärkste Motiv, eine seiner Verwendungen im Leben, entzogen worden ist.

Motive, die das Kranksein stützen, wird man wahrscheinlich in allen vollentwickelten Fällen antreffen. Aber es gibt Fälle mit rein innerlichen Motiven, wie z. B. Selbstbestrafung, also Reue und Buße. Man wird dann die therapeutische Aufgabe leichter lösbar finden, als wo die Krankheit in Beziehung zu der Erreichung eines äußeren Zieles gesetzt ist[1]. Dies Ziel war für Dora offenbar, den Vater zu erweichen und ihn der Frau K. abwendig zu machen.

Keine seiner Handlungen schien sie übrigens so erbittert zu haben wie seine Bereitwilligkeit, die Szene am See für ein Produkt ihrer Phantasie zu halten. Sie geriet außer sich, wenn sie daran dachte, sie sollte sich damals etwas eingebildet haben. Ich war lange Zeit in Verlegenheit zu erraten, welcher Selbstvorwurf sich hinter der leidenschaftlichen Abweisung dieser Erklärung verberge. Man war im Rechte, etwas Verborgenes dahinter zu vermuten, denn ein Vorwurf, der nicht zutrifft, der beleidigt auch nicht nachhaltig. Anderseits kam ich zum Schlusse, daß die Erzählung Doras durchaus der Wahrheit entsprechen müsse. Nachdem sie nur Herrn K.s Absicht verstanden, hatte sie ihn nicht ausreden lassen, hatte ihm einen Schlag ins Gesicht versetzt und war davongeeilt. Ihr Benehmen erschien dem zurückbleibenden Manne damals wohl ebenso unverständlich wie uns, denn er mußte längst aus unzähligen kleinen Anzeichen geschlossen haben, daß er der Neigung des Mädchens sicher sei. In der Diskussion über den zweiten Traum werden wir dann sowohl der Lösung dieses Rätsels als auch dem zunächst vergeblich gesuchten Selbstvorwurf begegnen [S. 172 ff.].

Als die Anklagen gegen den Vater mit ermüdender Monotonie wiederkehrten und der Husten dabei fortbestand, mußte ich daran denken, daß dies Symptom eine Bedeutung haben könne, die sich auf den Vater beziehe. Die Anforderungen, die ich an eine Symptomerklärung zu stel-

---

[1] [Später hatte Freud jedoch eine ganz andere Meinung hinsichtlich der therapeutischen Schwierigkeiten bei *unbewußtem* Strafbedürfnis. S. beispielsweise das V. Kapitel von *Das Ich und das Es* (1923 *b*), Studienausgabe, Bd. 3, S. 316 mit Anm. 1.]

len gewohnt bin, waren ohnedies lange nicht erfüllt. Nach einer Regel, die ich immer wieder bestätigt gefunden, aber allgemein aufzustellen noch nicht den Mut hatte, bedeutete ein Symptom die Darstellung – Realisierung – einer Phantasie mit sexuellem Inhalt, also eine sexuelle Situation. Ich würde besser sagen, wenigstens *eine* der Bedeutungen eines Symptoms entspricht der Darstellung einer sexuellen Phantasie, während für die anderen Bedeutungen solche Inhaltsbeschränkung nicht besteht. Daß ein Symptom mehr als eine Bedeutung hat, gleichzeitig mehreren unbewußten Gedankengängen zur Darstellung dient, erfährt man nämlich sehr bald, wenn man sich in die psychoanalytische Arbeit einläßt. Ich möchte noch hinzufügen, daß nach meiner Schätzung ein einziger unbewußter Gedankengang oder Phantasie kaum jemals zur Erzeugung eines Symptoms hinreichen wird.

Die Gelegenheit, dem nervösen Husten eine solche Deutung durch eine phantasierte sexuelle Situation zuzuweisen, ergab sich sehr bald. Als sie wieder einmal betonte, Frau K. liebe den Papa nur, weil er ein *vermögender* Mann sei, merkte ich aus gewissen Nebenumständen ihres Ausdrucks, die ich hier wie das meiste rein Technische der Analysenarbeit übergehe, daß sich hinter dem Satze sein Gegenteil verberge: Der Vater sei ein *unvermögender* Mann. Dies konnte nur sexuell gemeint sein, also: Der Vater sei als Mann unvermögend, impotent. Nachdem sie diese Deutung aus bewußter Kenntnis bestätigt, hielt ich ihr vor, in welchen Widerspruch sie verfalle, wenn sie einerseits daran festhalte, das Verhältnis mit Frau K. sei ein gewöhnliches Liebesverhältnis, und anderseits behaupte, der Vater sei impotent, also unfähig, ein solches Verhältnis auszunützen. Ihre Antwort zeigte, daß sie den Widerspruch nicht anzuerkennen brauchte. Es sei ihr wohl bekannt, sagte sie, daß es mehr als eine Art der sexuellen Befriedigung gebe. Die Quelle dieser Kenntnis war ihr allerdings wieder unauffindbar. Als ich weiter fragte, ob sie die Inanspruchnahme anderer Organe als der Genitalien für den sexuellen Verkehr meine, bejahte sie, und ich konnte fortsetzen: dann denke sie gerade an jene Körperteile, die sich bei ihr in gereiztem Zustande befänden (Hals, Mundhöhle). Soweit wollte sie freilich von ihren Gedanken nichts wissen, aber sie durfte es sich auch gar nicht völlig klargemacht haben, wenn das Symptom ermöglicht sein sollte. Die Ergänzung war doch unabweisbar, daß sie sich mit ihrem stoßweise erfolgenden Husten, der wie gewöhnlich einen Kitzel im Halse als Reizanlaß angab, eine Situation von sexueller Befriedigung *per os* zwischen den zwei Personen vorstellte, deren Liebesbeziehung sie unausgesetzt be-

1. Der Krankheitszustand

schäftigte. Daß die kürzeste Zeit nach dieser stillschweigend hingenommenen Aufklärung der Husten verschwunden war, stimmte natürlich recht gut; wir wollten aber nicht zu viel Wert auf diese Veränderung legen, weil sie ja schon so oft spontan eingetreten war.

Wenn dieses Stückchen der Analyse bei dem ärztlichen Leser, außer dem Unglauben, der ihm ja freisteht, Befremden und Grauen erregt haben sollte, so bin ich bereit, diese beiden Reaktionen an dieser Stelle auf ihre Berechtigung zu prüfen. Das Befremden denke ich mir motiviert durch mein Wagnis, mit einem jungen Mädchen – oder überhaupt einem Weib im Alter der Geschlechtlichkeit – von so heikeln und so abscheulichen Dingen zu reden. Das Grauen gilt wohl der Möglichkeit, daß ein unberührtes Mädchen von derlei Praktiken wissen und seine Phantasie mit ihnen beschäftigen könnte. In beiden Punkten würde ich zur Mäßigung und Besonnenheit raten. Es liegt weder hier noch dort ein Grund zur Entrüstung vor. Man kann mit Mädchen und Frauen von allen sexuellen Dingen sprechen, ohne ihnen zu schaden und ohne sich in Verdacht zu bringen, wenn man erstens eine gewisse Art, es zu tun, annimmt, und zweitens, wenn man bei ihnen die Überzeugung erwecken kann, daß es unvermeidlich ist. Unter denselben Bedingungen erlaubt sich ja auch der Gynäkologe, sie allen möglichen Entblößungen zu unterziehen. Die beste Art, von den Dingen zu reden, ist die trockene und direkte; sie ist gleichzeitig von der Lüsternheit, mit welcher die nämlichen Themata in der »Gesellschaft« behandelt werden und an die Mädchen wie Frauen sehr wohl gewöhnt sind, am weitesten entfernt. Ich gebe Organen wie Vorgängen ihre technischen Namen und teile dieselben mit, wo sie – die Namen – etwa unbekannt sind. *»J'appelle un chat un chat.«* Ich habe wohl von ärztlichen und nichtärztlichen Personen gehört, welche sich über eine Therapie skandalisieren, in der solche Besprechungen vorkommen, und die entweder mich oder die Patienten um den Kitzel zu beneiden scheinen, der sich nach ihrer Erwartung dabei einstellt. Aber ich kenne doch die Wohlanständigkeit dieser Herren zu genau, um mich über sie zu erregen. Ich werde der Versuchung, eine Satire zu schreiben, aus dem Wege gehen. Nur das eine will ich erwähnen, daß ich häufig die Genugtuung erfahre, von einer Patientin, der die Offenheit in sexuellen Dingen anfänglich nicht leicht geworden, späterhin den Ausruf zu hören: »Nein, Ihre Kur ist doch um vieles anständiger als die Gespräche des Herrn X.!«
Von der Unvermeidlichkeit der Berührung sexueller Themata muß man

überzeugt sein, ehe man eine Hysteriebehandlung unternimmt, oder muß bereit sein, sich durch Erfahrungen überzeugen zu lassen. Man sagt sich dann: *pour faire une omelette it faut casser des oeufs.* Die Patienten selbst sind leicht zu überzeugen; der Gelegenheiten dazu gibt es im Laufe der Behandlung allzu viele. Man braucht sich keinen Vorwurf daraus zu machen, daß man Tatsachen des normalen oder abnormen Sexuallebens mit ihnen bespricht. Wenn man einigermaßen vorsichtig ist, übersetzt man ihnen bloß ins Bewußte, was sie im Unbewußten schon wissen, und die ganze Wirkung der Kur ruht ja auf der Einsicht, daß die Affektwirkungen einer unbewußten Idee stärker und, weil unhemmbar, schädlicher sind als die einer bewußten. Man läuft niemals Gefahr, ein unerfahrenes Mädchen zu verderben; wo auch im Unbewußten keine Kenntnis sexueller Vorgänge besteht, da kommt auch kein hysterisches Symptom zustande. Wo man Hysterie findet, kann von »Gedankenunschuld« im Sinne der Eltern und Erzieher keine Rede mehr sein. Bei 10-, 12- und 14jährigen Kindern, Knaben wie Mädchen, habe ich mich von der ausnahmslosen Verläßlichkeit dieses Satzes überzeugt.

Was die zweite Gefühlsreaktion betrifft, die sich nicht mehr gegen mich, sondern gegen die Patientin, im Falle, daß ich recht haben sollte, richtet und den perversen Charakter von deren Phantasien grauenhaft findet, so möchte ich betonen, daß solche Leidenschaftlichkeit im Verurteilen dem Arzte nicht ansteht. Ich finde es auch unter anderem überflüssig, daß ein Arzt, der über die Verirrungen der sexuellen Triebe schreibt, jede Gelegenheit benutze, um in den Text den Ausdruck seines persönlichen Abscheus vor so widrigen Dingen einzuschalten. Hier liegt eine Tatsache vor, an die wir uns, mit Unterdrückung unserer Geschmacksrichtungen, hoffentlich gewöhnen werden. Was wir die sexuellen Perversionen heißen, die Überschreitungen der Sexualfunktion nach Körpergebiet und Sexualobjekt, davon muß man ohne Entrüstung reden können. Schon die Unbestimmtheit der Grenzen für das normal zu nennende Sexualleben bei verschiedenen Rassen und in verschiedenen Zeitepochen sollte die Eiferer abkühlen. Wir dürfen doch nicht vergessen, daß die uns widrigste dieser Perversionen, die sinnliche Liebe des Mannes für den Mann, bei einem uns so sehr kulturüberlegenen Volke wie den Griechen nicht nur geduldet, sondern selbst mit wichtigen sozialen Funktionen betraut war. Ein Stückchen weit, bald hier, bald dort, überschreitet jeder von uns die fürs Normale gezogenen engen Grenzen in seinem eigenen Sexualleben. Die Perversionen sind weder Bestialitäten

I. Der Krankheitszustand

noch Entartungen im pathetischen Sinne des Wortes. Es sind Entwicklungen von Keimen, die sämtlich in der indifferenzierten sexuellen Anlage des Kindes enthalten sind, deren Unterdrückung oder Wendung auf höhere, asexuelle Ziele – deren *Sublimierung*[1] – die Kräfte für eine gute Anzahl unserer Kulturleistungen abzugeben bestimmt ist. Wo also jemand grob und manifest pervers *geworden* ist, da kann man richtiger sagen, er sei es *geblieben*, er stellt ein Stadium einer *Entwicklungshemmung* dar. Die Psychoneurotiker sind sämtlich Personen mit stark ausgebildeten, aber im Laufe der Entwicklung verdrängt und unbewußt gewordenen perversen Neigungen. Ihre unbewußten Phantasien weisen daher genau den nämlichen Inhalt auf wie die aktenmäßig festgestellten Handlungen der Perversen, auch wenn sie die *Psychopathia sexualis* von v. Krafft-Ebing, der naive Menschen soviel Mitschuld an der Entstehung perverser Neigungen zumessen, nicht gelesen haben. Die Psychoneurosen sind sozusagen das *Negativ* der Perversionen. Die sexuelle Konstitution, in welcher der Ausdruck der Heredität mitenthalten ist, wirkt bei den Neurotikern zusammen mit akzidentellen Lebenseinflüssen, welche die Entfaltung der normalen Sexualität stören. Die Gewässer, die in dem einen Strombett ein Hindernis finden, werden in ältere, zum Verlassen bestimmte Stromläufe zurückgestaut. Die Triebkräfte für die Bildung hysterischer Symptome werden nicht nur von der verdrängten normalen Sexualität, sondern auch von den unbewußten perversen Regungen beigestellt[2].

Die minder abstoßenden unter den sogenannten sexuellen Perversionen erfreuen sich der größten Verbreitung unter unserer Bevölkerung, wie jedermann mit Ausnahme des ärztlichen Autors über diese Gegenstände weiß. Oder vielmehr der Autor weiß es auch; er bemüht sich nur, es zu vergessen in dem Moment, da er die Feder zur Hand nimmt, um darüber zu schreiben. Es ist also nicht wunderbar, wenn unsere bald 19-jährige Hysterika, die von dem Vorkommen eines solchen Sexualverkehrs (des Saugens am Gliede) gehört hat, eine solche unbewußte Phantasie entwickelt und durch die Sensation von Reiz im Halse und durch

---

[1] [Vgl. die zweite von Freuds *Drei Abhandlungen zur Sexualtheorie* (1905d), Abschnitt [1], *Studienausgabe*, Bd. 5, S. 85 f.]
[2] Diese Sätze über sexuelle Perversionen sind mehrere Jahre vor dem ausgezeichneten Buche von I. Bloch (*Beiträge zur Ätiologie der Psychopathia sexualis*, 1902 und 1903) niedergeschrieben worden. Vgl. auch meine in diesem Jahre (1905) erschienenen *Drei Abhandlungen zur Sexualtheorie* [besonders die erste Abhandlung (*Studienausgabe*, Bd. 5, S. 47–80), in welcher die meisten in diesem Absatz erwähnten Themen ausführlich behandelt sind. Zum folgenden Absatz s. die zweite Abhandlung (ibid., S. 90 f.)].

Husten zum Ausdruck bringt. Es wäre auch nicht wunderbar, wenn sie ohne äußere Aufklärung zu solcher Phantasie gekommen wäre, wie ich es bei anderen Patientinnen mit Sicherheit festgestellt habe. Die somatische Vorbedingung für solche selbständige Schöpfung einer Phantasie, die sich dann mit dem Tun der Perversen deckt, war nämlich bei ihr durch eine beachtenswerte Tatsache gegeben. Sie erinnerte sich sehr wohl, daß sie in ihren Kinderjahren eine »*Lutscherin*« gewesen war. Auch der Vater erinnerte sich, daß er es ihr abgewöhnt hatte, als es sich bis ins vierte oder fünfte Lebensjahr fortsetzte. Dora selbst hatte ein Bild aus ihren Kleinkinderjahren in klarem Gedächtnis, wie sie in einem Winkel auf dem Boden saß, an ihrem linken Daumen lutschend, während sie dabei mit der rechten Hand den ruhig dasitzenden Bruder am Ohrläppchen zupfte. Es ist dies die vollständige Art der Selbstbefriedigung durch Lutschen, die mir auch andere – später anästhetische und hysterische – Patienten berichtet haben. Von einer derselben habe ich eine Angabe erhalten, die ein helles Licht auf die Herkunft dieser sonderbaren Gewohnheit wirft. Die junge Frau, die sich das Lutschen überhaupt nie abgewöhnt hatte, sah sich in einer Kindererinnerung, angeblich aus der ersten Hälfte des zweiten Lebensjahres, an der Ammenbrust trinken und dabei die Amme rhythmisch am Ohrläppchen ziehen. Ich meine, es wird niemand bestreiten wollen, daß die Lippen- und Mundschleimhaut für eine primäre *erogene Zone* erklärt werden darf[1], da sie einen Teil dieser Bedeutung noch für den Kuß, der als normal gilt, beibehalten hat. Die frühzeitige ausgiebige Betätigung dieser erogenen Zone ist also die Bedingung für das spätere somatische Entgegenkommen von seiten des mit den Lippen beginnenden Schleimhauttraktes. Wenn dann zu einer Zeit, wo das eigentliche Sexualobjekt, das männliche Glied, schon bekannt ist, sich Verhältnisse ergeben, welche die Erregung der erhalten gebliebenen erogenen Mundzone wieder steigern, so gehört kein großer Aufwand von schöpferischer Kraft dazu, um anstelle der ursprünglichen Brustwarze und des für sie vikariierenden Fingers das aktuelle Sexualobjekt, den Penis, in die Befriedigungssituation einzusetzen. So hat diese überaus anstößige perverse Phantasie vom Saugen am Penis den harmlosesten Ursprung; sie ist die Umarbeitung eines prähistorisch zu nennenden Eindruckes vom Saugen an der Mutter- oder Ammenbrust, der gewöhnlich durch den Umgang mit gesäugten Kindern wieder belebt worden ist. Meist hat dabei das Euter

---

[1] [S. die *Drei Abhandlungen*, I (5), (1905 d; Studienausgabe, Bd. 5, S. 76–8).]

I. Der Krankheitszustand

der Kuh als passende Mittelvorstellung zwischen Brustwarze und Penis Dienste geleistet[1].

Die eben besprochene Deutung der Halssymptome Doras kann auch noch zu einer anderen Bemerkung Anlaß geben. Man kann fragen, wie sich diese phantasierte sexuelle Situation mit der anderen Erklärung verträgt, daß das Kommen und Gehen der Krankheitserscheinungen die Anwesenheit und Abwesenheit des geliebten Mannes nachahmt, also mit Einbeziehung des Benehmens der Frau den Gedanken ausdrückt: Wenn ich seine Frau wäre, würde ich ihn ganz anders lieben, krank sein (vor Sehnsucht etwa), wenn er verreist, und gesund (vor Seligkeit), wenn er wieder zu Hause ist. Darauf muß ich nach meinen Erfahrungen in der Lösung hysterischer Symptome antworten: es ist nicht notwendig, daß sich die verschiedenen Bedeutungen eines Symptoms miteinander vertragen, d. h. zu einem Zusammenhange ergänzen. Es genügt, wenn der Zusammenhang durch das Thema hergestellt ist, welches all den verschiedenen Phantasien den Ursprung gegeben hat. In unserem Falle ist solche Verträglichkeit übrigens nicht ausgeschlossen; die eine Bedeutung haftet mehr am Husten, die andere an der Aphonie und an dem Verlauf der Zustände; eine feinere Analyse hätte wahrscheinlich eine viel weitergehende Vergeistigung der Krankheitsdetails erkennen lassen. Wir haben bereits erfahren, daß ein Symptom ganz regelmäßig mehreren Bedeutungen *gleichzeitig* entspricht; fügen wir nun hinzu, daß es auch mehreren Bedeutungen *nacheinander* Ausdruck geben kann. Das Symptom kann eine seiner Bedeutungen oder seine Hauptbedeutung im Laufe der Jahre ändern, oder die leitende Rolle kann von einer Bedeutung auf eine andere übergehen. Es ist wie ein konservativer Zug im Charakter der Neurose, daß das einmal gebildete Symptom womöglich erhalten wird, mag auch der unbewußte Gedanke, der in ihm seinen Ausdruck fand, seine Bedeutung eingebüßt haben. Es ist aber auch leicht, diese Tendenz zur Erhaltung des Symptoms mechanisch zu erklären; die Herstellung eines solchen Symptoms ist so schwierig, die Übertragung der rein psychischen Erregung ins Körperliche, was ich *Konversion* genannt habe, an so viel begünstigende Bedingungen gebunden, ein somatisches Entgegenkommen, wie man es zur Konversion bedarf, ist so wenig leicht zu haben, daß der Drang zur Abfuhr der Erregung aus dem Unbewußten dazu führt, sich womöglich mit dem bereits gang-

---

[1] [S. die Bestätigung dieses Details im Falle des »kleinen Hans« (1909 *b*), *Studienausgabe*, Bd. 8, S. 14–15.]

baren Abfuhrweg zu begnügen. Viel leichter als die Schöpfung einer neuen Konversion scheint die Herstellung von Assoziationsbeziehungen zwischen einem neuen abfuhrbedürftigen Gedanken und dem alten, der diese Bedürftigkeit verloren hat. Auf dem so gebahnten Wege strömt die Erregung aus der neuen Erregungsquelle zur früheren Ausfuhrstelle hin, und das Symptom gleicht, wie das Evangelium es ausdrückt, einem alten Schlauch, der mit neuem Wein gefüllt ist. Erscheint nach diesen Erörterungen auch der somatische Anteil des hysterischen Symptoms als das beständigere, schwerer ersetzbare, der psychische als das veränderliche, leichter zu vertretende Element, so möge man doch aus diesem Verhältnis keine Rangordnung zwischen den beiden ableiten wollen. Für die psychische Therapie ist allemal der psychische Anteil der bedeutsamere.

Die unablässige Wiederholung derselben Gedanken über das Verhältnis ihres Vaters zu Frau K. bot der Analyse bei Dora die Gelegenheit zu noch anderer wichtiger Ausbeute.
Ein solcher Gedankenzug darf ein überstarker, besser ein *verstärkter, überwertiger* im Sinne Wernickes [1900, 140], genannt werden. Er erweist sich als krankhaft, trotz seines anscheinend korrekten Inhalts, durch die eine Eigentümlichkeit, daß er trotz aller bewußten und willkürlichen Denkbemühungen der Person nicht zersetzt und nicht beseitigt werden kann. Mit einem normalen, noch so intensiven Gedankenzuge wird man endlich fertig. Dora fühlte ganz richtig, daß ihre Gedanken über den Papa eine besondere Beurteilung herausforderten. »Ich kann an nichts anderes denken«, klagte sie wiederholt. »Mein Bruder sagt mir wohl, wir Kinder haben kein Recht, diese Handlungen des Papas zu kritisieren. Wir sollen uns darum nicht kümmern und uns vielleicht sogar freuen, daß er eine Frau gefunden hat, an die er sein Herz hängen kann, da ihn die Mama doch so wenig versteht. Ich sehe das ein und möchte auch so denken wie mein Bruder, aber ich kann nicht. Ich kann es ihm nicht verzeihen.«[1]
Was tut man nun angesichts eines solchen überwertigen Gedankens, nachdem man dessen bewußte Begründung sowie die erfolglosen Einwendungen gegen ihn mitangehört hat? Man sagt sich, *daß dieser überstarke Gedankenzug seine Verstärkung dem Unbewußten verdankt.* Er ist unauflösbar für die Denkarbeit, entweder weil er selbst mit seiner

---

[1] Ein solcher überwertiger Gedanke ist nebst tiefer Verstimmung oft das einzige Symptom eines Krankheitszustandes, der gewöhnlich »Melancholie« genannt wird, sich aber durch Psychoanalyse lösen läßt wie eine Hysterie.

I. Der Krankheitszustand

Wurzel bis ins unbewußte, verdrängte Material reicht, oder weil sich ein anderer unbewußter Gedanke hinter ihm verbirgt. Letzterer ist dann meist sein direkter Gegensatz. Gegensätze sind immer eng miteinander verknüpft und häufig so gepaart, *daß der eine Gedanke überstark bewußt, sein Widerpart aber verdrängt und unbewußt ist*. Dieses Verhältnis ist ein Erfolg des Verdrängungsvorganges. Die Verdrängung nämlich ist häufig in der Weise bewerkstelligt worden, daß der Gegensatz des zu verdrängenden Gedankens übermäßig verstärkt wurde. Ich heiße dies *Reaktions*verstärkung, und den einen Gedanken, der sich im Bewußten überstark behauptet und nach Art eines Vorurteils unzersetzbar zeigt, den *Reaktionsgedanken*. Die beiden Gedanken verhalten sich dann zueinander ungefähr wie die beiden Nadeln eines astatischen Nadelpaares. Mit einem gewissen Überschusse an Intensität hält der Reaktionsgedanke den anstößigen in der Verdrängung zurück; er ist aber dadurch selbst »gedämpft« und gegen die bewußte Denkarbeit gefeit. Das Bewußtmachen des verdrängten Gegensatzes ist dann der Weg, um dem überstarken Gedanken seine Verstärkung zu entziehen.

Man darf aus seinen Erwartungen auch den Fall nicht ausschließen, daß nicht eine der beiden Begründungen der Überwertigkeit, sondern eine Konkurrenz von beiden vorliegt. Es können auch noch andere Komplikationen vorkommen, die sich aber leicht einfügen lassen.

Versuchen wir es[1] bei dem Beispiele, das uns Dora bietet, zunächst mit der ersten Annahme, daß die Wurzel ihrer zwangsartigen Bekümmerung um das Verhältnis des Vaters zu Frau K. ihr selbst unbekannt sei, weil sie im Unbewußten liege. Es ist nicht schwierig, diese Wurzel aus den Verhältnissen und Erscheinungen zu erraten. Ihr Benehmen ging offenbar weit über die Anteilsphäre der Tochter hinaus, sie fühlte und handelte vielmehr wie eine eifersüchtige Frau, wie man es bei ihrer Mutter begreiflich gefunden hätte. Mit ihrer Forderung: »Sie oder ich«, den Szenen, die sie aufführte, und der Selbstmorddrohung, die sie durchblicken ließ, setzte sie sich offenbar an die Stelle der Mutter. Wenn die ihrem Husten zugrunde liegende Phantasie einer sexuellen Situation richtig erraten ist, so trat sie in derselben an die Stelle der Frau K. Sie identifizierte sich also mit den beiden, jetzt und früher vom Vater ge-

---
[1] [Von den beiden Möglichkeiten – nämlich daß der überwertige Gedanke (*a*) auf *direkte*, (*b*) auf *Reaktions*verstärkung aus dem Unbewußten zurückzuführen sei – wird (*a*) in diesem und den beiden folgenden Absätzen erörtert; (*b*) dagegen kommt in zwei Formen vor – von denen die erste in den nächsten drei Absätzen und die zweite im restlichen Teil des Abschnitts besprochen wird.]

Bruchstück einer Hysterie-Analyse

liebten Frauen. Der Schluß liegt nahe, daß ihre Neigung in höherem Maße dem Vater zugewendet war, als sie wußte oder gern zugegeben hätte, daß sie in den Vater verliebt war.

Solche unbewußte, an ihren abnormen Konsequenzen kenntliche Liebesbeziehungen zwischen Vater und Tochter, Mutter und Sohn habe ich als Auffrischung infantiler Empfindungskeime auffassen gelernt. Ich habe an anderer Stelle[1] ausgeführt, wie frühzeitig die sexuelle Attraktion sich zwischen Eltern und Kindern geltend macht, und gezeigt, daß die Ödipusfabel wahrscheinlich als die dichterische Bearbeitung des Typischen an diesen Beziehungen zu verstehen ist. Diese frühzeitige Neigung der Tochter zum Vater, des Sohnes zur Mutter, von der sich wahrscheinlich bei den meisten Menschen eine deutliche Spur findet, muß bei den konstitutionell zur Neurose bestimmten, frühreifen und nach Liebe hungrigen Kindern schon anfänglich intensiver angenommen werden. Es kommen dann gewisse hier nicht zu besprechende Einflüsse zur Geltung, welche die rudimentäre Liebesregung fixieren oder so verstärken, daß noch in den Kinderjahren oder erst zur Zeit der Pubertät etwas aus ihr wird, was einer sexuellen Neigung gleichzustellen ist und was, wie diese, die Libido für sich in Anspruch nimmt[2]. Die äußeren Verhältnisse bei unserer Patientin sind einer solchen Annahme nicht gerade ungünstig. Ihre Anlage hatte sie immer zum Vater hingezogen, seine vielen Erkrankungen mußten ihre Zärtlichkeit für ihn steigern; in manchen Krankheiten wurde niemand anders als sie von ihm zu den kleinen Leistungen der Krankenpflege zugelassen; stolz auf ihre frühzeitig entwickelte Intelligenz hatte er sie schon als Kind zur Vertrauten herangezogen. Durch das Auftreten von Frau K. war wirklich nicht die Mutter, sondern sie aus mehr als einer Stellung verdrängt worden.

Als ich Dora mitteilte, ich müßte annehmen, daß ihre Neigung zum Vater schon frühzeitig den Charakter voller Verliebtheit besessen habe, gab sie zwar ihre gewöhnliche Antwort: »Ich erinnere mich nicht daran«, berichtete aber sofort etwas Analoges von ihrer 7jährigen Kusine (von Mutterseite), in der sie häufig [so etwas] wie eine Spiegelung ihrer eigenen Kindheit zu sehen meinte. Die Kleine war wieder einmal Zeugin einer erregten Auseinandersetzung zwischen den Eltern gewesen und hatte Dora, die darauf zu Besuch kam, ins Ohr geflüstert: »Du kannst

---
[1] In der *Traumdeutung* (1900 a) [*Studienausgabe*, Bd. 2, S. 262–8] und in der dritten der *Abhandlungen zur Sexualtheorie* [*Studienausgabe*, Bd. 5, S. 125–31].
[2] Das hiefür entscheidende Moment ist wohl das frühzeitige Auftreten echter Genitalsensationen, sei es spontaner oder durch Verführung und Masturbation hervorgerufener. (S. unten [S. 148 f.].)

I. Der Krankheitszustand

dir nicht denken, wie ich diese Person (auf die Mutter deutend) hasse! Und wenn sie einmal stirbt, heirate ich den Papa.« Ich bin gewohnt, in solchen Einfällen, die etwas zum Inhalte meiner Behauptung Stimmendes vorbringen, eine Bestätigung aus dem Unbewußten zu sehen. Ein anderes »Ja« läßt sich aus dem Unbewußten nicht vernehmen; ein unbewußtes »Nein« gibt es überhaupt nicht[1].

Diese Verliebtheit in den Vater hatte sich Jahre hindurch nicht geäußert; vielmehr war sie mit derselben Frau, die sie beim Vater verdrängt hatte, eine lange Zeit im herzlichsten Einvernehmen gestanden und hatte deren Verhältnis mit dem Vater, wie wir aus ihren Selbstvorwürfen wissen, noch begünstigt. Diese Liebe war also neuerdings aufgefrischt worden, und wenn dies der Fall war, dürfen wir fragen, zu welchem Zwecke es geschah. Offenbar als Reaktionssymptom, um etwas anderes zu unterdrücken, was also im Unbewußten noch mächtig war. Wie die Dinge lagen, mußte ich in erster Linie daran denken, daß die Liebe zu Herrn K. dieses Unterdrückte sei. Ich mußte annehmen, ihre Verliebtheit dauere noch fort, habe aber seit der Szene am See – aus unbekannten Motiven – ein heftiges Sträuben gegen sich, und das Mädchen habe die alte Neigung zum Vater hervorgeholt und verstärkt, um von der ihr peinlich gewordenen Liebe ihrer ersten Mädchenjahre in ihrem Bewußtsein nichts mehr merken zu müssen. Dann bekam ich auch Einsicht in einen Konflikt, der geeignet war, das Seelenleben des Mädchens zu zerrütten. Sie war wohl einerseits voll Bedauern, den Antrag des Mannes zurückgewiesen zu haben, voll Sehnsucht nach seiner Person und den kleinen Zeichen seiner Zärtlichkeit; anderseits sträubten sich mächtige Motive, unter denen ihr Stolz leicht zu erraten war, gegen diese zärtlichen und sehnsüchtigen Regungen. So war sie dazu gekommen, sich einzureden, sie sei mit der Person des Herrn K. fertig – dies war ihr Gewinn bei diesem typischen Verdrängungsvorgange –, und doch mußte sie zum Schutze gegen die beständig zum Bewußtsein andrängende Verliebtheit die infantile Neigung zum Vater anrufen und übertreiben. Daß sie dann fast unausgesetzt von eifersüchtiger Erbitterung beherrscht war, schien noch einer weiteren Determinierung fähig[2].

---

[1] [*Zusatz 1923:*] Eine andere, sehr merkwürdige und durchaus zuverlässige Form der Bestätigung aus dem Unbewußten, die ich damals noch nicht kannte, ist der Ausruf des Patienten: »Das habe ich nicht gedacht« oder »daran habe ich nicht gedacht«. Diese Äußerung kann man geradezu übersetzen: Ja, das war mir unbewußt. [S. die ausführlichere Erörterung dieses Themas in ›Die Verneinung‹ (1925 *h*).]

[2] Welcher wir auch [sogleich] begegnen werden.

Bruchstück einer Hysterie-Analyse

Es widersprach keineswegs meiner Erwartung, daß ich mit dieser Darlegung bei Dora den entschiedensten Widerspruch hervorrief. Das »Nein«, das man vom Patienten hört, nachdem man seiner bewußten Wahrnehmung zuerst den verdrängten Gedanken vorgelegt hat, konstatiert bloß die Verdrängung und deren Entschiedenheit, mißt gleichsam die Stärke derselben. Wenn man dieses Nein nicht als den Ausdruck eines unparteiischen Urteils, dessen der Kranke ja nicht fähig ist, auffaßt, sondern darüber hinweggeht und die Arbeit fortsetzt, so stellen sich bald die ersten Beweise ein, daß Nein in solchem Falle das gewünschte Ja bedeutet. Sie gab zu, daß sie Herrn K. nicht in dem Maße böse sein könne, wie er es um sie verdient habe. Sie erzählte, daß sie eines Tages auf der Straße Herrn K. begegnet sei, während sie in Begleitung einer Kusine war, die ihn nicht kannte. Die Kusine rief plötzlich: »Dora, was ist dir denn? Du bist ja totenbleich geworden!« Sie hatte nichts von dieser Veränderung an sich gefühlt, mußte aber von mir hören, daß Mienenspiel und Affektausdruck eher dem Unbewußten gehorchen als dem Bewußten und für das erstere verräterisch seien [1]. Ein andermal kam sie nach mehreren Tagen gleichmäßig heiterer Stimmung in der bösesten Laune zu mir, für die sie eine Erklärung nicht wußte. Sie sei heute so zuwider, erklärte sie; es sei der Geburtstag des Onkels und sie bringe es nicht über sich, ihm zu gratulieren; sie wisse nicht, warum. Meine Deutungskunst war an dem Tage stumpf; ich ließ sie weitersprechen, und sie erinnerte sich plötzlich, daß heute ja auch Herr K. Geburtstag habe, was ich nicht versäumte, gegen sie zu verwerten. Es war dann auch nicht schwer zu erklären, warum die reichen Geschenke zu ihrem eigenen Geburtstage einige Tage vorher ihr keine Freude bereitet hatten. Es fehlte das eine Geschenk, das von Herrn K., welches ihr offenbar früher das wertvollste gewesen war.

Indes hielt sie noch längere Zeit an ihrem Widerspruche gegen meine Behauptung fest, bis gegen Ende der Analyse der entscheidende Beweis für deren Richtigkeit geliefert wurde [S. 173 f.].

Ich muß nun einer weiteren Komplikation gedenken, der ich gewiß keinen Raum gönnen würde, sollte ich als Dichter einen derartigen Seelenzustand für eine Novelle erfinden, anstatt ihn als Arzt zu zer-

---

[1] Vgl. »Ruhig mag ich Euch erscheinen,
    Ruhig gehen sehn.«
[Diese Worte, in den bisherigen Ausgaben der »Dora« nicht ganz richtig zitiert, stammen aus Schillers Ballade ›Ritter Toggenburg‹; die äußerlich gleichgültig erscheinende, in Wirklichkeit aber liebende Dame richtet sie an den zum Kreuzzug aufbrechenden Ritter.]

I. Der Krankheitszustand

gliedern. Das Element, auf das ich jetzt hinweisen werde, kann den schönen, poesiegerechten Konflikt, den wir bei Dora annehmen dürfen, nur trüben und verwischen; es fiele mit Recht der Zensur des Dichters, der ja auch vereinfacht und abstrahiert, wo er als Psychologe auftritt, zum Opfer. In der Wirklichkeit aber, die ich hier zu schildern bemüht bin, ist die Komplikation der Motive, die Häufung und Zusammensetzung seelischer Regungen, kurz die Überdeterminierung Regel. Hinter dem überwertigen Gedankenzug, der sich mit dem Verhältnis des Vaters zu Frau K. beschäftigte, versteckte sich nämlich auch eine Eifersuchtsregung, deren Objekt diese Frau war – eine Regung also, die nur auf der Neigung zum gleichen Geschlecht beruhen konnte. Es ist längst bekannt und vielfach hervorgehoben, daß sich bei Knaben und Mädchen in den Pubertätsjahren deutliche Anzeichen von der Existenz gleichgeschlechtlicher Neigung auch normalerweise beobachten lassen. Die schwärmerische Freundschaft für eine Schulkollegin mit Schwüren, Küssen, dem Versprechen ewiger Korrespondenz und mit aller Empfindlichkeit der Eifersucht ist der gewöhnliche Vorläufer der ersten intensiveren Verliebtheit in einen Mann. Unter günstigen Verhältnissen versiegt die homosexuelle Strömung dann oft völlig; wo sich das Glück in der Liebe zum Mann nicht einstellt, wird sie oft noch in späteren Jahren von der Libido wieder geweckt und bis zu der oder jener Intensität gesteigert. Ist so viel bei Gesunden mühelos festzustellen, so werden wir im Anschlusse an frühere Bemerkungen [S. 124 f.] über die bessere Ausbildung der normalen Perversionskeime bei den Neurotikern auch eine stärkere homosexuelle Anlage in deren Konstitution zu finden erwarten. Es muß wohl so sein, denn ich bin noch bei keiner Psychoanalyse eines Mannes oder Weibes durchgekommen, ohne eine solche recht bedeutsame homosexuelle Strömung zu berücksichtigen. Wo bei hysterischen Frauen und Mädchen die dem Manne geltende sexuelle Libido eine energische Unterdrückung erfahren hat, da findet man regelmäßig die dem Weibe geltende durch Vikariieren verstärkt und selbst teilweise bewußt.

Ich werde dieses wichtige und besonders für die Hysterie des Mannes zum Verständnis unentbehrliche Thema hier nicht weiter behandeln, weil die Analyse Doras zu Ende kam, ehe sie über diese Verhältnisse bei ihr Licht verbreiten konnte. Ich erinnere aber an jene Gouvernante [s. S. 112 f.], mit der sie anfangs in intimem Gedankenaustausch lebte, bis sie merkte, daß sie von ihr nicht ihrer eigenen Person, sondern des Vaters wegen geschätzt und gut behandelt worden sei. Dann zwang sie dieselbe, das Haus zu verlassen. Sie verweilte auch auffällig häufig und mit besonderer Betonung bei der Erzählung einer anderen Entfremdung, die ihr selbst rätselhaft vorkam. Mit ihrer zweiten Kusine, derselben, die später Braut wurde [S. 114], hatte sie sich immer besonders gut verstanden und allerlei Geheimnisse mit ihr geteilt. Als nun der Vater zum erstenmal nach dem abgebrochenen Besuch am See wieder nach B. fuhr und Dora es natürlich ablehnte, ihn zu begleiten, wurde diese Kusine aufgefordert, mit dem Vater zu reisen, und nahm es an. Dora fühlte sich von da an erkaltet gegen sie und verwunderte sich selbst, wie gleichgültig sie ihr geworden war, obwohl sie ja zugestand, sie könne ihr keinen großen Vorwurf machen. Diese Empfindlichkeiten veranlaßten mich zu fragen, welches ihr Verhältnis zu Frau K. bis zum Zerwürfnis gewesen war. Ich erfuhr dann, daß die junge Frau und das kaum erwachsene Mädchen Jahre hindurch in der größten Vertraulichkeit gelebt hatten. Wenn Dora bei den K. wohnte, teilte sie das Schlafzimmer mit der Frau; der Mann wurde ausquartiert. Sie war die Vertraute und Beraterin der Frau in allen Schwierigkeiten ihres ehelichen Lebens gewesen; es gab nichts, worüber sie nicht gesprochen hatten. Medea war ganz zufrieden damit, daß Kreusa die beiden Kinder an sich zog; sie tat gewiß auch nichts dazu, um den Verkehr des Vaters dieser Kinder mit dem Mädchen zu stören. Wie Dora es zustande brachte, den Mann zu lieben, über den ihre geliebte Freundin so viel Schlechtes zu sagen wußte, ist ein interessantes psychologisches Problem, das wohl lösbar wird durch die Einsicht, daß im Unbewußten die Gedanken besonders bequem nebeneinander wohnen, auch Gegensätze sich ohne Widerstreit vertragen, was ja oft genug auch noch im Bewußten so bleibt.

Wenn Dora von Frau K. erzählte, so lobte sie deren »entzückend weißen Körper« in einem Ton, der eher der Verliebten als der besiegten Rivalin entsprach. Mehr wehmütig als bitter teilte sie mir ein andermal mit, sie sei überzeugt, daß die Geschenke, die der Papa ihr gebracht, von Frau K. besorgt worden seien; sie erkenne deren Geschmack. Ein andermal hob sie hervor, daß ihr offenbar durch die Vermittlung von Frau K. Schmuckgegenstände zum Geschenk gemacht worden seien, ganz ähnlich wie die, welche sie bei Frau K. gesehen und sich damals laut gewünscht habe. Ja, ich muß überhaupt sagen, ich hörte nicht ein hartes oder erbostes Wort von ihr über die Frau, in der sie doch nach dem Standpunkt ihrer überwertigen Gedanken die Urheberin ihres Unglücks hätte sehen müssen. Sie benahm sich wie inkonsequent, aber die

I. Der Krankheitszustand

scheinbare Inkonsequenz war eben der Ausdruck einer komplizierenden Gefühlsströmung. Denn wie hatte sich die schwärmerisch geliebte Freundin gegen sie benommen? Nachdem Dora ihre Beschuldigung gegen Herrn K. vorgebracht und dieser vom Vater schriftlich zur Rede gestellt wurde, antwortete er zuerst mit Beteuerungen seiner Hochachtung und erbot sich, nach der Fabrikstadt zu kommen, um alle Mißverständnisse aufzuklären. Einige Wochen später, als ihn der Vater in B. sprach, war von Hochachtung nicht mehr die Rede. Er setzte das Mädchen herunter und spielte als Trumpf aus: Ein Mädchen, das solche Bücher liest und sich für solche Dinge interessiert, das hat keinen Anspruch auf die Achtung eines Mannes. Frau K. hatte sie also verraten und angeschwärzt; nur mit ihr hatte sie über Mantegazza und über verfängliche Themata gesprochen. Es war wieder derselbe Fall wie mit der Gouvernante; auch Frau K. hatte sie nicht um ihrer eigenen Person willen geliebt, sondern wegen des Vaters. Frau K. hatte sie unbedenklich geopfert, um in ihrem Verhältnis mit dem Vater nicht gestört zu werden. Vielleicht, daß diese Kränkung ihr näher ging, pathogen wirksamer war als die andere, mit der sie jene verdecken wollte, daß der Vater sie geopfert. Wies nicht die eine so hartnäckig festgehaltene Amnesie in betreff der Quellen ihrer verfänglichen Kenntnis [S. 108] direkt auf den Gefühlswert der Beschuldigung und demnach auf den Verrat durch die Freundin hin?

Ich glaube also mit der Annahme nicht irrezugehen, daß der überwertige Gedankenzug Doras, der sich mit dem Verhältnis des Vaters zur Frau K. beschäftigte, bestimmt war nicht nur zur Unterdrückung der einst bewußt gewesenen Liebe zu Herrn K., sondern auch die in tieferem Sinne unbewußte Liebe zu Frau K. zu verdecken hatte. Zu letzterer Strömung stand er im Verhältnis des direkten Gegensatzes. Sie sagte sich unablässig vor, daß der Papa sie dieser Frau geopfert habe, demonstrierte geräuschvoll, daß sie ihr den Besitz des Papas nicht gönne, und verbarg sich so das Gegenteil, daß sie dem Papa die Liebe dieser Frau nicht gönnen konnte und der geliebten Frau die Enttäuschung über ihren Verrat nicht vergeben hatte. Die eifersüchtige Regung des Weibes war im Unbewußten an eine wie von einem Mann empfundene Eifersucht gekoppelt. Diese männlichen oder, wie man besser sagt, *gynäkophilen* Gefühlsströmungen sind für das unbewußte Liebesleben der hysterischen Mädchen als typisch zu betrachten[1].

---

[1] [S. die Anmerkung auf S. 184.]

II
DER ERSTE TRAUM

Als wir gerade Aussicht hatten, einen dunkeln Punkt in dem Kinderleben Doras durch das Material, welches sich zur Analyse drängte, aufzuhellen, berichtete Dora, sie habe einen Traum, den sie in genau der nämlichen Weise schon wiederholt geträumt, in einer der letzten Nächte neuerlich gehabt. Ein periodisch wiederkehrender Traum war schon dieses Charakters wegen besonders geeignet, meine Neugierde zu wecken; im Interesse der Behandlung durfte man ja die Einflechtung dieses Traumes in den Zusammenhang der Analyse ins Auge fassen. Ich beschloß also, diesen Traum besonders sorgfältig zu erforschen.

I. Traum: »*In einem Haus brennt es*[1], erzählte Dora, *der Vater steht vor meinem Bett und weckt mich auf. Ich kleide mich schnell an. Die Mama will noch ihr Schmuckkästchen retten, der Papa sagt aber: Ich will nicht, daß ich und meine beiden Kinder wegen deines Schmuckkästchens verbrennen. Wir eilen herunter, und sowie ich draußen bin, wache ich auf.*«

Da es ein wiederkehrender Traum ist, frage ich natürlich, wann sie ihn zuerst geträumt. — Das weiß sie nicht. Sie erinnert sich aber, daß sie den Traum in L. (dem Orte am See, wo die Szene mit Herrn K. vorfiel) in drei Nächten hintereinander gehabt, dann kam er vor einigen Tagen hier wieder[2]. — Die so hergestellte Verknüpfung des Traumes mit den Ereignissen in L. erhöht natürlich meine Erwartungen in betreff der Traumlösung. Ich möchte aber zunächst den Anlaß für seine letzte Wiederkehr erfahren und fordere darum Dora, die bereits durch einige kleine, vorher analysierte Beispiele für die Traumdeutung geschult ist, auf, sich den Traum zu zerlegen und mir mitzuteilen, was ihr zu ihm einfällt.

Sie sagt: »Etwas, was aber nicht dazu gehören kann, denn es ist ganz frisch, während ich den Traum gewiß schon früher gehabt habe.«

Das macht nichts, nur zu; es wird eben das letzte dazu Passende sein.

»Also der Papa hat in diesen Tagen mit der Mama einen Streit gehabt,

---
[1] Es hat nie bei uns einen wirklichen Brand gegeben, antwortete sie dann auf meine Erkundigung.
[2] Es läßt sich aus dem Inhalt nachweisen, daß der Traum in L. *zuerst* geträumt worden ist.

II. Der erste Traum

weil sie nachts das Speisezimmer absperrt. Das Zimmer meines Bruders hat nämlich keinen eigenen Ausgang, sondern ist nur durchs Speisezimmer zugänglich. Der Papa will nicht, daß der Bruder bei Nacht so abgesperrt sein soll. Er hat gesagt, das ginge nicht; es könnte doch bei Nacht etwas passieren, daß man hinaus muß.«
Das haben Sie nun auf Feuersgefahr bezogen?
»Ja.«
Ich bitte Sie, merken Sie sich Ihre eigenen Ausdrücke wohl. Wir werden sie vielleicht brauchen. Sie haben gesagt: Daß *bei Nacht etwas passieren kann, daß man hinaus muß*[1].
Dora hat nun aber die Verbindung zwischen dem rezenten und den damaligen Anlässen für den Traum gefunden, denn sie fährt fort:
»Als wir damals in L. ankamen, der Papa und ich, hat er die Angst vor einem Brand direkt geäußert. Wir kamen in einem heftigen Gewitter an, sahen das kleine Holzhäuschen, das keinen Blitzableiter hatte. Da war diese Angst ganz natürlich.«
Es liegt mir nun daran, die Beziehung zwischen den Ereignissen in L. und den damaligen gleichlautenden Träumen zu ergründen. Ich frage also: Haben Sie den Traum in den ersten Nächten in L. gehabt oder in den letzten vor Ihrer Abreise, also vor oder nach der bekannten Szene im Walde? (Ich weiß nämlich, daß die Szene nicht gleich am ersten Tage vorfiel und daß sie nach derselben noch einige Tage in L. verblieb, ohne etwas von dem Vorfalle merken zu lassen.)
Sie antwortet zuerst: Ich weiß nicht. Nach einer Weile: Ich glaube doch, nachher.
Nun wußte ich also, daß der Traum eine Reaktion auf jenes Erlebnis war. Warum kehrte er aber dort dreimal wieder? Ich fragte weiter: Wie lange sind Sie noch nach der Szene in L. geblieben?
»Noch vier Tage, am fünften bin ich mit dem Papa abgereist.«
Jetzt bin ich sicher, daß der Traum die unmittelbare Wirkung des Erlebnisses mit Herrn K. war. Sie haben ihn dort zuerst geträumt, nicht früher. Sie haben die Unsicherheit im Erinnern nur hinzugefügt, um sich den Zusammenhang zu verwischen[2]. Es stimmt mir aber noch nicht

---

[1] Ich greife diese Worte heraus, weil sie mich stutzig machen. Sie klingen mir zweideutig. Spricht man nicht mit denselben Worten von gewissen körperlichen Bedürfnissen? Zweideutige Worte sind aber wie »*Wechsel*« für den Assoziationsverlauf. Stellt man den Wechsel anders, als er im Trauminhalt eingestellt erscheint, so kommt man wohl auf das Geleise, auf dem sich die gesuchten und noch verborgenen Gedanken hinter dem Traum bewegen.

[2] Vgl. das eingangs S. 96 über den Zweifel beim Erinnern Gesagte.

ganz mit den Zahlen. Wenn Sie noch vier Nächte in L. blieben, können Sie den Traum viermal wiederholt haben. Vielleicht war es so?
Sie widerspricht nicht mehr meiner Behauptung, setzt aber, anstatt auf meine Frage zu antworten, fort[1]: »Am Nachmittag nach unserer Seefahrt, von der wir, Herr K. und ich, mittags zurückkamen, hatte ich mich wie gewöhnlich auf das Sofa im Schlafzimmer gelegt, um kurz zu schlafen. Ich erwachte plötzlich und sah Herrn K. vor mir stehen...«
Also wie Sie im Traume den Papa vor Ihrem Bette stehen sehen?
»Ja. Ich stellte ihn zur Rede, was er hier zu suchen habe. Er gab zur Antwort, er lasse sich nicht abhalten, in sein Schlafzimmer zu gehen, wann er wolle; übrigens habe er etwas holen wollen. Dadurch vorsichtig gemacht, habe ich Frau K. gefragt, ob denn kein Schlüssel zum Schlafzimmer existiert, und habe mich am nächsten Morgen (am zweiten Tag) zur Toilette eingeschlossen. Als ich mich dann nachmittags einschließen wollte, um mich wieder aufs Sofa zu legen, fehlte der Schlüssel. Ich bin überzeugt, Herr K. hatte ihn beseitigt.«
Das ist also das Thema vom Verschließen oder Nichtverschließen des Zimmers, das im ersten Einfall zum Traume vorkommt und das zufällig auch im frischen Anlaß zum Traum eine Rolle gespielt hat[2]. Sollte der Satz: *ich kleide mich schnell an,* auch in diesen Zusammenhang gehören?
»Damals nahm ich mir vor, nicht ohne den Papa bei K. zu bleiben. An den nächsten Morgen mußte ich fürchten, daß mich Herr K. bei der Toilette überrasche, und *kleidete mich darum immer sehr schnell an.* Der Papa wohnte ja im Hotel, und Frau K. war immer schon früh weggegangen, um mit dem Papa eine Partie zu machen. Herr K. belästigte mich aber nicht wieder.«
Ich verstehe, Sie faßten am Nachmittag des zweiten Tages den Vorsatz, sich diesen Nachstellungen zu entziehen, und hatten nun in der zweiten, dritten und vierten Nacht nach der Szene im Walde Zeit, sich diesen Vorsatz im Schlafe zu wiederholen. Daß Sie am nächsten – dritten – Morgen den Schlüssel nicht haben würden, um sich beim Ankleiden einzuschließen, wußten Sie ja schon am zweiten Nachmittag, also vor dem

---

[1] Es muß nämlich erst neues Erinnerungsmaterial kommen, ehe die von mir gestellte Frage beantwortet werden kann.
[2] Ich vermute, ohne es noch Dora zu sagen, daß dies Element wegen seiner symbolischen Bedeutung von ihr ergriffen wurde. »*Zimmer*« im Traum wollen recht häufig »Frauenzimmer« vertreten, und ob ein Frauenzimmer »offen« oder »verschlossen« ist, kann natürlich nicht gleichgültig sein. Auch welcher »Schlüssel« in diesem Falle öffnet, ist wohlbekannt.

II. Der erste Traum

Traum, und konnten sich vornehmen, die Toilette möglichst zu beeilen. Ihr Traum kam aber jede Nacht wieder, weil er eben einem *Vorsatz* entsprach. Ein Vorsatz bleibt so lange bestehen, bis er ausgeführt ist. Sie sagten sich gleichsam: ich habe keine Ruhe, ich kann keinen ruhigen Schlaf finden, bis ich nicht aus diesem Hause heraus bin. Umgekehrt sagen Sie im Traume: *Sowie ich draußen bin, wache ich auf.*

Ich unterbreche hier die Mitteilung der Analyse, um dieses Stückchen einer Traumdeutung an meinen allgemeinen Sätzen über den Mechanismus der Traumbildung zu messen. Ich habe in meinem Buche[1] ausgeführt, jeder Traum sei ein als erfüllt dargestellter Wunsch, die Darstellung sei eine verhüllende, wenn der Wunsch ein verdrängter, dem Unbewußten angehöriger sei, und außer bei den Kinderträumen habe nur der unbewußte oder bis ins Unbewußte reichende Wunsch die Kraft, einen Traum zu bilden. Ich glaube, die allgemeine Zustimmung wäre mir sicherer gewesen, wenn ich mich begnügt hätte zu behaupten, daß jeder Traum einen Sinn habe, der durch eine gewisse Deutungsarbeit aufzudecken sei. Nach vollzogener Deutung könne man den Traum durch Gedanken ersetzen, die sich an leicht kenntlicher Stelle in das Seelenleben des Wachens einfügen. Ich hätte dann fortfahren können, dieser Sinn des Traumes erwiese sich als ebenso mannigfaltig wie eben die Gedankengänge des Wachens. Es sei das eine Mal ein erfüllter Wunsch, das andere Mal eine verwirklichte Befürchtung, dann etwa eine im Schlafe fortgesetzte Überlegung, ein Vorsatz (wie bei Doras Traum), ein Stück geistigen Produzierens im Schlafe usw. Diese Darstellung hätte gewiß durch ihre Faßlichkeit bestochen und hätte sich auf eine große Anzahl gut gedeuteter Beispiele, wie z. B. auf den hier analysierten Traum, stützen können.

Anstatt dessen habe ich eine allgemeine Behauptung aufgestellt, die den Sinn der Träume auf eine einzige Gedankenform, auf die Darstellung von Wünschen einschränkt, und habe die allgemeinste Neigung zum Widerspruche wachgerufen. Ich muß aber sagen, daß ich weder das Recht noch die Pflicht zu besitzen glaubte, einen Vorgang der Psychologie zur größeren Annehmlichkeit der Leser zu vereinfachen, wenn er meiner Untersuchung eine Komplikation bot, deren Lösung zur Einheitlichkeit erst an anderer Stelle gefunden werden konnte. Es wird mir darum von besonderem Werte sein zu zeigen, daß die scheinbaren Ausnahmen, wie Doras Traum hier, der sich zunächst als ein in den Schlaf

---

[1] *Die Traumdeutung* (1900 a).

fortgesetzter Tagesvorsatz enthüllt, doch die bestrittene Regel neuerdings bekräftigen. [Vgl. S. 154 ff.]

Wir haben ja noch ein großes Stück des Traumes zu deuten. Ich fragte weiter: Was ist es mit dem Schmuckkästchen, das die Mama retten will?
»Die Mama liebt Schmuck sehr und hat viel vom Papa bekommen.«
Und Sie?
»Ich habe Schmuck früher auch sehr geliebt; seit der Krankheit trage ich keinen mehr. – Da gab es damals vor vier Jahren (ein Jahr vor dem Traum) einen großen Streit zwischen Papa und Mama wegen eines Schmuckes. Die Mama wünschte sich etwas Bestimmtes, Tropfen von Perlen im Ohre zu tragen. Der Papa liebt aber dergleichen nicht und brachte ihr anstatt der Tropfen ein Armband. Sie war wütend und sagte ihm, wenn er schon soviel Geld ausgegeben habe, um etwas zu schenken, was sie nicht möge, so solle er es nur einer anderen schenken.«
Da werden Sie sich gedacht haben, Sie nähmen es gerne?
»Ich weiß nicht[1], weiß überhaupt nicht, wie die Mama in den Traum kommt; sie war doch damals nicht mit in L.«[2]
Ich werde es Ihnen später erklären. Fällt Ihnen denn nichts anderes zum Schmuckkästchen ein? Bis jetzt haben Sie nur von Schmuck und nichts von einem Kästchen gesprochen.
»Ja, Herr K. hatte mir einige Zeit vorher ein kostbares Schmuckkästchen zum Geschenke gemacht.«
Da war das Gegengeschenk also wohl am Platze. Sie wissen vielleicht nicht, daß »Schmuckkästchen« eine beliebte Bezeichnung für dasselbe ist, was Sie unlängst mit dem angehängten Täschchen angedeutet haben[3], für das weibliche Genitale.
»Ich wußte, daß *Sie* das sagen würden.«[4]
Das heißt, *Sie* wußten es. – Der Sinn des Traumes wird nun noch deutlicher. Sie sagten sich: Der Mann stellt mir nach, er will in mein Zimmer dringen, meinem »Schmuckkästchen« droht Gefahr, und wenn da ein

---

[1] Ihre damals gewöhnliche Redensart, etwas Verdrängtes anzuerkennen.
[2] Diese Bemerkung, die von gänzlichem Mißverständnisse der ihr sonst wohlbekannten Regeln der Traumerklärung zeugt, sowie die zögernde Art und die spärliche Ausbeute ihrer Einfälle zum Schmuckkästchen bewiesen mir, daß es sich hier um Material handle, das mit großem Nachdrucke verdrängt worden sei.
[3] Über dieses Täschchen siehe weiter unten [S. 146 f.].
[4] Eine sehr häufige Art, eine aus dem Verdrängten auftauchende Kenntnis von sich wegzuschieben.

II. Der erste Traum

Malheur passiert, wird es die Schuld des Papas sein. Darum haben Sie in den Traum eine Situation genommen, die das Gegenteil ausdrückt, eine Gefahr, aus welcher der Papa Sie rettet. In dieser Region des Traumes ist überhaupt alles ins Gegenteil verwandelt; Sie werden bald hören, warum. Das Geheimnis liegt allerdings bei der Mama. Wie die Mama dazu kommt? Sie ist, wie Sie wissen, Ihre frühere Konkurrentin in der Gunst des Papas. Bei der Begebenheit mit dem Armbande wollten Sie gerne annehmen, was die Mama zurückgewiesen hat. Nun lassen Sie uns einmal »annehmen« durch »geben«, »zurückweisen« durch »verweigern« ersetzen. Das heißt dann, Sie waren bereit, dem Papa zu geben, was die Mama ihm verweigert, und das, um was es sich handelt, hätte mit Schmuck zu tun[1]. Nun erinnern Sie sich an das Schmuckkästchen, das Herr K. Ihnen geschenkt hat. Sie haben da den Anfang einer parallelen Gedankenreihe, in der wie in der Situation des vor Ihrem Bette Stehens Herr K. anstatt des Papas einzusetzen ist. Er hat Ihnen ein Schmuckkästchen geschenkt, Sie sollen ihm also Ihr Schmuckkästchen schenken; darum sprach ich vorhin vom »Gegengeschenke«. In dieser Gedankenreihe wird Ihre Mama durch Frau K. zu ersetzen sein, die doch wohl damals anwesend war. Sie sind also bereit, Herrn K. das zu schenken, was ihm seine Frau verweigert. Hier haben Sie den Gedanken, der mit soviel Anstrengung verdrängt werden muß, der die Verwandlung aller Elemente in ihr Gegenteil notwendig macht. Wie ich's Ihnen schon vor diesem Traume gesagt habe, der Traum bestätigt wieder, daß Sie die alte Liebe zum Papa wachrufen, um sich gegen die Liebe zu K. zu schützen. Was beweisen aber alle diese Bemühungen? Nicht nur, daß Sie sich vor Herrn K. fürchten, noch mehr fürchten Sie sich vor sich selber, vor Ihrer Versuchung, ihm nachzugeben. Sie bestätigen also dadurch, wie intensiv die Liebe zu ihm war[2].

Dieses Stück der Deutung wollte sie natürlich nicht mitmachen.

Mir hatte sich aber auch eine Fortsetzung der Traumdeutung ergeben, die ebensowohl für die Anamnese des Falles wie für die Theorie des

---

[1] Auch für die Tropfen werden wir später [S. 158 ff.] eine vom Zusammenhange geforderte Deutung anführen können.
[2] Ich füge noch hinzu: Übrigens muß ich aus dem Wiederauftauchen des Traumes in den letzten Tagen schließen, daß Sie dieselbe Situation für wiedergekommen erachten und daß Sie beschlossen haben, aus der Kur, zu der ja nur der Papa Sie bringt, wegzubleiben. – Die Folge zeigte, wie richtig ich geraten hatte. Meine Deutung streift hier das praktisch wie theoretisch höchst bedeutsame Thema der »Übertragung«, auf welches einzugehen ich in dieser Abhandlung wenig Gelegenheit mehr finden werde. [S. jedoch S. 180 ff.]

Traumes unentbehrlich schien. Ich versprach, dieselbe Dora in der nächsten Sitzung mitzuteilen.

Ich konnte nämlich den Hinweis nicht vergessen, der sich aus den angemerkten zweideutigen Worten zu ergeben schien *(daß man hinaus muß, daß bei Nacht ein Malheur passieren kann)*. Dem reihte sich an, daß mir die Aufklärung des Traumes unvollständig schien, solange nicht eine gewisse Forderung erfüllt war, die ich zwar nicht allgemein aufstellen will, nach deren Erfüllung ich aber mit Vorliebe suche. Ein ordentlicher Traum steht gleichsam auf zwei Beinen, von denen das eine den wesentlichen aktuellen Anlaß, das andere eine folgenschwere Begebenheit der Kinderjahre berührt. Zwischen diesen beiden, dem Kindererlebnisse und dem gegenwärtigen, stellt der Traum eine Verbindung her, er sucht die Gegenwart nach dem Vorbilde der frühesten Vergangenheit umzugestalten. Der Wunsch, der den Traum schafft, kommt ja immer aus der Kindheit, er will die Kindheit immer wieder von neuem zur Realität erwecken, die Gegenwart nach der Kindheit korrigieren. Die Stücke, die sich zu einer Anspielung auf ein Kinderereignis zusammensetzen lassen, glaubte ich in dem Trauminhalte bereits deutlich zu erkennen.

Ich begann die Erörterung hierüber mit einem kleinen Experimente, das wie gewöhnlich gelang. Auf dem Tische stand zufällig ein großer Zündhölzchenbehälter. Ich bat Dora, sich doch umzusehen, ob sie auf dem Tische etwas Besonderes sehen könne, das gewöhnlich nicht darauf stände. Sie sah nichts. Dann fragte ich, ob sie wisse, warum man den Kindern verbiete, mit Zündhölzchen zu spielen.

»Ja, wegen der Feuersgefahr. Die Kinder meines Onkels spielen so gerne mit Zündhölzchen.«

Nicht allein deswegen. Man warnt sie: »Nicht zündeln« und knüpft daran einen gewissen Glauben.

Sie wußte nichts darüber. – Also man fürchtet, daß sie dann das Bett naß machen werden. Dem liegt wohl der Gegensatz von *Wasser* und *Feuer* zugrunde. Etwa, daß sie vom Feuer träumen und dann versuchen werden, mit Wasser zu löschen. Das weiß ich nicht genau zu sagen[1]. Aber ich sehe, daß Ihnen der Gegensatz von Wasser und Feuer im Traume ausgezeichnete Dienste leistet. Die Mama will das Schmuck-

---

[1] [Freud ist auf diese Frage mehrmals zurückgekommen, am ausführlichsten in seinem Artikel ›Zur Gewinnung des Feuers‹ (1932 a).]

II. Der erste Traum

kästchen retten, damit es nicht *verbrennt*, in den Traumgedanken kommt es darauf an, daß das »Schmuckkästchen« nicht *naß* wird. Feuer ist aber nicht nur als Gegensatz zu Wasser verwendet, es dient auch zur direkten Vertretung von Liebe, Verliebt-, Verbranntsein. Von Feuer geht also das eine Geleise über diese symbolische Bedeutung zu den Liebesgedanken, das andere führt über den Gegensatz Wasser, nachdem noch die eine Beziehung zur Liebe, die auch *naß* macht, abgezweigt hat, anderswohin. Wohin nun? Denken Sie an Ihre Ausdrücke: daß *bei Nacht ein Malheur passiert*, daß *man hinaus muß*. Bedeutet das nicht ein körperliches Bedürfnis, und wenn Sie das Malheur in die Kindheit versetzen, kann es ein anderes sein, als daß das Bett naß wird? Was tut man aber, um die Kinder vor dem Bettnässen zu hüten? Nicht wahr, man weckt sie in der Nacht aus dem Schlafe, *ganz so, wie es im Traume der Papa mit Ihnen tut?* Dieses wäre also die wirkliche Begebenheit, aus welcher Sie sich das Recht nehmen, Herrn K., der Sie aus dem Schlafe weckt, durch den Papa zu ersetzen. Ich muß also schließen, daß Sie an Bettnässen länger, als es sich sonst bei Kindern erhält, gelitten haben. Dasselbe muß bei Ihrem Bruder der Fall gewesen sein. Der Papa sagt ja: *Ich will nicht, daß meine beiden Kinder...* zugrunde gehen. Der Bruder hat mit der aktuellen Situation bei K. sonst nichts zu tun, er war auch nicht nach L. mitgekommen. Was sagen nun Ihre Erinnerungen dazu?

»Von mir weiß ich nichts«, antwortete sie, »aber der Bruder hat bis zum sechsten oder siebenten Jahre das Bett naß gemacht, es ist ihm auch manchmal am Tage passiert.«

Ich wollte sie eben aufmerksam machen, wieviel leichter man sich an derartiges von seinem Bruder als von sich erinnert, als sie mit der wiedergewonnenen Erinnerung fortsetzte: »Ja, ich habe es auch gehabt, aber erst im siebenten oder achten Jahre eine Zeitlang. Es muß arg gewesen sein, denn ich weiß jetzt, daß der Doktor um Rat gefragt wurde. Es war bis kurz vor dem nervösen Asthma.« [S. 99 f.]

Was sagte der Doktor dazu?

»Er erklärte es für eine nervöse Schwäche: es werde sich schon verlieren, meinte er, und verschrieb stärkende Mittel.«[1]

---

[1] Dieser Arzt war der einzige, zu dem sie Zutrauen zeigte, weil sie an dieser Erfahrung gemerkt, er wäre nicht hinter ihr Geheimnis gekommen. Vor jedem andern, den sie noch nicht einzuschätzen wußte, empfand sie Angst, die sich jetzt also motiviert, er könne ihr Geheimnis erraten.

Die Traumdeutung schien mir nun vollendet[1]. Einen Nachtrag zum Traume brachte sie noch tags darauf. Sie habe vergessen zu erzählen, daß sie nach dem Erwachen jedesmal Rauch gerochen. Der Rauch paßte ja wohl zum Feuer, er wies auch darauf hin, daß der Traum eine besondere Beziehung zu meiner Person habe, denn ich pflegte ihr, wenn sie behauptet hatte, da oder dort stecke nichts dahinter, oft entgegenzuhalten: »Wo Rauch ist, ist auch Feuer.« Sie wandte aber gegen diese ausschließlich persönliche Deutung ein, daß Herr K. und der Papa leidenschaftliche Raucher seien, wie übrigens auch ich. Sie rauchte selbst am See, und Herr K. hatte ihr, ehe er damals mit seiner unglücklichen Werbung begann, eine Zigarette gedreht. Sie glaubte sich auch sicher zu erinnern, daß der Geruch nach Rauch nicht erst im letzten, sondern schon in dem dreimaligen Träumen in L. aufgetreten war. Da sie weitere Auskünfte verweigerte, blieb es mir überlassen, wie ich mir diesen Nachtrag in das Gefüge der Traumgedanken eintragen wolle. Als Anhaltspunkt konnte mir dienen, daß die Sensation des Rauches als Nachtrag kam, also eine besondere Anstrengung der Verdrängung hatte überwinden müssen[2]. Demnach gehörte sie wahrscheinlich zu dem im Traume am dunkelsten dargestellten und bestverdrängten Gedanken, also dem der Versuchung, sich dem Manne willig zu erweisen. Sie konnte dann kaum etwas anderes bedeuten als die Sehnsucht nach einem Kusse, der beim Raucher notwendigerweise nach Rauch schmeckt; ein Kuß war aber etwa zwei Jahre vorher zwischen den beiden vorgefallen [S. 105] und hätte sich sicherlich mehr als einmal wiederholt, wenn das Mädchen nun der Werbung nachgegeben hätte. Die Versuchungsgedanken scheinen so auf die frühere Szene zurückgegriffen und die Erinnerung an den Kuß aufgeweckt zu haben, gegen dessen Verlockung sich die Lutscherin seinerzeit durch den Ekel schützte. Nehme ich endlich die Anzeichen zusammen, die eine Übertragung auf mich, weil ich auch Raucher bin, wahrscheinlich machen, so komme ich zur Ansicht, daß ihr eines Tages wahrscheinlich während der Sitzung eingefallen, sich einen Kuß von mir zu wünschen. Dies war für sie der Anlaß, sich den Warnungstraum zu wiederholen und den Vorsatz zu fassen, aus der Kur zu gehen. So stimmt es sehr gut zusammen, aber vermöge der Eigentümlichkeiten der »Übertragung« entzieht es sich dem Beweise. [Vgl. S. 182, Anm.]

[1] Der Kern des Traumes würde übersetzt etwa so lauten: Die Versuchung ist so stark. Lieber Papa, schütze Du mich wieder wie in den Kinderzeiten, daß mein Bett nicht naß wird!
[2] [Siehe S. 167, Anm. 2.]

II. Der erste Traum

Ich könnte nun schwanken, ob ich zuerst die Ausbeute dieses Traumes für die Krankengeschichte des Falles in Angriff nehmen oder lieber den aus ihm gegen die Traumtheorie gewonnenen Einwand erledigen soll. Ich wähle das erstere.

Es verlohnt sich, auf die Bedeutung des Bettnässens in der Vorgeschichte der Neurotiker ausführlich einzugehen. Der Übersichtlichkeit zuliebe beschränke ich mich darauf zu betonen, daß Doras Fall von Bettnässen nicht der gewöhnliche war. Die Störung hatte sich nicht einfach über die fürs Normale zugestandene Zeit fortgesetzt, sondern war nach ihrer bestimmten Angabe zunächst geschwunden und dann verhältnismäßig spät, nach dem sechsten Lebensjahre, wieder aufgetreten [S. 143]. Ein solches Bettnässen hat meines Wissens keine wahrscheinlichere Ursache als Masturbation, die in der Ätiologie des Bettnässens überhaupt eine noch zu gering geschätzte Rolle spielt. Den Kindern selbst ist nach meiner Erfahrung dieser Zusammenhang sehr wohl bekannt gewesen, und alle psychischen Folgen leiten sich so davon ab, als ob sie ihn niemals vergessen hätten. Nun befanden wir uns zur Zeit, als der Traum erzählt wurde, auf einer Linie der Forschung, welche direkt auf ein solches Eingeständnis der Kindermasturbation zulief. Sie hatte eine Weile vorher die Frage aufgeworfen, warum denn gerade sie krank geworden sei, und hatte, ehe ich eine Antwort gab, die Schuld auf den Vater gewälzt. Es waren nicht unbewußte Gedanken, sondern bewußte Kenntnis, welche die Begründung übernahm. Das Mädchen wußte zu meinem Erstaunen, welcher Natur die Krankheit des Vaters gewesen war. Sie hatte nach der Rückkehr des Vaters von meiner Ordination [S. 98] ein Gespräch erlauscht, in dem der Name der Krankheit genannt wurde. In noch früheren Jahren, zur Zeit der Netzhautablösung [S. 97 f.], muß ein zu Rate gezogener Augenarzt auf die luetische Ätiologie hingewiesen haben, denn das neugierige und besorgte Mädchen hörte damals eine alte Tante zur Mutter sagen: »Er war ja schon vor der Ehe krank« und etwas ihr Unverständliches hinzufügen, was sie sich später auf unanständige Dinge deutete.

Der Vater war also durch leichtsinnigen Lebenswandel krank geworden, und sie nahm an, daß er ihr das Kranksein erblich übertragen habe. Ich hütete mich, ihr zu sagen, daß ich, wie erwähnt (S. 99, Anm.), gleichfalls die Ansicht vertrete, die Nachkommenschaft Luetischer sei zu schweren Neuropsychosen ganz besonders prädisponiert. Die Fortsetzung dieses den Vater anklagenden Gedankenganges ging durch unbewußtes Material. Sie identifizierte sich einige Tage lang in kleinen Symptomen und Eigentümlichkeiten mit der Mutter, was ihr Gelegenheit gab, Hervorragendes in Unausstehlichkeit zu leisten, und ließ mich dann erraten, daß sie an einen Aufenthalt in Franzensbad[1] denke, das sie in Begleitung der Mutter – ich weiß nicht mehr, in welchem Jahre – besucht hatte. Die Mutter litt an Schmerzen im Unterleibe und an einem Ausflusse – Katarrh –, der eine Franzensbader Kur notwendig machte. Es war ihre – wahrscheinlich wieder berechtigte – Meinung, daß diese Krankheit vom Papa herrühre, der also seine Geschlechtsaffektion auf die Mutter übertragen hatte. Es war ganz begreiflich, daß sie bei diesem Schlusse, wie ein großer Teil der Laien überhaupt, Gonorrhöe und Syphilis, erbliche und Übertragung durch den Verkehr zusammenwarf. Ihr Verharren in der Identifizierung nötigte mir fast die Frage auf, ob sie denn auch eine Geschlechtskrankheit habe, und nun erfuhr ich, daß sie mit einem Katarrh *(fluor albus)* behaftet sei, an dessen Beginn sie sich nicht erinnern könne.

Ich verstand nun, daß hinter dem Gedankengange, der laut den Vater anklagte, wie gewöhnlich eine Selbstbeschuldigung verborgen sei, und kam ihr entgegen, indem ich ihr versicherte, daß der *fluor* der jungen Mädchen in meinen Augen vorzugsweise auf Masturbation deute und daß ich alle anderen Ursachen, die gewöhnlich für solch ein Leiden angeführt werden, neben der Masturbation in den Hintergrund treten lasse[2]. Sie sei also auf dem Wege, ihre Frage, warum gerade sie erkrankt sei, durch das Eingeständnis der Masturbation, wahrscheinlich in den Kinderjahren, zu beantworten. Sie leugnete entschiedenst, sich an etwas Derartiges erinnern zu können. Aber einige Tage später führte sie etwas auf, was ich als weitere Annäherung an das Geständnis betrachten mußte. Sie hatte an diesem Tage nämlich, was weder früher noch später je der Fall war, ein Portemonnaietäschchen von der Form, die eben modern wurde, umgehängt und spielte damit, während sie im Liegen sprach, indem sie es öffnete, einen Finger hineinsteckte, es wieder schloß, usw. Ich sah ihr eine Weile zu und erklärte ihr dann, was eine *Symptomhandlung*[3] sei. Symptomhandlungen nenne ich jene Verrichtungen, die der Mensch, wie man sagt, automatisch, unbewußt, ohne darauf zu achten, wie spielend, vollzieht, denen er jede Bedeutung absprechen möchte und die er für gleichgültig und zufällig erklärt, wenn er nach ihnen gefragt wird. Sorgfältigere Beobachtung zeigt dann, daß

---

[1] [Heilkurort in Böhmen.]
[2] [*Zusatz 1923:*] Eine extreme Auffassung, die ich heute nicht mehr vertreten würde.
[3] Vgl. meine Abhandlung über die Psychopathologie des Alltagslebens (1901 *b*) [IX. Kapitel].

II. Der erste Traum

solche Handlungen, von denen das Bewußtsein nichts weiß oder nichts wissen will, unbewußten Gedanken und Impulsen Ausdruck geben, somit als zugelassene Äußerungen des Unbewußten wertvoll und lehrreich sind. Es gibt zwei Arten des bewußten Verhaltens gegen die Symptomhandlungen. Kann man sie unauffällig motivieren, so nimmt man auch Kenntnis von ihnen; fehlt ein solcher Vorwand vor dem Bewußten, so merkt man in der Regel gar nicht, daß man sie ausführt. Im Falle Doras war die Motivierung leicht: »Warum soll ich nicht ein solches Täschchen tragen, wie es jetzt modern ist?« Aber eine solche Rechtfertigung hebt die Möglichkeit der unbewußten Herkunft der betreffenden Handlung nicht auf. Anderseits läßt sich diese Herkunft und der Sinn, den man der Handlung beilegt, nicht zwingend erweisen. Man muß sich begnügen zu konstatieren, daß ein solcher Sinn in den Zusammenhang der vorliegenden Situation, in die Tagesordnung des Unbewußten ganz ausgezeichnet hineinpaßt.

Ich werde ein anderes Mal eine Sammlung solcher Symptomhandlungen vorlegen, wie man sie bei Gesunden und Nervösen beobachten kann. Die Deutungen sind manchmal sehr leicht. Das zweiblättrige Täschchen Doras ist nichts anderes als eine Darstellung des Genitales, und ihr Spielen damit, ihr Öffnen und Fingerhineinstecken eine recht ungenierte, aber unverkennbare pantomimische Mitteilung dessen, was sie damit tun möchte, die der Masturbation. Vor kurzem ist mir ein ähnlicher Fall vorgekommen, der sehr erheiternd wirkte. Eine ältere Dame zieht mitten in der Sitzung, angeblich um sich durch ein Bonbon anzufeuchten, eine kleine beinerne Dose hervor, bemüht sich, sie zu öffnen, und reicht sie dann mir, damit ich mich überzeuge, wie schwer sie aufgeht. Ich äußere mein Mißtrauen, daß diese Dose etwas Besonderes bedeuten müsse, ich sehe sie heute doch zum ersten Male, obwohl die Eigentümerin mich schon länger als ein Jahr besucht. Darauf die Dame im Eifer: »Diese Dose trage ich immer bei mir, ich nehme sie überall mit, wohin ich gehe!« Sie beruhigt sich erst, nachdem ich sie lachend aufmerksam gemacht, wie gut ihre Worte auch zu einer anderen Bedeutung passen. Die Dose – *box*, πύξις – ist wie das Täschchen, wie das Schmuckkästchen wieder nur eine Vertreterin der Venusmuschel, des weiblichen Genitales!

Es gibt viel solcher Symbolik im Leben, an der wir gewöhnlich achtlos vorübergehen. Als ich mir die Aufgabe stellte, das, was die Menschen verstecken, nicht durch den Zwang der Hypnose, sondern aus dem, was sie sagen und zeigen, ans Licht zu bringen, hielt ich die Aufgabe für schwerer, als sie wirklich ist. Wer Augen hat zu sehen und Ohren zu hören, überzeugt sich, daß die Sterblichen kein Geheimnis verbergen können. Wessen Lippen schweigen, der schwätzt mit den Fingerspitzen; aus allen Poren dringt ihm der Verrat. Und darum ist die Aufgabe, das verborgenste Seelische bewußtzumachen, sehr wohl lösbar.

Doras Symptomhandlung mit dem Täschchen war nicht der nächste Vorläufer des Traumes. Die Sitzung, die uns die Traumerzählung brachte, leitete sie durch eine andere Symptomhandlung ein. Als ich in das Zimmer trat, in dem sie wartete, versteckte sie rasch einen Brief, in dem sie las. Ich fragte natürlich, von wem der Brief sei, und sie weigerte sich erst, es anzugeben. Dann kam etwas heraus, was höchst gleichgültig und ohne Beziehung zu unserer Kur war. Es war ein Brief der Großmutter, in dem sie aufgefordert wurde, ihr öfter zu schreiben. Ich meine, sie wollte mir nur »Geheimnis« vorspielen und andeuten, daß sie sich jetzt ihr Geheimnis vom Arzt entreißen lasse. Ihre Abneigung gegen jeden neuen Arzt erkläre ich mir nun durch die Angst, er würde bei der Untersuchung (durch den Katarrh) oder beim Examen (durch die Mitteilung des Bettnässens) auf den Grund ihres Leidens kommen, Masturbation bei ihr erraten. Sie sprach dann immer sehr geringschätzig von den Ärzten, die sie vorher offenbar überschätzt hatte. [Vgl. S. 143, Anm.]

Anklagen gegen den Vater, daß er sie krank gemacht, mit der Selbstanklage dahinter – *fluor albus* – Spielen mit dem Täschchen – Bettnässen nach dem sechsten Jahre – Geheimnis, das sie sich von den Ärzten nicht entreißen lassen will: ich halte den Indizienbeweis für die kindliche Masturbation für lückenlos hergestellt. Ich hatte in diesem Falle die Masturbation zu ahnen begonnen, als sie mir von den Magenkrämpfen der Kusine erzählte (s. S. 114) und sich dann mit dieser identifizierte, indem sie tagelang über die nämlichen schmerzhaften Sensationen klagte. Es ist bekannt, wie häufig Magenkrämpfe gerade bei Masturbanten auftreten. Nach einer persönlichen Mitteilung von W. Fließ sind es gerade solche Gastralgien, die durch Kokainisierung der von ihm gefundenen »Magenstelle« in der Nase unterbrochen und durch deren Ätzung geheilt werden können[1]. Dora bestätigte mir bewußterweise zweierlei, daß sie selbst häufig an Magenkrämpfen gelitten und daß sie die Kusine mit guten Gründen für eine Masturbantin gehalten habe. Es ist bei den Kranken sehr gewöhnlich, daß sie einen Zusammenhang bei

---

[1] [S. Fließ (1892 und 1893). Freud hatte dieses Thema in seiner ersten Arbeit über Angstneurose (1895 *b*, s. S. 27 des vorliegenden Bandes) berührt.]

II. Der erste Traum

anderen erkennen, dessen Erkenntnis ihnen bei der eigenen Person durch Gefühlswiderstände unmöglich wird. Sie leugnete auch nicht mehr, obwohl sie noch nichts erinnerte. Auch die Zeitbestimmung des Bettnässens »bis kurz vor dem Auftreten des nervösen Asthmas« [S. 143] halte ich für klinisch verwertbar. Die hysterischen Symptome treten fast niemals auf, solange die Kinder masturbieren, sondern erst in der Abstinenz[1]; sie drücken einen Ersatz für die masturbatorische Befriedigung aus, nach der das Verlangen im Unbewußten erhalten bleibt, solange nicht andersartige normalere Befriedigung eintritt, wo diese noch möglich geblieben ist. Letztere Bedingung ist die Wende für mögliche Heilung der Hysterie durch Ehe und normalen Geschlechtsverkehr. Wird die Befriedigung in der Ehe wieder aufgehoben, etwa durch *coitus interruptus*, psychische Entfremdung u. dgl., so sucht die Libido ihr altes Strombett wieder auf und äußert sich wiederum in hysterischen Symptomen.

Ich möchte gerne noch die sichere Auskunft anfügen, wann und durch welchen besonderen Einfluß die Masturbation bei Dora unterdrückt wurde, aber die Unvollständigkeit der Analyse nötigt mich, hier lückenhaftes Material vorzubringen. Wir haben gehört, daß das Bettnässen bis nahe an die erste Erkrankung an Dyspnoe heranreichte. Nun war das einzige, was sie zur Aufklärung dieses ersten Zustandes anzugeben wußte, daß der Papa damals das erstemal nach seiner Besserung verreist gewesen sei. In diesem erhaltenen Stückchen Erinnerung mußte eine Beziehung zur Ätiologie der Dyspnoe angedeutet sein. Ich bekam nun durch Symptomhandlungen und andere Anzeichen guten Grund zur Annahme, daß das Kind, dessen Schlafzimmer sich neben dem der Eltern befand, einen nächtlichen Besuch des Vaters bei seiner Ehefrau belauscht und das Keuchen des ohnedies kurzatmigen Mannes beim Koitus gehört habe. Die Kinder ahnen in solchen Fällen das Sexuelle in dem unheimlichen Geräusche. Die Ausdrucksbewegungen für die sexuelle Erregung liegen ja als mitgeborene Mechanismen in ihnen bereit. Daß die Dyspnoe und das Herzklopfen der Hysterie und Angstneurose nur losgelöste Stücke aus der Koitusaktion sind, habe ich vor Jahren bereits ausgeführt[2], und in vielen Fällen, wie dem Doras, konnte

---

[1] Bei Erwachsenen gilt prinzipiell dasselbe, doch reicht hier auch relative Abstinenz, Einschränkung der Masturbation aus, so daß bei heftiger Libido Hysterie und Masturbation mitsammen vorkommen können.

[2] [In Freuds erster Arbeit über Angstneurose, S. 46 oben. Viel später, in *Hemmung, Symptom und Angst* (1926 d), legte er eine andere Erklärung der körperlichen Begleitumstände der Angst vor; s. S. 273–4 unten.]

ich das Symptom der Dyspnoe, des nervösen Asthmas, auf die gleiche Veranlassung, auf das Belauschen des sexuellen Verkehres Erwachsener, zurückführen. Unter dem Einflusse der damals gesetzten Miterregung konnte sehr wohl der Umschwung in der Sexualität der Kleinen eintreten, welcher die Masturbationsneigung durch die Neigung zur Angst ersetzte. Eine Weile später, als der Vater abwesend war und das verliebte Kind seiner sehnsüchtig gedachte, wiederholte sie dann den Eindruck als Asthmaanfall. Aus dem in der Erinnerung bewahrten Anlasse zu dieser Erkrankung läßt sich noch der angstvolle Gedankengang erraten, der den Anfall begleitete. Sie bekam ihn zuerst, nachdem sie sich auf einer Bergpartie überangestrengt [S. 99 f.], wahrscheinlich etwas reale Atemnot verspürt hatte. Zu dieser trat die Idee, daß dem Vater Bergsteigen verboten sei, daß er sich nicht überanstrengen dürfe, weil er kurzen Atem habe, dann die Erinnerung, wie sehr er sich in der Nacht bei der Mama angestrengt, ob ihm das nicht geschadet habe, dann die Sorge, ob sie sich nicht überangestrengt habe bei der gleichfalls zum sexuellen Orgasmus mit etwas Dyspnoe führenden Masturbation, und dann die verstärkte Wiederkehr dieser Dyspnoe als Symptom. Einen Teil dieses Materials konnte ich noch der Analyse entnehmen, den andern mußte ich ergänzen. Aus der Konstatierung der Masturbation haben wir ja gesehen, daß das Material für ein Thema erst stückweise zu verschiedenen Zeiten und in verschiedenen Zusammenhängen zusammengebracht wird[1].

---

[1] In ganz ähnlicher Weise wird der Beweis der infantilen Masturbation auch in anderen Fällen hergestellt. Das Material dafür ist meist ähnlicher Natur: Hinweise auf *fluor albus*, Bettnässen, Handzeremoniell (Waschzwang) u. dgl. Ob die Gewöhnung von einer Warteperson entdeckt worden ist oder nicht, ob ein Abgewöhnungskampf oder ein plötzlicher Umschwung diese Sexualbetätigung zum Ende geführt hat, läßt sich aus der Symptomatik des Falles jedesmal mit Sicherheit erraten. Bei Dora war die Masturbation unentdeckt geblieben und hatte mit einem Schlage ein Ende gefunden (Geheimnis, Angst vor Ärzten – Ersatz durch Dyspnoe). Die Kranken bestreiten zwar regelmäßig die Beweiskraft dieser Indizien und dies selbst dann, wenn die Erinnerung an den Katarrh oder an die Verwarnung der Mutter (»das mache dumm; es sei giftig«) in bewußter Erinnerung geblieben ist. Aber einige Zeit nachher stellt sich auch die so lange verdrängte Erinnerung an dieses Stück des kindlichen Sexuallebens mit Sicherheit, und zwar bei allen Fällen, ein. – Bei einer Patientin mit Zwangsvorstellungen, welche direkte Abkömmlinge der infantilen Masturbation waren, erwiesen sich die Züge des Verbietens, Bestrafens, wenn sie dies eine getan habe, dürfe sie das andere nicht, das Nicht-gestört-werden-Dürfen, das Pausen-Einschieben zwischen einer Verrichtung (mit den Händen) und einer nächsten, das Händewaschen usw. als unverändert erhaltene Stücke der Abgewöhnungsarbeit ihrer Pflegeperson. Die Warnung: »Pfui, das ist giftig!« war das einzige, was dem Gedächtnisse immer erhalten geblieben war. Vgl. hierzu noch meine *Drei Abhandlungen zur Sexualtheorie*, (1905 d) [den Abschnitt über ›Die masturbatorischen Sexualäußerungen‹ in der zweiten Abhandlung; *Studienausgabe*, Bd. 5, S. 92 ff.].

II. Der erste Traum

Es erheben sich nun eine Reihe der gewichtigsten Fragen zur Ätiologie der Hysterie, ob man den Fall Doras als typisch für die Ätiologie ansehen darf, ob er den einzigen Typus der Verursachung darstellt usw. Allein ich tue gewiß recht daran, die Beantwortung dieser Fragen erst auf die Mitteilung einer größeren Reihe von ähnlich analysierten Fällen warten zu lassen. Ich müßte überdies damit beginnen, die Fragestellung zurechtzurücken. Anstatt mich mit Ja oder Nein darüber zu äußern, ob die Ätiologie dieses Krankheitsfalles in der kindlichen Masturbation zu suchen ist, würde ich zunächst den Begriff der Ätiologie bei den Psychoneurosen zu erörtern haben. Der Standpunkt, von dem aus ich antworten könnte, würde sich als wesentlich verschoben gegen den Standpunkt erweisen, von dem aus die Frage an mich gestellt wird. Genug, wenn wir für diesen Fall zur Überzeugung gelangen, daß hier Kindermasturbation nachweisbar ist, daß sie nichts Zufälliges und nichts für die Gestaltung des Krankheitsbildes Gleichgültiges sein kann[1]. Uns winkt ein weiteres Verständnis der Symptome bei Dora, wenn wir die Bedeutung des von ihr eingestandenen *fluor albus* ins Auge fassen. Das Wort »Katarrh«, mit dem sie ihre Affektion bezeichnen lernte, als ein ähnliches Leiden der Mutter Franzensbad nötig machte [S. 146], ist wiederum ein »Wechsel« [S. 137, Anm. 1], welcher der ganzen Reihe von Gedanken über die Krankheitsverschuldung des Papas den Zugang zur Äußerung in dem Symptom des Hustens öffneten. Dieser Husten, der gewiß ursprünglich von einem geringfügigen realen Katarrh herstammte, war ohnedies Nachahmung des auch mit einem Lungenleiden behafteten Vaters und konnte ihrem Mitleid und ihrer Sorge für ihn Ausdruck geben. Außerdem aber rief er gleichsam in die Welt hinaus, was ihr damals vielleicht noch nicht bewußt geworden war: »Ich bin die Tochter von Papa. Ich habe einen Katarrh wie er. Er hat mich krank gemacht,

---

[1] Mit der Angewöhnung der Masturbation muß der Bruder in irgendwelcher Verbindung sein, denn in diesem Zusammenhang erzählte sie mit dem Nachdrucke, der eine »Deckerinnerung« verrät, daß der Bruder ihr regelmäßig alle Ansteckungen zugetragen, die er selbst leicht, sie aber schwer durchgemacht [S. 100]. Der Bruder wird auch im Traume vor dem »Zugrundegehen« behütet [S. 136]; er hat selbst an Bettnässen gelitten, aber noch vor der Schwester damit aufgehört [S. 143]. In gewissem Sinne war es auch richtig, wenn sie aussprach, bis zu der ersten Krankheit habe sie mit dem Bruder Schritt halten können, von da an sei sie im Lernen gegen ihn zurückgeblieben. Als wäre sie bis dahin ein Bub gewesen, dann erst mädchenhaft geworden. Sie war wirklich ein wildes Ding, vom »Asthma« an wurde sie still und sittig. Diese Erkrankung bildete bei ihr die Grenze zwischen zwei Phasen des Geschlechtslebens, von denen die erste männlichen, die spätere weiblichen Charakter hatte.

Bruchstück einer Hysterie-Analyse

wie er die Mama krank gemacht hat. Von ihm habe ich die bösen Leidenschaften, die sich durch Krankheit strafen.«[1]
Wir können nun den Versuch machen, die verschiedenen Determinierungen, die wir für die Anfälle von Husten und Heiserkeit gefunden haben, zusammenzustellen. Zuunterst in der Schichtung ist ein realer, organisch bedingter Hustenreiz anzunehmen, das Sandkorn also, um welches das Muscheltier die Perle bildet. Dieser Reiz ist fixierbar, weil er eine Körperregion betrifft, welche die Bedeutung einer erogenen Zone bei dem Mädchen in hohem Grade bewahrt hat. Er ist also geeignet dazu, der erregten Libido Ausdruck zu geben. Er wird fixiert durch die wahrscheinlich erste psychische Umkleidung, die Mitleidsimitation für den kranken Vater und dann durch die Selbstvorwürfe wegen des »Katarrhs«. Dieselbe Symptomgruppe zeigt sich ferner fähig, die Beziehungen zu Herrn K. darzustellen, seine Abwesenheit zu bedauern und den Wunsch auszudrücken, ihm eine bessere Frau zu sein. Nachdem ein Teil der Libido sich wieder dem Vater zugewendet, gewinnt das Symptom seine vielleicht letzte Bedeutung zur Darstellung des sexuellen Verkehres mit dem Vater in der Identifizierung mit Frau K. Ich möchte dafür bürgen, daß diese Reihe keineswegs vollständig ist. Leider ist die unvollständige Analyse nicht imstande, dem Wechsel der Bedeutung zeitlich zu folgen, die Reihenfolge und die Koexistenz verschiedener Bedeutungen klarzulegen. An eine vollständige darf man diese Forderungen stellen.
Ich darf nun nicht versäumen, auf weitere Beziehungen des Genitalkatarrhs zu den hysterischen Symptomen Doras einzugehen. Zu Zeiten, als eine psychische Aufklärung der Hysterie noch in weiter Ferne lag, hörte ich ältere, erfahrene Kollegen behaupten, daß bei den hysterischen Patientinnen mit *fluor* eine Verschlimmerung des Katarrhs regelmäßig eine Verschärfung der hysterischen Leiden, besonders der Eßunlust und des Erbrechens nach sich ziehe. Über den Zusammenhang

---

[1] Die nämliche Rolle spielte das Wort [»Katarrh«] bei dem 14jährigen Mädchen, dessen Krankengeschichte ich auf S. 102–3, Anm., in einige Zeilen zusammengedrängt habe. Ich hatte das Kind mit einer intelligenten Dame, die mir die Dienste einer Wärterin leistete, in einer Pension installiert. Die Dame berichtete mir, daß die kleine Patientin ihre Gegenwart beim Zubettegehen nicht dulde und daß sie im Bette auffällig huste, wovon tagsüber nichts zu hören war. Der Kleinen fiel, als sie über diese Symptome befragt wurde, nur ein, daß ihre Großmutter so huste, von der man sage, sie habe einen Katarrh. Es war dann klar, daß auch sie einen Katarrh habe und daß sie bei der abends vorgenommenen Reinigung nicht bemerkt werden wolle. Der Katarrh, der mittels dieses Wortes *von unten nach oben* geschoben worden war [s. S. 107], zeigte sogar eine nicht gewöhnliche Intensität.

II. Der erste Traum

war niemand recht klar, aber ich glaube, man neigte zur Anschauung der Gynäkologen hin, die bekanntlich einen direkten und organisch störenden Einfluß von Genitalaffektionen auf die nervösen Funktionen im breitesten Ausmaße annehmen, wobei uns die therapeutische Probe auf die Rechnung zu allermeist im Stich läßt. Bei dem heutigen Stande unserer Einsicht kann man einen solchen direkten und organischen Einfluß auch nicht für ausgeschlossen erklären, aber leichter nachweisbar ist jedenfalls dessen psychische Umkleidung. Der Stolz auf die Gestaltung der Genitalien ist bei unseren Frauen ein ganz besonderes Stück ihrer Eitelkeit; Affektionen derselben, welche für geeignet gehalten werden, Abneigung oder selbst Ekel einzuflößen, wirken in ganz unglaublicher Weise kränkend, das Selbstgefühl herabsetzend, machen reizbar, empfindlich und mißtrauisch. Die abnorme Sekretion der Scheidenschleimhaut wird als ekelerregend angesehen.
Erinnern wir uns, daß bei Dora nach dem Kusse des Herrn K. eine lebhafte Ekelempfindung eintrat und daß wir Grund fanden, uns ihre Erzählung dieser Kußszene dahin zu vervollständigen, daß sie den Druck des erigierten Gliedes gegen ihren Leib in der Umarmung verspürte [S. 106 ff.]. Wir erfahren nun ferner, daß dieselbe Gouvernante, welche sie wegen ihrer Untreue von sich gestoßen hatte, ihr aus eigener Lebenserfahrung vorgetragen hatte, alle Männer seien leichtsinnig und unverläßlich. Für Dora mußte das heißen, alle Männer seien wie der Papa. Ihren Vater hielt sie aber für geschlechtskrank, hatte er doch diese Krankheit auf sie und auf die Mutter übertragen. Sie konnte sich also vorstellen, alle Männer seien geschlechtskrank, und ihr Begriff von Geschlechtskrankheit war natürlich nach ihrer einzigen und dazu persönlichen Erfahrung gebildet. Geschlechtskrank hieß ihr also mit einem ekelhaften Ausflusse behaftet – ob dies nicht eine weitere Motivierung des Ekels war, den sie im Moment der Umarmung empfand? Dieser auf die Berührung des Mannes übertragene Ekel wäre dann ein nach dem erwähnten primitiven Mechanismus (s. S. 111 f.) projizierter, der sich in letzter Linie auf ihren eigenen *fluor* bezog.
Ich vermute, daß es sich hiebei um unbewußte Gedankengänge handelt, welche über vorgebildete organische Zusammenhänge gezogen sind, etwa wie Blumenfestons über Drahtgewinde, so daß man ein andermal andere Gedankenwege zwischen den nämlichen Ausgangs- und Endpunkten eingeschaltet finden kann. Doch ist die Kenntnis der im einzelnen wirksam gewesenen Gedankenverbindungen für die Lösung der Symptome von unersetzlichem Werte. Daß wir im Falle Doras zu Ver-

Bruchstück einer Hysterie-Analyse

mutungen und Ergänzungen greifen müssen, ist nur durch den vorzeitigen Abbruch der Analyse begründet. Was ich zur Ausfüllung der Lücken vorbringe, lehnt sich durchweg an andere, gründlich analysierte Fälle an.

Der Traum, durch dessen Analyse wir die vorstehenden Aufschlüsse gewonnen haben, entspricht, wie wir fanden, einem Vorsatze, den Dora in den Schlaf mitnimmt. Er wird darum jede Nacht wiederholt, bis der Vorsatz erfüllt ist, und er tritt Jahre später wieder auf, sowie sich ein Anlaß ergibt, einen analogen Vorsatz zu fassen. Der Vorsatz läßt sich bewußt etwa folgendermaßen aussprechen: Fort aus diesem Hause, in dem, wie ich gesehen habe, meiner Jungfräulichkeit Gefahr droht; ich reise mit dem Papa ab, und morgens bei der Toilette will ich meine Vorsichten treffen, nicht überrascht zu werden. Diese Gedanken finden ihren deutlichen Ausdruck im Traume; sie gehören einer Strömung an, die im Wachleben zum Bewußtsein und zur Herrschaft gelangt ist. Hinter ihnen läßt sich ein dunkler vertretener Gedankenzug erraten, welcher der gegenteiligen Strömung entspricht und darum der Unterdrückung verfallen ist. Er gipfelt in der Versuchung, sich dem Manne zum Danke für die ihr in den letzten Jahren bewiesene Liebe und Zärtlichkeit hinzugeben, und ruft vielleicht die Erinnerung an den einzigen Kuß auf, den sie bisher von ihm empfangen hat. Aber nach der in meiner *Traumdeutung* entwickelten Theorie reichen solche Elemente nicht hin, um einen Traum zu bilden. Ein Traum sei kein Vorsatz, der als ausgeführt, sondern ein Wunsch, der als erfüllt dargestellt wird, und zwar womöglich ein Wunsch aus dem Kinderleben. Wir haben die Verpflichtung zu prüfen, ob dieser Satz nicht durch unseren Traum widerlegt wird.

Der Traum enthält in der Tat infantiles Material, welches in keiner auf den ersten Blick ergründbaren Beziehung zum Vorsatze steht, das Haus des Herrn K. und die von ihm ausgehende Versuchung zu fliehen. Wozu taucht wohl die Erinnerung an das Bettnässen als Kind und an die Mühe auf, die sich der Vater damals gab, das Kind rein zu gewöhnen? Man kann darauf die Antwort geben, weil es nur mit Hilfe dieses Gedankenzuges möglich ist, die intensiven Versuchungsgedanken zu unterdrücken und den gegen sie gefaßten Vorsatz zur Herrschaft zu bringen. Das Kind beschließt, *mit* seinem Vater zu flüchten; in Wirklichkeit flüchtet es sich in der Angst vor dem ihm nachstellenden Manne *zu* seinem Vater; es ruft eine infantile Neigung zum Vater wach, die es gegen die

II. Der erste Traum

rezente zu dem Fremden schützen soll. An der gegenwärtigen Gefahr ist der Vater selbst mitschuldig, der sie wegen eigener Liebesinteressen dem fremden Manne ausgeliefert hat. Wie viel schöner war es doch, als derselbe Vater niemanden anderen lieber hatte als sie und sich bemühte, sie vor den Gefahren, die sie damals bedrohten, zu retten. Der infantile und heute unbewußte Wunsch, den Vater an die Stelle des fremden Mannes zu setzen, ist eine traumbildende Potenz. Wenn es eine Situation gegeben hat, die ähnlich einer der gegenwärtigen sich doch durch diese Personvertretung von ihr unterschied, so wird diese zur Hauptsituation des Trauminhaltes. Es gibt eine solche; geradeso wie am Vortage Herr K., stand einst der Vater vor ihrem Bette und weckte sie etwa mit einem Kusse, wie vielleicht Herr K. beabsichtigt hatte. Der Vorsatz, das Haus zu fliehen, ist also nicht an und für sich traumfähig, er wird es dadurch, daß sich ihm ein anderer, auf infantile Wünsche gestützter Vorsatz beigesellt. Der Wunsch, Herrn K. durch den Vater zu ersetzen, gibt die Triebkraft zum Traume ab. Ich erinnere an die Deutung, zu der mich der verstärkte, auf das Verhältnis des Vaters zu Frau K. bezügliche Gedankenzug nötigte, es sei hier eine infantile Neigung zum Vater wachgerufen worden, um die verdrängte Liebe zu Herrn K. in der Verdrängung erhalten zu können [S. 131]; diesen Umschwung im Seelenleben der Patientin spiegelt der Traum wider.
Über das Verhältnis zwischen den in den Schlaf sich fortsetzenden Wachgedanken – den Tagesresten – und dem unbewußten traumbildenden Wunsche habe ich in der *Traumdeutung*[1] einige Bemerkungen niedergelegt, die ich hier unverändert zitieren werde, denn ich habe ihnen nichts hinzuzufügen, und die Analyse dieses Traumes von Dora beweist von neuem, daß es sich nicht anders verhält.
»Ich will zugeben, daß es eine ganze Klasse von Träumen gibt, zu denen die *Anregung* vorwiegend oder selbst ausschließlich aus den Resten des Tageslebens stammt, und ich meine, selbst mein Wunsch, endlich einmal Professor extraordinarius zu werden[2], hätte mich diese Nacht ruhig schlafen lassen können, wäre nicht die Sorge um die Gesundheit meines Freundes vom Tage her noch rührig gewesen. Aber diese Sorge hätte noch keinen Traum gemacht; die *Triebkraft*, die der Traum bedurfte, mußte von einem Wunsche beigesteuert werden; es war Sache der Besorgnis, sich einen solchen Wunsch als Triebkraft des Traumes zu ver-

---
[1] [(1900a), Kapitel VII, Abschnitt C, *Studienausgabe*, Bd. 2, S. 534 f.]
[2] Dies bezieht sich auf die Analyse des dort zum Muster genommenen Traumes [des Traumes »Otto schaut schlecht aus«, im V. Kapitel; s. ibid., S. 273 ff.].

schaffen. Um es in einem Gleichnisse zu sagen: Es ist sehr wohl möglich, daß ein Tagesgedanke die Rolle des *Unternehmers* für den Traum spielt; aber der Unternehmer, der, wie man sagt, die Idee hat und den Drang, sie in Tat umzusetzen, kann doch ohne Kapital nichts machen; er braucht einen Kapitalisten, der den Aufwand bestreitet, und dieser Kapitalist, der den psychischen Aufwand für den Traum beistellt, ist allemal und unweigerlich, was immer auch der Tagesgedanke sein mag, *ein Wunsch aus dem Unbewußten.*«

Wer die Feinheit in der Struktur solcher Gebilde wie der Träume kennengelernt hat, wird nicht überrascht sein zu finden, daß der Wunsch, der Vater möge die Stelle des versuchenden Mannes einnehmen, nicht etwa beliebiges Kindheitsmaterial zur Erinnerung bringt, sondern gerade solches, das auch die intimsten Beziehungen zur Unterdrückung dieser Versuchung unterhält. Denn wenn Dora sich unfähig fühlt, der Liebe zu diesem Manne nachzugeben, wenn es zur Verdrängung dieser Liebe anstatt zur Hingebung kommt, so hängt diese Entscheidung mit keinem anderen Moment inniger zusammen als mit ihrem vorzeitigen Sexualgenusse und mit dessen Folgen, dem Bettnässen, dem Katarrh und dem Ekel. Eine solche Vorgeschichte kann je nach der Summation der konstitutionellen Bedingungen zweierlei Verhalten gegen die Liebesanforderung in reifer Zeit begründen, entweder die volle widerstandslose, ins Perverse greifende Hingebung an die Sexualität oder in der Reaktion die Ablehnung derselben unter neurotischer Erkrankung. Konstitution und die Höhe der intellektuellen und moralischen Erziehung hatten bei unserer Patientin für das letztere den Ausschlag gegeben.

Ich will noch besonders darauf aufmerksam machen, daß wir von der Analyse dieses Traumes aus den Zugang zu Einzelheiten der pathogen wirksamen Erlebnisse gefunden haben, die der Erinnerung oder wenigstens der Reproduktion sonst nicht zugänglich gewesen waren. Die Erinnerung an das Bettnässen der Kindheit war, wie sich ergab, bereits verdrängt. Die Einzelheiten der Nachstellung von seiten des Herrn K. hatte Dora niemals erwähnt, sie waren ihr nicht eingefallen.

Noch einige Bemerkungen zur Synthese dieses Traumes[1]. Die Traumarbeit nimmt ihren Anfang am Nachmittage des zweiten Tages nach

---

[1] [In den Ausgaben vor 1924 waren die folgenden Schlußabsätze dieses Abschnitts als Fußnote gesetzt. Zur Frage der »Synthese« von Träumen s. *Die Traumdeutung* (1900a), Kapitel VI, den Anfang von Abschnitt C; *Studienausgabe*, Bd. 2, S. 309.]

II. Der erste Traum

der Szene im Walde, nachdem sie bemerkt, daß sie ihr Zimmer nicht mehr verschließen kann [S. 138]. Da sagt sie sich: Hier droht mir ernste Gefahr, und bildet den Vorsatz, nicht allein im Hause zu bleiben, sondern mit dem Papa abzureisen. Dieser Vorsatz wird traumbildungsfähig, weil er sich ins Unbewußte fortzusetzen vermag. Dort entspricht ihm, daß sie die infantile Liebe zum Vater als Schutz gegen die aktuelle Versuchung aufruft. Die Wendung, die sich dabei in ihr vollzieht, fixiert sich und führt sie auf den Standpunkt, den ihr *überwertiger* Gedankengang vertritt (Eifersucht gegen Frau K. wegen des Vaters, als ob sie in ihn verliebt wäre). Es kämpfen in ihr die Versuchung, dem werbenden Manne nachzugeben, und das zusammengesetzte Sträuben dagegen. Letzteres ist zusammengesetzt aus Motiven der Wohlanständigkeit und Besonnenheit, aus feindseligen Regungen infolge der Eröffnung der Gouvernante (Eifersucht, gekränkter Stolz, siehe unten [S. 171 f.]) und aus einem neurotischen Elemente, dem in ihr vorbereiteten Stücke Sexualabneigung, welches auf ihrer Kindergeschichte fußt. Die zum Schutze gegen die Versuchung wachgerufene Liebe zum Vater stammt aus dieser Kindergeschichte.

Der Traum verwandelt den im Unbewußten vertieften Vorsatz, sich zum Vater zu flüchten, in eine Situation, die den Wunsch, der Vater möge sie aus der Gefahr retten, erfüllt zeigt. Dabei ist ein im Wege stehender Gedanke beiseite zu schieben, der Vater ist es ja, der sie in diese Gefahr gebracht hat. Die hier unterdrückte feindselige Regung (Racheneigung) gegen den Vater werden wir als einen der Motoren des zweiten Traumes kennenlernen [S. 165 f.].

Nach den Bedingungen der Traumbildung wird die phantasierte Situation so gewählt, daß sie eine infantile Situation wiederholt. Ein besonderer Triumph ist es, wenn es gelingt, eine rezente, etwa gerade die Situation des Traumanlasses, in eine infantile zu verwandeln. Das gelingt hier durch reine Zufälligkeit des Materials. So wie Herr K. vor ihrem Lager gestanden und sie geweckt, so tat es oft in Kinderjahren der Vater. Ihre ganze Wendung läßt sich treffend symbolisieren, indem sie in dieser Situation Herrn K. durch den Vater ersetzt.

Der Vater weckte sie aber seinerzeit, damit sie das Bett nicht naß mache.

Dieses »Naß« wird bestimmend für den weiteren Trauminhalt, in welchem es aber nur durch eine entfernte Anspielung und durch seinen Gegensatz vertreten ist.

Der Gegensatz von »Naß«, »Wasser« kann leicht »Feuer«, »Brennen«

sein. Die Zufälligkeit, daß der Vater bei der Ankunft an dem Orte [L.] Angst vor Feuersgefahr geäußert hatte [S. 137], hilft mit, um zu entscheiden, daß die Gefahr, aus welcher der Vater sie rettet, eine Brandgefahr sei. Auf diesen Zufall und auf den Gegensatz zu »Naß« stützt sich die gewählte Situation des Traumbildes: Es brennt, der Vater steht vor ihrem Bette, um sie zu wecken. Die zufällige Äußerung des Vaters gelangte wohl nicht zu dieser Bedeutung im Trauminhalte, wenn sie nicht so vortrefflich zu der siegreichen Gefühlsströmung stimmen würde, die in dem Vater durchaus den Helfer und Retter finden will. Er hat die Gefahr gleich bei der Ankunft geahnt, er hat recht gehabt! (In Wirklichkeit hatte er das Mädchen in diese Gefahr gebracht.)

In den Traumgedanken fällt dem »Naß« infolge leicht herstellbarer Beziehungen die Rolle eines Knotenpunktes für mehrere Vorstellungskreise zu. »Naß« gehört nicht allein dem Bettnässen an, sondern auch dem Kreise der sexuellen Versuchungsgedanken, die unterdrückt hinter diesem Trauminhalte stehen. Sie weiß, daß es auch ein Naßwerden beim sexuellen Verkehre gibt, daß der Mann dem Weib etwas Flüssiges in *Tropfenform* bei der Begattung schenkt. Sie weiß, daß gerade darin die Gefahr besteht, daß ihr die Aufgabe gestellt wird, das Genitale vor dem Benetztwerden zu hüten.

Mit »Naß« und »Tropfen« erschließt sich gleichzeitig der andere Assoziationskreis, der des ekelhaften Katarrhs, der in ihren reiferen Jahren wohl die nämliche beschämende Bedeutung hat wie in der Kinderzeit das Bettnässen. »Naß« wird hier gleichbedeutend mit »verunreinigt«. Das Genitale, das reingehalten werden soll, ist ja schon durch den Katarrh verunreinigt, übrigens bei der Mama geradeso wie bei ihr (S. 146). Sie scheint zu verstehen, daß die Reinlichkeitssucht der Mama die Reaktion gegen diese Verunreinigung ist.

Beide Kreise treffen in dem einen zusammen: Die Mama hat beides vom Papa bekommen, das sexuelle Naß und den verunreinigenden *fluor*. Die Eifersucht gegen die Mama ist untrennbar von dem Gedankenkreise der hier zum Schutze aufgerufenen infantilen Liebe zum Vater. Aber darstellungsfähig ist dieses Material noch nicht. Läßt sich aber eine Erinnerung finden, die mit beiden Kreisen des »Naß« in ähnlich guter Beziehung steht, aber das Anstößige vermeidet, so wird diese die Vertretung im Trauminhalte übernehmen können.

Eine solche findet sich in der Begebenheit von den »Tropfen«, die sich die Mama als Schmuck gewünscht [S. 140]. Anscheinend ist die Verknüpfung dieser Reminiszenz mit den beiden Kreisen des sexuellen Naß und

II. Der erste Traum

der Verunreinigung eine äußerliche, oberflächliche, durch die Worte vermittelt, denn »Tropfen« ist als »Wechsel«, als zweideutiges Wort verwendet [S. 137, Anm. 1], und »Schmuck« ist so viel als »rein«, ein etwas gezwungener Gegensatz zu »verunreinigt«. In Wirklichkeit sind die festesten inhaltlichen Verknüpfungen nachweisbar. Die Erinnerung stammt aus dem Material der infantil wurzelnden, aber weit fortgesetzten Eifersucht gegen die Mama. Über die beiden Wortbrücken kann alle Bedeutung, die an den Vorstellungen vom sexuellen Verkehre zwischen den Eltern, von der Fluorerkrankung und von der quälenden Reinmacherei der Mama haftet, auf die eine Reminiszenz von den »Schmucktropfen« übergeführt werden.

Doch muß noch eine weitere Verschiebung für den Trauminhalt Platz greifen. Nicht das dem ursprünglichen »Naß« nähere »Tropfen«, sondern das entferntere »Schmuck« gelangt zur Aufnahme in den Traum. Es hätte also heißen können, wenn dieses Element in die vorher fixierte Traumsituation eingefügt wird: Die Mama will noch ihren Schmuck retten. In der neuen Abänderung »Schmuckkästchen« macht sich nun nachträglich der Einfluß von Elementen aus dem unterliegenden Kreise der Versuchung durch Herrn K. geltend. Schmuck hat ihr Herr K. nicht geschenkt, wohl aber ein »Kästchen« dafür [S. 140], die Vertretung all der Auszeichnungen und Zärtlichkeiten, für die sie jetzt dankbar sein sollte. Und das jetzt entstandene Kompositum »Schmuckkästchen« hat noch einen besonderen vertretenden Wert. Ist »Schmuckkästchen« nicht ein gebräuchliches Bild für das unbefleckte, unversehrte, weibliche Genitale? Und anderseits ein harmloses Wort, also vortrefflich geeignet, die sexuellen Gedanken hinter dem Traum ebensosehr anzudeuten wie zu verstecken?

So heißt es also im Trauminhalte an zwei Stellen: »Schmuckkästchen der Mama«, und dies Element ersetzt die Erwähnung der infantilen Eifersucht, der Tropfen, also des sexuellen Nassen, der Verunreinigung durch den *fluor* und anderseits der jetzt aktuellen Versuchungsgedanken, die auf Gegenliebe dringen und die bevorstehende – ersehnte und drohende – sexuelle Situation ausmalen. Das Element »Schmuckkästchen« ist wie kein anderes ein Verdichtungs- und Verschiebungsergebnis und ein Kompromiß gegensätzlicher Strömungen. Auf seine mehrfache Herkunft – aus infantiler wie aus aktueller Quelle – deutet wohl sein zweimaliges Auftreten im Trauminhalte.

Der Traum ist die Reaktion auf ein frisches, erregend wirkendes Erlebnis, welches notwendigerweise die Erinnerung an das einzige analoge Erlebnis früherer Jahre wecken muß. Dies ist die Szene mit dem Kusse im Laden, bei dem der Ekel auftrat [S. 105]. Dieselbe Szene ist aber assoziativ von anderswoher zugänglich, von dem Gedankenkreise des Katarrhs (vgl. S. 152) und von dem der aktuellen Versuchung aus. Sie liefert also einen eigenen Beitrag zum Trauminhalte, der sich der vorgebildeten Situation anpassen muß. Es brennt ... der Kuß hat wohl nach Rauch geschmeckt, sie riecht also Rauch im Trauminhalte, der sich hier über das Erwachen fortsetzt [S. 144].

In der Analyse dieses Traumes habe ich leider aus Unachtsamkeit eine Lücke gelassen. Dem Vater ist die Rede in den Mund gelegt: Ich will nicht, daß meine beiden Kinder usw. (hier ist wohl aus den Traumgedanken einzufügen: an den Folgen der Masturbation) zugrunde gehen. Solche Traumrede ist regelmäßig aus Stücken realer, gehaltener oder gehörter Rede zusammengesetzt[1]. Ich hätte mich nach der realen Herkunft dieser Rede erkundigen sollen. Das Ergebnis dieser Nachfrage hätte den Aufbau des Traumes zwar verwickelter ergeben, aber dabei gewiß auch durchsichtiger erkennen lassen.

Soll man annehmen, daß dieser Traum damals in L. genau den nämlichen Inhalt gehabt hat wie bei seiner Wiederholung während der Kur? Es scheint nicht notwendig. Die Erfahrung zeigt, daß die Menschen häufig behaupten, sie hätten denselben Traum gehabt, während sich die einzelnen Erscheinungen des wiederkehrenden Traumes durch zahlreiche Details und sonst weitgehende Abänderungen unterscheiden. So berichtet eine meiner Patientinnen, sie habe heute wieder ihren stets in gleicher Weise wiederkehrenden Lieblingstraum gehabt, daß sie im blauen Meere schwimme, mit Genuß die Wogen teile usw. Nähere Nachforschung ergibt, daß auf dem gemeinsamen Untergrunde das eine Mal dies, das andere Mal jenes Detail aufgetragen ist; ja, einmal schwamm sie im Meere, während es gefroren war, mitten zwischen Eisbergen. Andere Träume, die sie selbst nicht mehr für die nämlichen auszugeben versucht, zeigen sich mit diesen wiederkehrenden innig verknüpft. Sie sieht z. B. nach einer Fotografie gleichzeitig das Ober- und das Unterland von Helgoland in realen Dimensionen, auf dem Meere ein Schiff, in dem sich zwei Jugendbekannte von ihr befinden usw.

Sicher ist, daß der während der Kur vorfallende Traum Doras – vielleicht ohne seinen manifesten Inhalt zu ändern – eine neue aktuelle Be-

---

[1] [Vgl. *Die Traumdeutung*, (1900a), Kapitel VI (F), *Studienausgabe*, Bd. 2, S. 406 ff.]

II. Der erste Traum

deutung gewonnen hatte. Er schloß unter seinen Traumgedanken eine Beziehung zu meiner Behandlung ein und entsprach einer Erneuerung des damaligen Vorsatzes, sich einer Gefahr zu entziehen. Wenn keine Erinnerungstäuschung von ihrer Seite im Spiele war, als sie behauptete, den Rauch nach dem Erwachen schon in L. verspürt zu haben, so ist anzuerkennen, daß sie meinen Ausspruch: »Wo Rauch ist, da ist Feuer« [S. 144] sehr geschickt unter die fertige Traumform gebracht, wo er zur Überdeterminierung des letzten Elementes verwendet erscheint. Ein unleugbarer Zufall war es, daß ihr letzter aktueller Anlaß, das Verschließen des Speisezimmers von seiten der Mutter, wodurch der Bruder in seinem Schlafraume eingeschlossen blieb [S. 136 ff.], eine Anknüpfung an die Nachstellung des Herrn K. in L. brachte, wo ihr Entschluß zur Reife kam, als sie ihr Schlafzimmer nicht verschließen konnte. Vielleicht kam der Bruder in den damaligen Träumen nicht vor, so daß die Rede »meine beiden Kinder« erst nach dem letzten Anlasse in den Trauminhalt gelangte.

III
DER ZWEITE TRAUM

Wenige Wochen nach dem ersten fiel der zweite Traum vor, mit dessen Erledigung die Analyse abbrach. Er ist nicht so voll durchsichtig zu machen wie der erste, brachte aber eine erwünschte Bestätigung einer notwendig gewordenen Annahme über den Seelenzustand der Patientin [S. 170], füllte eine Gedächtnislücke aus [S. 171] und ließ einen tiefen Einblick in die Entstehung eines anderen ihrer Symptome gewinnen [S. 168].

Dora erzählte: *Ich gehe in einer Stadt, die ich nicht kenne, spazieren, sehe Straßen und Plätze, die mir fremd sind*[1]. *Ich komme dann in ein Haus, wo ich wohne, gehe auf mein Zimmer und finde dort einen Brief der Mama liegen. Sie schreibt: Da ich ohne Wissen der Eltern vom Hause fort bin, wollte sie mir nicht schreiben, daß der Papa erkrankt ist. Jetzt ist er gestorben, und wenn Du willst*[2], *kannst Du kommen. Ich gehe nun zum Bahnhofe und frage etwa 100mal: Wo ist der Bahnhof? Ich bekomme immer die Antwort: Fünf Minuten. Ich sehe dann einen dichten Wald vor mir, in den ich hineingehe, und frage dort einen Mann, dem ich begegne. Er sagt mir: Noch 2½ Stunden*[3]. *Er bietet mir an, mich zu begleiten. Ich lehne ab und gehe allein. Ich sehe den Bahnhof vor mir und kann ihn nicht erreichen. Dabei ist das gewöhnliche Angstgefühl, wenn man im Traume nicht weiter kommt. Dann bin ich zu Hause, dazwischen muß ich gefahren sein, davon weiß ich aber nichts.* – *Trete in die Portierloge und frage ihn nach unserer Wohnung. Das Dienstmädchen öffnet mir und antwortet: Die Mama und die anderen sind schon auf dem Friedhofe*[4].

Die Deutung dieses Traumes ging nicht ohne Schwierigkeiten vor sich. Infolge der eigentümlichen, mit seinem Inhalte verknüpften Umstände, unter denen wir abbrachen, ist nicht alles geklärt worden, und damit

---

[1] Hierzu der wichtige Nachtrag: *Auf einem der Plätze sehe ich ein Monument.*
[2] Dazu der Nachtrag: *Bei diesem Worte stand ein Fragezeichen: willst?*
[3] Ein zweites Mal wiederholt sie: *2 Stunden.*
[4] Dazu in der nächsten Stunde zwei Nachträge: *Ich sehe mich besonders deutlich die Treppe hinaufgehen,* und: *Nach ihrer Antwort gehe ich, aber gar nicht traurig, auf mein Zimmer und lese in einem großen Buche, das auf meinem Schreibtische liegt.*

III. Der zweite Traum

hängt wieder zusammen, daß meine Erinnerung die Reihenfolge der Erschließungen nicht überall gleich sicher bewahrt hat. Ich schicke noch voraus, welches Thema der fortlaufenden Analyse unterlag, als sich der Traum einmengte. Dora warf seit einiger Zeit selbst Fragen über den Zusammenhang ihrer Handlungen mit den zu vermutenden Motiven auf. Eine dieser Fragen war: Warum habe ich die ersten Tage nach der Szene am See noch darüber geschwiegen? Die zweite: Warum habe ich dann plötzlich den Eltern davon erzählt? Ich fand es überhaupt noch der Erklärung bedürftig, daß sie sich durch die Werbung K.s so schwer gekränkt gefühlt, zumal da mir die Einsicht aufzugehen begann, daß die Werbung um Dora auch für Herrn K. keinen leichtsinnigen Verführungsversuch bedeutet hatte. Daß sie von dem Vorfalle ihre Eltern in Kenntnis gesetzt, legte ich als eine Handlung aus, die bereits unter dem Einflusse krankhafter Rachsucht stand. Ein normales Mädchen wird, so sollte ich meinen, allein mit solchen Angelegenheiten fertig.

Ich werde also das Material, welches sich zur Analyse dieses Traumes einstellte, in der ziemlich bunten Ordnung, die sich in meiner Reproduktion ergibt, vorbringen.

Sie irrt allein in einer fremden Stadt, sieht Straßen und Plätze. Sie versichert, es war gewiß nicht B., worauf ich zuerst geraten hatte, sondern eine Stadt, in der sie nie gewesen war. Es lag nahe, fortzusetzen: Sie können ja Bilder oder Fotografien gesehen haben, denen Sie die Traumbilder entnehmen. Nach dieser Bemerkung stellt sich der Nachtrag von dem Monumente auf einem Platze ein und dann sofort die Kenntnis der Quelle. Sie hatte zu den Weihnachtsfeiertagen[1] ein Album mit Stadtansichten aus einem deutschen Kurorte bekommen und dasselbe gerade gestern hervorgesucht, um es den Verwandten, die bei ihnen zu Gast waren, zu zeigen. Es lag in einer Bilderschachtel, die sich nicht gleich vorfand, und sie fragte die Mama: *Wo ist die Schachtel?*[2] Eines der Bilder zeigte einen Platz mit einem Monumente. Der Spender aber war ein junger Ingenieur, dessen flüchtige Bekanntschaft sie einst in der Fabrikstadt gemacht hatte. Der junge Mann hatte eine Stellung in Deutschland angenommen, um rascher zur Selbständigkeit zu kommen, benützte jede Gelegenheit, um sich in Erinnerung zu bringen, und es war

---

[1] [Der Traum ereignete sich einige Tage nach Weihnachten (s. S. 171).]
[2] Im Traume fragt sie: *Wo ist der Bahnhof?* Aus dieser Annäherung zog ich einen Schluß, den ich später [S. 164] entwickeln werde.

leicht zu erraten, daß er vorhabe, seinerzeit, wenn sich seine Position gebessert, mit einer Werbung um Dora hervorzutreten. Aber das brauchte noch Zeit, da hieß es warten.

Das Umherwandern in einer fremden Stadt war überdeterminiert. Es führte zu einem der Tagesanlässe. Zu den Feiertagen war ein jugendlicher Kusin auf Besuch gekommen, dem sie jetzt die Stadt Wien zeigen mußte. Dieser Tagesanlaß war freilich ein höchst indifferenter. Der Vetter erinnerte sie aber an einen kurzen ersten Aufenthalt in Dresden. Damals wanderte sie als Fremde herum, versäumte natürlich nicht, die berühmte Galerie zu besuchen. Ein anderer Vetter, der mit ihnen war und Dresden kannte, wollte den Führer durch die Galerie machen. *Aber sie wies ihn ab und ging allein,* blieb vor den Bildern stehen, die ihr gefielen. Vor der Sixtina verweilte sie *zwei Stunden* lang in still träumender Bewunderung. Auf die Frage, was ihr an dem Bilde so sehr gefallen, wußte sie nichts Klares zu antworten. Endlich sagte sie: Die Madonna.

Daß diese Einfälle wirklich dem traumbildenden Material angehören, ist doch gewiß. Sie schließen Bestandteile ein, die wir unverändert im Trauminhalte wiederfinden (sie wies ihn ab und ging allein – zwei Stunden). Ich merke bereits, daß »Bilder« einem Knotenpunkte in dem Gewebe der Traumgedanken entsprechen (die Bilder im Album – die Bilder in Dresden). Auch das Thema der *Madonna,* der jungfräulichen Mutter, möchte ich für weitere Verfolgung herausgreifen. Vor allem aber sehe ich, daß sie sich in diesem ersten Teile des Traumes mit einem jungen Manne identifiziert. Er irrt in der Fremde herum, er bestrebt sich, ein Ziel zu erreichen, aber er wird hingehalten, er braucht Geduld, er muß warten. Wenn sie dabei an den Ingenieur dachte, so hätte es gestimmt, daß dieses Ziel der Besitz eines Weibes, ihrer eigenen Person, sein sollte. Anstatt dessen war es ein – Bahnhof, für den wir allerdings nach dem Verhältnisse der Frage im Traume zu der wirklich getanen Frage eine *Schachtel* einsetzen dürfen. Eine Schachtel und ein Weib, das geht schon besser zusammen.

Sie fragt wohl hundertmal... Das führt zu einer anderen, minder indifferenten Veranlassung des Traumes. Gestern abends nach der Gesellschaft bat sie der Vater, ihm den Cognac zu holen; er schlafe nicht, wenn er nicht vorher Cognac getrunken. Sie verlangte den Schlüssel zum Speisekasten von der Mutter, aber die war in ein Gespräch verwickelt und gab ihr keine Antwort, bis sie mit der ungeduldigen Übertreibung herausfuhr: Jetzt habe ich dich schon *hundertmal* gefragt, wo

III. Der zweite Traum

der Schlüssel ist. In Wirklichkeit hatte sie die Frage natürlich nur etwa *fünfmal wiederholt*[1].
Wo ist der Schlüssel? scheint mir das männliche Gegenstück zur Frage: Wo ist die Schachtel? (siehe den ersten Traum, S. 138). Es sind also Fragen – nach den Genitalien.
In derselben Versammlung Verwandter hatte jemand einen Trinkspruch auf den Papa gehalten und die Hoffnung ausgesprochen, daß er noch lange in bester Gesundheit usw. Dabei hatte es so eigentümlich in den müden Mienen des Vaters gezuckt, und sie hatte verstanden, welche Gedanken er zu unterdrücken hatte. Der arme kranke Mann! Wer konnte wissen, wie lange Lebensdauer ihm noch beschieden war.
Damit sind wir beim *Inhalte des Briefes* im Traume angelangt. Der Vater war gestorben, sie hatte sich eigenmächtig vom Haus entfernt. Ich mahnte sie bei dem Briefe im Traume sofort an den Abschiedsbrief, den sie den Eltern geschrieben oder wenigstens für die Eltern aufgesetzt hatte [S. 101]. Dieser Brief war bestimmt, den Vater in Schrecken zu versetzen, damit er von Frau K. ablasse, oder wenigstens an ihm Rache zu nehmen, wenn er dazu nicht zu bewegen sei. Wir stehen beim Thema ihres Todes und beim Tode ihres Vaters (*Friedhof* später im Traume). Gehen wir irre, wenn wir annehmen, daß die Situation, welche die Fassade des Traumes bildet, einer Rachephantasie gegen den Vater entspricht? Die mitleidigen Gedanken vom Tage vorher würden gut dazu stimmen. Die Phantasie aber lautete: Sie ginge von Haus weg in die Fremde, und dem Vater würde aus Kummer darüber, vor Sehnsucht nach ihr das Herz brechen. Dann wäre sie gerächt. Sie verstand ja sehr gut, was dem Vater fehlte, der jetzt nicht ohne Cognac schlafen konnte[2].
Wir wollen uns die *Rachsucht* als ein neues Element für eine spätere Synthese der Traumgedanken merken.
Der Inhalt des Briefes mußte aber weitere Determinierung zulassen. Woher stammte der Zusatz: *Wenn Du willst?*

---

[1] Im Trauminhalte steht die Zahl fünf bei der Zeitangabe: 5 Minuten. In meinem Buche über die Traumdeutung habe ich an mehreren Beispielen gezeigt, wie in den Traumgedanken vorkommende Zahlen vom Traume behandelt werden; man findet sie häufig aus ihren Beziehungen gerissen und in neue Zusammenhänge eingetragen. [*Die Traumdeutung* (1900a), Kapitel VI, zweite Hälfte von Abschnitt F, *Studienausgabe*, Bd. 2, S. 402 ff.]
[2] Die sexuelle Befriedigung ist unzweifelhaft das beste Schlafmittel, so wie Schlaflosigkeit zu allermeist die Folge der Unbefriedigung ist. Der Vater schlief nicht, weil ihm der Verkehr mit der geliebten Frau fehlte. Vgl. hierzu das unten Folgende: Ich habe nichts an meiner Frau. [Vgl. auch die auf S. 104 zitierten Worte von Doras Vater.]

Bruchstück einer Hysterie-Analyse

Da fiel ihr der Nachtrag ein, daß hinter dem Worte »willst« ein Fragezeichen gestanden hatte, und damit erkannte sie auch diese Worte als Zitat aus dem Briefe der Frau K., welcher die Einladung nach L. (am See) enthalten hatte. In ganz auffälliger Weise stand in diesem Briefe nach der Einschaltung: »wenn Du kommen willst?« mitten im Gefüge des Satzes ein Fragezeichen.

Da wären wir also wieder bei der Szene am See und bei den Rätseln, die sich an sie knüpften. Ich bat sie, mir diese Szene einmal ausführlich zu erzählen. Sie brachte zuerst nicht viel Neues. Herr K. hatte eine einigermaßen ernsthafte Einleitung vorgebracht; sie ließ ihn aber nicht ausreden. Sobald sie nur verstanden hatte, um was es sich handle, schlug sie ihm ins Gesicht und eilte davon. Ich wollte wissen, welche Worte er gebraucht; sie erinnert sich nur an seine Begründung: »Sie wissen, ich habe nichts an meiner Frau.«[1] Sie wollte dann, um nicht mehr mit ihm zusammenzutreffen, den Weg nach L. zu Fuß um den See machen und *fragte einen Mann, der ihr begegnete, wie weit sie dahin habe*. Auf seine Antwort: *»2½ Stunden«* gab sie diese Absicht auf und suchte doch wieder das Schiff auf, das bald nachher abfuhr. Herr K. war auch wieder da, näherte sich ihr, bat sie, ihn zu entschuldigen und nichts von dem Vorfalle zu erzählen. Sie gab aber keine Antwort. – Ja, der *Wald* im Traume war ganz ähnlich dem Walde am Seeufer, in dem sich die eben von neuem beschriebene Szene abgespielt hatte. Genau den nämlichen dichten Wald hatte sie aber gestern auf einem Gemälde in der Sezessionsausstellung gesehen. Im Hintergrunde des Bildes sah man *Nymphen*[2].

Jetzt wurde ein Verdacht bei mir zur Gewißheit. *Bahnhof*[3] und *Friedhof*, an Stelle von weiblichen Genitalien, war auffällig genug, hatte aber meine geschärfte Aufmerksamkeit auf das ähnlich gebildete *»Vorhof«* gelenkt, einen anatomischen Terminus für eine bestimmte Region der weiblichen Genitalien. Aber das konnte ein witziger Irrtum sein. Nun, da die »Nymphen« dazukamen, die man im Hintergrunde des »dichten Waldes« sieht, war ein Zweifel nicht mehr gestattet. Das war symbolische Sexualgeographie! Nymphen nennt man, wie dem Arzte, aber nicht dem Laien bekannt, wie übrigens auch ersterem nicht sehr

---

[1] Diese Worte werden zur Lösung eines unserer Rätsel führen [S. 172].
[2] Hier zum drittenmal: Bild (Städtebilder, Galerie in Dresden), aber in weit bedeutsamerer Verknüpfung. Durch das, was man an dem Bilde sieht, wird es zum *Weibsbilde* (Wald, Nymphen).
[3] Der »Bahnhof« dient übrigens dem »Verkehre«. Die psychische Umkleidung mancher Eisenbahnangst.

III. Der zweite Traum

gebräuchlich, die kleinen Labien im Hintergrunde des »dichten Waldes« von Schamhaaren. Wer aber solche technische Namen wie »Vorhof« und »Nymphen« gebrauchte, der mußte seine Kenntnis aus Büchern geschöpft haben, und zwar nicht aus populären, sondern aus anatomischen Lehrbüchern oder aus einem Konversationslexikon, der gewöhnlichen Zuflucht der von sexueller Neugierde verzehrten Jugend. Hinter der ersten Situation des Traumes verbarg sich also, wenn diese Deutung richtig war, eine Deflorationsphantasie, wie ein Mann sich bemüht, ins weibliche Genitale einzudringen[1].

Ich teilte ihr meine Schlüsse mit. Der Eindruck muß zwingend gewesen sein, denn es kam sofort ein vergessenes Stückchen des Traumes nach: *Daß sie ruhig*[2] *auf ihr Zimmer geht und in einem großen Buch liest, welches auf ihrem Schreibtische liegt*. Der Nachdruck liegt hier auf den beiden Details: ruhig und groß bei Buch. Ich fragte: War es Lexikonformat? Sie bejahte. Nun lesen Kinder über verbotene Materien niemals *ruhig* im Lexikon nach. Sie zittern und bangen dabei und schauen sich ängstlich um, ob wohl jemand kommt. Die Eltern sind bei solcher Lektüre sehr im Wege. Aber die wunscherfüllende Kraft des Traumes hatte die unbehagliche Situation gründlich verbessert. Der Vater war tot und die anderen schon auf den Friedhof gefahren. Sie konnte ruhig lesen, was ihr beliebte. Sollte das nicht heißen, daß einer ihrer Gründe zur Rache auch die Auflehnung gegen den Zwang der Eltern war? Wenn der Vater tot war, dann konnte sie lesen oder lieben, wie sie wollte. Zunächst wollte sie sich nun nicht erinnern, daß sie je im Konversationslexikon gelesen, dann gab sie zu, daß eine solche Erinnerung in ihr auftauchte, freilich harmlosen Inhaltes. Zur Zeit, als die geliebte Tante

---

[1] Die Deflorationsphantasie ist der zweite Bestandteil dieser Situation. Die Hervorhebung der Schwierigkeit im Vorwärtskommen und die im Traume empfundene Angst weisen auf die gerne betonte Jungfräulichkeit, die wir an anderer Stelle durch die »Sixtina« angedeutet finden. Diese sexuellen Gedanken ergeben eine unbewußte Untermalung für die vielleicht nur geheimgehaltenen Wünsche, die sich mit dem wartenden Bewerber in Deutschland beschäftigen. Als ersten Bestandteil derselben Traumsituation haben wir [S. 165] die Rachephantasie kennengelernt, die beiden decken einander nicht völlig, sondern nur partiell; die Spuren eines noch bedeutsameren dritten Gedankenzuges werden wir später finden. [Vgl. S. 174, Anm. 1.]
[2] Ein andermal hatte sie anstatt »ruhig« gesagt »gar nicht traurig« (S. 162, Anm. 4). Ich kann diesen Traum als neuen Beweis für die Richtigkeit einer in der *Traumdeutung* (Kapitel VII, Abschnitt A; *Studienausgabe*, Bd. 2, S. 496 f.) [s. auch S. 144 oben] enthaltenen Behauptung verwerten, daß die zuerst vergessenen und nachträglich erinnerten Traumstücke stets die für das Verständnis des Traumes wichtigsten sind. Ich ziehe dort den Schluß, daß auch das Vergessen der Träume die Erklärung durch den innerpsychischen Widerstand fordert. [Der erste Satz dieser Fußnote wurde 1924 hinzugefügt.]

so schwer krank und ihre Reise nach Wien schon beschlossen war, kam von einem anderen Onkel ein *Brief,* sie könnten nicht nach Wien reisen, ein Kind, also ein Vetter Doras, sei gefährlich an Blinddarmentzündung erkrankt. Damals las sie im Lexikon nach, welches die Symptome einer Blinddarmentzündung seien. Von dem, was sie gelesen, erinnert sie noch den charakteristisch lokalisierten Schmerz im Leibe.

Nun erinnerte ich, daß sie kurz nach dem Tode der Tante eine angebliche Blinddarmentzündung in Wien durchgemacht [S. 100]. Ich hatte mich bisher nicht getraut, diese Erkrankung zu ihren hysterischen Leistungen zu rechnen. Sie erzählte, daß sie die ersten Tage hoch gefiebert und denselben Schmerz im Unterleibe verspürt, von dem sie im Lexikon gelesen. Sie habe kalte Umschläge bekommen, sie aber nicht vertragen; am zweiten Tage sei unter heftigen Schmerzen die seit ihrem Kranksein sehr unregelmäßige Periode eingetreten. An Stuhlverstopfung habe sie damals konstant gelitten.

Es ging nicht recht an, diesen Zustand als einen rein hysterischen aufzufassen. Wenn auch hysterisches Fieber unzweifelhaft vorkommt, so schien es doch willkürlich, das Fieber dieser fraglichen Erkrankung auf Hysterie anstatt auf eine organische, damals wirksame Ursache zu beziehen. Ich wollte die Spur wieder aufgeben, als sie selbst weiterhalf, indem sie den letzten Nachtrag zum Traume brachte: *Sie sehe sich besonders deutlich die Treppe hinaufgehen.*

Dafür verlangte ich natürlich eine besondere Determinierung. Ihren wohl nicht ernsthaft gemeinten Einwand, daß sie ja die Treppe hinaufgehen müsse, wenn sie in ihre im Stocke gelegene Wohnung wolle, konnte ich leicht mit der Bemerkung abweisen, wenn sie im Traume von der fremden Stadt nach Wien reisen und dabei die Eisenbahnfahrt übergehen könne, so dürfe sie sich auch über die Stufen der Treppe im Traume hinwegsetzen. Sie erzählte dann weiter: Nach der Blinddarmentzündung habe sie schlecht gehen können, weil sie den rechten Fuß nachgezogen. Das sei lange so geblieben, und sie hätte darum besonders Treppen gerne vermieden. Noch jetzt bleibe der Fuß manchmal zurück. Die Ärzte, die sie auf Verlangen des Vaters konsultierte, hätten sich über diesen ganz ungewöhnlichen Rest nach einer Blinddarmentzündung sehr verwundert, besonders da der Schmerz im Leibe nicht wieder aufgetreten sei und keineswegs das Nachziehen des Fußes begleitete[1].

---

[1] Zwischen der »Ovarie« benannten Schmerzhaftigkeit im Abdomen und der Gehstörung des gleichseitigen Beines ist ein somatischer Zusammenhang anzunehmen, der hier bei Dora eine besonders spezialisierte Deutung, d. h. psychische Überlagerung und

III. Der zweite Traum

Das war also ein richtiges hysterisches Symptom. Mochte auch das Fieber damals organisch bedingt gewesen sein – etwa durch eine der so häufigen Influenza-Erkrankungen ohne besondere Lokalisation – so war doch sichergestellt, daß sich die Neurose des Zufalles bemächtigte, um ihn für eine ihrer Äußerungen zu verwerten. Sie hatte sich also eine Krankheit angeschafft, über die sie im Lexikon nachgelesen, sich für diese Lektüre bestraft und mußte sich sagen, die Strafe konnte unmöglich der Lektüre des harmlosen Artikels gelten, sondern war durch eine Verschiebung zustande gekommen, nachdem an diese Lektüre sich eine andere, schuldvollere angeschlossen hatte, die sich heute in der Erinnerung hinter der gleichzeitigen harmlosen verbarg[1]. Vielleicht ließ sich noch erforschen, über welche Themata sie damals gelesen hatte.

Was bedeutete denn der Zustand, der eine Perityphlitis nachahmen wollte? Der Rest der Affektion, das Nachziehen eines Beines, der zu einer Perityphlitis so gar nicht stimmte, mußte sich besser zu der geheimen, etwa sexuellen Bedeutung des Krankheitsbildes schicken und konnte seinerseits, wenn man ihn aufklärte, ein Licht auf diese gesuchte Bedeutung werfen. Ich versuchte, einen Zugang zu diesem Rätsel zu finden. Es waren im Traume Zeiten vorgekommen; die Zeit ist wahrlich nichts Gleichgültiges bei allem biologischen Geschehen. Ich fragte also, wann diese Blinddarmentzündung sich ereignet, ob früher oder später als die Szene am See. Die prompte, alle Schwierigkeiten mit einem Schlage lösende Antwort war: neun Monate nachher. Dieser Termin ist wohl charakteristisch. Die angebliche Blinddarmentzündung hatte also die Phantasie einer *Entbindung* realisiert mit den bescheidenen Mitteln, die der Patientin zu Gebote standen, den Schmerzen und der Periodenblutung[2]. Sie kannte natürlich die Bedeutung dieses Termins und konnte die Wahrscheinlichkeit nicht in Abrede stellen, daß sie damals im Lexikon über Schwangerschaft und Geburt gelesen. Was war aber mit dem nachgezogenen Beine? Ich durfte jetzt ein Erraten versuchen. So geht man doch, wenn man sich den Fuß übertreten hat. Sie hatte also einen »Fehltritt« getan, ganz richtig, wenn sie neun Monate nach der Szene

---

Verwertung erfährt. Vgl. die analoge Bemerkung bei der Analyse der Hustensymptome und des Zusammenhanges von Katarrh und Eßunlust [S. 152 f.].
[1] Ein ganz typisches Beispiel für Entstehung von Symptomen aus Anlässen, die anscheinend mit dem Sexuellen nichts zu tun haben.
[2] Ich habe schon [S. 122] angedeutet, daß die meisten hysterischen Symptome, wenn sie ihre volle Ausbildung erlangt haben, eine phantasierte Situation des Sexuallebens darstellen, also eine Szene des sexuellen Verkehres, eine Schwangerschaft, Entbindung, Wochenbett u. dgl.

am See entbinden konnte. Nur mußte ich eine weitere Forderung aufstellen. Man kann – nach meiner Überzeugung – solche Symptome nur dann bekommen, wenn man ein *infantiles* Vorbild für sie hat. Die Erinnerungen, die man von Eindrücken späterer Zeit hat, besitzen, wie ich nach meinen bisherigen Erfahrungen strenge festhalten muß, nicht die Kraft, sich als Symptome durchzusetzen. Ich wagte kaum zu hoffen, daß sie mir das gewünschte Material aus der Kinderzeit liefern würde, denn ich kann in Wirklichkeit obigen Satz, an den ich gerne glauben möchte, noch nicht allgemein aufstellen. Aber hier kam die Bestätigung *sofort*. Ja, sie hatte sich als Kind einmal denselben Fuß übertreten, sie war in B. beim *Herunter*gehen auf der *Treppe* über eine Stufe gerutscht; der Fuß, es war sogar der nämliche, den sie später nachzog, schwoll an, mußte bandagiert werden, sie lag einige Wochen ruhig. Es war kurze Zeit vor dem nervösen Asthma im achten Lebensjahre [S. 99].

Nun galt es, den Nachweis dieser Phantasie zu verwerten: Wenn Sie neun Monate nach der Szene am See eine Entbindung durchmachen und dann mit den Folgen des Fehltrittes bis zum heutigen Tage herumgehen, so beweist dies, daß Sie im Unbewußten den Ausgang der Szene bedauert haben. Sie haben ihn also in ihrem unbewußten Denken korrigiert. Die Voraussetzung Ihrer Entbindungsphantasie ist ja, daß damals etwas vorgegangen ist[1], daß Sie damals all das erlebt und erfahren haben, was Sie später aus dem Lexikon entnehmen mußten. Sie sehen, daß Ihre Liebe zu Herrn K. mit jener Szene nicht beendet war, daß sie sich, wie ich behauptet habe, bis auf den heutigen Tag – allerdings Ihnen unbewußt – fortsetzt. – Sie widersprach dem auch nicht mehr[2].

---

[1] Die Deflorationsphantasie [S. 166 f.] findet also ihre Anwendung auf Herrn K., und es wird klar, warum dieselbe Region des Trauminhalts Material aus der Szene am See enthält. (Ablehnung, 2½ Stunden, der Wald, Einladung nach L.)
[2] Einige Nachträge zu den bisherigen Deutungen: Die »Madonna« ist offenbar sie selbst, erstens wegen des »Anbeters«, der ihr die Bilder geschickt hat [S. 163 f.], dann weil sie Herrn K.s Liebe vor allem durch ihre Mütterlichkeit gegen seine Kinder gewonnen hatte [S. 103], und endlich, weil sie als Mädchen doch schon ein Kind gehabt hat, im direkten Hinweise auf die Entbindungsphantasie. Die »Madonna« ist übrigens eine beliebte Gegenvorstellung, wenn ein Mädchen unter dem Drucke sexueller Beschuldigungen steht, was ja auch bei Dora zutrifft. Ich bekam von diesem Zusammenhange die erste Ahnung als Arzt der psychiatrischen Klinik bei einem Falle von halluzinatorischer Verworrenheit raschen Ablaufes, der sich als Reaktion auf einen Vorwurf des Bräutigams herausstellte.
Die mütterliche Sehnsucht nach einem Kinde wäre bei Fortsetzung der Analyse wahrscheinlich als dunkles aber mächtiges Motiv ihres Handelns aufzudecken gewesen. – Die vielen Fragen, die sie in letzter Zeit aufgeworfen hatte, erscheinen wie Spätabkömmlinge der Fragen sexueller Wißbegierde, welche sie aus dem Lexikon zu befriedigen gesucht. Es ist anzunehmen, daß sie über Schwangerschaft, Entbindung, Jung-

III. Der zweite Traum

Diese Arbeiten zur Aufklärung des zweiten Traumes hatten zwei Stunden in Anspruch genommen. Als ich nach Schluß der zweiten Sitzung meiner Befriedigung über das Erreichte Ausdruck gab, antwortete sie geringschätzig: Was ist denn da viel herausgekommen? und bereitete mich so auf das Herannahen weiterer Enthüllungen vor.

Zur dritten Sitzung trat sie mit den Worten an: »Wissen Sie, Herr Doktor, daß ich heute das letzte Mal hier bin?« – Ich kann es nicht wissen, da Sie mir nichts davon gesagt haben. – »Ja, ich habe mir vorgenommen, bis Neujahr[1] halte ich es noch aus; länger will ich aber auf die Heilung nicht warten.« – Sie wissen, daß Sie die Freiheit auszutreten immer haben. Heute wollen wir aber noch arbeiten. Wann haben Sie den Entschluß gefaßt? – »Vor 14 Tagen, glaube ich.« – Das klingt ja wie von einem Dienstmädchen, einer Gouvernante, 14tägige Kündigung. – »Eine Gouvernante, die gekündigt hat, war auch damals bei K., als ich sie in L. am See besuchte.« – So? von der haben Sie noch nie erzählt. Bitte erzählen Sie.

»Es war also ein junges Mädchen im Hause als Gouvernante der Kinder, die ein ganz merkwürdiges Benehmen gegen den Herrn zeigte. Sie grüßte ihn nicht, gab ihm keine Antwort, reichte ihm nichts bei Tisch, wenn er um etwas bat, kurz, behandelte ihn wie Luft. Er war übrigens auch nicht viel höflicher gegen sie. Einen oder zwei Tage vor der Szene am See nahm mich das Mädchen auf die Seite; sie habe mir etwas mitzuteilen. Sie erzählte mir dann, Herr K. habe sich ihr zu einer Zeit, als

---

fräulichkeit und ähnliche Themata nachgelesen. – Eine der Fragen, die in den Zusammenhang der zweiten Traumsituation einzufügen sind, hatte sie bei der Reproduktion des Traumes vergessen. Es konnte nur die Frage sein: Wohnt hier der Herr ***? oder: Wo wohnt der Herr ***? Es muß seinen Grund haben, daß sie diese scheinbar harmlose Frage vergessen, nachdem sie sie überhaupt in den Traum aufgenommen. Ich finde diesen Grund in dem Familiennamen selbst, der gleichzeitig Gegenstandsbedeutung hat, und zwar mehrfache, also einem »zweideutigen« Worte gleichgesetzt werden kann. Ich kann diesen Namen leider nicht hier zeigen, wie geschickt er verwendet worden ist, um »Zweideutiges« und »Unanständiges« zu bezeichnen. Es stützt diese Deutung, wenn wir in anderer Region des Traumes, wo das Material aus den Erinnerungen an den Tod der Tante stammt, in dem Satze »Sie sind schon auf den Friedhof gefahren« gleichfalls eine Wortanspielung auf den Namen der Tante finden. In diesen unanständigen Worten wäre wohl der Hinweis auf eine zweite mündliche Quelle gelegen, da für sie das Wörterbuch nicht ausreicht. Ich wäre nicht erstaunt gewesen zu hören, daß Frau K. selbst, die Verleumderin, diese Quelle war. [Vgl. S. 135.] Dora hätte dann gerade sie edelmütig verschont, während sie die anderen Personen mit nahezu tückischer Rache verfolgte; hinter der schier unübersehbaren Reihe von Verschiebungen, die sich so ergeben, könnte man ein einfaches Moment, die tief wurzelnde homosexuelle Liebe zu Frau K., vermuten. [Vgl. S. 133 ff. und S. 184, Anm.]

[1] Es war der 31. Dezember.

die Frau gerade für mehrere Wochen abwesend war, genähert, sie sehr umworben und sie gebeten, ihm gefällig zu sein; er habe nichts von seiner Frau usw.« ... Das sind ja dieselben Worte, die er dann in der Werbung um Sie gebraucht, bei denen Sie ihm den Schlag ins Gesicht gegeben [166]. – »Ja. Sie gab ihm nach, aber nach kurzer Zeit kümmerte er sich nicht mehr um sie, und sie haßte ihn seitdem.« – Und diese Gouvernante hatte gekündigt? – »Nein, sie wollte kündigen. Sie sagte mir, sie habe sofort, wie sie sich verlassen gefühlt, den Vorfall ihren Eltern mitgeteilt, die anständige Leute sind und irgendwo in Deutschland wohnen. Die Eltern verlangten, daß sie das Haus augenblicklich verlasse, und schrieben ihr dann, als sie es nicht tat, sie wollten nichts mehr von ihr wissen, sie dürfe nicht mehr nach Hause zurückkommen.« – Und warum ging sie nicht fort? – »Sie sagte, sie wolle noch eine kurze Zeit abwarten, ob sich nichts bei Herrn K. ändere. So zu leben, halte sie nicht aus. Wenn sie keine Änderung sehe, werde sie kündigen und fortgehen.« – Und was ist aus dem Mädchen geworden? – »Ich weiß nur, daß sie fortgegangen ist.« – Ein Kind hat sie von dem Abenteuer nicht davongetragen? – »Nein.«

Da war also – wie übrigens ganz regelrecht – inmitten der Analyse ein Stück tatsächlichen Materials zum Vorscheine gekommen, das früher aufgeworfene Probleme lösen half. Ich konnte Dora sagen: Jetzt kenne ich das Motiv jenes Schlages, mit dem Sie die Werbung beantwortet haben. Es war nicht Kränkung über die an Sie gestellte Zumutung, sondern eifersüchtige Rache. Als Ihnen das Fräulein seine Geschichte erzählte, machten Sie noch von Ihrer Kunst Gebrauch, alles beiseite zu schieben, was Ihren Gefühlen nicht paßte. In dem Moment, da Herr K. die Worte gebrauchte: Ich habe nichts an meiner Frau, die er auch zu dem Fräulein gesagt, wurden neue Regungen in Ihnen wachgerufen, und die Waagschale kippte um. Sie sagten sich: Er wagt es, mich zu behandeln wie eine Gouvernante, eine dienende Person? Diese Hochmutskränkung zur Eifersucht und zu den bewußten besonnenen Motiven hinzu: das war endlich zu viel[1]. Zum Beweise, wie sehr Sie unter dem Eindrucke der Geschichte des Fräuleins stehen, halte ich Ihnen die wiederholten Identifizierungen mit ihr im Traume und in Ihrem Benehmen vor. Sie sagen es den Eltern, was wir bisher nicht verstanden haben, wie das Fräulein es den Eltern geschrieben hat. Sie kündigen mir wie eine

---

[1] Es war vielleicht nicht gleichgültig, daß sie dieselbe Klage über die Frau, deren Bedeutung sie wohl verstand, auch vom Vater gehört haben konnte, wie ich sie aus seinem Munde gehört habe [S. 104].

III. Der zweite Traum

Gouvernante mit 14tägiger Kündigung. Der Brief im Traume, der Ihnen erlaubt, nach Hause zu kommen, ist ein Gegenstück zum Briefe der Eltern des Fräuleins, die es ihr verboten hatten.
»Warum habe ich es dann den Eltern nicht gleich erzählt?«
Welche Zeit haben Sie denn verstreichen lassen?
»Am letzten Juni fiel die Szene vor; am 14. Juli habe ich's der Mutter erzählt.«
Also wieder 14 Tage, der für eine dienende Person charakteristische Termin! Ihre Frage kann ich jetzt beantworten. Sie haben ja das arme Mädchen sehr wohl verstanden. Sie wollte nicht gleich fortgehen, weil sie noch hoffte, weil sie erwartete, daß Herr K. seine Zärtlichkeit ihr wieder zuwenden würde. Das muß also auch Ihr Motiv gewesen sein. Sie warteten den Termin ab, um zu sehen, ob er seine Werbung erneuern würde, daraus hätten Sie geschlossen, daß es ihm Ernst war und daß er nicht mit Ihnen spielen wollte wie mit der Gouvernante.
»In den ersten Tagen nach der Abreise schickte er noch eine Ansichtskarte.«[1]
Ja, als aber dann nichts weiter kam, da ließen Sie Ihrer Rache freien Lauf. Ich kann mir sogar vorstellen, daß damals noch Raum für die Nebenabsicht war, ihn durch die Anklage zum Hinreisen nach Ihrem Aufenthalte zu bewegen.
»... Wie er's uns ja auch zuerst angetragen hat«, warf sie ein. – Dann wäre Ihre Sehnsucht nach ihm gestillt worden – hier nickte sie Bestätigung, was ich nicht erwartet hatte – und er hätte Ihnen die Genugtuung geben können, die Sie sich verlangten.
»Welche Genugtuung?«
Ich fange nämlich an zu ahnen, daß Sie die Angelegenheit mit Herrn K. viel ernster aufgefaßt haben, als Sie bisher verraten wollten. War zwischen den K. nicht oft von Scheidung die Rede?
»Gewiß, zuerst wollte sie nicht der Kinder wegen, und jetzt will sie, aber er will nicht mehr.«
Sollten Sie nicht gedacht haben, daß er sich von seiner Frau scheiden lassen will, um Sie zu heiraten? Und daß er jetzt nicht mehr will, weil er keinen Ersatz hat? Sie waren freilich vor zwei Jahren sehr jung, aber Sie haben mir selbst von der Mama erzählt, daß sie mit 17 Jahren verlobt war und dann zwei Jahre auf ihren Mann gewartet hat. Die Liebesgeschichte der Mutter wird gewöhnlich zum Vorbilde für die Toch-

---

[1] Dies die Anlehnung für den Ingenieur [S. 163 f.], der sich hinter dem Ich in der ersten Traumsituation verbirgt.

ter. Sie wollten also auch auf ihn warten und nahmen an, daß er nur warte, bis Sie reif genug seien, seine Frau zu werden[1]. Ich stelle mir vor, daß es ein ganz ernsthafter Lebensplan bei Ihnen war. Sie haben nicht einmal das Recht zu behaupten, daß eine solche Absicht bei Herrn K. ausgeschlossen war, und haben mir genug von ihm erzählt, was direkt auf eine solche Absicht deutet[2]. Auch sein Benehmen in L. widerspricht dem nicht. Sie haben ihn ja nicht ausreden lassen und wissen nicht, was er Ihnen sagen wollte. Nebstbei wäre der Plan gar nicht so unmöglich auszuführen gewesen. Die Beziehungen des Papa zu Frau K., die Sie wahrscheinlich nur darum so lange unterstützt haben, boten Ihnen die Sicherheit, daß die Einwilligung der Frau zur Scheidung zu erreichen wäre, und beim Papa setzen Sie durch, was Sie wollen. Ja, wenn die Versuchung in L. einen anderen Ausgang genommen hätte, wäre dies für alle Teile die einzig mögliche Lösung gewesen. Ich meine auch, darum haben Sie den anderen Ausgang so bedauert und ihn in der Phantasie, die als Blinddarmentzündung auftrat, korrigiert. Es mußte also eine schwere Enttäuschung für Sie sein, als anstatt einer erneuten Werbung das Leugnen und die Schmähungen von seiten des Herrn K. der Erfolg Ihrer Anklage wurden. Sie gestehen zu, daß nichts Sie so sehr in Wut bringen kann, als wenn man glaubt, Sie hätten sich die Szene am See eingebildet. [Vgl. S. 121.] Ich weiß nun, woran Sie nicht erinnert werden wollen, daß Sie sich eingebildet, die Werbung sei ernsthaft und Herr K. werde nicht ablassen, bis Sie ihn geheiratet.

Sie hatte zugehört, ohne wie sonst zu widersprechen. Sie schien ergriffen, nahm auf die liebenswürdigste Weise mit warmen Wünschen zum Jahreswechsel Abschied und – kam nicht wieder. Der Vater, der mich noch einige Male besuchte, versicherte, sie werde wiederkommen; man merke ihr die Sehnsucht nach der Fortsetzung der Behandlung an. Aber er war wohl nie ganz aufrichtig. Er hatte die Kur unterstützt, solange er sich Hoffnung machen konnte, ich würde Dora »ausreden«, daß zwischen ihm und Frau K. etwas anderes als Freundschaft bestehe. Sein Interesse erlosch, als er merkte, daß dieser Erfolg nicht in meiner Absicht liege. Ich wußte, daß sie nicht wiederkommen würde. Es war ein unzweifel-

---

[1] Das Warten, bis man das Ziel erreicht, findet sich im Inhalte der ersten Traumsituation; in dieser Phantasie vom Warten auf die Braut sehe ich ein Stück der dritten, bereits [S. 167, Anm. 1] angekündigten Komponente dieses Traumes.
[2] Besonders eine Rede, mit der er im letzten Jahre des Zusammenlebens in B. das Weihnachtsgeschenk einer Briefschachtel begleitet hatte.

III. Der zweite Traum

hafter Racheakt, daß sie in so unvermuteter Weise, als meine Erwartungen auf glückliche Beendigung der Kur den höchsten Stand einnahmen, abbrach und diese Hoffnungen vernichtete. Auch ihre Tendenz zur Selbstschädigung fand ihre Rechnung bei diesem Vorgehen. Wer wie ich die bösesten Dämonen, die unvollkommen gebändigt in einer menschlichen Brust wohnen, aufweckt, um sie zu bekämpfen, muß darauf gefaßt sein, daß er in diesem Ringen selbst nicht unbeschädigt bleibe. Ob ich das Mädchen bei der Behandlung erhalten hätte, wenn ich mich selbst in eine Rolle gefunden, den Wert ihres Verbleibens für mich übertrieben und ihr ein warmes Interesse bezeigt hätte, das bei aller Milderung durch meine Stellung als Arzt doch wie ein Ersatz für die von ihr ersehnte Zärtlichkeit ausgefallen wäre? Ich weiß es nicht. Da ein Teil der Faktoren, die sich als Widerstand entgegenstellen, in jedem Falle unbekannt bleibt, habe ich es immer vermieden, Rollen zu spielen, und mich mit anspruchsloserer psychologischer Kunst begnügt. Bei allem theoretischen Interesse und allem ärztlichen Bestreben zu helfen, halte ich mir doch vor, daß der psychischen Beeinflussung notwendig Grenzen gesetzt sind, und respektiere als solche auch den Willen und die Einsicht des Patienten.

Ich weiß auch nicht, ob Herr K. mehr erreicht hätte, wäre ihm verraten worden, daß jener Schlag ins Gesicht keineswegs ein endgültiges »Nein« Doras bedeutete, sondern der zuletzt geweckten Eifersucht entsprach, während noch die stärksten Regungen ihres Seelenlebens für ihn Partei nahmen. Würde er dieses erste »Nein« überhört und seine Werbung mit überzeugender Leidenschaft fortgesetzt haben, so hätte der Erfolg leicht sein können, daß die Neigung des Mädchens sich über alle inneren Schwierigkeiten hinweggesetzt hätte. Aber ich meine, vielleicht ebenso leicht wäre sie nur gereizt worden, ihre Rachsucht um so ausgiebiger an ihm zu befriedigen. Auf welche Seite sich in dem Widerstreite der Motive die Entscheidung neigt, ob zur Aufhebung oder zur Verstärkung der Verdrängung, das ist niemals zu berechnen. Die Unfähigkeit zur Erfüllung der *realen* Liebesforderung ist einer der wesentlichsten Charakterzüge der Neurose; die Kranken sind vom Gegensatze zwischen der Realität und der Phantasie beherrscht. Was sie in ihren Phantasien am intensivsten ersehnen, davor fliehen sie doch, wenn es ihnen in Wirklichkeit entgegentritt, und den Phantasien überlassen sie sich am liebsten, wo sie eine Realisierung nicht mehr zu befürchten brauchen. Die Schranke, welche die Verdrängung aufgerichtet hat, kann allerdings unter dem Ansturme heftiger, real veranlaßter Erregungen fallen, die Neurose kann noch durch die Wirklichkeit überwunden werden. Wir können aber nicht allgemein berechnen, bei wem und wodurch diese Heilung möglich wäre[1].

---

[1] Noch einige Bemerkungen über den Aufbau dieses Traumes, der sich nicht so gründlich verstehen läßt, daß man seine Synthese versuchen könnte. Als ein fassadenartig vorgeschobenes Stück läßt sich die Rachephantasie gegen den Vater herausheben: Sie ist eigenmächtig von Hause weggegangen; der Vater ist erkrankt, dann gestorben... Sie geht jetzt nach Hause, die anderen sind schon alle auf dem Friedhofe. Sie geht gar nicht traurig auf ihr Zimmer und liest ruhig im Lexikon. Darunter zwei Anspielungen auf den anderen Racheakt, den sie wirklich ausgeführt, indem sie die Eltern einen Abschiedsbrief finden ließ: Der Brief (im Traume von der Mama) und die Erwähnung des Leichenbegängnisses der für sie vorbildlichen Tante. – Hinter dieser Phantasie verbergen sich die Rachegedanken gegen Herrn K., denen sie in ihrem Benehmen gegen mich einen Ausweg geschafft hat. Das Dienstmädchen – die Einladung – der Wald – die 2½ Stunden stammen aus dem Material der Vorgänge in L. Die Erinnerung an die Gouvernante und deren Briefverkehr mit ihren Eltern tritt mit dem Element ihres Abschiedsbriefes zu dem im Trauminhalte vorfindlichen Brief, der ihr nach Hause zu kommen erlaubt, zusammen. Die Ablehnung, sich begleiten zu lassen, der Entschluß, allein zu gehen, läßt sich wohl so übersetzen: Weil du mich wie ein Dienstmädchen behandelt hast, lasse ich dich stehen, gehe allein meiner Wege und heirate nicht. – Durch diese Rachegedanken verdeckt, schimmert an anderen Stellen Material aus zärtlichen Phantasien aus der unbewußt fortgesetzten Liebe zu Herrn K. durch: Ich hätte auf dich gewartet, bis ich deine Frau geworden wäre – die Defloration – die Entbindung. – Endlich gehört es dem vierten, am tiefsten verborgenen Gedankenkreise, dem der Liebe zu Frau K. an, daß die Deflorationsphantasie vom Standpunkte des Mannes dargestellt wird (Identifizierung mit dem Verehrer, der jetzt in der Fremde weilt) und daß an zwei Stellen die deutlichsten Anspielungen auf zweideutige Reden (wohnt hier der Herr ***) und auf die nicht mündliche Quelle ihrer sexuellen Kenntnisse (Lexikon) enthalten sind. Grausame und sadistische Regungen finden in diesem Traume ihre Erfüllung.

IV
NACHWORT

Ich habe diese Mitteilung zwar als Bruchstück einer Analyse angekündigt; man wird aber gefunden haben, daß sie in viel weiterem Umfange unvollständig ist, als sich nach diesem ihrem Titel erwarten ließ. Es geziemt sich wohl, daß ich versuche, diese keinesfalls zufälligen Auslassungen zu motivieren.

Eine Reihe von Ergebnissen der Analyse ist weggeblieben, weil sie beim Abbruch der Arbeit teils nicht genügend sicher erkannt, teils einer Fortführung bis zu einem allgemeinen Resultat bedürftig waren. Andere Male habe ich, wo es mir statthaft schien, auf die wahrscheinliche Fortsetzung einzelner Lösungen hingewiesen. Die keineswegs selbstverständliche Technik, mittels welcher man allein dem Rohmaterial von Einfällen des Kranken seinen Reingehalt an wertvollen unbewußten Gedanken entziehen kann, ist von mir hier durchwegs übergangen worden, womit der Nachteil verbunden bleibt, daß der Leser die Korrektheit meines Vorgehens bei diesem Darstellungsprozeß nicht bestätigen kann. Ich fand es aber ganz undurchführbar, die Technik einer Analyse und die innere Struktur eines Falles von Hysterie in einem zu behandeln; es wäre für mich eine fast unmögliche Leistung und für den Leser eine sicher ungenießbare Lektüre geworden. Die Technik erfordert durchaus eine abgesonderte Darstellung, die durch zahlreiche, den verschiedensten Fällen entnommene Beispiele erläutert wird und von dem jedesmaligen Ergebnis absehen darf. Auch die psychologischen Voraussetzungen, die sich in meinen Beschreibungen psychischer Phänomene verraten, habe ich hier zu begründen nicht versucht. Eine flüchtige Begründung würde nichts leisten; eine ausführliche wäre eine Arbeit für sich. Ich kann nur versichern, daß ich, ohne einem bestimmten psychologischen System verpflichtet zu sein, an das Studium der Phänomene gegangen bin, welche die Beobachtung der Psychoneurotiker enthüllt, und daß ich dann meine Meinungen um so viel zurechtgerückt habe, bis sie mir geeignet erschienen, von dem Zusammenhange des Beobachteten Rechenschaft zu geben. Ich setze keinen Stolz darein, die Spekulation vermieden zu haben; das Material für diese Hypothesen ist aber durch die ausgedehnteste und mühevollste Beobachtung gewonnen worden.

Besonders dürfte die Entschiedenheit meines Standpunktes in der Frage des Unbewußten Anstoß erregen, indem ich mit unbewußten Vorstellungen, Gedankenzügen und Regungen so operiere, als ob sie ebenso gute und unzweifelhafte Objekte der Psychologie wären wie alles Bewußte; aber ich bin dessen sicher, wer dasselbe Erscheinungsgebiet mit der nämlichen Methode zu erforschen unternimmt, wird nicht umhin können, sich trotz alles Abmahnens der Philosophen auf denselben Standpunkt zu stellen.

Diejenigen Fachgenossen, welche meine Theorie der Hysterie für eine rein psychologische gehalten und darum von vornherein für unfähig erklärt haben, ein pathologisches Problem zu lösen, werden aus dieser Abhandlung wohl entnehmen, daß ihr Vorwurf einen Charakter der Technik ungerechterweise auf die Theorie überträgt. Nur die therapeutische Technik ist rein psychologisch; die Theorie versäumt es keineswegs, auf die organische Grundlage der Neurose hinzuweisen, wenngleich sie dieselbe nicht in einer pathologisch-anatomischen Veränderung sucht und die zu erwartende chemische Veränderung als derzeit noch unfaßbar durch die Vorläufigkeit der organischen Funktion ersetzt. Der Sexualfunktion, in welcher ich die Begründung der Hysterie wie der Psychoneurosen überhaupt sehe, wird den Charakter eines organischen Faktors wohl niemand absprechen wollen. Eine Theorie des Sexuallebens wird, wie ich vermute, der Annahme bestimmter, erregend wirkender Sexualstoffe nicht entbehren können. Die Intoxikationen und Abstinenzen beim Gebrauch gewisser chronischer Gifte stehen ja unter allen Krankheitsbildern, welche uns die Klinik kennen lehrt, den genuinen Psychoneurosen am nächsten [1].

Was sich aber über das »somatische Entgegenkommen«, über die infantilen Keime zur Perversion, über die erogenen Zonen und die Anlage zur Bisexualität heute aussagen läßt, habe ich in dieser Abhandlung gleichfalls nicht ausgeführt, sondern nur die Stellen hervorgehoben, an denen die Analyse auf diese organischen Fundamente der Symptome stößt. Mehr ließ sich von einem vereinzelten Falle aus nicht tun, auch hatte ich die nämlichen Gründe wie oben, eine beiläufige Erörterung dieser Momente zu vermeiden. Hier ist reichlicher Anlaß zu weiteren, auf eine große Zahl von Analysen gestützten Arbeiten gegeben.

Mit dieser soweit unvollständigen Veröffentlichung wollte ich doch zweierlei erreichen. Erstens als Ergänzung zu meinem Buche über die

---

[1] [Vgl. die *Drei Abhandlungen zur Sexualtheorie* (1905 d), Studienausgabe, Bd. 5, S. 120.]

IV. Nachwort

Traumdeutung zeigen, wie diese sonst unnütze Kunst zur Aufdeckung des Verborgenen und Verdrängten im Seelenleben verwendet werden kann; bei der Analyse der beiden hier mitgeteilten Träume ist dann auch die Technik des Traumdeutens, welche der psychoanalytischen ähnlich ist, berücksichtigt worden. Zweitens wollte ich Interesse für eine Reihe von Verhältnissen erwecken, welche heute der Wissenschaft noch völlig unbekannt sind, weil sie sich nur bei Anwendung dieses bestimmten Verfahrens entdecken lassen. Von der Komplikation der psychischen Vorgänge bei der Hysterie, dem Nebeneinander der verschiedenartigsten Regungen, der gegenseitigen Bindung der Gegensätze, den Verdrängungen und Verschiebungen u. a. m. hat wohl niemand eine richtige Ahnung haben können. Janets Hervorhebung der *idée fixe* [1894], die sich in das Symptom umsetzt, bedeutet nichts als eine wahrhaft kümmerliche Schematisierung. Man wird sich auch der Vermutung nicht erwehren können, daß Erregungen, deren zugehörige Vorstellungen der Bewußtseinsfähigkeit ermangeln, anders aufeinander einwirken, anders verlaufen und zu anderen Äußerungen führen als die von uns »normal« genannten, deren Vorstellungsinhalt uns bewußt wird. Ist man soweit aufgeklärt, so steht dem Verständnis einer Therapie nichts mehr im Wege, welche neurotische Symptome aufhebt, indem sie Vorstellungen der ersteren Art in normale verwandelt.

Es lag mir auch daran zu zeigen, daß die Sexualität nicht bloß als einmal auftretender *deus ex machina* irgendwo in das Getriebe der für die Hysterie charakteristischen Vorgänge eingreift, sondern daß sie die Triebkraft für jedes einzelne Symptom und für jede einzelne Äußerung eines Symptoms abgibt. Die Krankheitserscheinungen sind, geradezu gesagt, die *Sexualbetätigung der Kranken*. Ein einzelner Fall wird niemals imstande sein, einen so allgemeinen Satz zu erweisen, aber ich kann es nur immer wieder von neuem wiederholen, weil ich es niemals anders finde, daß die Sexualität der Schlüssel zum Problem der Psychoneurosen wie der Neurosen überhaupt ist. Wer ihn verschmäht, wird niemals aufzuschließen imstande sein. Ich warte noch auf die Untersuchungen, welche diesen Satz aufzuheben oder einzuschränken vermögen sollen. Was ich bis jetzt dagegen gehört habe, waren Äußerungen persönlichen Mißfallens oder Unglaubens, denen es genügt, das Wort Charcots entgegenzuhalten: »*Ça n'empêche pas d'exister.*«[1]

---

[1] [Der volle Wortlaut der Bemerkung Charcots – eines von Freuds Lieblingszitaten – lautet: »La théorie c'est bon, mais ça n'empêche pas d'exister.«]

Der Fall, aus dessen Kranken- und Behandlungsgeschichte ich hier ein Bruchstück veröffentlicht habe, ist auch nicht geeignet, den Wert der psychoanalytischen Therapie ins rechte Licht zu setzen. Nicht nur die Kürze der Behandlungsdauer, die kaum drei Monate betrug, sondern noch ein anderes dem Falle innewohnendes Moment haben es verhindert, daß die Kur mit der sonst zu erreichenden, vom Kranken und seinen Angehörigen zugestandenen Besserung abschloß, die mehr oder weniger nahe an vollkommene Heilung heranreicht. Solche erfreuliche Erfolge erzielt man, wo die Krankheitserscheinungen allein durch den inneren Konflikt zwischen den auf die Sexualität bezüglichen Regungen gehalten werden. Man sieht in diesen Fällen das Befinden der Kranken in dem Maße sich bessern, in dem man durch Übersetzung des pathogenen Materials in normales zur Lösung ihrer psychischen Aufgaben beigetragen hat. Anders ist der Verlauf, wo sich die Symptome in den Dienst äußerer Motive des Lebens gestellt haben, wie es auch bei Dora seit den letzten zwei Jahren geschehen war. Man ist überrascht und könnte leicht irre werden, wenn man erfährt, daß das Befinden der Kranken durch die selbst weit vorgeschrittene Arbeit nicht merklich geändert wird. In Wirklichkeit steht es nicht so arg; die Symptome schwinden zwar nicht unter der Arbeit, wohl aber eine Zeitlang nach derselben, wenn die Beziehungen zum Arzte gelöst sind. Der Aufschub der Heilung oder Besserung ist wirklich nur durch die Person des Arztes verursacht.

Ich muß etwas weiter ausholen, um diesen Sachverhalt verständlich zu machen. Während einer psychoanalytischen Kur ist die Neubildung von Symptomen, man darf wohl sagen: regelmäßig, sistiert. Die Produktivität der Neurose ist aber durchaus nicht erloschen, sondern betätigt sich in der Schöpfung einer besonderen Art von meist unbewußten Gedankenbildungen, welchen man den Namen »*Übertragungen*« verleihen kann.

Was sind die Übertragungen? Es sind Neuauflagen, Nachbildungen von den Regungen und Phantasien, die während des Vordringens der Analyse erweckt und bewußt gemacht werden sollen, mit einer für die Gattung charakteristischen Ersetzung einer früheren Person durch die Person des Arztes. Um es anders zu sagen: eine ganze Reihe früherer psychischer Erlebnisse wird nicht als vergangen, sondern als aktuelle Beziehung zur Person des Arztes wieder lebendig. Es gibt solche Übertragungen, die sich im Inhalt von ihrem Vorbilde in gar nichts bis auf die Ersetzung unterscheiden. Das sind also, um in dem Gleichnisse zu

IV. Nachwort

bleiben, einfache Neudrucke, unveränderte Neuauflagen. Andere sind kunstvoller gemacht, sie haben eine Milderung ihres Inhaltes, eine *Sublimierung*, wie ich sage, erfahren und vermögen selbst bewußt zu werden, indem sie sich an irgendeine geschickt verwertete reale Besonderheit an der Person oder in den Verhältnissen des Arztes anlehnen. Das sind also Neubearbeitungen, nicht mehr Neudrucke.

Wenn man sich in die Theorie der analytischen Technik einläßt, kommt man zu der Einsicht, daß die Übertragung etwas notwendig Gefordertes ist. Praktisch überzeugt man sich wenigstens, daß man ihr durch keinerlei Mittel ausweichen kann und daß man diese letzte Schöpfung der Krankheit wie alle früheren zu bekämpfen hat. Nun ist dieses Stück der Arbeit das bei weitem schwierigste. Das Deuten der Träume, das Extrahieren der unbewußten Gedanken und Erinnerungen aus den Einfällen des Kranken und ähnliche Übersetzungskünste sind leicht zu erlernen; dabei liefert immer der Kranke selbst den Text. Die Übertragung allein muß man fast selbständig erraten, auf geringfügige Anhaltspunkte hin und ohne sich der Willkür schuldig zu machen. Zu umgehen ist sie aber nicht, da sie zur Herstellung aller Hindernisse verwendet wird, welche das Material der Kur unzugänglich machen, und da die Überzeugungsempfindung für die Richtigkeit der konstruierten Zusammenhänge beim Kranken erst nach Lösung der Übertragung hervorgerufen wird.

Man wird geneigt sein, es für einen schweren Nachteil des ohnehin unbequemen Verfahrens zu halten, daß dasselbe die Arbeit des Arztes durch Schöpfung einer neuen Gattung von krankhaften psychischen Produkten noch vermehrt, ja, wird vielleicht eine Schädigung des Kranken durch die analytische Kur aus der Existenz der Übertragungen ableiten wollen. Beides wäre irrig. Die Arbeit des Arztes wird durch die Übertragung nicht vermehrt; es kann ihm ja gleichgültig sein, ob er die betreffende Regung des Kranken in Verbindung mit seiner Person oder mit einer anderen zu überwinden hat. Die Kur nötigt aber auch dem Kranken mit der Übertragung keine neue Leistung auf, die er nicht auch sonst vollzogen hätte. Wenn Heilungen von Neurosen auch in Anstalten zustande kommen, wo psychoanalytische Behandlung ausgeschlossen ist, wenn man sagen konnte, daß die Hysterie nicht durch die Methode, sondern durch den Arzt geheilt wird, wenn sich eine Art von blinder Abhängigkeit und dauernder Fesselung des Kranken an den Arzt zu ergeben pflegt, der ihn durch hypnotische Suggestion von seinen Symptomen befreit hat, so ist die wissenschaftliche Erklärung für all dies in »Übertragungen« zu sehen, die der Kranke regelmäßig auf die Person des Arztes vornimmt. Die psychoanalytische Kur schafft die Übertragung nicht, sie deckt sie bloß, wie anderes im Seelenleben Verborgene, auf. Der Unterschied äußert sich nur darin, daß der Kranke spontan bloß zärtliche und freundschaftliche Übertragungen zu seiner Heilung wachruft; wo dies nicht der Fall sein kann, reißt er sich so schnell wie möglich, unbeeinflußt vom Arzte, der ihm nicht »sympathisch« ist, los. In der Psychoanalyse werden hingegen, entsprechend einer veränderten Motivenanlage, alle Regungen, auch die feindseligen, geweckt, durch Bewußtmachen für die Analyse verwertet, und dabei wird die Übertragung immer wieder vernichtet. Die Übertragung, die das größte Hindernis für die Psychoanalyse zu werden bestimmt ist, wird zum mächtigsten Hilfsmittel derselben, wenn es gelingt, sie jedesmal zu erraten und dem Kranken zu übersetzen[1].

Ich mußte von der Übertragung sprechen, weil ich die Besonderheiten der Analyse Doras nur durch dieses Moment aufzuklären vermag. Was den Vorzug derselben ausmacht und sie als geeignet für eine erste, einführende Publikation erscheinen läßt, ihre besondere Durchsichtigkeit, das hängt mit ihrem großen Mangel, welcher zu ihrem vorzeitigen Abbruche führte, innig zusammen. Es gelang mir nicht, der Übertragung rechtzeitig Herr zu werden; durch die Bereitwilligkeit, mit welcher sie mir den einen Teil des pathogenen Materials in der Kur zur Verfügung stellte, vergaß ich der Vorsicht, auf die ersten Zeichen der Übertragung zu achten, welche sie mit einem anderen, mir unbekannt gebliebenen Teile desselben Materials vorbereitete. Zu Anfang war es klar, daß ich ihr in der Phantasie den Vater ersetzte, wie auch bei dem Unterschiede unserer Lebensalter nahelag. Sie verglich mich auch immer bewußt mit ihm, suchte sich ängstlich zu vergewissern, ob ich auch ganz aufrichtig gegen sie sei, denn der Vater »bevorzuge immer die Heimlichkeit und einen krummen Umweg«. Als dann der erste Traum kam, in dem sie sich warnte, die Kur zu verlassen wie seinerzeit das Haus des Herrn K., hätte ich selbst gewarnt werden müssen und ihr vorhalten sollen: »Jetzt haben Sie eine Übertragung von Herrn K. auf mich gemacht. Haben Sie etwas bemerkt, was Sie auf böse Absichten schließen läßt, die denen des

---

[1] [Zusatz 1923:] Was hier über die Übertragung gesagt wird, findet dann seine Fortsetzung in dem technischen Aufsatz über die »Übertragungsliebe« (1915 a). [In der vorliegenden Passage weist Freud erstmals auf die Bedeutung der Übertragung im Heilprozeß der Psychoanalyse hin.]

IV. Nachwort

Herrn K. (direkt oder in irgendeiner Sublimierung) ähnlich sind, oder ist Ihnen etwas an mir aufgefallen oder von mir bekannt geworden, was Ihre Zuneigung erzwingt, wie ehemals bei Herrn K.?« Dann hätte sich ihre Aufmerksamkeit auf irgendein Detail aus unserem Verkehre, an meiner Person oder an meinen Verhältnissen gerichtet, hinter dem etwas Analoges, aber ungleich Wichtigeres, das Herrn K. betraf, sich verborgen hielt, und durch die Lösung dieser Übertragung hätte die Analyse den Zugang zu neuem, wahrscheinlich tatsächlichem Material der Erinnerung gewonnen. Ich überhörte aber diese erste Warnung, meinte, es sei reichlich Zeit, da sich andere Stufen der Übertragung nicht einstellten und das Material für die Analyse noch nicht versiegte. So wurde ich denn von der Übertragung überrascht, und wegen des X, in dem ich sie an Herrn K. erinnerte, rächte sie sich an mir, wie sie sich an Herrn K. rächen wollte, und verließ mich, wie sie sich von ihm getäuscht und verlassen glaubte. Sie *agierte* so ein wesentliches Stück ihrer Erinnerungen und Phantasien, anstatt es in der Kur zu reproduzieren. Welches dieses X war, kann ich natürlich nicht wissen: ich vermute, es bezog sich auf Geld, oder es war Eifersucht gegen eine andere Patientin, die nach ihrer Heilung im Verkehre mit meiner Familie geblieben war. Wo sich die Übertragungen frühzeitig in die Analyse einbeziehen lassen, da wird deren Verlauf undurchsichtig und verlangsamt, aber ihr Bestand ist gegen plötzliche unwiderstehliche Widerstände besser gesichert.

In dem zweiten Traume Doras ist die Übertragung durch mehrere deutliche Anspielungen vertreten. Als sie ihn mir erzählte, wußte ich noch nicht, erfuhr es erst zwei Tage später, daß wir nur noch *zwei Stunden* Arbeit vor uns hatten, dieselbe Zeit, die sie vor dem Bilde der Sixtinischen Madonna verbracht [S. 164] und die sie auch vermittelst einer Korrektur (zwei Stunden anstatt zweieinhalb Stunden) zum Maße des von ihr nicht zurückgelegten Weges um den See gemacht hatte [S. 166]. Das Streben und Warten im Traume, das sich auf den jungen Mann in Deutschland bezog und von ihrem Warten, bis Herr K. sie heiraten könne, herstammte, hatte sich schon einige Tage vorher in der Übertragung geäußert: Die Kur dauere ihr zu lange, sie werde nicht die Geduld haben, so lange zu warten, während sie in den ersten Wochen Einsicht genug gezeigt hatte, meine Ankündigung, ihre volle Herstellung werde etwa ein Jahr in Anspruch nehmen, ohne solchen Einspruch anzuhören. Die Ablehnung der Begleitung im Traume, sie wolle lieber allein gehen, die gleichfalls aus dem Besuche in der Dresdener Galerie herrührte, sollte ich ja an dem hiefür bestimmten Tage erfahren. Sie hatte wohl den Sinn: Da alle Männer so abscheulich sind, so will ich lieber nicht heiraten. Dies meine Rache[1].

Wo Regungen der Grausamkeit und Motive der Rache, die schon im Leben zur Aufrechthaltung der Symptome verwendet worden sind, sich während der Kur auf den Arzt übertragen, ehe er Zeit gehabt hat, dieselben durch Rückführung auf ihre Quellen von seiner Person abzulösen, da darf es nicht Wunder nehmen, daß das Befinden der Kranken nicht den Einfluß seiner therapeutischen Bemühung zeigt. Denn wodurch könnte die Kranke sich wirksamer rächen, als indem sie an ihrer Person dartut, wie ohnmächtig und unfähig der Arzt ist? Dennoch bin ich geneigt, den therapeutischen Wert auch so fragmentarischer Behandlungen, wie die Doras war, nicht gering zu veranschlagen.

Erst fünf Vierteljahre nach Abschluß der Behandlung und dieser Niederschrift erhielt ich Nachricht von dem Befinden meiner Patientin und somit von dem Ausgange der Kur. An einem nicht ganz gleichgültigen Datum, am 1. April – wir wissen, daß Zeiten bei ihr nie bedeutungslos waren – erschien sie bei mir, um ihre Geschichte zu beenden und um neuerdings Hilfe zu erbitten: ein Blick auf ihre Miene konnte mir aber verraten, daß es ihr mit dieser Bitte nicht ernst war. Sie war noch vier bis fünf Wochen, nachdem sie die Behandlung verlassen, im »Durcheinander«, wie sie sagte. Dann trat eine große Besserung ein, die Anfälle wurden seltener, ihre Stimmung gehoben. Im Mai des jetzt vergangenen Jahres starb das eine Kind des Ehepaares K., das immer gekränkelt hatte. Sie nahm diesen Trauerfall zum Anlasse, um den K.

---

[1] Je weiter ich mich zeitlich von der Beendigung dieser Analyse entferne, desto wahrscheinlicher wird mir, daß mein technischer Fehler in folgender Unterlassung bestand: Ich habe es versäumt, rechtzeitig zu erraten und der Kranken mitzuteilen, daß die homosexuelle (gynäkophile) Liebesregung für Frau K. die stärkste der unbewußten Strömungen ihres Seelenlebens war. Ich hätte erraten müssen, daß keine andere Person als Frau K. die Hauptquelle für ihre Kenntnis sexueller Dinge sein konnte, dieselbe Person, von der sie dann wegen ihres Interesses an solchen Gegenständen verklagt worden war. Es war doch zu auffällig, daß sie alles Anstößige wußte und niemals wissen wollte, woher sie es wußte. [Vgl. S. 108.] An dieses Rätsel hätte ich anknüpfen, für diese sonderbare Verdrängung hätte ich das Motiv suchen müssen. Der zweite Traum hätte es mir dann verraten. Die rücksichtslose Rachsucht, welcher dieser Traum den Ausdruck gab, war wie nichts anderes geeignet, die gegensätzliche Strömung zu verdecken, den Edelmut, mit dem sie den Verrat der geliebten Freundin verzieh und es allen verbarg, daß diese selbst ihr die Eröffnungen gemacht, deren Kenntnis dann zu ihrer Verdächtigung verwendet wurde. Ehe ich die Bedeutung der homosexuellen Strömung bei den Psychoneurotikern erkannt hatte, bin ich oftmals in der Behandlung von Fällen steckengeblieben oder in völlige Verwirrung geraten.

IV. Nachwort

einen Kondolenzbesuch zu machen, und wurde von ihnen empfangen, als ob in diesen letzten drei Jahren nichts vorgefallen wäre. Damals söhnte sie sich mit ihnen aus, nahm ihre Rache an ihnen und brachte ihre Angelegenheit zu einem für sie befriedigenden Abschlusse. Der Frau sagte sie: Ich weiß, du hast ein Verhältnis mit dem Papa, und diese leugnete nicht. Den Mann veranlaßte sie, die von ihm bestrittene Szene am See zuzugestehen, und brachte diese sie rechtfertigende Nachricht ihrem Vater. Sie hat den Verkehr mit der Familie nicht wieder aufgenommen.
Es ging ihr dann ganz gut bis Mitte Oktober, um welche Zeit sich wieder ein Anfall von Stimmlosigkeit einstellte, der sechs Wochen lang anhielt. Über diese Mitteilung überrascht, frage ich, ob dafür ein Anlaß vorhanden war, und höre, daß der Anfall an ein heftiges Erschrekken anschloß. Sie mußte zusehen, wie jemand von einem Wagen überfahren wurde. Endlich rückte sie damit heraus, daß der Unfall keinen anderen als Herrn K. betroffen hatte. Sie traf ihn eines Tages auf der Straße; er kam ihr an einer Stelle lebhaften Verkehres entgegen, blieb wie verworren vor ihr stehen und ließ sich in der Selbstvergessenheit von einem Wagen niederwerfen[1]. Sie überzeugte sich übrigens, daß er ohne erheblichen Schaden davonkam. Es rege sich noch leise in ihr, wenn sie von dem Verhältnisse des Papas zu Frau K. reden höre, in welches sie sich sonst nicht mehr menge. Sie lebe ihren Studien, gedenke nicht zu heiraten.
Meine Hilfe suchte sie wegen einer rechtsseitigen Gesichtsneuralgie, die jetzt Tag und Nacht anhalte. Seit wann? »Seit genau vierzehn Tagen.«[2] – Ich mußte lächeln, da ich ihr nachweisen konnte, daß sie vor genau vierzehn Tagen eine mich betreffende Nachricht in der Zeitung gelesen, was sie auch bestätigte (1902)[3].
Die angebliche Gesichtsneuralgie entsprach also einer Selbstbestrafung, der Reue wegen der Ohrfeige, die sie damals Herrn K. gegeben, und der daraus auf mich bezogenen Racheübertragung. Welche Art Hilfe sie von mir verlangen wollte, weiß ich nicht, aber ich versprach, ihr zu verzeihen, daß sie mich um die Befriedigung gebracht, sie weit gründlicher von ihrem Leiden zu befreien.

---

[1] Ein interessanter Beitrag zu dem in meiner *Psychopathologie des Alltagslebens* behandelten indirekten Selbstmordversuche [1901 b, Kapitel VIII].
[2] S. die Bedeutung dieses Termins und dessen Beziehung zum Thema der Rache in der Analyse des zweiten Traumes [S. 171 ff.].
[3] [Diese Nachricht betraf zweifellos Freuds Ernennung zum außerordentlichen Professor im März dieses Jahres.]

Es sind wiederum Jahre seit dem Besuche bei mir vergangen. Das Mädchen hat sich seither verheiratet, und zwar mit jenem jungen Manne, wenn mich nicht alle Anzeichen trügen, den die Einfälle zu Beginn der Analyse des zweiten Traumes erwähnten[1]. Wie der erste Traum die Abwendung vom geliebten Manne zum Vater, also die Flucht aus dem Leben in die Krankheit bezeichnete, so verkündete ja dieser zweite Traum, daß sie sich vom Vater losreißen werde und dem Leben wiedergewonnen sei.

---

[1] [S. 163 f. – In den Ausgaben der Jahre 1909, 1912 und 1921 stand an dieser Stelle folgende Anmerkung: »Wie ich später erfuhr, war diese Vermutung irrig.«]

Hysterische Phantasien
und ihre Beziehung zur Bisexualität

(1908)

EDITORISCHE VORBEMERKUNG

Deutsche Ausgaben:
1908 Z. *Sexualwiss.*, Bd. 1 (1) [Januar], 27–34.
1909 S. K. S. N., Bd. 2, 138–45. (1912, 2. Aufl.; 1921, 3. Aufl.)
1924 G. S., Bd. 5, 246–54.
1941 G. W., Bd. 7, 191–99.

Die Bedeutung der Phantasien als Ausgangsbasis hysterischer Symptome ist von Freud etwa im Jahre 1897 im Zusammenhang mit seiner Selbstanalyse erkannt worden. Obwohl er Fließ privat von seinen Funden Kenntnis gab, veröffentlichte er sie in vollem Umfang erst zwei Jahre vor der Niederschrift der hier vorliegenden Arbeit, nämlich in ›Meine Ansichten über die Rolle der Sexualität in der Ätiologie der Neurosen‹ (1906 a). Die vorliegende Arbeit ist im wesentlichen eine weitere Erörterung der Beziehung zwischen Phantasien und Symptomen, und das Thema der Bisexualität taucht, trotz des Titels, eher wie ein nachträglicher Einfall auf. Erwähnt sei, daß das Thema der Phantasien Freud zur Zeit der Abfassung dieser Arbeit offenbar dauernd beschäftigte, denn es wird auch in den Abhandlungen ›Über infantile Sexualtheorien‹ (1908 c), ›Der Dichter und das Phantasieren‹ (1908 e), ›Der Familienroman der Neurotiker‹ (1909 c) und ›Allgemeines über den hysterischen Anfall‹ (1909 a, im vorliegenden Band S. 199) behandelt, ferner an vielen Stellen der *Gradiva* (1907 a – s. z. B. *Studienausgabe*, Bd. 10, S. 48–50). Vieles vom Material der vorliegenden Arbeit hatte natürlich schon Vorläufer: s. insbesondere die »Dora«-Analyse (1905 e [1901], im vorliegenden Band, S. 122–27).

Allgemein bekannt sind die Wahndichtungen der Paranoiker, welche die Größe und die Leiden des eigenen Ichs zum Inhalt haben und in ganz typischen, fast monotonen Formen auftreten. Durch zahlreiche Mitteilungen sind uns ferner die sonderbaren Veranstaltungen bekannt geworden, unter denen gewisse Perverse ihre sexuelle Befriedigung – in der Idee oder Realität – in Szene setzen. Dagegen dürfte es manchen wie eine Neuheit klingen zu erfahren, daß ganz analoge psychische Bildungen bei allen Psychoneurosen, speziell bei Hysterie, regelmäßig vorkommen und daß diese – die sogenannten hysterischen Phantasien – wichtige Beziehungen zur Verursachung der neurotischen Symptome erkennen lassen.

Gemeinsame Quelle und normales Vorbild all dieser phantastischen Schöpfungen sind die sogenannten Tagträume der Jugend, die in der Literatur bereits eine gewisse, obwohl noch nicht zureichende, Beachtung gefunden haben [1]. Bei beiden Geschlechtern vielleicht gleich häufig, scheinen sie bei Mädchen und Frauen durchweg erotischer, bei Männern erotischer oder ehrgeiziger Natur zu sein. Doch darf man die Bedeutung des erotischen Moments auch bei Männern nicht in die zweite Linie rücken wollen; bei näherem Eingehen in den Tagtraum des Mannes ergibt sich gewöhnlich, daß all diese Heldentaten nur verrichtet, alle Erfolge nur errungen werden, um einem Weib zu gefallen und von ihr anderen Männern vorgezogen zu werden [2]. Diese Phantasien sind Wunschbefriedigungen, aus der Entbehrung und der Sehnsucht hervorgegangen; sie führen den Namen »Tagträume« mit Recht, denn sie geben den Schlüssel zum Verständnis der nächtlichen Träume, in denen nichts anderes als solche komplizierte, entstellte und von der bewußten psychischen Instanz mißverstandene Tagesphantasien den Kern der Traumbildung herstellen [3].

---

[1] Vgl. Breuer und Freud (1895), P. Janet (1898, Bd. 1), Havelock Ellis (deutsch von Kötscher, 1900), Freud (1900a), Pick (1896).
[2] Ähnlich urteilt hierüber H. Ellis, loc. cit., S. 185f.
[3] Vgl. Freud: *Traumdeutung* (1900a), Kapitel VI. [Abschnitt I; *Studienausgabe*, Bd. 2, S. 472f. – Der Inhalt des obigen Absatzes ist noch ausführlicher in Freuds fast gleichzeitiger

Diese Tagträume werden mit großem Interesse besetzt, sorgfältig gepflegt und meist sehr schamhaft behütet, als ob sie zu den intimsten Gütern der Persönlichkeit zählten. Auf der Straße erkennt man aber leicht den im Tagtraum Begriffenen an einem plötzlichen, wie abwesenden Lächeln, am Selbstgespräch oder an der laufartigen Beschleunigung des Ganges, womit er den Höhepunkt der erträumten Situation bezeichnet. – Alle hysterischen Anfälle, die ich bisher untersuchen konnte, erwiesen sich nun als solche unwillkürlich hereinbrechende Tagträume. Die Beobachtung läßt nämlich keinen Zweifel darüber, daß es solche Phantasien ebensowohl unbewußt gibt wie bewußt, und sobald dieselben zu unbewußten geworden sind, können sie auch pathogen werden, d. h. sich in Symptomen und Anfällen ausdrücken. Unter günstigen Umständen kann man eine solche unbewußte Phantasie noch mit dem Bewußtsein erhaschen. Eine meiner Patientinnen, die ich auf ihre Phantasien aufmerksam gemacht hatte, erzählte mir, sie habe sich einmal auf der Straße plötzlich in Tränen gefunden, und bei raschem Besinnen, worüber sie eigentlich weine, sei sie der Phantasie habhaft geworden, daß sie mit einem stadtbekannten (ihr aber persönlich unbekannten) Klaviervirtuosen ein zärtliches Verhältnis eingegangen sei, ein Kind von ihm bekommen habe (sie war kinderlos) und dann mit dem Kinde von ihm im Elend verlassen worden sei. An dieser Stelle des Romanes brachen ihre Tränen hervor.

Die unbewußten Phantasien sind entweder von jeher unbewußt gewesen, im Unbewußten gebildet worden, oder, was der häufigere Fall ist, sie waren einmal bewußte Phantasien, Tagträume, und sind dann mit Absicht vergessen worden, durch die »Verdrängung« ins Unbewußte geraten. Ihr Inhalt ist dann entweder der nämliche geblieben, oder er hat Abänderungen erfahren, so daß die jetzt unbewußte Phantasie einen Abkömmling der einst bewußten darstellt. Die unbewußte Phantasie steht nun in einer sehr wichtigen Beziehung zum Sexualleben der Person; sie ist nämlich identisch mit der Phantasie, welche derselben während einer Periode von Masturbation zur sexuellen Befriedigung gedient hat. Der masturbatorische (im weitesten Sinne: onanistische) Akt setzte sich damals aus zwei Stücken zusammen, aus der Hervorrufung der Phantasie und aus der aktiven Leistung zur Selbstbefriedigung auf der Höhe derselben. Diese Zusammensetzung ist bekanntlich

---

Arbeit ›Der Dichter und das Phantasieren‹ (1908 e, *Studienausgabe*, Bd. 10, S. 173–74) dargestellt.]

selbst eine Verlötung[1]. Ursprünglich war die Aktion eine rein autoerotische Vornahme zur Lustgewinnung von einer bestimmten, erogen zu nennenden Körperstelle. Später verschmolz diese Aktion mit einer Wunschvorstellung aus dem Kreise der Objektliebe und diente zur teilweisen Realisierung der Situation, in welcher diese Phantasie gipfelte. Wenn dann die Person auf diese Art der masturbatorisch-phantastischen Befriedigung verzichtet, so wird die Aktion unterlassen, die Phantasie aber wird aus einer bewußten zu einer unbewußten. Tritt keine andere Weise der sexuellen Befriedigung ein, verbleibt die Person in der Abstinenz und gelingt es ihr nicht, ihre Libido zu sublimieren, das heißt die sexuelle Erregung auf ein höheres Ziel abzulenken, so ist jetzt die Bedingung dafür gegeben, daß die unbewußte Phantasie aufgefrischt werde, wuchere und sich mit der ganzen Macht des Liebesbedürfnisses wenigstens in einem Stück ihres Inhalts als Krankheitssymptom durchsetze.

Für eine ganze Reihe von hysterischen Symptomen sind solcherart die unbewußten Phantasien die nächsten psychischen Vorstufen. Die hysterischen Symptome sind nichts anderes als die durch »Konversion« zur Darstellung gebrachten unbewußten Phantasien, und insofern es somatische Symptome sind, werden sie häufig genug aus dem Kreise der nämlichen Sexualempfindungen und motorischen Innervationen entnommen, welche ursprünglich die damals noch bewußte Phantasie begleitet hatten. Auf diese Weise wird die Onanieentwöhnung eigentlich rückgängig gemacht, und das Endziel des ganzen pathologischen Vorganges, die Herstellung der seinerzeitigen primären Sexualbefriedigung, wird dabei zwar niemals vollkommen, aber immer in einer Art von Annäherung erreicht.

Das Interesse desjenigen, der die Hysterie studiert, wendet sich alsbald von den Symptomen derselben ab und den Phantasien zu, aus welchen erstere hervorgehen. Die Technik der Psychoanalyse gestattet es, von den Symptomen aus diese unbewußten Phantasien zunächst zu erraten und dann im Kranken bewußt werden zu lassen. Auf diesem Wege ist nun gefunden worden, daß die unbewußten Phantasien der Hysteriker den bewußt durchgeführten Befriedigungssituationen der Perversen inhaltlich völlig entsprechen, und wenn man um Beispiele solcher Art verlegen ist, braucht man sich nur an die welthistorischen Veranstaltungen der römischen Cäsaren zu erinnern, deren Tollheit natürlich nur

---

[1] Vgl. Freud: *Drei Abhandlungen zur Sexualtheorie* (1905 d) [Abhandlung I, Ende des Abschnitts (1, A), *Studienausgabe*, Bd. 5, S. 58].

durch die uneingeschränkte Machtfülle der Phantasiebildner bedingt ist. Die Wahnbildungen der Paranoiker sind ebensolche, aber unmittelbar bewußt gewordene Phantasien, die von der masochistisch-sadistischen Komponente des Sexualtriebes getragen werden und gleichfalls in gewissen unbewußten Phantasien der Hysterischen ihre vollen Gegenstücke finden können. Bekannt ist übrigens der auch praktisch bedeutsame Fall, daß Hysteriker ihre Phantasien nicht als Symptome, sondern in bewußter Realisierung zum Ausdrucke bringen und somit Attentate, Mißhandlungen, sexuelle Aggressionen fingieren und in Szene setzen.

Alles, was man über die Sexualität der Psychoneurotiker erfahren kann, wird auf diesem Wege der psychoanalytischen Untersuchung, der von den aufdringlichen Symptomen zu den verborgenen unbewußten Phantasien führt, ermittelt, darunter also auch das Faktum, dessen Mitteilung in den Vordergrund dieser kleinen vorläufigen Veröffentlichung gerückt werden soll.

Wahrscheinlich infolge der Schwierigkeiten, die dem Bestreben der unbewußten Phantasien, sich Ausdruck zu verschaffen, im Wege stehen, ist das Verhältnis der Phantasien zu den Symptomen kein einfaches, sondern ein mehrfach kompliziertes [1]. In der Regel, das heißt bei voller Entwicklung und nach längerem Bestande der Neurose, entspricht ein Symptom nicht einer einzigen unbewußten Phantasie, sondern einer Mehrzahl von solchen, und zwar nicht in willkürlicher Weise, sondern in gesetzmäßiger Zusammensetzung. Zu Beginn des Krankheitsfalles werden wohl nicht alle diese Komplikationen entwickelt sein.

Dem allgemeinen Interesse zuliebe überschreite ich hier den Zusammenhang dieser Mitteilung und füge eine Reihe von Formeln ein, die sich bemühen, das Wesen der hysterischen Symptome fortschreitend zu erschöpfen. Sie widersprechen einander nicht, sondern entsprechen teils vollständigeren und schärferen Fassungen, teils der Anwendung verschiedener Gesichtspunkte.

1) Das hysterische Symptom ist das Erinnerungssymbol [2] gewisser wirksamer (traumatischer) Eindrücke und Erlebnisse.

2) Das hysterische Symptom ist der durch »Konversion« erzeugte Ersatz für die assoziative Wiederkehr dieser traumatischen Erlebnisse.

3) Das hysterische Symptom ist – wie auch andere psychische Bildungen – Ausdruck einer Wunscherfüllung.

---

[1] Das nämliche gilt für die Beziehung zwischen den »latenten« Traumgedanken und den Elementen des »manifesten« Trauminhaltes. Siehe den Abschnitt über die »Traumarbeit« [Kapitel VI] in des Verfassers *Traumdeutung*.
[2] [S. oben S. 54, Anm. 3.]

4) Das hysterische Symptom ist die Realisierung einer der Wunscherfüllung dienenden, unbewußten Phantasie.
5) Das hysterische Symptom dient der sexuellen Befriedigung und stellt einen Teil des Sexuallebens der Person dar (entsprechend einer der Komponenten ihres Sexualtriebs).
6) Das hysterische Symptom entspricht der Wiederkehr einer Weise der Sexualbefriedigung, die im infantilen Leben real gewesen und seither verdrängt worden ist.
7) Das hysterische Symptom entsteht als Kompromiß aus zwei gegensätzlichen Affekt- oder Triebregungen, von denen die eine einen Partialtrieb oder eine Komponente der Sexualkonstitution zum Ausdrucke zu bringen, die andere dieselbe zu unterdrücken bemüht ist.
8) Das hysterische Symptom kann die Vertretung verschiedener unbewußter, nicht sexueller Regungen übernehmen, einer sexuellen Bedeutung aber nicht entbehren.

Unter diesen verschiedenen Bestimmungen ist es die siebente, welche das Wesen des hysterischen Symptoms als Realisierung einer unbewußten Phantasie am erschöpfendsten zum Ausdrucke bringt und mit der achten die Bedeutung des sexuellen Moments in richtiger Weise würdigt. Manche der vorhergehenden Formeln sind als Vorstufen in dieser Formel enthalten.

Infolge dieses Verhältnisses zwischen Symptomen und Phantasien gelingt es unschwer, von der Psychoanalyse der Symptome zur Kenntnis der das Individuum beherrschenden Komponenten des Sexualtriebes zu gelangen, wie ich es in den *Drei Abhandlungen zur Sexualtheorie* [1905 d] ausgeführt habe. Diese Untersuchung ergibt aber für manche Fälle ein unerwartetes Resultat. Sie zeigt, daß für viele Symptome die Auflösung durch eine unbewußte sexuelle Phantasie oder durch eine Reihe von Phantasien, von denen eine, die bedeutsamste und ursprünglichste, sexueller Natur ist, nicht genügt, sondern daß man zur Lösung des Symptoms zweier sexueller Phantasien bedarf, von denen die eine männlichen, die andere weiblichen Charakter hat, so daß eine dieser Phantasien einer homosexuellen Regung entspringt. Der in Formel 7 ausgesprochene Satz wird durch diese Neuheit nicht berührt, so daß ein hysterisches Symptom notwendigerweise einem Kompromiß zwischen einer libidinösen und einer Verdrängungsregung entspricht, nebstbei aber einer Vereinigung zweier libidinöser Phantasien von entgegengesetztem Geschlechtscharakter entsprechen kann.

Ich enthalte mich, Beispiele für diesen Satz zu geben. Die Erfahrung

hat mich gelehrt, daß kurze, zu einem Extrakt zusammengedrängte Analysen niemals den beweisenden Eindruck machen können, wegen dessen man sie herangezogen hat. Die Mitteilung voll analysierter Krankheitsfälle muß aber für einen anderen Ort aufgespart werden. Ich begnüge mich also damit, den Satz aufzustellen und seine Bedeutung zu erläutern:
9) Ein hysterisches Symptom ist der Ausdruck einerseits einer männlichen, anderseits einer weiblichen unbewußten sexuellen Phantasie.
Ich bemerke ausdrücklich, daß ich diesem Satze eine ähnliche Allgemeingültigkeit nicht zusprechen kann, wie ich sie für die anderen Formeln in Anspruch genommen habe. Er trifft, soviel ich sehen kann, weder für alle Symptome eines Falles, noch für alle Fälle zu. Es ist im Gegenteile nicht schwer, Fälle aufzuzeigen, bei denen die entgegengesetztgeschlechtlichen Regungen gesonderten symptomatischen Ausdruck gefunden haben, so daß sich die Symptome der Hetero- und der Homosexualität so scharf voneinander scheiden lassen, wie die hinter ihnen verborgenen Phantasien. Doch ist das in der neunten Formel behauptete Verhältnis häufig genug, und wo es sich findet, bedeutsam genug, um eine besondere Hervorhebung zu verdienen. Es scheint mir die höchste Stufe der Kompliziertheit, zu der sich die Determinierung eines hysterischen Symptoms erheben kann, zu bedeuten, und ist also nur bei langem Bestande einer Neurose und bei großer Organisationsarbeit innerhalb derselben zu erwarten[1].
Die in immerhin zahlreichen Fällen nachweisbare bisexuelle Bedeutung hysterischer Symptome ist gewiß ein interessanter Beleg für die von mir aufgestellte Behauptung[2], daß die supponierte bisexuelle Anlage des Menschen sich bei den Psychoneurotikern durch Psychoanalyse besonders deutlich erkennen läßt. Ein durchaus analoger Vorgang aus dem nämlichen Gebiete ist es, wenn der Masturbant in seinen bewußten Phantasien sich sowohl in den Mann als auch in das Weib der vorgestellten Situation einzufühlen versucht, und weitere Gegenstücke zeigen gewisse hysterische Anfälle, in denen die Kranke gleichzeitig beide Rollen der zugrunde liegenden sexuellen Phantasie spielt, also zum Beispiel wie in einem Falle meiner Beobachtung, mit der einen Hand das Gewand an den Leib preßt (als Weib), mit der anderen es abzu-

---

[1] I. Sadger, der kürzlich den in Rede stehenden Satz durch eigene Psychoanalysen selbständig aufgefunden hat (1907), tritt allerdings für dessen allgemeine Gültigkeit ein.
[2] *Drei Abhandlungen zur Sexualtheorie* [Abhandlung I, Abschnitt (4), und Abhandlung III [4]; *Studienausgabe*, Bd. 5, S. 75 und S. 124].

reißen sucht (als Mann)[1]. Diese widerspruchsvolle Gleichzeitigkeit bedingt zum guten Teile die Unverständlichkeit der doch sonst im Anfalle so plastisch dargestellten Situation und eignet sich also vortrefflich zur Verhüllung der wirksamen unbewußten Phantasie.

Bei der psychoanalytischen Behandlung ist es sehr wichtig, daß man auf die bisexuelle Bedeutung eines Symptomes vorbereitet sei. Man braucht sich dann nicht zu verwundern und nicht irre zu werden, wenn ein Symptom anscheinend ungemindert fortbesteht, obwohl man die eine seiner sexuellen Bedeutungen bereits gelöst hat. Es stützt sich dann noch auf die vielleicht nicht vermutete entgegengesetztgeschlechtliche. Auch kann man bei der Behandlung solcher Fälle beobachten, wie der Kranke sich der Bequemlichkeit bedient, während der Analyse der einen sexuellen Bedeutung mit seinen Einfällen fortwährend in das Gebiet der konträren Bedeutung, wie auf ein benachbartes Geleise, auszuweichen.

---

[1] [Dieser Fall wird auch in der nächsten Arbeit, S. 200 unten, erwähnt.]

Allgemeines über den hysterischen Anfall

(1909 [1908])

EDITORISCHE VORBEMERKUNG

Deutsche Ausgaben:
(1908 Vermutliches Jahr der Niederschrift.)
1909 *Z. Psychother. med. Psychol.*, Bd. 1 (1) [Januar], 10–14.
1909 *S. K. S. N.*, Bd. 2, 146–50. (1912, 2. Aufl.; 1921, 3. Aufl.)
1924 *G. S.*, Bd. 5, 255–60.
1941 *G. W.*, Bd. 7, 235–40.

Vor dem Erscheinen der vorliegenden Arbeit hat Freud über dieses Thema zuletzt in Abschnitt IV der zusammen mit Breuer verfaßten ›Vorläufigen Mitteilung‹ (1893 *a*) zu den *Studien über Hysterie* veröffentlicht. Er erwähnte das Phänomen auch im ›Vortrag‹ (1893 *b*, s. S. 14 oben). Der vorliegende Artikel ist eine jener sehr dichten, fast schematischen Arbeiten, in denen wir die Keime späterer Entwicklungen entdecken können. (S. insbesondere Abschnitt B.) Zum eigentlichen Thema der hysterischen Anfälle kommt Freud jedoch erst zwanzig Jahre danach, in seiner Abhandlung über Dostojewskis »epileptische« Anfälle (1928 *b*), zurück.

A

Wenn man eine Hysterika, deren Leiden sich in Anfällen äußert, der Psychoanalyse unterzieht, so überzeugt man sich leicht, daß diese Anfälle nichts anderes sind als ins Motorische übersetzte, auf die Motilität projizierte, pantomimisch dargestellte Phantasien. Unbewußte Phantasien zwar, aber sonst von derselben Art, wie man sie in den Tagträumen unmittelbar erfassen, aus den nächtlichen Träumen durch Deutung entwickeln kann. Häufig ersetzt ein Traum einen Anfall, noch häufiger erläutert er ihn, indem die nämliche Phantasie zu verschiedenartigem Ausdruck im Traume wie im Anfalle gelangt. Man sollte nun erwarten, durch die Anschauung des Anfalles zur Kenntnis der in ihm dargestellten Phantasie zu kommen; allein, dies gelingt nur selten. In der Regel hat die pantomimische Darstellung der Phantasie unter dem Einflusse der Zensur ganz analoge Entstellungen wie die halluzinatorische des Traumes erfahren, so daß die eine wie die andere zunächst für das eigene Bewußtsein wie für das Verständnis des Zuschauers undurchsichtig geworden ist. Der hysterische Anfall bedarf also der gleichen deutenden Bearbeitung, wie wir sie mit den nächtlichen Träumen vornehmen. Aber nicht nur die Mächte, von denen die Entstellung ausgeht, und die Absicht dieser Entstellung, auch die Technik derselben ist die nämliche, die uns durch die Traumdeutung bekannt geworden ist.
1) Der Anfall wird dadurch unverständlich, daß er in demselben Material gleichzeitig mehrere Phantasien zur Darstellung bringt, also durch *Verdichtung*. Die Gemeinsamen der beiden (oder mehrerer) Phantasien bilden wie im Traume den Kern der Darstellung. Die so zur Deckung gebrachten Phantasien sind oft ganz verschiedener Art, z. B. ein rezenter Wunsch und die Wiederbelebung eines infantilen Eindrucks; dieselben Innervationen dienen dann beiden Absichten, oft in der geschicktesten Weise. Hysteriker, die sich der Verdichtung im großen Ausmaße bedienen, finden etwa mit einer einzigen Anfallsform ihr Auslangen; andere drücken eine Mehrheit von pathogenen Phantasien auch durch Vervielfältigung der Anfallsformen aus.
2) Der Anfall wird dadurch undurchsichtig, daß die Kranke die Tätigkeiten beider in der Phantasie auftretenden Personen auszuführen un-

ternimmt, also durch *mehrfache Identifizierung*. Vergleiche etwa das Beispiel, welches ich in dem Aufsatze ›Hysterische Phantasien und ihre Beziehung zur Bisexualität‹ [1908 *a*] in Hirschfelds *Zeitschrift für Sexualwissenschaft*, Bd. I, Nr. 1, erwähnt habe, in dem die Kranke mit der einen Hand (als Mann) das Kleid herunterreißt, während sie es mit der anderen (als Weib) an den Leib preßt[1].

3) Ganz außerordentlich entstellend wirkt die *antagonistische Verkehrung der Innervationen*, welche der in der Traumarbeit üblichen Verwandlung eines Elementes in sein Gegenteil analog ist[2], z. B. wenn im Anfall eine Umarmung dadurch dargestellt wird, daß die Arme krampfhaft nach rückwärts gezogen werden, bis sich die Hände über der Wirbelsäule begegnen. – Möglicherweise ist der bekannte *arc de cercle* der großen hysterischen Attacke nichts anderes als eine solche energische Verleugnung einer für den sexuellen Verkehr geeigneten Körperstellung durch antagonistische Innervation.

4) Kaum minder verwirrend und irreführend wirkt dann die *Umkehrung in der Zeitfolge* innerhalb der dargestellten Phantasie, was wiederum sein volles Gegenstück in manchen Träumen findet, die mit dem Ende der Handlung beginnen, um dann mit deren Anfang zu schließen. So z. B. wenn die Verführungsphantasie einer Hysterika zum Inhalte hat, wie sie lesend in einem Park sitzt, das Kleid ein wenig gehoben, so daß der Fuß sichtbar wird, ein Herr sich ihr nähert, der sie anspricht, sie dann mit ihm an einen anderen Ort geht und dort zärtlich mit ihm verkehrt, und sie diese Phantasie im Anfalle derart spielt, daß sie mit dem Krampfstadium beginnt, welches dem Koitus entspricht, dann aufsteht, in ein anderes Zimmer geht, sich dort hinsetzt, um zu lesen, und dann auf eine imaginäre Anrede Antwort gibt[3].

Die beiden letztangeführten Entstellungen können uns die Intensität der Widerstände ahnen lassen, denen das Verdrängte noch bei seinem Durchbruche im hysterischen Anfalle Rechnung tragen muß.

---

[1] S. 194 f. dieses Bandes.
[2] [Vgl. eine der *Traumdeutung* (1900 *a*) in Kapitel VI, Abschnitt (C), im Jahre 1909 hinzugefügte Passage; s. *Studienausgabe*, Bd. 2, S. 324 f.]
[3] [Eine ausführlichere, aber etwas andere Darstellung dieses Beispiels wurde 1909 als Anm. zur *Traumdeutung*, loc. cit., hinzugefügt.]

Allgemeines über den hysterischen Anfall

B

Das Auftreten der hysterischen Anfälle folgt leichtverständlichen Gesetzen. Da der verdrängte Komplex aus Libidobesetzung und Vorstellungsinhalt (Phantasie) besteht[1], kann der Anfall wachgerufen werden: 1) *assoziativ*, wenn der (genügend besetzte) Komplexinhalt durch eine Anknüpfung des bewußten Lebens angespielt wird, 2) *organisch*, wenn aus inneren somatischen Gründen und durch psychische Beeinflussung von außen die Libidobesetzung über ein gewisses Maß steigt, 3) im Dienste der *primären Tendenz*, als Ausdruck der »Flucht in die Krankheit«, wenn die Wirklichkeit peinlich oder schreckhaft wird, also zur *Tröstung*, 4) im Dienste der *sekundären Tendenzen*, mit denen sich das Kranksein verbündet hat, sobald durch die Produktion des Anfalles ein dem Kranken nützlicher Zweck erreicht werden kann[2]. Im letzteren Falle ist der Anfall für gewisse Personen berechnet, kann für sie zeitlich verschoben werden und macht den Eindruck bewußter Simulation.

C

Die Erforschung der Kindergeschichte Hysterischer lehrt, daß der hysterische Anfall zum Ersatze einer ehemals geübten und seither aufgegebenen *autoerotischen* Befriedigung bestimmt ist. In einer großen Zahl von Fällen kehrt diese Befriedigung (die Masturbation durch Berührung oder Schenkeldruck, die Zungenbewegung u. dgl.) auch im Anfalle selbst unter Abwendung des Bewußtseins wieder. Das Auftreten des Anfalles durch Libidosteigerung und im Dienste der primären Tendenz als Tröstung wiederholt auch genau die Bedingungen, unter denen diese autoerotische Befriedigung seinerzeit vom Kranken mit Absicht aufge-

---

[1] [Die hier angedeutete Unterscheidung zwischen Vorstellungsinhalt und affektiver Energie sollte in Freuds metapsychologischen Darstellungen der Verdrängung (1915d und Abschnitt IV in 1915e) eine wichtige Rolle spielen; s. *Studienausgabe*, Bd. 3, S. 113–18 und S. 139–44.]
[2] [Dies scheint die erste gedruckte Erwähnung des eigentlichen Terminus der »Flucht in die Krankheit« zu sein, wenn auch der Gedanke weiter zurückreicht. Die Idee des »Krankheitsgewinns« als eines ätiologischen Faktors ist gleichfalls schon früher entstanden. Dagegen wird die Unterscheidung zwischen primärem und sekundärem Krankheitsgewinn erst im vorliegenden Absatz getroffen. Der ganze Fragenkomplex wird ausführlich in einer 1923 zur Krankengeschichte der »Dora« (1905e) hinzugefügten Anm. (S. 118 f., oben) erörtert, in der Freud seine älteren Auffassungen korrigiert und klarstellt. (S. für weitere Hinweise auch die editorische Ergänzung zu jener Anm.)]

sucht wurde[1]. Die Anamnese des Kranken ergibt folgende Stadien: *a)* autoerotische Befriedigung ohne Vorstellungsinhalt, *b)* die nämliche im Anschlusse an eine Phantasie, welche in die Befriedigungsaktion ausläuft, *c)* Verzicht auf die Aktion mit Beibehaltung der Phantasie, *d)* Verdrängung dieser Phantasie, die sich dann, entweder unverändert oder modifiziert und neuen Lebenseindrücken angepaßt, im hysterischen Anfalle durchsetzt und *e)* eventuell selbst die ihr zugehörige, angeblich abgewöhnte Befriedigungsaktion wiederbringt. Ein typischer Zyklus von infantiler Sexualbetätigung – Verdrängung – Mißglücken der Verdrängung und Wiederkehr des Verdrängten.

Der unwillkürliche Harnabgang darf gewiß nicht für unvereinbar mit der Diagnose des hysterischen Anfalls gehalten werden; er wiederholt bloß die infantile Form der stürmischen Pollution. Übrigens kann man auch den Zungenbiß bei unzweifelhafter Hysterie antreffen; er widerspricht der Hysterie sowenig wie dem Liebesspiele; sein Auftreten im Anfalle wird erleichtert, wenn die Kranke durch ärztliche Erkundigung auf die differentialdiagnostischen Schwierigkeiten aufmerksam gemacht worden ist. Selbstbeschädigung im hysterischen Anfalle kann (häufiger bei Männern) vorkommen, wo sie einen Unfall des kindlichen Lebens (z. B. den Erfolg einer Rauferei) wiederholt.

Der Bewußtseinsverlust, die Absence des hysterischen Anfalles, geht aus jenem flüchtigen, aber unverkennbaren Bewußtseinsentgang hervor, der auf der Höhe einer jeden intensiven Sexualbefriedigung (auch der autoerotischen) zu verspüren ist. Bei der Entstehung hysterischer Absencen aus den Pollutionsanwandlungen junger weiblicher Individuen ist diese Entwicklung am sichersten zu verfolgen. Die sogenannten hypnoiden Zustände[2], die Absencen während der Träumerei, die bei Hysterischen so häufig sind, lassen die gleiche Herkunft erkennen. Der Mechanismus dieser Absencen ist ein relativ einfacher. Zunächst wird alle Aufmerksamkeit auf den Ablauf des Befriedigungsvorganges eingestellt, und mit dem Eintritte der Befriedigung wird diese ganze Aufmerksamkeitsbesetzung plötzlich aufgehoben, so daß eine momentane Bewußtseinsleere entsteht. Diese sozusagen physiologische Bewußtseinslücke wird dann im Dienste der Verdrängung erweitert, bis sie all das aufnehmen kann, was die verdrängende Instanz von sich weist.

---

[1] [S. dazu die ›Editorische Vorbemerkung‹ zu *Hemmung, Symptom und Angst*, S. 232 unten; dort werden weitere Hinweise gegeben.]
[2] [S. oben S. 23–4 und Anm. S. 23.]

D

Die Einrichtung, welche der verdrängten Libido den Weg zur motorischen Abfuhr im Anfalle weist, ist der bei jedermann, auch beim Weibe, bereitgehaltene Reflexmechanismus der Koitusaktion, den wir bei schrankenloser Hingabe an die Sexualtätigkeit manifest werden sehen. Schon die Alten sagten, der Koitus sei eine »kleine Epilepsie«. Wir dürfen abändern! Der hysterische Krampfanfall ist ein Koitusäquivalent. Die Analogie mit dem epileptischen Anfalle hilft uns wenig, da dessen Genese noch unverstandener ist als die des hysterischen [1].
Im ganzen setzt der hysterische Anfall, wie die Hysterie überhaupt, beim Weibe ein Stück Sexualbetätigung wieder ein, das in den Kinderjahren bestanden hatte und damals exquisit männlichen Charakter erkennen ließ. Man kann es häufig beobachten, daß gerade Mädchen, die bis in die Jahre der Vorpubertät bubenhaftes Wesen und Neigungen zeigten, von der Pubertät an hysterisch werden. In einer ganzen Reihe von Fällen entspricht die hysterische Neurose nur einer exzessiven Ausprägung jenes typischen Verdrängungsschubes, welcher durch Wegschaffung der männlichen Sexualität das Weib entstehen läßt. (Vgl.: *Drei Abhandlungen zur Sexualtherorie*, 1905 d.[2])

---

[1] [Vgl. Freuds ausführlichere Erörterung der »epileptischen Reaktion« und der Beziehung zwischen Epilepsie und hysterischen Anfällen in seiner Dostojewski-Arbeit (1928 b).]
[2] [Abhandlung III [4]; *Studienausgabe*, Bd. 5, S. 123 ff.]

Die psychogene Sehstörung
in psychoanalytischer Auffassung

(1910)

EDITORISCHE VORBEMERKUNG

Deutsche Ausgaben:
1910 *Ärztliche Fortbildung*, Beiheft zu *Ärztliche Standeszeitung*, Bd. 9 (9), 42–4 (1. Mai).
1913 *S. K. S. N.*, Bd. 3, 314–21. (1921, 2. Aufl.)
1924 *G. S.*, Bd. 5, 301–9.
1943 *G. W.*, Bd. 8, 94–102.

Es handelt sich um einen Beitrag zur *Festschrift* für einen bekannten Wiener Ophthalmologen, Leopold Königstein, einen der ältesten Freunde Freuds. In einem Brief an Ferenczi vom 12. April 1910 bezeichnet Freud den Artikel als eine bloße Gelegenheitsarbeit, die nichts tauge (Jones, 1962, S. 291). Immerhin enthält er zumindest einen Absatz von besonderem Interesse. Hier spricht Freud nämlich zum erstenmal von »Ichtrieben«, setzt sie ausdrücklich den Selbsterhaltungstrieben gleich und schreibt ihnen bei der Funktion der Verdrängung eine Hauptrolle zu. Ferner ist bemerkenswert, daß Freud in den letzten Absätzen der Arbeit (S. 212 f.) mit ganz besonderer Bestimmtheit seine Auffassung ausspricht, daß seelische Erscheinungen letztlich auf organischen Substraten beruhen.

Meine Herren Kollegen! Ich möchte Ihnen an dem Beispiel der psychogenen Sehstörung zeigen, welche Veränderungen unsere Auffassung von der Genese solcher Leiden unter dem Einflusse der psychoanalytischen Untersuchungsmethode erfahren hat. Sie wissen, man nimmt die hysterische Blindheit als den Typus einer psychogenen Sehstörung an. Die Genese einer solchen glaubt man nach den Untersuchungen der französischen Schule eines Charcot, Janet, Binet zu kennen. Man ist ja imstande, eine solche Blindheit experimentell zu erzeugen, wenn man eine des Somnambulismus fähige Person zur Verfügung hat. Versetzt man diese in tiefe Hypnose und suggeriert ihr die Vorstellung, sie sehe mit dem einen Auge nichts, so benimmt sie sich tatsächlich wie eine auf diesem Auge Erblindete, wie eine Hysterika mit spontan entwickelter Sehstörung. Man darf also den Mechanismus der spontanen hysterischen Sehstörung nach dem Vorbild der suggerierten hypnotischen konstruieren. Bei der Hysterika entsteht die Vorstellung, blind zu sein, nicht aus der Eingebung des Hypnotiseurs, sondern spontan, wie man sagt, durch Autosuggestion, und diese Vorstellung ist in beiden Fällen so stark, daß sie sich in Wirklichkeit umsetzt, ganz ähnlich wie eine suggerierte Halluzination, Lähmung und dergleichen.
Das klingt ja vollkommen verläßlich und muß jeden befriedigen, der sich über die vielen hinter den Begriffen Hypnose, Suggestion und Autosuggestion versteckten Rätselhaftigkeiten hinwegsetzen kann. Insbesondere die Autosuggestion gibt Anlaß zu weiteren Fragen. Wann, unter welchen Bedingungen wird eine Vorstellung so stark, daß sie sich wie eine Suggestion benehmen und ohne weiteres in Wirklichkeit umsetzen kann? Eingehendere Untersuchungen haben da gelehrt, daß man diese Frage nicht beantworten kann, ohne den Begriff des »Unbewußten« zu Hilfe zu nehmen. Viele Philosophen sträuben sich gegen die Annahme eines solchen seelischen Unbewußten, weil sie sich um die Phänomene nicht gekümmert haben, die zu seiner Aufstellung nötigen. Den Psychopathologen ist es unvermeidlich geworden, mit unbewußten seelischen Vorgängen, unbewußten Vorstellungen und dergleichen zu arbeiten.

Die psychogene Sehstörung in psychoanalytischer Auffassung

Sinnreiche Versuche haben gezeigt, daß die hysterisch Blinden doch in gewissem Sinne sehen, wenn auch nicht im vollen Sinne. Die Erregungen des blinden Auges können doch gewisse psychische Folgen haben, z. B. Affekte hervorrufen, obgleich sie nicht bewußt werden. Die hysterisch Blinden sind also nur fürs Bewußtsein blind, im Unbewußten sind sie sehend. Es sind gerade Erfahrungen dieser Art, die uns zur Sonderung von bewußten und unbewußten seelischen Vorgängen nötigen. Wie kommt es, daß sie die unbewußte »Autosuggestion«, blind zu sein, entwickeln, während sie doch im Unbewußten sehen?
Auf diese weitere Frage antwortet die Forschung der Franzosen mit der Erklärung, daß bei den zur Hysterie disponierten Kranken von vornherein eine Neigung zur Dissoziation – zur Auflösung des Zusammenhanges im seelischen Geschehen – bestehe, in deren Folge manche unbewußte Vorgänge sich nicht zum Bewußten fortsetzen. Lassen wir nun den Wert dieses Erklärungsversuches für das Verständnis der behandelten Erscheinungen ganz außer Betracht und wenden wir uns einem anderen Gesichtspunkte zu. Sie sehen doch ein, meine Herren, daß die anfänglich betonte Identität der hysterischen Blindheit mit der durch Suggestion hervorgerufenen wieder aufgegeben ist. Die Hysterischen sind nicht infolge der autosuggestiven Vorstellung, daß sie nicht sehen, blind, sondern infolge der Dissoziation zwischen unbewußten und bewußten Prozessen im Sehakt; ihre Vorstellung, nicht zu sehen, ist der berechtigte Ausdruck des psychischen Sachverhalts und nicht die Ursache desselben.
Meine Herren! Wenn Sie der vorstehenden Darstellung Unklarheit zum Vorwurf machen, so wird es mir nicht leicht werden, sie zu verteidigen. Ich habe versucht, Ihnen eine Synthese aus den Ansichten verschiedener Forscher zu geben, und dabei wahrscheinlich die Zusammenhänge zu straff angezogen. Ich wollte die Begriffe, denen man das Verständnis der psychogenen Störungen unterworfen hat: die Entstehung aus übermächtigen Ideen, die Unterscheidung bewußter von unbewußten seelischen Vorgängen und die Annahme der seelischen Dissoziation, zu einer einheitlichen Komposition verdichten, und dies konnte mir ebensowenig gelingen, wie es den französischen Autoren, an ihrer Spitze P. Janet, gelungen ist. Verzeihen Sie mir also nebst der Unklarheit auch die Untreue meiner Darstellung und lassen Sie sich erzählen, wie uns die Psychoanalyse zu einer in sich besser gefestigten und wahrscheinlich lebenswahreren Auffassung der psychogenen Sehstörungen geführt hat.

Die psychogene Sehstörung in psychoanalytischer Auffassung

Die Psychoanalyse akzeptiert ebenfalls die Annahmen der Dissoziation und des Unbewußten, setzt sie aber in eine andere Beziehung zueinander. Sie ist eine dynamische Auffassung, die das seelische Leben auf ein Spiel von einander fördernden und hemmenden Kräften zurückführt. Wenn in einem Falle eine Gruppe von Vorstellungen im Unbewußten verbleibt, so schließt sie nicht auf eine konstitutionelle Unfähigkeit zur Synthese, die sich gerade in dieser Dissoziation kundgibt, sondern behauptet, daß ein aktives Sträuben anderer Vorstellungsgruppen die Isolierung und Unbewußtheit der einen Gruppe verursacht hat. Den Prozeß, der ein solches Schicksal für die eine Gruppe herbeiführt, heißt sie »Verdrängung« und erkennt in ihm etwas Analoges, wie es auf logischem Gebiete die Urteilsverwerfung ist. Sie weist nach, daß solche Verdrängungen eine außerordentlich wichtige Rolle in unserem Seelenleben spielen, daß sie dem Individuum auch häufig mißlingen können und daß das Mißlingen der Verdrängung die Vorbedingung der Symptombildung ist.

Wenn also die psychogene Sehstörung, wie wir gelernt haben, darauf beruht, daß gewisse, an das Sehen geknüpfte Vorstellungen vom Bewußtsein abgetrennt bleiben, so muß die psychoanalytische Denkweise annehmen, diese Vorstellungen seien in einem Gegensatz zu anderen, stärkeren getreten, für die wir den jeweilig anders zusammengesetzten Sammelbegriff des »Ichs« verwenden, und seien darum in die Verdrängung geraten. Woher soll aber ein solcher, zur Verdrängung auffordernder Gegensatz zwischen dem Ich und einzelnen Vorstellungsgruppen rühren? Sie merken wohl, daß diese Fragestellung vor der Psychoanalyse nicht möglich war, denn vorher wußte man nichts vom psychischen Konflikt und von der Verdrängung. Unsere Untersuchungen haben uns nun in den Stand gesetzt, die verlangte Antwort zu geben. Wir sind auf die Bedeutung der Triebe für das Vorstellungsleben aufmerksam geworden; wir haben erfahren, daß sich jeder Trieb durch die Belebung der zu seinen Zielen passenden Vorstellungen zur Geltung zu bringen sucht. Diese Triebe vertragen sich nicht immer miteinander; sie geraten häufig in einen Konflikt der Interessen; die Gegensätze der Vorstellungen sind nur der Ausdruck der Kämpfe zwischen den einzelnen Trieben. Von ganz besonderer Bedeutung für unseren Erklärungsversuch ist der unleugbare Gegensatz zwischen den Trieben, welche der Sexualität, der Gewinnung sexueller Lust, dienen, und den anderen, welche die Selbsterhaltung des Individuums zum

Die psychogene Sehstörung in psychoanalytischer Auffassung

Ziele haben, den Ichtrieben[1]. Als »Hunger« oder als »Liebe« können wir nach den Worten des Dichters alle in unserer Seele wirkenden organischen Triebe klassifizieren[2]. Wir haben den »Sexualtrieb« von seinen ersten Äußerungen beim Kinde bis zur Erreichung der als »normal« bezeichneten Endgestaltung verfolgt und gefunden, daß er aus zahlreichen »Partialtrieben« zusammengesetzt ist, die an den Erregungen von Körperregionen haften; wir haben eingesehen, daß diese Einzeltriebe eine komplizierte Entwicklung durchmachen müssen, ehe sie sich in zweckmäßiger Weise den Zielen der Fortpflanzung einordnen können[3]. Die psychologische Beleuchtung unserer Kulturentwicklung hat uns gelehrt, daß die Kultur wesentlich auf Kosten der sexuellen Partialtriebe entsteht, daß diese unterdrückt, eingeschränkt, umgebildet, auf höhere Ziele gelenkt werden müssen, um die kulturellen seelischen Konstruktionen herzustellen. Als wertvolles Ergebnis dieser Untersuchungen konnten wir erkennen, was uns die Kollegen noch nicht glauben wollen, daß die als »Neurosen« bezeichneten Leiden der Menschen auf die mannigfachen Weisen des Mißglückens dieser Umbildungsvorgänge an den sexuellen Partialtrieben zurückzuführen sind. Das »Ich« fühlt sich durch die Ansprüche der sexuellen Triebe bedroht und erwehrt sich ihrer durch Verdrängungen, die aber nicht immer den erwünschten Erfolg haben, sondern bedrohliche Ersatzbildungen des Verdrängten und lästige Reaktionsbildungen des Ichs zur Folge haben. Aus diesen beiden Klassen von Phänomenen setzt sich zusammen, was wir die Symptome der Neurosen heißen.

Wir sind von unserer Aufgabe anscheinend weit abgeschweift, haben aber dabei die Verknüpfung der neurotischen Krankheitszustände mit unserem gesamten Geistesleben gestreift. Gehen wir jetzt zu unserem engeren Problem zurück. Den sexuellen wie den Ichtrieben stehen im allgemeinen die nämlichen Organe und Organsysteme zur Verfügung. Die sexuelle Lust ist nicht bloß an die Funktion der Genitalien geknüpft; der Mund dient dem Küssen ebensowohl wie dem Essen und der sprachlichen Mitteilung, die Augen nehmen nicht nur die für die Lebenserhaltung wichtigen Veränderungen der Außenwelt wahr, sondern auch die Eigenschaften der Objekte, durch welche diese zu Ob-

---

[1] [Dies scheint die erste Erwähnung dieses Terminus zu sein. (S. die ›Editorische Vorbemerkung‹, S. 206.) Für eine späte Zusammenfassung von Freuds Trieblehre s. die zweite Hälfte der 32. Vorlesung in der *Neuen Folge der Vorlesungen* (1933 a), *Studienausgabe*, Bd. 1, S. 529 ff.]
[2] [Schiller, ›Die Weltweisen‹.]
[3] [S. *Drei Abhandlungen zur Sexualtheorie* (1905 d).]

Die psychogene Sehstörung in psychoanalytischer Auffassung

jekten der Liebeswahl erhoben werden, ihre »Reize«. Es bewahrheitet sich nun, daß es für niemand leicht wird, zweien Herren zugleich zu dienen. In je innigere Beziehung ein Organ mit solch doppelseitiger Funktion zu dem einen der großen Triebe tritt, desto mehr verweigert es sich dem anderen. Dies Prinzip muß zu pathologischen Konsequenzen führen, wenn sich die beiden Grundtriebe entzweit haben, wenn von seiten des Ichs eine Verdrängung gegen den betreffenden sexuellen Partialtrieb unterhalten wird. Die Anwendung auf das Auge und das Sehen ergibt sich leicht. Wenn der sexuelle Partialtrieb, der sich des Schauens bedient, die sexuelle Schaulust, wegen seiner übergroßen Ansprüche die Gegenwehr der Ichtriebe auf sich gezogen hat, so daß die Vorstellungen, in denen sich sein Streben ausdrückt, der Verdrängung verfallen und vom Bewußtwerden abgehalten werden, so ist damit die Beziehung des Auges und des Sehens zum Ich und zum Bewußtsein überhaupt gestört. Das Ich hat seine Herrschaft über das Organ verloren, welches sich nun ganz dem verdrängten sexuellen Trieb zur Verfügung stellt. Es macht den Eindruck, als ginge die Verdrängung von seiten des Ichs zu weit, als schüttete sie das Kind mit dem Bade aus, indem das Ich jetzt überhaupt nichts mehr sehen will, seitdem sich die sexuellen Interessen im Sehen so sehr vorgedrängt haben. Zutreffender ist aber wohl die andere Darstellung, welche die Aktivität nach der Seite der verdrängten Schaulust verlegt. Es ist die Rache, die Entschädigung des verdrängten Triebes, daß er, von weiterer psychischer Entfaltung abgehalten, seine Herrschaft über das ihm dienende Organ nun zu steigern vermag. Der Verlust der bewußten Herrschaft über das Organ ist die schädliche Ersatzbildung für die mißglückte Verdrängung, die nur um diesen Preis ermöglicht war.

Deutlicher noch als am Auge ist diese Beziehung des zweifach in Anspruch genommenen Organs zum bewußten Ich und zur verdrängten Sexualität an den motorischen Organen ersichtlich, wenn z. B. die Hand hysterisch gelähmt wird, die eine sexuelle Aggression ausführen wollte und nach deren Hemmung nichts anders mehr tun kann, gleichsam als bestünde sie eigensinnig auf der Ausführung der einen verdrängten Innervation, oder wenn die Finger von Personen, welche der Masturbation entsagt haben, sich weigern, das feine Bewegungsspiel, welches am Klavier oder an der Violine erfordert wird, zu erlernen. Für das Auge pflegen wir die dunkeln psychischen Vorgänge bei der Verdrängung der sexuellen Schaulust und bei der Entstehung der psychogenen Sehstörung so zu übersetzen, als erhöbe sich in dem Individuum eine strafende Stimme, welche sagte: »Weil du dein Sehorgan zu böser Sinneslust mißbrauchen wolltest, geschieht es dir ganz recht, wenn du überhaupt nichts mehr siehst«, und die so den Ausgang des Prozesses billigte. Es liegt dann die Idee der Talion darin, und unsere Erklärung der psychogenen Sehstörung ist eigentlich mit jener zusammengefallen, die von der Sage, dem Mythus, der Legende dargeboten wird. In der schönen Sage von der Lady Godiva verbergen sich alle Einwohner des Städtchens hinter ihren verschlossenen Fenstern, um der Dame die Aufgabe, bei hellem Tageslichte nackt durch die Straßen zu reiten, zu erleichtern. Der einzige, der durch die Fensterläden nach der entblößten Schönheit späht, wird gestraft, indem er erblindet. Es ist dies übrigens nicht das einzige Beispiel, welches uns ahnen läßt, daß die Neurotik auch den Schlüssel zur Mythologie in sich birgt.

Meine Herren, man macht der Psychoanalyse mit Unrecht den Vorwurf, daß sie zu rein psychologischen Theorien der krankhaften Vorgänge führe. Schon die Betonung der pathogenen Rolle der Sexualität, die doch gewiß kein ausschließlich psychischer Faktor ist, sollte sie gegen diesen Vorwurf schützen. Die Psychoanalyse vergißt niemals, daß das Seelische auf dem Organischen ruht, wenngleich ihre Arbeit es nur bis zu dieser Grundlage und nicht darüber hinaus verfolgen kann. So ist die Psychoanalyse auch bereit zuzugeben, ja zu postulieren, daß nicht alle funktionellen Sehstörungen psychogen sein können wie die durch Verdrängung der erotischen Schaulust hervorgerufenen. Wenn ein Organ, welches beiderlei Trieben dient, seine erogene Rolle steigert, so ist ganz allgemein zu erwarten, daß dies nicht ohne Veränderungen der Erregbarkeit und der Innervation abgehen wird, die sich bei der Funktion des Organs im Dienste des Ichs als Störungen kundgeben werden. Ja, wenn wir sehen, daß ein Organ, welches sonst der Sinneswahrnehmung dient, sich bei Erhöhung seiner erogenen Rolle geradezu wie ein Genitale gebärdet, werden wir auch toxische Veränderungen in demselben nicht für unwahrscheinlich halten. Für beide Arten von Funktionsstörungen infolge der gesteigerten erogenen Bedeutung, die physiologischen wie die toxischen Ursprungs, wird man, in Ermangelung eines besseren, den alten, unpassenden Namen »neurotische« Störungen beibehalten müssen. Die neurotischen Störungen des Sehens verhalten sich zu den psychogenen wie ganz allgemein die Aktualneurosen zu den Psychoneurosen; psychogene Sehstörungen werden wohl kaum jemals ohne neurotische vorkommen können, wohl aber letztere ohne jene. Leider sind diese »neurotischen« Symptome heute noch sehr wenig

Die psychogene Sehstörung in psychoanalytischer Auffassung

gewürdigt und verstanden, denn der Psychoanalyse sind sie nicht unmittelbar zugänglich, und die anderen Untersuchungsweisen haben den Gesichtspunkt der Sexualität außer acht gelassen.

Von der Psychoanalyse zweigt noch ein anderer, in die organische Forschung reichender Gedankengang ab. Man kann sich die Frage vorlegen, ob die durch die Lebenseinflüsse erzeugte Unterdrückung sexueller Partialtriebe für sich allein hinreicht, die Funktionsstörungen der Organe hervorzurufen, oder ob nicht besondere konstitutionelle Verhältnisse vorliegen müssen, welche erst die Organe zur Übertreibung ihrer erogenen Rolle veranlassen und dadurch die Verdrängung der Triebe provozieren. In diesen Verhältnissen müßte man den konstitutionellen Anteil der Disposition zur Erkrankung an psychogenen und neurotischen Störungen erblicken. Es ist dies jenes Moment, welches ich bei der Hysterie vorläufig als »somatisches Entgegenkommen« der Organe bezeichnet habe [1].

---

[1] [Vgl. die Falldarstellung der »Dora« (1905 e, S. 116–17 und S. 126–28 oben). – In der Ausgabe von 1910 schließt die Arbeit mit folgenden Worten: »Die bekannten Arbeiten von Alfred Adler bemühen sich, es in biologischer Bestimmtheit zu erfassen.«]

Über neurotische Erkrankungstypen

(1912)

EDITORISCHE VORBEMERKUNG

Deutsche Ausgaben:
1912 *Zbl. Psychoan.*, Bd. 2, (6) (März), 297–302.
1913 *S. K. S. N.*, Bd. 3, 306–13. (1921, 2. Aufl.)
1924 *G. S.*, Bd. 5, 400–8.
1943 *G. W.*, Bd. 8, 322–30.

Das Thema dieser Arbeit ist die Klassifizierung der Erkrankungsanlässe für Neurosen. Natürlich hatte sich Freud schon vorher oftmals mit dieser Frage beschäftigt, aber in seinen früheren Schriften standen die traumatischen Ereignisse zu sehr im Vordergrund, so daß die übrigen Ursachen verdunkelt wurden. Nachdem Freud die Traumatheorie fast gänzlich aufgegeben hatte, konzentrierte sich sein Interesse weitgehend auf die verschiedenen *disponierenden* Ursachen der Neurose. Die Erkrankungsanlässe werden noch in ein oder zwei Arbeiten aus der gleichen Periode (ca. 1905–06), freilich sehr allgemein und eher geringschätzig, erwähnt; so kommt z. B. der Begriff der »*Entbehrung*« zwar gelegentlich vor, jedoch nur im Sinne eines durch irgendwelche äußeren Umstände bewirkten Mangels. Die Möglichkeit, daß die Neurose auf Grund *innerer* Hindernisse für die Befriedigung entstehen könnte, wird erst etwas später erwähnt, so z. B. in der Arbeit über die Wirkungen der »kulturellen« Moral (1908 d) – und zwar wohl unter dem Eindruck der Arbeiten C. G. Jungs, wie Freud unten auf S. 221 andeutet. In der zuletzt genannten Arbeit wird der Terminus »*Versagung*« gebraucht, um ein inneres Hemmnis zu beschreiben. Er taucht noch einmal in der etwas späteren Schreber-Analyse (1911 c) auf, diesmal jedoch zur Beschreibung *äußerer* Hindernisse. In der vorliegenden Arbeit gebraucht Freud das Wort allerdings zum erstenmal, um ein umfassenderes, beide Arten von Hindernissen betreffendes Konzept einzuführen.
Von da an wurde »Versagung« als ein Hauptanlaß neurotischer Erkrankung eine der meistgebrauchten Waffen im klinischen Arsenal Freuds und kehrt in vielen seiner späteren Arbeiten wieder. Die ausführlichste dieser späteren Diskussionen findet sich in der 22. der *Vorlesungen zur Einführung in die Psychoanalyse* (1916–17, *Studienausgabe*, Bd. 1, S. 338–43, 345). Der scheinbar widersprüchliche Fall eines Menschen, der im Augenblick des Erfolges – also dem genauen Gegenteil der Versagung – erkrankt, wird in der Arbeit über ›Einige Charaktertypen aus der psycho-analytischen Arbeit‹ (1916 d, *Studienausgabe*, Bd. 10, S. 236 ff.) dargestellt und erklärt. Auf diesen Punkt kommt

Editorische Vorbemerkung

Freud in seinem offenen Brief an Romain Rolland (1936 a, *Studienausgabe*, Bd. 4, S. 288), in welchem er einen Besuch auf der Akropolis schildert, nochmals zurück. In der Falldarstellung des »Wolfsmannes« (1918 b) weist Freud an einer Stelle auf eine Lücke in der Reihe der in der vorliegenden Arbeit mitgeteilten Auslösungsursachen für neurotische Erkrankungen hin – den Fall der *narzißtischen* Versagung *(Studienausgabe*, Bd. 8, S. 228).

In den nachstehenden Sätzen soll auf Grund empirisch gewonnener Eindrücke dargestellt werden, welche Veränderungen der Bedingungen dafür maßgebend sind, daß bei den hiezu Disponierten eine neurotische Erkrankung zum Ausbruch komme. Es handelt sich also um die Frage der Krankheitsveranlassungen; von den Krankheitsformen wird wenig die Rede sein. Von anderen Zusammenstellungen der Erkrankungsanlässe wird sich diese durch den einen Charakter unterscheiden, daß sie die aufzuzählenden Veränderungen sämtlich auf die Libido des Individuums bezieht. Die Schicksale der Libido erkannten wir ja durch die Psychoanalyse als entscheidend für nervöse Gesundheit oder Krankheit. Auch über den Begriff der Disposition ist in diesem Zusammenhange kein Wort zu verlieren. Gerade die psychoanalytische Forschung hat uns ermöglicht, die neurotische Disposition in der Entwicklungsgeschichte der Libido nachzuweisen und die in ihr wirksamen Faktoren auf mitgeborene Varietäten der sexuellen Konstitution und in der frühen Kindheit erlebte Einwirkungen der Außenwelt zurückzuführen.

a) Der nächstliegende, am leichtesten auffindbare und am besten verständliche Anlaß zur neurotischen Erkrankung liegt in jenem äußeren Moment vor, welches allgemein als die *Versagung* beschrieben werden kann. Das Individuum war gesund, solange seine Liebesbedürftigkeit durch ein reales Objekt der Außenwelt befriedigt wurde; es wird neurotisch, sobald ihm dieses Objekt entzogen wird, ohne daß sich ein Ersatz dafür findet. Glück fällt hier mit Gesundheit, Unglück mit Neurose zusammen. Die Heilung fällt dem Schicksal, welches für die verlorene Befriedigungsmöglichkeit einen Ersatz schenken kann, leichter als dem Arzte.
Für diesen Typus, an dem wohl die Mehrzahl der Menschen Anteil hat, beginnt die Erkrankungsmöglichkeit also erst mit der Abstinenz, woraus man ermessen kann, wie bedeutungsvoll die kulturellen Einschränkungen der zugänglichen Befriedigung für die Veranlassung der Neurosen sein mögen. Die Versagung wirkt dadurch pathogen, daß sie

die Libido aufstaut und nun das Individuum auf die Probe stellt, wie lange es diese Steigerung der psychischen Spannung ertragen und welche Wege es einschlagen wird, sich ihrer zu entledigen. Es gibt nur zwei Möglichkeiten, sich bei anhaltender realer Versagung der Befriedigung gesund zu erhalten, erstens, indem man die psychische Spannung in tatkräftige Energie umsetzt, welche der Außenwelt zugewendet bleibt und endlich eine reale Befriedigung der Libido von ihr erzwingt, und zweitens, indem man auf die libidinöse Befriedigung verzichtet, die aufgestaute Libido sublimiert und zur Erreichung von Zielen verwendet, die nicht mehr erotische sind und der Versagung entgehen. Daß beide Möglichkeiten in den Schicksalen der Menschen zur Verwirklichung kommen, beweist uns, daß Unglück nicht mit Neurose zusammenfällt und daß die Versagung nicht allein über Gesundheit oder Erkrankung der Betroffenen entscheidet. Die Wirkung der Versagung liegt zunächst darin, daß sie die bis dahin unwirksamen dispositionellen Momente zur Geltung bringt.

Wo diese in genügend starker Ausbildung vorhanden sind, besteht die Gefahr, daß die Libido *introvertiert* werde[1]. Sie wendet sich von der Realität ab, welche durch die hartnäckige Versagung an Wert für das Individuum verloren hat, wendet sich dem Phantasieleben zu, in welchem sie neue Wunschbildungen schafft und die Spuren früherer, vergessener Wunschbildungen wiederbelebt. Infolge des innigen Zusammenhanges der Phantasietätigkeit mit dem in jedem Individuum vorhandenen infantilen, verdrängten und unbewußt gewordenen Material und dank der Ausnahmsstellung gegen die Realitätsprüfung, die dem Phantasieleben eingeräumt ist[2], kann die Libido nun weiter rückläufig werden, auf dem Wege der *Regression* infantile Bahnen auffinden und ihnen entsprechende Ziele anstreben. Wenn diese Strebungen, die mit dem aktuellen Zustand der Individualität unverträglich sind, genug Intensität erworben haben, muß es zum Konflikt zwischen ihnen und dem andern Anteil der Persönlichkeit kommen, welcher in Relation zur Realität geblieben ist. Dieser Konflikt wird durch Symptombildungen gelöst und geht in manifeste Erkrankung aus. Daß der ganze Prozeß von der realen Versagung ausgegangen ist, spiegelt sich in dem Ergeb-

---

[1] Nach einem von C. G. Jung eingeführten Terminus. [S. Jung, 1910. Weitere Bemerkungen zu Jungs Verwendung des Wortes finden sich in der 23. der *Vorlesungen* (1916–17), *Studienausgabe*, Bd. 1, S. 364.]
[2] Vgl. meine ›Formulierungen über die zwei Prinzipien des psychischen Geschehens‹ [1911 *b*].

nis wider, daß die Symptome, mit denen der Boden der Realität wieder erreicht wird, Ersatzbefriedigungen darstellen.

b) Der zweite Typus der Erkrankungsveranlassung ist keineswegs so augenfällig wie der erste und konnte wirklich erst durch eindringende analytische Studien im Anschluß an die Komplexlehre der Züricher Schule aufgedeckt werden[1]. Das Individuum erkrankt hier nicht infolge einer Veränderung in der Außenwelt, welche an die Stelle der Befriedigung die Versagung gesetzt hat, sondern infolge einer inneren Bemühung, um sich die in der Realität zugängliche Befriedigung zu holen. Es erkrankt an dem Versuch, sich der Realität anzupassen und die *Realforderung* zu erfüllen, wobei es auf unüberwindliche innere Schwierigkeiten stößt.

Es empfiehlt sich, die beiden Erkrankungstypen scharf gegeneinander abzusetzen, schärfer, als es die Beobachtung zumeist gestattet. Beim ersten Typus drängt sich eine Veränderung in der Außenwelt vor, beim zweiten fällt der Akzent auf eine innere Veränderung. Nach dem ersten Typus erkrankt man an einem Erlebnis, nach dem zweiten an einem Entwicklungsvorgang. Im ersten Falle wird die Aufgabe gestellt, auf Befriedigung zu verzichten, und das Individuum erkrankt an seiner Widerstandsunfähigkeit; im zweiten Falle lautet die Aufgabe, eine Art der Befriedigung gegen eine andere zu vertauschen, und die Person scheitert an ihrer Starrheit. Im zweiten Falle ist der Konflikt zwischen dem Bestreben, so zu verharren, wie man ist, und dem anderen, sich nach neuen Absichten und neuen Realforderungen zu verändern, von vornherein gegeben; im früheren Falle stellt er sich erst her, nachdem die gestaute Libido andere, und zwar unverträgliche Befriedigungsmöglichkeiten erwählt hat. Die Rolle des Konflikts und der vorherigen Fixierung der Libido sind beim zweiten Typus ungleich augenfälliger als beim ersten, bei dem sich solche unbrauchbare Fixierungen eventuell erst infolge der äußeren Versagung herstellen mögen.

Ein junger Mann, der seine Libido bisher durch Phantasien mit Ausgang in Masturbation befriedigt hatte und nun dieses dem Autoerotismus nahestehende Regime mit der realen Objektwahl vertauschen will, ein Mädchen, das seine ganze Zärtlichkeit dem Vater oder Bruder geschenkt hatte und nun für einen um sie werbenden Mann die bisher unbewußten, inzestuösen Libidowünsche bewußt werden lassen soll,

---

[1] Vgl. Jung (1909).

eine Frau, die auf ihre polygamen Neigungen und Prostitutionsphantasien verzichten möchte, um ihrem Mann eine treue Gefährtin und ihrem Kind eine tadellose Mutter zu werden: diese alle erkranken an den lobenswertesten Bestrebungen, wenn die früheren Fixierungen ihrer Libido stark genug sind, um sich einer Verschiebung zu widersetzen, wofür wiederum die Faktoren der Disposition, konstitutionelle Anlage und infantiles Erleben, entscheidend werden. Sie erleben alle sozusagen das Schicksal des Bäumleins im Grimmschen Märchen, das andere Blätter hat gewollt[1]; vom hygienischen Standpunkt, der hier freilich nicht allein in Betracht kommt, könnte man ihnen nur wünschen, daß sie weiterhin so unentwickelt, so minderwertig und nichtsnutzig geblieben wären, wie sie es vor ihrer Erkrankung waren. Die Veränderung, welche die Kranken anstreben, aber nur unvollkommen oder gar nicht zustande bringen, hat regelmäßig den Wert eines Fortschrittes im Sinne des realen Lebens. Anders, wenn man mit ethischem Maßstabe mißt; man sieht die Menschen ebensooft erkranken, wenn sie ein Ideal abstreifen, als wenn sie es erreichen wollen.

Ungeachtet der sehr deutlichen Verschiedenheiten der beiden beschriebenen Erkrankungstypen, treffen sie doch im wesentlichen zusammen und lassen sich unschwer zu einer Einheit zusammenfassen. Die Erkrankung an Versagung fällt auch unter den Gesichtspunkt der Unfähigkeit zur Anpassung an die Realität, nämlich an den einen Fall, daß die Realität die Befriedigung der Libido versagt. Die Erkrankung unter den Bedingungen des zweiten Typus führt ohne weiteres zu einem Sonderfall der Versagung. Es ist hiebei zwar nicht jede Art der Befriedigung von der Realität versagt, wohl aber gerade die eine, welche das Individuum für die ihm einzig mögliche erklärt, und die Versagung geht nicht direkt von der Außenwelt, sondern primär von gewissen Strebungen des Ichs aus, aber die Versagung bleibt das Gemeinsame und Übergeordnete. Infolge des Konflikts, der beim zweiten Typus sofort einsetzt, werden beide Arten der Befriedigung, die gewohnte wie die angestrebte, gleichmäßig gehemmt; es kommt zur Libidostauung mit den von ihr ablaufenden Folgen wie im ersten Falle. Die psychischen Vorgänge auf dem Wege zur Symptombildung sind beim zweiten Typus eher übersichtlicher als beim ersten, da die pathogenen Fixierungen der Libido hier nicht erst herzustellen waren, sondern während der Gesundheit in Kraft bestanden hatten. Ein gewisses Maß

---

[1] [Diese Anspielung bezieht sich in Wirklichkeit nicht auf Grimm, sondern auf ein Kindergedicht von Friedrich Rückert (1788–1866).]

von Introversion der Libido war meist schon vorhanden; ein Stück der Regression zum Infantilen wird dadurch erspart, daß die Entwicklung noch nicht den ganzen Weg zurückgelegt hatte.

c) Wie eine Übertreibung des zweiten Typus, der Erkrankung an der *Realforderung*, erscheint der nächste Typus, den ich als Erkrankung durch *Entwicklungshemmung* beschreiben will. Ein theoretischer Anspruch, ihn abzusondern, läge nicht vor, wohl aber ein praktischer, da es sich um Personen handelt, die erkranken, sobald sie das unverantwortliche Kindesalter überschreiten, und somit niemals eine Phase von Gesundheit, das heißt von im ganzen uneingeschränkter Leistungs- und Genußfähigkeit erreicht haben. Das Wesentliche des disponierenden Prozesses liegt in diesen Fällen klar zutage. Die Libido hat die infantilen Fixierungen niemals verlassen, die Realforderung tritt nicht plötzlich einmal an das ganz oder zum Teil gereifte Individuum heran, sondern wird durch den Tatbestand des Älterwerdens selbst gegeben, indem sie sich selbstverständlicherweise mit dem Alter des Individuums kontinuierlich ändert. Der Konflikt tritt gegen die Unzulänglichkeit zurück, doch müssen wir nach allen unseren sonstigen Einsichten ein Bestreben, die Kindheitsfixierungen zu überwinden, auch hier statuieren, sonst könnte niemals Neurose, sondern nur stationärer Infantilismus der Ausgang des Prozesses sein.

d) Wie der dritte Typus uns die disponierende Bedingung fast isoliert vorgeführt hatte, so macht uns der nun folgende vierte auf ein anderes Moment aufmerksam, dessen Wirksamkeit in allen Fällen in Betracht kommt und gerade darum leicht in einer theoretischen Erörterung übersehen werden könnte. Wir sehen nämlich Individuen erkranken, die bisher gesund gewesen waren, an die kein neues Erlebnis herangetreten ist, deren Relation zur Außenwelt keine Änderung erfahren hat, so daß ihre Erkrankung den Eindruck des Spontanen machen muß. Nähere Betrachtung solcher Fälle zeigt uns indes, daß sich in ihnen doch eine Veränderung vollzogen hat, die wir als höchst bedeutsam für die Krankheitsverursachung einschätzen müssen. Infolge des Erreichens eines gewissen Lebensabschnittes und im Anschlusse an gesetzmäßige biologische Vorgänge hat die *Quantität* der Libido in ihrem seelischen Haushalt eine Steigerung erfahren, welche für sich allein hinreicht, das Gleichgewicht der Gesundheit umzuwerfen und die Bedingungen der Neurose herzustellen. Wie bekannt, sind solche eher plötzliche Libidosteigerungen mit der Pubertät und der Menopause, mit dem Erreichen gewisser Jahreszahlen bei Frauen, regelmäßig verbunden; bei manchen Menschen mögen sie sich überdies in noch unbekannten Periodizitäten äußern. Die Libidostauung ist hier das primäre Moment, sie wird pathogen infolge der *relativen* Versagung von seiten der Außenwelt, die einem geringeren Libidoanspruch die Befriedigung noch gestattet hätte. Die unbefriedigte und gestaute Libido kann wieder die Wege zur Regression eröffnen und dieselben Konflikte anfachen, die wir für den Fall der absoluten äußeren Versagung festgestellt haben. Wir werden auf solche Weise daran gemahnt, daß wir das quantitative Moment bei keiner Überlegung über Krankheitsveranlassung außer acht lassen dürfen. Alle anderen Faktoren, die Versagung, Fixierung, Entwicklungshemmung, bleiben wirkungslos, insofern sie nicht ein gewisses Maß der Libido betreffen und eine Libidostauung von bestimmter Höhe hervorrufen. Dieses Maß von Libido, das uns für eine pathogene Wirkung unentbehrlich dünkt, ist für uns freilich nicht meßbar; wir können es nur postulieren, nachdem der Krankheitserfolg eingetreten ist. Nur nach einer Richtung dürfen wir es enger bestimmen; wir dürfen annehmen, daß es sich nicht um eine *absolute* Quantität handelt, sondern um das Verhältnis des wirksamen Libidobetrages zu jener Quantität von Libido, welche das einzelne Ich bewältigen, das heißt in Spannung erhalten, sublimieren oder direkt verwenden kann. Daher wird eine relative Steigerung der Libidoquantität dieselben Wirkungen haben können wie eine absolute. Eine Schwächung des Ichs durch organische Krankheit oder durch besondere Inanspruchnahme seiner Energie wird imstande sein, Neurosen zum Vorschein kommen zu lassen, die sonst trotz aller Disposition latent geblieben wären.

Die Bedeutung, welche wir der Libidoquantität für die Krankheitsverursachung zugestehen müssen, stimmt in wünschenswerter Weise zu zwei Hauptsätzen der Neurosenlehre, die sich aus der Psychoanalyse ergeben haben. Erstens zu dem Satze, daß die Neurosen aus dem Konflikt zwischen dem Ich und der Libido entspringen, zweitens zu der Einsicht, daß keine qualitative Verschiedenheit zwischen den Bedingungen der Gesundheit und denen der Neurose bestehe, daß die Gesunden vielmehr mit denselben Aufgaben der Bewältigung der Libido zu kämpfen haben, nur daß es ihnen besser gelungen ist.

Es erübrigt noch, einige Worte über das Verhältnis dieser Typen zur Erfahrung zu sagen. Wenn ich die Anzahl von Kranken überblicke, mit deren Analyse ich gerade jetzt beschäftigt bin, so muß ich feststellen, daß keiner von ihnen einen der vier Erkrankungstypen rein realisiert. Ich finde vielmehr bei jedem ein Stück der Versagung wirksam neben einem Anteil von Unfähigkeit, sich der Realforderung anzupassen; der Gesichtspunkt der Entwicklungshemmung, die ja mit der Starrheit der Fixierungen zusammenfällt, kommt bei allen in Betracht, und die Bedeutung der Libidoquantität dürfen wir, wie oben ausgeführt, niemals vernachlässigen. Ja, ich erfahre, daß bei mehreren unter diesen Kranken die Krankheit in Schüben zum Vorschein gekommen ist, zwischen welchen Intervalle von Gesundheit lagen, und daß jeder dieser Schübe sich auf einen anderen Typus von Veranlassung zurückführen läßt. Die Aufstellung dieser vier Typen hat also keinen hohen theoretischen Wert; es sind bloß verschiedene Wege zur Herstellung einer gewissen pathogenen Konstellation im seelischen Haushalt, nämlich der Libidostauung, welcher sich das Ich mit seinen Mitteln nicht ohne Schaden erwehren kann. Die Situation selbst wird aber nur pathogen infolge eines quantitativen Momentes; sie ist nicht etwa eine Neuheit für das Seelenleben und durch das Eindringen einer sogenannten »Krankheitsursache« geschaffen.

Eine gewisse praktische Bedeutung werden wir den Erkrankungstypen gerne zugestehen. Sie sind in einzelnen Fällen auch rein zu beobachten; auf den dritten und vierten Typus wären wir nicht aufmerksam geworden, wenn sie nicht die einzigen Veranlassungen der Erkrankung für manche Individuen enthielten. Der erste Typus hält uns den außerordentlich mächtigen Einfluß der Außenwelt vor Augen, der zweite den nicht minder bedeutsamen der Eigenart des Individuums, welche sich diesem Einflusse widersetzt. Die Pathologie konnte dem Problem der Krankheitsveranlassung bei den Neurosen nicht gerecht werden, solange sie sich bloß um die Entscheidung bemühte, ob diese Affektionen *endogener* oder *exogener* Natur seien. Allen Erfahrungen, welche auf die Bedeutung der Abstinenz (im weitesten Sinne) als Veranlassung hinweisen, mußte sie immer den Einwand entgegensetzen, andere Personen vertrügen dieselben Schicksale, ohne zu erkranken. Wollte sie aber die Eigenart des Individuums als das für Krankheit und Gesundheit Wesentliche betonen, so mußte sie sich die Vorhaltung gefallen lassen, daß Personen mit solcher Eigenart die längste Zeit über gesund bleiben können, solange ihnen nur gestattet ist, diese Eigenart zu bewahren. Die Psychoanalyse hat uns gemahnt, den unfruchtbaren Gegensatz von äußeren und inneren Momenten, von Schicksal und Konstitution, aufzugeben, und hat uns gelehrt, die Verursachung der neurotischen Erkrankung regelmäßig in einer bestimmten psychischen Situation zu finden, welche auf verschiedenen Wegen hergestellt werden kann.

Hemmung, Symptom und Angst

(1926 [1925])

EDITORISCHE VORBEMERKUNG

Deutsche Ausgaben:
1926 Leipzig, Wien und Zürich, Internationaler Psychoanalytischer Verlag. 136 Seiten.
1928 *G. S.*, Bd. 11, 21–115.
1931 *Neurosenlehre und Technik*, 205–99.
1948 *G. W.*, Bd. 14, 111–205.

Dieses Buch wurde im Juli 1925 verfaßt, im Dezember desselben Jahres noch einmal überarbeitet und im darauffolgenden Februar veröffentlicht. Die darin behandelten Themen stecken ein weites Feld ab, und es gibt Anzeichen dafür, daß es Freud ungewöhnliche Mühe kostete, sie zu einem Ganzen zusammenzubringen. So wird z. B. häufig ein und derselbe Gegenstand an verschiedenen Stellen in sehr ähnlichen Worten erörtert. Trotz bedeutsamer Nebenthemen steht ohne Frage das Angstproblem im Zentrum. Dieses Problem hat Freud seit dem Beginn seiner psychologischen Forschungen ständig bewegt, und seine Auffassungen über gewisse Aspekte der Angst haben sich im Laufe der Zeit ganz erheblich gewandelt. Es ist daher vielleicht nicht uninteressant, die Geschichte einiger der wichtigeren unter diesen Veränderungen in großen Zügen nachzuzeichnen.

(a) Angst als umgewandelte Libido

Freud begegnete dem Angstproblem erstmals bei seinen Untersuchungen der »Aktualneurosen«; die früheste veröffentlichte Erwägung findet sich in seiner ersten Arbeit über die Angstneurose (1895 b), im vorliegenden Band S. 27 ff. Noch stark unter dem Einfluß seiner neurologischen Studien, setzte Freud damals alle Mühe daran, auch psychologische Fakten in physiologischen Termini auszudrücken. In Anlehnung an Fechner postulierte er insbesondere das »Konstanzprinzip«, wonach das Nervensystem in sich die Tendenz hat, den jeweils vorhandenen Erregungsbetrag zu reduzieren oder zumindest konstant zu halten. Als er die klinische Beobachtung machte, daß in Fällen von Angstneurose immer auch Störungen in der Abfuhr der Sexualspannung zu konstatieren waren, erschien es ihm daher selbstverständlich, daraus zu folgern, daß die angehäufte Erregung sich ihren Weg nach außen mittels Umwandlung in Angst zu bahnen suchte. Er betrachtete dies als einen rein physischen Vorgang ohne jegliche psychische Determinanten.

Von Anfang an stellte jedoch die bei Phobien und Zwangsneurosen vorkommende Angst ein besonderes Problem, denn in diesen Fällen ließ sich die Beteiligung psychischer Faktoren nicht ausschließen. Für das Auftreten der Angst gab Freud aber auch hier die gleiche Erklärung. Bei den Psychoneurosen sei zwar die *Ursache* für die Anhäufung unabgeführter Erregung eine psychische: die Verdrängung. Was freilich daraus folge, sei das gleiche wie bei den Aktualneurosen: die angehäufte Erregung (oder Libido) verwandele sich unmittelbar in Angst.

An dieser Ansicht hielt Freud etwa dreißig Jahre lang fest und sprach sie mehrfach aus. So konnte er z. B. im Jahre 1920 in einer Fußnote zur vierten Auflage der *Drei Abhandlungen zur Sexualtheorie* (1905 d) (›Die Objektfindung‹ in der III. Abhandlung) noch immer schreiben: »Daß die neurotische Angst aus der Libido entsteht, ein Umwandlungsprodukt derselben darstellt, sich also etwa so zu ihr verhält wie der Essig zum Wein, ist eines der bedeutsamsten Resultate der psychoanalytischen Forschung.« Erst in der hier vorliegenden Arbeit gab Freud die so lange aufrechterhaltene Theorie auf. Er betrachtete nun die Angst nicht länger als umgewandelte Libido, sondern als eine nach einem bestimmten Modell ablaufende Reaktion auf Gefahrsituationen. Aber selbst hier behauptete er noch (s. S. 281), es sei durchaus möglich, daß im Falle der Angstneurose »gerade der Überschuß an unverwendeter Libido seine Abfuhr in der Angstentwicklung findet«. Wenige Jahre später wurde dann auch dieser letzte Überrest der alten Theorie preisgeben. In der *Neuen Folge der Vorlesungen zur Einführung in die Psychoanalyse* (1933 a), 32. Vorlesung (*Studienausgabe*, Bd. 1, S. 528) schrieb er, daß auch bei der Angstneurose die auftretende Angst eine Reaktion auf eine traumatische Situation sei: »Daß es die Libido selbst ist, die dabei in Angst verwandelt wird, werden wir nicht mehr behaupten.«

(b) Realangst und neurotische Angst

Ungeachtet seiner Theorie, daß neurotische Angst lediglich umgewandelte Libido sei, hielt Freud von Anfang an beharrlich daran fest, daß zwischen Angst als Reaktion auf äußere Gefahren und Angst auf Grund von Triebgefahr eine enge Beziehung bestehe. Dies ist in der ersten Arbeit zur Angstneurose (1895 b), S. 46 oben, klar zum Ausdruck gebracht. Freud baute diese Position, vor allem im Zusammenhang mit den Phobien, in vielen späteren Arbeiten noch weiter aus – z. B. in der 25. der *Vorlesungen* (1916–17). Aber es war doch schwierig, die Gleichheit der Angst in diesen beiden Falltypen zu behaupten, solange Freud daran festhielt, daß bei den Aktualneurosen die Angst unmittelbar aus der Libido entstehe. Als er diese Auffassung fallenließ und die Unterscheidung zwischen automatischer Angst und Angst als Signal einführte, klärte sich die Situation, und es bestand nun kein Grund mehr, zwischen neurotischer und Realangst einen generischen Unterschied zu sehen.

(c) Die traumatische Situation und die Gefahrsituation

Die eigentliche Determinante für die automatische Angst ist das Eintreten einer traumatischen Situation mit dem Kernerlebnis der Hilflosigkeit, die das Ich angesichts einer Erregungsanhäufung äußeren oder inneren Ursprungs, die es nicht verarbeiten kann, empfindet (s. S. 277 f. und S. 303 unten). Angst »als Signal« ist die Antwort des Ichs auf eine drohende traumatische Situation. Eine solche Drohung schafft eine Gefahrsituation. Die Gefahren von innen wandeln sich mit den Entwicklungsphasen des Lebens (S. 286–7), haben aber einen Zug gemeinsam, nämlich Trennung von einem Liebesobjekt, Verlust des Liebesobjekts oder Verlust seiner Liebe (S. 290), wodurch es zur Aufstauung von ungestillten Wünschen und damit zum Erlebnis der Hilflosigkeit kommen kann. Die spezifischen Gefahren, die in den verschiedenen Lebensaltern eine traumatische Situation auslösen können, sind, kurz gesagt: Geburt, Verlust des Mutterobjekts, Penisverlust, Verlust der Liebe des Objekts, Verlust der Liebe des Über-Ichs.

(d) Angst als Signal

Angewandt auf Unlust im allgemeinen, läßt sich diese Vorstellung schon sehr früh in Freuds Denken nachweisen; sie datiert aus der Zeit seiner Freundschaft mit Fließ und steht in enger Verbindung mit der Auffassung Freuds, daß das Denken die Affektentwicklung durch die Denktätigkeit auf jenes Minimum reduzieren müsse, welches für die Signalauslösung unerläßlich ist. In ›Das Unbewußte‹ (1915 e) wird diese Vorstellung bereits auf die Angst angewandt; ähnlich wird in der 25. der *Vorlesungen* vom Zustand der »Angstbereitschaft« festgestellt, daß er ein »Signal« liefere, um dem Ausbruch schwerer Angst zuvorzukommen (*Studienausgabe*, Bd. 1, S. 382). Von hier aus war es kein großer Schritt zu der äußerst klaren Darlegung der vorliegenden Arbeit (in welcher das Konzept übrigens zunächst auch als Signal von »Unlust« S. 238) und erst danach als Signal von »Angst« eingeführt wird).

(e) Angst und Geburt

Wodurch ist nun die *Form* determiniert, in welcher die Angst auftritt? Auch diese Frage wird schon in den frühen Schriften Freuds erörtert. Zunächst betrachtete Freud (entsprechend seiner Auffassung von der Angst als umgewandelter Libido) die auffallendsten Angstsymptome – Atemlosigkeit und Herzklopfen – als Elemente des Koitus, die, da die normalen Abfuhrwege der Erregung versperrt seien, in isolierter, gesteigerter Form aufträten. Vgl. die erste Arbeit über Angstneurose (S. 46 oben) und die Krankengeschichte der »Dora« (1905 d [1901], S. 149 oben). Es ist unklar, wie sich all dies mit Freuds allgemeinen Ansichten über den Affektausdruck verträgt, die letztlich zweifellos auf Darwin zurückgehen. In den *Studien über Hysterie* (1895 d) bringt er die Lehre Darwins in Erinnerung, daß der Ausdruck der Gemütsbewegungen »aus ursprünglich sinnvollen und regelmäßigen Leistungen besteht«. Viel später, in der 25. der *Vorlesungen (Studienausgabe*, Bd. 1, S. 383), greift er diese Frage wieder auf und betont, er glaube, daß »der Kern« eines Affekts »die Wiederholung eines bestimmten bedeutungsvollen Erlebnisses« sei. Er kommt auf die Erklärung zurück, die er für hysterische Anfälle gefunden hatte (1909 a, S. 201–2 des vorliegenden Bandes), sie seien Wiederbelebungen von Kindheitserlebnissen. Ergänzend fügt er die Schlußfolgerung hinzu: »Der hysterische Anfall ist also vergleichbar einem neugebildeten individuellen Affekt, der normale Affekt dem Ausdruck einer generellen, zur Erbschaft gewordenen Hysterie.« In der vorliegenden Arbeit wiederholt er diese Theorie mit fast den gleichen Worten (S. 239 und S. 274).

Welche Rolle auch immer diese Affekttheorie für Freuds *frühere* Erklärungen der Formen der Angst gespielt haben mag, für seine neue Erklärung, die er erstmals in einer der zweiten Auflage (1909) der *Traumdeutung* (1900 a, gegen Schluß des VI. Kapitels (E)) hinzugefügten Fußnote gab, war sie jedenfalls wesentlich. Er erwähnt die Phantasien über das Leben im Mutterleib und fährt (in Sperrdruck) fort: »*Der Geburtsakt ist übrigens das erste Angsterlebnis und somit Quelle und Vorbild des Angstaffekts.*« Diese Hypothese gab er nie auf. Er räumte ihr einen hervorragenden Platz in der ersten seiner Arbeiten über die Psychologie der Liebe ein (1910 h). Auch in der 25. der *Vorlesungen* (loc. cit.) taucht der Zusammenhang zwischen Angst und Geburt auf, ebenso in *Das Ich und das Es* (1923 b), wo Freud ziemlich am Schluß vom »ersten großen Angstzustand der Geburt« spricht. Damit sind wir beim Zeitpunkt der Veröffentlichung von Otto Ranks Buch *Das Trauma der Geburt* (1924) angelangt.

Dieses Buch ist sehr viel mehr als nur eine einfache Übernahme der Erklärung, die Freud für die *Formen* der Angst gefunden hatte. Rank behauptet vielmehr, daß alle späteren Angstanfälle Versuche seien, das ursprüngliche Geburtstrauma »abzureagieren«. Ähnlich erklärt er sämtliche Neurosen, wobei er beiläufig den Ödipuskomplex entthront und eine Reform der therapeutischen Technik mit dem Ziel der Überwindung des Geburtstraumas vorschlägt. Freuds publizierte Hinweise auf das Buch von Rank klingen zunächst positiv. In der hier vorliegenden Arbeit zeigt sich jedoch ein radikaler und endgültiger Meinungsumschwung. Seine Ablehnung der Ansichten Ranks regte Freud aber zur Revision seiner eigenen Überlegungen an, und so entstand die Schrift *Hemmung, Symptom und Angst.*

I

Unser Sprachgebrauch läßt uns in der Beschreibung pathologischer Phänomene Symptome und Hemmungen unterscheiden, aber er legt diesem Unterschied nicht viel Wert bei. Kämen uns nicht Krankheitsfälle vor, von denen wir aussagen müssen, daß sie nur Hemmungen und keine Symptome zeigen, und wollten wir nicht wissen, was dafür die Bedingung ist, so brächten wir kaum das Interesse auf, die Begriffe Hemmung und Symptom gegeneinander abzugrenzen.
Die beiden sind nicht auf dem nämlichen Boden erwachsen. Hemmung hat eine besondere Beziehung zur Funktion und bedeutet nicht notwendig etwas Pathologisches, man kann auch eine normale Einschränkung einer Funktion eine Hemmung derselben nennen. Symptom hingegen heißt soviel wie Anzeichen eines krankhaften Vorganges. Es kann also auch eine Hemmung ein Symptom sein. Der Sprachgebrauch verfährt dann so, daß er von Hemmung spricht, wo eine einfache Herabsetzung der Funktion vorliegt, von Symptom, wo es sich um eine ungewöhnliche Abänderung derselben oder um eine neue Leistung handelt. In vielen Fällen scheint es der Willkür überlassen, ob man die positive oder die negative Seite des pathologischen Vorgangs betonen, seinen Erfolg als Symptom oder als Hemmung bezeichnen will. Das alles ist wirklich nicht interessant, und die Fragestellung, von der wir ausgingen, erweist sich als wenig fruchtbar.
Da die Hemmung begrifflich so innig an die Funktion geknüpft ist, kann man auf die Idee kommen, die verschiedenen Ichfunktionen daraufhin zu untersuchen, in welchen Formen sich deren Störung bei den einzelnen neurotischen Affektionen äußert. Wir wählen für diese vergleichende Studie: die Sexualfunktion, das Essen, die Lokomotion und die Berufsarbeit.

a) Die Sexualfunktion unterliegt sehr mannigfaltigen Störungen, von denen die meisten den Charakter einfacher Hemmungen zeigen. Diese werden als psychische Impotenz zusammengefaßt. Das Zustandekommen der normalen Sexualleistung setzt einen sehr komplizierten Ablauf voraus, die Störung kann an jeder Stelle desselben eingreifen. Die

Hauptstationen der Hemmung sind beim Manne: die Abwendung der Libido zur Einleitung des Vorgangs (psychische Unlust), das Ausbleiben der physischen Vorbereitung (Erektionslosigkeit), die Abkürzung des Aktes *(ejaculatio praecox)*, die ebensowohl als positives Symptom beschrieben werden kann, die Aufhaltung desselben vor dem natürlichen Ausgang (Ejakulationsmangel), das Nichtzustandekommen des psychischen Effekts (der Lustempfindung des Orgasmus). Andere Störungen erfolgen durch die Verknüpfung der Funktion mit besonderen Bedingungen, perverser oder fetischistischer Natur.

Eine Beziehung der Hemmung zur Angst kann uns nicht lange entgehen. Manche Hemmungen sind offenbar Verzichte auf Funktion, weil bei deren Ausübung Angst entwickelt werden würde. Direkte Angst vor der Sexualfunktion ist beim Weibe häufig; wir ordnen sie der Hysterie zu, ebenso das Abwehrsymptom des Ekels, das sich ursprünglich als nachträgliche Reaktion auf den passiv erlebten Sexualakt einstellt, später bei der Vorstellung desselben auftritt. Auch eine große Anzahl von Zwangshandlungen erweisen sich als Vorsichten und Versicherungen gegen sexuelles Erleben, sind also phobischer Natur.

Man kommt da im Verständnis nicht sehr weit; man merkt nur, daß sehr verschiedene Verfahren verwendet werden, um die Funktion zu stören: 1) die bloße Abwendung der Libido, die am ehesten zu ergeben scheint, was wir eine reine Hemmung heißen, 2) die Verschlechterung in der Ausführung der Funktion, 3) die Erschwerung derselben durch besondere Bedingungen und ihre Modifikation durch Ablenkung auf andere Ziele, 4) ihre Vorbeugung durch Sicherungsmaßregeln, 5) ihre Unterbrechung durch Angstentwicklung, sowie sich ihr Ansatz nicht mehr verhindern läßt, endlich 6) eine nachträgliche Reaktion, die dagegen protestiert und das Geschehene rückgängig machen will, wenn die Funktion doch durchgeführt wurde.

b) Die häufigste Störung der Nahrungsfunktion ist die Eßunlust durch Abziehung der Libido. Auch Steigerungen der Eßlust sind nicht selten; ein Eßzwang motiviert sich durch Angst vor dem Verhungern, ist wenig untersucht. Als hysterische Abwehr des Essens kennen wir das Symptom des Erbrechens. Die Nahrungsverweigerung infolge von Angst gehört psychotischen Zuständen an (Vergiftungswahn).

c) Die Lokomotion wird bei manchen neurotischen Zuständen durch Gehunlust und Gehschwäche gehemmt, die hysterische Behinderung bedient sich der motorischen Lähmung des Bewegungsapparates oder schafft eine spezialisierte Aufhebung dieser einen Funktion desselben

(Abasie). Besonders charakteristisch sind die Erschwerungen der Lokomotion durch Einschaltung bestimmter Bedingungen, bei deren Nichterfüllung Angst auftritt (Phobie).
d) Die Arbeitshemmung, die so oft als isoliertes Symptom Gegenstand der Behandlung wird, zeigt uns verminderte Lust oder schlechtere Ausführung oder Reaktionserscheinungen wie Müdigkeit (Schwindel, Erbrechen), wenn die Fortsetzung der Arbeit erzwungen wird. Die Hysterie erzwingt die Einstellung der Arbeit durch Erzeugung von Organ- und Funktionslähmungen, deren Bestand mit der Ausführung der Arbeit unvereinbar ist. Die Zwangsneurose stört die Arbeit durch fortgesetzte Ablenkung und durch den Zeitverlust bei eingeschobenen Verweilungen und Wiederholungen.

Wir könnten diese Übersicht noch auf andere Funktionen ausdehnen, aber wir dürfen nicht erwarten, dabei mehr zu erreichen. Wir kämen nicht über die Oberfläche der Erscheinungen hinaus. Entschließen wir uns darum zu einer Auffassung, die dem Begriff der Hemmung nicht mehr viel Rätselhaftes beläßt. Die Hemmung ist der Ausdruck einer *Funktionseinschränkung des Ichs,* die selbst sehr verschiedene Ursachen haben kann. Manche der Mechanismen dieses Verzichts auf Funktion und eine allgemeine Tendenz desselben sind uns wohlbekannt.
An den spezialisierten Hemmungen ist die Tendenz leichter zu erkennen. Wenn das Klavierspielen, Schreiben und selbst das Gehen neurotischen Hemmungen unterliegen, so zeigt uns die Analyse den Grund hiefür in einer überstarken Erotisierung der bei diesen Funktionen in Anspruch genommenen Organe, der Finger und der Füße. Wir haben ganz allgemein die Einsicht gewonnen, daß die Ichfunktion eines Organes geschädigt wird, wenn seine Erogeneität, seine sexuelle Bedeutung, zunimmt. Es benimmt sich dann, wenn man den einigermaßen skurrilen Vergleich wagen darf, wie eine Köchin, die nicht mehr am Herd arbeiten will, weil der Herr des Hauses Liebesbeziehungen zu ihr angeknüpft hat. Wenn das Schreiben, das darin besteht, aus einem Rohr Flüssigkeit auf ein Stück weißes Papier fließen zu lassen, die symbolische Bedeutung des Koitus angenommen hat oder wenn das Gehen zum symbolischen Ersatz des Stampfens auf dem Leib der Mutter Erde geworden ist, dann wird beides, Schreiben und Gehen, unterlassen, weil es so ist, als ob man die verbotene sexuelle Handlung ausführen würde. Das Ich verzichtet auf diese ihm zustehenden Funktionen, um nicht eine neuer-

liche Verdrängung vornehmen zu müssen, *um einem Konflikt mit dem Es auszuweichen.*
Andere Hemmungen erfolgen offenbar im Dienste der Selbstbestrafung, wie nicht selten die der beruflichen Tätigkeiten. Das Ich darf diese Dinge nicht tun, weil sie ihm Nutzen und Erfolg bringen würden, was das gestrenge Über-Ich versagt hat. Dann verzichtet das Ich auch auf diese Leistungen, *um nicht in Konflikt mit dem Über-Ich zu geraten.*
Die allgemeineren Hemmungen des Ichs folgen einem anderen, einfachen, Mechanismus. Wenn das Ich durch eine psychische Aufgabe von besonderer Schwere in Anspruch genommen ist, wie z. B. durch eine Trauer, eine großartige Affektunterdrückung, durch die Nötigung, beständig aufsteigende sexuelle Phantasien niederzuhalten, dann verarmt es so sehr an der ihm verfügbaren Energie, daß es seinen Aufwand an vielen Stellen zugleich einschränken muß, wie ein Spekulant, der seine Gelder in seinen Unternehmungen immobilisiert hat. Ein lehrreiches Beispiel einer solchen intensiven Allgemeinhemmung von kurzer Dauer konnte ich an einem Zwangskranken beobachten, der in eine lähmende Müdigkeit von ein- bis mehrtägiger Dauer bei Anlässen verfiel, die offenbar einen Wutausbruch hätten herbeiführen sollen. Von hier aus muß auch ein Weg zum Verständnis der Allgemeinhemmung zu finden sein, durch die sich die Depressionszustände und der schwerste derselben, die Melancholie, kennzeichnen.
Man kann also abschließend über die Hemmungen sagen, sie seien Einschränkungen der Ichfunktionen, entweder aus Vorsicht oder infolge von Energieverarmung. Es ist nun leicht zu erkennen, worin sich die Hemmung vom Symptom unterscheidet. Das Symptom kann nicht mehr als ein Vorgang im oder am Ich beschrieben werden.

II

Die Grundzüge der Symptombildung sind längst studiert und in hoffentlich unanfechtbarer Weise ausgesprochen worden[1]. Das Symptom sei Anzeichen und Ersatz einer unterbliebenen Triebbefriedigung, ein Erfolg des Verdrängungsvorganges. Die Verdrängung geht vom Ich aus, das, eventuell im Auftrage des Über-Ichs, eine im Es angeregte Triebbesetzung nicht mitmachen will. Das Ich erreicht durch die Verdrängung, daß die Vorstellung, welche der Träger der unliebsamen Regung war, vom Bewußtwerden abgehalten wird. Die Analyse weist oftmals nach, daß sie als unbewußte Formation erhalten geblieben ist. So weit wäre es klar, aber bald beginnen die unerledigten Schwierigkeiten.
Unsere bisherigen Beschreibungen des Vorganges bei der Verdrängung haben den Erfolg der Abhaltung vom Bewußtsein nachdrücklich betont[2], aber in anderen Punkten Zweifel offen gelassen. Es entsteht die Frage, was ist das Schicksal der im Es aktivierten Triebregung, die auf Befriedigung abzielt? Die Antwort war eine indirekte, sie lautete, durch den Vorgang der Verdrängung werde die zu erwartende Befriedigungslust in Unlust verwandelt, und dann stand man vor dem Problem, wie Unlust das Ergebnis einer Triebbefriedigung sein könne. Wir hoffen, den Sachverhalt zu klären, wenn wir die bestimmte Aussage machen, der im Es beabsichtigte Erregungsablauf komme infolge der Verdrängung überhaupt nicht zustande, es gelinge dem Ich, ihn zu inhibieren oder abzulenken. Dann entfällt das Rätsel der »Affektverwandlung« bei der Verdrängung[3]. Wir haben aber damit dem Ich das Zugeständnis gemacht, daß es einen so weitgehenden Einfluß auf die Vorgänge im Es äußern kann, und sollen verstehen lernen, auf welchem Wege ihm diese überraschende Machtentfaltung möglich wird.
Ich glaube, dieser Einfluß fällt dem Ich zu infolge seiner innigen Bezie-

---
[1] [S. z. B. die *Drei Abhandlungen zur Sexualtheorie* (1905 d), Abhandlung I (4), insbesondere den dritten Absatz; *Studienausgabe*, Bd. 5, S. 72 f.]
[2] [Vgl. die Feststellung ziemlich zu Anfang der Schrift ›Die Verdrängung‹ (1915 d), *Studienausgabe*, Bd. 3, S. 108.]
[3] [Diese Frage wird in der Krankengeschichte der »Dora« (1905 e), oben, S. 106, erörtert.]

hungen zum Wahrnehmungssystem, die ja sein Wesen ausmachen und der Grund seiner Differenzierung vom Es geworden sind. Die Funktion dieses Systems, das wir W-Bw genannt haben, ist mit dem Phänomen des Bewußtseins verbunden [1]; es empfängt Erregungen nicht nur von außen, sondern auch von innen her, und mittels der Lust-Unlustempfindungen, die es von daher erreichen, versucht es, alle Abläufe des seelischen Geschehens im Sinne des Lustprinzips zu lenken. Wir stellen uns das Ich so gerne als ohnmächtig gegen das Es vor, aber wenn es sich gegen einen Triebvorgang im Es sträubt, so braucht es bloß ein *Unlustsignal* [2] zu geben, um seine Absicht durch die Hilfe der beinahe allmächtigen Instanz des Lustprinzips zu erreichen. Wenn wir diese Situation für einen Augenblick isoliert betrachten, können wir sie durch ein Beispiel aus einer anderen Sphäre illustrieren. In einem Staate wehre sich eine gewisse Clique gegen eine Maßregel, deren Beschluß den Neigungen der Masse entsprechen würde. Diese Minderzahl bemächtigt sich dann der Presse, bearbeitet durch sie die souveräne »öffentliche Meinung« und setzt es so durch, daß der geplante Beschluß unterbleibt.

An die eine Beantwortung knüpfen weitere Fragestellungen an. Woher rührt die Energie, die zur Erzeugung des Unlustsignals verwendet wird? Hier weist uns die Idee den Weg, daß die Abwehr eines unerwünschten Vorganges im Inneren nach dem Muster der Abwehr gegen einen äußeren Reiz geschehen dürfte, daß das Ich den gleichen Weg der Verteidigung gegen die innere wie gegen die äußere Gefahr einschlägt. Bei äußerer Gefahr unternimmt das organische Wesen einen Fluchtversuch, es zieht zunächst die Besetzung von der Wahrnehmung des Gefährlichen ab; später erkennt es als das wirksamere Mittel, solche Muskelaktionen vorzunehmen, daß die Wahrnehmung der Gefahr, auch wenn man sie nicht verweigert, unmöglich wird, also sich dem Wirkungsbereich der Gefahr zu entziehen. Einem solchen Fluchtversuch gleichwertig ist auch die Verdrängung. Das Ich zieht die (vorbewußte) Besetzung von der zu verdrängenden Triebrepräsentanz [3] ab und verwendet sie für die Unlust-(Angst)-Entbindung. Das Problem, wie bei der Verdrängung die Angst entsteht, mag kein einfaches sein; immerhin hat man das Recht, an der Idee festzuhalten, daß das Ich die eigentliche Angststätte ist, und die frühere Auffassung zurückzuweisen, die

---

[1] [Vgl. *Jenseits des Lustprinzips* (1920 g), *Studienausgabe*, Bd. 3, S. 234.]
[2] [S. die ›Editorische Vorbemerkung‹, S. 231.]
[3] [D. h. von dem, was den Trieb in der Seele repräsentiert.]

Besetzungsenergie der verdrängten Regung werde automatisch in Angst verwandelt. Wenn ich mich früher einmal so geäußert habe, so gab ich eine phänomenologische Beschreibung, nicht eine metapsychologische Darstellung.

Aus dem Gesagten leitet sich die neue Frage ab, wie es ökonomisch möglich ist, daß ein bloßer Abziehungs- und Abfuhrvorgang wie beim Rückzug der vorbewußten Ichbesetzung Unlust oder Angst erzeugen könne, die nach unseren Voraussetzungen nur Folge gesteigerter Besetzung sein kann. Ich antworte, diese Verursachung soll nicht ökonomisch erklärt werden, die Angst wird bei der Verdrängung nicht neu erzeugt, sondern als Affektzustand nach einem vorhandenen Erinnerungsbild reproduziert. Mit der weiteren Frage nach der Herkunft dieser Angst – wie der Affekte überhaupt – verlassen wir aber den unbestritten psychologischen Boden und betreten das Grenzgebiet der Physiologie. Die Affektzustände sind dem Seelenleben als Niederschläge uralter traumatischer Erlebnisse einverleibt und werden in ähnlichen Situationen wie Erinnerungssymbole [1] wachgerufen. Ich meine, ich hatte nicht unrecht, sie den spät und individuell erworbenen hysterischen Anfällen gleichzusetzen und als deren Normalvorbilder zu betrachten [2]. Beim Menschen und ihm verwandten Geschöpfen scheint der Geburtsakt als das erste individuelle Angsterlebnis dem Ausdruck des Angstaffekts charakteristische Züge geliehen zu haben. Wir sollen aber diesen Zusammenhang nicht überschätzen und in seiner Anerkennung nicht übersehen, daß ein Affektsymbol für die Situation der Gefahr eine biologische Notwendigkeit ist und auf jeden Fall geschaffen worden wäre. Ich halte es auch für unberechtigt anzunehmen, daß bei jedem Angstausbruch etwas im Seelenleben vor sich geht, was einer Reproduktion der Geburtssituation gleichkommt. Es ist nicht einmal sicher, ob die hysterischen Anfälle, die ursprünglich solche traumatische Reproduktionen sind, diesen Charakter dauernd bewahren.

Ich habe an anderer Stelle ausgeführt, daß die meisten Verdrängungen, mit denen wir bei der therapeutischen Arbeit zu tun bekommen, Fälle von *Nach*drängen sind [3]. Sie setzen früher erfolgte *Urverdrängungen* voraus, die auf die neuere Situation ihren anziehenden Einfluß ausüben. Von diesen Hintergründen und Vorstufen der Verdrängung ist noch viel zu wenig bekannt. Man kommt leicht in Gefahr, die Rolle des

---

[1] [S. Anm. 3, S. 54.]
[2] [S. die ›Editorische Vorbemerkung‹, S. 232, sowie unten, S. 274.]
[3] [Dies wird in ›Die Verdrängung‹ (1915 *d*; *Studienausgabe*, Bd. 3, S. 109) erörtert.]

Über-Ichs bei der Verdrängung zu überschätzen. Man kann es derzeit nicht beurteilen, ob etwa das Auftreten des Über-Ichs die Abgrenzung zwischen Urverdrängung und Nachdrängen schafft. Die ersten – sehr intensiven – Angstausbrüche erfolgen jedenfalls vor der Differenzierung des Über-Ichs. Es ist durchaus plausibel, daß quantitative Momente, wie die übergroße Stärke der Erregung und der Durchbruch des Reizschutzes, die nächsten Anlässe der Urverdrängungen sind.
Die Erwähnung des Reizschutzes mahnt uns wie ein Stichwort, daß die Verdrängungen in zwei unterschiedenen Situationen auftreten, nämlich wenn eine unliebsame Triebregung durch eine äußere Wahrnehmung wachgerufen wird und wenn sie ohne solche Provokation im Innern auftaucht. Wir werden später [S. 294] auf diese Verschiedenheit zurückkommen. Reizschutz gibt es aber nur gegen äußere Reize, nicht gegen innere Triebansprüche.
Solange wir den Fluchtversuch des Ichs studieren, bleiben wir der Symptombildung ferne. Das Symptom entsteht aus der durch die Verdrängung beeinträchtigten Triebregung. Wenn das Ich durch die Inanspruchnahme des Unlustsignals seine Absicht erreicht, die Triebregung völlig zu unterdrücken, erfahren wir nichts darüber, wie das geschieht. Wir lernen nur aus den Fällen, die als mehr oder minder mißglückte Verdrängungen zu bezeichnen sind.
Dann stellt es sich im allgemeinen so dar, daß die Triebregung zwar trotz der Verdrängung einen Ersatz gefunden hat, aber einen stark verkümmerten, verschobenen, gehemmten. Er ist auch als Befriedigung nicht mehr kenntlich. Wenn er vollzogen wird, kommt keine Lustempfindung zustande, dafür hat dieser Vollzug den Charakter des Zwanges angenommen. Aber bei dieser Erniedrigung des Befriedigungsablaufes zum Symptom zeigt die Verdrängung ihre Macht noch in einem anderen Punkte. Der Ersatzvorgang wird womöglich von der Abfuhr durch die Motilität ferngehalten; auch wo dies nicht gelingt, muß er sich in der Veränderung des eigenen Körpers erschöpfen und darf nicht auf die Außenwelt übergreifen; es wird ihm verwehrt, sich in Handlung umzusetzen. Wir verstehen, bei der Verdrängung arbeitet das Ich unter dem Einfluß der äußeren Realität und schließt darum den Erfolg des Ersatzvorganges von dieser Realität ab.
Das Ich beherrscht den Zugang zum Bewußtsein wie den Übergang zur Handlung gegen die Außenwelt; in der Verdrängung betätigt es seine Macht nach beiden Richtungen. Die [psychische] Triebrepräsentanz bekommt die eine, die Triebregung selbst die andere Seite seiner

Kraftäußerung zu spüren. Da ist es denn am Platze, sich zu fragen, wie diese Anerkennung der Mächtigkeit des Ichs mit der Beschreibung zusammenkommt, die wir in der Studie *Das Ich und das Es* von der Stellung desselben Ichs entworfen haben. Wir haben dort die Abhängigkeit des Ichs vom Es wie vom Über-Ich geschildert, seine Ohnmacht und Angstbereitschaft gegen beide, seine mühsam aufrechterhaltene Überheblichkeit entlarvt [1]. Dieses Urteil hat seither einen starken Widerhall in der psychoanalytischen Literatur gefunden. Zahlreiche Stimmen betonen eindringlich die Schwäche des Ichs gegen das Es, des Rationellen gegen das Dämonische in uns, und schicken sich an, diesen Satz zu einem Grundpfeiler einer psychoanalytischen »Weltanschauung« zu machen. Sollte nicht die Einsicht in die Wirkungsweise der Verdrängung gerade den Analytiker von so extremer Parteinahme zurückhalten?

Ich bin überhaupt nicht für die Fabrikation von Weltanschauungen [2]. Die überlasse man den Philosophen, die eingestandenermaßen die Lebensreise ohne einen solchen Baedeker, der über alles Auskunft gibt, nicht ausführbar finden. Nehmen wir demütig die Verachtung auf uns, mit der die Philosophen vom Standpunkt ihrer höheren Bedürftigkeit auf uns herabschauen. Da auch wir unseren narzißtischen Stolz nicht verleugnen können, wollen wir unseren Trost in der Erwägung suchen, daß alle diese »Lebensführer« rasch veralten, daß es gerade unsere kurzsichtig beschränkte Kleinarbeit ist, welche deren Neuauflagen notwendig macht, und daß selbst die modernsten dieser Baedeker Versuche sind, den alten, so bequemen und so vollständigen Katechismus zu ersetzen. Wir wissen genau, wie wenig Licht die Wissenschaft bisher über die Rätsel dieser Welt verbreiten konnte; alles Poltern der Philosophen kann daran nichts ändern, nur geduldige Fortsetzung der Arbeit, die alles der einen Forderung nach Gewißheit unterordnet, kann langsam Wandel schaffen. Wenn der Wanderer in der Dunkelheit singt, verleugnet er seine Ängstlichkeit, aber er sieht darum um nichts heller.

---

[1] [*Das Ich und das Es* (1923 b), V. Kapitel.]
[2] [Vgl. die ausführlichere Erörterung dieses Problems in der letzten Vorlesung von Freuds *Neuer Folge der Vorlesungen* (1933 a), *Studienausgabe*, Bd. 1, S. 586 ff.]

III

Um zum Problem des Ichs zurückzukehren[1]: Der Anschein des Widerspruchs kommt daher, daß wir Abstraktionen zu starr nehmen und aus einem komplizierten Sachverhalt bald die eine, bald die andere Seite allein herausgreifen. Die Scheidung des Ichs vom Es scheint gerechtfertigt, sie wird uns durch bestimmte Verhältnisse aufgedrängt. Aber anderseits ist das Ich mit dem Es identisch, nur ein besonders differenzierter Anteil desselben. Stellen wir dieses Stück in Gedanken dem Ganzen gegenüber oder hat sich ein wirklicher Zwiespalt zwischen den beiden ergeben, so wird uns die Schwäche dieses Ichs offenbar. Bleibt das Ich aber mit dem Es verbunden, von ihm nicht unterscheidbar, so zeigt sich seine Stärke. Ähnlich ist das Verhältnis des Ichs zum Über-Ich; für viele Situationen fließen uns die beiden zusammen, meistens können wir sie nur unterscheiden, wenn sich eine Spannung, ein Konflikt zwischen ihnen hergestellt hat. Für den Fall der Verdrängung wird die Tatsache entscheidend, daß das Ich eine Organisation ist, das Es aber keine; das Ich ist eben der organisierte Anteil des Es. Es wäre ganz ungerechtfertigt, wenn man sich vorstellte, Ich und Es seien wie zwei verschiedene Heerlager; durch die Verdrängung suche das Ich ein Stück des Es zu unterdrücken, nun komme das übrige Es dem Angegriffenen zu Hilfe und messe seine Stärke mit der des Ichs. Das mag oft zustande kommen, aber es ist gewiß nicht die Eingangssituation der Verdrängung; in der Regel bleibt die zu verdrängende Triebregung isoliert. Hat der Akt der Verdrängung uns die Stärke des Ichs gezeigt, so legt er doch in einem auch Zeugnis ab für dessen Ohnmacht und für die Unbeeinflußbarkeit der einzelnen Triebregung des Es. Denn der Vorgang, der durch die Verdrängung zum Symptom geworden ist, behauptet nun seine Existenz außerhalb der Ichorganisation und unabhängig von ihr. Und nicht er allein, auch alle seine Abkömmlinge genießen dasselbe Vorrecht, man möchte sagen: der Exterritorialität, und wo sie mit Anteilen der Ichorganisation assoziativ zusammentreffen, wird es fraglich, ob sie diese nicht zu sich herüberziehen und sich mit diesem Gewinn auf Kosten

[1] [Nämlich zum Gegensatz zwischen seiner Stärke und seiner Schwäche gegenüber dem Es.]

des Ichs ausbreiten werden. Ein uns längst vertrauter Vergleich betrachtet das Symptom als einen Fremdkörper, der unaufhörlich Reiz- und Reaktionserscheinungen in dem Gewebe unterhält, in das er sich eingebettet hat[1]. Es kommt zwar vor, daß der Abwehrkampf gegen die unliebsame Triebregung durch die Symptombildung abgeschlossen wird; soweit wir sehen, ist dies am ehesten bei der hysterischen Konversion möglich, aber in der Regel ist der Verlauf ein anderer; nach dem ersten Akt der Verdrängung folgt ein langwieriges oder nie zu beendendes Nachspiel, der Kampf gegen die Triebregung findet seine Fortsetzung in dem Kampf gegen das Symptom.

Dieser sekundäre Abwehrkampf zeigt uns zwei Gesichter – mit widersprechendem Ausdruck. Einerseits wird das Ich durch seine Natur genötigt, etwas zu unternehmen, was wir als Herstellungs- oder Versöhnungsversuch beurteilen müssen. Das Ich ist eine Organisation, es beruht auf dem freien Verkehr und der Möglichkeit gegenseitiger Beeinflussung unter all seinen Bestandteilen, seine desexualisierte Energie bekundet ihre Herkunft noch in dem Streben nach Bindung und Vereinheitlichung, und dieser Zwang zur Synthese nimmt immer mehr zu, je kräftiger sich das Ich entwickelt. So wird es verständlich, daß das Ich auch versucht, die Fremdheit und Isolierung des Symptoms aufzuheben, indem es alle Möglichkeiten ausnützt, es irgendwie an sich zu binden und durch solche Bande seiner Organisation einzuverleiben. Wir wissen, daß ein solches Bestreben bereits den Akt der Symptombildung beeinflußt. Ein klassisches Beispiel dafür sind jene hysterischen Symptome, die uns als Kompromiß zwischen Befriedigungs- und Strafbedürfnis durchsichtig geworden sind. Als Erfüllungen einer Forderung des Über-Ichs haben solche Symptome von vornherein Anteil am Ich, während sie anderseits Positionen des Verdrängten und Einbruchstellen desselben in die Ichorganisation bedeuten; sie sind sozusagen Grenzstationen mit gemischter Besetzung. Ob alle primären hysterischen Symptome so gebaut sind, verdiente eine sorgfältige Untersuchung. Im weiteren Verlaufe benimmt sich das Ich so, als ob es von der Erwägung geleitet würde: das Symptom ist einmal da und kann nicht beseitigt werden; nun heißt es, sich mit dieser Situation befreunden und den größtmöglichen Vorteil aus ihr ziehen. Es findet eine Anpassung an das ichfremde Stück der Innenwelt statt, das durch das Symptom repräsentiert wird, wie sie das Ich sonst normalerweise gegen die reale Außenwelt zustande bringt. An Anläs-

---

[1] [Dieser Vergleich erscheint im Vortrag über hysterische Phänomene (1893 b), oben S. 20.]

sen hiezu fehlt es nie. Die Existenz des Symptoms mag eine gewisse Behinderung der Leistung mit sich bringen, mit der man eine Anforderung des Über-Ichs beschwichtigen oder einen Anspruch der Außenwelt zurückweisen kann. So wird das Symptom allmählich mit der Vertretung wichtiger Interessen betraut, es erhält einen Wert für die Selbstbehauptung, verwächst immer inniger mit dem Ich, wird ihm immer unentbehrlicher. Nur in ganz seltenen Fällen kann der Prozeß der Einheilung eines Fremdkörpers etwas ähnliches wiederholen. Man kann die Bedeutung dieser sekundären Anpassung an das Symptom auch übertreiben, indem man aussagt, das Ich habe sich das Symptom überhaupt nur angeschafft, um dessen Vorteile zu genießen. Das ist dann so richtig oder so falsch, wie wenn man die Ansicht vertritt, der Kriegsverletzte habe sich das Bein nur abschießen lassen, um dann arbeitsfrei von seiner Invalidenrente zu leben.

Andere Symptomgestaltungen, die der Zwangsneurose und der Paranoia, bekommen einen hohen Wert für das Ich, nicht weil sie ihm Vorteile, sondern weil sie ihm eine sonst entbehrte narzißtische Befriedigung bringen. Die Systembildungen der Zwangsneurotiker schmeicheln ihrer Eigenliebe durch die Vorspiegelung, sie seien als besonders reinliche oder gewissenhafte Menschen besser als andere; die Wahnbildungen der Paranoia eröffnen dem Scharfsinn und der Phantasie dieser Kranken ein Feld zur Betätigung, das ihnen nicht leicht ersetzt werden kann. Aus all den erwähnten Beziehungen resultiert, was uns als der (sekundäre) *Krankheitsgewinn* der Neurose bekannt ist[1]. Er kommt dem Bestreben des Ichs, sich das Symptom einzuverleiben, zu Hilfe und verstärkt die Fixierung des letzteren. Wenn wir dann den Versuch machen, dem Ich in seinem Kampf gegen das Symptom analytischen Beistand zu leisten, finden wir diese versöhnlichen Bindungen zwischen Ich und Symptom auf der Seite der Widerstände wirksam. Es wird uns nicht leicht gemacht, sie zu lösen. Die beiden Verfahren, die das Ich gegen das Symptom anwendet, stehen wirklich in Widerspruch zueinander. Das andere Verfahren hat weniger freundlichen Charakter, es setzt die Richtung der Verdrängung fort. Aber es scheint, daß wir das Ich nicht mit dem Vorwurf der Inkonsequenz belasten dürfen. Das Ich ist friedfertig und möchte sich das Symptom einverleiben, es in sein Ensemble aufnehmen. Die Störung geht vom Symptom aus, das als richtiger Ersatz und Abkömmling der verdrängten Regung deren Rolle weiter-

---

[1] [S. Freuds wichtige (1923 hinzugefügte) Anm. zur Fallgeschichte der »Dora«, S. 118 f. oben, sowie den editorischen Kommentar am Schluß dieser Fußnote.]

spielt, deren Befriedigungsanspruch immer wieder erneuert und so das Ich nötigt, wiederum das Unlustsignal zu geben und sich zur Wehre zu setzen.

Der sekundäre Abwehrkampf gegen das Symptom ist vielgestaltig, spielt sich auf verschiedenen Schauplätzen ab und bedient sich mannigfaltiger Mittel. Wir werden nicht viel über ihn aussagen können, wenn wir nicht die einzelnen Fälle der Symptombildung zum Gegenstand der Untersuchung nehmen. Dabei werden wir Anlaß finden, auf das Problem der Angst einzugehen, das wir längst wie im Hintergrunde lauernd verspüren. Es empfiehlt sich, von den Symptomen, welche die hysterische Neurose schafft, auszugehen; auf die Voraussetzungen der Symptombildung bei der Zwangsneurose, Paranoia und anderen Neurosen sind wir noch nicht vorbereitet.

IV

Der erste Fall, den wir betrachten, sei der einer infantilen hysterischen Tierphobie, also z. B. der gewiß in allen Hauptzügen typische Fall der Pferdephobie des »kleinen Hans«[1]. Schon der erste Blick läßt uns erkennen, daß die Verhältnisse eines realen Falles von neurotischer Erkrankung weit komplizierter sind, als unsere Erwartung, solange wir mit Abstraktionen arbeiten, sich vorstellt. Es gehört einige Arbeit dazu, sich zu orientieren, welches die verdrängte Regung, was ihr Symptomersatz ist, wo das Motiv der Verdrängung kenntlich wird.

Der kleine Hans weigert sich, auf die Straße zu gehen, weil er Angst vor dem Pferd hat. Dies ist der Rohstoff. Was ist nun daran das Symptom: die Angstentwicklung, die Wahl des Angstobjekts oder der Verzicht auf die freie Beweglichkeit oder mehreres davon zugleich? Wo ist die Befriedigung, die er sich versagt? Warum muß er sich diese versagen?

Es liegt nahe zu antworten, an dem Falle sei nicht so viel rätselhaft. Die unverständliche Angst vor dem Pferd ist das Symptom, die Unfähigkeit, auf die Straße zu gehen, ist eine Hemmungserscheinung, eine Einschränkung, die sich das Ich auferlegt, um nicht das Angstsymptom zu wecken. Man sieht ohneweiters die Richtigkeit der Erklärung des letzten Punktes ein und wird nun diese Hemmung bei der weiteren Diskussion außer Betracht lassen. Aber die erste flüchtige Bekanntschaft mit dem Falle lehrt uns nicht einmal den wirklichen Ausdruck des vermeintlichen Symptoms kennen. Es handelt sich, wie wir bei genauerem Verhör erfahren, gar nicht um eine unbestimmte Angst vor dem Pferd, sondern um die bestimmte ängstliche Erwartung: das Pferd werde ihn beißen[2]. Allerdings sucht sich dieser Inhalt dem Bewußtsein zu entziehen und sich durch die unbestimmte Phobie, in der nur noch die Angst und ihr Objekt vorkommen, zu ersetzen. Ist nun etwa dieser Inhalt der Kern des Symptoms?

Wir kommen keinen Schritt weiter, solange wir nicht die ganze psychische Situation des Kleinen in Betracht ziehen, wie sie uns während der

---
[1] Siehe ›Analyse der Phobie eines fünfjährigen Knaben‹ [1909 b].
[2] [*Studienausgabe*, Bd. 8, S. 27.]

analytischen Arbeit enthüllt wird. Er befindet sich in der eifersüchtigen und feindseligen Ödipus-Einstellung zu seinem Vater, den er doch, soweit die Mutter nicht als Ursache der Entzweiung in Betracht kommt, herzlich liebt. Also ein Ambivalenzkonflikt, gut begründete Liebe und nicht minder berechtigter Haß, beide auf dieselbe Person gerichtet. Seine Phobie muß ein Versuch zur Lösung dieses Konflikts sein. Solche Ambivalenzkonflikte sind sehr häufig, wir kennen einen anderen typischen Ausgang derselben. Bei diesem wird die eine der beiden miteinander ringenden Regungen, in der Regel die zärtliche, enorm verstärkt, die andere verschwindet. Nur das Übermaß und das Zwangsmäßige der Zärtlichkeit verrät uns, daß diese Einstellung nicht die einzig vorhandene ist, daß sie ständig auf der Hut ist, ihr Gegenteil in Unterdrückung zu halten, und läßt uns einen Hergang konstruieren, den wir als Verdrängung durch *Reaktionsbildung* (im Ich) beschreiben. Fälle wie der kleine Hans zeigen nichts von solcher Reaktionsbildung; es gibt offenbar verschiedene Wege, die aus einem Ambivalenzkonflikt herausführen.

Etwas anderes haben wir unterdes mit Sicherheit erkannt. Die Triebregung, die der Verdrängung unterliegt, ist ein feindseliger Impuls gegen den Vater. Die Analyse lieferte uns den Beweis hiefür, während sie der Herkunft der Idee des beißenden Pferdes nachspürte. Hans hat ein Pferd fallen gesehen, einen Spielkameraden fallen und sich verletzen, mit dem er »Pferdl« gespielt hatte[1]. Sie hat uns das Recht gegeben, bei Hans eine Wunschregung zu konstruieren, die gelautet hat, der Vater möge hinfallen, sich beschädigen wie das Pferd und der Kamerad. Beziehungen zu einer beobachteten Abreise[2] lassen vermuten, daß der Wunsch nach der Beseitigung des Vaters auch minder zaghaften Ausdruck gefunden hat. Ein solcher Wunsch ist aber gleichwertig mit der Absicht, ihn selbst zu beseitigen, mit der mörderischen Regung des Ödipus-Komplexes.

Von dieser verdrängten Triebregung führt bis jetzt kein Weg zu dem Ersatz für sie, den wir in der Pferdephobie vermuten. Vereinfachen wir nun die psychische Situation des kleinen Hans, indem wir das infantile Moment und die Ambivalenz wegräumen; er sei etwa ein jüngerer Diener in einem Haushalt, der in die Herrin verliebt ist und sich gewisser Gunstbezeugungen von ihrer Seite erfreue. Erhalten bleibt, daß er den stärkeren Hausherrn haßt und ihn beseitigt wissen möchte; dann ist es

---

[1] [Ibid., S. 47 und S. 74.]   [2] [Ibid., S. 31.]

die natürlichste Folge dieser Situation, daß er die Rache dieses Herrn fürchtet, daß sich bei ihm ein Zustand von Angst vor diesem einstellt – ganz ähnlich wie die Phobie des kleinen Hans vor dem Pferd. Das heißt, wir können die Angst dieser Phobie nicht als Symptom bezeichnen; wenn der kleine Hans, der in seine Mutter verliebt ist, Angst vor dem Vater zeigen würde, hätten wir kein Recht, ihm eine Neurose, eine Phobie, zuzuschreiben. Wir hätten eine durchaus begreifliche affektive Reaktion vor uns. Was diese zur Neurose macht, ist einzig und allein ein anderer Zug, die Ersetzung des Vaters durch das Pferd. Diese Verschiebung stellt also das her, was auf den Namen eines Symptoms Anspruch hat. Sie ist jener andere Mechanismus, der die Erledigung des Ambivalenzkonflikts ohne die Hilfe der Reaktionsbildung gestattet. [Vgl. S. 247.] Ermöglicht oder erleichtert wird sie durch den Umstand, daß die mitgeborenen Spuren totemistischer Denkweise in diesem zarten Alter noch leicht zu beleben sind. Die Kluft zwischen Mensch und Tier ist noch nicht anerkannt, gewiß nicht so überbetont wie später. Der erwachsene, bewunderte, aber auch gefürchtete Mann steht noch in einer Reihe mit dem großen Tier, das man um so vielerlei beneidet, vor dem man aber auch gewarnt worden ist, weil es gefährlich werden kann. Der Ambivalenzkonflikt wird also nicht an derselben Person erledigt, sondern gleichsam umgangen, indem man einer seiner Regungen eine andere Person als Ersatzobjekt unterschiebt.

Soweit sehen wir ja klar, aber in einem anderen Punkte hat uns die Analyse der Phobie des kleinen Hans eine volle Enttäuschung gebracht. Die Entstellung, in der die Symptombildung besteht, wird gar nicht an der [psychischen] Repräsentanz (dem Vorstellungsinhalt) der zu verdrängenden Triebregung vorgenommen, sondern an einer davon ganz verschiedenen, die nur einer Reaktion auf das eigentlich Unliebsame entspricht. Unsere Erwartung fände eher Befriedigung, wenn der kleine Hans an Stelle seiner Angst vor dem Pferd eine Neigung entwickelt hätte, Pferde zu mißhandeln, sie zu schlagen, oder deutlich seinen Wunsch kundgegeben hätte zu sehen, wie sie hinfallen, zu Schaden kommen, eventuell unter Zuckungen verenden (das Krawallmachen mit den Beinen)[1]. Etwas der Art tritt auch wirklich während seiner Analyse auf, aber es steht lange nicht voran in der Neurose, und – sonderbar – wenn er wirklich solche Feindseligkeit, nur gegen das Pferd anstatt gegen den Vater gerichtet, als Hauptsymptom entwickelt hätte, würden wir gar nicht geurteilt haben, er befinde sich in einer Neurose.

---
[1] [Ibid., S. 48.]

Etwas ist also da nicht in Ordnung, entweder an unserer Auffassung der Verdrängung oder in unserer Definition eines Symptoms. Eines fällt uns natürlich sofort auf: Wenn der kleine Hans wirklich ein solches Verhalten gegen Pferde gezeigt hätte, so wäre ja der Charakter der anstößigen, aggressiven Triebregung durch die Verdrängung gar nicht verändert, nur deren Objekt gewandelt worden.

Es ist ganz sicher, daß es Fälle von Verdrängung gibt, die nicht mehr leisten als dies; bei der Genese der Phobie des kleinen Hans ist aber mehr geschehen. Um wieviel mehr, erraten wir aus einem anderen Stück Analyse.

Wir haben bereits gehört, daß der kleine Hans als den Inhalt seiner Phobie die Vorstellung angab, vom Pferd gebissen zu werden. Nun haben wir später Einblick in die Genese eines anderen Falles von Tierphobie bekommen, in der der Wolf das Angsttier war, aber gleichfalls die Bedeutung eines Vaterersatzes hatte[1]. Im Anschluß an einen Traum, den die Analyse durchsichtig machen konnte, entwickelte sich bei diesem Knaben die Angst, vom Wolf gefressen zu werden wie eines der sieben Geißlein im Märchen[2]. Daß der Vater des kleinen Hans nachweisbar »Pferdl« mit ihm gespielt hatte[3], war gewiß bestimmend für die Wahl des Angsttieres geworden; ebenso ließ sich wenigstens sehr wahrscheinlich machen, daß der Vater meines erst im dritten Jahrzehnt analysierten Russen in den Spielen mit dem Kleinen den Wolf gemimt und scherzend mit dem Auffressen gedroht hatte[4]. Seither habe ich als dritten Fall einen jungen Amerikaner gefunden, bei dem sich zwar keine Tierphobie ausbildete, der aber gerade durch diesen Ausfall die anderen Fälle verstehen hilft. Seine sexuelle Erregung hatte sich an einer phantastischen Kindergeschichte entzündet, die man ihm vorlas, von einem arabischen Häuptling, der einer aus eßbarer Substanz bestehenden Person (dem *Gingerbreadman*) nachjagt, um ihn zu verzehren. Mit diesem eßbaren Menschen identifizierte er sich selbst, der Häuptling war als Vaterersatz leicht kenntlich, und diese Phantasie wurde die erste Unterlage seiner autoerotischen Betätigung. Die Vorstellung, vom Vater gefressen zu werden, ist aber typisches uraltes Kindergut; die Analogien aus der Mythologie (Kronos) und dem Tierleben sind allgemein bekannt.

Trotz solcher Erleichterungen ist dieser Vorstellungsinhalt uns so fremdartig, daß wir ihn dem Kinde nur ungläubig zugestehen können. Wir

---
[1] ›Aus der Geschichte einer infantilen Neurose‹ [1918 b, *Studienausgabe*, Bd. 8].
[2] [Ibid., S. 149 ff.]   [3] [Ibid., S. 107.]   [4] [Ibid., S. 152.]

wissen auch nicht, ob er wirklich das bedeutet, was er auszusagen scheint, und verstehen nicht, wie er Gegenstand einer Phobie werden kann. Die analytische Erfahrung gibt uns allerdings die erforderlichen Auskünfte. Sie lehrt uns, daß die Vorstellung, vom Vater gefressen zu werden, der regressiv erniedrigte Ausdruck für eine passive zärtliche Regung ist, die vom Vater als Objekt im Sinne der Genitalerotik geliebt zu werden begehrt. Die Verfolgung der Geschichte des Falles [1] läßt keinen Zweifel an der Richtigkeit dieser Deutung aufkommen. Die genitale Regung verrät freilich nichts mehr von ihrer zärtlichen Absicht, wenn sie in der Sprache der überwundenen Übergangsphase von der oralen zur sadistischen Libidoorganisation ausgedrückt wird. Handelt es sich übrigens nur um eine Ersetzung der [psychischen] Repräsentanz durch einen regressiven Ausdruck oder um eine wirkliche regressive Erniedrigung der genitalgerichteten Regung im Es? Das scheint gar nicht so leicht zu entscheiden. Die Krankengeschichte des russischen »Wolfsmannes« spricht ganz entschieden für die letztere ernstere Möglichkeit, denn er benimmt sich von dem entscheidenden Traum an »schlimm«, quälerisch, sadistisch und entwickelt bald darauf eine richtige Zwangsneurose. Jedenfalls gewinnen wir die Einsicht, daß die Verdrängung nicht das einzige Mittel ist, das dem Ich zur Abwehr einer unliebsamen Triebregung zu Gebote steht. Wenn es ihm gelingt, den Trieb zur Regression zu bringen, so hat es ihn im Grunde energischer beeinträchtigt, als durch die Verdrängung möglich wäre. Allerdings läßt es manchmal der zuerst erzwungenen Regression die Verdrängung folgen.

Der Sachverhalt beim Wolfsmann und der etwas einfachere beim kleinen Hans regen noch mancherlei Überlegungen an, aber zwei unerwartete Einsichten gewinnen wir schon jetzt. Kein Zweifel, die bei diesen Phobien verdrängte Triebregung ist eine feindselige gegen den Vater. Man kann sagen, sie wird verdrängt durch den Prozeß der Verwandlung ins Gegenteil; an Stelle der Aggression gegen den Vater tritt die Aggression – die Rache – des Vaters gegen die eigene Person. Da eine solche Aggression ohnedies in der sadistischen Libidophase wurzelt, bedarf sie nur noch einer gewissen Erniedrigung zur oralen Stufe, die bei Hans durch das Gebissenwerden angedeutet, beim Russen aber im Gefressenwerden grell ausgeführt ist. Aber außerdem läßt ja die Analyse über jeden Zweifel gesichert feststellen, daß gleichzeitig noch eine andere Triebregung der Verdrängung erlegen ist, die gegensinnige einer zärtlichen passiven Regung für den Vater, die bereits das Niveau

---

[1] [Des russischen Patienten.]

der genitalen (phallischen) Libidoorganisation erreicht hatte. Die letztere scheint sogar die für das Endergebnis des Verdrängungsvorganges bedeutsamere zu sein, sie erfährt die weitergehende Regression, sie erhält den bestimmenden Einfluß auf den Inhalt der Phobie. Wo wir also nur einer Triebverdrängung nachgespürt haben, müssen wir das Zusammentreffen von zwei solchen Vorgängen anerkennen; die beiden betroffenen Triebregungen – sadistische Aggression gegen den Vater und zärtlich passive Einstellung zu ihm – bilden ein Gegensatzpaar, ja noch mehr: wenn wir die Geschichte des kleinen Hans richtig würdigen, erkennen wir, daß durch die Bildung seiner Phobie auch die zärtliche Objektbesetzung der Mutter aufgehoben worden ist, wovon der Inhalt der Phobie nichts verrät. Es handelt sich bei Hans – beim Russen ist das weit weniger deutlich – um einen Verdrängungsvorgang, der fast alle Komponenten des Ödipus-Komplexes betrifft, die feindliche wie die zärtliche Regung gegen den Vater und die zärtliche für die Mutter.
Das sind unerwünschte Komplikationen für uns, die wir nur einfache Fälle von Symptombildung infolge von Verdrängung studieren wollten und uns in dieser Absicht an die frühesten und anscheinend durchsichtigsten Neurosen der Kindheit gewendet hatten. Anstatt einer einzigen Verdrängung fanden wir eine Häufung von solchen vor, und überdies bekamen wir es mit der Regression zu tun. Vielleicht haben wir die Verwirrung dadurch gesteigert, daß wir die beiden verfügbaren Analysen von Tierphobien – die des kleinen Hans und des Wolfmannes – durchaus auf denselben Leisten schlagen wollten. Nun fallen uns gewisse Unterschiede der beiden auf. Nur vom kleinen Hans kann man mit Bestimmtheit aussagen, daß er durch seine Phobie die beiden Hauptregungen des Ödipus-Komplexes, die aggressive gegen den Vater und die überzärtliche gegen die Mutter, erledigt; die zärtliche für den Vater ist gewiß auch vorhanden, sie spielt ihre Rolle bei der Verdrängung ihres Gegensatzes, aber es ist weder nachweisbar, daß sie stark genug war, um eine Verdrängung zu provozieren, noch daß sie nachher aufgehoben ist. Hans scheint eben ein normaler Junge mit sogenanntem »positiven« Ödipus-Komplex gewesen zu sein. Möglich, daß die Momente, die wir vermissen, auch bei ihm mittätig waren, aber wir können sie nicht aufzeigen, das Material selbst unserer eingehendsten Analysen ist eben lückenhaft, unsere Dokumentierung unvollständig. Beim Russen ist der Defekt an anderer Stelle; seine Beziehung zum weiblichen Objekt ist durch eine frühzeitige Verführung gestört worden[1], die passive,

---
[1] [Ibid., S. 139 ff.]

feminine Seite ist bei ihm stark ausgebildet, und die Analyse seines Wolfstraumes enthüllt wenig von beabsichtigter Aggression gegen den Vater, erbringt dafür die unzweideutigsten Beweise, daß die Verdrängung die passive, zärtliche Einstellung zum Vater betrifft. Auch hier mögen die anderen Faktoren beteiligt gewesen sein, sie treten aber nicht vor. Wenn trotz dieser Unterschiede der beiden Fälle, die sich nahezu einer Gegensätzlichkeit nähern, der Enderfolg der Phobie nahezu der nämliche ist, so muß uns die Erklärung dafür von anderer Seite kommen; sie kommt von dem zweiten Ergebnis unserer kleinen vergleichenden Untersuchung. Wir glauben den Motor der Verdrängung in beiden Fällen zu kennen und sehen seine Rolle durch den Verlauf bestätigt, den die Entwicklung der zwei Kinder nimmt. Er ist in beiden Fällen der nämliche, die Angst vor einer drohenden Kastration. Aus Kastrationsangst gibt der kleine Hans die Aggression gegen den Vater auf; seine Angst, das Pferd werde ihn beißen, kann zwanglos vervollständigt werden, das Pferd werde ihm das Genitale abbeißen, ihn kastrieren. Aber aus Kastrationsangst verzichtet auch der kleine Russe auf den Wunsch, vom Vater als Sexualobjekt geliebt zu werden, denn er hat verstanden, eine solche Beziehung hätte zur Voraussetzung, daß er sein Genitale aufopfert, das, was ihn vom Weib unterscheidet. Beide Gestaltungen des Ödipus-Komplexes, die normale, aktive, wie die invertierte, scheitern ja am Kastrationskomplex. Die Angstidee des Russen, vom Wolf gefressen zu werden, enthält zwar keine Andeutung der Kastration, sie hat sich durch orale Regression zu weit von der phallischen Phase entfernt, aber die Analyse seines Traumes macht jeden anderen Beweis überflüssig. Es ist auch ein voller Triumph der Verdrängung, daß im Wortlaut der Phobie nichts mehr auf die Kastration hindeutet.

Hier nun das unerwartete Ergebnis: In beiden Fällen ist der Motor der Verdrängung die Kastrationsangst; die Angstinhalte, vom Pferd gebissen und vom Wolf gefressen zu werden, sind Entstellungsersatz für den Inhalt, vom Vater kastriert zu werden. Dieser Inhalt ist es eigentlich, der die Verdrängung an sich erfahren hat. Beim Russen war er Ausdruck eines Wunsches, der gegen die Auflehnung der Männlichkeit nicht bestehen konnte, bei Hans Ausdruck einer Reaktion, welche die Aggression in ihr Gegenteil umwandelte. Aber der Angstaffekt der Phobie, der ihr Wesen ausmacht, stammt nicht aus dem Verdrängungsvorgang, nicht aus den libidinösen Besetzungen der verdrängten Regungen, sondern aus dem Verdrängenden selbst; die Angst der Tierphobie

ist die unverwandelte Kastrationsangst, also eine Realangst, Angst vor einer wirklich drohenden oder als real beurteilten Gefahr. Hier macht die Angst die Verdrängung, nicht, wie ich früher gemeint habe, die Verdrängung die Angst.
Es ist nicht angenehm, daran zu denken, aber es hilft nichts, es zu verleugnen, ich habe oftmals den Satz vertreten, durch die Verdrängung werde die Triebrepräsentanz entstellt, verschoben u. dgl., die Libido der Triebregung aber in Angst verwandelt[1]. Die Untersuchung der Phobien, die vor allem berufen sein sollte, diesen Satz zu erweisen, bestätigt ihn also nicht, sie scheint ihm vielmehr direkt zu widersprechen. Die Angst der Tierphobien ist die Kastrationsangst des Ichs, die der weniger gründlich studierten Agoraphobie scheint Versuchungsangst zu sein, die ja genetisch mit der Kastrationsangst zusammenhängen muß. Die meisten Phobien gehen, soweit wir es heute übersehen, auf eine solche Angst des Ichs vor den Ansprüchen der Libido zurück. Immer ist dabei die Angsteinstellung des Ichs das Primäre und der Antrieb zur Verdrängung. Niemals geht die Angst aus der verdrängten Libido hervor. Wenn ich mich früher begnügt hätte zu sagen, nach der Verdrängung erscheint an Stelle der zu erwartenden Äußerung von Libido ein Maß von Angst, so hätte ich heute nichts zurückzunehmen. Die Beschreibung ist richtig, und zwischen der Stärke der zu verdrängenden Regung und der Intensität der resultierenden Angst besteht wohl die behauptete Entsprechung. Aber ich gestehe, ich glaubte mehr als eine bloße Beschreibung zu geben, ich nahm an, daß ich den metapsychologischen Vorgang einer direkten Umsetzung der Libido in Angst erkannt hatte; das kann ich also heute nicht mehr festhalten. Ich konnte auch früher nicht angeben, wie sich eine solche Umwandlung vollzieht.
Woher schöpfte ich überhaupt die Idee dieser Umsetzung? Zur Zeit, als es uns noch sehr ferne lag, zwischen Vorgängen im Ich und Vorgängen im Es zu unterscheiden, aus dem Studium der Aktualneurosen[2]. Ich fand, daß bestimmte sexuelle Praktiken wie *coitus interruptus*, frustrane Erregung, erzwungene Abstinenz Angstausbrüche und eine allgemeine Angstbereitschaft erzeugen, also immer, wenn die Sexualerregung in ihrem Ablauf zur Befriedigung gehemmt, aufgehalten oder

---

[1] [S. beispielsweise Freuds Arbeit ›Die Verdrängung‹ (1915 d; *Studienausgabe*, Bd. 3, S. 115 f.), wo auch der Fall des »Wolfsmannes« erwähnt ist. Eine weitere Darstellung findet sich im Nachtrag A, Abschnitt *b*, S. 298 ff., unten, sowie in der ›Editorischen Vorbemerkung‹, oben, S. 229 f.]
[2] [S. Freuds früheste Arbeit zur Angstneurose (1895 b), S. 27 ff. des vorliegenden Bandes.]

abgelenkt wird. Da die Sexualerregung der Ausdruck libidinöser Triebregungen ist, schien es nicht gewagt anzunehmen, daß die Libido sich durch die Einwirkung solcher Störungen in Angst verwandelt. Nun ist diese Beobachtung auch heute noch giltig; anderseits ist nicht abzuweisen, daß die Libido der Es-Vorgänge durch die Anregung der Verdrängung eine Störung erfährt; es kann also noch immer richtig sein, daß sich bei der Verdrängung Angst aus der Libidobesetzung der Triebregungen bildet. Aber wie soll man dieses Ergebnis mit dem anderen zusammenbringen, daß die Angst der Phobien eine Ich-Angst ist, im Ich entsteht, nicht aus der Verdrängung hervorgeht, sondern die Verdrängung hervorruft? Das scheint ein Widerspruch und nicht einfach zu lösen. Die Reduktion der beiden Ursprünge der Angst auf einen einzigen läßt sich nicht leicht durchsetzen. Man kann es mit der Annahme versuchen, daß das Ich in der Situation des gestörten Koitus, der unterbrochenen Erregung, der Abstinenz, Gefahren wittert, auf die es mit Angst reagiert, aber es ist nichts damit zu machen. Anderseits scheint die Analyse der Phobien, die wir vorgenommen haben, eine Berichtigung nicht zuzulassen. *Non liquet!* [1]

---

[1] [»Es ist nicht klar« – die alte gerichtliche Formel, wenn das Beweismaterial nicht schlüssig war.]

V

Wir wollten die Symptombildung und den sekundären Kampf des Ichs gegen das Symptom studieren, aber wir haben offenbar mit der Wahl der Phobien keinen glücklichen Griff getan. Die Angst, welche im Bild dieser Affektionen vorherrscht, erscheint uns nun als eine den Sachverhalt verhüllende Komplikation. Es gibt reichlich Neurosen, bei denen sich nichts von Angst zeigt. Die echte Konversionshysterie ist von solcher Art, deren schwerste Symptome ohne Beimengung von Angst gefunden werden. Schon diese Tatsache müßte uns warnen, die Beziehungen zwischen Angst und Symptombildung nicht allzu fest zu knüpfen. Den Konversionshysterien stehen die Phobien sonst so nahe, daß ich mich für berechtigt gehalten habe, ihnen diese als »Angsthysterie« anzureihen. Aber niemand hat noch die Bedingung angeben können, die darüber entscheidet, ob ein Fall die Form einer Konversionshysterie oder einer Phobie annimmt, niemand also die Bedingung der Angstentwicklung bei der Hysterie ergründet.

Die häufigsten Symptome der Konversionshysterie, eine motorische Lähmung, Kontraktur oder unwillkürliche Aktion oder Entladung, ein Schmerz, eine Halluzination, sind entweder permanent festgehaltene oder intermittierende Besetzungsvorgänge, was der Erklärung neue Schwierigkeiten bereitet. Man weiß eigentlich nicht viel über solche Symptome zu sagen. Durch die Analyse kann man erfahren, welchen gestörten Erregungsablauf sie ersetzen. Zumeist ergibt sich, daß sie selbst einen Anteil an diesem haben, so als ob sich die gesamte Energie desselben auf dies eine Stück konzentriert hätte. Der Schmerz war in der Situation, in welcher die Verdrängung vorfiel, vorhanden; die Halluzination war damals Wahrnehmung, die motorische Lähmung ist die Abwehr einer Aktion, die in jener Situation hätte ausgeführt werden sollen, aber gehemmt wurde, die Kontraktur gewöhnlich eine Verschiebung für eine damals intendierte Muskelinnervation an anderer Stelle, der Krampfanfall Ausdruck eines Affektausbruches, der sich der normalen Kontrolle des Ichs entzogen hat. In ganz auffälligem Maße wechselnd ist die Unlustempfindung, die das Auftreten der Symptome begleitet. Bei den permanenten, auf die Motilität verschobenen Symptomen, wie Lähmungen und Kontrakturen, fehlt sie meistens gänzlich, das Ich verhält sich gegen sie wie unbeteiligt; bei den intermittierenden und den Symptomen der sensorischen Sphäre werden in der Regel deutliche Unlustempfindungen verspürt, die sich im Falle des Schmerzsymptoms zu exzessiver Höhe steigern können. Es ist sehr schwer, in dieser Mannigfaltigkeit das Moment herauszufinden, das solche Differenzen ermöglicht und sie doch einheitlich erklären läßt. Auch vom Kampf des Ichs gegen das einmal gebildete Symptom ist bei der Konversionshysterie wenig zu merken. Nur wenn die Schmerzempfindlichkeit einer Körperstelle zum Symptom geworden ist, wird diese in den Stand gesetzt, eine Doppelrolle zu spielen. Das Schmerzsymptom tritt ebenso sicher auf, wenn diese Stelle von außen berührt wird, wie wenn die von ihr vertretene pathogene Situation von innen her assoziativ aktiviert wird, und das Ich ergreift Vorsichtsmaßregeln, um die Erweckung des Symptoms durch äußere Wahrnehmung hintanzuhalten. Woher die besondere Undurchsichtigkeit der Symptombildung bei der Konversionshysterie rührt, können wir nicht erraten, aber sie gibt uns ein Motiv, das unfruchtbare Gebiet bald zu verlassen.

Wir wenden uns zur Zwangsneurose in der Erwartung, hier mehr über die Symptombildung zu erfahren. Die Symptome der Zwangsneurose sind im allgemeinen von zweierlei Art und entgegengesetzter Tendenz. Es sind entweder Verbote, Vorsichtsmaßregeln, Bußen, also negativer Natur, oder im Gegenteil Ersatzbefriedigungen, sehr häufig in symbolischer Verkleidung. Von diesen zwei Gruppen ist die negative, abwehrende, strafende, die ältere; mit der Dauer des Krankseins nehmen aber die aller Abwehr spottenden Befriedigungen überhand. Es ist ein Triumph der Symptombildung, wenn es gelingt, das Verbot mit der Befriedigung zu verquicken, so daß das ursprünglich abwehrende Gebot oder Verbot auch die Bedeutung einer Befriedigung bekommt, wozu oft sehr künstliche Verbindungswege in Anspruch genommen werden. In dieser Leistung zeigt sich die Neigung zur Synthese, die wir dem Ich bereits zuerkannt haben. In extremen Fällen bringt es der Kranke zustande, daß die meisten seiner Symptome zu ihrer ursprünglichen Bedeutung auch die des direkten Gegensatzes erworben haben, ein Zeugnis für die Macht der Ambivalenz, die, wir wissen nicht warum, in der Zwangsneurose eine so große Rolle spielt. Im rohesten Fall ist das Symptom zweizeitig [s. S. 263], d. h. auf die Handlung, die eine gewisse Vorschrift ausführt, folgt unmittelbar eine zweite, die sie auf-

hebt oder rückgängig macht, wenngleich sie noch nicht wagt, ihr Gegenteil auszuführen.
Zwei Eindrücke ergeben sich sofort aus dieser flüchtigen Überschau der Zwangssymptome. Der erste, daß hier ein fortgesetzter Kampf gegen das Verdrängte unterhalten wird, der sich immer mehr zu Ungunsten der verdrängenden Kräfte wendet, und zweitens, daß Ich und Über-Ich hier einen besonders großen Anteil an der Symptombildung nehmen.
Die Zwangsneurose ist wohl das interessanteste und dankbarste Objekt der analytischen Untersuchung, aber noch immer als Problem unbezwungen. Wollen wir in ihr Wesen tiefer eindringen, so müssen wir eingestehen, daß unsichere Annahmen und unbewiesene Vermutungen noch nicht entbehrt werden können. Die Ausgangssituation der Zwangsneurose ist wohl keine andere als die der Hysterie, die notwendige Abwehr der libidinösen Ansprüche des Ödipus-Komplexes. Auch scheint sich bei jeder Zwangsneurose eine unterste Schicht sehr früh gebildeter hysterischer Symptome zu finden [1]. Dann aber wird die weitere Gestaltung durch einen konstitutionellen Faktor entscheidend verändert. Die genitale Organisation der Libido erweist sich als schwächlich und zu wenig resistent. Wenn das Ich sein Abwehrstreben beginnt, so erzielt es als ersten Erfolg, daß die Genitalorganisation (der phallischen Phase) ganz oder teilweise auf die frühere sadistisch-anale Stufe zurückgeworfen wird. Diese Tatsache der Regression bleibt für alles folgende bestimmend.
Man kann noch eine andere Möglichkeit in Erwägung ziehen. Vielleicht ist die Regression nicht die Folge eines konstitutionellen, sondern eines zeitlichen Faktors. Sie wird nicht darum ermöglicht werden, weil die Genitalorganisation der Libido zu schwächlich geraten, sondern weil das Sträuben des Ichs zu frühzeitig, noch während der Blüte der sadistischen Phase eingesetzt hat. Einer sicheren Entscheidung getraue ich mich auch in diesem Punkte nicht, aber die analytische Beobachtung begünstigt diese Annahme nicht. Sie zeigt eher, daß bei der Wendung zur Zwangsneurose die phallische Stufe bereits erreicht ist. Auch ist das Lebensalter für den Ausbruch dieser Neurose ein späteres als das der Hysterie (die zweite Kindheitsperiode, nach dem Termin der Latenzzeit), und in einem Fall von sehr später Entwicklung dieser Affektion, den ich studie-

---

[1] [Ein Beispiel hierfür findet sich in der Analyse des »Wolfsmannes«, *Studienausgabe*, Bd. 8, S. 191.]

ren konnte, ergab es sich klar, daß eine reale Entwertung des bis dahin intakten Genitallebens die Bedingung für die Regression und die Entstehung der Zwangsneurose schuf [1].
Die metapsychologische Erklärung der Regression suche ich in einer »Triebentmischung«, in der Absonderung der erotischen Komponenten, die mit Beginn der genitalen Phase zu den destruktiven Besetzungen der sadistischen Phase hinzugetreten waren [2].
Die Erzwingung der Regression bedeutet den ersten Erfolg des Ichs im Abwehrkampf gegen den Anspruch der Libido. Wir unterscheiden hier zweckmäßig die allgemeinere Tendenz der »Abwehr« von der »Verdrängung« [3], die nur eine der Mechanismen ist, deren sich die Abwehr bedient. Vielleicht noch klarer als bei normalen und hysterischen Fällen erkennt man bei der Zwangsneurose als den Motor der Abwehr den Kastrationskomplex, als das Abgewehrte die Strebungen des Ödipus-Komplexes. Wir befinden uns nun zu Beginn der Latenzzeit, die durch den Untergang des Ödipus-Komplexes, die Schöpfung oder Konsolidierung des Über-Ichs und die Aufrichtung der ethischen und ästhetischen Schranken im Ich gekennzeichnet ist. Diese Vorgänge gehen bei der Zwangsneurose über das normale Maß hinaus; zur Zerstörung des Ödipus-Komplexes tritt die regressive Erniedrigung der Libido hinzu, das Über-Ich wird besonders strenge und lieblos, das Ich entwickelt im Gehorsam gegen das Über-Ich hohe Reaktionsbildungen von Gewissenhaftigkeit, Mitleid, Reinlichkeit. Mit unerbittlicher, darum nicht immer erfolgreicher Strenge wird die Versuchung zur Fortsetzung der frühinfantilen Onanie verpönt, die sich nun an regressive (sadistisch-anale) Vorstellungen anlehnt, aber doch den unbezwungenen Anteil der phallischen Organisation repräsentiert. Es liegt ein innerer Widerspruch darin, daß gerade im Interesse der Erhaltung der Männlichkeit (Kastrationsangst) jede Betätigung dieser Männlichkeit verhindert wird, aber auch dieser Widerspruch wird bei der Zwangsneurose nur übertrieben, er haftet bereits an der normalen Art der Beseitigung des Ödipus-Komplexes. Wie jedes Übermaß den Keim zu seiner Selbstaufhebung in sich trägt, wird sich auch an der Zwangsneurose bewähren, indem gerade

---

[1] S. ›Die Disposition zur Zwangsneurose‹ [1913 *i*; der Fall wird gleich zu Beginn der Arbeit erörtert, s. *Studienausgabe*, Bd. 7, S. 111 f.].
[2] [Ziemlich am Anfang des IV. Kapitels von *Das Ich und das Es* (1923 *b*) vermutet Freud, daß der Fortschritt von der sadistisch-analen zur Genitalphase »einen Zuschuß von erotischen Komponenten zur Bedingung hat«; s. *Studienausgabe*, Bd. 3, S. 309.]
[3] [Dies wird ausführlich im Nachtrag A (c), S. 300 ff. unten, erörtert.]

die unterdrückte Onanie sich in der Form der Zwangshandlungen eine immer weiter gehende Annäherung an die Befriedigung erzwingt. Die Reaktionsbildungen im Ich der Zwangsneurotiker, die wir als Übertreibungen der normalen Charakterbildung erkennen, dürfen wir als einen neuen Mechanismus der Abwehr gegen die Regression und die Verdrängung hinstellen. Sie scheinen bei der Hysterie zu fehlen oder weit schwächer zu sein. Rückschauend gewinnen wir so eine Vermutung, wodurch der Abwehrvorgang der Hysterie ausgezeichnet ist. Es scheint, daß er sich auf die Verdrängung einschränkt, indem das Ich sich von der unliebsamen Triebregung abwendet, sie dem Ablauf im Unbewußten überläßt und an ihren Schicksalen keinen weiteren Anteil nimmt. So ganz ausschließend richtig kann das zwar nicht sein, denn wir kennen ja den Fall, daß das hysterische Symptom gleichzeitig die Erfüllung einer Strafanforderung des Über-Ichs bedeutet, aber es mag einen allgemeinen Charakter im Verhalten des Ichs bei der Hysterie beschreiben.

Man kann es einfach als Tatsache hinnehmen, daß sich bei der Zwangsneurose ein so strenges Über-Ich bildet, oder man kann daran denken, daß der fundamentale Zug dieser Affektion die Libidoregression ist, und versuchen, auch den Charakter des Über-Ichs mit ihr zu verknüpfen. In der Tat kann ja das Über-Ich, das aus dem Es stammt, sich der dort eingetretenen Regression und Triebentmischung nicht entziehen. Es wäre nicht zu verwundern, wenn es seinerseits härter, quälerischer, liebloser würde als bei normaler Entwicklung.

Während der Latenzzeit scheint die Abwehr der Onanieversuchung als Hauptaufgabe behandelt zu werden. Dieser Kampf erzeugt eine Reihe von Symptomen, die bei den verschiedensten Personen in typischer Weise wiederkehren und im allgemeinen den Charakter des Zeremoniells tragen. Es ist sehr zu bedauern, daß sie noch nicht gesammelt und systematisch analysiert worden sind; als früheste Leistungen der Neurose würden sie über den hier verwendeten Mechanismus der Symptombildung am ehesten Licht verbreiten. Sie zeigen bereits die Züge, welche in einer späteren schweren Erkrankung so verhängnisvoll hervortreten werden: die Unterbringung an den Verrichtungen, die später wie automatisch ausgeführt werden sollen, am Schlafengehen, Waschen und Ankleiden, an der Lokomotion, die Neigung zur Wiederholung und zum Zeitaufwand. Warum das so geschieht, ist noch keineswegs verständlich; die Sublimierung analerotischer Komponenten spielt dabei eine deutliche Rolle.

Die Pubertät macht in der Entwicklung der Zwangsneurose einen entscheidenden Abschnitt. Die in der Kindheit abgebrochene Genitalorganisation setzt nun mit großer Kraft wieder ein. Wir wissen aber, daß die Sexualentwicklung der Kinderzeit auch für den Neubeginn der Pubertätsjahre die Richtung vorschreibt. Es werden also einerseits die aggressiven Regungen der Frühzeit wieder erwachen, anderseits muß ein mehr oder minder großer Anteil der neuen libidinösen Regungen – in bösen Fällen deren Ganzes – die durch die Regression vorgezeichneten Bahnen einschlagen und als aggressive und destruktive Absichten auftreten. Infolge dieser Verkleidung der erotischen Strebungen und der starken Reaktionsbildungen im Ich, wird nun der Kampf gegen die Sexualität unter ethischer Flagge weitergeführt. Das Ich sträubt sich verwundert gegen grausame und gewalttätige Zumutungen, die ihm vom Es her ins Bewußtsein geschickt werden, und ahnt nicht, daß es dabei erotische Wünsche bekämpft, darunter auch solche, die sonst seinem Einspruch entgangen wären. Das überstrenge Über-Ich besteht um so energischer auf der Unterdrückung der Sexualität, da sie so abstoßende Formen angenommen hat. So zeigt sich der Konflikt bei der Zwangsneurose nach zwei Richtungen verschärft, das Abwehrende ist intoleranter, das Abzuwehrende unerträglicher geworden; beides durch den Einfluß des einen Moments, der Libidoregression.

Man könnte einen Widerspruch gegen manche unserer Voraussetzungen darin finden, daß die unliebsame Zwangsvorstellung überhaupt bewußt wird. Allein es ist kein Zweifel, daß sie vorher den Prozeß der Verdrängung durchgemacht hat. In den meisten Fällen ist der eigentliche Wortlaut der aggressiven Triebregung dem Ich überhaupt nicht bekannt. Es gehört ein gutes Stück analytischer Arbeit dazu, um ihn bewußt zu machen. Was zum Bewußtsein durchdringt, ist in der Regel nur ein entstellter Ersatz, entweder von einer verschwommenen, traumhaften Unbestimmtheit oder unkenntlich gemacht durch eine absurde Verkleidung. Wenn die Verdrängung nicht den Inhalt der aggressiven Triebregung angenagt hat, so hat sie doch gewiß den sie begleitenden Affektcharakter beseitigt. So erscheint die Aggression dem Ich nicht als ein Impuls, sondern, wie die Kranken sagen, als ein bloßer »Gedankeninhalt«, der einen kalt lassen sollte[1]. Das Merkwürdigste ist, daß dies doch nicht der Fall ist.

---

[1] [S. zu diesem Problemzusammenhang den Anfang des theoretischen Teils der Krankengeschichte des »Rattenmannes« (1909 d), *Studienausgabe*, Bd. 7, S. 83 ff.; vgl. dazu auch Freuds Fußnote, ibid., S. 44, Anm. 1.]

Der bei der Wahrnehmung der Zwangsvorstellung ersparte Affekt kommt nämlich an anderer Stelle zum Vorschein. Das Über-Ich benimmt sich so, als hätte keine Verdrängung stattgefunden, als wäre ihm die aggressive Regung in ihrem richtigen Wortlaut und mit ihrem vollen Affektcharakter bekannt, und behandelt das Ich auf Grund dieser Voraussetzung. Das Ich, das sich einerseits schuldlos weiß, muß anderseits ein Schuldgefühl verspüren und eine Verantwortlichkeit tragen, die es sich nicht zu erklären weiß. Das Rätsel, das uns hiemit aufgegeben wird, ist aber nicht so groß, als es zuerst erscheint. Das Verhalten des Über-Ichs ist durchaus verständlich, der Widerspruch im Ich beweist uns nur, daß es sich mittels der Verdrängung gegen das Es verschlossen hat, während es den Einflüssen aus dem Über-Ich voll zugänglich geblieben ist[1]. Der weiteren Frage, warum das Ich sich nicht auch der peinigenden Kritik des Über-Ichs zu entziehen sucht, macht die Nachricht ein Ende, daß dies wirklich in einer großen Reihe von Fällen so geschieht. Es gibt auch Zwangsneurosen ganz ohne Schuldbewußtsein; soweit wir es verstehen, hat sich das Ich die Wahrnehmung desselben durch eine neue Reihe von Symptomen, Bußhandlungen, Einschränkungen zur Selbstbestrafung, erspart. Diese Symptome bedeuten aber gleichzeitig Befriedigungen masochistischer Triebregungen, die ebenfalls aus der Regression eine Verstärkung bezogen haben.

Die Mannigfaltigkeit in den Erscheinungen der Zwangsneurose ist eine so großartige, daß es noch keiner Bemühung gelungen ist, eine zusammenhängende Synthese aller ihrer Variationen zu geben. Man ist bestrebt, typische Beziehungen herauszuheben, und dabei immer in Sorge, andere nicht minder wichtige Regelmäßigkeiten zu übersehen.

Die allgemeine Tendenz der Symptombildung bei der Zwangsneurose habe ich bereits beschrieben. Sie geht dahin, der Ersatzbefriedigung immer mehr Raum auf Kosten der Versagung zu schaffen. Dieselben Symptome, die ursprünglich Einschränkungen des Ichs bedeuteten, nehmen dank der Neigung des Ichs zur Synthese später auch die von Befriedigungen an, und es ist unverkennbar, daß die letztere Bedeutung allmählich die wirksamere wird. Ein äußerst eingeschränktes Ich, das darauf angewiesen ist, seine Befriedigungen in den Symptomen zu suchen, wird das Ergebnis dieses Prozesses, der sich immer mehr dem völligen Fehlschlagen des anfänglichen Abwehrstrebens nähert. Die Verschiebung des Kräfteverhältnisses zugunsten der Befriedigung kann

---

[1] Vgl. Reik, 1925, S. 51.

zu dem gefürchteten Endausgang der Willenslähmung des Ichs führen, das für jede Entscheidung beinahe ebenso starke Antriebe von der einen wie von der anderen Seite findet. Der überscharfe Konflikt zwischen Es und Über-Ich, der die Affektion von Anfang an beherrscht, kann sich so sehr ausbreiten, daß keine der Verrichtungen des zur Vermittlung unfähigen Ichs der Einbeziehung in diesen Konflikt entgehen kann.

VI

Während dieser Kämpfe kann man zwei symptombildende Tätigkeiten des Ichs beobachten, die ein besonderes Interesse verdienen, weil sie offenbare Surrogate der Verdrängung sind und darum deren Tendenz und Technik schön erläutern können. Vielleicht dürfen wir auch das Hervortreten dieser Hilfs- und Ersatztechniken als einen Beweis dafür auffassen, daß die Durchführung der regelrechten Verdrängung auf Schwierigkeiten stößt. Wenn wir erwägen, daß bei der Zwangsneurose das Ich soviel mehr Schauplatz der Symptombildung ist als bei der Hysterie, daß dieses Ich zähe an seiner Beziehung zur Realität und zum Bewußtsein festhält und dabei alle seine intellektuellen Mittel aufbietet, ja, daß die Denktätigkeit überbesetzt, erotisiert erscheint, werden uns solche Variationen der Verdrängung vielleicht nähergebracht.
Die beiden angedeuteten Techniken sind das *Ungeschehenmachen* und das *Isolieren*[1]. Die erstere hat ein großes Anwendungsgebiet und reicht weit zurück. Sie ist sozusagen negative Magie, sie will durch motorische Symbolik nicht die Folgen eines Ereignisses (Eindruckes, Erlebnisses), sondern dieses selbst »wegblasen«. Mit der Wahl dieses letzten Ausdruckes ist darauf hingewiesen, welche Rolle diese Technik nicht nur in der Neurose, sondern auch in den Zauberhandlungen, Volksgebräuchen und im religiösen Zeremoniell spielt. In der Zwangsneurose begegnet man dem Ungeschehenmachen zuerst bei den zweizeitigen Symptomen [s. S. 256 f.], wo der zweite Akt den ersten aufhebt, so, als ob nichts geschehen wäre, wo in Wirklichkeit beides geschehen ist. Das zwangsneurotische Zeremoniell hat in der Absicht des Ungeschehenmachens seine zweite Wurzel. Die erste ist die Verhütung, die Vorsicht, damit etwas Bestimmtes nicht geschehe, sich nicht wiederhole. Der Unterschied ist leicht zu fassen; die Vorsichtsmaßregeln sind rationell, die »Aufhebungen« durch Ungeschehenmachen irrationell, magischer Natur. Natürlich muß man vermuten, daß diese zweite Wurzel die ältere, aus der animistischen Einstellung zur Umwelt stammende ist. Seine Abschattung zum Normalen findet das Streben zum Ungeschehenmachen in dem

---
[1] [Beide Techniken erwähnt Freud in der Analyse des »Rattenmannes« (1909 d), *Studienausgabe*, Bd. 7, S. 93 und Anm. 2, und S. 98 f.]

Entschluß, ein Ereignis als »*non arrivé*« zu behandeln, aber dann unternimmt man nichts dagegen, kümmert sich weder um das Ereignis noch um seine Folgen, während man in der Neurose die Vergangenheit selbst aufzuheben, motorisch zu verdrängen sucht. Dieselbe Tendenz kann auch die Erklärung des in der Neurose so häufigen Zwanges zur *Wiederholung* geben, bei dessen Ausführung sich dann mancherlei einander widerstreitende Absichten zusammenfinden. Was nicht in solcher Weise geschehen ist, wie es dem Wunsch gemäß hätte geschehen sollen, wird durch die Wiederholung in anderer Weise ungeschehen gemacht, wozu nun alle die Motive hinzutreten, bei diesen Wiederholungen zu verweilen. Im weiteren Verlauf der Neurose enthüllt sich oft die Tendenz, ein traumatisches Erlebnis ungeschehen zu machen, als ein symptombildendes Motiv von erstem Range. Wir erhalten so unerwarteten Einblick in eine neue, motorische Technik der Abwehr oder, wie wir hier mit geringerer Ungenauigkeit sagen können, der Verdrängung.

Die andere der neu zu beschreibenden Techniken ist das der Zwangsneurose eigentümlich zukommende *Isolieren*. Es bezieht sich gleichfalls auf die motorische Sphäre, besteht darin, daß nach einem unliebsamen Ereignis, ebenso nach einer im Sinne der Neurose bedeutsamen eigenen Tätigkeit, eine Pause eingeschoben wird, in der sich nichts mehr ereignen darf, keine Wahrnehmung gemacht und keine Aktion ausgeführt wird. Dies zunächst sonderbare Verhalten verrät uns bald seine Beziehung zur Verdrängung. Wir wissen, bei Hysterie ist es möglich, einen traumatischen Eindruck der Amnesie verfallen zu lassen; bei der Zwangsneurose ist dies oft nicht gelungen, das Erlebnis ist nicht vergessen, aber es ist von seinem Affekt entblößt, und seine assoziativen Beziehungen sind unterdrückt oder unterbrochen, so daß es wie isoliert dasteht und auch nicht im Verlaufe der Denktätigkeit reproduziert wird. Der Effekt dieser Isolierung ist dann der nämliche wie bei der Verdrängung mit Amnesie. Diese Technik wird also in den Isolierungen der Zwangsneurose reproduziert, aber dabei auch in magischer Absicht motorisch verstärkt. Was so auseinandergehalten wird, ist gerade das, was assoziativ zusammengehört, die motorische Isolierung soll eine Garantie für die Unterbrechung des Zusammenhanges im Denken geben. Einen Vorwand für dies Verfahren der Neurose gibt der normale Vorgang der Konzentration. Was uns bedeutsam als Eindruck, als Aufgabe erscheint, soll nicht durch die gleichzeitigen Ansprüche anderer Denkverrichtungen oder Tätigkeiten gestört werden. Aber schon im Normalen wird die Konzentration dazu verwendet, nicht nur das Gleichgültige, nicht

Dazugehörige, sondern vor allem das unpassende Gegensätzliche fernzuhalten. Als das Störendste wird empfunden, was ursprünglich zusammengehört hat und durch den Fortschritt der Entwicklung auseinandergerissen wurde, z. B. die Äußerungen der Ambivalenz des Vaterkomplexes in der Beziehung zu Gott oder die Regungen der Exkretionsorgane in den Liebeserregungen. So hat das Ich normalerweise eine große Isolierungsarbeit bei der Lenkung des Gedankenablaufes zu leisten, und wir wissen, in der Ausübung der analytischen Technik müssen wir das Ich dazu erziehen, auf diese sonst durchaus gerechtfertigte Funktion zeitweilig zu verzichten.

Wir haben alle die Erfahrung gemacht, daß es dem Zwangsneurotiker besonders schwer wird, die psychoanalytische Grundregel zu befolgen. Wahrscheinlich infolge der hohen Konfliktspannung zwischen seinem Über-Ich und seinem Es ist sein Ich wachsamer, dessen Isolierungen schärfer. Es hat während seiner Denkarbeit zuviel abzuwehren, die Einmengung unbewußter Phantasien, die Äußerung der ambivalenten Strebungen. Es darf sich nicht gehenlassen, befindet sich fortwährend in Kampfbereitschaft. Diesen Zwang zur Konzentration und Isolierung unterstützt es dann durch die magischen Isolierungsaktionen, die als Symptome so auffällig und praktisch so bedeutsam werden, an sich natürlich nutzlos sind und den Charakter des Zeremoniells haben.

Indem es aber Assoziationen, Verbindung in Gedanken, zu verhindern sucht, befolgt es eines der ältesten und fundamentalsten Gebote der Zwangsneurose, das Tabu der *Berührung*. Wenn man sich die Frage vorlegt, warum die Vermeidung von Berührung, Kontakt, Ansteckung in der Neurose eine so große Rolle spielt und zum Inhalt so komplizierter Systeme gemacht wird, so findet man die Antwort, daß die Berührung, der körperliche Kontakt, das nächste Ziel sowohl der aggressiven wie der zärtlichen Objektbesetzung ist[1]. Der Eros will die Berührung, denn er strebt nach Vereinigung, Aufhebung der Raumgrenzen zwischen Ich und geliebtem Objekt. Aber auch die Destruktion, die vor der Erfindung der Fernwaffe nur aus der Nähe erfolgen konnte, muß die körperliche Berührung, das Handanlegen voraussetzen. Eine Frau berühren ist im Sprachgebrauch ein Euphemismus für ihre Benützung als Sexualobjekt geworden. Das Glied nicht berühren ist der Wortlaut des Verbotes der autoerotischen Befriedigung. Da die Zwangsneurose zu Anfang die erotische Berührung, dann nach der Regression die als Aggression maskierte Berührung verfolgte, ist nichts anderes für sie in so

---
[1] [Vgl. *Totem und Tabu* (1912–13), z. B. *Studienausgabe*, Bd. 9, S. 319–22, S. 325, S. 362.]

hohem Grade verpönt worden, nichts so geeignet, zum Mittelpunkt eines Verbotsystems zu werden. Die Isolierung ist aber Aufhebung der Kontaktmöglichkeit, Mittel, ein Ding jeder Berührung zu entziehen, und wenn der Neurotiker auch einen Eindruck oder eine Tätigkeit durch eine Pause isoliert, gibt er uns symbolisch zu verstehen, daß er die Gedanken an sie nicht in assoziative Berührung mit anderen kommen lassen will.

So weit reichen unsere Untersuchungen über die Symptombildung. Es verlohnt sich kaum, sie zu resumieren, sie sind ergebnisarm und unvollständig geblieben, haben auch wenig gebracht, was nicht schon früher bekannt gewesen wäre. Die Symptombildung bei anderen Affektionen als bei den Phobien, der Konversionshysterie und der Zwangsneurose in Betracht zu ziehen wäre aussichtslos; es ist zu wenig darüber bekannt. Aber auch schon aus der Zusammenstellung dieser drei Neurosen erhebt sich ein schwerwiegendes, nicht mehr aufzuschiebendes Problem. Für alle drei ist die Zerstörung des Ödipus-Komplexes der Ausgang, in allen, nehmen wir an, die Kastrationsangst der Motor des Ichsträubens. Aber nur in den Phobien kommt solche Angst zum Vorschein, wird sie eingestanden. Was ist bei den zwei anderen Formen aus ihr geworden, wie hat das Ich sich solche Angst erspart? Das Problem verschärft sich noch, wenn wir an die vorhin erwähnte Möglichkeit denken, daß die Angst durch eine Art Vergärung aus der im Ablauf gestörten Libidobesetzung selbst hervorgeht, und weiters: steht es fest, daß die Kastrationsangst der einzige Motor der Verdrängung (oder Abwehr) ist? Wenn man an die Neurosen der Frauen denkt, muß man das bezweifeln, denn so sicher sich der Kastrationskomplex bei ihnen konstatieren läßt, von einer Kastrationsangst im richtigen Sinne kann man bei bereits vollzogener Kastration doch nicht sprechen.

VII

Kehren wir zu den infantilen Tierphobien zurück, wir verstehen diese Fälle doch besser als alle anderen. Das Ich muß also hier gegen eine libidinöse Objektbesetzung des Es (die des positiven oder des negativen Ödipus-Komplexes) einschreiten, weil es verstanden hat, ihr nachzugeben brächte die Gefahr der Kastration mit sich. Wir haben das schon erörtert und finden noch Anlaß, uns einen Zweifel klarzumachen, der von dieser ersten Diskussion erübrigt ist. Sollen wir beim kleinen Hans (also im Falle des positiven Ödipus-Komplexes) annehmen, daß es die zärtliche Regung für die Mutter oder die aggressive gegen den Vater ist, welche die Abwehr des Ichs herausfordert? Praktisch schiene das gleichgültig, besonders da die beiden Regungen einander bedingen, aber ein theoretisches Interesse knüpft sich an die Frage, weil nur die zärtliche Strömung für die Mutter als eine rein erotische gelten kann. Die aggressive ist wesentlich vom Destruktionstrieb abhängig, und wir haben immer geglaubt, bei der Neurose wehre sich das Ich gegen Ansprüche der Libido, nicht der anderen Triebe. In der Tat sehen wir, daß nach der Bildung der Phobie die zärtliche Mutterbindung wie verschwunden ist, sie ist durch die Verdrängung gründlich erledigt worden, an der aggressiven Regung hat sich aber die Symptom- (Ersatz-) Bildung vollzogen. Im Falle des Wolfsmannes liegt es einfacher, die verdrängte Regung ist wirklich eine erotische, die feminine Einstellung zum Vater, und an ihr vollzieht sich auch die Symptombildung.

Es ist fast beschämend, daß wir nach so langer Arbeit noch immer Schwierigkeiten in der Auffassung der fundamentalsten Verhältnisse finden, aber wir haben uns vorgenommen, nichts zu vereinfachen und nichts zu verheimlichen. Wenn wir nicht klar sehen können, wollen wir wenigstens die Unklarheiten scharf sehen. Was uns hier im Wege steht, ist offenbar eine Unebenheit in der Entwicklung unserer Trieblehre. Wir hatten zuerst die Organisationen der Libido von der oralen über die sadistisch-anale zur genitalen Stufe verfolgt und dabei alle Komponenten des Sexualtriebs einander gleichstellt. Später erschien uns der Sadismus als der Vertreter eines andern, dem Eros gegensätzlichen Triebes. Die neue Auffassung von den zwei Triebgruppen scheint die frühere Konstruktion von sukzessiven Phasen der Libidoorganisation zu sprengen. Die hilfreiche Auskunft aus dieser Schwierigkeit brauchen wir aber nicht neu zu erfinden. Sie hat sich uns längst geboten und lautet, daß wir es kaum jemals mit reinen Triebregungen zu tun haben, sondern durchweg mit Legierungen beider Triebe in verschiedenen Mengenverhältnissen. Die sadistische Objektbesetzung hat also auch ein Anrecht, als eine libidinöse behandelt zu werden, die Organisationen der Libido brauchen nicht revidiert zu werden, die aggressive Regung gegen den Vater kann mit demselben Anrecht Objekt der Verdrängung werden wie die zärtliche für die Mutter. Immerhin setzen wir als Stoff für spätere Überlegung die Möglichkeit beiseite, daß die Verdrängung ein Prozeß ist, der eine besondere Beziehung zur Genitalorganisation der Libido hat, daß das Ich zu anderen Methoden der Abwehr greift, wenn es sich der Libido auf anderen Stufen der Organisation zu erwehren hat, und setzen wir fort: Ein Fall wie der des kleinen Hans gestattet uns keine Entscheidung; hier wird zwar eine aggressive Regung durch Verdrängung erledigt, aber nachdem die Genitalorganisation bereits erreicht ist.

Wir wollen diesmal die Beziehung zur Angst nicht aus den Augen lassen. Wir sagten, sowie das Ich die Kastrationsgefahr erkannt hat, gibt es das Angstsignal und inhibiert mittels der Lust-Unlust-Instanz auf eine weiter nicht einsichtliche Weise den bedrohlichen Besetzungsvorgang im Es. Gleichzeitig vollzieht sich die Bildung der Phobie. Die Kastrationsangst erhält ein anderes Objekt und einen entstellten Ausdruck: vom Pferd gebissen (vom Wolf gefressen), anstatt vom Vater kastriert zu werden. Die Ersatzbildung hat zwei offenkundige Vorteile, erstens, daß sie einem Ambivalenzkonflikt ausweicht, denn der Vater ist ein gleichzeitig geliebtes Objekt, und zweitens, daß sie dem Ich gestattet, die Angstentwicklung einzustellen. Die Angst der Phobie ist nämlich eine fakultative, sie tritt nur auf, wenn ihr Objekt Gegenstand der Wahrnehmung wird. Das ist ganz korrekt; nur dann ist nämlich die Gefahrsituation vorhanden. Von einem abwesenden Vater braucht man auch die Kastration nicht zu befürchten. Nun kann man den Vater nicht wegschaffen, er zeigt sich immer, wann er will. Ist er aber durch das Tier ersetzt, so braucht man nur den Anblick, d. h. die Gegenwart des Tieres zu vermeiden, um frei von Gefahr und Angst zu sein. Der kleine Hans legt seinem Ich also eine Einschränkung auf, er produziert die Hemmung, nicht auszugehen, um nicht mit Pferden zusammenzutreffen. Der kleine Russe hat es noch bequemer, es ist kaum ein Verzicht für ihn, daß er ein gewisses Bilderbuch nicht mehr zur Hand nimmt. Wenn

die schlimme Schwester ihm nicht immer wieder das Bild des aufrechtstehenden Wolfes in diesem Buch vor Augen halten würde, dürfte er sich vor seiner Angst gesichert fühlen [1].
Ich habe früher einmal der Phobie den Charakter einer Projektion zugeschrieben, indem sie eine innere Triebgefahr durch eine äußere Wahrnehmungsgefahr ersetzt. Das bringt den Vorteil, daß man sich gegen die äußere Gefahr durch Flucht und Vermeidung der Wahrnehmung schützen kann, während gegen die Gefahr von innen keine Flucht nützt [2]. Meine Bemerkung ist nicht unrichtig, aber sie bleibt an der Oberfläche. Der Triebanspruch ist ja nicht an sich eine Gefahr, sondern nur darum, weil er eine richtige äußere Gefahr, die der Kastration, mit sich bringt. So ist im Grunde bei der Phobie doch nur eine äußere Gefahr durch eine andere ersetzt. Daß das Ich sich bei der Phobie durch eine Vermeidung oder ein Hemmungssymptom der Angst entziehen kann, stimmt sehr gut zur Auffassung, diese Angst sei nur ein Affektsignal und an der ökonomischen Situation sei nichts geändert worden.
Die Angst der Tierphobien ist also eine Affektreaktion des Ichs auf die Gefahr; die Gefahr, die hier signalisiert wird, die der Kastration. Kein anderer Unterschied von der Realangst, die das Ich normalerweise in Gefahrsituationen äußert, als daß der Inhalt der Angst unbewußt bleibt und nur in einer Entstellung bewußt wird.
Dieselbe Auffassung wird sich uns, glaube ich, auch für die Phobien Erwachsener giltig erweisen, wenngleich das Material, das die Neurose verarbeitet, hier sehr viel reichhaltiger ist und einige Momente zur Symptombildung hinzukommen. Im Grunde ist es das nämliche. Der Agoraphobe legt seinem Ich eine Beschränkung auf, um einer Triebgefahr zu entgehen. Die Triebgefahr ist die Versuchung, seinen erotischen Gelüsten nachzugeben, wodurch er wieder wie in der Kindheit die Gefahr der Kastration, oder eine ihr analoge, heraufbeschwören würde. Als einfaches Beispiel führe ich den Fall eines jungen Mannes an, der agoraphob wurde, weil er befürchtete, den Lockungen von Prostituierten nachzugeben und sich zur Strafe Syphilis zu holen. Ich weiß wohl, daß viele Fälle eine kompliziertere Struktur zeigen und daß viele andere verdrängte Triebregungen in die Phobie einmünden können, aber diese sind nur auxiliär und haben sich meist nachträglich mit dem Kern der Neurose in Verbindung gesetzt. Die Symptomatik

---

[1] [*Studienausgabe*, Bd. 8, S. 136.]
[2] [S. die Darstellung der Phobien in Abschnitt IV von ›Das Unbewußte‹ (1915e, *Studienausgabe*, Bd. 3, S. 141–43). Vgl. auch die ›Editorische Vorbemerkung‹, S. 230 f., oben.]

der Agoraphobie wird dadurch kompliziert, daß das Ich sich nicht damit begnügt, auf etwas zu verzichten; es tut noch etwas hinzu, um der Situation ihre Gefahr zu benehmen. Diese Zutat ist gewöhnlich eine zeitliche Regression in die Kinderjahre (im extremen Fall bis in den Mutterleib, in Zeiten, in denen man gegen die heute drohenden Gefahren geschützt war) und tritt als die Bedingung auf, unter der der Verzicht unterbleiben kann. So kann der Agoraphobe auf die Straße gehen, wenn er wie ein kleines Kind von einer Person seines Vertrauens begleitet wird. Dieselbe Rücksicht mag ihm auch gestatten, allein auszugehen, wenn er sich nur nicht über eine bestimmte Strecke von seinem Haus entfernt, nicht in Gegenden geht, die er nicht gut kennt und wo er den Leuten nicht bekannt ist. In der Auswahl dieser Bestimmungen zeigt sich der Einfluß der infantilen Momente, die ihn durch seine Neurose beherrschen. Ganz eindeutig, auch ohne solche infantile Regression, ist die Phobie vor dem Alleinsein, die im Grunde der Versuchung zur einsamen Onanie ausweichen will. Die Bedingung dieser infantilen Regression ist natürlich die zeitliche Entfernung von der Kindheit.

Die Phobie stellt sich in der Regel her, nachdem unter gewissen Umständen – auf der Straße, auf der Eisenbahn, im Alleinsein – ein erster Angstanfall erlebt worden ist. Dann ist die Angst gebannt, tritt aber jedesmal wieder auf, wenn die schützende Bedingung nicht eingehalten werden kann. Der Mechanismus der Phobie tut als Abwehrmittel gute Dienste und zeigt eine große Neigung zur Stabilität. Eine Fortsetzung des Abwehrkampfes, der sich jetzt gegen das Symptom richtet, tritt häufig, aber nicht notwendig, ein.

Was wir über die Angst bei den Phobien erfahren haben, bleibt noch für die Zwangsneurose verwertbar. Es ist nicht schwierig, die Situation der Zwangsneurose auf die der Phobie zu reduzieren. Der Motor aller späteren Symptombildung ist hier offenbar die Angst des Ichs vor seinem Über-Ich. Die Feindseligkeit des Über-Ichs ist die Gefahrsituation, der sich das Ich entziehen muß. Hier fehlt jeder Anschein einer Projektion, die Gefahr ist durchaus verinnerlicht. Aber wenn wir uns fragen, was das Ich von seiten des Über-Ichs befürchtet, so drängt sich die Auffassung auf, daß die Strafe des Über-Ichs eine Fortbildung der Kastrationsstrafe ist. Wie das Über-Ich der unpersönlich gewordene Vater ist, so hat sich die Angst vor der durch ihn drohenden Kastration zur unbestimmten sozialen oder Gewissensangst umgewandelt[1]. Aber

---

[1] [Die ausführlichste Diskussion dieser Fragen findet sich in den Kapiteln VII und VIII von *Das Unbehagen in der Kultur* (1930 a).]

diese Angst ist gedeckt, das Ich entzieht sich ihr, indem es die ihm auferlegten Gebote, Vorschriften und Bußhandlungen gehorsam ausführt. Wenn es daran gehindert wird, dann tritt sofort ein äußerst peinliches Unbehagen auf, in dem wir das Äquivalent der Angst erblicken dürfen, das die Kranken selbst der Angst gleichstellen. Unser Ergebnis lautet also: Die Angst ist die Reaktion auf die Gefahrsituation; sie wird dadurch erspart, daß das Ich etwas tut, um die Situation zu vermeiden oder sich ihr zu entziehen. Man könnte nun sagen, die Symptome werden geschaffen, um die Angstentwicklung zu vermeiden, aber das läßt nicht tief blicken. Es ist richtiger zu sagen, die Symptome werden geschaffen, um die *Gefahrsituation* zu vermeiden, die durch die Angstentwicklung signalisiert wird. Diese Gefahr war aber in den bisher betrachteten Fällen die Kastration oder etwas von ihr Abgeleitetes.

Wenn die Angst die Reaktion des Ichs auf die Gefahr ist, so liegt es nahe, die traumatische Neurose, welche sich so häufig an überstandene Lebensgefahr anschließt, als direkte Folge der Lebens- oder Todesangst mit Beiseitesetzung der Abhängigkeiten des Ichs [S. 241] und der Kastration aufzufassen. Das ist auch von den meisten Beobachtern der traumatischen Neurosen des letzten Krieges[1] geschehen, und es ist triumphierend verkündet worden, nun sei der Beweis erbracht, daß eine Gefährdung des Selbsterhaltungstriebes eine Neurose erzeugen könne ohne jede Beteiligung der Sexualität und ohne Rücksicht auf die komplizierten Annahmen der Psychoanalyse. Es ist in der Tat außerordentlich zu bedauern, daß nicht eine einzige verwertbare Analyse einer traumatischen Neurose vorliegt. Nicht wegen des Widerspruches gegen die ätiologische Bedeutung der Sexualität, denn dieser ist längst durch die Einführung des Narzißmus aufgehoben worden, der die libidinöse Besetzung des Ichs in eine Reihe mit den Objektbesetzungen bringt und die libidinöse Natur des Selbsterhaltungstriebes betont, sondern weil wir durch den Ausfall dieser Analysen die kostbarste Gelegenheit zu entscheidenden Aufschlüssen über das Verhältnis zwischen Angst und Symptombildung versäumt haben. Es ist nach allem, was wir von der Struktur der simpleren Neurosen des täglichen Lebens wissen, sehr unwahrscheinlich, daß eine Neurose nur durch die objektive Tatsache der Gefährdung ohne Beteiligung der tieferen unbewußten Schichten des seelischen Apparats zustande kommen sollte. Im Unbewußten ist aber nichts vorhanden, was unserem Begriff der Lebensvernichtung Inhalt geben kann. Die Kastration wird sozusagen vorstellbar

---
[1] [Des Ersten Weltkrieges.]

durch die tägliche Erfahrung der Trennung vom Darminhalt und durch den bei der Entwöhnung erlebten Verlust der mütterlichen Brust[1]; etwas dem Tod Ähnliches ist aber nie erlebt worden oder hat wie die Ohnmacht keine nachweisbare Spur hinterlassen. Ich halte darum an der Vermutung fest, daß die Todesangst als Analogon der Kastrationsangst aufzufassen ist und daß die Situation, auf welche das Ich reagiert, das Verlassensein vom schützenden Über-Ich – den Schicksalsmächten – ist, womit die Sicherung gegen alle Gefahren ein Ende hat[2]. Außerdem kommt in Betracht, daß bei den Erlebnissen, die zur traumatischen Neurose führen, äußerer Reizschutz durchbrochen wird und übergroße Erregungsmengen an den seelischen Apparat herantreten [vgl. S. 240], so daß hier die zweite Möglichkeit vorliegt, daß Angst nicht nur als Affekt signalisiert, sondern auch aus den ökonomischen Bedingungen der Situation neu erzeugt wird.

Durch die letzte Bemerkung, das Ich sei durch regelmäßig wiederholte Objektverluste auf die Kastration vorbereitet worden, haben wir eine neue Auffassung der Angst gewonnen. Betrachteten wir sie bisher als Affektsignal der Gefahr, so erscheint sie uns nun, da es sich so oft um die Gefahr der Kastration handelt, als die Reaktion auf einen Verlust, eine Trennung. Mag auch mancherlei, was sich sofort ergibt, gegen diesen Schluß sprechen, so muß uns doch eine sehr merkwürdige Übereinstimmung auffallen. Das erste Angsterlebnis des Menschen wenigstens ist die Geburt, und diese bedeutet objektiv die Trennung von der Mutter, könnte einer Kastration der Mutter (nach der Gleichung Kind = Penis) verglichen werden. Nun wäre es sehr befriedigend, wenn die Angst als Symbol einer Trennung bei jeder späteren Trennung wiederholt würde, aber leider steht einer Verwertung dieses Zusammenstimmens im Wege, daß ja die Geburt subjektiv nicht als Trennung von der Mutter erlebt wird, da diese als Objekt dem durchaus narzißtischen Fötus völlig unbekannt ist. Ein anderes Bedenken wird lauten, daß uns die Affektreaktionen auf eine Trennung bekannt sind und daß wir sie als Schmerz und Trauer, nicht als Angst empfinden. Allerdings erinnern wir uns, wir haben bei der Diskussion der Trauer auch nicht verstehen können, warum sie so schmerzhaft ist[3].

---

[1] [S. eine 1923 zur Krankengeschichte des »kleinen Hans« hinzugefügte Anm., *Studienausgabe*, Bd. 8, S. 15.]
[2] [Vgl. die letzten Absätze von *Das Ich und das Es* (1923 b), *Studienausgabe*, Bd. 3, S. 324 f., sowie unten, S. 280.]
[3] [Zu diesem Thema kehrt Freud in Nachtrag C, S. 305 ff. unten, zurück.]

VIII

Es ist Zeit, sich zu besinnen. Wir suchen offenbar nach einer Einsicht, die uns das Wesen der Angst erschließt, nach einem Entweder-Oder, das die Wahrheit über sie vom Irrtum scheidet. Aber das ist schwer zu haben, die Angst ist nicht einfach zu erfassen. Bisher haben wir nichts erreicht als Widersprüche, zwischen denen ohne Vorurteil keine Wahl möglich war. Ich schlage jetzt vor, es anders zu machen; wir wollen unparteiisch alles zusammentragen, was wir von der Angst aussagen können, und dabei auf die Erwartung einer neuen Synthese verzichten.

Die Angst ist also in erster Linie etwas Empfundenes. Wir heißen sie einen Affektzustand, obwohl wir auch nicht wissen, was ein Affekt ist. Sie hat als Empfindung offenbarsten Unlustcharakter, aber das erschöpft nicht ihre Qualität; nicht jede Unlust können wir Angst heißen. Es gibt andere Empfindungen mit Unlustcharakter (Spannungen, Schmerz, Trauer), und die Angst muß außer dieser Unlustqualität andere Besonderheiten haben. Eine Frage: Werden wir es dazu bringen, die Unterschiede zwischen diesen verschiedenen Unlustaffekten zu verstehen?

Aus der Empfindung der Angst können wir immerhin etwas entnehmen. Ihr Unlustcharakter scheint eine besondere Note zu haben; das ist schwer zu beweisen, aber wahrscheinlich; es wäre nichts Auffälliges. Aber außer diesem schwer isolierbaren Eigencharakter nehmen wir an der Angst bestimmtere körperliche Sensationen wahr, die wir auf bestimmte Organe beziehen. Da uns die Physiologie der Angst hier nicht interessiert, genügt es uns, einzelne Repräsentanten dieser Sensationen hervorzuheben, also die häufigsten und deutlichsten an den Atmungsorganen und am Herzen[1]. Sie sind uns Beweise dafür, daß motorische Innervationen, also Abfuhrvorgänge an dem Ganzen der Angst Anteil haben. Die Analyse des Angstzustandes ergibt also 1) einen spezifischen Unlustcharakter, 2) Abfuhraktionen, 3) Wahrnehmungen derselben.

Die Punkte 2 und 3 ergeben uns bereits einen Unterschied gegen die

---
[1] [Vgl. eine Stelle in Freuds erster Arbeit über Angstneurose (1895 b), S. 30 oben.]

ähnlichen Zustände, z. B. der Trauer und des Schmerzes. Bei diesen gehören die motorischen Äußerungen nicht dazu; wo sie vorhanden sind, sondern sie sich deutlich nicht als Bestandteile des Ganzen, sondern als Konsequenzen oder Reaktionen darauf. Die Angst ist also ein besonderer Unlustzustand mit Abfuhraktionen auf bestimmte Bahnen. Nach unseren allgemeinen Anschauungen[1] werden wir glauben, daß der Angst eine Steigerung der Erregung zugrunde liegt, die einerseits den Unlustcharakter schafft, anderseits sie durch die genannten Abfuhren erleichtert. Diese rein physiologische Zusammenfassung wird uns aber kaum genügen; wir sind versucht anzunehmen, daß ein historisches Moment da ist, welches die Sensationen und Innervationen der Angst fest aneinanderbindet. Mit anderen Worten, daß der Angstzustand die Reproduktion eines Erlebnisses ist, das die Bedingungen einer solchen Reizsteigerung und der Abfuhr auf bestimmte Bahnen enthielt, wodurch also die Unlust der Angst ihren spezifischen Charakter erhält. Als solches vorbildliches Erlebnis bietet sich uns für den Menschen die Geburt, und darum sind wir geneigt, im Angstzustand eine Reproduktion des Geburtstraumas zu sehen. [Vgl. S. 239 f.]

Wir haben damit nichts behauptet, was der Angst eine Ausnahmsstellung unter den Affektzuständen einräumen würde. Wir meinen, auch die anderen Affekte sind Reproduktionen alter, lebenswichtiger, eventuell vorindividueller Ereignisse, und wir bringen sie als allgemeine, typische, mitgeborene hysterische Anfälle in Vergleich mit den spät und individuell erworbenen Attacken der hysterischen Neurose, deren Genese und Bedeutung als Erinnerungssymbole uns durch die Analyse deutlich geworden ist. Natürlich wäre es sehr wünschenswert, diese Auffassung für eine Reihe anderer Affekte beweisend durchführen zu können, wovon wir heute weit entfernt sind[2].

Die Zurückführung der Angst auf das Geburtsereignis hat sich gegen naheliegende Einwände zu verteidigen. Die Angst ist eine wahrscheinlich allen Organismen, jedenfalls allen höheren zukommende Reaktion, die Geburt wird nur von den Säugetieren erlebt, und es ist fraglich, ob sie bei allen diesen die Bedeutung eines Traumas hat. Es gibt also Angst ohne Geburtsvorbild. Aber dieser Einwand setzt sich über die Schranken zwischen Biologie und Psychologie hinaus. Gerade weil die Angst

---

[1] [Formuliert beispielsweise auf den einleitenden Seiten von *Jenseits des Lustprinzips* (1920g), *Studienausgabe*, Bd. 3, S. 217–21.]
[2] [Dieser Gedanke geht vermutlich auf Darwins *Expression of the Emotions* (1872) zurück. S. die ›Editorische Vorbemerkung‹, S. 232 oben, in der weitere Hinweise gegeben werden.]

eine biologisch unentbehrliche Funktion zu erfüllen hat, als Reaktion auf den Zustand der Gefahr, mag sie bei verschiedenen Lebewesen auf verschiedene Art eingerichtet worden sein. Wir wissen auch nicht, ob sie bei dem Menschen fernerstehenden Lebewesen denselben Inhalt an Sensationen und Innervationen hat wie beim Menschen. Das hindert also nicht, daß die Angst beim Menschen den Geburtsvorgang zum Vorbild nimmt.

Wenn dies die Struktur und die Herkunft der Angst ist, so lautet die weitere Frage: Was ist ihre Funktion? Bei welchen Gelegenheiten wird sie reproduziert? Die Antwort scheint naheliegend und zwingend zu sein. Die Angst entstand als Reaktion auf einen Zustand der *Gefahr*, sie wird nun regelmäßig reproduziert, wenn sich ein solcher Zustand wieder einstellt.

Dazu ist aber einiges zu bemerken. Die Innervationen des ursprünglichen Angstzustandes waren wahrscheinlich auch sinnvoll und zweckmäßig, ganz so wie die Muskelaktionen des ersten hysterischen Anfalls. Wenn man den hysterischen Anfall erklären will, braucht man ja nur die Situation zu suchen, in der die betreffenden Bewegungen Anteile einer berechtigten Handlung waren. So hat wahrscheinlich während der Geburt die Richtung der Innervation auf die Atmungsorgane die Tätigkeit der Lungen vorbereitet, die Beschleunigung des Herzschlags gegen die Vergiftung des Blutes arbeiten wollen. Diese Zweckmäßigkeit entfällt natürlich bei der späteren Reproduktion des Angstzustandes als Affekt, wie sie auch beim wiederholten hysterischen Anfall vermißt wird. Wenn also das Individuum in eine neue Gefahrsituation gerät, so kann es leicht unzweckmäßig werden, daß es mit dem Angstzustand, der Reaktion auf eine frühere Gefahr, antwortet, anstatt die der jetzigen adäquate Reaktion einzuschlagen. Die Zweckmäßigkeit tritt aber wieder hervor, wenn die Gefahrsituation als herannahend erkannt und durch den Angstausbruch signalisiert wird. Die Angst kann dann sofort durch geeignetere Maßnahmen abgelöst werden. Es sondern sich also sofort zwei Möglichkeiten des Auftretens der Angst: die eine, unzweckmäßige, in einer neuen Gefahrsituation, die andere, zweckmäßige, zur Signalisierung und Verhütung einer solchen.

Was aber ist eine »Gefahr«? Im Geburtsakt besteht eine objektive Gefahr für die Erhaltung des Lebens, wir wissen, was das in der Realität bedeutet. Aber psychologisch sagt es uns gar nichts. Die Gefahr der Geburt hat noch keinen psychischen Inhalt. Sicherlich dürfen wir beim Fötus nichts voraussetzen, was sich irgendwie einer Art von Wissen um die Möglichkeit eines Ausgangs in Lebensvernichtung annähert. Der Fötus kann nichts anderes bemerken als eine großartige Störung in der Ökonomie seiner narzißtischen Libido. Große Erregungssummen dringen zu ihm, erzeugen neuartige Unlustempfindungen, manche Organe erzwingen sich erhöhte Besetzungen, was wie ein Vorspiel der bald beginnenden Objektbesetzung ist; was davon wird als Merkzeichen einer »Gefahrsituation« Verwertung finden?

Wir wissen leider viel zu wenig von der seelischen Verfassung des Neugeborenen, um diese Frage direkt zu beantworten. Ich kann nicht einmal für die Brauchbarkeit der eben gegebenen Schilderung einstehen. Es ist leicht zu sagen, das Neugeborene werde den Angstaffekt in allen Situationen wiederholen, die es an das Geburtsereignis erinnert. Der entscheidende Punkt bleibt aber, wodurch und woran es erinnert wird.

Es bleibt uns kaum etwas anderes übrig, als die Anlässe zu studieren, bei denen der Säugling oder das ein wenig ältere Kind sich zur Angstentwicklung bereit zeigt. Rank hat in seinem Buch *Das Trauma der Geburt* (1924) einen sehr energischen Versuch gemacht, die Beziehungen der frühesten Phobien des Kindes zum Eindruck des Geburtsereignisses zu erweisen, allein ich kann ihn nicht für geglückt halten. Man kann ihm zweierlei vorwerfen: Erstens, daß er auf der Voraussetzung beruht, das Kind habe bestimmte Sinneseindrücke, insbesondere visueller Natur, bei seiner Geburt empfangen, deren Erneuerung die Erinnerung an das Geburtstrauma und somit die Angstreaktion hervorrufen kann. Diese Annahme ist völlig unbewiesen und sehr unwahrscheinlich; es ist nicht glaubhaft, daß das Kind andere als taktile und Allgemeinsensationen vom Geburtsvorgang bewahrt hat. Wenn es also später Angst vor kleinen Tieren zeigt, die in Löchern verschwinden oder aus diesen herauskommen, so erklärt Rank diese Reaktion durch die Wahrnehmung einer Analogie, die aber dem Kinde nicht auffällig werden kann. Zweitens, daß Rank in der Würdigung dieser späteren Angstsituationen je nach Bedürfnis die Erinnerung an die glückliche intrauterine Existenz oder an deren traumatische Störung wirksam werden läßt, womit der Willkür in der Deutung Tür und Tor geöffnet wird. Einzelne Fälle dieser Kinderangst widersetzen sich direkt der Anwendung des Rankschen Prinzips. Wenn das Kind in Dunkelheit und Einsamkeit gebracht wird, so sollten wir erwarten, daß es diese Wiederherstellung der intrauterinen Situation mit Befriedigung aufnimmt, und wenn die Tatsache, daß es gerade dann mit Angst reagiert, auf die Erinnerung an die

Störung dieses Glücks durch die Geburt zurückgeführt wird, so kann man das Gezwungene dieses Erklärungsversuches nicht länger verkennen[1].

Ich muß den Schluß ziehen, daß die frühesten Kindheitsphobien eine direkte Rückführung auf den Eindruck des Geburtsaktes nicht zulassen und sich überhaupt bis jetzt der Erklärung entzogen haben. Eine gewisse Angstbereitschaft des Säuglings ist unverkennbar. Sie ist nicht etwa unmittelbar nach der Geburt am stärksten, um dann langsam abzunehmen, sondern tritt erst später mit dem Fortschritt der seelischen Entwicklung hervor und hält über eine gewisse Periode der Kinderzeit an. Wenn sich solche Frühphobien über diese Zeit hinaus erstrecken, erwecken sie den Verdacht einer neurotischen Störung, wiewohl uns ihre Beziehung zu den späteren deutlichen Neurosen der Kindheit keineswegs einsichtlich ist.

Nur wenige Fälle der kindlichen Angstäußerung sind uns verständlich; an diese werden wir uns halten müssen. So, wenn das Kind allein, in der Dunkelheit, ist und wenn es eine fremde Person an Stelle der ihm vertrauten (der Mutter) findet. Diese drei Fälle reduzieren sich auf eine einzige Bedingung, das Vermissen der geliebten (ersehnten) Person. Von da an ist aber der Weg zum Verständnis der Angst und zur Vereinigung der Widersprüche, die sich an sie zu knüpfen scheinen, frei.

Das Erinnerungsbild der ersehnten Person wird gewiß intensiv, wahrscheinlich zunächst halluzinatorisch besetzt. Aber das hat keinen Erfolg, und nun hat es den Anschein, als ob diese Sehnsucht in Angst umschlüge. Es macht geradezu den Eindruck, als wäre diese Angst ein Ausdruck der Ratlosigkeit, als wüßte das noch sehr unentwickelte Wesen mit dieser sehnsüchtigen Besetzung nichts Besseres anzufangen. Die Angst erscheint so als Reaktion auf das Vermissen des Objekts, und es drängen sich uns die Analogien auf, daß auch die Kastrationsangst die Trennung von einem hochgeschätzten Objekt zum Inhalt hat und daß die ursprünglichste Angst (die »*Urangst*« der Geburt) bei der Trennung von der Mutter entstand.

Die nächste Überlegung führt über diese Betonung des Objektverlustes hinaus. Wenn der Säugling nach der Wahrnehmung der Mutter verlangt, so doch nur darum, weil er bereits aus Erfahrung weiß, daß sie alle seine Bedürfnisse ohne Verzug befriedigt. Die Situation, die er als

---

[1] [Ranks Theorie wird ferner auf S. 289 ff. besprochen.]

»Gefahr« wertet, gegen die er versichert sein will, ist also die der Unbefriedigung, des *Anwachsens der Bedürfnisspannung*, gegen die er ohnmächtig ist. Ich meine, von diesem Gesichtspunkt aus ordnet sich alles ein; die Situation der Unbefriedigung, in der Reizgrößen eine unlustvolle Höhe erreichen, ohne Bewältigung durch psychische Verwendung und Abfuhr zu finden, muß für den Säugling die Analogie mit dem Geburtserlebnis, die Wiederholung der Gefahrsituation sein; das beiden Gemeinsame ist die ökonomische Störung durch das Anwachsen der Erledigung heischenden Reizgrößen, dieses Moment also der eigentliche Kern der »Gefahr«. In beiden Fällen tritt die Angstreaktion auf, die sich auch noch beim Säugling als zweckmäßig erweist, indem die Richtung der Abfuhr auf Atem- und Stimmuskulatur nun die Mutter herbeiruft, wie sie früher die Lungentätigkeit zur Wegschaffung der inneren Reize anregte. Mehr als diese Kennzeichnung der Gefahr braucht das Kind von seiner Geburt nicht bewahrt zu haben.

Mit der Erfahrung, daß ein äußeres, durch Wahrnehmung erfaßbares Objekt der an die Geburt mahnenden gefährlichen Situation ein Ende machen kann, verschiebt sich nun der Inhalt der Gefahr von der ökonomischen Situation auf seine Bedingung, den Objektverlust. Das Vermissen der Mutter wird nun die Gefahr, bei deren Eintritt der Säugling das Angstsignal gibt, noch ehe die gefürchtete ökonomische Situation eingetreten ist. Diese Wandlung bedeutet einen ersten großen Fortschritt in der Fürsorge für die Selbsterhaltung, sie schließt gleichzeitig den Übergang von der automatisch ungewollten Neuentstehung der Angst zu ihrer beabsichtigten Reproduktion als Signal der Gefahr ein.

In beiden Hinsichten, sowohl als automatisches Phänomen wie als rettendes Signal, zeigt sich die Angst als Produkt der psychischen Hilflosigkeit des Säuglings, welche das selbstverständliche Gegenstück seiner biologischen Hilflosigkeit ist. Das auffällige Zusammentreffen, daß sowohl die Geburtsangst wie die Säuglingsangst die Bedingung der Trennung von der Mutter anerkennt, bedarf keiner psychologischen Deutung; es erklärt sich biologisch einfach genug aus der Tatsache, daß die Mutter, die zuerst alle Bedürfnisse des Fötus durch die Einrichtungen ihres Leibes beschwichtigt hatte, dieselbe Funktion zum Teil mit anderen Mitteln auch nach der Geburt fortsetzt. Intrauterinleben und erste Kindheit sind weit mehr ein Kontinuum, als uns die auffällige Caesur des Geburtsaktes glauben läßt. Das psychische Mutterobjekt ersetzt dem Kinde die biologische Fötalsituation. Wir dürfen darum nicht vergessen, daß im Intrauterinleben die Mutter kein Objekt war und daß es damals keine Objekte gab. Es ist leicht zu sehen, daß es in diesem Zusammenhange keinen Raum für ein Abreagieren des Geburtstraumas gibt und daß eine andere Funktion der Angst als die eines Signals zur Vermeidung der Gefahrsituation nicht aufzufinden ist. Die Angstbedingung des Objektverlustes trägt nun noch ein ganzes Stück weiter. Auch die nächste Wandlung der Angst, die in der phallischen Phase auftretende Kastrationsangst, ist eine Trennungsangst und an dieselbe Bedingung gebunden. Die Gefahr ist hier die Trennung von dem Genitale. Ein vollberechtigt scheinender Gedankengang von Ferenczi [1925] läßt uns hier die Linie des Zusammenhanges mit den früheren Inhalten der Gefahrsituation deutlich erkennen. Die hohe narzißtische Einschätzung des Penis kann sich darauf berufen, daß der Besitz dieses Organs die Gewähr für eine Wiedervereinigung mit der Mutter (dem Mutterersatz) im Akt des Koitus enthält. Die Beraubung dieses Gliedes ist soviel wie eine neuerliche Trennung von der Mutter, bedeutet also wiederum, einer unlustvollen Bedürfnisspannung (wie bei der Geburt) hilflos ausgeliefert zu sein. Das Bedürfnis, dessen Ansteigen gefürchtet wird, ist aber nun ein spezialisiertes, das der genitalen Libido, nicht mehr ein beliebiges wie in der Säuglingszeit. Ich füge hier an, daß die Phantasie der Rückkehr in den Mutterleib der Koitusersatz des Impotenten (durch die Kastrationsdrohung Gehemmten) ist. Im Sinne Ferenczis kann man sagen, das Individuum, das sich zur Rückkehr in den Mutterleib durch sein Genitalorgan vertreten lassen wollte, ersetzt nun [in dieser Phantasie] regressiv dies Organ durch seine ganze Person[1].

Die Fortschritte in der Entwicklung des Kindes, die Zunahme seiner Unabhängigkeit, die schärfere Sonderung seines seelischen Apparats in mehrere Instanzen, das Auftreten neuer Bedürfnisse können nicht ohne Einfluß auf den Inhalt der Gefahrsituation bleiben. Wir haben dessen Wandlung vom Verlust des Mutterobjekts zur Kastration verfolgt und sehen den nächsten Schritt durch die Macht des Über-Ichs verursacht. Mit dem Unpersönlichwerden der Elterninstanz, von der man die Kastration befürchtete, wird die Gefahr unbestimmter. Die Kastrationsangst entwickelt sich zur Gewissensangst, zur sozialen Angst. Es ist jetzt nicht mehr so leicht anzugeben, was die Angst befürchtet. Die Formel: »Trennung, Ausschluß aus der Horde«, trifft nur jenen späteren

---

[1] [Freud erörterte diese Phantasie schon in der Analyse des »Wolfsmannes« (1918 b), Studienausgabe, Bd. 8, S. 212-14.]

Anteil des Über-Ichs, der sich in Anlehnung an soziale Vorbilder entwickelt hat, nicht den Kern des Über-Ichs, der der introjizierten Elterninstanz entspricht. Allgemeiner ausgedrückt, ist es der Zorn, die Strafe des Über-Ichs, der Liebesverlust von dessen Seite, den das Ich als Gefahr wertet und mit dem Angstsignal beantwortet. Als letzte Wandlung dieser Angst vor dem Über-Ich ist mir die Todes- (Lebens-) Angst, die Angst vor der Projektion des Über-Ichs in den Schicksalsmächten erschienen [vgl. S. 272].

Ich habe früher einmal einen gewissen Wert auf die Darstellung gelegt, daß es die bei der Verdrängung abgezogene Besetzung ist, welche die Verwendung als Angstabfuhr erfährt[1]. Das erscheint mir nun heute kaum wissenswert. Der Unterschied liegt darin, daß ich vormals die Angst in jedem Falle durch einen ökonomischen Vorgang automatisch entstanden glaubte, während die jetzige Auffassung der Angst als eines vom Ich beabsichtigten Signals zum Zweck der Beeinflussung der Lust-Unlust-Instanz uns von diesem ökonomischen Zwange unabhängig macht. Es ist natürlich nichts gegen die Annahme zu sagen, daß das Ich gerade die durch die Abziehung bei der Verdrängung frei gewordene Energie zur Erweckung des Affekts verwendet, aber es ist bedeutungslos geworden, mit welchem Anteil Energie dies geschieht[2].

Ein anderer Satz, den ich einmal ausgesprochen, verlangt nun nach Überprüfung im Lichte unserer neuen Auffassung. Es ist die Behauptung, das Ich sei die eigentliche Angststätte[3]; ich meine, sie wird sich als zutreffend erweisen. Wir haben nämlich keinen Anlaß, dem Über-Ich irgendeine Angstäußerung zuzuteilen. Wenn aber von einer »Angst des Es« die Rede ist, so hat man nicht zu widersprechen, sondern einen ungeschickten Ausdruck zu korrigieren. Die Angst ist ein Affektzustand, der natürlich nur vom Ich verspürt werden kann. Das Es kann nicht Angst haben wie das Ich, es ist keine Organisation, kann Gefahrsituationen nicht beurteilen. Dagegen ist es ein überaus häufiges Vorkommnis, daß sich im Es Vorgänge vorbereiten oder vollziehen, die dem Ich Anlaß zur Angstentwicklung geben; in der Tat sind die wahrscheinlich frühesten Verdrängungen, wie die Mehrzahl aller späteren, durch solche Angst des Ichs vor einzelnen Vorgängen im Es motiviert. Wir unterscheiden hier wiederum mit gutem Grund die beiden Fälle, daß sich im

---

[1] [S. beispielsweise in Abschnitt IV von ›Das Unbewußte‹ (1915e), *Studienausgabe*, Bd. 3, S. 141.]
[2] [Vgl. die ›Editorische Vorbemerkung‹, S. 230 f., oben.]
[3] [Sie findet sich in *Das Ich und das Es* (1923b), *Studienausgabe*, Bd. 3, S. 323.]

Es etwas ereignet, was eine der Gefahrsituationen fürs Ich aktiviert und es somit bewegt, zur Inhibition das Angstsignal zu geben, und den anderen Fall, daß sich im Es die dem Geburtstrauma analoge Situation herstellt, in der es automatisch zur Angstreaktion kommt. Man bringt die beiden Fälle einander näher, wenn man hervorhebt, daß der zweite der ersten und ursprünglichen Gefahrsituation entspricht, der erste aber einer der später aus ihr abgeleiteten Angstbedingungen. Oder auf die wirklich vorkommenden Affektionen bezogen: daß der zweite Fall in der Ätiologie der Aktualneurosen verwirklicht ist, der erste für die der Psychoneurosen charakteristisch bleibt.

Wir sehen nun, daß wir frühere Ermittlungen nicht zu entwerten, sondern bloß mit den neueren Einsichten in Verbindung zu bringen brauchen. Es ist nicht abzuweisen, daß bei Abstinenz, mißbräuchlicher Störung im Ablauf der Sexualerregung, Ablenkung derselben von ihrer psychischen Verarbeitung[1], direkt Angst aus Libido entsteht, d. h. jener Zustand von Hilflosigkeit des Ichs gegen eine übergroße Bedürfnisspannung hergestellt wird, der wie bei der Geburt in Angstentwicklung ausgeht, wobei es wieder eine gleichgültige, aber naheliegende Möglichkeit ist, daß gerade der Überschuß an unverwendeter Libido seine Abfuhr in der Angstentwicklung findet[2]. Wir sehen, daß sich auf dem Boden dieser Aktualneurosen besonders leicht Psychoneurosen entwickeln, d. h. wohl, daß das Ich Versuche macht, die Angst, die es eine Weile suspendiert zu erhalten gelernt hat, zu ersparen und durch Symptombildung zu binden. Wahrscheinlich würde die Analyse der traumatischen Kriegsneurosen, welcher Name allerdings sehr verschiedenartige Affektionen umfaßt, ergeben haben, daß eine Anzahl von ihnen an den Charakteren der Aktualneurosen Anteil hat. [Vgl. S. 271.]

Als wir die Entwicklung der verschiedenen Gefahrsituationen aus dem ursprünglichen Geburtsvorbild darstellten, lag es uns ferne zu behaupten, daß jede spätere Angstbedingung die frühere einfach außer Kraft setzt. Die Fortschritte der Ichentwicklung tragen allerdings dazu bei, die frühere Gefahrsituation zu entwerten und beiseite zu schieben, so daß man sagen kann, einem bestimmten Entwicklungsalter sei eine gewisse Angstbedingung wie adäquat zugeteilt. Die Gefahr der psychischen Hilflosigkeit paßt zur Lebenszeit der Unreife des Ichs, wie die

---

[1] [Dieser Ausdruck steht auf S. 44 oben, in Abschnitt III der ersten Arbeit über Angstneurose (1895 b); der ganze vorliegende Absatz ist ein Echo jener Darstellung.]
[2] [Vgl. die ähnliche Bemerkung am Ende des vorletzten Absatzes; s. aber auch die ›Editorische Vorbemerkung‹, S. 230 oben.]

Gefahr des Objektverlustes zur Unselbständigkeit der ersten Kinderjahre, die Kastrationsgefahr zur phallischen Phase, die Über-Ichangst zur Latenzzeit. Aber es können doch alle diese Gefahrsituationen und Angstbedingungen nebeneinander fortbestehen bleiben und das Ich auch zu späteren als den adäquaten Zeiten zur Angstreaktion veranlassen, oder es können mehrere von ihnen gleichzeitig in Wirksamkeit treten. Möglicherweise bestehen auch engere Beziehungen zwischen der wirksamen Gefahrsituation und der Form der auf sie folgenden Neurose[1].

Als wir in einem früheren Stück dieser Untersuchungen auf die Bedeutung der Kastrationsgefahr bei mehr als einer neurotischen Affektion stießen, erteilten wir uns die Mahnung, dies Moment doch nicht zu überschätzen, da es bei dem gewiß mehr zur Neurose disponierten weiblichen Geschlecht doch nicht ausschlaggebend sein könnte. [Vgl. S. 266.] Wir sehen jetzt, daß wir nicht in Gefahr sind, die Kastrationsangst für den einzigen Motor der zur Neurose führenden Abwehrvorgänge zu erklären. Ich habe an anderer Stelle[2] auseinandergesetzt, wie die Entwicklung des kleinen Mädchens durch den Kastrationskomplex zur

---

[1] Seit der Unterscheidung von Ich und Es mußte auch unser Interesse an den Problemen der Verdrängung eine neue Belebung erfahren. Bisher hatte es uns genügt, die dem Ich zugewendeten Seiten des Vorgangs, die Abhaltung vom Bewußtsein und von der Motilität und die Ersatz- (Symptom-) Bildung ins Auge zu fassen, von der verdrängten Triebregung selbst nahmen wir an, sie bleibe im Unbewußten unbestimmt lange unverändert bestehen. Nun wendet sich das Interesse den Schicksalen des Verdrängten zu, und wir ahnen, daß ein solcher unveränderter und unveränderlicher Fortbestand nicht selbstverständlich, vielleicht nicht einmal gewöhnlich ist. Die ursprüngliche Triebregung ist jedenfalls durch die Verdrängung gehemmt und von ihrem Ziel abgelenkt worden. Ist aber ihr Ansatz im Unbewußten erhalten geblieben und hat er sich resistent gegen die verändernden und entwertenden Einflüsse des Lebens erwiesen? Bestehen also die alten Wünsche noch, von deren früherer Existenz uns die Analyse berichtet? Die Antwort scheint naheliegend und gesichert: Die verdrängten alten Wünsche müssen im Unbewußten noch fortbestehen, da wir ihre Abkömmlinge, die Symptome, noch wirksam finden. Aber sie ist nicht zureichend, sie läßt nicht zwischen den beiden Möglichkeiten entscheiden, ob der alte Wunsch jetzt nur durch seine Abkömmlinge wirkt, denen er all seine Besetzungsenergie übertragen hat, oder ob er außerdem selbst erhalten geblieben ist. Wenn es sein Schicksal war, sich in der Besetzung seiner Abkömmlinge zu erschöpfen, so bleibt noch die dritte Möglichkeit, daß er im Verlauf der Neurose durch Regression wiederbelebt wurde, so unzeitgemäß er gegenwärtig sein mag. Man braucht diese Erwägungen nicht für müßig zu halten; vieles an den Erscheinungen des krankhaften wie des normalen Seelenlebens scheint solche Fragestellungen zu erfordern. In meiner Studie über den Untergang des Ödipus-Komplexes [1924 d] bin ich auf den Unterschied zwischen der bloßen Verdrängung und der wirklichen Aufhebung einer alten Wunschregung aufmerksam geworden.

[2] [S. die zweite Hälfte der Arbeit über die anatomischen Geschlechtsunterschiede (1925 j), *Studienausgabe*, Bd. 5, S. 259–66.]

zärtlichen Objektbesetzung gelenkt wird. Gerade beim Weibe scheint die Gefahrsituation des Objektverlustes die wirksamste geblieben zu sein. Wir dürfen an ihrer Angstbedingung die kleine Modifikation anbringen, daß es sich nicht mehr um das Vermissen oder den realen Verlust des Objekts handelt, sondern um den Liebesverlust von seiten des Objekts. Da es sicher steht, daß die Hysterie eine größere Affinität zur Weiblichkeit hat, ebenso wie die Zwangsneurose zur Männlichkeit[1], so liegt die Vermutung nahe, die Angstbedingung des Liebesverlustes spiele bei Hysterie eine ähnliche Rolle wie die Kastrationsdrohung bei den Phobien, die Über-Ichangst bei der Zwangsneurose.

---

[1] [S. die Anm. 1 auf S. 80 oben.]

IX

Was jetzt erübrigt, ist die Behandlung der Beziehungen zwischen Symptombildung und Angstentwicklung.
Zwei Meinungen darüber scheinen weit verbreitet zu sein. Die eine nennt die Angst selbst ein Symptom der Neurose, die andere glaubt an ein weit innigeres Verhältnis zwischen beiden. Ihr zufolge würde alle Symptombildung nur unternommen werden, um der Angst zu entgehen; die Symptome binden die psychische Energie, die sonst als Angst abgeführt würde, so daß die Angst das Grundphänomen und Hauptproblem der Neurose wäre.
Die zumindest partielle Berechtigung der zweiten Behauptung läßt sich durch schlagende Beispiele erweisen. Wenn man einen Agoraphoben, den man auf die Straße begleitet hat, dort sich selbst überläßt, produziert er einen Angstanfall; wenn man einen Zwangsneurotiker daran hindern läßt, sich nach einer Berührung die Hände zu waschen, wird er die Beute einer fast unerträglichen Angst. Es ist also klar, die Bedingung des Begleitetwerdens und die Zwangshandlung des Waschens hatten die Absicht und auch den Erfolg, solche Angstausbrüche zu verhüten. In diesem Sinne kann auch jede Hemmung, die sich das Ich auferlegt, Symptom genannt werden.
Da wir die Angstentwicklung auf die Gefahrsituation zurückgeführt haben, werden wir es vorziehen zu sagen, die Symptome werden geschaffen, um das Ich der Gefahrsituation zu entziehen. Wird die Symptombildung verhindert, so tritt die Gefahr wirklich ein, d. h. es stellt sich jene der Geburt analoge Situation her, in der sich das Ich hilflos gegen den stetig wachsenden Triebanspruch findet, also die erste und ursprünglichste der Angstbedingungen. Für unsere Anschauung erweisen sich die Beziehungen zwischen Angst und Symptom weniger eng als angenommen wurde, die Folge davon, daß wir zwischen beide das Moment der Gefahrsituation eingeschoben haben. Wir können auch ergänzend sagen, die Angstentwicklung leite die Symptombildung ein, ja sie sei eine notwendige Voraussetzung derselben, denn wenn das Ich nicht durch die Angstentwicklung die Lust-Unlust-Instanz wachrütteln würde, bekäme es nicht die Macht, den im Es vorbereiteten, gefahr-

drohenden Vorgang aufzuhalten. Dabei ist die Tendenz unverkennbar, sich auf ein Mindestmaß von Angstentwicklung zu beschränken, die Angst nur als Signal zu verwenden, denn sonst bekäme man die Unlust, die durch den Triebvorgang droht, nur an anderer Stelle zu spüren, was kein Erfolg nach der Absicht des Lustprinzips wäre, sich aber doch bei den Neurosen häufig genug ereignet.

Die Symptombildung hat also den wirklichen Erfolg, die Gefahrsituation aufzuheben. Sie hat zwei Seiten; die eine, die uns verborgen bleibt, stellt im Es jene Abänderung her, mittels deren das Ich der Gefahr entzogen wird, die andere, uns zugewendete, zeigt, was sie an Stelle des beeinflußten Triebvorganges geschaffen hat, die Ersatzbildung.

Wir sollten uns aber korrekter ausdrücken, dem Abwehrvorgang zuschreiben, was wir eben von der Symptombildung ausgesagt haben, und den Namen Symptombildung selbst als synonym mit Ersatzbildung gebrauchen. Es scheint dann klar, daß der Abwehrvorgang analog der Flucht ist, durch die sich das Ich einer von außen drohenden Gefahr entzieht, daß er eben einen Fluchtversuch vor einer Triebgefahr darstellt. Die Bedenken gegen diesen Vergleich werden uns zu weiterer Klärung verhelfen. Erstens läßt sich einwenden, daß der Objektverlust (der Verlust der Liebe von seiten des Objekts) und die Kastrationsdrohung ebensowohl Gefahren sind, die von außen drohen, wie etwa ein reißendes Tier, also nicht Triebgefahren. Aber es ist doch nicht derselbe Fall. Der Wolf würde uns wahrscheinlich anfallen, gleichgiltig, wie wir uns gegen ihn benehmen; die geliebte Person würde uns aber nicht ihre Liebe entziehen, die Kastration uns nicht angedroht werden, wenn wir nicht bestimmte Gefühle und Absichten in unserem Inneren nähren würden. So werden diese Triebregungen zu Bedingungen der äußeren Gefahr und damit selbst gefährlich, wir können jetzt die äußere Gefahr durch Maßregeln gegen innere Gefahren bekämpfen. Bei den Tierphobien scheint die Gefahr noch durchaus als eine äußerliche empfunden zu werden, wie sie auch im Symptom eine äußerliche Verschiebung erfährt. Bei der Zwangsneurose ist sie weit mehr verinnerlicht, der Anteil der Angst vor dem Über-Ich, der soziale Angst ist, repräsentiert noch den innerlichen Ersatz einer äußeren Gefahr, der andere Anteil, die Gewissensangst, ist durchaus endopsychisch [1].

Ein zweiter Einwand sagt, beim Fluchtversuch vor einer drohenden

---

[1] [Hier erwägt Freud großenteils die Argumente noch einmal, die er in seinen metapsychologischen Arbeiten ›Die Verdrängung‹ (1915 d) und ›Das Unbewußte‹ (1915 e, besonders in Abschnitt IV) vorgebracht hat; s. *Studienausgabe*, Bd. 3, S. 114 f. und S. 141–43.]

äußeren Gefahr tun wir ja nichts anderes, als daß wir die Raumdistanz zwischen uns und dem Drohenden vergrößern. Wir setzen uns ja nicht gegen die Gefahr zur Wehr, suchen nichts an ihr selbst zu ändern, wie in dem anderen Falle, daß wir mit einem Knüttel auf den Wolf losgehen oder mit einem Gewehr auf ihn schießen. Der Abwehrvorgang scheint aber mehr zu tun, als einem Fluchtversuch entspricht. Er greift ja in den drohenden Triebablauf ein, unterdrückt ihn irgendwie, lenkt ihn von seinem Ziel ab, macht ihn dadurch ungefährlich. Dieser Einwand scheint unabweisbar, wir müssen ihm Rechnung tragen. Wir meinen, es wird wohl so sein, daß es Abwehrvorgänge gibt, die man mit gutem Recht einem Fluchtversuch vergleichen kann, während sich das Ich bei anderen weit aktiver zur Wehre setzt, energische Gegenaktionen vornimmt. Wenn der Vergleich der Abwehr mit der Flucht nicht überhaupt durch den Umstand gestört wird, daß das Ich und der Trieb im Es ja Teile derselben Organisation sind, nicht getrennte Existenzen, wie der Wolf und das Kind, so daß jede Art Verhaltens des Ichs auch abändernd auf den Triebvorgang einwirken muß.

Durch das Studium der Angstbedingungen haben wir das Verhalten des Ichs bei der Abwehr sozusagen in rationeller Verklärung erblicken müssen. Jede Gefahrsituation entspricht einer gewissen Lebenszeit oder Entwicklungsphase des seelischen Apparats und erscheint für diese berechtigt. Das frühkindliche Wesen ist wirklich nicht dafür ausgerüstet, große Erregungssummen, die von außen oder innen anlangen, psychisch zu bewältigen. Zu einer gewissen Lebenszeit ist es wirklich das wichtigste Interesse, daß die Personen, von denen man abhängt, ihre zärtliche Sorge nicht zurückziehen. Wenn der Knabe den mächtigen Vater als Rivalen bei der Mutter empfindet, seiner aggressiven Neigungen gegen ihn und seiner sexuellen Absichten auf die Mutter inne wird, hat er ein Recht dazu, sich vor ihm zu fürchten, und die Angst vor seiner Strafe kann durch phylogenetische Verstärkung sich als Kastrationsangst äußern. Mit dem Eintritt in soziale Beziehungen wird die Angst vor dem Über-Ich, das Gewissen, zur Notwendigkeit, der Wegfall dieses Moments die Quelle von schweren Konflikten und Gefahren usw. Aber gerade daran knüpft sich ein neues Problem.

Versuchen wir es, den Angstaffekt für eine Weile durch einen anderen, z. B. den Schmerzaffekt, zu ersetzen. Wir halten es für durchaus normal, daß das Mädchen von vier Jahren schmerzlich weint, wenn ihm eine Puppe zerbricht, mit sechs Jahren, wenn ihm die Lehrerin einen Verweis gibt, mit sechzehn Jahren, wenn der Geliebte sich nicht um sie bekümmert, mit fünfundzwanzig Jahren vielleicht, wenn sie ein Kind begräbt. Jede dieser Schmerzbedingungen hat ihre Zeit und erlischt mit deren Ablauf; die letzten, definitiven, erhalten sich dann durchs Leben. Es würde uns aber auffallen, wenn dies Mädchen als Frau und Mutter über die Beschädigung einer Nippsache weinen würde. So benehmen sich aber die Neurotiker. In ihrem seelischen Apparat sind längst alle Instanzen zur Reizbewältigung innerhalb weiter Grenzen ausgebildet, sie sind erwachsen genug, um die meisten ihrer Bedürfnisse selbst zu befriedigen, sie wissen längst, daß die Kastration nicht mehr als Strafe geübt wird, und doch benehmen sie sich, als bestünden die alten Gefahrsituationen noch, sie halten an allen früheren Angstbedingungen fest.

Die Antwort hierauf wird etwas weitläufig ausfallen. Sie wird vor allem den Tatbestand zu sichten haben. In einer großen Anzahl von Fällen werden die alten Angstbedingungen wirklich fallengelassen, nachdem sie bereits neurotische Reaktionen erzeugt haben. Die Phobien der kleinsten Kinder vor Alleinsein, Dunkelheit und vor Fremden, die beinahe normal zu nennen sind, vergehen zumeist in etwas späteren Jahren, sie »wachsen sich aus«, wie man von manchen anderen Kindheitsstörungen sagt. Die so häufigen Tierphobien haben das gleiche Schicksal, viele der Konversionshysterien der Kinderjahre finden später keine Fortsetzung. Zeremoniell in der Latenzzeit ist ein ungemein häufiges Vorkommnis, nur ein sehr geringer Prozentsatz dieser Fälle entwickelt sich später zur vollen Zwangsneurose. Die Kinderneurosen sind überhaupt – soweit unsere Erfahrungen an den höheren Kulturanforderungen unterworfenen Stadtkindern weißer Rasse reichen – regelmäßige Episoden der Entwicklung, wenngleich ihnen noch immer zu wenig Aufmerksamkeit geschenkt wird. Man vermißt die Zeichen der Kindheitsneurose auch nicht bei *einem* erwachsenen Neurotiker, während lange nicht alle Kinder, die sie zeigen, auch später Neurotiker werden. Es müssen also im Verlaufe der Reifung Angstbedingungen aufgegeben worden sein und Gefahrsituationen ihre Bedeutung verloren haben. Dazu kommt, daß einige dieser Gefahrsituationen sich dadurch in späte Zeiten hinüberretten, daß sie ihre Angstbedingung zeitgemäß modifizieren. So erhält sich z. B. die Kastrationsangst unter der Maske der Syphilisphobie, nachdem man erfahren hat, daß zwar die Kastration nicht mehr als Strafe für das Gewährenlassen der sexuellen Gelüste üblich ist, aber daß dafür der Triebfreiheit schwere Erkrankungen drohen. Andere der Angstbedingungen sind überhaupt nicht zum Untergang bestimmt, sondern sollen den Menschen durchs Leben begleiten, wie die der Angst vor dem Über-Ich. Der Neurotiker unterscheidet sich dann von den Normalen dadurch, daß er die Reaktionen auf diese Gefahren übermäßig erhöht. Gegen die Wiederkehr der ursprünglichen traumatischen Angstsituation bietet endlich auch das Erwachsensein keinen zureichenden Schutz; es dürfte für jedermann eine Grenze geben, über die hinaus sein seelischer Apparat in der Bewältigung der Erledigung heischenden Erregungsmengen versagt.

Diese kleinen Berichtigungen können unmöglich die Bestimmung haben, an der Tatsache zu rütteln, die hier erörtert wird, der Tatsache, daß so viele Menschen in ihrem Verhalten zur Gefahr infantil bleiben und verjährte Angstbedingungen nicht überwinden; dies bestreiten, hieße die Tatsache der Neurose leugnen, denn solche Personen heißt man eben Neurotiker. Wie ist das aber möglich? Warum sind nicht alle Neurosen Episoden der Entwicklung, die mit Erreichung der nächsten Phase abgeschlossen werden? Woher das Dauermoment in diesen Reaktionen auf die Gefahr? Woher der Vorzug, den der Angstaffekt vor allen anderen Affekten zu genießen scheint, daß er allein Reaktionen hervorruft, die sich als abnorm von den anderen sondern und sich als unzweckmäßig dem Strom des Lebens entgegenstellen? Mit anderen Worten, wir finden uns unversehens wieder vor der so oft gestellten Vexierfrage, woher kommt die Neurose, was ist ihr letztes, das ihr besondere Motiv? Nach jahrzehntelangen analytischen Bemühungen erhebt sich dies Problem vor uns, unangetastet, wie zu Anfang.

X

Die Angst ist die Reaktion auf die Gefahr. Man kann doch die Idee nicht abweisen, daß es mit dem Wesen der Gefahr zusammenhängt, wenn sich der Angstaffekt eine Ausnahmsstellung in der seelischen Ökonomie erzwingen kann. Aber die Gefahren sind allgemein menschliche, für alle Individuen die nämlichen; was wir brauchen und nicht zur Verfügung haben, ist ein Moment, das uns die Auslese der Individuen verständlich macht, die den Angstaffekt trotz seiner Besonderheit dem normalen seelischen Betrieb unterwerfen können, oder das bestimmt, wer an dieser Aufgabe scheitern muß. Ich sehe zwei Versuche vor mir, ein solches Moment aufzudecken; es ist begreiflich, daß jeder solche Versuch eine sympathische Aufnahme erwarten darf, da er einem quälenden Bedürfnis Abhilfe verspricht. Die beiden Versuche ergänzen einander, indem sie das Problem an entgegengesetzten Enden angreifen. Der erste ist vor mehr als zehn Jahren von Alfred Adler unternommen worden[1]; er behauptet, auf seinen innersten Kern reduziert, daß diejenigen Menschen an der Bewältigung der durch die Gefahr gestellten Aufgabe scheitern, denen die Minderwertigkeit ihrer Organe zu große Schwierigkeiten bereitet. Bestünde der Satz *simplex sigillum veri*[2] zu Recht, so müßte man eine solche Lösung wie eine Erlösung begrüßen. Aber im Gegenteile, die Kritik des abgelaufenen Jahrzehnts hat die volle Unzulänglichkeit dieser Erklärung, die sich überdies über den ganzen Reichtum der von der Psychoanalyse aufgedeckten Tatbestände hinaussetzt, beweisend dargetan.

Den zweiten Versuch hat Otto Rank 1923 in seinem Buch *Das Trauma der Geburt* unternommen. [S. oben, S. 232 und S. 276 f.] Es wäre unbillig, ihn dem Versuch von Adler in einem anderen Punkte als dem einen hier betonten gleichzustellen, denn er bleibt auf dem Boden der Psychoanalyse, deren Gedankengänge er fortsetzt, und ist als eine legitime Bemühung zur Lösung der analytischen Probleme anzuerkennen. In der

---

[1] [S. etwa Adler, 1907.]
[2] [»Einfachheit ist das Siegel der Wahrheit.«]

gegebenen Relation zwischen Individuum und Gefahr lenkt Rank von der Organschwäche des Individuums ab und auf die veränderliche Intensität der Gefahr hin. Der Geburtsvorgang ist die erste Gefahrsituation, der von ihm produzierte ökonomische Aufruhr wird das Vorbild der Angstreaktion; wir haben vorhin [S. 277 ff.] die Entwicklungslinie verfolgt, welche diese erste Gefahrsituation und Angstbedingung mit allen späteren verbindet, und dabei gesehen, daß sie alle etwas Gemeinsames bewahren, indem sie alle in gewissem Sinne eine Trennung von der Mutter bedeuten, zuerst nur in biologischer Hinsicht, dann im Sinn eines direkten Objektverlustes und später eines durch indirekte Wege vermittelten. Die Aufdeckung dieses großen Zusammenhanges ist ein unbestrittenes Verdienst der Rankschen Konstruktion. Nun trifft das Trauma der Geburt die einzelnen Individuen in verschiedener Intensität, mit der Stärke des Traumas variiert die Heftigkeit der Angstreaktion, und es soll nach Rank von dieser Anfangshöhe der Angstentwicklung abhängen, ob das Individuum jemals ihre Beherrschung erlangen kann, ob es neurotisch wird oder normal.

Die Einzelkritik der Rankschen Aufstellungen ist nicht unsere Aufgabe, bloß deren Prüfung, ob sie zur Lösung unseres Problems brauchbar sind. Die Formel Ranks, Neurotiker werde der, dem es wegen der Stärke des Geburtstraumas niemals gelinge, dieses völlig abzureagieren, ist theoretisch höchst anfechtbar. Man weiß nicht recht, was mit dem Abreagieren des Traumas gemeint ist. Versteht man es wörtlich, so kommt man zu dem unhaltbaren Schluß, daß der Neurotiker sich um so mehr der Gesundung nähert, je häufiger und intensiver er den Angstaffekt reproduziert. Wegen dieses Widerspruches mit der Wirklichkeit hatte ich ja seinerzeit die Theorie des Abreagierens aufgegeben, die in der Katharsis eine so große Rolle spielte. Die Betonung der wechselnden Stärke des Geburtstraumas läßt keinen Raum für den berechtigten ätiologischen Anspruch der hereditären Konstitution. Sie ist ja ein organisches Moment, welches sich gegen die Konstitution wie eine Zufälligkeit verhält und selbst von vielen, zufällig zu nennenden Einflüssen, z. B. von der rechtzeitigen Hilfeleistung bei der Geburt abhängig ist. Die Rankische Lehre hat konstitutionelle wie phylogenetische Faktoren überhaupt außer Betracht gelassen. Will man aber für die Bedeutung der Konstitution Raum schaffen, etwa durch die Modifikation, es käme vielmehr darauf an, wie ausgiebig das Individuum auf die variable Intensität des Geburtstraumas reagiere, so hat man der Theorie ihre Bedeutung geraubt und den neu eingeführten Faktor auf eine Nebenrolle

eingeschränkt. Die Entscheidung über den Ausgang in Neurose liegt dann doch auf einem anderen, wiederum auf einem unbekannten Gebiet.
Die Tatsache, daß der Mensch den Geburtsvorgang mit den anderen Säugetieren gemein hat, während ihm eine besondere Disposition zur Neurose als Vorrecht vor den Tieren zukommt, wird kaum günstig für die Ranksche Lehre stimmen. Der Haupteinwand bleibt aber, daß sie in der Luft schwebt, anstatt sich auf gesicherte Beobachtung zu stützen. Es gibt keine guten Untersuchungen darüber, ob schwere und protrahierte Geburt in unverkennbarer Weise mit Entwicklung von Neurose zusammentreffen, ja, ob so geborene Kinder nur die Phänomene der frühinfantilen Ängstlichkeit länger oder stärker zeigen als andere. Macht man geltend, daß präzipitierte und für die Mutter leichte Geburten für das Kind möglicherweise die Bedeutung von schweren Traumen haben, so bleibt doch die Forderung aufrecht, daß Geburten, die zur Asphyxie führen, die behaupteten Folgen mit Sicherheit erkennen lassen müßten. Es scheint ein Vorteil der Rankschen Ätiologie, daß sie ein Moment voranstellt, das der Nachprüfung am Material der Erfahrung zugänglich ist; solange man eine solche Prüfung nicht wirklich vorgenommen hat, ist es unmöglich, ihren Wert zu beurteilen.
Dagegen kann ich mich der Meinung nicht anschließen, daß die Ranksche Lehre der bisher in der Psychoanalyse anerkannten ätiologischen Bedeutung der Sexualtriebe widerspricht; denn sie bezieht sich nur auf das Verhältnis des Individuums zur Gefahrsituation und läßt die gute Auskunft offen, daß, wer die anfänglichen Gefahren nicht bewältigen konnte, auch in den später auftauchenden Situationen sexueller Gefahr versagen muß und dadurch in die Neurose gedrängt wird.
Ich glaube also nicht, daß der Ranksche Versuch uns die Antwort auf die Frage nach der Begründung der Neurose gebracht hat, und ich meine, es läßt sich noch nicht entscheiden, einen wie großen Beitrag zur Lösung der Frage er doch enthält. Wenn die Untersuchungen über den Einfluß schwerer Geburt auf die Disposition zu Neurosen negativ ausfallen, ist dieser Beitrag gering einzuschätzen. Es ist sehr zu besorgen, daß das Bedürfnis nach einer greifbaren und einheitlichen »letzten Ursache« der Nervosität immer unbefriedigt bleiben wird. Der ideale Fall, nach dem sich der Mediziner wahrscheinlich noch heute sehnt, wäre der des Bazillus, der sich isolieren und reinzüchten läßt und dessen Impfung bei jedem Individuum die nämliche Affektion hervorruft. Oder etwas weniger phantastisch: die Darstellung von chemischen

Stoffen, deren Verabreichung bestimmte Neurosen produziert und aufhebt. Aber die Wahrscheinlichkeit spricht nicht für solche Lösungen des Problems.
Die Psychoanalyse führt zu weniger einfachen, minder befriedigenden Auskünften. Ich habe hier nur längst Bekanntes zu wiederholen, nichts Neues hinzuzufügen. Wenn es dem Ich gelungen ist, sich einer gefährlichen Triebregung zu erwehren, z. B. durch den Vorgang der Verdrängung, so hat es diesen Teil des Es zwar gehemmt und geschädigt, aber ihm gleichzeitig auch ein Stück Unabhängigkeit gegeben und auf ein Stück seiner eigenen Souveränität verzichtet. Das folgt aus der Natur der Verdrängung, die im Grunde ein Fluchtversuch ist. Das Verdrängte ist nun »vogelfrei«, ausgeschlossen aus der großen Organisation des Ichs, nur den Gesetzen unterworfen, die im Bereich des Unbewußten herrschen. Ändert sich nun die Gefahrsituation, so daß das Ich kein Motiv zur Abwehr einer neuerlichen, der verdrängten analogen Triebregung hat, so werden die Folgen der Icheinschränkung manifest. Der neuerliche Triebablauf vollzieht sich unter dem Einfluß des Automatismus – ich zöge vor zu sagen: des Wiederholungszwanges –, er wandelt dieselben Wege wie der früher verdrängte, als ob die überwundene Gefahrsituation noch bestünde. Das fixierende Moment an der Verdrängung ist also der Wiederholungszwang des unbewußten Es, der normalerweise nur durch die frei bewegliche Funktion des Ichs aufgehoben wird. Nun mag es dem Ich mitunter gelingen, die Schranken der Verdrängung, die es selbst aufgerichtet, wieder einzureißen, seinen Einfluß auf die Triebregung wiederzugewinnen und den neuerlichen Triebablauf im Sinne der veränderten Gefahrsituation zu lenken. Tatsache ist, daß es ihm so oft mißlingt und daß es seine Verdrängungen nicht rückgängig machen kann. Quantitative Relationen mögen für den Ausgang dieses Kampfes maßgebend sein. In manchen Fällen haben wir den Eindruck, daß die Entscheidung eine zwangsläufige ist, die regressive Anziehung der verdrängten Regung und die Stärke der Verdrängung sind so groß, daß die neuerliche Regung nur dem Wiederholungszwange folgen kann. In anderen Fällen nehmen wir den Beitrag eines anderen Kräftespiels wahr, die Anziehung des verdrängten Vorbilds wird verstärkt durch die Abstoßung von seiten der realen Schwierigkeiten, die sich einem anderen Ablauf der neuerlichen Triebregung entgegensetzen.
Daß dies der Hergang der Fixierung an die Verdrängung und der Erhaltung der nicht mehr aktuellen Gefahrsituation ist, findet seinen

Erweis in der an sich bescheidenen, aber theoretisch kaum überschätzbaren Tatsache der analytischen Therapie. Wenn wir dem Ich in der Analyse die Hilfe leisten, die es in den Stand setzen kann, seine Verdrängungen aufzuheben, bekommt es seine Macht über das verdrängte Es wieder und kann die Triebregungen so ablaufen lassen, als ob die alten Gefahrsituationen nicht mehr bestünden. Was wir so erreichen, steht in gutem Einklang mit dem sonstigen Machtbereich unserer ärztlichen Leistung. In der Regel muß sich ja unsere Therapie damit begnügen, rascher, verläßlicher, mit weniger Aufwand den guten Ausgang herbeizuführen, der sich unter günstigen Verhältnissen spontan ergeben hätte.

Die bisherigen Erwägungen lehren uns, es sind *quantitative* Relationen, nicht direkt aufzuzeigen, nur auf dem Wege des Rückschlusses faßbar, die darüber entscheiden, ob die alten Gefahrsituationen festgehalten werden, ob die Verdrängungen des Ichs erhalten bleiben, ob die Kinderneurosen ihre Fortsetzung finden oder nicht. Von den Faktoren, die an der Verursachung der Neurosen beteiligt sind, die die Bedingungen geschaffen haben, unter denen sich die psychischen Kräfte miteinander messen, heben sich für unser Verständnis drei hervor, ein biologischer, ein phylogenetischer und ein rein psychologischer. Der biologische ist die lang hingezogene Hilflosigkeit und Abhängigkeit des kleinen Menschenkindes. Die Intrauterinexistenz des Menschen erscheint gegen die der meisten Tiere relativ verkürzt; er wird unfertiger als diese in die Welt geschickt. Dadurch wird der Einfluß der realen Außenwelt verstärkt, die Differenzierung des Ichs vom Es frühzeitig gefördert, die Gefahren der Außenwelt in ihrer Bedeutung erhöht und der Wert des Objekts, das allein gegen diese Gefahren schützen und das verlorene Intrauterinleben ersetzen kann, enorm gesteigert. Dies biologische Moment stellt also die ersten Gefahrsituationen her und schafft das Bedürfnis, geliebt zu werden, das den Menschen nicht mehr verlassen wird.

Der zweite, phylogenetische Faktor ist von uns nur erschlossen worden; eine sehr merkwürdige Tatsache der Libidoentwicklung hat uns zu seiner Annahme gedrängt. Wir finden, daß das Sexualleben des Menschen sich nicht wie das der meisten ihm nahestehenden Tiere vom Anfang bis zur Reifung stetig weiter entwickelt, sondern daß es nach einer ersten Frühblüte bis zum fünften Jahr eine energische Unterbrechung erfährt, worauf es dann mit der Pubertät von neuem anhebt und an die infantilen Ansätze anknüpft. Wir meinen, es müßte in den

Schicksalen der Menschenart etwas Wichtiges vorgefallen sein[1], was diese Unterbrechung der Sexualentwicklung als historischen Niederschlag hinterlassen hat. Die pathogene Bedeutung dieses Moments ergibt sich daraus, daß die meisten Triebansprüche dieser kindlichen Sexualität vom Ich als Gefahren behandelt und abgewehrt werden, so daß die späteren sexuellen Regungen der Pubertät, die ichgerecht sein sollten, in Gefahr sind, der Anziehung der infantilen Vorbilder zu unterliegen und ihnen in die Verdrängung zu folgen. Hier stoßen wir auf die direkteste Ätiologie der Neurosen. Es ist merkwürdig, daß der frühe Kontakt mit den Ansprüchen der Sexualität auf das Ich ähnlich wirkt wie die vorzeitige Berührung mit der Außenwelt.

Der dritte oder psychologische Faktor ist in einer Unvollkommenheit unseres seelischen Apparates zu finden, die gerade mit seiner Differenzierung in ein Ich und ein Es zusammenhängt, also in letzter Linie auch auf den Einfluß der Außenwelt zurückgeht. Durch die Rücksicht auf die Gefahren der [äußeren] Realität wird das Ich genötigt, sich gegen gewisse Triebregungen des Es zur Wehre zu setzen, sie als Gefahren zu behandeln. Das Ich kann sich aber gegen innere Triebgefahren nicht in so wirksamer Weise schützen wie gegen ein Stück der ihm fremden Realität. Mit dem Es selbst innig verbunden, kann es die Triebgefahr nur abwehren, indem es seine eigene Organisation einschränkt und sich die Symptombildung als Ersatz für seine Beeinträchtigung des Triebes gefallen läßt. Erneuert sich dann der Andrang des abgewiesenen Triebes, so ergeben sich für das Ich alle die Schwierigkeiten, die wir als das neurotische Leiden kennen.

Weiter muß ich glauben, ist unsere Einsicht in das Wesen und die Verursachung der Neurosen vorläufig nicht gekommen.

---

[1] [In Kapitel III von *Das Ich und das Es* (1923 b) gibt Freud deutlich zu verstehen, daß er die geologische Epoche der Eiszeit im Sinne hat. Der Gedanke war früher schon von Ferenczi (1913) formuliert worden.]

XI
NACHTRÄGE

Im Laufe dieser Erörterungen sind verschiedene Themen berührt worden, die vorzeitig verlassen werden mußten und die jetzt gesammelt werden sollen, um den Anteil Aufmerksamkeit zu erhalten, auf den sie Anspruch haben.

A
MODIFIKATIONEN FRÜHER GEÄUSSERTER ANSICHTEN

a) *Widerstand und Gegenbesetzung*

Es ist ein wichtiges Stück der Theorie der Verdrängung, daß sie nicht einen einmaligen Vorgang darstellt, sondern einen dauernden [Kraft-] Aufwand erfordert. Wenn dieser entfiele, würde der verdrängte Trieb, der kontinuierlich Zuflüsse aus seinen Quellen erhält, ein nächstes Mal denselben Weg einschlagen, von dem er abgedrängt wurde, die Verdrängung würde um ihren Erfolg gebracht, oder sie müßte unbestimmt oft wiederholt werden[1]. So folgt aus der kontinuierlichen Natur des Triebes die Anforderung an das Ich, seine Abwehraktion durch einen Daueraufwand zu versichern. Diese Aktion zum Schutz der Verdrängung ist es, die wir bei der therapeutischen Bemühung als *Widerstand* verspüren. Widerstand setzt das voraus, was ich als *Gegenbesetzung* bezeichnet habe. Eine solche Gegenbesetzung wird bei der Zwangsneurose greifbar. Sie erscheint hier als Ichveränderung, als Reaktionsbildung im Ich, durch Verstärkung jener Einstellung, welche der zu verdrängenden Triebrichtung gegensätzlich ist (Mitleid, Gewissenhaftigkeit, Reinlichkeit). Diese Reaktionsbildungen der Zwangsneurose sind durchweg Übertreibungen normaler, im Verlauf der Latenzzeit entwickelter Charakterzüge. Es ist weit schwieriger, die Gegenbesetzung bei der Hysterie aufzuweisen, wo sie nach der theoretischen Erwartung ebenso unentbehrlich ist. Auch hier ist ein gewisses Maß von Ichver-

---

[1] [Vgl. eine Stelle in ›Die Verdrängung‹ (1915 d), *Studienausgabe*, Bd. 3, S. 111 f.]

änderung durch Reaktionsbildung unverkennbar und wird in manchen Verhältnissen so auffällig, daß es sich der Aufmerksamkeit als das Hauptsymptom des Zustandes aufdrängt. In solcher Weise wird z. B. der Ambivalenzkonflikt der Hysterie gelöst, der Haß gegen eine geliebte Person wird durch ein Übermaß von Zärtlichkeit für sie und Ängstlichkeit um sie niedergehalten. Man muß aber als Unterschiede gegen die Zwangsneurose hervorheben, daß solche Reaktionsbildungen nicht die allgemeine Natur von Charakterzügen zeigen, sondern sich auf ganz spezielle Relationen einschränken. Die Hysterika z. B., die ihre im Grunde gehaßten Kinder mit exzessiver Zärtlichkeit behandelt, wird darum nicht im ganzen liebesbereiter als andere Frauen, nicht einmal zärtlicher für andere Kinder. Die Reaktionsbildung der Hysterie hält an einem bestimmten Objekt zähe fest und erhebt sich nicht zu einer allgemeinen Disposition des Ichs. Für die Zwangsneurose ist gerade diese Verallgemeinerung, die Lockerung der Objektbeziehungen, die Erleichterung der Verschiebung in der Objektwahl charakteristisch.

Eine andere Art der Gegenbesetzung scheint der Eigenart der Hysterie gemäßer zu sein. Die verdrängte Triebregung kann von zwei Seiten her aktiviert (neu besetzt) werden, erstens von innen her durch eine Verstärkung des Triebes aus seinen inneren Erregungsquellen, zweitens von außen her durch die Wahrnehmung eines Objekts, das dem Trieb erwünscht wäre. Die hysterische Gegenbesetzung ist nun vorzugsweise nach außen gegen gefährliche Wahrnehmung gerichtet, sie nimmt die Form einer besonderen Wachsamkeit an, die durch Icheinschränkungen Situationen vermeidet, in denen die Wahrnehmung auftreten müßte, und die es zustandebringt, dieser Wahrnehmung die Aufmerksamkeit zu entziehen, wenn sie doch aufgetaucht ist. Französische Autoren (Laforgue [1926]) haben kürzlich diese Leistung der Hysterie durch den besonderen Namen » Skotomisation«[1] ausgezeichnet. Noch auffälliger als bei Hysterie ist diese Technik der Gegenbesetzung bei den Phobien, deren Interesse sich darauf konzentriert, sich immer weiter von der Möglichkeit der gefürchteten Wahrnehmung zu entfernen. Der Gegensatz in der Richtung der Gegenbesetzung zwischen Hysterie und Phobien einerseits und Zwangsneurose anderseits scheint bedeutsam, wenn er auch kein absoluter ist. Er legt uns nahe anzunehmen, daß zwischen der Verdrängung und der äußeren Gegenbesetzung, wie zwischen der

---

[1] [Freud erläutert diesen Terminus ausführlicher in seiner späteren Arbeit ›Fetischismus‹ (1927 e) im Zusammenhang mit dem Begriff der Verleugnung.]

Nachträge (XI): A. Modifikationen früher geäußerter Ansichten

Regression und der inneren Gegenbesetzung (Ichveränderung durch Reaktionsbildung), ein innigerer Zusammenhang besteht. Die Abwehr der gefährlichen Wahrnehmung ist übrigens eine allgemeine Aufgabe der Neurosen. Verschiedene Gebote und Verbote der Zwangsneurose sollen der gleichen Absicht dienen.

Wir haben uns früher einmal[1] klargemacht, daß der Widerstand, den wir in der Analyse zu überwinden haben, vom Ich geleistet wird, das an seinen Gegenbesetzungen festhält. Das Ich hat es schwer, seine Aufmerksamkeit Wahrnehmungen und Vorstellungen zuzuwenden, deren Vermeidung es sich bisher zur Vorschrift gemacht hatte, oder Regungen als die seinigen anzuerkennen, die den vollsten Gegensatz zu den ihm als eigen vertrauten bilden. Unsere Bekämpfung des Widerstandes in der Analyse gründet sich auf eine solche Auffassung desselben. Wir machen den Widerstand bewußt, wo er, wie so häufig, infolge des Zusammenhanges mit dem Verdrängten selbst unbewußt ist; wir setzen ihm logische Argumente entgegen, wenn oder nachdem er bewußtgeworden ist, versprechen dem Ich Nutzen und Prämien, wenn es auf den Widerstand verzichtet. An dem Widerstand des Ichs ist also nichts zu bezweifeln oder zu berichtigen. Dagegen fragt es sich, ob er allein den Sachverhalt deckt, der uns in der Analyse entgegentritt. Wir machen die Erfahrung, daß das Ich noch immer Schwierigkeiten findet, die Verdrängungen rückgängig zu machen, auch nachdem es den Vorsatz gefaßt hat, seine Widerstände aufzugeben, und haben die Phase anstrengender Bemühung, die nach solchem löblichen Vorsatz folgt, als die des »Durcharbeitens« bezeichnet. Es liegt nun nahe, das dynamische Moment anzuerkennen, das ein solches Durcharbeiten notwendig und verständlich macht. Es kann kaum anders sein, als daß nach Aufhebung des Ichwiderstandes noch die Macht des Wiederholungszwanges, die Anziehung der unbewußten Vorbilder auf den verdrängten Triebvorgang, zu überwinden ist, und es ist nichts dagegen zu sagen, wenn man dies Moment als den *Widerstand des Unbewußten* bezeichnen will. Lassen wir uns solche Korrekturen nicht verdrießen; sie sind erwünscht, wenn sie unser Verständnis um ein Stück fördern, und keine Schande, wenn sie das frühere nicht widerlegen, sondern bereichern, eventuell eine Allgemeinheit einschränken, eine zu enge Auffassung erweitern.

Es ist nicht anzunehmen, daß wir durch diese Korrektur eine vollständige Übersicht über die Arten der uns in der Analyse begegnenden

---
[1] [Im I. Kapitel von *Das Ich und das Es* (1923 b), Studienausgabe, Bd. 3, S. 286 f.]

Widerstände gewonnen haben. Bei weiterer Vertiefung merken wir vielmehr, daß wir fünf Arten des Widerstandes zu bekämpfen haben, die von drei Seiten herstammen, nämlich vom Ich, vom Es und vom Über-Ich, wobei sich das Ich als die Quelle von drei in ihrer Dynamik unterschiedenen Formen erweist. Der erste dieser drei Ichwiderstände ist der vorhin behandelte *Verdrängungs*widerstand [s. S. 295 ff.], über den am wenigsten Neues zu sagen ist. Von ihm sondert sich der *Übertragungs*widerstand, der von der gleichen Natur ist, aber in der Analyse andere und weit deutlichere Erscheinungen macht, da es ihm gelungen ist, eine Beziehung zur analytischen Situation oder zur Person des Analytikers herzustellen und somit eine Verdrängung, die bloß erinnert werden sollte, wieder wie frisch zu beleben. Auch ein Ichwiderstand, aber ganz anderer Natur, ist jener, der vom *Krankheitsgewinn* ausgeht und sich auf die Einbeziehung des Symptoms ins Ich gründet [vgl. S. 244]. Er entspricht dem Sträuben gegen den Verzicht auf eine Befriedigung oder Erleichterung. Die vierte Art des Widerstandes – den des *Es* – haben wir eben für die Notwendigkeit des Durcharbeitens verantwortlich gemacht. Der fünfte Widerstand, der des *Über-Ichs*, der zuletzt erkannte, dunkelste, aber nicht immer schwächste, scheint dem Schuldbewußtsein oder Strafbedürfnis zu entstammen; er widersetzt sich jedem Erfolg und demnach auch der Genesung durch die Analyse[1].

b) Angst aus Umwandlung von Libido

Die in diesem Aufsatz vertretene Auffassung der Angst entfernt sich ein Stück weit von jener, die mir bisher berechtigt schien. Früher betrachtete ich die Angst als eine allgemeine Reaktion des Ichs unter den Bedingungen der Unlust, suchte ihr Auftreten jedesmal ökonomisch[2] zu rechtfertigen und nahm an, gestützt auf die Untersuchung der Aktualneurosen, daß Libido (sexuelle Erregung), die vom Ich abgelehnt oder nicht verwendet wird, eine direkte Abfuhr in der Form der Angst findet. Man kann es nicht übersehen, daß diese verschiedenen Bestimmungen nicht gut zusammengehen, zum mindesten nicht notwendig auseinander folgen. Überdies ergab sich der Anschein einer besonders innigen Beziehung von Angst und Libido, die wiederum mit dem Allgemeincharakter der Angst als Unlustreaktion nicht harmonierte.

---

[1] [Dies wird in *Das Ich und das Es* (1923 b; *Studienausgabe*, Bd. 3, S. 316) erörtert.]
[2] [Das Wort »ökonomisch« steht nur in der ersten Auflage (1926). Es fehlt, zweifellos versehentlich, in allen späteren deutschen Auflagen.]

Nachträge (XI): A. Modifikationen früher geäußerter Ansichten

Der Einspruch gegen diese Auffassung ging von der Tendenz aus, das Ich zur alleinigen Angststätte zu machen, war also eine der Folgen der im *Ich und Es* versuchten Gliederung des seelischen Apparates. Der früheren Auffassung lag es nahe, die Libido der verdrängten Triebregung als die Quelle der Angst zu betrachten; nach der neueren hatte vielmehr das Ich für diese Angst aufzukommen. Also Ich-Angst oder Trieb-(Es-)Angst. Da das Ich mit desexualisierter Energie arbeitet, wurde in der Neuerung auch der intime Zusammenhang von Angst und Libido gelockert. Ich hoffe, es ist mir gelungen, wenigstens den Widerspruch klarzumachen, die Umrisse der Unsicherheit scharf zu zeichnen.

Die Ranksche Mahnung, der Angstaffekt sei, wie ich selbst zuerst behauptete[1], eine Folge des Geburtsvorganges und eine Wiederholung der damals durchlebten Situation, nötigte zu einer neuerlichen Prüfung des Angstproblems. Mit seiner eigenen Auffassung der Geburt als Trauma, des Angstzustandes als Abfuhrreaktion darauf, jedes neuerlichen Angstaffekts als Versuch, das Trauma immer vollständiger »abzureagieren«, konnte ich nicht weiterkommen. Es ergab sich die Nötigung, von der Angstreaktion auf die *Gefahrsituation* hinter ihr zurückzugehen. Mit der Einführung dieses Moments ergaben sich neue Gesichtspunkte für die Betrachtung. Die Geburt wurde das Vorbild für alle späteren Gefahrsituationen, die sich unter den neuen Bedingungen der veränderten Existenzform und der fortschreitenden psychischen Entwicklung ergaben. Ihre eigene Bedeutung wurde aber auch auf diese vorbildliche Beziehung zur Gefahr eingeschränkt. Die bei der Geburt empfundene Angst wurde nun das Vorbild eines Affektzustandes, der die Schicksale anderer Affekte teilen mußte. Er reproduzierte sich entweder automatisch in Situationen, die seinen Ursprungssituationen analog waren, als unzweckmäßige Reaktionsform, nachdem er in der ersten Gefahrsituation zweckmäßig gewesen war. Oder das Ich bekam Macht über diesen Affekt und reproduzierte ihn selbst, bediente sich seiner als Warnung vor der Gefahr und als Mittel, das Eingreifen des Lust-Unlust-Mechanismus wachzurufen. Die biologische Bedeutung des Angstaffekts kam zu ihrem Recht, indem die Angst als die allgemeine Reaktion auf die Situation der Gefahr anerkannt wurde; die Rolle des Ichs als Angststätte wurde bestätigt, indem dem Ich die Funktion eingeräumt wurde, den Angstaffekt nach seinen Bedürfnissen zu produzieren. Der Angst wurden so im späteren Leben zweierlei Ur-

[1] [S. die ›Editorische Vorbemerkung‹, S. 231 f.]

sprungsweisen zugewiesen, die eine ungewollt, automatisch, jedesmal ökonomisch gerechtfertigt, wenn sich eine Gefahrsituation analog jener der Geburt hergestellt hatte, die andere, vom Ich produzierte, wenn eine solche Situation nur drohte, um zu ihrer Vermeidung aufzufordern. In diesem zweiten Fall unterzog sich das Ich der Angst gleichsam wie einer Impfung, um durch einen abgeschwächten Krankheitsausbruch einem ungeschwächten Anfall zu entgehen. Es stellte sich gleichsam die Gefahrsituation lebhaft vor, bei unverkennbarer Tendenz, dies peinliche Erleben auf eine Andeutung, ein Signal, zu beschränken. Wie sich dabei die verschiedenen Gefahrsituationen nacheinander entwickeln und doch genetisch miteinander verknüpft bleiben, ist bereits im einzelnen dargestellt worden [S. 277–80]. Vielleicht gelingt es uns, ein Stück weiter ins Verständnis der Angst einzudringen, wenn wir das Problem des Verhältnisses zwischen neurotischer Angst und Realangst angreifen [S. 302 ff.].

Die früher behauptete direkte Umsetzung der Libido in Angst ist unserem Interesse nun weniger bedeutsam geworden. Ziehen wir sie doch in Erwägung, so haben wir mehrere Fälle zu unterscheiden. Für die Angst, die das Ich als Signal provoziert, kommt sie nicht in Betracht; also auch nicht in all den Gefahrsituationen, die das Ich zur Einleitung einer Verdrängung bewegen. Die libidinöse Besetzung der verdrängten Triebregung erfährt, wie man es am deutlichsten bei der Konversionshysterie sieht, eine andere Verwendung als die Umsetzung in und Abfuhr als Angst. Hingegen werden wir bei der weiteren Diskussion der Gefahrsituation auf jenen Fall der Angstentwicklung stoßen, der wahrscheinlich anders zu beurteilen ist [S. 304 f.].

c) Verdrängung und Abwehr

Im Zusammenhange der Erörterungen über das Angstproblem habe ich einen Begriff – oder bescheidener ausgedrückt: einen Terminus – wieder aufgenommen, dessen ich mich zu Anfang meiner Studien vor dreißig Jahren ausschließend bediente und den ich späterhin fallengelassen habe. Ich meine den des Abwehrvorganges[1]. Ich ersetzte ihn in der Folge durch den der Verdrängung, das Verhältnis zwischen beiden blieb aber unbestimmt. Ich meine nun, es bringt einen sicheren Vorteil, auf den alten Begriff der Abwehr zurückzugreifen, wenn man dabei festsetzt, daß er die allgemeine Bezeichnung für alle die Techniken sein soll,

---
[1] Siehe: ›Die Abwehr-Neuropsychosen‹ [1894 a].

Nachträge (XI): A. Modifikationen früher geäußerter Ansichten

deren sich das Ich in seinen eventuell zur Neurose führenden Konflikten bedient, während Verdrängung der Name einer bestimmten solchen Abwehrmethode bleibt, die uns infolge der Richtung unserer Untersuchungen zuerst besser bekannt worden ist.

Auch eine bloß terminologische Neuerung will gerechtfertigt werden, soll der Ausdruck einer neuen Betrachtungsweise oder einer Erweiterung unserer Einsichten sein. Die Wiederaufnahme des Begriffes Abwehr und die Einschränkung des Begriffes der Verdrängung trägt nun einer Tatsache Rechnung, die längst bekannt ist, aber durch einige neuere Funde an Bedeutung gewonnen hat. Unsere ersten Erfahrungen über Verdrängung und Symptombildung machten wir an der Hysterie; wir sahen, daß der Wahrnehmungsinhalt erregender Erlebnisse, der Vorstellungsinhalt pathogener Gedankenbildungen vergessen und von der Reproduktion im Gedächtnis ausgeschlossen wird, und haben darum in der Abhaltung vom Bewußtsein einen Hauptcharakter der hysterischen Verdrängung erkannt. Später haben wir die Zwangsneurose studiert und gefunden, daß bei dieser Affektion die pathogenen Vorfälle nicht vergessen werden. Sie bleiben bewußt, werden aber auf eine noch nicht vorstellbare Weise »isoliert«, so daß ungefähr derselbe Erfolg erzielt wird wie durch die hysterische Amnesie. Aber die Differenz ist groß genug, um unsere Meinung zu berechtigen, der Vorgang, mittels dessen die Zwangsneurose einen Triebanspruch beseitigt, könne nicht der nämliche sein wie bei Hysterie. Weitere Untersuchungen haben uns gelehrt, daß bei der Zwangsneurose unter dem Einfluß des Ichsträubens eine Regression der Triebregungen auf eine frühere Libidophase erzielt wird, die zwar eine Verdrängung nicht überflüssig macht, aber offenbar in demselben Sinne wirkt wie die Verdrängung. Wir haben ferner gesehen, daß die auch bei Hysterie anzunehmende Gegenbesetzung bei der Zwangsneurose als reaktive Ichveränderung eine besonders große Rolle beim Ichschutz spielt, wir sind auf ein Verfahren der »Isolierung« aufmerksam worden, dessen Technik wir noch nicht angeben können, das sich einen direkten symptomatischen Ausdruck schafft, und auf die magisch zu nennende Prozedur des »Ungeschehenmachens«, über deren abwehrende Tendenz kein Zweifel sein kann, die aber mit dem Vorgang der »Verdrängung« keine Ähnlichkeit mehr hat. Diese Erfahrungen sind Grund genug, den alten Begriff der *Abwehr* wieder einzusetzen, der alle diese Vorgänge mit gleicher Tendenz – Schutz des Ichs gegen Triebansprüche – umfassen kann, und ihm die Verdrängung als einen Spezialfall zu subsumieren. Die Bedeutung einer solchen Namengebung wird erhöht, wenn man die Möglichkeit erwägt, daß eine Vertiefung unserer Studien eine innige Zusammengehörigkeit zwischen besonderen Formen der Abwehr und bestimmten Affektionen ergeben könnte, z. B. zwischen Verdrängung und Hysterie. Unsere Erwartung richtet sich ferner auf die Möglichkeit einer anderen bedeutsamen Abhängigkeit. Es kann leicht sein, daß der seelische Apparat vor der scharfen Sonderung von Ich und Es, vor der Ausbildung eines Über-Ichs andere Methoden der Abwehr übt als nach der Erreichung dieser Organisationsstufen.

B

ERGÄNZUNG ZUR ANGST

Der Angstaffekt zeigt einige Züge, deren Untersuchung weitere Aufklärung verspricht. Die Angst hat eine unverkennbare Beziehung zur *Erwartung;* sie ist Angst *vor* etwas. Es haftet ihr ein Charakter von *Unbestimmtheit* und *Objektlosigkeit* an; der korrekte Sprachgebrauch ändert selbst ihren Namen, wenn sie ein Objekt gefunden hat, und ersetzt ihn dann durch *Furcht.* Die Angst hat ferner außer ihrer Beziehung zur Gefahr eine andere zur Neurose, um deren Aufklärung wir uns seit langem bemühen. Es entsteht die Frage, warum nicht alle Angstreaktionen neurotisch sind, warum wir so viele als normal anerkennen; endlich verlangt der Unterschied von Realangst und neurotischer Angst nach gründlicher Würdigung.

Gehen wir von der letzteren Aufgabe aus. Unser Fortschritt bestand in dem Rückgreifen von der Reaktion der Angst auf die Situation der Gefahr. Nehmen wir dieselbe Veränderung an dem Problem der Realangst vor, so wird uns dessen Lösung leicht. Realgefahr ist eine Gefahr, die wir kennen, Realangst die Angst vor einer solchen bekannten Gefahr. Die neurotische Angst ist Angst vor einer Gefahr, die wir nicht kennen. Die neurotische Gefahr muß also erst gesucht werden; die Analyse hat uns gelehrt, sie ist eine Triebgefahr. Indem wir diese dem Ich unbekannte Gefahr zum Bewußtsein bringen, verwischen wir den Unterschied zwischen Realangst und neurotischer Angst, können wir die letztere wie die erstere behandeln.

In der Realgefahr entwickeln wir zwei Reaktionen, die affektive, den Angstausbruch, und die Schutzhandlung. Voraussichtlich wird bei der Triebgefahr dasselbe geschehen. Wir kennen den Fall des zweckmäßigen

Nachträge (XI): B. Ergänzung zur Angst

Zusammenwirkens beider Reaktionen, indem die eine das Signal für das Einsetzen der anderen gibt, aber auch den unzweckmäßigen Fall, den der Angstlähmung, daß die eine sich auf Kosten der anderen ausbreitet.

Es gibt Fälle, in denen sich die Charaktere von Realangst und neurotischer Angst vermengt zeigen. Die Gefahr ist bekannt und real, aber die Angst vor ihr übermäßig groß, größer, als sie nach unserem Urteil sein dürfte. In diesem Mehr verrät sich das neurotische Element. Aber diese Fälle bringen nichts prinzipiell Neues. Die Analyse zeigt, daß an die bekannte Realgefahr eine unerkannte Triebgefahr geknüpft ist.

Wir kommen weiter, wenn wir uns auch mit der Zurückführung der Angst auf die Gefahr nicht begnügen. Was ist der Kern, die Bedeutung der Gefahrsituation? Offenbar die Einschätzung unserer Stärke im Vergleich zu ihrer Größe, das Zugeständnis unserer Hilflosigkeit gegen sie, der materiellen Hilflosigkeit im Falle der Realgefahr, der psychischen Hilflosigkeit im Falle der Triebgefahr. Unser Urteil wird dabei von wirklich gemachten Erfahrungen geleitet werden; ob es sich in seiner Schätzung irrt, ist für den Erfolg gleichgiltig. Heißen wir eine solche erlebte Situation von Hilflosigkeit eine *traumatische*; wir haben dann guten Grund, die traumatische Situation von der *Gefahrsituation* zu trennen.

Es ist nun ein wichtiger Fortschritt in unserer Selbstbewahrung, wenn eine solche traumatische Situation von Hilflosigkeit nicht abgewartet, sondern vorhergesehen, erwartet wird. Die Situation, in der die Bedingung für solche Erwartung enthalten ist, heiße die Gefahrsituation, in ihr wird das Angstsignal gegeben. Dies will besagen: ich erwarte, daß sich eine Situation von Hilflosigkeit ergeben wird, oder die gegenwärtige Situation erinnert mich an eines der früher erfahrenen traumatischen Erlebnisse. Daher antizipiere ich dieses Trauma, will mich benehmen, als ob es schon da wäre, solange noch Zeit ist, es abzuwenden. Die Angst ist also einerseits Erwartung des Traumas, anderseits eine gemilderte Wiederholung desselben. Die beiden Charaktere, die uns an der Angst aufgefallen sind, haben also verschiedenen Ursprung. Ihre Beziehung zur Erwartung gehört zur Gefahrsituation, ihre Unbestimmtheit und Objektlosigkeit zur traumatischen Situation der Hilflosigkeit, die in der Gefahrsituation antizipiert wird.

Nach der Entwicklung der Reihe: Angst – Gefahr – Hilflosigkeit (Trauma) können wir zusammenfassen: Die Gefahrsituation ist die erkannte, erinnerte, erwartete Situation der Hilflosigkeit. Die Angst ist die ursprüngliche Reaktion auf die Hilflosigkeit im Trauma, die dann später in der Gefahrsituation als Hilfssignal reproduziert wird. Das Ich, welches das Trauma passiv erlebt hat, wiederholt nun aktiv eine abgeschwächte Reproduktion desselben, in der Hoffnung, deren Ablauf selbsttätig leiten zu können. Wir wissen, das Kind benimmt sich ebenso gegen alle ihm peinlichen Eindrücke, indem es sie im Spiel reproduziert; durch diese Art, von der Passivität zur Aktivität überzugehen, sucht es seine Lebenseindrücke psychisch zu bewältigen[1]. Wenn dies der Sinn eines »Abreagierens« des Traumas sein soll, so kann man nichts mehr dagegen einwenden [s. S. 290]. Das Entscheidende ist aber die erste Verschiebung der Angstreaktion von ihrem Ursprung in der Situation der Hilflosigkeit auf deren Erwartung, die Gefahrsituation. Dann folgen die weiteren Verschiebungen von der Gefahr auf die Bedingung der Gefahr, den Objektverlust und dessen schon erwähnte Modifikationen.

Die »Verwöhnung« des kleinen Kindes hat die unerwünschte Folge, daß die Gefahr des Objektverlustes – das Objekt als Schutz gegen alle Situationen der Hilflosigkeit – gegen alle anderen Gefahren übersteigert wird. Sie begünstigt also die Zurückhaltung in der Kindheit, der die motorische wie die psychische Hilflosigkeit eigen sind.

Wir haben bisher keinen Anlaß gehabt, die Realangst anders zu betrachten als die neurotische Angst. Wir kennen den Unterschied; die Realgefahr droht von einem äußeren Objekt, die neurotische von einem Triebanspruch. Insoferne dieser Triebanspruch etwas Reales ist, kann auch die neurotische Angst als real begründet anerkannt werden. Wir haben verstanden, daß der Anschein einer besonders intimen Beziehung zwischen Angst und Neurose sich auf die Tatsache zurückführt, daß das Ich sich mit Hilfe der Angstreaktion der Triebgefahr ebenso erwehrt wie der äußeren Realgefahr, daß aber diese Richtung der Abwehrtätigkeit infolge einer Unvollkommenheit des seelischen Apparats in die Neurose ausläuft. Wir haben auch die Überzeugung gewonnen, daß der Triebanspruch oft nur darum zur (inneren) Gefahr wird, weil seine Befriedigung eine äußere Gefahr herbeiführen würde, also weil diese innere Gefahr eine äußere repräsentiert.

Anderseits muß auch die äußere (Real-) Gefahr eine Verinnerlichung gefunden haben, wenn sie für das Ich bedeutsam werden soll; sie muß in ihrer Beziehung zu einer erlebten Situation von Hilflosigkeit erkannt

---

[1] [Vgl. *Jenseits des Lustprinzips* (1920g), *Studienausgabe*, Bd. 3, S. 226 f.]

werden¹. Eine instinktive Erkenntnis von außen drohender Gefahren scheint dem Menschen nicht oder nur in sehr bescheidenem Ausmaß mitgegeben worden zu sein. Kleine Kinder tun unaufhörlich Dinge, die sie in Lebensgefahr bringen, und können gerade darum das schützende Objekt nicht entbehren. In der Beziehung zur traumatischen Situation, gegen die man hilflos ist, treffen äußere und innere Gefahr, Realgefahr und Triebanspruch zusammen. Mag das Ich in dem einen Falle einen Schmerz, der nicht aufhören will, erleben, im anderen Falle eine Bedürfnisstauung, die keine Befriedigung finden kann, die ökonomische Situation ist für beide Fälle die nämliche, und die motorische Hilflosigkeit findet in der psychischen Hilflosigkeit ihren Ausdruck.

Die rätselhaften Phobien der frühen Kinderzeit verdienen an dieser Stelle nochmalige Erwähnung. [Vgl. S. 276 f.] Die einen von ihnen – Alleinsein, Dunkelheit, fremde Personen – konnten wir als Reaktionen auf die Gefahr des Objektverlustes verstehen; für andere – kleine Tiere, Gewitter u. dgl. – bietet sich vielleicht die Auskunft, sie seien die verkümmerten Reste einer kongenitalen Vorbereitung auf die Realgefahren, die bei anderen Tieren so deutlich ausgebildet ist. Für den Menschen zweckmäßig ist allein der Anteil dieser archaischen Erbschaft, der sich auf den Objektverlust bezieht. Wenn solche Kinderphobien sich fixieren, stärker werden und bis in späte Lebensjahre anhalten, weist die Analyse nach, daß ihr Inhalt sich mit Triebansprüchen in Verbindung gesetzt hat, zur Vertretung auch innerer Gefahren geworden ist.

C

ANGST, SCHMERZ UND TRAUER

Zur Psychologie der Gefühlsvorgänge liegt so wenig vor, daß die nachstehenden schüchternen Bemerkungen auf die nachsichtigste Beurteilung Anspruch erheben dürfen. An folgender Stelle erhebt sich für uns das Problem. Wir mußten sagen, die Angst werde zur Reaktion auf die Gefahr des Objektverlusts. Nun kennen wir bereits eine solche Reaktion auf den Objektverlust, es ist die Trauer. Also wann kommt es zur

---

¹ Es mag oft genug vorkommen, daß in einer Gefahrsituation, die als solche richtig geschätzt wird, zur Realangst ein Stück Triebangst hinzukommt. Der Triebanspruch, vor dessen Befriedigung das Ich zurückschreckt, wäre dann der masochistische, der gegen die eigene Person gewendete Destruktionstrieb. Vielleicht erklärt diese Zutat den Fall, daß die Angstreaktion übermäßig und unzweckmäßig, lähmend ausfällt. Die Höhenphobien (Fenster, Turm, Abgrund) könnten diese Herkunft haben; ihre geheime feminine Bedeutung steht dem Masochismus nahe.

einen, wann zur anderen? An der Trauer, mit der wir uns bereits früher beschäftigt haben[1], blieb ein Zug völlig unverstanden, ihre besondere Schmerzlichkeit [s. S. 272]. Daß die Trennung vom Objekt schmerzlich ist, erscheint uns trotzdem selbstverständlich. Also kompliziert sich das Problem weiter: Wann macht die Trennung vom Objekt Angst, wann Trauer und wann vielleicht nur Schmerz?

Sagen wir es gleich, es ist keine Aussicht vorhanden, Antworten auf diese Fragen zu geben. Wir werden uns dabei bescheiden, einige Abgrenzungen und einige Andeutungen zu finden.

Unser Ausgangspunkt sei wiederum die eine Situation, die wir zu verstehen glauben, die des Säuglings, der anstatt seiner Mutter eine fremde Person erblickt. Er zeigt dann die Angst, die wir auf die Gefahr des Objektverlustes gedeutet haben. Aber sie ist wohl komplizierter und verdient eine eingehendere Diskussion. An der Angst des Säuglings ist zwar kein Zweifel, aber Gesichtsausdruck und die Reaktion des Weinens lassen annehmen, daß er außerdem noch Schmerz empfindet. Es scheint, daß bei ihm einiges zusammenfließt, was später gesondert werden wird. Er kann das zeitweilige Vermissen und den dauernden Verlust noch nicht unterscheiden; wenn er die Mutter das eine Mal nicht zu Gesicht bekommen hat, benimmt er sich so, als ob er sie nie wieder sehen sollte, und es bedarf wiederholter tröstlicher Erfahrungen, bis er gelernt hat, daß auf ein solches Verschwinden der Mutter ihr Wiedererscheinen zu folgen pflegt. Die Mutter reift diese für ihn so wichtige Erkenntnis, indem sie das bekannte Spiel mit ihm aufführt, sich vor ihm das Gesicht zu verdecken und zu seiner Freude wieder zu enthüllen[2]. Er kann dann sozusagen Sehnsucht empfinden, die nicht von Verzweiflung begleitet ist.

Die Situation, in der er die Mutter vermißt, ist infolge seines Mißverständnisses für ihn keine Gefahrsituation, sondern eine traumatische, oder richtiger, sie ist eine traumatische, wenn er in diesem Moment ein Bedürfnis verspürt, das die Mutter befriedigen soll; sie wandelt sich zur Gefahrsituation, wenn dies Bedürfnis nicht aktuell ist. Die erste Angstbedingung, die das Ich selbst einführt, ist also die des Wahrnehmungsverlustes, die der des Objektverlustes gleichgestellt wird. Ein Liebesverlust kommt noch nicht in Betracht. Später lehrt die Erfah-

---

[1] Siehe: ›Trauer und Melancholie‹ [(1917 e), besonders eine Passage ziemlich zu Anfang dieser Arbeit; *Studienausgabe*, Bd. 3, S. 198 f.].
[2] [Vgl. das in der zweiten Hälfte des II. Kapitels von *Jenseits des Lustprinzips* beschriebene Kinderspiel; *Studienausgabe*, Bd. 3, S. 224 ff.]

rung, daß das Objekt vorhanden bleiben, aber auf das Kind böse geworden sein kann, und nun wird der Verlust der Liebe von seiten des Objekts zur neuen, weit beständigeren Gefahr und Angstbedingung. Die traumatische Situation des Vermissens der Mutter weicht in einem entscheidenden Punkte von der traumatischen Situation der Geburt ab. Damals war kein Objekt vorhanden, das vermißt werden konnte. Die Angst blieb die einzige Reaktion, die zustande kam. Seither haben wiederholte Befriedigungssituationen das Objekt der Mutter geschaffen, das nun im Falle des Bedürfnisses eine intensive, »sehnsüchtig« zu nennende Besetzung erfährt. Auf diese Neuerung ist die Reaktion des Schmerzes zu beziehen. Der Schmerz ist also die eigentliche Reaktion auf den Objektverlust, die Angst die auf die Gefahr, welche dieser Verlust mit sich bringt, in weiterer Verschiebung auf die Gefahr des Objektverlustes selbst.

Auch vom Schmerz wissen wir sehr wenig. Den einzig sicheren Inhalt gibt die Tatsache, daß der Schmerz – zunächst und in der Regel – entsteht, wenn ein an der Peripherie angreifender Reiz die Vorrichtungen des Reizschutzes durchbricht und nun wie ein kontinuierlicher Triebreiz wirkt, gegen den die sonst wirksamen Muskelaktionen, welche die gereizte Stelle dem Reiz entziehen, ohnmächtig bleiben[1]. Wenn der Schmerz nicht von einer Hautstelle, sondern von einem inneren Organ ausgeht, so ändert das nichts an der Situation; es ist nur ein Stück der inneren Peripherie an die Stelle der äußeren getreten. Das Kind hat offenbar Gelegenheit, solche Schmerzerlebnisse zu machen, die unabhängig von seinen Bedürfniserlebnissen sind. Diese Entstehungsbedingung des Schmerzes scheint aber sehr wenig Ähnlichkeit mit einem Objektverlust zu haben, auch ist das für den Schmerz wesentliche Moment der peripherischen Reizung in der Sehnsuchtssituation des Kindes völlig entfallen. Und doch kann es nicht sinnlos sein, daß die Sprache den Begriff des inneren, des seelischen, Schmerzes geschaffen hat und die Empfindungen des Objektverlusts durchaus dem körperlichen Schmerz gleichstellt.

Beim körperlichen Schmerz entsteht eine hohe, narzißtisch zu nennende Besetzung der schmerzenden Körperstelle[2], die immer mehr zunimmt und sozusagen entleerend auf das Ich wirkt[3]. Es ist bekannt, daß wir,

---
[1] [S. die Darstellung im IV. Kapitel von *Jenseits des Lustprinzips* (1920 g), *Studienausgabe*, Bd. 3, S. 239 ff.]
[2] [Vgl. den Anfang von Abschnitt II der Schrift ›Zur Einführung des Narzißmus‹ (1914 c), *Studienausgabe*, Bd. 3, S. 49.]
[3] [S. *Jenseits des Lustprinzips*, loc. cit.]

bei Schmerzen in inneren Organen, räumliche und andere Vorstellungen von solchen Körperteilen bekommen, die sonst im bewußten Vorstellen gar nicht vertreten sind. Auch die merkwürdige Tatsache, daß die intensivsten Körperschmerzen bei psychischer Ablenkung durch ein andersartiges Interesse nicht zustande kommen (man darf hier nicht sagen: unbewußt bleiben), findet in der Tatsache der Konzentration der Besetzung auf die psychische Repräsentanz der schmerzenden Körperstelle ihre Erklärung. Nun scheint in diesem Punkt die Analogie zu liegen, die die Übertragung der Schmerzempfindung auf das seelische Gebiet gestattet hat. Die intensive, infolge ihrer Unstillbarkeit stets anwachsende Sehnsuchtsbesetzung des vermißten (verlorenen) Objekts schafft dieselben ökonomischen Bedingungen wie die Schmerzbesetzung der verletzten Körperstelle und macht es möglich, von der peripherischen Bedingtheit des Körperschmerzes abzusehen! Der Übergang vom Körperschmerz zum Seelenschmerz entspricht dem Wandel von narzißtischer zur Objektbesetzung. Die vom Bedürfnis hochbesetzte Objektvorstellung spielt die Rolle der von dem Reizzuwachs besetzten Körperstelle. Die Kontinuität und Unhemmbarkeit des Besetzungsvorganges bringen den gleichen Zustand der psychischen Hilflosigkeit hervor. Wenn die dann entstehende Unlustempfindung den spezifischen, nicht näher zu beschreibenden Charakter des Schmerzes trägt, anstatt sich in der Reaktionsform der Angst zu äußern, so liegt es nahe, dafür ein Moment verantwortlich zu machen, das sonst von der Erklärung noch zu wenig in Anspruch genommen wurde, das hohe Niveau der Besetzungs- und Bindungsverhältnisse, auf dem sich diese zur Unlustempfindung führenden Vorgänge vollziehen[1].

Wir kennen noch eine andere Gefühlsreaktion auf den Objektverlust, die Trauer. Ihre Erklärung bereitet aber keine Schwierigkeiten mehr. Die Trauer entsteht unter dem Einfluß der Realitätsprüfung, die kategorisch verlangt, daß man sich von dem Objekt trennen müsse, weil es nicht mehr besteht[2]. Sie hat nun die Arbeit zu leisten, diesen Rückzug vom Objekt in all den Situationen durchzuführen, in denen das Objekt Gegenstand hoher Besetzung war. Der schmerzliche Charakter dieser Trennung fügt sich dann der eben gegebenen Erklärung durch die hohe und unerfüllbare Sehnsuchtsbesetzung des Objekts während der Reproduktion der Situationen, in denen die Bindung an das Objekt gelöst werden soll.

---

[1] [S. *Jenseits des Lustprinzips*, loc. cit.]
[2] [Vgl. ›Trauer und Melancholie‹ (1917e), *Studienausgabe*, Bd. 3, S. 198 f.]

Anhang

BIBLIOGRAPHIE

Vorbemerkung: Titel von Büchern und Zeitschriften sind kursiv, Titel von Beiträgen zu Zeitschriften oder Büchern in einfache Anführungszeichen gesetzt. Die Abkürzungen entsprechen der *World List of Scientific Periodicals* (London, 1963–65). Weitere in diesem Band verwendete Abkürzungen finden sich jn der *Liste der Abkürzungen* auf Seite 318. Die in runde Klammern gesetzten Zahlen am Ende bibliographischer Eintragungen geben die Seite bzw. Seiten des vorliegenden Bandes an, wo auf das betreffende Werk hingewiesen wird. Die kursivierten Kleinbuchstaben hinter den Jahreszahlen der unten aufgeführten Freud-Schriften beziehen sich auf die verbindliche Freud-Bibliographie, die im letzten Band der englischen Gesamtausgabe, der *Standard Edition of the Complete Psychological Works of Sigmund Freud*, enthalten ist. Eine erweiterte deutsche Fassung dieser Bibliographie liegt in dem Band *Freud-Bibliographie mit Werkkonkordanz*, bearbeitet von Ingeborg Meyer-Palmedo und Gerhard Fichtner, S. Fischer, Frankfurt am Main 1989, vor. Für nichtwissenschaftliche Autoren und für wissenschaftliche Autoren, von denen kein spezielles Werk zitiert wird, siehe das *Namen- und Sachregister*.

ADLER, A.	(1907) *Studie über Minderwertigkeit von Organen*, Berlin und Wien. (289)
ANDERSSON, O.	(1962) *Studies in the Prehistory of Psychoanalysis, Studia Scientiae paedagogicae Upsaliensia III*, Stockholm. (22)
BEARD, G. M.	(1881) *American Nervousness, its Causes and Consequences*, New York. (27)
	(1884) *Sexual Neurasthenia (Nervous Exhaustion), its Hygiene, Causes, Symptoms and Treatment*, New York. (27)
BLOCH, I.	(1902–03) *Beiträge zur Ätiologie der Psychopathia sexualis* (2 Bde.), Dresden. (125)
BREUER, J. und FREUD, S.	(1893) siehe Freud, S. (1893 *a*) (1895) siehe Freud, S. (1895 *d*)
CHARCOT, J.-M.	(1887) *Leçons sur les maladies du système nerveux*, Bd. 3, Paris. (54, 78)
DARWIN, C.	(1872) *The Expression of the Emotions in Man and Animals*, London (2. Aufl., London, 1889). (232, 274)

DARWIN, C. (Forts.) [Deutsche Übersetzung: *Der Ausdruck der Gefühle bei Mensch und Tier*, Düsseldorf, 1964.]

DEUTSCH, F. (1957) ›A Footnote to Freud's »Fragment of an Analysis of a Case of Hysteria«‹, *Psychoanal. Q.*, Bd. 26, S. 159. (93)

ELLIS, HAVELOCK (1900) *Geschlechtstrieb und Schamgefühl* (deutsche Übersetzung von Kötscher), Leipzig 1900, 2. Aufl., Würzburg 1900. (Englisch: *Studies in the Psychology of Sex*, Bd. 1, ›Leipzig‹ [London], 1899.) (189)

FERENCZI, S. (1913) ›Entwicklungsstufen des Wirklichkeitssinnes‹, *Int. Z. ärztl. Psychoanal.*, Bd. 1, S. 124. Neuausgabe in: S. Ferenczi, *Schriften zur Psychoanalyse*, Bd. 1, hrsg. von M. Balint, *Conditio humana*, Frankfurt a. M., 1970. (293)

(1925) ›Zur Psychoanalyse von Sexualgewohnheiten‹, *Int. Z. Psychoanal*, Bd. 11, S. 6. (279)

FLIESS, W. (1892) *Neue Beiträge und Therapie der nasalen Reflexneurose*, Wien. (27, 148)

(1893) ›Die nasale Reflexneurose‹, *Verhandlungen des Kongresses für innere Medizin*, Wiesbaden, 384. (27, 148)

FREUD, S. (1893 a) und Breuer, J., ›Über den psychischen Mechanismus hysterischer Phänomene: Vorläufige Mitteilung‹, *G. W.*, Bd. 1, S. 81; abgedruckt in: J. Breuer und S. Freud, *Studien über Hysterie* (Fischer Bücherei), Frankfurt am Main, 1970. (11–12, 198)

(1893 h) Vortrag: ›Über den psychischen Mechanismus hysterischer Phänomene‹ [vom Vortragenden revidiertes Stenogramm], *G. W.*, Nachtr., S. 181; *Studienausgabe*, Bd. 6, S. 9. (78, 104, 198, 243)

(1894 a) ›Die Abwehr-Neuropsychosen‹, *G. W.*, Bd. 1, S. 59. (33, 34, 71, 79, 300)

(1895 b [1894]) ›Über die Berechtigung, von der Neurasthenie einen bestimmten Symptomenkomplex als »Angstneurose« abzutrennen‹, *G. W.*, Bd. 1, S. 315; *Studienausgabe*, Bd. 6, S. 25. (149, 229–30, 231–2, 253 – 4, 273, 281)

(1895 c [1894]) ›Obsessions et phobies‹, *G. W.*, Bd. 1, S. 345. (28, 34)

(1895 d) und Breuer, J., *Studien über Hysterie*, Wien; Neuausgabe (Fischer Taschenbuch), Frankfurt am Main, 1970. *G. W.*, Bd. 1, S. 75; Nachtr., S. 217, 221. (11–12, 15–16, 17–20, 54–7, 59, 61, 76, 80, 87, 91–2, 102, 148, 189, 198, 232)

Bibliographie

FREUD, S. (Forts.) (1896 a) ›L'hérédité et l'étiologie des névroses‹, *G. W.*, Bd. 1, S. 407. (80, 99)

(1896 b) ›Weitere Bemerkungen über die Abwehr-Neuropsychosen‹, *G. W.*, Bd. 1, S. 379. (36)

(1896 c) ›Zur Ätiologie der Hysterie‹, *G. W.*, Bd. 1, S. 425; *Studienausgabe*, Bd. 6, S. 51. (12, 20, 39, 87, 105, 108, 239, 283)

(1897 b) *Inhaltsangaben der wissenschaftlichen Arbeiten des Privatdozenten Dr. Sigm. Freud (1877–1897)*, Wien. *G. W.*, Bd. 1, S. 463. (26)

(1898 a) ›Die Sexualität in der Ätiologie der Neurosen‹, *G. W.*, Bd. 1, S. 491; *Studienausgabe*, Bd. 5, S. 11. (40, 44)

(1900 a) *Die Traumdeutung*, Wien. *G. W.*, Bd. 2–3; *Studienausgabe*, Bd. 2. (84, 85, 90, 94, 96, 130, 139, 155–6, 165, 167, 189, 192, 200, 232)

(1901 b) *Zur Psychopathologie des Alltagslebens*, Berlin, 1904. *G. W.*, Bd. 4. (84, 146, 185)

(1905 d) *Drei Abhandlungen zur Sexualtheorie*, Wien. *G. W.*, Bd. 5, S. 29; *Studienausgabe*, Bd. 5, S. 37. (43, 52, 85, 125, 126, 130, 150, 178, 191, 193, 194, 203, 210, 230, 237)

(1905 e [1901]) ›Bruchstück einer Hysterie-Analyse‹, *G. W.*, Bd. 5, S. 163; *Studienausgabe*, Bd. 6, S. 83. (12, 34, 46, 60, 188, 201, 213, 231-2, 237, 244)

(1906 a) ›Meine Ansichten über die Rolle der Sexualität in der Ätiologie der Neurosen‹, *G. W.*, Bd. 5, S. 149; *Studienausgabe*, Bd. 5, S. 147. (69, 188)

(1907 a [1906]) *Der Wahn und die Träume in W. Jensens ›Gradiva‹*, Wien. *G. W.*, Bd. 7, S. 31; *Studienausgabe*, Bd. 10, S. 9. (188)

(1908 a) ›Hysterische Phantasien und ihre Beziehung zur Bisexualität‹, *G. W.*, Bd. 7, S. 191; *Studienausgabe*, Bd. 6, S. 187. (34, 200)

(1908 c) ›Über infantile Sexualtheorien‹, *G. W.*, Bd. 7, S. 171; *Studienausgabe*, Bd. 5, S. 169. (188)

(1908 d) ›Die »kulturelle« Sexualmoral und die moderne Nervosität‹, *G. W.*, Bd. 7, S. 143; *Studienausgabe*, Bd. 9, S. 9. (217)

(1908 e [1907]) ›Der Dichter und das Phantasieren‹, *G. W.*, Bd. 7, S. 213; *Studienausgabe*, Bd. 10, S. 169. (188, 189–90)

FREUD, S. (Forts.) (1909 a [1908]) ›Allgemeines über den hysterischen Anfall‹, *G. W.*, Bd. 7, S. 235; *Studienausgabe*, Bd. 6, S. 197. (119, 188, 195, 232)

(1909 b) ›Analyse der Phobie eines fünfjährigen Knaben‹, *G. W.*, Bd. 7, S. 243; *Studienausgabe*, Bd. 8, S. 9. (93, 127, 246–54, 267–9, 272)

(1909 c) ›Der Familienroman der Neurotiker‹, *G. W.*, Bd. 7, S. 227; *Studienausgabe*, Bd. 4, S. 222. (188)

(1909 d) ›Bemerkungen über einen Fall von Zwangsneurose‹, *G. W.*, Bd. 7, S. 381; *Studienausgabe*, Bd. 7, S. 31. (93, 96, 260, 263)

(1910 a [1909]) *Über Psychoanalyse*, Wien. *G. W.*, Bd. 8, S. 3. (54–5)

(1910 h) ›Über einen besonderen Typus der Objektwahl beim Manne‹, *G. W.*, Bd. 8, S. 66; *Studienausgabe*, Bd. 5, S. 185. (232)

(1910 i) ›Die psychogene Sehstörung in psychoanalytischer Auffassung‹, *G. W.*, Bd. 8, S. 94; *Studienausgabe*, Bd. 6, S. 205. (116)

(1911 b) ›Formulierungen über die zwei Prinzipien des psychischen Geschehens‹, *G. W.*, Bd. 8, S. 230; *Studienausgabe*, Bd. 3, S. 13. (220)

(1911 c) ›Psychoanalytische Bemerkungen über einen autobiographisch beschriebenen Fall von Paranoia (Dementia paranoides)‹, *G. W.*, Bd. 8, S. 240; *Studienausgabe*, Bd. 7, S. 133. (93, 217)

(1912 c) ›Über neurotische Erkrankungstypen‹, *G. W.*, Bd. 8, S. 322; *Studienausgabe*, Bd. 6, S. 215.

(1912–13) *Totem und Tabu*, Wien, 1913. *G. W.*, Bd. 9; *Studienausgabe*, Bd. 9, S. 287. (265)

(1913 i) ›Die Disposition zur Zwangsneurose‹, *G. W.*, Bd. 8, S. 442; *Studienausgabe*, Bd. 7, S. 105. (80, 285)

(1914 c) ›Zur Einführung des Narzißmus‹, *G. W.*, Bd. 10, S. 138; *Studienausgabe*, Bd. 3, S. 37. (29, 307)

(1915 a) ›Weitere Ratschläge zur Technik der Psychoanalyse: III. Bemerkungen über die Übertragungsliebe‹, *G. W.*, Bd. 10, S. 306; *Studienausgabe*, Ergänzungsband, S. 217. (182)

(1915 c) ›Triebe und Triebschicksale‹, *G. W.*, Bd. 10, S. 210; *Studienausgabe*, Bd. 3, S. 75. (46)

(1915 d) ›Die Verdrängung‹, *G. W.*, Bd. 10, S. 248; *Studienausgabe*, Bd. 3, S. 103. (201, 237, 239, 253, 285, 295)

Bibliographie

FREUD, S. (Forts.)   (1915 e) ›Das Unbewußte‹, *G. W.*, Bd. 10, S. 264; *Studienausgabe*, Bd. 3, S. 119. (78, 201, 231, 269, 280, 285)

(1916 d) ›Einige Charaktertypen aus der psychoanalytischen Arbeit‹, *G. W.*, Bd. 10, S. 364; *Studienausgabe*, Bd. 10, S. 229. (217)

(1916–17 [1915–17]) *Vorlesungen zur Einführung in die Psychoanalyse*, Wien. *G. W.*, Bd. 11; *Studienausgabe*, Bd. 1, S. 33. (119, 217, 220, 231, 232)

(1917 e [1915]) ›Trauer und Melancholie‹, *G. W.*, Bd. 10, S. 428; *Studienausgabe*, Bd. 3, S. 193. (306, 308)

(1918 b [1914]) ›Aus der Geschichte einer infantilen Neurose‹, *G. W.*, Bd. 12, S. 29; *Studienausgabe*, Bd. 8, S. 125. (93, 218, 249–54, 257, 267–9, 279)

(1920 g) *Jenseits des Lustprinzips*, Wien. *G. W.*, Bd. 13, S. 3; *Studienausgabe*, Bd. 3, S. 213. (238, 274, 304, 306, 307–8)

(1923 b) *Das Ich und das Es*, Wien. *G. W.*, Bd. 13, S. 237; *Studienausgabe*, Bd. 3, S. 273. (121, 232, 241, 258, 272, 280, 293, 297–9)

(1924 d) ›Der Untergang des Ödipuskomplexes‹, *G. W.*, Bd. 13, S. 395; *Studienausgabe*, Bd. 5, S. 243. (282)

(1924 f) ›Kurzer Abriß der Psychoanalyse‹, *G. W.*, Bd. 13, S. 405. (11)

(1925 h) ›Die Verneinung‹, *G. W.*, Bd. 14, S. 11; *Studienausgabe*, Bd. 3, S. 371. (131)

(1925 j) ›Einige psychische Folgen des anatomischen Geschlechtsunterschieds‹, *G. W.*, Bd. 14, S. 19; *Studienausgabe*, Bd. 5, S. 253. (282)

(1926 d [1925]) *Hemmung, Symptom und Angst*, Wien. *G. W.*, Bd. 14, S. 113; *Studienausgabe*, Bd. 6, S. 227. (26, 30, 44, 46, 80, 106, 119, 149, 201)

(1927 e) ›Fetischismus‹, *G. W.*, Bd. 14, S. 311; *Studienausgabe*, Bd. 3, S. 379. (296)

(1928 b) ›Dostojewski und die Vatertötung‹, *G. W.*, Bd. 14, S. 399; *Studienausgabe*, Bd. 10, S. 267. (198, 203)

(1930 a) *Das Unbehagen in der Kultur*, Wien. *G. W.*, Bd. 14, S. 421; *Studienausgabe*, Bd. 9, S. 191. (109, 270)

(1932 a) ›Zur Gewinnung des Feuers‹, *G. W.*, Bd. 16, S. 3; *Studienausgabe*, Bd. 9, S. 445. (142)

(1933 a [1932]) *Neue Folge der Vorlesungen zur Einführung in die Psychoanalyse*, Wien. *G. W.*, Bd. 15; *Studienausgabe*, Bd. 1, S. 447. (210, 230, 241)

FREUD, S. (Forts.)	(1936 a) Brief an Romain Rolland: ›Eine Erinnerungsstörung auf der Akropolis‹, *G. W.*, Bd. 16, S. 250; *Studienausgabe*, Bd. 4, S. 283. (217–18)
	(1950 a [1887–1902]) *Aus den Anfängen der Psychoanalyse*, London; Frankfurt am Main, 1962. (Enthält ›Entwurf einer Psychologie‹, 1895 [dieser jetzt unter (1950 c) in: *G. W.*, Nachtr., S. 375].) (26, 69, 84–5, 188)
HECKER, E.	(1893) ›Über larvirte und abortive Angstzustände bei Neurasthenie‹, *Zentbl. Nervenheilk.*, Bd. 16, S. 565. (28, 30–1)
JANET, PIERRE	(1894) *État mental des hystériques*, Bd. 2, Paris. (179)
	(1898) *Névroses et idées fixes*, Bd. 1: *Les rêveries subconscientes* (2. Aufl.), Paris. (189)
JONES, E.	(1962) *Das Leben und Werk von Sigmund Freud*, Bd. 2, Bern und Stuttgart. (85, 206)
JUNG, C. G.	(1909) ›Die Bedeutung des Vaters für das Schicksal des Einzelnen‹, *Jb. psychoanalyt. psychopath. Forsch.*, Bd. 1, S. 155. (221)
	(1910) ›Über Konflikte der kindlichen Seele‹, *Jb. psychoanalyt. psychopath. Forsch.*, Bd. 2, S. 33. (220)
KAAN, H.	(1893) *Der neurasthenische Angstaffekt bei Zwangsvorstellungen und der primordiale Grübelzwang*, Wien. (28)
KRAFFT-EBING, R. VON	(1893) *Psychopathia Sexualis* (8. Aufl.), Stuttgart. (125)
LAFORGUE, R.	(1926) ›Verdrängung und Skotomisation‹, *Int. Z. Psychoanal.*, Bd. 12, S. 54. (296)
MANTEGAZZA, P.	(1875) *Fisiologia dell' amore* (2. Aufl.), Mailand. (103, 135)
MEDICAL CONGRESS	(1900) *Thirteenth International Medical Congress*, Paris. (99)
MÖBIUS, P. J.	(1894) *Neurologische Beiträge*, Bd. 2, Leipzig. (34)
PEYER, A.	(1893) ›Die nervösen Affektionen des Darmes bei der Neurasthenie des männlichen Geschlechtes (Darmneurasthenie)‹, *Vorträge aus der gesamten praktischen Heilkunde*, Bd. 1, Wien. (34)
PICK, A.	(1896) ›Über pathologische Träumerei und ihre Beziehung zur Hysterie‹, *Jb. Psychiat. Neurol.*, Bd. 14, S. 280. (189)
RANK, O.	(1924) *Das Trauma der Geburt*, Wien. (232, 276–7, 289 bis 91)

Bibliographie

REIK, T. — (1925) *Geständniszwang und Strafbedürfnis*, Leipzig, Wien und Zürich. (261)

SADGER, I. — (1907) ›Die Bedeutung der psychoanalytischen Methode nach Freud‹, *Zentbl. Nervenheilk.*, Bd. 18, S. 41. (194)

SCHMIDT, R. — (1902) *Beiträge zur indischen Erotik*, Leipzig. (89)

STEKEL, W. — (1895) ›Koitus im Kindesalter‹, *Wien med. Bl.*, Bd. 18, S. 247. (68)

WERNICKE, C. — (1900) *Grundriß der Psychiatrie*, Leipzig. (128)

LISTE DER ABKÜRZUNGEN

G. S. S. Freud, *Gesammelte Schriften* (12 Bände), Internationaler Psychoanalytischer Verlag, Wien, 1924–34.

G. W. S. Freud, *Gesammelte Werke* (18 Bände und ein unnumerierter Nachtragsband), Bände 1–17 London, 1940–52, Band 18 Frankfurt am Main, 1968, Nachtragsband Frankfurt am Main, 1987. Die ganze Edition seit 1960 bei S. Fischer Verlag, Frankfurt am Main.

Studienausgabe S. Freud, *Studienausgabe* (10 Bände und ein unnumerierter Ergänzungsband), S. Fischer Verlag, Frankfurt am Main, 1969–75.

Neurosenlehre und Technik S. Freud, *Schriften zur Neurosenlehre und zur psychoanalytischen Technik (1913–1926)*, Wien, 1931.

S. K. S. N. S. Freud, *Sammlung kleiner Schriften zur Neurosenlehre* (5 Bände), Wien, 1906–22.

Vier Krankengeschichten S. Freud, *Vier psychoanalytische Krankengeschichten*, Wien, 1932.

Conditio humana Reihe *Conditio humana, Ergebnisse aus den Wissenschaften vom Menschen*, S. Fischer Verlag, Frankfurt am Main, 1969–75.

Sonstige in diesem Band verwendete Abkürzungen entsprechen der *World List of Scientific Periodicals* (4. Auflage), London, 1963–65.

NAMEN- UND SACHREGISTER

Zusammengestellt von Ingeborg Meyer-Palmedo

In dieses Register sind sämtliche Namen nicht-wissenschaftlicher Autoren aufgenommen. Es enthält auch Namen wissenschaftlicher Autoren, die angegebenen Seitenzahlen beziehen sich dann aber auf Textstellen, wo Freud nur den Namen des betreffenden Autors, nicht aber ein spezielles Werk erwähnt. Für Hinweise auf bestimmte Werke wissenschaftlicher Autoren möge der Leser die Bibliographie konsultieren.

Abasie 235
Abfuhr
  u. Angst (s. a. Libido, Angst als umgewandelte) 45, 229, 239, 273 f., 278, 280 f., 284, 299 f.
  von Besetzungsenergie 238 f., 280 f., 284
  von Erregung/psychischer Spannung 127 f., 219, 229, 231, 255, 274, 278, 281
  d. Libido s. Libido, Angst als umgewandelte; Libidobefriedigung; Libidostauung
  durch Motilität (s. a. Motorische Innervationen) 203, 240, 255 f., 273 f.
Abnützung (Usur) von Vorstellungsinhalten 21, 23
Abreagieren
  d. Geburtstraumas 232, 279, 290, 299, 304
  d. psychischen Traumas 22 f., 304
  Theorie d. 11, 290
Abstinenz, sexuelle 36–38, 41, 44 f., 48, 102 Anm., 149 u. Anm. 1, 191, 219, 221, 225, 253 f.
Abstinenzerscheinungen 178
Abwehr 12, 23 Anm., 71, 73 f., 238, 256, 258 f., 264, 266, 282, 285, 297, 300 f.
  Arten d. 258 f., 286, 302
  Flucht u., Vergleich 285 f.

Abwehr (Forts.)
  bei d. Hysterie 259
  hysterisches Symptom als 12, 37, 71, 73 f., 234, 255, 257
  Regression als 250
  mit Substitution 33, 48
  u. Verdrängung, Unterscheidung von 258, 264, 266, 292, 300 f.
Abwehrkampf des Ichs 71, 73, 210 f., 238, 243 f., 250, 255–261, 265 bis 268, 270 f., 284, 286, 292, 294 f., 300 f., 304
  gegen Onanie (s. a. Masturbation, Verzicht auf) 259, 270
  gegen Regression 259
  gegen d. Symptom 243–245, 255 f., 270
  gegen Triebansprüche 133, 210, 243, 257 f., 260, 267 f., 284 bis 286, 292, 294 f., 304
  gegen d. Verdrängte 257
  gegen d. Verdrängung 259
Abwehrneurosen 12, 79 f.
Abwehrsymptome 37, 234, 261
Adler, Alfred (s. a. Bibliographie) 213 Anm.
Ängstliche Erwartung (s. a. Angst u. Erwartung) 29 f., 32, 34, 246
Ästhetische Schranken im Ich 258
Ätiologie (s. a. Infantile Ätiologie sowie die einzelnen Krankheitsnamen)

Ätiologie (Forts.)
Begriff d., bei Psychoneurosen 151
Disposition als Moment d. 38, 41,
  63, 69 f., 99 Anm., 213, 217,
  219 f., 222–224
Häufigkeit d. ätiologischen Momentes 38 f., 70
organische Krankheiten als Moment d. 38, 40, 45, 224
Zusammenwirken mehrerer Faktoren bei 38 f., 41, 70 f.
Affekt 208, 231 f., 239, 260 f., 272, 274, 288, 299
  Angst als 33, 46, 239, 252, 269, 272–276, 280, 286, 288–290, 299, 302
  Beziehung zur ihm entsprechenden Neurose 46
  Gleichstellung mit Hypnose 15
  u. Hysterie 16–18, 21, 23 f., 102, 255
  u. hysterischer Anfall, Vergleich 232, 239, 274
  Konflikt d. 102, 131, 133
  Verdrängung d. 260 f.
  Wesen d. 46, 232, 273 f.
Affekt-
  ausbruch 255
  ausdruck 132, 232
  besetzung 18, 21–24
  erledigung 21–24
  ersparnis 261, 281
  symbol 239
  unterdrückung 236, 260 f., 264
  verkehrung 106
  versetzung 33
  verwandlung 237
Affektive Energie und Vorstellungsinhalt, Unterscheidung von 201 Anm. 1
Affektive Reaktion 248, 302
agents provocateurs 53
Aggressive Regungen 69, 79 f., 192, 211, 247–252, 260 f., 265, 267 f., 286
Agoraphobie 32 f., 253, 269 f., 284
Aktivität und Passivität 190, 304

Aktualneurosen (*s. a.* Angstneurosen; Neurasthenie) 229 f., 253, 281
  Angst bei 229 f., 281, 298
  Verhältnis zu Psychoneurosen 212, 230, 281
Alleinsein/Einsamkeit, Angst vor 270, 276 f., 287, 305
Allgemeinhemmung 236
Ambivalenz 256, 265
Ambivalenzkonflikt 247 f., 268, 296
Ammenbrust s. Mutterbrust
Amnesie (*s. a.* Erinnerungslücken; Vergessen) 65, 90, 96 u. Anm. 1, 190, 301
  hysterische 96 f., 101, 107 f., 135, 264, 301
Anaesthesie, sexuelle 36, 38, 45, 126
Analerotik (*s. a.* Sadistische Stufe d. Libidoorganisation) 259
Anamnese 53 f., 70, 95 f., 202
Anfall/Anfälle (*s. a.* Angstanfall; Hysterische Anfälle)
  epileptische 14 Anm., 198, 203 u. Anm. 1
  von Husten u. Heiserkeit (*s. a. tussis nervosa*) 152
  von Ohnmacht (*s. a.* Bewußtseinsverlust) 32, 35, 118
  von Schwindel 31–35, 39
  von Verworrenheit (bei *Doras* Vater) 98
Angehörige des Patienten, Aussagen der, über Krankengeschichte 95
Angst (*s. a.* Angstneurose; Gefahr; Phobien; Trauma; Traumatische Situation) 229, 238 f., 273 bis 275, 277–281, 286 f., 298–300, 302–306
  u. Abfuhr (*s. a.* Angst als umgewandelte Libido) 45, 229, 239, 273 f., 278, 280 f., 284, 299 f.
  d. absichtlich Abstinenten 36 f., 41, 44 f., 48, 253 f.
  d. Adoleszenten (virginale Angst) (*s. a.* Deflorationsphantasien) 35, 36 u. Anm., 45, 48 f.

Angst (Forts.)
  als Affekt 33, 46, 239, 252, 269, 272–276, 280, 286, 288–290, 299, 302
  bei Aktualneurosen 229 f., 281, 298
  bei Angstneurosen 32 f., 35–37, 41, 44 f., 48 f., 230, 253 f.
  automatische 230 f., 239, 278, 280 f., 299 f.
  biologische Notwendigkeit d. 274 f., 278, 299
  Eisenbahn- 166 Anm. 3, 270
  u. Erwartung (s. a. Ängstliche Erwartung) 302–304
  d. Es 280, 299
  frei flottierende 30
  bei frustraner Erregung 37, 44, 253 f.
  u. Furcht, Unterscheidung von 302
  u. Geburt/Geburtstrauma 46 Anm. 1, 231 f., 239, 272, 274–278, 281, 284, 288, 290, 299 f., 307
  Gesellschafts- 109 Anm.
  Gewissens- (soziale Angst) 30, 32, 270 f., 279, 285
  Gleichnisse für 230, 300
  u. Hemmung, Verhältnis von 234, 253, 269, 284
  u. Hysterie 19, 234, 255, 283
  u. Ich 238, 241, 253 f., 270 f., 280–282, 284, 298–300
  u. Kastration (s. a. Kastrationskomplex) 252 f., 258, 266, 268, 270, 272, 277, 279, 286 f.
  d. Kinder (s. a. Kindheitsphobien; Tierphobien) 276 f.
  im Klimakterium 37, 45
  körperliche Sensationen d. 30–35, 40, 46, 49, 149 u. Anm. 2, 231, 234 f., 273–275
  u. Lebensalter 35, 36 u. Anm., 45, 48 f., 277, 281 f.
  u. Masturbation 37 f., 45, 47, 150
  neurotische 230–232, 239, 253–255, 266, 272, 281, 184 f., 287 302–304

Angst (Forts.)
  neurotische u. reale 230 f., 300, 302–304
  d. Neuvermählten 36, 45
  ökonomische Situation bei d. Entwicklung d. 239, 269, 272, 278, 280, 290, 298, 300, 305
  bei Phobien 230, 246, 248, 252 bis 255, 266, 268–270, 276 f.
  als Reaktion auf Gefahr 46, 230, 238 f., 253 f., 268 f., 271, 275 f., 278, 280–284, 287–290, 299 f., 302–305, 307
  als Reaktion auf Trennung/Verlust 272, 277, 279, 306
  reale 252 f., 269, 302
  reale u. neurotische 300, 302–304, 320 f.
  als Reproduktion früher Erlebnisse (s. a. Angst u. Geburtstrauma) 232, 274, 276–278, 288, 303 f.
  u. Schmerz 272, 274, 286, 307 f.
  u. Schreck 29, 42
  im Senium 37, 45
  u. Sexualität 42, 234, 281
  als Signal 230 f., 268 f., 271 f., 275, 278, 280 f., 285, 299 f., 303 f.
  soziale s. Gewissensangst
  u. Symptom 30–32, 40, 46 u. Anm. 1, 49, 231, 245 f., 248, 255, 271, 273, 278, 281, 284
  Todes- 271 f., 280
  u. Trauma 230 f., 288, 290, 303 f.
  Trieb- 280, 299, 305 Anm.
  u. Über-Ich 240, 270 f., 279 f., 282 f., 285 f., 288
  Über-Ich kennt keine 280
  als umgewandelte Besetzungsenergie 238 f., 280 f., 284
  als umgewandelte Libido 26, 42–45, 229–231, 254, 266, 281, 298, 300
  Abkehr von dieser Theorie 230, 238 f., 253 f., 299 f.
  Unbestimmtheit u. Objektlosigkeit d. 302 f.

Angst (Forts.)
als Unlust 238, 273 f., 298, 308
Ur- 277
u. Verdrängung 45, 230, 238 f.,
252–254, 280
Verschiebung d. 304
Versuchungs- (s. a. Versuchungsgedanken) 253
virginale s. Angst d. Adoleszenten
vor Alleinsein 270, 276 f., 287, 305
vor Dunkelheit 32, 276 f., 287, 305
vor d. Essen 234
vor Fremden 277, 287, 305 f.
vor d. Gebissen-/Gefressenwerden
249 f., 252, 268
vor Gewitter 32, 305
vor Höhen 32, 305 Anm.
vor kleinen Tieren 276, 305
vor Pferden 246–249, 252, 268
vor Rache 248
vor Schlangen 32
vor Syphilis 269, 287
vor d. Tod 271 f., 280
vor Ungeziefer 32
vor d. Vater 248–250, 286
vor d. Verhungern 234
vor d. Wolf 249
Vorstellung u. 30, 45
u. Wahrnehmung 268 f., 273, 278, 306
Wesen d. 273, 275
d. Witwen 36, 45
u. Zwangsneurose 33, 230, 234, 250, 270 f., 283–285
Angstanfall 28, 30–35, 38 f., 46, 49, 62, 76, 150, 232, 270, 284, 300
Angstausbruch 239 f., 253, 275, 284, 300, 302
Angstbereitschaft (s. a. Ängstliche Erwartung) 42, 231, 241, 253, 176 f., 281
Angstgefühl, Schlechtwerden/Unbehagen als 30, 34 f.
Angsthysterie 255
Angstinhalt (s. a. Angst vor –; Angstobjekt) 33, 246, 249 bis 252, 269, 275, 277, 279

Angstlähmung 303, 305 Anm.
Angstneurose (s. a. Angstanfall) 24 Anm., 25, 27 f., 30, 38, 41–47, 229
Ätiologie d. 28 f., 34 f., 38, 40 f., 45–47
Ätiologie, sexuelle, d. 35–48, 149, 253
ätiologische Gruppen d. 35–37, 44 f., 48 f., 253 f.
Disposition u. 30, 32 f., 35, 37 f., 41
bei Frauen 35–40, 45
u. Hysterie 28, 30, 34, 36 f., 41, 47–49
körperliche Begleitumstände d. 30–32, 34 f., 40, 46, 49, 149
bei Männern 35–40, 44 f.
u. Melancholie 47
u. Neurasthenie 25, 27–29, 34, 37 f., 40, 47–49
Phobien d. 32 f.
u. psychische Erlebnisse 32, 40 f.
Symptome d. 27–35, 39 f., 44, 46–49, 149
u. Zwangsneurose 33 f., 47
u. Zweifel 30, 32–34
Angstobjekt (s. a. Angst vor –; Angstinhalt) 246, 249, 268, 302 f.
Angststätte, Ich als 238, 253 f., 280, 299
Angstträume 162, 167 Anm.
Animismus 263
Ankleidezeremoniell 259
Anna O., Krankengeschichte d. 15 u. Anm., 16–20, 59
Anorexie, hysterische 18
Anspielung (s. a. Wortbrücken; Zweideutige Worte) 171 Anm., 176 Anm.
Antagonistische Verkehrung der Innervation 200
Aphonie (Stimmlosigkeit) hysterische 85, 100 f., 105, 115–117, 127, 185
Arbeitshemmung 233, 235 f.
arc de cercle 200
Archäologie 54, 60, 92

Namen- und Sachregister

Archaische Erbschaft des Menschen 126, 232, 239, 274, 305
Arteriosklerose 27
Asphyxie 291
Assoziationen, freie (s. a. Einfall) und Traumdeutung 136, 160, 181
Assoziationsverkettung/Erinnerungsketten 22, 57–61, 63, 66, 70 bis 74, 76, 78, 92, 107, 115, 128, 137 Anm. 1, 153, 158, 160, 179, 192
Aufhebung/Verhinderung d. 96, 264–266
Asthma s. Dyspnoe
Atemnot (s. a. Dyspnoe)
u. Angst 30–32, 46, 231, 273, als Sexualsymbol 149 f., 200
Atmung 46, 149, 231, 275, 278
Attentate 68, 192
Aufmerksamkeitsbesetzung 202
Augen 210 f.
Augenmuskellähmung 32
Aura, hysterische 14, 30, 34, 49
Auslösung, einfache 20
Außenwelt (s. a. Realität)
Einfluß auf menschliche Entwicklung 293 f.
Einfluß auf neurotische Erkrankung (s. a. Realität, Anpassung an d.) 219, 221–225, 240
Autoerotismus (s. a. Masturbation) 126, 190 f., 201 f., 221, 265
Autohypnose/Autosuggestion 24, 207 f.
Automatische Angst 203 f., 239, 278, 280 f., 299 f.
Automatische Handlungen s. Symptomhandlungen
Automatischer Charakter des Vorwurfs (s. a. Projektion) 112
Automatismus
bei Triebabläufen 292
bei Zwangsneurose 259

Bahnhof als Symbol 163 u. Anm. 2, 164, 166 u. Anm. 3
Bedürfnis/Bedürfnisspannnug 243, 278 f., 281, 305, 307

Befriedigung (s. a. Libidobefriedigung; Sexualbefriedigung) 243, 256, 277, 305 f.
narzißtische 244
Symptome als 240, 243, 256, 261
Versagung d. s. dort
Beichte 22, 105
Berührung
u. Hysterie 78, 153, 201, 256
Tabu d. 265 f., 284
Berührungsempfindungen bei der Geburt 276
Besetzung/Besetzungsvorgänge (s. a. Objektbesetzung) 18, 21–24
bei d. Geburt 276, 307
bei d. Hysterie 200 f., 255
libidinöse 200 f., 252, 254, 300
narzißtische 307 f.
beim Schmerz 308
bei d. Verdrängung 238, 282 Anm.
bei d. Zwangsneurose 263
Besetzungsenergie 255, 282 Anm.
Umwandlung d., in Angst 238 f., 280 f., 284
Bestätigungsweise des Unbewußten 131 u. Anm.
Bettnässen 86, 143, 145, 148 f., 150 Anm., 151 Anm., 154, 156–158
Bewußt (s. a. Unbewußt-) und psychisch, Unterscheidung von 26
Bewußte, Das, Nebeneinander von Gegensätzen im 134
Bewußte psychische Instanz 189
Bewußtmachen des Unbewußten/ Verdrängten 65–67, 72, 94, 97, 124, 129, 132, 148, 177, 179 bis 182, 191, 221, 260, 297, 301 f.
Bewußtsein 74, 147, 238, 246, 260
Abhaltung vom, bei d. Verdrängung 71, 94, 209, 211, 237, 282 Anm., 301
Beziehung d. Ichs zum 237 f., 240, 263
Zugang zum 240
Bewußtseinslücke, physiologische 202
»bewußtseinsunfähig« (Breuer) 80

Bewußtseinsverlust in hysterischen
   Anfällen 101, 118, 201 f.
Bibel 128
Bilder 163, 170 Anm. 2
   als Knotenpunkt 164
   als Symbol 166 u. Anm. 2
Binet, A. 207
Biologische Notwendigkeit
   d. Affektsymbols 239
   d. Angst 274 f., 278, 299
Bisexualität
   u. Hysterie 85, 187 f., 193–195
   menschliche Veranlagung zur 178,
      194 u. Anm. 2, 203 u. Anm. 2
Blattern 70
Blinddarmentzündung 86, 100
   hysterisch simuliert 168 f., 174
Brauchtum 263
Breuer, Josef (s. a. Bibliographie)
   23 Anm., 104 u. Anm. 2
Brodmann, K. 85
Brust s. Mutterbrust
Brustwarze 126 f.
Bußhandlung in der Zwangsneurose
   256, 261, 271

Cäcilie M., Krankengeschichte d. 19
   u. Anm.
Charakterbildung 259, 295 f.
Charcot, J.-M. (s. a. Bibliographie)
   12–16, 53, 56, 61, 71, 115, 179,
   207
Chemische Vorgänge bei der Neurosenverursachung 76 f., 178, 291 f.
Clitoris 107
coitus interruptus (reservatus)/con-
   gressus reservatus 36–42, 44–48,
   149, 253

Darmstörungen 27
   bei d. Angstneurose 31, 34 f.
   bei d. Hysterie 74, 168
Deckerinnerungen 151 Anm., 169
Defäkation s. Exkretion
Deflorationsphantasien (s. a. Virginale Angst) 154, 167 u. Anm.
   1, 179 Anm. 1, 176 Anm.

Degeneration 27, 62
Delirium
   d. Alkoholikers 41
   hysterisches 14, 23, 101 Anm. 2
Denktätigkeit
   u. Angstentwicklung 231
   Erotisierung d. 263
   Konzentrationsvorgang bei d.
      264 f.
Denkweise, totemistische 248
Depressionszustände 236
Dermatologie 53
Destruktion 260, 265
Destruktionstrieb 267, 305 Anm.
Diarrhöen 31, 34 f.
Dichter als Psychologe 133
Differentialdiagnose 202
Differenzierung von Mann und Weib
   151 Anm., 194 u. Anm. 2, 203 u.
   Anm. 2, 252
Disposition, hereditäre und/oder
   konstitutionelle (s. a. Organ-;
   Somatisch –)
   allgemein menschliche (mitgebo-
      rene) Anlagen 29, 32, 130, 149,
      248, 274, 305
   bei Angstneurose 30, 32 f., 35,
      37 f., 41
   d. *Dora* 98, 99 Anm., 130, 156
   bei Homosexuellen 133
   bei Hysterikern 13, 24, 53, 62 f.,
      69–73, 78, 97, 99 Anm., 117,
      156, 208 f., 274
   bei Neurotikern 30, 97, 99 Anm.,
      125, 130, 145, 156, 213, 217,
      219 f., 222–225, 282, 290 f.
   bei Perversen 38, 52, 124 f., 133,
      156, 178
   bei Phobikern 33, 305
   u. seelische Erscheinungen 208 f.,
      213
   u. Zwangsneurose 33, 257
Dissoziation, seelische 208 f.
Dora
   Begabung u. Veranlagung d. 98,
      99 Anm., 101, 130, 151 Anm.,
      156

Einstellung zu Ärzten 99 f., 143, 148, 150 Anm., 168
Homosexualität d. 85, 133, 135, 171 Anm., 184 Anm.
Krankengeschichte d. 12, 34 Anm. 2, 46 Anm. 1, 60 Anm., 84–186, 188, 201 Anm. 2, 213 Anm., 232, 237 Anm. 3, 244 Anm.
sexuelle Kenntnisse d. 103, 107 f., 112 Anm., 122 f., 125, 135, 145, 158, 167, 169, 171 Anm., 176 Anm., 184 Anm.
Selbstmordideen d. 86, 101 u. Anm. 1, 103, 105, 110 Anm., 118, 129, 165, 176 Anm.
1. Traum d. 136, 139, 144, 182, 186
2. Traum d. 162, 183, 186
Doras Bruder 97, 99 f., 128, 137, 143, 151 Anm., 161
Doras Familienkreis 97, 99, 101, 103, 113
Beziehungen zu Familie *K*. 106, 109 f.
Doras Gouvernante 112 u. Anm., 113, 133–135, 153, 157
Doras Großmutter 148
Doras Kusinen 113 f., 130, 132, 134, 142, 148
Doras Kusins 164, 168
Doras Mutter
Beziehungen zu *Dora* 99, 101, 104, 141, 146, 158 f., 173
Beziehungen zum Ehemann 98, 104, 109 f., 128–130, 136, 140, 149, 152 f., 158 f., 172 Anm.
Charakter d. 98, 104, 158 f.
Doras Onkel 98, 99 Anm., 100, 103, 132, 142, 168
Doras Tante 86, 98, 99 Anm., 100, 114, 145, 167 f., 171 Anm., 176 Anm.
Doras Vater
Aussagen d., über *Doras* Vorgeschichte 95, 102–104, 126
Besuche d., bei *Freud* 95, 98, 103, 145, 172 Anm., 174

Doras Vater (Forts.)
Beziehungen zu *Dora* 97, 99, 101, 110–112, 118, 121, 129–131, 134, 141, 152–158, 176 Anm., 186
Beziehungen zur Ehefrau 98, 104, 109 f., 128–130, 136, 140, 149, 152 f., 158 f., 172 Anm.
Beziehungen zu Frau *K*. 103 f., 109–113, 118, 121 f., 128–131, 133, 135, 138, 155, 165 u. Anm. 2, 174, 185
Beziehungen zu Herrn *K*. 98, 103, 106 Anm. 3, 111, 135
Charakterzüge u. Veranlagung d. 97, 99 Anm., 110 f., 122, 144 f., 174, 182
Doras Kritik/Vorwürfe gegen d. 97, 101, 103 f., 109–114, 117 f., 121, 128 f., 145 f., 148, 151–153, 155, 157, 182
Gesundheit d. 86, 97 f., 99 Anm., 101, 103 f., 130, 145, 149, 151 f., 164 f., 176 Anm.
Selbstmordabsichten d. 109
Tod d. im Traum 162, 165, 167, 176 Anm.
Doras Verehrer (junger Ingenieur) 163 f., 167 Anm. 1, 170 Anm. 2, 173 Anm., 176 Anm., 183, 186
Dose als Symbol 147
Dostojewski, Fedor M. 198, 203 Anm. 1
double conscience 24
Dresden 164, 166 Anm. 2, 183
Dunkelheit, Angst vor d. 32, 276 f., 287, 305
Durcharbeiten 297 f.
Dyspepsie 27, 74
Dyspnoe (Atemnot) 31, 46, 49, 101, 149 f.
bei *Dora* 86, 99–101, 143, 149 f., 151 Anm., 170

Ehrgeiz 189
Eifersucht 131, 133, 135, 157–159, 172, 175, 183, 247
Einfall 115, 131, 136, 181, 195

Eisenbahnangst 166 Anm. 3, 270
Eiszeitepoche 294 Anm.
Eitelkeit, weibliche 153
ejaculatio praecox 36, 45, 234
Ejakulation 36 f.
Ejakulationsmangel 234
Ekel 55 f., 58, 153, 156, 158
 hysterischer 18, 74, 105–108, 144, 160, 234
Elterlicher Geschlechtsverkehr
 Belauschen d. 62, 149 f.
 Vorstellungen vom 159
Eltern und Kinder (s. a. Mutter; Vater), Beziehungen zwischen 119, 130 f.
Elterninstanz, Über-Ich als unpersönlich gewordene 270, 279 f.
Emmy von N., Krankengeschichte d. 17 u. Anm., 18
»Empfindlichkeit«, seelische, der Hysterischen 77
Empfindungshalluzinationen, hysterische 106 f.
Energie, psychische (s. a. Besetzungsenergie) 284
 affektive 201 Anm. 1
 desexualisierte 243, 299
 d. Ichs 236, 238 f., 243, 299
 Umsetzung psychischer Spannung in 220
Entbehrung (s. a. Frustrane Erregung; Versagung) 217
Entbindungsphantasien 169 u. Anm. 2, 170 u. Anm. 2, 174, 176 Anm.
Entstellung
 im hysterischen Anfall 199 f.
 bei d. Symptombildung 248, 252, 268 f.
 im Traum (s. a. Traum, Darstellung durchs Gegenteil im) 139, 189, 199 f.
 d. Triebrepräsentanz 248, 250, 253, 260
Entwicklung (s. a. Lebensalter; Pubertät)
 u. Angst 35, 36 u. Anm., 45, 48 f., 277, 281 f.

Entwicklung (Forts.)
 Einfluß d. Außenwelt auf d. 293 f.
 u. Gefahrsituationen 231, 277, 279, 281 f., 286, 299
 intellektuelle, u. Perversität 124 f.
 u. neurotische Erkrankung 73, 105, 221, 223, 252, 257, 277, 287 f.
 u. Organschädigung 63
 u. Schmerzbedingungen 286 f.
 sexuelle s. Libido, Entwicklungsstufen d.; Sexualentwicklung
Entwicklungshemmung 125, 223–225
Entwöhnung 272
Epileptiforme Konvulsionen 19 f.
Epileptischer Anfall
 Beziehungen zum hysterischen Anfall 14 Anm., 19, 198, 203 u. Anm. 1
 Vergleich mit Koitus 203
Erb-Fourniersche Lehre 99 Anm.
Erbrechen
 bei d. Angstneurose 34
 hysterisches 18, 55 f., 58, 60, 74, 102 f., Anm., 152, 234 f.
Erde als Symbol 235
Erektion 107 u. Anm. 1, 108 Anm. 3, 153
Erektionslosigkeit 234
Erfolg, Scheitern am 217 f.
Erinnerung(en) (s. a. Amnesie)
 Affektbesetzung d. 21–24
 u. Angst 32, 239, 299
 bewußte/unbewußte 57 Anm., 59, 65, 71–74, 78
 in d. Hypnose 16, 20 f.
 logische oder assoziative Verknüpfung mit Sexualerlebnissen ermöglicht Abwehr 71, 73 f., 144
 pathogene 23, 32, 58 f., 63, 71–74, 77 f., 96, 144, 156, 158, 170, 239
 rezente 96, 158–160, 170
 von Sexualszenen/Kindheitsmaterial 62–65, 71–74, 77 f., 144, 156, 159 f., 170
 u. Symptomlösung 57–59
 u. Verdrängung 96, 156

Namen- und Sachregister

Erinnerungen (Forts.)
Zweifel bei 96 u. Anm., 137 u. Anm. 2
Erinnerungsbild 73, 239, 277
Erinnerungsketten 57 u. Anm., 58 bis 61, 63, 74
Erinnerungslücken (*s. a.* Amnesie; Vergessen) 96 u. Anm. 1, 109, 138 Anm. 1, 162, 184 Anm.
Erinnerungsspuren 63–65, 73
Erinnerungssymbole 54, 55 Anm., 192, 239, 274
Erinnerungstäuschung 96 u. Anm. 1, 161
Erlebnisse, psychische (*s. a.* Infantile sexuelle Erlebnisse; Kindheitserlebnisse; Trauma)
  u. Angstneurose 32, 40–42
  Gleichstellung mit traumatischen 16 f.
  u. Hysterie 16 f., 21–24, 42, 53 bis 60, 77, 135, 301
Erogene Zonen 85, 107 u. Anm. 2, 126, 152, 178, 191, 210, 212 f.
Erogeneität/doppelseitige Funktion von Organen 108, 210–213, 235, 256
Eros 265, 267
Erotisierung von Funktionen und Organen (*s. a.* Erogene Zonen) 235, 263
Erregung (*s. a.* Reiz –; Sexualerregung)
  Abfuhr/Bewältigung d. 127 f., 229–231, 255, 274, 278, 281, 286
  psychische Unfähigkeit zur 42–46, 48 f., 78, 175, 230 f., 281
  endogene u. exogene 46 u. Anm. 2, 238, 286, 296
  frustrane 37, 44, 253 f.
  »normale« (bewußte), Vergleich mit unbewußter 179
  Stärke d. 240
Erregungsablauf, gestörter 42–46, 48 f., 237, 255

Erregungsanhäufung/-menge/-steigerung/-summe 21 f., 29, 42„ 44, 48 f., 219, 229–231, 272, 274, 276, 278, 281, 286
Erregungsquelle, somatische/psychische 48 f., 128
Erregungsverschiebung 48
Ersatzbefriedigung 44, 221, 237, 256, 261, 279
Ersatzbildungen 33, 48, 107, 115 f., 201 f., 210, 240, 247, 250, 252, 260, 263, 268 f., 285
  Personersetzung (*s. a.* Übertragung) 141, 155–157, 180, 248–250, 268
  Symptome als 107, 150 Anm., 191 f., 201 f., 210, 221, 237, 240, 244, 246, 255, 261, 267, 282 Anm., 285, 294
Erwartung
  ängstliche 29 f., 32, 34, 246
  u. Angst 302–304
Es 242, 280
  Angst d. 280, 299
  u. Ich 236–238, 241 f., 253, 260 f., 267, 280 f., 282 Anm., 284–286, 292–294, 298, 302
  als Teil d. seelischen Apparats 286, 294, 298, 302
  Triebvorgänge im 237 f., 242, 250, 253 f., 260, 268, 280 f., 284–286, 292, 294
  u. Über-Ich 259, 262, 265
  Widerstand d. 298
Eßunlust 169 Anm., 233 f.
Eßzwang 234
Exkretion 272
  erinnert an Sexuelles 108, 109 Anm., 265
  Störungen d. 27, 34, 74, 168

Fallbeschreibungen s. Krankengeschichten
Familienverhältnisse der Kranken (*s. a.* Doras –) 97
Fechner, G. Th. 229
Fehlerinnern s. Erinnerungstäuschung
Fehltritt 169 f.

Namen- und Sachregister

Fetischismus 234
Fuß- 75 f.
Ferenczi, Sándor (s. a. Bibliographie) 206
Feuer als Symbol 142 f., 157 f.
Fieber 168 f.
  hysterisches 168
Finger 99 Anm.
Fixierung (s. a. Libidofixierung)
  an Gefahrsituationen 293
  von Phobien 305
  d. Symptome 244
  d. Verdrängung 292 f., 297
Fließ, Wilhelm (s. a. Bibliographie) 26, 52, 85, 88 Anm. 188, 231
Flucht in die Krankheit (s. a. Krankheitsgewinn) 114, 117 bis 120 u. Anm., 186, 201 u. Anm. 2
Fluchtversuch des Ichs 238, 240, 269, 285 f., 292
fluor albus/Katarrh 102 Anm., 146, 148, 150 Anm., 151–153, 156, 158–160
Fötus 272, 275 f., 278 f.
folie du doute 33 f.
Franzensbad 146, 151
Frauen (s. a. Männlich; Weiblich)
  Anaesthesie d. 36, 38, 45, 126
  Hysterie bei 80, 120, 133, 135, 202 f., 234, 283
  Kastrationskomplex bei 266, 282 f.
  Sexualbefriedigung d., beim *coitus interruptus* 36 f., 47
  Zwangsneurose bei 80
Fremde Personen, Angst vor 277, 287, 305 f.
Freud, Sigmund (s. a. Bibliographie)
  Ernennung zum außerordentlichen Professor 185 Anm. 3
  Freundschaft mit *Königstein* 206
  Meinungsverschiedenheiten mit *Breuer* 12, 23 Anm., 104 Anm. 2
  in Paris 16 u. Anm., 115
  Selbstanalyse d. 188
Friedhof als Symbol 164 f.
Frustrane Erregung und Angst 37, 44, 253 f.

Furcht
  u. Angst, Unterscheidung von 302
  vor Konzeption 41 f.
Fußfetischismus 75 f.

Gebissen-/Gefressenwerden, Vorstellungen vom 249 f., 252, 268
Geburt 272, 274–279, 290 f., 299, 307
Geburtsphantasien 169 u. Anm. 2
Geburtstrauma 46 Anm. 1, 231 f., 274, 276–278, 281, 284, 290 f., 299, 307
  Abreagieren d. 232, 279, 290, 299, 304
  Ranks Theorie d. 232, 276, 289 bis 291, 299
  als Vorbild d. Angsterlebnisses 46 Anm. 1, 231 f., 239, 272, 274 bis 278, 281, 284, 288, 290, 299 f., 307
Gedächtnis s. Amnesie; Erinnerung
Gedanken/Gedankenzug (s. a. Phantasien; Vorstellungen)
  gegensätzliche 129, 134 f., 154, 184 Anm., 209
  überwertiger 128 f. u. Anm., 133–135, 157
  unbewußte s. dort
  verdrängte 129, 132
  Verstärkung d. (s. a. Reaktionsverstärkung) 128 f.
Gedankeninhalt
  Aggression als 260
  Reproduktion d., bei Neurosen 301
Gefahr/Gefahrsituation (s. a. Angst; Trauma; Traumatische Situation) 231, 239, 268, 270, 272, 275–285, 287 f., 291, 293 f., 303–305
  Abgrenzung von traumatischer Situation 303, 306
  äußere (reale) 285, 293, 302–305
  äußere (reale) u. innere (Triebgefahr) 230 f., 238, 269 f., 285 f., 292, 294, 302–305

Gefahr (Forts.)
Angst als Reaktion auf 46, 230, 238 f., 253 f., 268 f., 271, 275 f., 278, 280–284, 287–290, 299 f., 302–305, 307
u. Entwicklung 231, 277, 279, 281 f., 286, 299
Geburt als s. Geburtstrauma
u. Phobien 268–270, 277, 283, 305 Anm.
Symptom als Reaktion auf 271, 284 f.
Wandlung d. 269, 278 f., 281, 285, 290, 292 f., 300, 304, 307
Wesen d. 289 f.
Gegenbesetzung 295 f., 301
äußere/innere 296 f.
Gegensätzliche Gedankenzüge, Strömungen/Vorstellungen (s. a. Ambivalenz-; Gegenteil; Gegenvorstellung)
Nebeneinanderwohnen d., im Unbewußten u. Bewußten 129, 134 f., 154, 179, 184 Anm., 209
vereinigt im Symptom 193 f., 243, 256–259, 261, 264
Gegensätzliche Triebregungen (s. a. Ambivalenz) 193 f., 209–211, 247, 251, 267, 295, 297
Gegenteil, Darstellung durchs
im hysterischen Anfall 194 f., 200
im Traum 141, 157–159, 200
bei d. Verdrängung 250, 252
Gegenvorstellung
bei d. Affekterledigung 22 f.
Madonna als 170 Anm. 2
Gehen (s. a. Gehstörungen) als Symbol 190, 235
Gehirnerschütterung 14
Gehörseindrücke und Erschrecken 29
Gehörshyperästhesie 29
Gehstörungen (s. a. Lähmung) 95 Anm. 2, 168 u. Anm., 169 f., 234 f.
Genitalaffektionen, Einfluß auf nervöse Funktionen 153

Genitale (phallische) Phase der Libidoorganisation 251 f., 257 f., 260, 267 f., 279, 282
Genitalerotik 250 f., 258
Genitalien (s. a. Kastrationskomplex; Penis) 210
erinnern an exkrementelle Funktionen (s. a. Sexuelles u. Exkrementelles) 108
hysterischer Schmerz in d. 63, 74
Symbole für weibliche 140, 147, 159, 165 f.
Verunreinigung d. weiblichen 158 f.
weibliche Eitelkeit u. 153
Genitalkatarrh s. fluor albus
Genitalsensationen 63, 67, 74, 106, 130 Anm. 2
Gerichtsmedizin 53
Geschlechtskrankheiten (s. a. Syphilis) 146, 153
Gesellschaftsangst 109 Anm.
Gesundheit und Glück 217
Gewissen (s. a. Über-Ich; Schuldgefühl; Selbstbestrafung) 286
Gewissenhaftigkeit 244, 258, 295
Gewissensangst (soziale Angst) 30, 32, 270 f., 279, 285
Gewitter, Angst vor 305
Gingerbreadman, Krankengeschichte d. 249
Gleichnisse/Vergleiche
Anamnese wie unschiffbarer Strom 95
Angst wie Impfung gegen Krankheit 300
Angst zu Libido wie Essig zu Wein 230
Einfälle wie Silbenbildung (a und b wie ab) 115
Erforschung d. Hysterie wie archäologische Arbeitsweise 54, 60, 92
Erinnerungsketten wie Familienstammbaum 60
Erinnerungssymbole wie Denkmäler 54 Anm. 3

Gleichnisse/Vergleiche (Forts.)
Gefressenwerden wie in Mythologie u. Tierleben 249
Ich wie Minorität d. öffentlichen Meinung 238
Ich u. Es nicht wie Heerlager 242
Ichenergie wie Spekulant 236
Infantilszenen wie Zusammenlegbilder 66
Krankheitsgewinn wie Invalidenrente 244
Krankheitsgewinn wie Körperverletzung 119
Neurose wie Bäumlein, das andere Blätter wollte 222
Organerogeneität wie unwillige Köchin 235
Philosophie wie singender Wanderer 241
Psychische Umkleidung wie Blumenfestons über Drahtgewinde 153
Reaktionsgedanken wie astatisches Nadelpaar 129
Sexualität wie gestaute Stromläufe 125
Summation wie alkoholische Zirrhose 41
Symptom wie Fremdkörper 20, 243 f.
Symptom wie Grenzstation mit gemischter Besetzung 243
Symptom wie neuer Wein in altem Schlauch 128
Symptom wie Perle im Muscheltier 152
Traumbildung wie Unternehmer u. Kapitalist 156
Übertragung wie Neuauflagen 180 f.
Gonorrhöe 146
Gott 265
Grausamkeit 176 Anm., 184
Gravidität (s. a. Geburt; Entbindung)
u. Angstneurose 39 f.
Furcht vor 41 f.
hysterische 169 Anm. 2

Gravidität (Forts.)
u. hysterisches Erbrechen 103 Anm.
Griechenland, Homosexualität im klassischen 124
Grimm, Brüder 222 u. Anm.
Grübelsucht 33
Grundregel der Psychoanalyse 265
Gynäkologie 39, 89, 123, 153
Gynäkophilie (s. a. Dora, Homosexualität d.) 135, 184 Anm.

Halluzinationen 31, 34, 74, 106 f., 199, 207, 255, 277
Halluzinatorische Verworrenheit 170 Anm. 2
Handzeremoniell 150 Anm.
»*Hans, Der kleine*«, Krankengeschichte d. 93 Anm., 127 Anm., 246–252, 267 f., 272 Anm. 1
Harndrang
  d. Angstneurose 34
  d. Hysterie 74
Harnentleerung 108
  im hysterischen Anfall 202
»Hausfrauenpsychose« 98 f.
Heldentaten 189
Helgoland 160
Hemianästhesie, hysterische 19
Hemmung 223, 235 f., 268 f., 282 Anm., 292
  u. Angst 234, 253, 269, 284
  Entwicklungs- 125, 223–225
  d. Funktion 213, 233–236, 246, 255, 268
  d. Libidobefriedigung 222, 240, 253 f., 279
  u. Perversion 234
  reine 234
  als Selbstbestrafung 236
  spezialisierte 235
  u. Symptom, Abgrenzung von 233 f., 236, 284
Hereditär Degenerierte 27, 62
Heredität s. Disposition, hereditäre
Herzbeschleunigung 275
  hysterische 49, 149
  beim Koitus 46, 149, 231

Namen- und Sachregister

Herzstörungen als Angstsymptom 30–32, 40, 46, 49, 149, 231, 273
Hilflosigkeit, materielle und psychische (s. a. Geburtstrauma; Traumatische Situation) 231, 277 f., 281, 284, 293, 303–305, 308
Hirschfeld, M. 200
Höhenangst/-schwindel 32, 305 Anm.
Homosexualität (s. a. Perversionen, sexuelle) 85, 124, 133, 135, 171 Anm., 184 Anm.
Homosexuelle Phantasien 193 f.
Hunger
 im Angstanfall 30 f., 34
 organischer Trieb d. 210
Husten s. *tussis nervosa*
Hydrophobie 18
Hydrotherapie 39 f., 100
Hyperästhesien 49
Hypnoide Zustände 24, 104, 117, 202
 Breuers Theorie d. 12, 23 Anm., 56, 104
Hypnose und Hysterie 14–18, 20 f., 24, 55, 147, 181, 207
Hypochondrie 29 u. Anm. 33, 38, 98
Hysterie 13, 15, 17, 20, 23 f., 53, 72, 74, 76 f., 79, 92 f., 95, 102, 106, 117, 124, 176 f., 179, 189, 202 f., 235
 Abwehrvorgang bei d. 259
 Ätiologie d. 12, 15, 17, 19, 51–55, 59, 71, 73, 76, 79, 88, 102, 104, 116 f., 151, 201 Anm. 2, 301
 Ätiologie, sexuelle, d. 12, 60–64, 67–79, 84, 87, 93, 102 u. Anm., 120, 169 Anm. 1, 178 f., 191, 193 f., 202 f., 234
 Ätiologie, spezifische, d. 70 f.
 u. Affekt 16–18, 21, 23 f., 102, 255
 Affektverkehrung bei d. 106
 Ambivalenzkonflikt d. 296
 u. Angst 234, 255, 283
 u. Angstneurose 28, 30, 34, 36 f., 41, 47–49

Hysterie (Forts.)
 Behandlung d. 11, 24, 120 f., 124, 176, 181 f.
 Behandlung, psychoanalytische, d. 61, 66 f., 72, 90 f., 94, 102, 116 f., 120, 123 f., 128 u. Anm., 182, 184
 u. Berührung 78, 153, 201, 256
 Besetzungsvorgänge bei d. 200 f., 255
 Charcots Anschauung d. 13–15, 17, 53, 71
 Chemische Faktoren bei d. 76 f., 178
 Disposition, hereditäre/konstitutionelle, zur 13, 24, 53, 62 f., 69–73, 78, 97, 99 Anm., 117, 156, 208 f., 274
 Erforschung d., Vergleich mit archäologischer Arbeitsweise 54, 60, 92
 erworbene, Vergleich mit mitgeborenen hysterischen Anfällen 63, 232, 239, 274
 bei Frauen 80, 120, 133, 135, 202 f., 234, 283
 Gegenbesetzung bei d. 295 f., 301
 gemeine, nicht-traumatische 15–17, 20
 Grundbedingungen d. 60, 64, 72, 84, 102, 104, 126
 Heilung d. 24, 176, 180 f., 183
 Heilung d., durch normalen Geschlechtsverkehr 149
 u. Homosexualität 133
 u. hypnoide Zustände 12, 23 Anm., 24, 56, 104, 117, 202
 u. Hypnose 14–18, 20 f., 24, 55, 147, 181, 207
 Ich bei d. 259, 263, 295 f.
 Konversions- 243, 255 f., 266, 287, 300
 Krankheitsmotive bei d. 118 f. u. Anm., 120 f.
 u. Lebensalter 61–64, 67, 72–74, 99, 203, 257, 287
 bei Männern 62, 80, 133, 202
 u. Masturbation 102 Anm., 146 bis 151, 160, 191, 201 f., 211

331

Namen- und Sachregister

Hysterie (Forts.)
u. Neurasthenie 47, 49
u. Perversionen 63, 75, 125, 133, 191
u. Phobien 283, 296
u. psychischer Konflikt 49, 71, 133, 296
psychischer Mechanismus d. 11, 13–24, 42, 53, 55–60, 61, 87f., 90, 94, 101f., 106, 116f., 118 Anm., 127f., 179, 301
psychologische Theorie d. 59, 65, 84, 102, 152, 178
u. andere Psychoneurosen, Unterscheidung von 117
u. Pubertät 61–64, 67, 72, 203
u. Reaktionsbildungen 259, 295f.
Schreiben als Ersatz für Sprechen in d. 115f.
Selbstbestrafung in d. 121, 169, 185, 212, 243, 259
»sexuelle« 49
u. sexuelle Aufklärung 35, 36 u. Anm., 48, 62, 124
u. (sexuelle) Phantasien 122, 189, 191, 199–202
u. somatische Erkrankung, Vergleich 20
somatische/organische Bedingungen bei d. (s. a. Disposition; Somatisches Entgegenkommen) 84f., 93f., 116f., 128, 152, 168 Anm., 178, 201, 274
u. soziale Schichtzugehörigkeit 68, 71
u. Traum (s. a. Dora, 1. u. 2. Traum d.) 84, 199f.
u. Trauma 12–16, 19–21, 42, 54 bis 58, 62–64, 67f., 102, 104, 185, 192, 239, 264
traumatische 15–17, 20
Verdrängung u. 12, 71, 179, 193, 200, 202, 211, 255, 259, 301f.
Verschiebung in d. 179, 255
u. Vorstellung(en) (s. a. Hysterische Phantasien) 71, 73, 76, 207f., 234, 301

Hysterie (Forts.)
Widerstand bei d. 200, 259
u. Zwangsneurose, Vergleich 48, 79f., 235, 257f., 283, 295f., 301
Hysteriker *(s. a.* Kranke), Verwöhntheit d. 120
Hysterische Absencen 202
Hysterische Amnesie 96f., 101, 107f., 135, 264, 301
Hysterische Anästhesie 126
Hysterische Anfälle 14 u. Anm., 49, 62, 76, 197–203, 275
u. Affekt, Vergleich 232, 239, 274
Bewußtseinsverlust in 101, 118, 201f.
u. Bisexualität 194f.
Darstellung d. Koitus in 149f., 200
Entstellung in 199f.
u. epileptische Anfälle 14 Anm., 19, 198, 203 u. Anm. 1
als Ersatz für autoerotische Befriedigung 201–203
mehrfache Identifizierung in 194f., 200
motorische Innervationen in 191, 199, 202, 211, 255f., 275
organische/somatische Komponente d. 201f., 274
u. Tagträume 190, 199
u. unbewußte Phantasien 195, 199 bis 202
Verdichtung in 199
Vergleich mit erworbener Hysterie 63, 232, 239, 274
von Asthma (s. a. Dyspnoe) 143, 149f.
von Bewußtlosigkeit 101, 202
von Husten s. *tussis nervosa*
von Krämpfen 78, 101 Anm. 2, 114 u. Anm. 5, 148, 255
von Ohnmacht 118
als Wiederbelebung infantiler Erlebnisse 199, 202f., 232, 239, 274
zeitliche Umkehrung in 200f.
Hysterische Anorexie 18

Hysterische Atemnot s. Dyspnoe
Hysterische Aura 14, 30, 34, 49
Hysterische Blinddarmentzündung 86, 100, 168 f., 174
Hysterische Darmstörungen 74, 168
Hysterische »Empfindlichkeit« 77
Hysterische Gehstörungen (s. a. Lähmung) 168 u. Anm., 169 f.
Hysterische Halluzinationen 31, 34, 74, 106 f., 255
Hysterische Kontraktur 15, 17, 255 f.
Hysterische Konversion (s. a. Konversionshysterie) 191 f., 243
Hysterische Konvulsionen 19 f.
Hysterische Krämpfe 78, 101 Anm. 2, 114 u. Anm. 5, 148, 255
Hysterische Lähmung 13–17, 211, 234 f., 255 f.
Hysterische Migräne 86, 100 f.
Hysterische Müdigkeit 101, 235
Hysterische Neuralgie 19, 185
Hysterische Ovarie 168 u. Anm., 169
Hysterische Phantasien (s. a. Phantasien) 187–195, 199
Hysterische Paraplegie 76
Hysterische Phobien 107, 109 Anm., 246
Hysterische Reaktion 23, 63, 67, 76 bis 78, 235
Hysterische Reizbarkeit 76
Hysterische Scheu vor Menschen 107, 109 Anm.
Hysterische Schlafstörungen 18 f., 31
Hysterische Schmerzen 15, 19–21, 49, 63, 74, 79, 86, 100 f., 114 u. Anm. 5, 148, 168 f., 255 f.
Hysterische Sehstörung 15, 19, 102, 207 f.
Hysterische Selbstmordversuche (s. a. Dora, Selbstmordideen d.) 77
Hysterische Selbstschädigung 175, 202
Hysterische Sensationen am Oberkörper 106 f.
Hysterische Simulation 168 f., 174, 201

Hysterische Sprachstörungen 15, 19, 115 f.
Hysterische Stigmen 54, 101
Hysterische Stimmlosigkeit (Aphonie) 85, 100 f., 105, 115–117, 127, 185
Hysterische Symptombildung (s. a. Hysterische Symptome) 13–21, 23 f., 42, 48, 54–56, 58–63, 67, 72–74, 76, 99 f., 116–118, 122, 124 f., 127, 150, 209, 243, 256
Mechanismus d. 74, 104 Anm. 2, 106 f.
ökonomische Situation bei d. 118 f.
rezentes Material u. 74, 76–78, 199
u. Verdrängung 107, 193, 211, 301
während d. psychoanalytischen Behandlung 180 f.
Hysterische Symptome (s. a. Hysterische –; Hysterischer –; Hysterisches –; Symptome) 15 f., 18, 48 f., 52, 54 f., 60, 76–78, 85, 87, 90 f., 116–119, 121, 127, 149, 152, 180, 184, 243, 245, 255 f.
als Abwehr 12, 37, 71, 73 f., 234, 255, 257
assoziative Verknüpfung d. 57 bis 61, 63, 66, 70–74, 76, 78, 92, 107, 128, 137 Anm. 1, 153, 158, 160, 179, 192
Auflösung d. 84, 90–92, 117, 122, 127, 153, 191, 193–195
Behebung d. (s. a. Hysterie, Heilung d.) 18 Anm. 2, 20 f., 24, 55, 57, 59, 67, 97, 120 f., 123, 179 bis 181
bisexuelle Bedeutung d. 85, 187 f., 193–195
Determinierung d. (s. a. Überdeterminierung d.) 16 f., 54 f., 64, 74, 92, 105, 116 f., 121 f., 124–126, 131, 152, 194
als Erinnerung unbewußter verdrängter/sexueller Phantasien u. Strebungen 71–74, 87, 107, 116 f., 122, 124–127, 149, 153, 169 Anm. 2, 189–195, 199–201

Hysterische Symptome (Forts.)
  als Erinnerungssymbol traumatischer Eindrücke 54 f., 192
  als Ersatzbildung 107, 150 Anm., 192, 201 f.
  Gleichnisse für s. Symptome
  Kindheitseindrücke u. 18 f.
  als Kompromißbildung gegensätzlicher Strömungen 193 f., 243
  nichtsexuelle Regungen in 193
  psychische Umkleidung d. 116, 152 f., 168 Anm.
  psychische/somatische 101 f., 106, 168 Anm., 191
  Reihenfolge verschiedener Bedeutungen d. 127 f., 152
  als Sexualbetätigung 149 f., 152, 179, 193, 200, 202 f.
  typische 19 f., 74, 101 f., 108 Anm. 3, 116 f., 135, 255, 274, 296
  Überdeterminiertheit d. 76 f., 108 Anm. 2, 122, 127, 133, 152, 192
  Wesen d. 192–194
  als Wiederbelebung infantilen/sexuellen Materials 54, 73, 155, 157, 192 f., 199, 202 f., 232, 239, 274 f.
  Wiederholungsfähigkeit d. 116, 128
  Wunscherfüllung in 87, 192 f., 199
Hysterische Unverträglichkeit 101, 103 f., 146
Hysterische Verstimmung 101, 103, 105, 107 Anm. 1, 132
Hysterische Zungenbewegungen 17 f., 201 f.
Hysterischer Ekel 18, 74, 105–108, 144, 160, 234
Hysterischer Gegenwille 17
Hysterischer Husten s. *tussis nervosa*
Hysterischer Mutismus 115
Hysterischer Schwindel 235
Hysterisches Delirium 14, 23, 101 Anm. 2
Hysterisches Erbrechen 18, 55 f., 58, 60, 74, 102 f. Anm., 152, 234 f.
Hysterisches Fieber 168

Hysterisches Herzklopfen 49, 149
Hysterisches *taedium vitae* 105
Hysterogene Zonen/Punkte 20, 78

Ich 209, 242 f., 244, 255, 258, 265, 294, 297
  Abwehrbestreben d. 71, 73, 210 f., 238, 243–245, 250, 255–261, 265 bis 268, 270 f., 284, 286, 292, 294 f., 300 f., 304
  u. Angst 241, 253 f., 270 f., 281 f., 284, 298–300
  als Angststätte 238, 253 f., 280, 299
  Energie d. 236, 238 f., 243, 299
  u. Es 236–238, 241 f., 253, 260 f., 267, 280 f., 282 Anm., 284–286, 292–294, 298, 302
  Fluchtversuch d. 238, 240, 269, 285 f., 292
  Gegenbesetzung d. 295–297
  Gleichnisse für 236, 238, 242
  u. Hysterie 259, 263, 295 f.
  u. körperlicher Schmerz 307
  u. Libidobewältigung (s. a. Psychischer Konflikt) 224 f., 257–259, 267 f., 281, 298
  in d. Paranoia 189, 244
  Reaktionsbildungen im 210, 258 bis 260, 295–297, 301
  u. Realität 240, 263, 294
  Stärke u. Schwäche d. (s. a. Hilflosigkeit) 224, 236–238, 240 bis 242, 257, 284 f., 293, 299
  u. Symptom(bildung) 243–245, 256 f., 261, 263, 270, 281, 298
  synthetisierende Kraft d. 243 f., 256, 261, 298
  als Teil d. seelischen Apparats 286, 294, 298, 302
  u. Über-Ich 236 f., 241–244, 258, 261, 270, 280
  u. Verdrängung 71, 210 f., 235 bis 237, 240, 242–244, 247, 250, 259–261, 282 Anm., 292 f., 295, 300
  u. Wahrnehmung 237 f., 240, 263
Widerstand d. 244, 297 f.

Ich (Forts.)
  bei d. Zwangsneurose 236, 244, 258–263, 295 f.
Icheinschränkung 235 f., 244, 261, 292, 294, 296
Ichentwicklung (s. a. Entwicklung; Lebensalter) 281 f.
Ichfunktionen 292, 299
  Störungen d. 233, 235 f.
Ichtriebe 206, 210 f., 222, 294
Ichveränderung 295–297, 301
idée fixe (Janet) 179
Identifizierung 129, 148, 152, 172, 176 Anm., 249
  mehrfache 194 f., 200
Impotenz 75, 122, 233, 279
Infantil- (s. a. Kinder; Kindheit-)
Infantile Ätiologie der Neurosen 63, 71–75, 79, 107, 131, 142, 154 f., 157–160, 193, 199, 202 f., 219, 222, 232, 239, 247, 266, 274, 287 f.
Infantile Masturbation 130 Anm. 2, 148–151
Infantile Perversionskeime 52, 178
Infantile Regression 220, 223, 270
Infantile Sexualität / sexuelle Erlebnisse (s. a. Kastrationskomplex; Ödipuskomplex) 52, 63 f., 67 bis 76, 79 f., 105, 130 f., 150 u. Anm., 151 u. Anm., 154–159, 260, 294
  beeinflußt späteres Sexualleben 63, 130, 156 f., 293 f.
  Echtheit d. 65–67
  u. erogene Zonen 126
  Häufigkeit d. 67–71
  logische u. assoziative Zusammenhänge d., mit unbewußten Erinnerungen (s. a. Infantile Ätiologie) 71, 73 f.
  (polymorph-)perverser Charakter d. 52, 178
  Realität u. Phantasie über 66 Anm., 69 Anm.
  Uniformität d. 66

Infantile Sexualkenntnisse s. Sexuelle Aufklärung
Infantile Vorstellungen, typische 249
Infantile Wünsche 154–157, 220, 282 Anm.
Infantiles Material, Allgemeinheit d. 220
Infantilismus 73, 223
Infantilszenen (s. a. Infantile Sexualität), Gleichnis für 66
Instinkt 305
Intellektuelle Entwicklung u. Perversität 124 f.
Intellektuelle Faktoren u. Sexualität 151 Anm., 156 f., 263
Intoxikationen 178, 212
Intrauterinleben (Leben im Mutterleib)
  u. Kindheit, ein Kontinuum 278 f.
  Phantasien vom 232, 270, 276 f., 279
  verkürztes, d. Menschen 293
Introjektion (s. a. Über-Ich als Erbe d. Ödipuskomplexes) 280
Introversion *(Jung)* 220, 223
Inzest 221
Isolierungen
  bei normaler Denktätigkeit 264 f.
  d. Zwangsneurotiker 150 Anm., 263–266, 301

»Ja« im Unbewußten 131 u. Anm.
Jackson, Hughlings 22 Anm. 1
Janet, Pierre (s. a. Bibliographie) 207 f.
Journal für Psychologie und Neurologie 85
Jullien, C. G. 99 Anm.
Jung, C. G. (s. a. Bibliographie) 217

K., Familie
  Doras Beziehungen zu 104, 106, 134, 185
  Doras Beziehungen zu Kindern d. 103, 112 f., 134, 170 Anm. 2, 184
  Gouvernante bei d. 171–173, 176 Anm.

K., Frau
  Beziehungen zu *Dora* 103, 112 f.,
    130 f., 134 f., 152, 157, 166, 171
    Anm., 176 Anm., 184 Anm.
  Beziehungen zu *Doras* Vater
    103 f., 109–113, 118, 121 f., 128
    bis 131, 133, 135, 138, 155, 165
    u. Anm. 2, 174, 185
  Beziehungen zum Ehemann 104,
    110 f., 113–115, 134, 141, 166,
    172–174
K., Herr 98, 106 Anm. 3, 144
  Beziehungen zu *Dora* 103–106,
    108–115, 131 f., 134 f., 138, 141,
    143, 152, 154–157, 161, 163, 170,
    173 f., 176 Anm., 182 f.
  Geschenke an *Dora* 103, 111, 132,
    140 f., 159, 174 Anm. 2
  u. d. Kußszene 86, 105–108, 144,
    153 f., 160
  u. d. Szene am See 103, 112, 114
    u. Anm. 2, 121, 131, 134, 136 bis
    138, 144, 157, 163, 166, 169, 170
    u. Anm. 1, 171–174, 183, 185
  Zweideutigkeit seines Namens
    171 Anm.
Kachexien 27
Kastrationskomplex 231, 252 f., 258,
  266–272, 277, 279, 282 f., 285
  bis 287
  bei Frauen 266, 282 f.
Kathartische Methode 11, 18 Anm. 2,
  290
  als Vorläufer d. Psychoanalyse 11,
    80, 91 f.
Kephalasthenie 41
Kind(er) (*s. a.* Eltern und Kinder;
  Infantil –; Verführung)
  Angst d. (*s. a.* Kindheitsphobien)
    276 f.
  u. Gefahr, reale 305
  Gleichstellung mit Penis 272
  »Retourkutschen« d. 112
  Spiel d. 304, 306
  totemistische Denkweise d. 248
  Verwöhnung d. 304
Kinderträume 139

Kindheit, frühe (*s. a.* Infantil –)
  u. Intrauterinleben, ein Kontinuum
    278 f.
  u. Organschädigungen 63
  Ursprung d. Krankheitsmotive in
    d. 119 f.
  Vordringen in d., in d. Psychoana-
    lyse 64, 67, 105
Kindheitserlebnisse (*s. a.* Infantile
  Sexualität)
  u. Affekt 232, 274
  u. Angst 232, 274, 276–278, 288,
    303 f.
  u. hysterische Symptome 18 f., 170
Kindheitsneurosen 105, 251, 277,
  287, 291, 293
Kindheitsphobien (*s. a.* Tierphobien)
  267, 276 f., 287, 305
Klimakterium 37, 45, 224
Kneipp-Kur (*s. a.* Hydrotherapie)
  39
Knotenpunkt (*s. a.* »Wechsel«; Zwei-
  deutige Worte) 60, 158, 164
Königstein, Leopold 206
Körperliche (*s. a.* Organisch-; Soma-
  tisch-) Schmerzen 307 f.
Körperstellen, narzißtische Beset-
  zung von 307 f.
Koitus
  Befriedigung beim 36 f., 39, 42, 47,
    234, 254
  Belauschen d. / Vorstellungen vom
    62, 149 f., 159
  Darstellung d., im hysterischen
    Symptom 149 f., 152, 200,
    203
  Ersatz für 44, 279
  im Kindesalter 67 f.
  normale Ausdrucksbewegungen d.
    46, 149, 231
  Symbolik für 158, 235
  Vergleich mit epileptischem Anfall
    203
  Wiedervereinigung mit d. Mutter
    im 279
Komplexlehre der Züricher Schule
  221

Kompromißbildung, Symptome als 193 f., 243, 256–259, 261, 264
Kongestionen 31, 34, 46
Konstanzprinzip 11, 21 Anm. 2, 229
Konstitutionelle Faktoren s. Disposition
Kontraktur, hysterische 15, 17, 255 f.
Kontrastierende Vorstellungen s. Gegenvorstellung
Konversationslexikon zur sexuellen Aufklärung 167–170, 171 Anm., 176 Anm.
Konversion 127 f.
 d. Angstneurose 34, 49
 hysterische 191 f., 243
Konversionshysterie 243, 255 f., 266, 287, 300
Konzentration 264 f., 308
Kränkung 22, 77, 135, 153, 157, 163, 172
Krafft-Ebing, R. von (s. a. Bibliographie) 52
Krampfanfall, hysterischer 78, 101 Anm. 2, 255
Kranke (s. a. Hysteriker; Neurotiker)
 Darstellungsweise u. Beurteilung d. eigenen Zustandes d. 53, 94 bis 97, 132, 143, 148 f.
 Familienverhältnisse d. 97
 Gesunde u., Vergleich 36, 40, 120, 124 f., 133, 147, 219, 224 f., 287 f.
Krankengeschichten, Veröffentlichung von 85, 87–91
Krankengeschichten, bestimmte
 ›Anna O.‹ 15 u. Anm., 16–20, 59
 ›Cäcilie M.‹ 19 u. Anm.
 »Dora« s. dort
 ›Emmy von N.‹ 17 u. Anm., 18
 ›Gingerbreadman‹ 249
 »Hans, Der kleine« 93 Anm., 127 Anm., 246–252, 267 f., 272 Anm. 1
 »Rattenmann« 93 Anm., 96 Anm. 2, 260 Anm., 263 Anm.
 ›Schreber‹, Senatspräsident 93 Anm., 217

Krankengeschichten (Forts.)
 »Wolfsmann« 93 Anm., 218, 249–252, 253 Anm. 1, 257 Anm., 267–269, 279 Anm.
Krankenpflege als ätiologisches Moment 15, 17, 19, 38, 45
Krankheit
 Flucht in d. (s. a. Krankheitsgewinn) 114, 117–120, 120 Anm., 186, 201 u. Anm. 2
 als Lösung d. psychischen Konflikts 118 Anm., 220, 247
 organische, als ätiologisches Moment 38, 40, 45, 224
Krankheitsgewinn 114, 117 f., 201 Anm. 2, 298
 Gleichnisse für 119, 244
 primärer u. sekundärer 118 Anm., 199 u. Anm., 120, 201 u. Anm. 2, 244
Krankheitsmotive 188 f. u. Anm., 120 f.
Kreusa 134
Krieg (erster Weltkrieg) 271
Kriegsneurosen 271 f., 281
Kronos, Mythus vom 249
Kulturelle Moral und neurotische Erkrankung 30, 217, 219
Kulturleistungen durch Sublimierung 125, 210
Kuß/Küssen (s. a. K., Herr, u. d. Kußszene) 126, 144, 155, 210

Lähmung
 Angst- 303, 305 Anm.
 hysterische 13–17, 211, 234 f., 255 f.
 suggerierte 207
Lang, Professor 95 Anm. 2
Latenzzeit 257–259, 282, 287, 293 bis 295
Lebensalter (s. a. Entwicklung; Latenzzeit; Pubertät) 72–74, 105, 257, 277, 281 f., 286 f.
Libido (s. a. Sexual-; Sexuell-) 37, 219
 Abwendung/Unterdrückung d. 133, 203, 234, 257, 259, 298

Libido (Forts.)
    Angst als umgewandelte 26, 42 bis 45, 229–231, 254, 266, 281, 298, 300
        Abkehr von dieser Theorie 230, 238 f., 253 f., 299 f.
    Bewältigung d., durch d. Ich 224 f., 257–259, 267 f., 281, 298
    Entwicklungsstufen d. 133, 151, 219, 250–252, 257 f., 260, 267 f., 279, 282, 293, 301
    Homosexualität u. 133
    narzißtische 271, 276
    als potentiell Unbewußtes 26, 221, 254
    als psychische Sexualerregung 26, 37, 42–44, 152, 191, 254, 298
    Regression d. 220, 223 f., 250–252, 258, 260 f., 301
Libidobefriedigung (s. a. Befriedigung; Sexualbefriedigung) 219 bis 222, 224
    Hemmung d. 222, 240, 253 f., 279
Libidobesetzung (s. a. Besetzung; Objektbesetzung) 201, 252, 254, 300
Libidofixierung 130, 221–225
Libidoorganisation s. Libido, Entwicklungsstufen d.
Libidoquantität 223–225
Libidostauung 219, 221 f., 224 f., 231
Libidosteigerung 201, 223
    relative u. absolute 224
Liebe 210
Liebesbedürfnis, menschliches 119, 130, 219, 293
Liebesobjekt (s. a. Mutter; Objektbesetzung; Objektverlust; Vater) 247 f., 265, 268, 277, 293, 296
Liebesverlust (s. a. Objektverlust; Trennung) 231, 272, 280, 283, 285 f., 290, 304, 306 f.
Logische und assoziative Verknüpfungen von Sexualerinnerungen 71, 73 f.

Lokomotion (s. a. Motorisch –) 32 f., 259, 284
    Hemmung d. 233–235, 246, 270
Lues (Syphilis) 53, 98, 99 Anm., 145 f., 269, 287
Lustgewinnung (s. a. Befriedigung; Libidobefriedigung; Sexualbefriedigung) 191, 209 f., 211 f., 234, 240
Lustprinzip 237 f., 285
Lust-Unlust-Instanz 268, 280, 284, 299
Lutschen 85, 107, 126, 144

Madonna
    jungfräuliche Mutter 164, 170 Anm. 2
    Sixtinische 164, 167 Anm. 1, 170 Anm. 2, 183
Männer
    Befriedigung d., beim *coitus interruptus* 36 f.
    Hysterie bei 62, 80, 133, 202
    Klimakterium d. 37
    Zwangsneurose d. 80, 283
Männlich und weiblich, Differenzierung von 151 u. Anm., 194 u. Anm. 2, 203 u. Anm. 2, 252
Männliche und weibliche Tagträume 189
Männlichkeit in der Zwangsneurose 258
Märchen vom Wolf und den sieben Geislein 249
Magenschmerzen 114 u. Anm. 5, 148
Magische Komponente der Zwangshandlungen 263–265, 301
Marasmus 98
Masochismus 192, 261, 305 Anm.
Masturbation (s. a. Autoerotismus) 130 Anm. 2
    u. Angst 37 f., 45, 47, 150
    u. Bettnässen 145, 148 f., 150 Anm., 151 Anm.
    bisexuelle 194
    u. *fluor albus* 146, 150 Anm.

Namen- und Sachregister

Masturbation (Forts.)
  Hysterie u. 102 Anm., 146–151, 160, 191, 201 f., 211
  kindliche 130 Anm. 2, 148–151
  Magenkrämpfe u. 148
  Neurasthenie u. 37 f., 44 f., 47
  Neurosen u. 48
  Phantasien u. 190 f.
  u. sexuelle Befriedigung 149, 190 f., 201 f.
  Verzicht auf 150 u. Anm., 191, 202, 211, 221, 258 f., 265, 279
  Zwangsneurose u. 150 Anm., 258 f.
Medea 134
Melancholie 27, 47, 128 Anm., 236
Ménièrscher Schwindel 32
Menopause 37, 45, 224
Mensch
  angeborene (mitgeborene) Eigenschaften d. 29, 32, 149, 203, 248, 274, 305
  archaische Erbschaft d. 126, 232, 239, 274, 305
  Liebesbedürfnis d. 119, 130, 219, 293
  Rationelles u. Dämonisches im (*s. a.* Magische Komponente) 175, 241
  u. Tier 239, 248, 291, 293, 305
  verkürzte Intrauterinexistenz d. 293
Migräne 86, 100 f.
Minderwertigkeit, organische *(Adler)* 289 f.
Mißbrauch, sexueller (*s. a.* Verführung) 67 f.
Mißhandlungen 192
Mitleid 152, 165, 258, 295
Möbius, P. J. (*s. a.* Bibliographie) 27
Monument (in *Doras* Traum) 162 Anm. 1, 163
Moral, kulturelle, und neurotische Erkrankung 30, 217, 219
Moralische und ästhetische Faktoren und Sexualität 156 f., 258, 260
Motorische Abfuhr 203, 240, 255 f., 273 f.

Motorische Innervationen/Reaktionen (*s. a.* Lokomotion) 21–23, 274 f.
  u. Angst 273–275
  im hysterischen Anfall 191, 199, 202, 211, 255 f.
  von d. Verdrängung beeinflußt 211, 240, 263 f., 282 Anm.
Motorische Isolierung (*s. a.* Isolierung) 263 f.
Motorische Lähmung *s.* Lähmung
Müdigkeit als Symptom 101, 235 f.
Mund 210
Mundschleimhaut 106, 126
Mutismus, hysterischer 115
Mutter (*s. a. Doras* Mutter) 307
  u. Fötus 272, 278 f., 307
  jungfräuliche (Madonna) 164, 170 Anm. 2
  als Liebesobjekt d. Knaben 130, 247 f., 251, 267 f., 279, 286
  Trennung von d. 231, 272, 277 bis 279, 290, 306 f.
  Wiedervereinigung mit d., im Koitus 279
Mutterbrust 126, 272
Mutterleib (*s. a.* Intrauterinleben)
  Erde als Symbol für 235
Mutterleibsphantasien 232, 270, 276 f., 279
Mythen 212, 249

Nachdrängen 239 f.
Nachträge zu Träumen 144, 166, 167 u. Anm. 2, 168
Nahrungsfunktion, Störung d. 152, 233 f.
Namen, Bedeutung von 171 Anm.
Narzißmus 244, 271 f.
Narzißtisch(-e; -er)
  Befriedigung 244
  Besetzung 307 f.
  Einschätzung d. Penis 279
  Libido 271, 276
  Stolz 241
  Versagung 218
Nasale Reflexneurose 27, 148

»Naß« s. Wasser
»Nein« im Unbewußten 131 u. Anm.
Nervensystem, Vorgänge im, und psychische Erlebnisse 21–23, 41, 43, 46, 76 f., 117, 229
Nervöses Asthma s. Dyspnoe
Netzhautablösung 86, 97 f., 145
Neuralgie, hysterische 19, 185
Neurasthenie 24 Anm., 25, 27–31, 34, 37 f., 40, 44 u. Anm. 1, 47 bis 49
Neurosen (s. a. Abwehrneurosen; Aktualneurosen; Angstneurose; Hysterie; Kindheitsneurosen; Neurasthenie; Phobien; Psychoneurosen; Traumatische Neurosen; Zwangsneurosen) 24 u. Anm., 49, 91–93, 175 f., 210, 224, 246, 248, 255 f., 297
 Ätiologie d. 28 f., 34 f., 38, 40 f., 44–47, 151, 189, 217, 223–226, 271, 281, 290 f., 293 f., 301, 304
 Ätiologie, infantile, d. 63, 71–75, 79, 107, 131, 142, 154 f., 157 bis 160, 193, 199, 202 f., 219, 222, 232, 247, 266, 287 f.
 Ätiologie, sexuelle, d. 35–48, 71 bis 75, 79 f., 125, 150 Anm., 178 f., 189, 212, 219, 221, 225, 253 f., 259 f., 271, 291, 294
 Ätiologie, spezifische/akzidentelle (s. a. Neurosenwahl) 41, 47 f., 70 f., 79, 116 f., 125, 213, 248, 288, 290 f.
 chemische Vorgänge u. 76 f., 178, 291 f.
 »gemischte« 28, 47–49
 Gleichnis mit Bäumlein, das andere Blätter hat gewollt 222
 Häufigkeit d. 38
 Heilung d. 176, 181, 219, 293, 298
 Hysterie u., Unterscheidung 117
 konservativer Charakter d. 127
 Träume als Schlüssel zum Verständnis d. 90, 94
 Trauma u. 217, 264

Neurosen (Forts.)
 Übermaß/Übertreibung bei 23, 211, 229, 247, 258 f., 263, 272, 295 f., 303, 305 Anm.
 u. Unglück 219 f.
 Verknüpfung mit Geistesleben 210
Neurosenpsychologie 79 f., 90, 106, 239, 293 f.
Neurosenwahl 41, 48, 52, 70, 75 f., 79, 80 u. Anm. 2, 116 f., 249, 282, 301
Neurotik als Schlüssel zur Mythologie 212
Neurotiker (s. a. Kranke) 124 f., 133, 177, 184 Anm., 192
Neurotische Disposition s. Disposition
Neurotische Erkrankung
 Einfluß d. Außenwelt auf d. (s. a. Realität, Anpassung an d.) 219, 221–225, 240
 Entwicklung u. 73, 105, 221, 223, 252, 257, 277, 287 f.
 kulturelle Moral u. 217, 219
 u. Schwäche d. Ichs 224, 236, 257
Neurotische Erkrankungsauslösung 217–226
Neurotische Erkrankungstypen 219 bis 226
»Neurotische« Symptome (s. a. Hysterische Symptombildung; Hysterische Symptome; Symptombildung; Symptome; Zwangssymptome)
 Verhältnis zu psychogenen 212 f.
Normale Charakterbildung 259, 295 f.
Normale Gestaltung des Ödipuskomplexes 252, 258
Normale organische Empfindungen / Vorgänge 63, 106, 116, 275
Normale Perversionskeime 125, 133
Normales Seelenleben 22 f., 29 f., 36, 40 f., 65, 74, 76–78, 179, 264 f., 282 Anm.
Normales Sexualleben 43 f., 46, 63, 73, 75, 106, 108, 125, 149, 202 f., 209 f., 231, 233

Normales Sexualleben (Forts.)
Unbestimmtheit d. Grenzen d. 124
Nymphen
medizinischer Terminus 166 f.
als Symbol 166 u. Anm. 2

Objektbesetzung 265, 267 f., 271, 276, 283, 307 f.
Objektliebe 191
Objektverlust (s. a. Kastrationskomplex; Trauer; Trennung) 219, 231, 267, 272, 277–279, 282 f., 285, 290, 304–308
Objektwahl 124, 126, 130, 133, 210 f., 221, 296
Obstipation 27, 34, 168
Obszönität 62
Ödipuskomplex 130, 232, 251 f., 257 f., 267, 282 Anm.
  beim »kleinen Hans« 247, 251, 267
  u. Neurosen 266
  Über-Ich als Erbe d. 258
Ökonomische Situation (psychischer Haushalt)
  bei d. Angsterzeugung 239, 269, 272, 278, 280, 290, 298, 300, 305
  bei d. Lösung d. psychischen Konflikts 118 Anm.
  beim Schmerz 308
  bei d. Symptombildung 118 f.
Ohnmacht (s. a. Bewußtseinsverlust) 272
Ohnmachtsanfall 32, 35, 118
Onanie s. Masturbation
Orale Phase der Libidoorganisation 250, 252, 267
Oralerotik 106, 107 u. Anm. 2, 122, 125 f.
Organe, doppelseitige Funktion/ Erogeneität d. (s. a. Erogene Zonen) 108, 210–213, 235, 256
Organische/Organischer (s. a. Körper-; Somatisch-)
  Charakter d. Sexualfunktion 178
  Krankheiten als ätiologisches Moment 38, 40, 45, 224

Organische/Organischer (Forts.)
  Schädigungen in früher Kindheit 63
Organschwäche 289 f.
Orgasmus 150, 234
Ovarie 168 u. Anm., 169

Pantomimische Darstellung von Phantasien 199
Paracelsus (von *Schnitzler*) 119 Anm. 1
Parästhesien 29–31, 34 f., 49, 74
Paralyse 27, 98, 99 Anm.
Paranoia 79, 112, 189, 192, 234, 244 f.
Paraplegie, hysterische 76
Partialtrieb(e) 193, 210 f., 213
Passive (feminine) sexuelle Einstellung 234, 250–252, 305 Anm.
Passivität und Aktivität 190, 304
Pausen (s. a. Isolierung d. Zwangsneurose) 150 Anm., 264–266
pavor nocturnus 31
Penis (s. a. Erektion; Kastrationskomplex) 108, 125–127, 265, 272, 279
  Symbole für 138 Anm. 2, 164 f., 272
Personenersetzung (s. a. Übertragung) 141, 155–157, 248–250, 268, 279
Perversionen, sexuelle (s. a. Homosexualität) 38, 52, 63, 75, 122, 124–126, 133, 156, 178, 189, 191, 193 f., 234
Phallische (genitale) Phase der Libidoorganisation 251 f., 257 f., 260, 267 f., 279, 282
Phantasien (s. a. Hysterische Phantasien; Realität und Phantasie; Sexuelle Phantasien; Tagträume; Vorstellungen) 188–191, 193 f., 220
  Deflorations- (s. a. Virginale Angst) 154, 167 u. Anm. 1, 170 Anm. 1, 176 Anm.
  Entbindungs- 169 u. Anm. 2, 170 u. Anm. 2, 174, 176 Anm.
  Geburts- 169 u. Anm. 2

Phantasien (Forts.)
  Mutterleibs- 232, 270, 276 f., 279
  Rache- 165, 167 Anm. 1, 176 Anm.
  u. Symptome 122, 169, 188, 191, 193–195
  u. Träume 199
  unbewußte 122, 125–127, 157, 190 f., 193–195, 199–202, 265
  Verführungs- 200
Philosophie 178, 241
Phobien (s. a. Agoraphobie; Angst; Tierphobien) 32 f., 117, 234 f., 250–255, 266, 269 f., 283, 305 Anm.
  Angst bei 230, 248, 252–255, 266, 268–270
  d. Angstneurose 32–34
  Disposition u. 33, 305
  als Ersatzbildung 33, 247
  feminine Bedeutung d. 305 Anm.
  Gefahrsituation bei 268–270, 277, 283, 305 Anm.
  Gegenbesetzung bei 296
  u. Hysterie, Vergleich 283, 296
  hysterische 107, 109 Anm., 246
  infantile 267, 276 f., 287, 305
  infantiles Moment d. 247
  u. Lebensalter (s. a. Entwicklung u. neurotische Erkrankung) 287
  Mechanismus d. 107
  Projektion bei 269
  Regression bei 250–252, 270
  u. Zwangsneurose 32–34, 234, 270, 283, 285, 296
Phylogenetische Faktoren 286, 290, 293 f.
Physiologie der Angst 30–32, 40, 46, 49, 149, 231, 273–275
Physiologische Bewußtseinslücke 202
Pollution, spontane 44, 202
Polygamie 222
Polymorph-perverser Charakter der kindlichen Sexualität 52
Projektion 111–114, 153, 269 f.
Prostataerkrankungen 34
Prostitution 269
Prostitutionsphantasien 222

Pseudoheredität 70
Psychiatrie 81
Psychisch und bewußt, Unterscheidung von 26
Psychische, Das (s. a. Seelischer Apparat) 94
Psychisch(-e, -er, -es)
  Bewältigung von Lebenseindrücken 304
  Entfremdung 149
  Erlebnis (s. a. Trauma) 16 f., 21–24, 40–42, 53–60, 77, 135, 301
  Haushalt s. ökonomische Situation
  Infantilismus 73, 223
  Konflikt (s. a. Ambivalenzkonflikt) 49, 71, 118 Anm., 133, 180, 209, 220–224, 236, 242, 247, 260, 262 f., 265, 293, 296, 301
  Repräsentanz (s. a. Triebrepräsentanz) von Körperstellen 308
  Situation als ätiologisches Moment 225 f.
  Spannung, Umsetzung in Energie 220
  Trauma 17–24, 40–42, 102, 104 f., 274
  Umkleidung (s. a. Somatisches Entgegenkommen) 116, 126, 152 f., 168 Anm., 260
  Unfähigkeit zur Verarbeitung von Erregung 42–46, 48 f., 78, 175, 230 f., 281
  Verarbeitung 281 u. Anm. 1
Psychoanalyse
  Forschungsmethoden d. 80, 192
  Kathartische Methode als Vorläufer d. 11, 80, 91 f.
  u. Philosophie 241
  u. Spekulation 177
  Vergleich mit Dermatologie 53
  Vergleich mit Gerichtsmedizin 54
  Vergleich mit Gynäkologie 89, 123
  Vergleich mit histologischer Technik 80

Psychoanalyse (Forts.)
wissenschaftlicher/theoretischer
Aspekt d. 80, 96, 117, 179, 194,
207–209, 212 f., 219, 225 f., 230,
292 f.
Psychoanalytiker, Grenzen und Risiken des 175
Psychoanalytische Behandlung (s. a.
Übertragung) 80, 89, 91, 93
Anm., 94, 102, 116 f., 123, 128 u.
Anm., 175, 179 f., 182, 184, 195
Beendigung d., durch d. Patienten
91, 171, 175
Beziehung zur, in Traumgedanken
161
Gedankenreihen in 111
d. Hysterie 61, 66 f., 72, 90 f., 94,
102, 116 f., 120, 123 f., 128 u.
Anm., 182, 184
Überwindung d. Widerstandes in
d. 94, 102, 297 f.
Ziel d. 97
Psychoanalytische Grundregel 265
Psychoanalytische Technik (s. a. Bewußtmachen; Kathartische Methode) 65, 80, 91 f., 94 f., 115,
122 f., 177–179, 181, 191 f., 232
Psychoanalytische Weltanschauung
241
Psychologie (s. a. Neurosenpsychologie) 178
Psychologische Voraussetzungen
Freuds 175, 177 f.
Psychoneurosen (s. a. Neurosen) 90,
94, 117, 145, 151, 178 f., 189,
194, 230, 281
u. Aktualneurosen 212, 230, 281
sind Negativ d. Perversionen 125
Psychoneurotiker (s. a. Neurotiker)
177, 192
Psychosen (s. a. Melancholie; Paranoia) 27, 79, 234
Pubertät 61–64, 67, 69, 72, 130, 133,
203, 223 f., 260, 293 f.

Quantitative Momente 41, 71,
223–225, 240, 268, 272, 292 f.

Rache 118, 157, 163, 167, 171 Anm.,
172 f., 175, 183, 184 u. Anm., 185
u. Anm. 2, 248, 250
Rachephantasien 165, 167 Anm. 1,
176 Anm.
Rank, O. (s. a. Bibliographie) 299
Rationelles und Dämonisches im
Menschen (s. a. Magische Komponente) 175, 241
»Rattenmann«, Krankengeschichte d.
93 Anm., 96 Anm. 2, 260 Anm.,
263 Anm.
Reaktion (s. a. Angst als Reaktion;
Hysterische Reaktion)
adäquate/nicht adäquate 22, 24,
43 f., 46, 48, 275, 278, 288, 299,
302 f., 305 u. Anm.
affektive 248, 302
motorische (s. a. Motorische -) 21 bis
23, 274
Reaktionsbildung 158, 248
bei Hysterie 259, 295 f.
im Ich 210, 258–260, 295–297, 301
Symptome als 210, 271, 284 f.
Verdrängung durch 247
bei Zwangsneurose 258 f., 295 f.
Reaktionsgedanke 129
Reaktionssymptom 131
Reaktionsverstärkung 129 u. Anm.,
131, 247, 295
Realangst s. Angst, reale
Reale Versagung 220, 224
Realforderung 221, 223, 225
Realgefahr s. Gefahr, äußere
Realität (s. a. Außenwelt)
Anpassung an d. 221 f., 225, 243,
294
u. Ich 240, 263, 294
u. Phantasie 66 Anm., 69 Anm.,
175, 189–193, 220 f.
Realitätsprüfung 220, 308
Reden in Träumen 160 f., 176 Anm.
Regression
als Abwehrmaßnahme 250
bei d. Impotenz 279
infantile 220, 223, 270
u. innere Gegenbesetzung 297

Regression (Forts.
  d. Libido 220, 223 f., 250–252, 258, 260 f., 301
  bei Phobien 250–252, 270
  u. Triebentmischung 258 f.
  u. Über-Ich 259
  u. Verdrängung 250 f., 292, 301
  u. Wiederbelebung alter Wünsche 282 Anm.
  bei d. Zwangsneurose 250, 257 bis 261, 265, 301
Reinlichkeitssucht/-zwang 99, 158 f., 244, 258, 295
Reiz (s. a. Erregung)
  äußerer/innerer 238, 278, 307 f.
  exogene Erregung als 46 Anm. 2
  Fixierbarkeit d. 152
  psychischer 76–78
  u. Schmerz 307
Reizanhäufung 22, 274, 278, 308
  absolute/relative 29
Reizbarkeit, allgemeine 29, 76, 153
Reizschutz 240, 272, 307
Religiöses Zeremoniell 263
»Retourkutschen« (s. a. Projektion) 112
Rezentes Material
  bei d. Hysteriebildung 74, 76 bis 78, 170, 199
  als Traumanreger 137 f., 142, 154–161, 164
Rheuma 34
›Ritter Toggenburg‹ (von *Schiller*) 132 Anm.
Römische Cäsaren 191
Rückert, Friedrich 222 Anm.
Rückgängigmachen (s. a. Ungeschehenmachen) 234, 256 f., 263
  d. Verdrängung 292 f., 297

Sadismus 176 Anm., 192, 250 f., 267
Sadistische/sadistisch-anale Stufe d. Libidoorganisation 250, 257 f., 267 f.
Sage von der *Lady Godiva* 212
Saugen am Penis 125–127
Schachtel als Symbol 163–165

Schaulust, sexuelle 211 f.
Scheidenschleimhaut 153
Scherzfrage 62
Scheu vor Menschen, hysterische 107, 109 Anm.
Schiller, Friedrich 132 Anm., 210 Anm. 2
Schimpfen 22
Schlafstörungen 18 f., 29, 31, 165 Anm. 2
Schlafzeremoniell 259
Schlüssel als Symbol 138 u. Anm. 2. 164 f.
Schmerz 273 f., 287, 305–308
  u. Angst 272, 274, 286, 307 f.
  d. Angstneurose 34, 49
  hysterischer 15, 19–21, 49, 63, 74, 79, 86, 95, 100 f., 114, 168 f., 255 f.
  körperlicher 307 f.
  u. Lebensalter 286 f.
  ökonomische Situation beim 308
  als Reaktion auf Verlust 272, 307 f.
Schmuck als Symbol 140 f., 158 f.
Schmuckkästchen als Symbol 140 bis 143, 147, 159
Schnitzler, Arthur 119 Anm. 1
Schreber, Senatspräsident, Analyse d. 93 Anm., 217
Schreck
  als Angstquelle 29, 42
  u. hysterische Symptombildung 56, 58, 68, 185
Schreiben
  als Ersatz für Sprechen 115 f.
  als Symbol 235
Schuldbewußtsein/Schuldgefühl (s. a. Gewissen; Selbstbestrafung; Über-Ich) 102 Anm., 261, 298
Schutz (s. a. Reizschutz) 33, 157, 270, 272, 293, 301 f., 304 f.
Schwangerschaft s. Gravidität
Schweigepflicht, ärztliche 85, 87 bis 89, 93 Anm.
Schweißausbruch im Angstanfall 30 f., 46

Schwindel
   im Angstanfall 31 f., 35, 38
   hysterischer 235
   Ménièrscher 32
Schwindelanfall 31–35, 39
Seelische, Das, beruht auf dem Organischen 206, 212
Seelischer Apparat
   Gliederung d. 279, 286, 294, 298 f., 302
   Unvollkommenheit/Grenzen d. 288, 294, 304
Sehstörungen
   hypnotische/suggerierte 207 f.
   hysterische 15, 19, 102, 207 f.
   neurotische 212
   psychogene 205, 207–209, 211 f.
Selbstbefriedigung (s. a. Autoerotismus; Masturbation) durch Lutschen 126
Selbstbehauptung 244
Selbstbestrafung (s. a. Gewissen; Schuldbewußtsein; Über-Ich) 121, 150 Anm., 169, 185, 212, 236, 243, 259, 298
Selbsterhaltung 278, 303
Selbsterhaltungstrieb 206, 209, 271
Selbstgespräch 190
Selbstmordversuch (s. a. Dora, Selbstmordideen d.) 77, 185 Anm. 1
Selbstschädigung 175, 202
Selbstvorwurf 111–114, 117, 121, 131, 146, 148, 152
Semmering 114
Sensationen, hysterische 106 f.
Sexualabneigung 62, 156 f., 260, 298
Sexualbefriedigung (s. a. Befriedigung; Koitus; Libidobefriedigung) 149, 202 f., 209 f.
   Hysterisches Symptom als 149 f., 152, 179, 193, 200, 202 f.
   u. Masturbation 149, 190 f., 201 f.
   u. Perversion 122, 126, 189
   als Schlafmittel 165 Anm. 2
   Zwangshandlung als 259

Sexualentwicklung (s. a. Libido, Entwicklungsstufen d.) 73, 125, 223 f., 260, 293 f.
Sexualerregung 26, 42 f., 45, 48 f., 106–108, 126, 149, 249, 253
   Abfuhr d. 229–231
   Ablenkung d. (s. a. Sublimierung) 46, 191, 253
   psychische Unzulänglichkeit zur Bewältigung d. 42–46, 48 f., 78, 231, 281
   somatische, u. Libido als psychische 26, 37, 42–44, 152, 191, 254, 298
   Störungen d. 42–46, 48 f., 78, 229, 231, 253 f., 281
   u. Unlust 105 f.
Sexualfunktion 42, 178, 233 f.
Sexualität (s. a. Bisexualität; Homosexualität; Infantile Sexualität; Libido; Perversionen; Pubertät) 85, 108, 178, 192, 294
   u. Angst 42, 234, 281
   d. Erwachsenen, beeinflußt durch infantile 63, 130, 156 f., 293 f.
   Gespräche mit Patienten über 89, 123 f.
   Gleichnis für 125
   intellektuelle u. moralische Faktoren u. 156 f., 235, 258, 260, 263
   Unbestimmtheit d. Grenzen d. normalen 124
   unbewußte (s. a. Ödipuskomplex) 130, 135
   Zwangshandlungen als Versicherung/Vorsicht gegen d. 234, 256, 259, 263
Sexualobjekt (s. a. Liebesobjekt; Objektwahl) 126, 130, 191
Sexualstoffe, chemische 178
Sexualtrieb(e) 191–193, 209–211, 213, 260
Sexualverkehr s. Koitus
Sexuelle(-es)
   Abstinenz 36–38, 41, 44 f., 48, 102 Anm., 149 u. Anm. 1, 178, 191, 219, 221, 225, 253 f., 281

Sexuelle(-es) (Forts.)
 Aggressionen 69, 79 f., 192, 211
 Anaesthesie 36, 38, 45, 126
 Attraktion von Eltern u. Kindern
  (s. a. Mutter; Vater) 130 f.
 Aufklärung (s. a. Dora, sexuelle
  Kenntnis d.) 35, 36 u. Anm.,
  48, 62, 124, 149, 170 Anm. 2
 Hysterie 49
 Konstitution 125, 156, 213, 219
 passive (feminine) Einstellung 234,
  250–252, 267, 305 Anm.
 Perversionen s. Perversionen
 Phantasien 66 Anm., 69 Anm.,
  122–127, 129, 189-191, 193 bis
  195, 199–202, 222, 236
 Schädlichkeiten 36–38, 40 f., 47, 63
 Schaulust 211 f.
 Trauma 105
 Verführung (Mißbräuche) 67–69,
  75, 130 Anm. 2, 163, 200, 251
 Versuchung 141, 154, 156–160,
  253, 269 f.
Sexuelles und Exkrementelles 108,
 109 Anm., 265
Signal s. Angst als Signal; Unlust als
 Signal
Signalauslösung 231
Simulation 168 f., 174, 201
Sixtinische Madonna, Die 164, 167
 Anm. 1, 170 Anm. 2, 183
Skotomisation 296
Somatische/organische Bedingungen/
 Grundlagen (s. a. Körper-;
 Organ-)
 d. Erregung 48 f., 128
 d. Hysterie 89 f., 93 f., 116 f., 128,
  152, 168 Anm., 178, 201 f., 274
 psychische Umkleidung d. 116 f.,
  126, 152 f., 168 Anm., 260
 d. Seelischen 206, 212
 d. Traumas 14
Somatisches Entgegenkommen 116 f.,
 126 f., 178, 213
Somnambulismus 207
Soziale
 Angst 270 f., 279, 285

Soziale (Forts.)
 Faktoren u. Hysterie 68, 71
 Vorbilder d. Über-Ichs 280
Spezifische Ätiologie (s. a. Neurosen-
 wahl) 41, 48, 70 f., 79, 116
Spiel der Kinder 304, 306
Spinalirritation 27
Spontane Heilung von Neurosen
 120 f., 293
Sprachgebrauch (s. a Wortbrücke)
 22
Sprachstörungen, hysterische 15, 19
status nervosi 27, 29
Stigmen 54, 101
Stimmlosigkeit, hysterische s.
 Aphonie
Strachey, James 93 Anm.
Strafbedürfnis s. Selbstbestrafung
Strychninfrosch 77
Stuhlverstopfung 27, 34, 168
Sublimierung 125, 181, 183, 191,
 210, 220, 224, 259
Substitution (s. a. Ersatz-) 33, 48
Suggestion (s. a. Hypnose) 14 f.,
 207 f.
Summation ätiologischer Momente
 38, 41, 156
Symbole, bestimmte
 Atemnot 149 f., 200
 Bahnhof 163 u. Anm. 2, 164, 166
  u. Anm. 3
 Bilder 166 u. Anm. 2
 Dose 147
 Feuer 142 f., 157 f.
 Friedhof 164 f.
 Gehen 190, 235
 Koitus 279
 Mutter Erde 235
 Nymphen 166 u. Anm. 2
 Schachtel 163–165
 Schlüssel 138 u. Anm. 2, 164 f.
 Schmuck 140 f., 158 f.
 Schmuckkästchen 140–143, 147,
  159
 Schreiben 235
 Täschchen 140, 146–148
 Treppensteigen 168, 170

Symbole, bestimmte (Forts.)
Tropfen 140, 141 Anm. 1
Wald 162, 166 u. Anm. 2, 167, 170 Anm. 1, 176 Anm.
Wasser (Naß) 142 f., 157 f.
Zimmer 138 u. Anm. 2
Symbolik 100, 147, 166
  d. Symptome 19, 263, 266
  im Traum 138 Anm. 2, 159
Symptom(e) (s. a. Hysterische Symptome; Symptombildung; Zwangssymptome) 48, 233 bis 236, 246, 249, 269 f.
  d. Abwehr 37, 234, 261
  Abwehrkampf gegen d. 243 f., 255 f., 270
  u. Angst 231, 245 f., 248, 255, 271, 273, 278, 281, 284
  d. Angstneurose 27–35, 39 f., 44, 46–49, 149
  als Befriedigung 240, 243, 256, 261
  als Darstellung sexueller Phantasien 122, 169, 189–195
  Erhaltung d. 127
  als Erinnerungsbild/Erinnerungssymbol 54, 55 Anm., 73, 192, 239
  als Ersatzbildungen 210, 221, 237, 240, 244, 246, 255, 261, 267, 282 Anm., 285, 294
  Gleichnisse für 20, 128, 152, 243 f.
  u. Hemmung, Abgrenzung von 233 f., 236, 284
  d. Hetero- u. Homosexualität, Unterscheidung von 194
  u. Ich-Synthese 243 f., 256, 261, 298
  als Kompromißbildung 256–259, 261, 264
  neurasthenische (s. a. Neurasthenie) 27
  »neurotische«, Verhältnis zu psychogenen 212 f.
  als Reaktion auf Gefahr 271, 284 f.
  als Reaktionsbildungen 210

Symptom(e) (Forts.)
  als Selbstbestrafung 150 Anm., 169, 185, 212, 243, 259, 261
  »symbolische« 19 u. Anm.
  Überdeterminiertheit d. 127, 192
  u. Unlustempfindung 255 f.
  u. Verdrängung 107, 209, 211, 237, 240, 243 f., 251, 257, 263 f., 282 Anm., 301
  Zweizeitigkeit d. 256, 263
Symptombildung (s. a. Hysterische Symptombildung; Symptome) 117, 149, 209, 237, 240, 242 f., 245, 255 f., 266 f., 269, 282 Anm.
  Bedeutsamkeit d. Zeit bei d. 169 f., 171, 173, 176 Anm., 185 u. Anm. 2, 259, 264
  bei Beginn d. Krankheit 192
  Entstellung bei d. 248, 252, 268 f.
  Mechanismus d. 222, 248, 259
  ökonomische Situation bei 118 f.
  psychischer Konflikt bewirkt d. 180, 220
  Rolle d. Ichs bei d. 243–245, 256 f., 261, 263, 270, 281, 298
  Rolle d. Über-Ichs bei d. 243, 257, 259, 263
  Trauma u. 192, 217, 264
  Verschiebung bei d. 248, 285
  bei d. Zwangsneurose 244 f., 256 f., 259, 261, 264 f., 267, 270, 301
Symptomfixierung 18, 244
Symptomhandlungen 146–149
Synthese
  d. Ichs 243 f., 256, 261, 298
  von Träumen 156 u. Anm., 165
Syphilis (Lues) 53, 98, 99 Anm., 145 f., 269, 287

Tabes 95 Anm. 2, 99 Anm.
Tabu der Berührung 265 f., 284
taedium vitae (s. a. Selbstmord) 105
Täschchen als Symbol 140, 146–148
Tagesreste (s. a. Rezentes Material) 155–157, 164

Tagträume (*s. a.* Hysterische Phantasien; Phantasien) 157, 189–191, 199
Talion 212
Tarnowsky 99 Anm.
Termini
 Vorrang neurologischer 26, 229
 Vorrang psychologischer 52
Tier (*s. a.* Mensch u. Tier), Ersetzung des Vaters durch das 248 f., 268
Tierleben, Gefressenwerden im 249
Tierphobien 246–253, 267–269, 285, 287
Tod 272
Todesangst 271 f., 280
Todesträume 162, 165, 167, 176 Anm.
Todeswunsch gegen den Vater 247 f.
Totemistische Denkweise der Kinder 248
Toxische Veränderungen in Organen 178, 212
Trauer 236, 272–274, 305 f., 308
Traum/Träume (*s. a.* Kinderträume; Tagträume; Todesträume; Traum-)
 Angst in 162, 167 Anm.
 Bedeutsamkeit d. Zeit in 169, 176 Anm., 183, 185 Anm. 2, 200
 Bewegungsbehinderung in 162, 167 Anm.
 Darstellung durchs Gegenteil in 141, 157–159, 200
 Entstellung in 139, 189, 199 f.
 Fassade d. 165, 176 Anm.
 u. Halluzinationen 199
 u. Hysterie 84, 199 f.
 infantiles Material in 142, 154 f., 157, 159
 Knotenpunkt im 164
 als Mittel d. indirekten Darstellungsweise d. Psychischen 94
 Nachträge zu 144, 166, 167 u. Anm. 2, 168
 u. Neurosen 90, 94
 u. *pavor nocturnus* 31
 Personenvertretung im 141, 155–57

Traum/Träume (Forts.)
 Phantasien als Kern d. 199
 während d. psychoanalytischen Behandlung 161
 Reden im 160 f., 176 Anm.
 Sinn d. 139
 Struktur d. 156
 Symbolik im 138 Anm. 2, 159
 Synthese von 156 u. Anm., 165, 176 Anm.
 Theorie d. 90, 154
 Triebkraft d. (*s. a.* Traum, Wunscherfüllung im) 155
 Überdeterminierung im 161, 164 f.
 unbewußte Phantasien im 199
 Verdichtung im 159, 199
 Vergessen von (*s. a.* Amnesie; Nachträge) 167
 Verschiebung im 159
 Vorsatz im 138–140, 154 f., 157, 161
 u. Wachleben 154, 160
 wiederkehrende 136 f., 139, 141 Anm. 2, 144, 154, 160 f.
 Wunscherfüllung in 139, 142, 154 bis 157, 167
 Zahlen im 165 Anm. 1
 Zweifel im 96 Anm. 2, 137 u. Anm. 2
Traum/Träume, bestimmte
 Doras erster 136, 139, 144, 182, 186
 Doras zweiter 162, 183, 186
 Traum von Helgoland 160
 Traum von *Otto*, schaut schlecht aus 155 Anm. 2
 Traum vom Schwimmen im blauen Meere 160
Trauma (*s. a.* Erlebnisse, psychische; Geburtstrauma; Traumatische Situation) 239, 303
 Abreagieren d. 22 f., 304
 u. Angst 230 f., 288, 290, 303 f.
 determinierende Eignung d. 55 bis 59, 62–64, 105

Trauma (Forts.)
Hysterie u. 12–16, 19–21, 42, 54
bis 58, 62–64, 67f., 102, 104,
185, 192, 239, 264
mechanisches 14–17, 55–59, 62
u. Neurosen 217, 264
psychisches 17–24, 40–42, 102,
104f., 274
psychische Tätigkeit u. 14
sexuelles 105
u. Symptombildung 192, 217, 264
Traumanlaß 137f., 142, 154–161,
164
Traumarbeit 156f.
Traumatische
Kraft 55f., 58f.
Lähmung 13–17
Neurosen 42, 271f., 281
Situation (s. a. Gefahrsituation;
Hilflosigkeit; Trauma) 230f.,
255, 288, 303, 306f.
Traumbildung 139, 154–157, 164,
189
Traumdeutung 90, 91, 94, 136, 139,
160, 179, 181, 199
Traumgedanken 137 Anm. 1, 158 bis
161, 164, 165 u. Anm. 1, 192
Anm. 1
Trauminhalt, manifester 137 Anm. 1,
155, 157–161, 164f., 192 Anm. 1
Trennung (s. a. Objektverlust) 272,
308
  Angst als Symbol d. 272, 277, 279
  Geburt als 272, 277–279, 290, 307
  vom Genitale (s. a. Kastrations-
    komplex) 277, 279
  von d. Mutter 231, 272, 277–279,
    290, 306f.
  von d. Mutterbrust 272
Treppensteigen als Symbol 168, 170
Trieb/Triebregungen (s. a. Ichtriebe;
Selbsterhaltungstrieb; Sexualtrieb)
aggressive 247–252, 260f., 265,
267f., 286
Bedeutung für d. Vorstellungsleben 209

Trieb/Triebregungen (Forts.)
als endogene Erregung 46 Anm. 2
gegensätzliche 193f., 209f., 247,
251, 267, 295, 297
kontinuierliche Natur d. 295
libidinöse s. Libido
Mischung u. Entmischung d. 258f.,
268
unliebsame 238, 240, 243, 249f.,
259, 292
verdrängte s. dort
Verstärkung von (s. a. Reaktionsverstärkung) 292, 296
zwei Triebgruppen 251, 267f.
Triebabläufe, Änderung d. 292 bis
294
Triebangst 280, 299, 305 Anm.
Triebansprüche (s. a. Gefahr, äußere
u. Triebgefahr) 210f., 240,
257f., 260, 267, 284, 294, 301,
304, 305 u. Anm.
Triebbefriedigung 237, 240, 245,
304, 305 Anm.
Triebersatz 240, 250
Triebgefahr s. Gefahr, äußere u.
Triebgefahr
Triebkomponenten 192f., 258f.,
267
Trieblehre Freuds 210 u. Anm. 1,
211, 267
Triebrepräsentanz 238, 240, 248,
250, 253
Triebvorgänge im Es 237f., 242,
250, 253f., 260, 268, 280f., 284
bis 286, 292, 294
Tröstung (s. a. Flucht in die Krankheit) 120, 201
Tropfen als Symbol 140, 141 Anm. 1,
158f.
Tuberkulose 18, 20, 70, 86, 95 Anm.
2, 97, 99 Anm.
tussis nervosa 85f., 100f., 105, 115,
117, 121–123, 125–127, 129,
151, 152 u. Anm.

Überanstrengung 99f., 150
Überarbeitung 38, 40f., 45

Namen- und Sachregister

Überdeterminierung
  d. Symptome 76 f., 108 Anm. 2, 122, 127, 133, 152, 192
  d. Trauminhalts 161, 164 f.
Über-Ich (s. a. Gewissen; Schuldbewußtsein; Selbstbestrafung)
  u. Angst 240, 270 f., 279 f., 282 f., 285 f., 288
  als Elterninstanz 270, 279 f.
  als Erbe d. Ödipuskomplexes 258
  u. Es 259, 262, 265
  bei d. Hysterie 259
  u. Ich 236 f., 241–244, 258, 261, 270, 280
  identifiziert mit Schicksalsmächten 272, 280
  kennt keine Angst 280
  u. Regression 259
  soziale Vorbilder d. 280
  Strenge d. 258–260, 280
  u. Symptombildung 243, 257, 259, 263
  als Teil d. seelischen Apparats 302
  u. Verdrängung 239 f.
  Verlassensein vom 231, 272
  Widerstand d. 298
  u. Zwangsneurose 257 f., 260 f.
Übermaß/Übertreibung als neurotisches Element 23, 211, 229, 247, 258 f., 263, 272, 295 f., 303, 305 Anm.
Übertragung 92, 141 Anm. 2, 144, 176 Anm., 180–185, 298
Übertragungswiderstand 298
Überwertiger Gedankengang 128 f. u. Anm., 133–135, 157
Umarmung, Schreckeffekt d. 106 f., 107 Anm. 1, 153
Unaufrichtigkeit (s.a. Kranke, Darstellung d. eigenen Zustandes)
  bewußte/unbewußte 96
  von Doras Vater 110, 174, 182
Unbewußte, Das 92, 147, 207–209, 259, 271
  u. Bewußtes, Objekte d. Psychologie 178

Unbewußte, Das (Forts.)
  u. Bewußtes, psychologischer Unterschied 120
  »Ja« im 131 u. Anm.
  Libido als potentiell Unbewußtes 26, 221, 254
  »Nein« im 131 u. Anm.
  Phantasietätigkeit u., Zusammenhang von 220
  Philosophie u. Betrachtung d. 178
  u. Verdrängung 282 Anm., 292
  Widerstand d. 297
  zeitloser Charakter d. 78 u. Anm. 2
Unbewußte Erinnerungen s. Erinnerungen
Unbewußte Gedankenzüge und Vorstellungen
  ausgedrückt in hysterischen Symptomen 84, 116 f., 122, 124–126, 152 f., 168 Anm.
  ausgedrückt in Symptomhandlungen 147
  Nebeneinander von gegensätzlichen 129 134, 154, 184 Anm., 209
  psychische Umkleidung organischer Prozesse durch 116 f., 126, 152 f., 168 Anm., 260
  sind stärker u. schädlicher als bewußte 124
  Zugang zu, durch d. Psychoanalyse (s. a. Bewußtmachen) 80
Unbewußte Phantasien s. Phantasien
Unbewußte seelische Vorgänge 26, 121 Anm., 207, 209, 237
  Bewußtmachen d. 65–67, 72, 94, 97, 124, 129, 132, 148, 177, 179 bis 182, 191, 221, 260, 297, 301 f.
  u. Neurosenverursachung 271
  Sonderung von bewußten 179, 208, 237
  u. überwertiger Gedankenzug 128 f., 133–135, 157
Unbewußte Wünsche 139, 142, 149, 154–157, 247 f., 252, 282 Anm.
Unbewußter Angstinhalt 269

Namen- und Sachregister

Unbewußtes Liebesleben (s. a. Ödipuskomplex) 130, 135
Ungeschehenmachen (Wegblasen) (s. a. Rückgängigmachen) 263 f., 301
Unlust (s. a. Lust-) 273, 278 f., 285, 308
  Angst als 238, 273 f., 298, 308
  Eß- 152, 169 Anm., 233 f.
  psychische 234
  Sexualerregung u. 105 f.
  als Signal 231, 238, 240, 245, 268, 280, 284, 299
  u. Symptome 255 f.
  Verwandlung von Lust in 237
Unlusterzeugung 238 f., 276
Urangst 277
Urteilsverwerfung 209
Urverdrängung 239 f.
Usur von Vorstellungsinhalten 21, 23

Vater (s. a. Doras Vater)
  Angst vor d. 248, 286
  Angst vor d. Gefressenwerden vom 249 f., 252, 268
  d. Anna O. 15
  Ersetzung d., durch Menschenfresser 249
  Ersetzung d., durch d. Tier 248 f., 268
  Feindschaft d. Knaben gegen d. 247 f., 250–252, 267 f., 286
  Gleichsetzung mit Totemtier 248
  Liebesbeziehungen zur Tochter 69 Anm., 130, 221
  passive/zärtliche Regung d. Knaben gegen d. 247, 250–252, 267 f.
  als sexueller Verführer 69 Anm.
Vaterkomplex 265
Verbote in der Zwangsneurose 150 Anm., 256, 265 f., 271, 297
Verdauung s. Darmstörungen
Verdichtung 159, 199
Verdrängte, Das
  Aufdecken d. s. Bewußtmachen

Verdrängte, Das (Forts.)
  Ersatzbildungen d. (s. a. dort) 107, 210 f.
  Pathogenität d. unbewußten 94, 102, 301
  Schicksal d. 282 Anm., 292
  Wiederkehr d. 202
Verdrängte Erinnerungen und Wahrnehmungen/Gedanken 33, 45, 71, 96, 107, 108 Anm. 3, 116, 129, 132, 156, 209, 211, 220, 297
Verdrängte perverse Neigungen 125
Verdrängte Sexualität 45, 155 f., 171, 201–203, 210–212, 294
Verdrängte Triebregungen 210 f., 237, 239 f., 242, 244–253, 260, 267, 269, 282 Anm., 292–297, 299 f.
Verdrängte Wünsche 87, 139, 282 Anm.
Verdrängtes Material
  u. Ichorganisation 242
  u. Phantasietätigkeit 201, 220
Verdrängung 156, 175, 190, 201 Anm. 1, 202, 206, 230, 249, 251, 253 f., 263 f., 267 f., 280, 282 Anm., 292, 294 f., 301
  als Abhaltung vom Bewußtsein 71, 94, 209, 211, 237, 282 Anm., 301
  u. Abwehr, Unterscheidung 258, 264, 266, 292, 300 f.
  Affektverwandlung bei 237
  u. Amnesie 107
  u. Angstentwicklung 45, 230, 238 f., 252–254, 280
  u. Aufhebung alter Wünsche 282 Anm.
  Bewußtseinslücke u. 202
  Darstellung durchs Gegenteil bei 250, 252
  bei d. Differenzierung von Mann u. Weib 203
  Erhaltung d. 155
  Erinnerung u. 96, 156
  Fixierung an d. 292 f., 297
  als Fluchtversuch 238, 292

Verdrängung (Forts.)
u. Gegenbesetzung 296
u. Hysterie 12, 71, 179, 193, 200, 202, 211, 255, 259, 301 f.
Ich u. 71, 210 f., 235–237, 240, 242 bis 244, 247, 250, 259–261, 282 Anm., 292 f., 295, 300
Kastrationsangst als Motor für 252 f., 266
Mechanismus d. 129, 131, 241 bis 243, 263 f.
Mißlingen d. 202, 209–211, 240, 295
Motilität beeinflußt von d. 211, 240, 263 f., 282 Anm.
Motiv d. 246, 252 f., 266
Nachdrängen 239 f.
u. psychischer Konflikt 209, 236
durch Reaktionsbildung 247
u. Regression 250 f. 292, 301
Rückgängigmachen d. 272 f., 297
u. Symptome/Symptombildung 107, 193, 209, 211, 237, 240, 243 f., 251, 257, 263 f., 282 Anm., 301
u. Über-Ich 239 f.
Umgehung d., im Traum 94
Ur- 239 f.
Verschiebung durch 240, 249, 253
u. Widerstand 132, 200, 295, 297 f.
Wiederbelebung d., in d. Psychoanalyse 298
bei d. Zwangsneurose 33, 257, 260 f., 263 f., 301
u. Zweifel 96 Anm. 2
Verdrängungsgewinn 131
Verein für Psychiatrie und Neurologie, Wien 52
Verführung, sexuelle (Mißbräuche) 67–69, 75, 130 Anm. 2, 163, 251
Verführungsphantasie 200
Vergessen (s. a. Amnesie; Erinnerungslücken) 65, 96
durch Abnützung (Usur) 21, 23
von Träumen 167
Vergewaltigung 62

Vergiftungswahn 234
Verhungern, Angst vor 234
Verleugnung 296 Anm.
Verlötung 116, 191
Verlust s. Liebesverlust; Objektverlust; Trennung
Verneinung im Unbewußten 131 u. Anm.
Versagung 217, 219–222, 224 f., 246, 256, 261, 278, 298
narzißtische 218
reale 220, 224
relative/absolute 224
Verschiebung 169, 171 Anm.
d. Angst 304
d. Erregung 48
d. Gefahr, s. Gefahr, Wandel d.
in d. Hysterie 179, 255
in d. Objektwahl 296
bei d. Symptombildung 248, 285
im Trauminhalt 159
d. Triebrepräsentanz 253
von unten nach oben 106, 107 u. Anm. 1, 152 Anm.
durch Verdrängung 240, 249, 253
Verstärkung (s. a. Reaktionsverstärkung; Überwertiger Gedankenzug)
von Gedankenzügen 128 f.,
von Triebregungen 292, 296
Verstimmung
hysterische 101, 103, 105, 107 Anm. 1, 132
melancholische 128 Anm.
Versuchung, sexuelle 269 f.
Versuchungsangst 253
Versuchungsgedanken Doras 141, 154, 156–160
Verwöhnung
d. Hysterikers 120
d. Kindes 304
Virginale Angst (s. a. Deflorationsphantasien) 35, 36 u. Anm., 45, 48 f.
Vivisektorische Tierexperimente 77
Vorbewußte Ichbesetzung 238 f.
Vorhof 166 f.

Vorsatz 154, 157
 Traum entspricht einem 138–140, 154 f., 157, 161
Vorsichtsmaßregeln bei d. Zwangsneurose 234, 256, 263
Vorstellungen (s. a. Gedanken; Phantasien) 207
 Affekterledigung u. 22–24
 u. Angst 30, 45
 Bedeutung d. Triebe für d. 209
 vom Gebissen-/Gefressenwerden 249 f., 252, 268
 u. Hysterie 71, 73, 76, 207 f., 234, 301
 gegensätzliche s. Gegensätzliche Gedankenzüge; Gegenvorstellung
 u. Schmerz 308
 unbewußte 207, 209, 237
 unliebsame, u. Abwehr 71, 73 f.
 verdrängte 33, 45, 209, 211, 297
 zwangsartige 29, 33, 36 f., 47 f., 117, 150 Anm., 260 f.
Vorstellungsinhalt (s. a. Angstinhalt) 201 u. Anm., 248–250, 301
 Abnützung von 21, 23
 Verbindung mit frei flottierender Angst 30
Vorwürfe, Projektion d., gegen andere (s. a. Doras Vater, Doras Kritik am) 111–114

Wahnbildungen in der Paranoia 112, 189, 192, 234, 244
Wahrnehmung 255
 äußere/innere 238, 240
 u. Angst 268 f., 273, 278, 306
 bei Gegenbesetzung 296 f.
 u. Ich, Beziehungen zwischen 237 f., 240, 263
Wahrnehmungsinhalt und Verdrängung 301
Wahrnehmungssystem W-Bw 238
Wald als Symbol 162, 166 u. Anm. 2, 167, 170 Anm. 1, 176 Anm.
Warten auf ein Ziel 164, 174 u. Anm. 1, 176 Anm., 183
Waschzwang 99, 150 Anm., 259, 284

Wasser als Symbol 142 f., 157 f.
Wasserkur 39 f., 100
»Wechsel« (s. a. Wortbrücken; Zweideutige Worte) 137 Anm. 1, 151, 159
»Wegblasen« s. Ungeschehenmachen
Weibliche (s. a. Männlich und Weiblich; Passive sexuelle Einstellung) Eitelkeit 153
Weltanschauungen 241
›Weltweisen, Die‹ (von Schiller) 210 Anm. 2
Widersprüchlichkeiten (s. a. Ambivalenz; Gegensätzliche –; Gegenteil) bei der Zwangsneurose 256 bis 259, 261, 264
Widerstand 94, 119, 132, 167, 175, 244, 295
 d. Es 298
 fünf Arten d. 298
 u. Gegenbesetzung 295, 297
 bei Hysterie 200, 259
 d. Ichs 244, 297 f.
 d. Über-Ichs 298
 Übertragungs- 298
 Überwindung d., in d. Psychoanalyse 94, 102, 297 f.
 d. Unbewußten 297
 u. Verdrängung 132, 200, 295, 297 f.
Wiederholungsfähigkeit des hysterischen Symptoms 116, 128
Wiederholungszwang 235, 259, 264, 292, 297
Wiederkehr des Verdrängten 202
Wiederkehrende Träume 136 f., 139, 141 Anm. 2, 144, 154, 160 f.
Wien 86, 88, 98, 100 f., 110, 164, 168
Wiener Medizinischer Club 11, 13 Anm.
Wissenschaft 241
Wissenschaftliche Verwertung von Krankengeschichten 85, 87–91
»Wolfsmann«, Krankengeschichte d. 93 Anm., 218, 249–252, 253 Anm. 1, 257 Anm., 267–269, 279 Anm.
Wort als Ersatz für die Tat 22

Wortbrücken *(s. a.* Zweideutige Worte) 19, 159, 171 Anm.
Wunsch/Wünsche
 Aufstauung von 231
 Bildung d., von d. Libido 220
 infantile 154–157, 220, 282 Anm.
 unbewußte 139, 142, 149, 154 bis 157, 247 f., 252, 282 Anm.
 verdrängte 87, 139, 282 Anm.
 Wiederbeleben früherer 220, 282 Anm.
Wunscherfüllung
 im hysterischen Symptom 87, 192 f., 199
 in Phantasien 189
 im Traum 139, 142, 154–157, 167
Wunschvorstellung bei der Masturbation 191

Zahlen im Trauminhalt 165 Anm. 1
Zauberhandlungen 263
Zeit, Bedeutsamkeit der *(s. a.* Latenzzeit; Lebensalter; Menopause; Pubertät)
 bei biologischen Vorgängen 169
 in d. Psychoanalyse 171, 173, 185
 bei d. Symptombildung 149, 169 f., 185 u. Anm. 2, 259, 264
 im Traum 169, 176 Anm., 183, 185 Anm. 2
Zeitdauer von Krankheitserscheinungen als Marke der ursprünglichen Bedeutung 115, 127
Zeitliche Faktoren bei der Zwangsneurose *(s. a.* Isolierung; Pause) 257, 259, 264
Zeitliche Nachbarschaft von Einfällen und Krankheitserscheinungen 115
Zeitliche Umkehrungen
 im hysterischen Anfall 200 f.
 im Krankenbericht 96
 im Traum 200
Zeitschrift für Sexualwissenschaft 200
Zensur 199
Zeremoniell
 religiöses 263

Zeremoniell (Forts.)
 zwangsneurotisches 150 Anm., 259, 263, 265, 287
Ziehen, T. 84 f.
Zimmer als Symbol 138 u. Anm. 2
Zirrhose 41
Zitate, bestimmte
 inter urinas et faeces nascimur 108
 j'appelle un chat un chat 123
 d. Kind mit d. Bade ausschütten 211
 pour faire une omelette il faut casser des œufs 124
 zwei Herren zugleich dienen 211
Zittern und Schütteln im Angstfall 31
Zivilisation, Begründer der 22
Zufall 146
Zungenbewegungen, hysterische 17 f., 201
Zungenbiß 202
Zwang im Benehmen 107, 240, 247
Zwangshandlungen
 magische Komponente d. 263–265, 301
 sexuelle Befriedigung in d. 259
 als Versicherung gegen Sexualität 234, 256, 263
Zwangsneurose(n) 33 Anm., 79, 244, 250, 256–266, 270 f.
 Ätiologie, sexuelle, d. 48, 79 f., 150 Anm., 256–260
 u. Allgemeinhemmung 236
 u. Angst 230, 234, 250, 270 f., 283 bis 285
 u. Angstneurose 33 f., 47
 u. Arbeitshemmung 235
 Ausbruch d. 257 f.
 Disposition u. 257
 bei Frauen 80
 Gefahr u. 285
 Gegenbesetzung bei d. 295, 301
 u. Hysterie, Vergleich 48, 79 f., 235, 257 f., 263 f., 283, 295 f., 301
 u. Ich 236, 244, 258–263, 295 f.

Zwangsneurose(n) (Forts.)
u. Lebensalter (s.a. Entwicklung u. neurotische Erkrankung) 257, 260, 287
bei Männern 80, 283
Männlichkeit u. 258
Masturbation u. 150 Anm., 258 f.
Merkmale, wesentliche, d. (s. a. Zwangssymptome) 99, 256 f., 259, 261, 264, 296
u. Phobien 32–34, 234, 270, 283, 285, 296
Projektion bei 270
psychischer Konflikt u. 260, 262 f., 265
Reaktionsbildung bei 258 f., 295 f.
Regression bei 250, 257–261, 265, 301
Selbstbestrafung in d. 150 Anm., 261
Symptombildung bei d. 244 f., 256 f., 259, 261, 264 f., 267, 270, 301
Über-Ich bei d. 257–261
Übermaß/Übertreibung bei d. (s. a. Übermaß als neurotisches Element) 258 f., 263, 295 f.
Verdrängung bei d. 257, 260 f., 263 f., 301

Zwangsneurose(n) (Forts.)
Widersprüchlichkeiten bei d. 256 bis 259, 261, 264
Widerstand bei d. 257–261
Zweifel bei d. 30, 32, 33 f., 96 u. Anm. 2
Zwangssymptome (s. a. Bußhandlungen; Eßzwang; Gewissenhaftigkeit; Grübelsucht; Isolierung; Müdigkeit; Pausen; Reinlichkeit; Rückgängigmachen; Ungeschehenmachen; Verbote; Vorsichtsmaßregeln; Waschzwang; Wiederholungszwang; Zeremoniell; Zweifelsucht) 244, 256 f., 301
Gegensätzlichkeit d. 256–259, 261, 264
Zwangsvorstellungen 29, 33, 36 f., 47 f., 117, 150 Anm., 260 f.
Zweideutige Worte/»Wechsel« (s. a. Wortbrücken) 122, 137 Anm. 1, 142, 151, 159, 169 f., 171 Anm.
Zweifel 30, 32–34, 96 u. Anm. 2, 137 u. Anm. 2
Zweifelsucht 30, 32, 33 f.
Zweizeitigkeit des Symptoms 256, 263
Zusammenhang s. Assoziation –

STUDIENAUSGABE · INHALTSÜBERSICHT

Band I   *Vorlesungen zur Einführung in die Psychoanalyse* (1917); *Neue Folge der Vorlesungen zur Einführung in die Psychoanalyse* (1933)
Mit einer biographischen Skizze Freuds von James Strachey, einer Einleitung von Alexander Mitscherlich, Erläuterungen zur Edition von Angela Richards *

Band II   *Die Traumdeutung* (1900)

Band III *Psychologie des Unbewußten*
Formulierungen über die zwei Prinzipien des psychischen Geschehens (1911)
Einige Bemerkungen über den Begriff des Unbewußten in der Psychoanalyse (1912)
Zur Einführung des Narzißmus (1914)
Triebe und Triebschicksale (1915)
Die Verdrängung (1915)
Das Unbewußte (1915)
Metapsychologische Ergänzung zur Traumlehre (1917)
Trauer und Melancholie (1917)
Jenseits des Lustprinzips (1920)
Das Ich und das Es (1923)
Neurose und Psychose (1924)
Das ökonomische Problem des Masochismus (1924)
Der Realitätsverlust bei Neurose und Psychose (1924)
Notiz über den ›Wunderblock‹ (1925)
Die Verneinung (1925)
Fetischismus (1927)
Die Ichspaltung im Abwehrvorgang (1938)

Band IV   *Psychologische Schriften*
Der Witz und seine Beziehung zum Unbewußten (1905)
Der Familienroman der Neurotiker (1909)
Über den Gegensinn der Urworte (1910)
Zur Psychologie des Gymnasiasten (1914)

---

* [Im übrigen wird der editorische Apparat in diesem Gesamtinhaltsplan, der lediglich zeigen soll, welche Werke Sigmund Freuds in die einzelnen Bände der *Studienausgabe* aufgenommen wurden, nicht berücksichtigt.]

Inhaltsübersicht

              Das Unheimliche (1919)
              Der Humor (1927)
              Eine Erinnerungsstörung auf der Akropolis (Brief an R. Rolland; 1936)

Band V   *Sexualleben*
              Die Sexualität in der Ätiologie der Neurosen (1898)
              Drei Abhandlungen zur Sexualtheorie (1905)
              Meine Ansichten über die Rolle der Sexualität in der Ätiologie der Neurosen (1906)
              Zur sexuellen Aufklärung der Kinder (1907)
              Über infantile Sexualtheorien (1908)
              Beiträge zur Psychologie des Liebeslebens:
                  Über einen besonderen Typus der Objektwahl beim Manne (1910)
                  Über die allgemeinste Erniedrigung des Liebeslebens (1912)
                  Das Tabu der Virginität (1918)
              Zwei Kinderlügen (1913)
              Die infantile Genitalorganisation (1923)
              Der Untergang des Ödipuskomplexes (1924)
              Einige psychische Folgen des anatomischen Geschlechtsunterschieds (1925)
              Über libidinöse Typen (1931)
              Über die weibliche Sexualität (1931)

Band VI   *Hysterie und Angst*
              Vortrag: Über den psychischen Mechanismus hysterischer Phänomene (1893)
              Über die Berechtigung, von der Neurasthenie einen bestimmten Symptomenkomplex als ›Angstneurose‹ abzutrennen (1895)
              Zur Ätiologie der Hysterie (1896)
              Bruchstück einer Hysterie-Analyse (1905)
              Hysterische Phantasien und ihre Beziehung zur Bisexualität (1908)
              Allgemeines über den hysterischen Anfall (1909)
              Die psychogene Sehstörung in psychoanalytischer Auffassung (1910)
              Über neurotische Erkrankungstypen (1912)
              Hemmung, Symptom und Angst (1926)

Band VII *Zwang, Paranoia und Perversion*
              Zwangshandlungen und Religionsübungen (1907)
              Charakter und Analerotik (1908)
              Bemerkungen über einen Fall von Zwangsneurose (1909)
              Die Disposition zur Zwangsneurose (1913)

Inhaltsübersicht

              Mythologische Parallele zu einer plastischen Zwangsvorstellung (1916)
              Über Triebumsetzungen, insbesondere der Analerotik (1917)
              Psychoanalytische Bemerkungen über einen autobiographisch beschriebenen Fall von Paranoia (1911)
              Mitteilung eines der psychoanalytischen Theorie widersprechenden Falles von Paranoia (1915)
              Über einige neurotische Mechanismen bei Eifersucht, Paranoia und Homosexualität (1922)
              ›Ein Kind wird geschlagen‹ (1919)
              Über die Psychogenese eines Falles von weiblicher Homosexualität (1920)
              Eine Teufelsneurose im siebzehnten Jahrhundert (1923)

Band VIII *Zwei Kinderneurosen*
              Analyse der Phobie eines fünfjährigen Knaben (1909)
                  Nachschrift zur Analyse des kleinen Hans (1922)
              Aus der Geschichte einer infantilen Neurose (1918)

Band IX *Fragen der Gesellschaft / Ursprünge der Religion*
              Die ›kulturelle‹ Sexualmoral und die moderne Nervosität (1908)
              Zeitgemäßes über Krieg und Tod (1915)
              Massenpsychologie und Ich-Analyse (1921)
              Die Zukunft einer Illusion (1927)
              Das Unbehagen in der Kultur (1930)
              Warum Krieg? (1933)
              Totem und Tabu (1912–13)
              Zur Gewinnung des Feuers (1932)
              Der Mann Moses und die monotheistische Religion (1939)

Band X *Bildende Kunst und Literatur*
              Der Wahn und die Träume in W. Jensens ›Gradiva‹ (1907)
              Eine Kindheitserinnerung des Leonardo da Vinci (1910)
              Psychopathische Personen auf der Bühne (1905)
              Der Dichter und das Phantasieren (1908)
              Das Motiv der Kästchenwahl (1913)
              Der Moses des Michelangelo (1914)
                  Nachtrag zur Arbeit über den Moses des Michelangelo (1927)
              Vergänglichkeit (1916)
              Einige Charaktertypen aus der psychoanalytischen Arbeit (1916)
              Eine Kindheitserinnerung aus ›Dichtung und Wahrheit‹ (1917)
              Dostojewski und die Vatertötung (1928)
              Goethe-Preis (1930)

Inhaltsübersicht

Ergän-　　*Schriften zur Behandlungstechnik*
zungs-　　Psychische Behandlung (Seelenbehandlung) (1890)
band　　　Zur Psychotherapie der Hysterie (1895)
　　　　　Die Freudsche psychoanalytische Methode (1904)
　　　　　Über Psychotherapie (1905)
　　　　　Die zukünftigen Chancen der psychoanalytischen Therapie (1910)
　　　　　Über ›wilde‹ Psychoanalyse (1910)
　　　　　Die Handhabung der Traumdeutung in der Psychoanalyse (1911)
　　　　　Zur Dynamik der Übertragung (1912)
　　　　　Ratschläge für den Arzt bei der psychoanalytischen Behandlung (1912)
　　　　　Weitere Ratschläge zur Technik der Psychoanalyse: I. Zur Einleitung der Behandlung (1913)
　　　　　Weitere Ratschläge zur Technik der Psychoanalyse: II. Erinnern, Wiederholen und Durcharbeiten (1914)
　　　　　Weitere Ratschläge zur Technik der Psychoanalyse: III. Bemerkungen über die Übertragungsliebe (1915)
　　　　　Über fausse reconnaissance (›déjà raconté‹) während der psychoanalytischen Arbeit (1914)
　　　　　Wege der psychoanalytischen Therapie (1919)
　　　　　Zur Vorgeschichte der analytischen Technik (1920)
　　　　　Bemerkungen zur Theorie und Praxis der Traumdeutung (1923)
　　　　　Die Frage der Laienanalyse (1926)
　　　　　Die endliche und die unendliche Analyse (1937)
　　　　　Konstruktionen in der Analyse (1937)
　　　　　Die psychoanalytische Technik (1940)